DER ZWEITE WELTKRIEG
DIE WEHRMACHT

1939-1945

Tim Ripley

DER ZWEITE WELTKRIEG
DIE WEHRMACHT

1939-1945

EDITION
ZEITGESCHICHTE

Wir waren bemüht, die Inhaber der Coverbilder-Urheberrechte ausfindig zu machen. Sollten wir unabsichtlich bestehende Rechte verletzt haben, so bitten wir die Betroffenen, sich mit dem Verlag in Verbindung zu setzen.

Fotonachweis:
Alle Fotos von Robert Hunt Library

Originaltitel: Great Armies of History: Wehrmacht,
erschienen 2001 by Fitzroy Dearborn Publishers

Aus dem Englischen von DIE TEXTWERKSTATT/Rudolf F. Kaspar
Umschlaggestaltung von Joseph Koó

Printed in Hongkong

Danksagung

Ich möchte nachstehenden Personen danken, die die Entstehung dieses Werkes möglich gemacht haben: Arthur Grant für seine Übersetzung von Wehrmachtsdokumenten; Neil Tweedie und Mickey Brooks für ihre Einsicht in globale Strategie; dem Personal des Imperial War Museums, London, für seine Hilfe bei der Suche nach Akten über den Zweiten Weltkrieg; dem britischen Army Staff College, Camberley, für die Erlaubnis, zahlreiche in seinem Besitz befindliche Dokumente des Zweiten Weltkriegs zu benutzen; Stewart Fraser für das Korrekturlesen meines Textes; Pete Darman von Brown Partworks dafür, dass er mir die Möglichkeit gab, meinen lang gehegten Wunsch, über die Wehrmacht zu schreiben, zu erfüllen; Major Hasse Resenbro vom dänischen Gardehusaren-Regiment für seine Unterstützung bei meinen Besuchen auf den Schlachtfeldern in den Ardennen; Richard Cartright für seine Hilfe bezüglich Wehrmachtsuniformen und -auszeichnungen und Miss Hayley Griffiths und Dr. Johnny Grey dafür, dass sie meine Moral in kritischen Momenten mit Kuchen aufgerichtet haben.

Inhalt

Karten-Legende

Militärverbände – Größe

- XXXXX Heeresgruppe/Front
- XXXX Armee
- XXX Korps
- XX Division
- X Brigade
- III Regiment
- II Bataillon

Militärverbände – Art

- Infanterie
- Panzer
- Panzergrenadier
- XX Festung
- Gebirgs-
- XX Fallschirmjäger
- Luftlande-
- Marineinfanterie
- Kavallerie

Nationalfarben

- Deutsch
- Sowjetisch
- USA
- Britisch & Commonwealth
- Belgisch
- Finnisch
- Holländisch
- Rumänisch
- Französisch
- Italienisch
- Norwegisch
- Polnisch
- Ungarisch

Allgemeine militär. Symbole

- Minenfeld
- Flugfeld
- MGs
- Fallschirm-landung

Bewegungen

- Angriff/Vormarsch (in Nationalfarbe)
- Rückzug (in Nationalfarbe)
- Frontlinie (in Nationalfarbe)
- Starke Vert.-Linie (in Nationalfarbe)
- Verteidigungslinie (in Nationalfarbe)

Geografische Symbole

- Fluss
- Straße
- Bahngeleise
- Städtisches Gebiet
- Stadt
- Hauptstadt
- Sumpf
- Bäume
- Brücke
- Berge
- Internationale Grenze

Vorwort

Es gibt keinen Zweifel daran, dass Hitlers Wehrmacht eine der stärksten Armeen der Geschichte war. Ihre Siege und Niederlagen werden noch viele Jahre lang von Soldaten und Gelehrten studiert werden, um Einsichten in die Kriegskunst zu gewinnen. Ebenso faszinierend ist, wie die deutsche Wehrmacht ihre Seele einem der übelsten Regime des 20. Jahrhunderts verkaufte.

Dieses Buch ist kein minutiöser Bericht über jede einzelne von der Wehrmacht im Zweiten Weltkrieg geschlagene Schlacht. Es will dem Leser vielmehr einen Überblick über den Zweiten Weltkrieg bieten und sodann analysieren, warum die Wehmacht ihre großen Siege erreichte und gewaltige Niederlagen erlitt. Obwohl die Bezeichnung „Wehrmacht" auch die deutsche Luftwaffe und Kriegsmarine umfasst, konzentriert sich diese Studie hauptsächlich auf die deutschen Landstreitkräfte. Luftmacht und Stärke zur See waren zwar in diesem Krieg von großer Bedeutung, doch das deutsche Heer war das Kraftwerk der Kriegsmaschine Hitlers und sein Geschick entschied schließlich über den Ausgang des Krieges.

Die Geschichte der Wehrmacht ist mit dem Schicksal einer Reihe von Schlüsselfiguren verflochten. Bei den Namen Guderian, Rommel und Manstein denkt man ebenso ans deutsche Heer wie bei den Wörtern „Panzer" und „Blitzkrieg". Es ist eine der bleibenden Lehren der Militärgeschichte, dass Individuen für den Verlauf der Ereignisse wichtiger sind als irgendwelche Mengen Kriegsgerät. Hitlers Heer erzielte seine Siege aufgrund solcher Männer und ihre Schwäche gegenüber dem Nazi-Regime war schließlich eine der Hauptursachen für die Niederlage Deutschlands.

Tim Ripley
Lancaster, Februar 2001

Einleitung

Das deutsche Volk hat eine lange und illustre Militärgeschichte, und als 1871 als Folge des politischen und strategischen Genies Graf Otto von Bismarcks und der Kampfstärke der preußischen Armee ein geeintes deutsches Kaiserreich entstand, zementierte das deutsche Militär seinen Einfluss in der deutschen Politik und Gesellschaft. Diese Dominanz des Militärs trieb jedoch im Sommer 1914 Deutschland in einen vier Jahre dauernden, bitteren Konflikt (den Ersten Weltkrieg), den das Land auf lange Sicht nicht gewinnen konnte. Allerdings schlug die Kaiserlich Deutsche Armee regelmäßig ihre übermächtigen Gegner, besiegte das zaristische Russsland, brachte die französische Armee dem Zusammenbruch nahe und blutete die britische aus. Das deutsche Können auf dem Schlachtfeld zögerte so die Niederlage mehr als vier Jahre lang hinaus. Derartige Erfolge im Kampf waren zu einem nicht geringen Teil Resultat der taktischen und operativen Flexibilität der deutschen Armee. Die deutschen Truppen waren in der Defensive innovativ, entwickelten eine elastische Verteidigung in die Tiefe, die Hangstellungen und schnelle Gegenangriffe lokaler Reserven ausnutzte. Diese Defensivmethoden trugen direkt dazu bei, dass die Alliierten keine wirksame Lösung des Grabenkriegs fanden, und führten auch zu den entsetzlichen Verlusten der britisch-französischen Armeen 1915–1917, besonders an der Somme und bei Verdun.

Die Kaiserlich Deutsche Armee entwickelte auch neue Offensivtaktiken. Sie setzte als erste Giftgas ein und wurde darin bewandert. Im Herbst 1917 entwickelten die Deutschen auch die neue Infanterie-Stoßtrupp-Taktik der Infiltration und Überraschung. Diese Taktik, neue Artilleriefeuer-Unterstützungsmethoden sowie die durch die Niederlage des zaristischen Russlands frei gewordenen Mannschaften überwanden während der deutschen „Friedensoffensiven" im Frühling 1918 den toten Punkt an der Westfront. Diese Offensiven gewannen mehr Boden, als die Triple-Entente und Deutschland zusammen seit dem Beginn des Grabenkriegs Ende 1914 an der Westfront erobert hatten. So verlängerten militärische Innovationen und die Anpassungsfähigkeit der Deutschen im Ersten Weltkrieg den Kampf und erhöhten die Kosten des alliierten Sieges erheblich. Schließlich aber zermürbten die Überzahl an Männern und Gerät sowie die ständig besser werdende Offensivtechnik aller Waffengattungen seitens der Alliierten das deutsche Militär, während die Rebellion zu Hause das Deutsche Reich auflöste.

Der Waffenstillstand vom 11. November 1918 aber erlaubte der deutschen Armee, intakt und in guter Ordnung nach Hause zu marschieren, wo sie von der neuen sozialdemokartischen Regierung (die später als Beginn der Weimarer Republik bekannt wurde) dazu benutzt wurde, politisch extrem linke und rechte Aufständische niederzuschlagen. Da die Mächte der Entente den Krieg nicht hatten nach Deutschland hineintragen können (schließlich stand im November 1918 kein einziger Entente-Soldat auf deutschem Boden), konnten sie die deutsche Bevölkerung weder von der Hauptverantwortung Deutschlands für den Ausbruch des Ersten Weltkriegs überzeugen noch davon, dass das Land besiegt worden war. Es gab daher in Deutschland nicht jene Abscheu vor der Barbarei und Sinnlosigkeit der modernen industriellen Kriegsführung, die in der Zwischenkriegszeit im restlichen Europa entstand. Stattdessen konnte die deutsche Armee ihr Ansehen bewahren und nach der Niederschlagung linker wie auch rechter Rebellionen ihre Stellung als Wächter über die deutsche Nation festigen. So konnte auch die „Dolchstoß-Legende" entstehen, der Irrglaube, die deutsche Armee sei 1918 auf dem Felde nicht entscheidend geschlagen worden. Diese von deutschen Nationalisten, besonders Adolf Hitlers Nationalsozialistischer Deutscher Arbeiterpartei, gern lautstark verbreitete Legende verzerrte die deutsche Erinnerung an das Kriegsende fundamental und verdunkelte in der Zwischenkriegszeit auch ein stärkeres Bewusstsein für Europa. Als Folge davon erstarb der deutsche Militarismus nicht mit der Abschlachtung einer Generation seiner Jugend in den Gräben Flanderns, sondern überlebte und blühte im Deutschland der Zwischenkriegsjahre. So legten die eigentümlichen Umstände, unter denen der Erste Weltkrieg endete, die Saat für den Zweiten Weltkrieg.

TEIL I

DIE ENTSTEHUNG

Genese der Wehrmacht

Nach dem Ersten Weltkrieg wurde die deutsche Armee auf die 100.000 Mann starke Reichswehr reduziert. Sie organisierte sich in den 20er- und 30er-Jahren neu und wurde eine beindruckende Militärmaschine. Doch verlief dieser Prozess nicht geradlinig.

Deutsche Panzer II vor dem Krieg auf Übung. Er war ein typischer deutscher Zwischenkriegs-Tank und daher ein Kompromiss zwischen einem rasch und in großer Zahl produzierbaren Panzerkampfwagen und etwas, das sich auf einem mechanisierten Schlachtfeld behaupten konnte. Bei der Invason in Polen im September 1939 bestand praktisch die ganze deutsche Panzerwaffe aus Panzer I und II. Wegen ihrer dünnen Panzerung und leichten Bewaffnung wurden sie nach 1940 rasch aus dem Dienst genommen.

Die bittere Niederlage von 1918 führte in der Zwischenkriegszeit beim deutschen Militär zu sorgfältiger Überprüfung und Neuerungen, die den Weg für die großen deutschen Blitzkrieg-Siege in den ersten Jahren des Zweiten Weltkrieges bahnten. Die herausragende Stellung des Militärs in der deutschen Politik und Gesellschaft sorgte zwischen den beiden Kriegen für ein Klima, in dem große Ausgaben für Verteidigung und Militärreformen akzeptiert wurden, sogar während der sozio-ökonomischen Katastrophe der großen Depression von 1923.

Die siegreichen alliierten Mächte diktierten dem bezwungenen Deutschland 1919 den Vertrag von Versailles. Dieser sanktionierte die demokratische Weimarer Republik, die nach der erzwungenen Abdankung von Kaiser Wilhelm II. entstanden war. Der Versailler Vertrag begrenzte aber die deutschen Bodentruppen auf eine Streitmacht von 100.000 Mann für innere Sicherheit und Grenzverteidigung – die Reichswehr –, die keine Kriegsflugzeuge, Panzer, Fliegerabwehr- und Panzerabwehrkanonen, schwere Artillerie und chemische Waffen besitzen durfte. Versailles beschränkte auch streng die deutsche Stationierung schwerer Waffen und verbot Rüstungsimport und -produktion. Mit diesen Restriktionen wollten die alliierten Mächte die militärische Kapazität Deutschlands begrenzen und künftige Angriffskriege des Landes verhindern. Doch gelang es durch den Vertrag von Versailles nicht, das deutsche Militär zu schwächen – ironischerweise erleichterte und beförderte er die dramatischen Triumphe von 1939–1941.

Die meisten Deutschen lehnten den in Versailles diktierten Vertrag ab. Viele sahen darin die unfaire Bestrafung eines unbesiegten Volks und seiner Armee und forderten seine Zurückweisung. So waren die deutschen Politiker und Generäle in den Zwischenkriegsjahren bestrebt, ein starkes Militär, das die Grenzen Deutsch-

lands verteidigen konnte, wiederherzustellen. So gesehen ist die Vorstellung, dass sich das Heer in den Jahren zwischen 1919 und 1939 auf einen weiteren euopaweiten Konflikt vorbereitete, falsch. Erst nachdem Adolf Hitler und die Nationalsozialisten (Nazis) 1933 an die Macht kamen, wurde ein Krieg wahrscheinlicher. Hitler war entschlossen, alle außerhalb Deutschlands lebenden Deutschen in sein „Tausendjähriges Reich" einzugliedern und seinem Volk in den slawischen Ländern des Ostens, besonders Polens und der Sowjetunion, „Lebensraum" zu verschaffen.

Die deutsche Armee kehrt nach dem Ende des Ersten Weltkriegs in die Heimat zurück. Vier Jahre des Kampfes hatten zur Niederlage geführt. Nun sollte eine Demütigung folgen, da das Heer auf bloß 100.000 Mann – die Reichswehr – reduziert wurde.

Deutschland leistete gegen den Vertrag von Versailles in den 16 Jahren von dessen Bestehen Widerstand. Es umging die Restriktionen, indem es große Mengen Waffen, darunter 350.000 Gewehre, 12.000 Maschinengewehre und 675 Haubitzen, zerlegte und in geheimen Depots verbarg. Zudem schmuggelte die Armee Geschütze ein, unter anderem 1.500 Haubitzen, die offiziell Blessing, eine holländische Tochter von Krupp, erwarb. Mitte der 20er-Jahre bewaffnete sich die deutsche Armee mittels dieser Bestände neu und entwickelte im Ausland und später heimlich in Deutschland verbotene Waffen. Die Firma Rheinmetall etwa kaufte die Schweizer Firma Solothurn und benutzte deren Prototypen zur Entwicklung der 2-cm-Flak 30. Diese Waffe sollte sich später als entscheidend bei der Luftabwehrausrüstung der Panzerdivisionen erweisen, da sie gegen Tieffliegerangriffe verheerend wirkte. Am 10. Mai 1940 etwa schoss die Panzerdivisions-Flak von 32 britischen leichten Fairey-Kampfbombern 13 ab, wobei sie selbst fast keine Verluste erlitt.

Das deutsche Heer führte auch heimlich Truppen- und Artilleriereserven, die weit größer als im Versailler Vertrag erlaubt waren. Die Umsetzung des Letzteren war lax, da die siegreichen Alliierten verschiedene Visionen einer neuen europäischen Ordnung hatten, während sie sich mit den wegen des Krieges lang vernachlässigten sozialen und wirtschaftlichen Problemen auseinander setzten.

Die deutsche Reichswehr suchte nach neuen Wegen gegen potenzielle künftige Aggressoren, besonders da sie selbst nur 100.000 Mann zählte. Für Deutschland war es nötig, die ihm im Versailler Vertrag erlaubten begrenzten Kampftruppen und Ausrüstung zu optimieren. Die deutsche Armee analysierte daher ausführlich die Lehren aus dem Ersten Weltkrieg, um so wirksam, wie innerhalb der Beschränkungen durch den Friedensvertrag möglich, kämpfen zu können. Deutsche Offiziere verfassten Berichte über ihre Erfahrungen im Ersten Weltkrieg, erstellten detaillierte Operations- und Schlachtstudien, publizierten gelehrte Artikel in den führenden europäischen Militärjournalen und übten ausgiebig Planspiele, um sich mit den wichtigsten Operationen des Kriegs vertraut zu machen. So untersuchte das deutsche Militär den Ersten Weltkrieg umfangreicher als jeder andere Beteiligte. Während die britische Armee in der Zwischenkriegszeit versuchte, die Gespenster der Somme und von Passchendaele zu vertreiben, indem sie die verlustreichen Erfahrungen auf den Feldern Flanderns über Bord warf, lernte die deutsche Armee aus ihren Erfolgen und Misserfolgen im Ersten Weltkrieg. Der Großteil des britischen militärischen Denkens dagegen war in den 20er-Jahren auf die traditionelle strategische Rolle der Überwachung eines riesigen Kolonialreiches mit stark überforderten Kräften gerichtet.

Die Lehren von 1914–1918

Die deutsche Analyse zeigte, dass der gut ausgebildete Kaiserliche Generalstab eine flexible Kommandoart geschaffen hatte, die innerhalb des Rahmens einer einheitlichen und universellen Doktrin inividuelle Initiative förderte. Das ermöglichte der Armee, sich taktisch und operativ anzupassen. Da diese Flexibilität ein wichtiger Vorteil war, suchte die Reichswehr nun, das beträchtliche taktische und operative Können ihres Vorgängers zu steigern. Man sah auch die Wichtigkeit überlegener Feuerkraft und guter Ausbildung für den offensiven Erfolg, und dass die Fähigkeit der Armee, bei andauerndem Kampf im Feld umzuschulen, ihr erlaubt hatte, sich ständig an die Veränderungen der Kampfmethoden anzupassen. Die Lehren aus dem Ersten Weltkrieg stärkten daher das Vertrauen der Armee in Flexibilität, taktische Überlegenheit und operatives Können.

Die Deutschen untersuchten auch die Luftoperationen von 1914–1918 genau. Sie sahen, dass die strategischen Bombenangriffe, die Deutschland mit Zeppelinen und Gotha- und Riesen-Bombern gegen Großbritannien gestartet hatte, großteils Misserfolge gewesen waren. Erfolgreicher war die Entwicklung spezieller Erdkampfflugzeuge, die als zentrales Element bei Angriffen gemischter Sturmtruppen im Frühling 1918 an der Westfront eingesetzt wurden (siehe Kapitel 2). Die Reichswehr schloss daraus, dass der Erste Weltkrieg eine künftige taktische Rolle des Flugzeugs als direkte Unterstützung von Bodentruppen gezeigt hatte. Dieser Schluss stärkte die deutsche Neigung zu einer künftigen Luftwaffe als Bodenunterstützung – eine Haltung, die sich durch die geografische Lage Deutschlands als zentrale europäische Macht und den geschwächten Zustand seiner Bodentruppen nach 1919 ohnehin nahe legte. Das deutsche Militär zog also aus dem Ersten Weltkrieg genauere Schlüsse über die künftigen Möglichkeiten und Funktionen der Luftwaffe als seine Gegner.

Eingehenden Untersuchungen zufolge hatte Deutschland den Krieg auch auf dem Feld der Technologie verloren. Vor allem dass es keinen wirksamen Panzer entwickelt hatte, trug zur Niederlage bei, wie die Berichte nach dem Krieg betonten. Die Reichswehr versuchte daher in der Zwischenkriegszeit, bei der Entwicklung und Beschaffung von Waffen trotz der Beschränkungen von Versailles ganz vorne zu stehen. Sie war auch gewillt, technische Errungenschaften ihrer potenziellen Gegner zu kopieren. Die Deutschen beobachteten daher in den 20er-Jahren eifrig neue Entwicklungen in der Waffentechnologie und suchten Zugang zu ihr zu erhalten. Sodann benutzten sie die Erfolge ihrer Gegner für ihre eigene Forschung und Konstruktion. Das Resultat war in der Zwischenkriegszeit eine Menge innovativer Waffen, die Feuerkraft und Mobilität kombinierten (was für den Erfolg des Blitzkriegs entscheidend sein würde) und die gut an die Art von Manövern, die die Reichswehr in den 20er-Jahren für die Zukunft erwartete, angepasst waren. So stellte Deutschland in den 20er-Jahren viele moderne Qualitätswaffen her, deren Massenproduktion die Nazi-Regierung dann nach 1935 anwarf. Dazu zählte das MG 13, ein leichtes Maschinengewehr für Schnellfeuer, aus dem sich Mitte der 30er-Jahre das berühmte MG 34, ein Allzweckmaschinengewehr für die leichte und schwere Rolle, entwickelte. Die Feuerstärke der deutschen Infanterie war um das MG 34 herum aufgebaut, das man an Feuerkraft etwa 20 Schützen gleichsetzte.

Neue Waffen

In dieser Periode entwickelte die Reichswehr auch die modernsten Infanteriegeschütze, die Mobilität und Feuerkraft kombinierten, etwa das leichte 7,5-cm-Infanteriegeschütz 18 L/11 (7,5-cm-leIG 18) oder die mobile leichte 10,5-cm-Feldhaubitze 18 (10,5-cm-leFH 18). Die Infanteriegeschütze wurden den Infanteriebataillonen als leichte Artillerieunterstützung zugeteilt – sie waren leicht genug, um im Gelände von Infanteristen gezogen zu werden.

Das Heer baute auch die schwere 10-cm-Kanone 18 (10-cm-sK 18), ein Stück mit großer Reichweite und Genauigkeit, und die von Pferden gezogene leichte 3,7-cm-Panzerabwehrkanone L/45 (3,7-cm-Pak L/45), aus der später die weit verbreitete leichte Panzerabwehrkanone 35/36 (Pak 35/36) wurde. Und schließlich stellten die deutschen Rüstungsfirmen auch hervorragende Flugzeugabwehrkanonen her, darunter die berühmte 8,8-cm-Flugzeugabwehrkanone 18 (8,8-cm-Flak 18). Die „Acht-Acht" besaß eine hohe Mündungsgeschwindigkeit und daher große Reichweite und Durchschlagskraft. Wie alle Flak konnte sie panzerbrechende Geschosse sowie Sprenggranaten abfeuern. So konnte sie Panzer ausschalten wie auch Flugzeuge abschießen. Sie war (anders als die britische 3,7-Zoll-Kanone mit 10,46 Tonnen) mit 4,9 Tonnen relativ leicht.

Wie robust und zuverlässig diese Waffen waren, zeigt, dass sie während des gesamten Zweiten Weltkriegs in Produktion blieben. Die technologische Innovation der Armee in der Zwischenkriegszeit betraf nicht nur Waffen. Sie umfasste auch moderne, tragbare Kurzwellensender sowie die Enigma-Verschlüsselungsmaschine, die Funknachrichten kodierte. Deutschland stand also im Zwischenkriegs-Rennen an der Spitze, was Technologie betraf, und erst spät im Zweiten Weltkrieg konnten seine Gegner diese Lücke schließen.

Das politische und gesellschaftliche Klima im Zwischenkriegs-Deutschland förderte Militarismus und militärische Innovation. Militarismus und Nationalismus stellten sicher, dass das Militär in Deutschland nach 1918 trotz der Niederlage weithin respektiert und bewundert wurde. Es brauchte daher seine Verteidigungsausgaben nicht zu rechtfertigen. Als Bollwerk gegen den Kommunismus steigerten sich sogar sein Prestige und sein traditioneller Status als Bewahrer der

Nation und der deutschen Lebensweise. Aufgrund ihres Status in der deutschen Gesellschaft konnte die Reichswehr ihren politischen Auftrag der Reform weithin ungehindert durch politische Opposition oder Ressentiment und Misstrauen im Volk durchführen. So konnte die Weimarer Republik trotz der anhaltenden wirtschaftlichen Schwierigkeiten in den 20er-Jahren ihren Rüstungsetat hoch halten. Tatsächlich gab Deutschland in diesen Jahren mehr Geld für Verteidigung aus als die anderen Staaten des Westens, besonders wenn man das „schwarze Budget" bedenkt, die verborgenen Fonds, die heimlich dem Militär zugute kamen. So unterlag zwischen den Kriegen die Militärreform in Deutschland nie den gleichen Beschränkungen wie in England, Frankreich und den USA.

Zugleich war die Reichswehr in den 20er-Jahren die am besten informierte Armee der Welt, was Truppenstruktur, Kapazitäten und Absichten möglicher künftiger Gegner betraf. Durch ihren effizienten Nachrichtendienst konnte die deutsche Armee im Wettlauf mit anderen Mächten um Waffen und Technologie an der Spitze bleiben. So machte sie in den 20er-Jahren die leichte 10,5-cm-Feldhaubitze 18 (10,5-cm-leFH 18) zur Hauptstütze ihrer Artillerie, viele Jahre ehe andere europäischen Staaten wie etwa Frankreich das 10,5-cm-Kaliber standardisierten. Die 10,5-cm-leFH 18 war eine durchschnittliche, doch trotzdem sehr vielseitige Waffe, die alle Arten von Geschossen abfeuerte und auf kurze Distanzen sogar Tanks ausschalten konnte.

Ein weiterer Pluspunkt der Reichswehr war, dass sie die im Ersten Weltkrieg gelernten Lektionen in eine verbesserte Militärdoktrin zu integrieren suchte. In den frühen 20er-Jahren gab sie ein neues Handbuch, *Befehl und Schlacht*, heraus, das einen ganzheitlichen, modernen und integralen Zugang zum Krieg darstellte. Es betonte die offensive Massierung der Kräfte und ein rasches, tiefes Eindringen, gefolgt von Umfassung, was durch enge Zusammenarbeit der Waffenteile erreicht werden sollte. Zudem brachte die Reichswehr ihre Doktrin regelmäßig unter Be-

Deutsche Panzerwagen in den 20er-Jahren auf Manöver. In dieser Periode benutzte die Reichswehr eine große Zahl von Panzerwagen – es war ihr mit der Motorisierung ihrer Einheiten Ernst. Unter den Nazis wurde dieser Prozess noch beschleunigt.

rücksichtigung des technologischen Fortschritts auf den neuesten Stand. So passte sie sich der ständig verbesserten Leistung von Flugzeugen und Panzern an. *Befehl und Schlacht* war noch skeptisch bezüglich der Effizienz von Flugzeugen und Panzern auf dem modernen Schlachtfeld (eine Folge der deutschen Erfahrungen im Ersten Weltkrieg). Als aber in den 30er-Jahren immer mehr taugliche Tanks und Flugzeuge auftauchten, gab die Armee 1933–1934 ein überarbeitetes Handbuch, *Truppenführung*, aus, das die Bedeutung von Panzern und Mobilität betonte, da sich das Heer zu motorisieren begann. Die deutsche Doktrin baute auf die kombinierte Aktion verschiedener Waffenteile (Panzer, Artillerie, Infanterie, Pak und Flugzeuge). Der Schlüssel ist Unterstützung: Die Panzer sollten von motorisierter Infanterie (in Lastern oder Halbkettenfahrzeugen), motorisierten Pionieren, Artilleriefeuer und Flugzeugen unterstützt werden. Man dachte nie, die Tanks allein könnten die feindliche Linie zerstören. Der Vorstoß sollte aus zahlreichen kleinen „Angriffsgruppen“ aus Panzern, Infanterie und Artillerie bestehen. Hierauf würden gemischte „Kampfgruppen“ die Verfolgung ausführen. Flugzeuge würden feindliche Artillerie, Tanks und Reserven attackieren. Gemischte Verbände erforderten also ein Verständnis zwischen den verschiedenen Waffenteilen, wie jeder von ihnen für maximalen Erfolg operieren sollte.

Deutsche Panzerattrappen in den 20er-Jahren. Da ihr der Vertrag von Versaille Tanks verbot, musste die Reichswehr improvisieren. Die Attrappen mögen komisch aussehen, doch haben sie alle Eigenheiten, um die Truppen an die Zusammenarbeit mit Panzern zu gewöhnen.

Diese fortschrittliche, verständliche und flexible Doktrin, die universell allen deutschen Soldaten, egal welcher Waffengattung, eingeschärft wurde, war der Schlüssel der deutschen militärischen Effizienz im Zweiten Weltkrieg, denn sie stellte sicher, dass die deutschen Truppen aller Waffenteile Verständnis für Funktionen und Wert der anderern Waffengattungen sowie ihrer individuellen Stellung im gemischten Verband besaßen. So konnten die Deutschen leichter Sachkenntnis bei den „verbundenen Waffen“ entwickeln. Dass die deutschen Kommandeure jeder Befehlsebene rasch und oft nahtlos Grenadiere, Pioniere, Kanoniere und Panzersoldaten zu zusammenhängenden, flexiblen Kampfgruppen formen konnten, zählte zu den größten Stärken der Wehrmacht im Krieg.

Aufgrund der deutschen Betonung von Mobilität, Dezentralisierung, Schnelligkeit, Überraschung und Verwertung ging Deutschland mit einer realistischen, ausgewogenen und offensiv orientierten Doktrin sowie dementsprechenden Truppen in den Zweiten Weltkrieg. Die Panzerdivision etwa war eine vielseitige Kampfformation. Sie bestand neben ihren Panzerregimentern aus motorisierten Infanterieregimentern, einem Krad-Bataillon, einem Artillerieregiment, einem Pak-Regiment, einem Aufklärungsbataillon sowie einem Pionierbataillon.

Auf vielen umfangreichen Übungen machte man die Einheiten mit der Doktrin vertraut. Ende der 20er-Jahre waren diese Manöver schon sehr ausgeklügelt und das Können der Armee unübertroffen. In den frühen 30er-Jahren begann man operative und taktische Methoden für den Einsatz mobiler Kräfte zu ersinnen. Zudem nahmen die Deutschen die Manöver allgemein ernster als andere westliche Armeen. Sie studierten die Manöverkritiken genau und gingen nach deren Empfehlungen vor. So konnte der hohe Standard der Kaiserlichen Armee von vor dem Ersten Weltkrieg rasch wiederhergestellt werden. Durch regelmäßige Manöver verbesserte die Reichswehr schrittweise ihre Organisation und ihr Können, entwickelte Verfahren und Mechanismen zur Lenkung und Verwendung von motorisierten und mechanisierten Truppen, brachte den Soldaten die Koordinierung mit den anderen Waffengattungen bei und erforschte die praktischen Probleme der motorisierten Kriegsführung.

Verteidigungsdoktrin

Die Reichswehr verfeinerte in den 20er-Jahren auch die Verteidigungsdoktrin entsprechend den veränderten Umständen und Kapazitäten. Wegen der Beschränkungen des Versailler Vertrags konnte sie keine Verteidigung in die Tiefe durchführen, wie die Kaiserliche Armee in den späteren Phasen des Ersten Weltkriegs. So entwickelte sie die Doktrin der hinhaltenden Verteidigung, bei der die deutschen Truppen einen hinhaltenden Rückzug ausführen sollten und unter Benutzung von Geländevorteilen, Schnelligkeit und Konzentrierung der Kräfte dem Feind Verluste beibringen sollten, während sie ihre begrenzte Stärke schonten. War der Gegner so durch zähe Verteidigung und Abnutzung seiner Offensive zum Halten gebracht, würden die deutschen Reserven eine Gegenoffensive starten und den Angreifer zurückwerfen. Um aber gegen stärkere Gegner durch hinhaltende Verteidigung zu bestehen, mussten die Kampftruppen eng zusammenarbeiten, damit die Summe ihrer Kampfkraft größer als die ihrer einzelnen Teile war.

Hauptverantwortlich für die Formung der Reichswehr in den 20er-Jahren war der Chef der Heeresleitung, Hans von Seeckt (siehe Seite 22). Seeckt glaubte, dass eine von sich rasch bewegenden Truppen umgesetzte offensiv-defensive Strategie numerische und materielle Unterlegenheit ausgeichen könne. Er begann daher 1920–1926 mit der Motorisierung des Heeres. Für den Manöverkrieg zog er die umfangreichen mobilen Operationen der deutschen Armee im Ersten Weltkrieg an der Ostfront heran. Er modernisierte die Kavallerie und machte sie zu einer mobilen, offensiven, halbmotorisierten gemischten Truppe für tiefe Einbruchsoperationen. Sie wurde die „Feuerwehr“ des Heeres. Die Mobilität und Orientierung auf schnelle Offensive, die Seeckt in der Zwischenkriegszeit in die deutsche Armee einführte, spielten bei den dramatischen Siegen Deutschlands 1939–1941 eine große Rolle. Ebenso wichtig war langfristig die Einführung begrenzter Motorisierung 1928–1932 durch von Seeckts Nachfolger, Wilhelm Groener.

Trotzdem war die deutsche Armee (nun „Heer“ genannt) bei der Machtergreifung der Nationalsozialistischen Partei Hitlers 1933 eine leicht ausgerüstete

Truppe von zehn Divisionen, die zu einer so verheerenden Aggression wie nur sechs Jahre später unfähig war. Doch die Ernte des Experimentierens und der Innovation in den 20er-Jahren ging schließlich in den späten 30er-Jahren voll auf und erleichterte die Last der massiven, schlecht geplanten Vergrößerung und Wiederbewaffnung, die Hitler begann. Denn die harte Arbeit und Vorbereitung in den 20er-Jahren hatte einen Kader künftiger Führer geschaffen, der es dem Heer erlaubte, in den späten 30er-Jahren viel schneller als sonst möglich zu einer großen, modernen, offensiv orientierten Streitmacht zu werden. Hitlers Aufstieg zur Macht beschleunigte sowohl das Anwachsen als auch die Reformen, da er 1933–1935 trotz des Versailler Vertrags mit heimlicher Ausweitung und Wiederbewaffnung begann. Hitler erweiterte das Heer auf 24 Divisionen und nahm heimlich die Produktion der in den 20er-Jahren entwickelten Qualitätswaffen auf, etwa des leichten 7,5-cm-Infanteriegeschützes-18 (7,5-cm-leIG 18).

Hitler und die Wiederbewaffnung

1935 sagte sich Hitler offen vom Versailler Vertrag los, was auf große Zustimmung beim Volk stieß. Der neue „Führer" führte kurz darauf die allgemeine Wehrpflicht wieder ein und begann zugleich mit massiver Wiederaufrüstung und Vergrößerung der Reichswehr. Im Juli 1935 wurden die deutschen Streitkräfte in „Wehrmacht" umbenannt und die bisher geheime Luftwaffe wurde offiziell. Im selben Jahr nahm Deutschland die Produktion erster leichter Panzer auf (siehe unten) und bildete seine ersten drei Panzerdivisionen. Aufbauend auf Forschung, Design und technologische Neuerungen der Armee der Zwischenkriegszeit hatte die deutsche motorisierte Speerspitze in den ersten Jahren des Zweiten Weltkriegs einen technischen Vorsprung vor ihren Gegnern. So hatten die mittleren deutschen Tanks eine Crew von fünf Mann, die daher nicht überlastet waren (die französischen Panzer besaßen nur Ein-Mann-Türme), und die deutsche Panzerung war besser: vorne stärker und dünner an den anderen Seiten. Zudem konnten die deutschen Streitktäfte aufgrund der in den 20er-Jahren entgegen dem Versailler Vertrag gehaltenen geheimen Waffendepots rasch vergrößert werden. Die verborgenen Waffen des ersten Weltkriegs verschafften der Armee Mitte der 30er-Jahre ständige Zufuhr, bis genügend neu produzierte Waffen zur Verfügung standen. Und da die Vergrößerung der Armee die Produktion übertraf, konnten die von Deutschland im September 1939 für den Krieg mobilisierten neuen Divisionen nur mit diesen Waffen des Ersten Welrkriegs ausgerüstet werden, etwa mit Kar-98-Selbstladegewehren, von denen viele während des ganzen Zweiten Weltkriegs in Dienst blieben.

Zugleich erleichterte die militaristische Tradition Deutschlands die rasche Ausweitung des Militärs, da nur wenige Deutsche gegen die Wiedereinführung der Wehrpflicht waren und die politische und öffentliche Meinung die Wiederbewaffnung unterstützte. Auch die Industrie begrüßte sie, da sie der von der Depression gebeutelten Wirtschaft Arbeitsplätze verschaffte. Karrieremöglichkeiten beim Militär (das in Deutschland immer hohen gesellschaftlichen Stellenwert hatte) und in der Rüstungsindustrie stellten den individuellen und den Nationalstolz wieder her, während das Nazi-Regime Vollbeschäftigung und neue Aufstiegsmöglichkeiten versprach.

Doch die Wiederaufrüstung brachte auch Probleme. Der Zusammenhalt und die Kampfstärke der deutschen Armee wurden während der Vergrößerung zunächst untergraben, da die Formationen neu organisiert und eingeteilt und neue Rekruten aufgenommen wurden. In nur sechs Jahren wurde das deutsche Heer insgesamt zwanzigfach erweitert. Eine derart rasche Expansion brachte natütlich Probleme mit sich. 1935–1936 durchlief das Heer seine zweite Expansionsphase auf 36 Divisionen, doch 1937 bremste sich die Vergrößerung zeitweilig ab, da die Armee ihre Ausweitung auf das Fünffache in nur drei Jahren verkraften musste. In den späten 30er-Jahren wurde die Ausbildung beschleunigt, sodass die Qualität des traditionell hohen deutschen Standards zurückging. Auch störte eine derart rasche Expansion den logischen Ablauf der Ausbildung und machte es schwierig, genügend gute Ausbildner einzuschulen.

Kavallerie der Reichswehr bei einer Übung. Der US-Militärattaché in Deutschland in den 20er-Jahren, Colonel A. L. Conger, nannte die Truppen der Reichswehr die „100.000 besten Soldaten auf dem Kontinent". Der Vertrag von Versailles erlaubte Deutschland drei Kavalleriedivisionen. Seeckt formte diese in die „Feuerwehr" des Heeres um.

Hitler trieb die Ausweitung und Wiederbewaffnung voran, doch sein langfristiges Ziel, „Lebensraum" zu erobern, hatte wenig Auswirkung auf die Entwicklung der deutschen taktischen und operationalen Doktrin. Hauptverantwortlich für die Entwicklung des Heeres waren vielmehr der Chef des Generalstabs des Heeres, Ludwig Beck, und Erich von Manstein, sein Stellvertreter. Ein Hauptfaktor für die Erfolge des deutschen Heeres im Zweiten Weltkrieg war seine Empfänglichkeit für Ideen abseits der Wiederaufrüstung, da die höheren Offiziere Innovatoren große Freiheit bei der Entwicklung neuer Waffen, Taktiken und Doktrinen gaben. So konnte das Heer eine Panzerwaffe, die Luftwaffe eine taktische Luftstreitmacht und die Kriegsmarine eine U-Boot-Flotte entwickeln. Diese erwiesen sich in der Folge als die wirksamsten Kriegsinstrumente Deutschlands. Eine solche Großzügigkeit und Freiheit konnte natürlich nur durch die reichliche finanzielle Ausstattung durch das Nazi-Regime bestehen (obwohl dies die Rivalität zwischen den Waffenteilen förderte).

Das gefährlichste Vorzeichen künftiger Ereignisse war, dass Deutschland in den 30er-Jahren von Großbritannien die Rolle des Pioniers der Panzerkriegsführung übernahm. Im Ersten Weltkrieg war Deutschland in Entwicklung und Einsatz von Tanks hinter England hergehinkt und der Vertrag von Versailles hatte

Hans von Seeckt

Generaloberst Hans von Seeckt (links) war von 1920–1926 Chef der Heeresleitung der deutschen Reichswehr. In dieser Funktion war er hauptverantwortlich für die Entwicklung des deutschen Militärs der Zwischenkriegszeit. Angesichts der drakonischen Verringerung der deutschen Miltitäkapazität durch den Versailler Vertrag von 1919 nutzte Seeckt seine im Ersten Weltkrieg erworbene Erfahrung in mobiler Kriegsführung für die Doktrin, dass eine von mobilen Truppen durchgeführte aggressive Verteidigung einen materiell und numerisch überlegenen Gegner besiegen könne. Es war daher Seeckt, der in der Zwischenkriegszeit die Motorisierung der Tuppen förderte, um den Offensivgeist der deutschen Armee zu fördern. Der Vertrag von Versailles erlaubte Deutschland drei Kavalleriedivisionen, welche die Westmächte als nur für interne politische Aufgaben nützlichen Anachronismus ansahen. Doch Seeckt modernisierte die deutsche Kavallerie, gab ihr Motortransport und Feuerkraft und formte sie in eine mobile, offensive, halbmotorisierte, gemischte Truppe für tiefe Durchbrüche. Die Kavallerie wurde so unter Seeckts Leitung zur „Feuerwehr“ der Armee der Zwischenkriegszeit, die von einer Krise auf dem Schlachtfelkd zur nächsten stürmen sollte. Mobilität und rasche Ausrichtung auf Offensive, die Seeckt beide betonte, spielten eine wichtige Rolle bei den dramatischen Siegen im Blitzkrieg Deutschlands während der ersten Jahre des Zweiten Weltkriegs.

ihm in der Zwischenkriegszeit die Haltung, Entwicklung und Produktion von Panzern verboten. Trotzdem baute Deutschland 1925–1928 heimlich eine kleine Zahl von Tanks, die es irreführend *Leichten Traktor* und den *großen Traktor* nannte, um ihre militärische Funktion zu tarnen. 1928–1932 testeten die Deutschen diese sieben Fahrzeuge im Geheimen auf den Ausbildungplätzen von Kazan in der Sowjetunion, nachdem diese beiden Paria-Staaten des internationalen Systems nach Versailles eine Übereinkunft für militärische Zusammenarbeit getroffen hatten. Dass diese beiden Staaten kooperierten, mag überraschen. Doch ihre jeweiligen Militär-Doktrinen hatten viel gemeinsam. Die Rote Armee war Produkt eines revolutionären Prozesses und unter Führern wie M. W. Frunse und Michail Tuchatschewski wurde der revolutionäre Geist in die Militär-Doktrin getragen. Sie stützten sich auf den Bewegungskrieg, der den Russischen Bürgerkrieg gekennzeichnet hatte, und befürworteten eine stark mobile Armee, die nach Frunses Worten „erfüllt war vom Geist kühner, energisch durchgeführter Offensivoperation“. Diese Worte hätten von Seeckt oder Guderian stammen können.

Zusätzlich untersuchte die deutsche Armee in der Zwischenkriegszeit die Ideen der Engländer bezüglich der Panzerkriegsführung, nahm sie auf und verbesserte sie, indem sie sie mit den tradierten Konzepten der preußischen Armee verband, um ihre eigene Art der Panzerkriegsführung zu entwickeln. Der Aufstieg der Nazis an die Macht begünstigte die Mechanisierung, da viele ihrer Führungspersönlichkeiten die Motorisierung favorisierten. Im Oktober 1934 gab es das erste mobile Truppenkommando und unabhängige mechanisierte Formationen rund um die motorisierten Transporttruppen und ihren halbmotorisierten Kavallerieteil. 1935 folgte die Bildung der ersten drei deutschen Panzerdivisionen. Beteiligt an dieser Entwicklung war Heinz Guderian (vgl. S. 29), der 1937 „Achtung! Panzer!“ veröffentlichte, das die Panzerwaffe als Durchbruchsinstrument propagierte. Das Buch fasste die Ideen der führenden Proponenten der Panzerkriegsführung Europas zusammen.

Diese Entwicklung war aber eher eine natürliche Evolution der deutschen strategischen, operativen und taktischen Vorstellungen als eine revolutionäre Veränderung. Das Konzept der Panzerdivision war die logische Folge des Trends zur Mobilität, ausgerichtet auf Offensive und tiefen Durchbruch, welche in der bereits bestehenden deutschen Doktrin tief verwurzelt waren. Die gemischte Formation der Panzerdivision war eine logische Weiterführung der Stoßtruppen-Einheiten und -Taktiken, die im Ersten Weltkrieg aufgekommen waren. Solche Truppen konnten der herrschenden deutschen Doktrin des tiefen Durchbruchs, der Einkreisung und Vernichtung relativ leicht für jene Blitzkrieg-Strategie angepasst werden, die die ersten drei Jahre des Zweiten Weltkriegs dominierte. Deutschland konnte so die Konzepte der Panzerkriegsführung leichter und wirksamer als Großbritannien umsetzen.

Von Beginn an waren die Panzerdivisionen eher gemischte, in der Kooperation ausgebildete Verbände als reine Tank-Formationen. Im August 1935 unternahm die deutsche Armee ihre ersten großen Panzermanöver. Auch studierte sie genau die britische Experimental Mechanized Force (EMF) von 1928 und lernte mehr aus deren Übungen auf der Salisbury-Ebene als die Engländer selbst. Ihre Panzerformationen waren zwar nach dem Modell der britischen EMF gebildet, doch die deutsche Armee erkannte aufgrund regelmäßiger Übungen allmählich das eher strategische als taktische Potenzial ihrer mechanisierten Truppen.

Nach 1936 verlor die Expansion der Panzerwaffe etwas an Schwung, da sie Opposition hervorrief. Der Widerstand richtete sich aber eher gegen die Lebensfähigkeit von tiefen Durchbruchsoperationen als gegen den Wert der Panzer selbst. Über diesen war man sich einig. Tatsächlich führte die breite Übereinstimmung über die Nützlichkeit des Tanks in den späten 30er-Jahren dazu, dass das deutsche Heer zwei Panzerbrigaden als Infanterieunterstützung, vier leichte Divisionen als Ersatz der Kavallerie bei Aufklärung und Stoßtruppunternehmen sowie vier motorisierte Divisionen zum Halten eroberten Bodens aufstellte. Im Januar 1938 baute die Armee im Wissen um das strategische Potenzial motorisierter Kriegsführung diese Verbände aus.

Manche Historiker meinten, die anfänglichen Kriegserfolge der deutschen Panzerstreitkräfte beruhten teils darauf, dass die Deutschen den neuen Waffenzweig nicht wie bei der britischen Armee um die Kavallerie herum aufbauten. Doch unterschätzten diese Historiker die Wichtigkeit der deutschen Kavallerie bei der Schaffung der Panzerwaffe. Die erste mechanisierte Division wurde um Kavallerie herum aufgestellt und diese lieferte den Großteil der Mannschaften der ersten deutschen Panzerdivisionen. Der Hauptunterschied war, dass die deutsche Armee die Kavallerie in den 20er-Jahren als gemischten Verband für tiefe Durchbrüche ausbildete. So brachte die Integration der deutschen Kavallerie in die Panzerwaffe weniger Nachteile als etwa im Fall der konservativeren britischen Armee.

Deutsche Panzer

1933–1935 produzierte Deutschland seine ersten beiden Panzertypen, den Panzer I und den Panzer II. Sie waren leichte, in großer Zahl hergestellte Trainings-Fahrzeuge, die bald von größeren, wirksameren Kampfpanzern abgelöst werden sollten. Der Panzer I wog 5,4 Tonnen und hatte eine Crew von zwei Mann. Er besaß eine 6 – 13 mm dicke Panzerung und zwei MG-13-Maschinengewehre (7,92 mm). Angetrieben wurde er von einem Krupp-M305-B4-Zylinder-Benzinmotor mit 57

Adolf Hitler (im vorderen Wagen, mit gestrecktem Arm grüßend), Führer der Nazi-Partei und deutscher Kanzler. Er war de facto Diktator des Landes und beschleunigte die Aufrüstung. 1935 führte er die allgemeine Wehrpflicht wieder ein. Er erkannte den Propagandawert des Panzers. 1935 meinte er bei einem Besuch des Artillerieübungsplatzes von Kummersdorf bei der Besichtigung seiner Panzer: „Das ist es, was wir brauchen. Das ist es, was ich haben will." Dass Hitler Guderian, den General der Panzertruppen, für zuverlässig hielt, erleichterte den Ausbau der Panzerwaffe.

PS Nutzleistung, was eine Straßengeschwindigkeit von 38 km/h brachte. Der Panzer II wog 8,9 Tonnen, hatte eine 14,5-mm-Panzerung und trug die KwK-30-L/55-Kanone (2 cm). Diese frühen deutschen Panzer waren also nicht nur sehr leicht, schwach gepanzert und bestückt, sie hatten auch einen unzureichenden Ausguck. Jeder Kampfpanzer besaß aber ein Funkempfängergerät, während die Kommandotanks starke Funksender hatten. Diese Möglichkeit, auf dem Schlachtfeld zu kommunizieren (anders als bei vielen Tanks der künftigen Gegner Deutschlands, besonders Frankreichs), vergrößerte die Offensivkampfkraft der Panzerdivisionen des deutschen Heeres erheblich.

Knappheit an Ausrüstung, Unerfahrenheit und die rasche Expansion behinderten allerdings in den 30er-Jahren die Entwicklung deutscher Panzer, sodass die ersten mittleren Tanks, der Panzer III und der Panzer IV, erst 1938 in Dienst gingen. Auch da verlief die Produktion wegen Mangels an Fachkentnissen bei der Herstellung noch langsam. Die deutsche Panzerwaffe war daher zu Beginn des Zweiten Weltkriegs keine gut ausgewogene, Furcht erregende Truppe. Diese Mängel wurden nur teilweise beseitigt, als das deutsche Heer im März 1939 nach der Besetzung des tschechischen Rumpfstaates Zugang zu den beiden Hauptmodellen der tschechischen Armee erhielt, die im deutschen Dienst in Panzer 35(t) und 38(t) umbenannt wurden. Der häufigere Panzer 38(t) wog 15 Tonnen, hatte eine 35-mm-Panzerung und trug die KwK-L/45-Kanone (3,7 cm). Wichtig aber waren die vergleichsweisen Kapazitäten: Die deutsche Panzerwaffe von 1939 hatte zwar Mängel, doch die Schwächen, mit denen die Panzertruppen der Gegner Deutschlands zu kämpfen hatten, waren noch größer.

Ungeachtet der erstaunlichen deutschen Bodensiege von 1939 bis 1941 war die deutsche Aufrüstung in den späten 30er-Jahren weder leicht noch besonders effektiv. Sie geschah hastig und schlecht geplant und das Regime stimmte sie nicht mit einem klaren strategischen Entwurf ab. Stattdessen betrieb Deutschland die Aufrüstung in die Breite, nicht in die Tiefe. Jede Waffengattung verfolgte ihre Rüstung unabhängig, unkoordiniert und praktisch unbegrenzt. Diese Politik band das deutsche Militär unentrinnbar an das nationalsozialistische Regime, doch um einen hohen Preis. Die breite Aufrüstug ging mit der Errichtung der Befestigungen des „Westwalls" (der Siegfried-Linie) einher, einer Verteidigungslinie, die sich von Holland bis zur Schweiz erstreckte. Sie bestand aus hunderten von Bunkern mit überlappenden Feuerbereichen, unterstützt durch ein ausgedehntes System von Befehlsständen, Observationsposten und Unterständen für Truppen. Künstliche Hindernisse wie Panzerhöcker waren ins Gelände integriert. Diese Bauten bluteten Deutschland 1938–1939 finanziell fast aus. Nur die Annexion Österreichs und der Tschechoslowakei verhinderte einen ökonomischen Kollaps. Daneben schränkten manche strategische Begrenzungen die deutsche Aufrüstung ein, so die Abhängigkeit von Rohstoffimporten, besonders von Schwermetallen und Erdölprodukten, sowie die Devisenknappheit.

Zank zwischen den Waffengattungen

Doch innerhalb dieser Beschränkungen bereitete sich Deutschland mit größter Anstrengung auf den Krieg vor. Die unbegrenzte Aufrüstung förderte Innovation – das Heer betrieb seine Panzerwaffe, die Luftwaffe die Stukas, die Marine eine U-Boot-Waffe neben den konventionelleren Bodentruppen, Flugzeugtypen und Überwasserbooten. Doch wurde so die zentrale Ausrichtung der Aufrüstung geschwächt, was Rivalitäten zwischen den Waffenteilen blühen ließ. Es gab etwa heftige Streitigkeiten zwischen dem Heer und der Luftwaffe wegen der Herrschaft über den entstehenden Fallschirmjägerzweig und die Luftabwehr-Artillerie (Flak). Ebenso zankten sich Heer und Marine wegen der Küstenartillere und Küstenverteidigung. Die Art des nationalsozialistischen Regimes mit seinen zahlreichen konkurrierenden Autoritäten (die Hitler wegen seiner sozialdarwinistischen Anschauung des „Überlebens der Tüchtigsten" förderte) steigerte die allen militärischen Orgnisationen inhärente Rivalität zwischen den Diensten noch. So forderten in den späten 30er-Jahren Infanterie, Artillerie und Kavallerie alle ihre eigenen Panzer. Da die Streitereien nicht gelöst wurden, kam es schließlich zu einer erheblichen Duplikation bei der Truppenstruktur und der Waffenentwicklung. Die Luftwaffe etwa erhielt die Kontrolle über die Fallschirmtruppen und Luftabwehr-Artillerie und das Heer reagierte mit der Bildung seiner eigenen Truppe von Segler-Landeinfanterie und leichten Fliegerabwehr-Artillerieeinheiten. Als der Artillerie Panzer verweigert wurden, betrieb sie ihr eigenes Programm zur Entwicklung eines „Sturmgeschütz"-Fahrzeugs mit einer schwerkalibrigen Waffe als Infanterieunterstützung. Dieser Prozess führte zum StuG III (siehe Seite 103).

Diese eher planlos erfolgende Aufrüstung vermittelte dem Westen einen falschen Eindruck der deutschen Stärke, der zur Beschwichtigungspolitik und zum Münchener Abkommen beitrug, das im September 1938 von Deutschland, Italien, England und Frankreich unterzeichnet wurde und das deutschsprachige Sudetenland der Tschechoslowakei an Deutschland abtrat. Die Alliierten hatten seit den frühen 30er-Jahren die deutsche Militärkapazität unterschätzt; in der Periode der offenen Aufrüstung ab 1936 aber überschätzten sie sie. Zudem vertuschten die Nazis mit wirksamer Propaganda ihre wahre Militärstärke und verunsicherten damit Deutschlands potenzielle Gegner. Doch die deutsche Wiederaufrüstung war weitgehend eine Schönfärberei: Begrenzte Rohstoffe und

Devisen beschränkten die Rüstung. Die Ausweitung übertraf daher ständig die Produktions- und Ausbildungsmöglichkeiten. Noch im Frühling 1939 etwa litt das Heer unter ernsthafter Waffenknappheit, besonders bei Granatwerfern und schwerer Artillerie, und verfügte nur über Munition für geschätzte 15 Tage. Die massive Aufrüstung vergrößerte Deutschlands Abhängigkeit von Rohstoffimporten, wobei das Land an ernster Knappheit an Erdölreserven litt.

Deutschlands ehrgeizige, expansionistische außenpolitische Ziele erzeugten ein fruchtbares Klima für militärische Erneuerung und die Politik und die geografische Lage lenkten die Innovation in Richtung offensiver Bodenkriegsführung, um eine Niederlage wie im Ersten Weltkrieg zu verhindern. Die Armee benützte daher im großen Stil Funk, um rasche und wirksame Kommunikation zwischen ihren sich schnell bewegenden Offensivteilen zu gewährleisten. Zwischen den beiden Kriegen entwickelte Deutschland die besten Funkgeräte, machte sich aber das Radar nicht genügend zunutze, da seine offensiv orientierte Truppe dessen Wert hauptsächlich in der Defensivwirkung sah.

Militärische Übungen

Hitler erweiterte die deutsche Armee also in stürmischem Tempo, doch die forcierte Expansion beeinträchtigte die Ausbildung und verringerte ihre Qualität. Auch führte die massive Expansion der Kampfeinheiten zu einer unausgewogenen Struktur des Heeres, beschränkte seine operative Flexibilität und ließ es äußerst knapp an Nicht-Divisionstruppen und Hilfsdiensten. Doch milderte die deutsche Militärtradition der offenen, kritischen Selbstanalyse die schädlichen Auswirkungen der exzessiven Expansion. Sogar mitten im massiven Wachstum und Umstrukturieren nach 1935 führte das deutsche Heer regelmäßig umfangreiche Übungen durch. Im Juli 1935 gab es die ersten Manöver einer vollständig motorisierten Division, die das Potenzial von Panzerkriegsführung zeigten.

Im September 1936 gab es die größten deutschen Manöver seit 1913 und im Jahr darauf eine noch größere Übung. Diese Manöver zeigten viele Mängel in der deutschen Vorbereitung auf und führten zu einer Abänderung der Grundausbildung. Die Tschechien-Krise brachte eine Verkleinerung der Manöver von 1938, doch gab es intensive Truppenübungen als Vorbereitung eines Kriegs gegen die Tschechoslowakei. Die deutsche Armee bewertete detailliert ihre Kampfbereitschaft und Kapazität und der Nachrichtendienst sammelte Information über mögliche künftige Gegner. Die deutschen Militärattachés beobachteten die Manöver und Übungen ausländischer Armee genau, als Touristen getarnte Offiziere sammelten Informationen im Ausland über Militäraktivitäten. Deutsche Stabsoffiziere studierten ausländische Zeitungen und Militärjournale, um die neuesten Entwicklungen bei Taktik und Ausrüstung zu verarbeiten. Die deutsche militärische Vorbereitung der Zwischenkriegszeit war sorgfältige Arbeit und dieser Professionalismus milderte die schädlichen Auswirkungen der forcierten Expansion.

Dessen ungeachtet hatte die deutsche Armee vor dem Krieg erhebliche Probleme. Sie litt unter ernsthaftem Offiziersmangel, sodass sie sich noch mehr als traditionell auf ihre Unteroffiziere (UO) stützen musste. Doch der Mangel an UO in den späten 30er-Jahren war noch ärger. Das deutsche Heer ging im September 1939 mit zu wenig Offizieren in den Krieg, eine Situation, die sich während des Kriegs wegen der steigenden Verluste ständig verschärfte. Zudem waren die Truppen wegen der beschleunigten, offensiv ausgerichteten Ausbildung in der Defensive unerfahren und die ständige Umgruppierung des Personals verzögerte das Erreichen der Kampfbereitschaft und untergrub den Zusammenhalt.

Dass das deutsche Militär von 1939 kurz zuvor operative Erfahrungen gesammelt hatte, half diese Mängel teilweise wettzumachen. Die Kampferfahrung ergab sich aus der Teilnahme der deutschen Legion Condor am Spanischen Bürgerkrieg von 1936 bis 1939. In diesem Konflikt lernten die deutschen Streitkräfte wichtige Lektionen. Die Luftwaffe stellte in Spanien die erste große strategische Luftbrücke der Geschichte her, unternahm erstmals Flächenbombardements mit mittleren Heinkel-He-111-Bombern bei Guernica, setzte erstmals Junkers-Ju-87-Stuka zur taktischen Bodenunterstützung ein und entwickelte ein Kommando- und Kontrollsystem für den Luft-Boden-Angriff. Auch der Bodenkampf brachte wichtige Erkenntnisse, unter anderem über die bemerkenswerte Antipanzer-Kapazität (hohe Geschwindigkeit und Feuerrate sowie große Reichweite und Genauigkeit) der schweren 8,8-cm-Flugzeugabwehrkanone-18 (8,8-cm-Flak 18) sowie über Möglichkeiten und Grenzen der ersten Panzergeneration Deutschlands.

Die ohne Kampf verlaufene Besetzung Österreichs und des Sudetenlandes im März bzw. Oktober 1938 sowie des tschechischen Rumpfstaats im März 1939 verschafften den deutschen Streitkräften weitere operative Erfahrung. Diese Aktionen waren hochinstruktive Proben, die zahlreiche Mängel bei der deutschen Ausrüstung, Ausbildung und Organisation aufzeigten. Die Annexionen bewiesen die rasche Verbesserung der deutschen Mobilisierung, die auf die etwas wirre, chaotische Mobilisierung bei der kampflosen Besetzung Österreichs im März 1938 folgte. Damals hatte es erhebliche Konfusion gegeben und die deutschen Streitkräfte waren in einiger Unordnung bis nach Wien gekommen, obwohl sich niemand ihrem Marsch entgegengestellt hatte. Die Berichte nach der Aktion kri-

Deutsche Truppen marschieren 1936 im bis dahin entmilitarisierten Rheinland ein. An der Operation waren nur 20.000 Soldaten und ein Kontingent lokaler Polizei beteiligt. In einer Volksabstimmung am 29. März 1936 stimmten 98,8 Prozent der deutschen Bevölkerung zugunsten der Aktion Hitlers.

tisierten stark das Programm, die Ausführung durch die Truppen, die Ausbildung und Disziplin. Schlecht ausgebildete Reserve- und Hilfstruppen wurden in konfuser Art mobilisiert, die Marschdisziplin war schlecht und der deutsche Vormarsch in Österreich hielt den Zeitplan nicht ein. Zudem verursachten die Paramilitärs der SS, die bewaffnete Polizei und Luftwaffe-Einheiten, die keine gemeinsamen Übungen mit dem Heer durchgeführt hatten, größere Unordnung. Die nachträgliche Analyse zeigte als ernsteste operative Einschränkung die unzureichende Treibstoffversorgung des motorisierten deutschen Heeres. Die deutschen Streitkräfte waren so knapp an Benzin, dass sie ihre Fahrzeuge auf dem Weg nach Wien wiederholt an österreichischen Tankstellen auftanken mussten!

Aufgrund der intensiven Vorbereitungen des Kriegs gegen die Tschechoslowakei und der Verarbeitung der aus dem österreichischen Debakel gelernten Lektionen verlief die Annexion des Sudetenlands im Oktober 1938 glatter. Aber immer noch behinderten ernste Mängel die Operationen und erforderten zur Korrektur in den folgenden Monaten intensives Training. Die Früchte der deutschen Arbeit zeigten sich bei der Okkupation des tschechischen Rumpfstaates im März 1939. Diese Operation bewies eine weitere Verbesserung bei der Mobilisierung. Die Reformen und Reorganisierungen aufgrund vergangener Erfahrungen zahlten sich schließlich aus. Diese Operationen verschafften Deutschland vor allem die erste praktische Erfahrung mit Panzertruppen abseits der Übungsplätze und beseitigten Schwachpunkte der Organisation, Vorbereitung und Mobilisierung.

Die deutsche Infanterie

Ungeachtet der Entwicklung der Panzerwaffe in den 30er-Jahren blieb der Großteil des deutschen Heeres Infanterie. Ein integrales, oft unterschätztes Element der Blitzkrieg-Erfolge waren Können, Qualität und Draufgängertum der deutschen Infanterie in den frühen Kriegsjahren, wie wir sehen werden. Obwohl man ihn oft als konservativen Opponenten der Panzer darstellt, begünstigte der Generalstabschef General Ludwig Beck die Schaffung einer gut ausgewogenen Truppe und förderte die Entwicklung der Panzer mehr, als er sie hemmte. Er betrieb daher in den 30er-Jahren die parallele Vergrößerung des Infanteriezweiges. Dieser hatte dann sowohl Anteil an den deutschen Triumphen der frühen Kriegsjahre als auch an der zähen Verteidigung des deutschen Heeres in den letzten beiden Kriegsjahren. Eine Prüfung der Lektionen des Ersten Weltkriegs in der Zwischenkriegszeit zeigte, dass die deutsche Infanterie 1918 schließlich unter der Anstrengung von vier Jahren totalen Kriegs zusammengebrochen war.

Die Armee unternahm daher in der Zwischenkriegszeit eine große Sanierung der Infanterie. Die besonders von Seeckt betriebenen Reformen lehrten in den 30er-Jahren die Infanterie die Doktrin des mobilen Vorgehens. Die höheren Kommandeure überholten die Ausbildung, um einen aggressiven Infanteriezweig aufzubauen. Diese betonte individuelle Initiative, bestausgebildete Zugsführer und maximale körperliche Fitness (letztere Qualität würde es den Infanteriedivisionen erlauben, über große Distanzen zu marschieren und von motorisierten Kolonnen geschaffene Kessel abzuschließen und zu vernichten). Die strenge Ausbildung führte zu Gehorsam und Disziplin. Die Zugsführer waren intelligente Anführer, keine geistlosen Automaten. Entgegen dem Bild des deutschen Soldaten als hirnlos gehorsam lehrte die Ausbildung ihn, nicht einfach die „Schullösung" anzuwenden, wie oft bei anderen Armeen, sondern selbstständig vorzugehen. Dies führte zu einer Infanterie, die als Teil eines schnell vorgehenden gemischten Teams selbst denken und unabhängig handeln konnte.

Heinz Guderian

Der Kavallerie-Führer und Stabsoffizier des Ersten Weltkriegs Heinz Guderian war glühender Anti-Kommunist und kämpfte 1919 in einem Freikorps zur Verteidigung seiner Heimat Ostpreußen gegen die Bolschewiken. Als er einen formellen Rückrufbefehl missachtete, verlegte ihn das deutsche Heeresoberkommando zum 7. Motortransport-Bataillon in München. Hier traf er Oswald Lutz, einen Befürworter der motorisierten Kriegsführung. Ab Mitte der 20er-Jahre dachte Guderian an eine künftige strategische Rolle der Panzerstreitkräfte Deutschlands. Im Oktober 1931 wurde Guderian Lutz' Stabschef, als dieser Generalinspekteur der Motortransport-Truppen und dann 1934 Chef des Motorisierten Truppenkommandos wurde. Diese Partnerschaft war für die künftige Entwicklung der Panzerwaffe entscheidend. 1935 erhielt Guderian das Kommando der 2. Panzerdivision. 1937 veröffentlichte er sein Hauptwerk über die Panzerkriegsführung *Achtung! Panzer!*

Nach Kriegsausbruch im September 1939 unternahm Guderian mit dem XIX. Motorisierten Korps kühn den tiefsten Vorstoß des deutschen Heeres in Polen. Im Mai 1940 kommandierte er sein XIX. Korps beim gewagten Stoß durch die Ardennen und dem folgenden Durchbruch zur Küste, der das britische Expeditionskorps bei Dünkirchen isolierte und seine Evakuierung erzwang. Zwischen Juni und Dezember 1941 führte Guderian im Unternehmen Barbarossa die Panzergruppe 2, die die Sowjetunion bis vor Moskau durcheilte. Weil er den Gegner während der sowjetischen Winter-Gegenoffensive nicht stoppen konnte, entließ ihn Hitler im Dezember 1941. Erst die bittere Notlage nach der Vernichtung der 6. Armee Feldmarschall Paulus' bei Stalingrad veranlasste Hitler, Guderian im Frühling 1943 wieder zu berufen. Der „Führer" erteilte ihm beispiellose Autorität, die Panzerwaffe, die an der Ostfront schwer gelitten hatte, neu zu organisieren und auf Vordermann zu bringen. Guderian rationalisierte und erweiterte die deutsche Panzerproduktion dramatisch, um die Kampfkraft wiederherzustellen. Auch umschiffte er geschickt den Attentatsversuch am 20. Juli auf Hitler und die darauf folgende Repression. Hitler belohnte ihn mit der Beförderung zum Chef des Generalstabs des Heeres. In den letzten sechs Kriegsmonaten versuchte Guderian – meist vergeblich – Hitlers zunehmend irrationale strategische Führung und seine bizarren Versuche, die Fronteinheiten taktisch bis ins Kleinste zu determinieren, abzuschwächen. Nach einem neuerlichen Streit mit seinem „Führer" schickte Hitler Guderian im Frühling 1945 in einen „Urlaub aus medizinischen Gründen", wodurch die militärische Karriere des führenden Panzertheoretikers und -praktikers Deutschlands ein unrühmliches Ende fand. Er starb 1954.

Die Ausbildung der Infanterie legte auch großen Wert auf wirksame Tarnung im Feld und während des ganzen Zweiten Weltkriegs kam keine Armee dem deutschen Heer in dieser Kunst nahe. Zudem betonte die Ausbildung die Disziplin und konditionierte die Truppen durch harte Übungen auf eine breite Palette von wahrscheinlichen Kampfsituationen, die auf dem Schlachtfeld eintreten konnten. Das Training war realistisch und nicht auf gutes Wetter und Tageslicht beschränkt. Die Truppen übten lang und hart, um sich auf die Entbehrungen des Kriegs vorzubereiten. Die deutsche Infanterie trainierte auch Aktionen mit kleinen gemischten Einheiten, den „Stoßtruppen", und flexiblen Ad-hoc-Gruppen, die einen zusammenhängenden, disziplinierten Infanteriezweig bildeten, der für schnelle Offensivkriegsführung mit gemischten Verbänden ausgebildet war. Die deutsche Infanterie war also gut für das Kooperieren und Interagieren mit Truppen anderer Waffengattungen vorbereitet, obwohl natürlich keine Ausbildung die Realitäten des wirklichen Kampfs genügend simulieren kann.

In der Einsicht, dass die Infanterie ein Instrument war, das eine Schlacht gewinnen konnte, vergrößerte das deutsche Heer auch ihre Mobilität und Feuerkraft. Zwei revolutionäre neue Waffen wurden eingeführt, das 7,5-cm-leichte Infanteriegeschütz 18 (7,5-cm-leIG 18) und das vielseitige 15-cm-schwere Infanteriegeschütz 33 (15-cm-sIG 33), die die Feuerkraft einer Artilleriewaffe mit der Mobilität des 7,7-cm-Feldgeschützes des Ersten Weltkriegs verbanden. Diese Waffen wurden von Pferden gezogen, konnten zum leichten Transport in ein halbes Dutzend Teile zerlegt werden und gaben der deutschen Infanterie jene mobile Feuerkraft, die ihr im Ersten Weltkrieg oft gefehlt hatte. Die Deutschen verstärkten in der Zwischenkriegszeit auch den Einsatz des 5-cm-leichten Granatwerfers 36 (5-cm-leGrW 36) und des 8-cm-Granatwerfers 34 (8-cm-GrW 34). Der im Ersten Weltkrieg eingeführte Granatwerfer hatte sich als eine der wirksamsten Infanteriewaffen des Kriegs erwiesen, wie die Deutschen als Erste erkannten. Das deutsche Heer begann schwere Waffen, Fernmeldewesen und Stäbe der Infanterieeinheiten zu mobilisieren, damit sie mit den mobilen motorisierten Truppen einigermaßen Schritt halten konnten. So war die deutsche Infanterie bei Kriegsbeginn 1939 besser ausgerüstet und ausgebildet als ihre Gegner. Vor allem war sie besser für rasch vorstoßende Offensivoperationen und Kooperation mit anderen Waffenteilen vorbreitet.

Die deutsche Artillerie

Die deutsche Artillerietruppe der 30er-Jahre aber war weniger fortschrittlich als die Panzerwaffe und die Infanterieteile. Der Vertrag von Versailles verkleinerte das deutsche Artilleriearsenal ernsthaft und verbot mobile schwere Artillerie. Die Artillerietruppe hatte daher mit dem explosiven Anwachsen des Heeres in den 30er-Jahren Probleme. Sie wurde nur langsam motorisiert und es mangelte an

Ju 87 Stuka während des Bürgerkriegs in Spanien. „Stuka“ war abgeleitet von *Sturzkampfflugzeug*. Die Ju 87 war so wirkungsvoll, weil im Sturzflug über Ziele abgeworfene Bomben größere Treffsicherheit haben als im geraden Flug abgeworfene. Die Stuka besaßen Sirenen, die ein hohes, Angst einjagendes Heulen produzierten und so auch psychologische Wirkung hatten.

schwerer Artillerie – womit man allgemein Waffen mit 16-cm-Kaliber und mehr bezeichnete, obwohl die Deutschen inkonsequent die 10-cm-Kanone 18 (10-cm-sK 18) „schwere Kanone" nannten. Wegen der raschen Expansion musste 1938 die schwere Artillerie großteils von Pferden gezogen werden und war knapp an Nachschub. Trotzdem stellte das deutsche Heer in den frühen 30er-Jahren motorisierte und Kampfstoff-Granatwerferbatterien auf. Zudem war die in den 30er-Jahren standardisierte mobile 10,5-cm-leichte Feldhaubitze 18 (10,5-cm-leFH 18) gut für rasche mobile Operationen geeignet.

Die strategische Betonung der schnell zustoßenden Kriegsführung des deutschen Heeres widersprach der Errichtung einer zentralisierten Artillerietruppe. Tatsächlich spiegelten Struktur und Organisation der deutschen Artillerie den ständigen Zweifel daran, dass massiertes Artilleriefeuer auf dem modernen Kampffeld zum Offensivkampf einen entscheidenden Beitrag leisten könne (man hatte sich die Lektion des Ersten Weltkriegs, wo auch tagelanger Beschuss zuletzt kaum etwas gebracht hatte, außer dass er den Boden in eine Mondlandschaft voll Kratern verwandelt hatte, die die angreifende Infanterie behinderten, doch feindlichen Maschinengewehrschützen halfen, sehr zu Herzen genommen). Das deutsche Heer dachte stattdessen an den dezentralen Einsatz der Artillerie vorne auf Bataillons- und Regimentsebene, um einen durch rasche, tief vorstoßende Bodenangriffe bereits ausmanövrierten Feind in Unordnung zu bringen.

Die Forschung und Entwicklung der 20er-Jahre führten dazu, dass in den späten 30er-Jahren eine Vielfalt von hochwertigen Artilleriewaffen bei den Einheiten in Dienst ging. Darunter war die schwere 10-cm-Kanone 18 (10-cm-sK 18), die eine sehr große Reichweite besaß und sich als äußerst wirksam für Gegenfeuer und zum Niederhalten des Gegners erwies. Dazu erhielt das deutsche Heer das moderne, leicht wiegende 7,5-cm-Gebirgsgeschütz 36 (7,5-cm-GebG 36) und entwickelte Prototypen der 10,5cmm-Gebirgshaubitze 40 (10,5-cm-GebH 40), die zu den ersten seit dem Ersten Weltkrieg in Europa speziell für den alpinen Einsatz gebauten Artilleriewaffen zählten.

Luftunterstützung

Die Erfahrungen des Ersten Weltkriegs veranlassten die deutsche Luftwaffe, mehr Ressourcen zur Schaffung einer Jagdflugzeugtruppe für die Luftüberlegenheit einzusetzen. Deutschlands geostrategische Lage zwang seine Streitkräfte in der Zwischenkriegszeit, eine offenere Luft-Boden-Kooperation mit weniger Ranküne zwischen den Diensten als bei anderen Militärs anzustreben. Die Deutschen sammelten im Spanischen Bürgerkrieg einige Erfahrung mit den Problemen der Luft-Boden-Kommunikation. Die deutsche Flieger-Doktrin befürwortete daher einen integrierteren Zugang und erkannte, dass die Luftmacht den Bodenkampf unterstützen musste. Die Luftwaffe assisitierte den Bodeneinheiten. Zwar besaß sie Bomber, doch das Konzept des strategischen Bombardements gab es nur am Reißbrett. Im Feldzug gegen die Sowjetunion sollte dies schwere Folgen haben, da die Luftwaffe die sowjetische Industrie jenseits des Urals nicht treffen konnte.

Die deutsche Luftwaffe zog aus den Erfahrungen des Spanischen Bürgerkriegs ihre Schlüsse über die Luft-Boden-Koordination. Der Stellungskrieg des Bürgerkriegs (aufgrund gleich starker und eher amateurhafter Bodentruppen) veranlasste die Legion Condor, eine primitive Nahunterstützungskapazität zu entwickeln. In Spanien zeigte sich die Treffsicherheit der Stuka als Bombenträger, doch die Luftwaffe erwarb keine Erfahrung über Nahunterstützung von sich rasch bewegenden motorisierten Truppen bei Vorstoßoperationen. Im September 1939 be-

Deutschlands territoriale Eroberungen bis zum Ausbruch des Zweiten Weltkriegs im September 1939. Die Inbesitznahme der Tschechoslowakei brachte der deutschen Armee ein größeres Reservoire an Menschen wie auch riesige Mengen ausgezeichneten Kriegsmaterials, darunter fast 400 Tanks.

saß sie daher nur sehr begrenzte Luftnahunterstützungskapazität. Für den Polenfeldzug teilte sie die Nahunterstützung einem einzigen Gesschwader veralteter Maschinen zu, die diese Aufgabe erhielten, weil sie für wichtigere Einsätze ungeeignet waren. Der Luftwaffe fehlten zudem erprobte Verfahren zur Unterstützung von Panzertruppen und strukturell ließ das deutsche System der Luft-Boden-Koordination sehr zu wünschen übrig. So hemmten ernste taktische, organisatorische, Ausrüstungs- und Ausbildungsmängel die Durchführung des Luft-Boden-Kampfs. Auch förderte die Expansion von Luftwaffe und Kriegsmarine die Rivalität, da beide Kapazitäten der Bodentruppe an sich reißen wollten.

Im September 1939 mobilisierte Hitler eine „Schaufenster"-Armee, bei der Deutschland all seine Bodentruppen ins Feld führte. Die deutsche Schlachtordnung bestand aus eindrucksvollen 103 Divisionen, doch alle waren unterbesetzt und nicht voll ausgerüstet. Nur die Hälfte des Heeres bestand aus ausgebildeten Kampftruppen, der Rest waren entweder Reservisten oder „Landwehr"-Truppen (Veteranen des Ersten Weltkriegs, die eine hastige Auffrischungsausbildung durchlaufen hatten). Deutsche Reserven gab es fast nicht, die Nachschubbestände waren vernachlässigbar (etwa für nur sechs Wochen Munition). Letzteres war kein unmittelbares Problem, da der Blitzkrieg den Feind rasch besiegen sollte. Dauerte ein Feldzug aber länger, würde diese Schwäche kritisch werden.

Alles stand im Schaufenster und die Armee war schwer bei den „Zähnen" und knapp „am Schwanz", da Hitler alles einsetzte, um die polnische Gegenwehr rasch zu überwinden. Die Hilfsdienste waren unzureichend, was die traditionelle deutsche Geringschätzung der Etappen-Dienste und die Orientierung auf offensiven Bodenkrieg zur Überwältigung des Gegners spiegelte.

Bei Kriegsausbruch war Deutschland also ziemlich unvorbereitet für einen längeren Krieg. Seine Streitkräfte waren für eine lang dauernde Aggression ein schwaches Instument, da es dem Land an Rohstoffen und der nötigen Industriekapazität für einen langen Konflikt mangelte. Nur indem es seine Nachbarn einen nach dem anderen überwältigte, ehe diese in Bereitschaft waren, konnte Deutschland die für Hitlers Streben nach der Vorherrschaft in Europa nötige materielle, ökonomische und finanzielle Basis erwerben. Überdies blieb der Großteil des deutschen Heeres trotz seiner Aura der Modernität von Pferden abhängig. Die strategische Schwäche der deutschen Erdölindustrie, die relativ kleine Zahl von Automobilen in Deutschland, die begrenzte Panzerreserve und das Festhalten an einer bisher unbewiesenen Panzer-Doktrin stellten reale Einschränkungen des Ausmaßes der Mechanisierung dar. Die Größe der deutschen Panzertruppe im September 1939 spiegelte daher weit eher genuin strategische Schranken, als dass sie auf eine konservative Gegnerschaft zurückgegangen wäre.

Doch Deutschland hatte mit der Aufrüstung etliche Jahre vor seinen Nachbarn begonnen, und wenn die deutschen Streitkräfte auch realtiv viele Mängel aufwiesen, waren sie doch weit besser als ihre Gegner vorbereitet. Im September 1939 meinte Hitler daher, dieses nicht perfekte Instrument könne die schlecht vorbereiteten Nachbarn rasch überwältigen, ehe sie ihre Ressourcen mobilisieren und aufrüsten konnten. Resultat (das eher durch Mangel als durch rationale Planung zustande kam) war die Blitzkrieg-Strategie der frühen Kriegsjahre, die das globale Kräftegleichgewicht veränderten.

Ein empfängliches Milieu

Deutschlands strategisches und politisches Milieu erzeugte so in der Zwischenkriegszeit ein für militärische Expansion und Neuerung förderliches Klima. Eine Kombination von Persönlichkeiten, Erfahrungen und der Art der deutschen Militärkultur machten die Militärs für die neuen Ideen empfänglich. Die Wurzel der deutschen Erfolge von 1939–1941 lag in der Niederlage von 1918 und der Entschlossenheit der Armee, aus den operativen und taktischen Lehren des ersten Weltkriegs zu lernen. Sie studierte diese Lektionen sorgfältig, flexibel und empfänglich für neue Ideen. Zudem war ihr klar, wer Deutschlands künftige Gegner waren und wo sie bekämpft werden würden, was die Erneuerung erleichterte und sich auf den Bodenkrieg konzentrieren ließ. Resultat war der Blitzkrieg.

Die Theorie des Blitzkriegs war für die deutschen Militärs eine geringere Herausforderung, da sie meinten, Deutschland habe den Ersten Weltkrieg nach gesunden operativen und strategischen Prinzipien gefochten. Die neuen deutschen Panzertruppen boten daher eine Lösung des Problems, die für eine solide Basis gehaltene Doktrin wirksam umzusetzen. Die Schwierigkeiten bei der Umsetzung, weniger eine an sich schlechte Doktrin, hatten zu Deutschlands Niederlage von 1918 geführt. Deutschland fiel daher die intellektuelle und lehrmäßige Anpassung an den Panzer leichter als etwa Großbritannien. Dies erklärt, weshalb 1939 trotz Gegnerschaft in beiden Ländern die Panzerkriegsführung ein starkes Dogma der deutschen Militärdoktrin geworden, in England aber nicht in ähnlicher Weise aufgenommen worden war. Die Unterbringung von Tanks in einer realistischen Doktrin gemischter Verbände führte 1939–1941 zu Erfolgen Deutschlands, obwohl es den mechanisierten Truppen nicht mehr Ressourcen widmete als seine europäischen Gegner.

Blitzkrieg: Mythen & Fakten

Der Blitzkrieg verblüffte die Welt, als er im September 1939 erstmals angewandt wurde. Schnelligkeit der motorisierten Kräfte und Luftwaffe waren seine Attribute, doch seine Doktrin war fest in den Taktiken der Armeen Preußens und des Kaiserreichs verwurzelt.

Das Wort „Blitzkrieg" ist unauflöslich mit dem deutschen Heer im Zweiten Weltkrieg verbunden. Es ist ein emotionaler Ausdruck, der beim Laien das Bild massierter Panzerformationen auslöst, die durch die feindlichen Stellungen brechen und im rückwärtigen Gebiet Panik und Zerstörung verursachen, während oben hunderte Junkers-Ju-87-Stuka die feindlichen Kolonnen und Flüchtlinge im Tiefflug angreifen. Abgesehen davon, dass massierte Panzer nicht ohne schwere Verluste durch feste Verteidigungsstellungen brechen können – wofür die Erfahrungen der 4. Panzerarmee in der Schlacht von Kursk im Juli 1943 ein Beispiel sind –, entwickelte die deutsche Armee in den 30er-Jahren keine neue, den Krieg gewinnende Strategie. Sie entwickelte eher bereits bestehende Doktrinen weiter, um sie dem Einsatz von Kampfpanzern anzupassen. Der Historiker Matthew Cooper meint knapp: „Man durchsucht die deutschen Militärhandbücher vor dem Krieg und während des Kriegs vergeblich nach seiner Erwähnung [des Blitzkriegs] und auch in den Nachkriegs-Memoiren der Generäle, die ihn entwickelt und seine Methoden angewandt haben sollen, findet man ihn selten." Heinz Guderian bemerkte: „Als Resultat der Erfolge unserer schnellen Feldzüge ... schufen unsere Gegner das Wort Blitzkrieg." Hitler selbst sagte „der Ausdruck ist eine italienische Erfindung. Wir übernahmen ihn aus den Zeitungen."

In diesem Kapitel wollen wir die Militärdoktrin der Armee Nazi-Deutschlands untersuchen, um bezüglich des so genannten Blitzkriegs Mythos von Realität zu trennen. Es mag für Historiker und Laien attraktiv sein, dem deutschen Heer des Zweiten Weltkriegs revolutionäre Taktiken zuzuschreiben, doch in Wahrheit war die Armee Erbe einer langen, stolzen Militärtradition und ihre Taktiken zwischen 1939 und 1945 waren Produkt eines evolutionären Prozesses. Ein Vergleich der

Der Blitzkrieg in Aktion – deutsche Soldaten marschieren während der Ardennenoffensive der Wehrmacht im Dezember 1944 an einem brennenden US-Halbkettenfahrzeug vorbei. Aufgrund heimlicher Sammlung, Überraschung und der schlechten Sicht über dem Operationsgebiet konnten die Deutschen in den ersten Tagen der Offensive Gebietsgewinne erzielen.

Lehre des Blitzkriegs und der Kriegsführung der vergangenen preußischen und deutschen Armeen wird dies illustrieren. Zunächst aber stellt sich die Frage: Was ist Blitzkrieg? Einfach gesagt, ist er eine Methode der Kriegsführung, die eine Auseinandersetzung eher durch eine entscheidende offensive Aktion als durch Zermürbung zu gewinnen sucht. Durch Überraschung, Beschuss und Bewegung umfassen die eigenen Kräfte feindliche Formationen zunächst und vernichten sie dann. Dazu muss eine Überlegenheit an Männern sowie Feuerkraft an einem bestimmten Punkt der Front massiert werden, um einen Durchbruch zu erzielen. Diese Stelle nennt man den *Schwerpunkt.* Hat die Offensive begonnen, hängt alles von Schnelligkeit, Kühnheit und Feuerkraft ab, um den Schwung des Vorstoßes aufrechtzuerhalten und den Feind aus dem Gleichgewicht zu bringen. Durchbrüche werden durch nachfolgende Reserven verstärkt, während ein durchdachtes Logistiksystem für ständige Versorgung der Angriffsspitzen mit Munition, Treibstoff und Verpflegung sorgt. Jenseits der Angriffsspitzen schlagen Bomber und Stuka auf feindliche Reserven, Fernmeldewesen und Hauptquartiere ein, um das „Hirn" des Gegners, sein Oberkommando, zu lähmen. Man versucht alles, um feindliche Formationen einzuschließen, nicht sie zurückzuwerfen. So können nachfolgende Infanteriedivisionen Widerstandsnester einkreisen und vernichten.

Konzentration und Manöver

Ein Blick auf die deutsche Geschichte zeigt, dass die Generäle stets Manöver anwandten, die den Feind mittels Überraschung besiegen sollten. Die geografische Lage Deutschlands zwang zu einer solchen Doktrin. Durch die Lage in Mitteleuropa hatte es stets im Westen wie im Osten potenzielle Feinde. Seine Kräfte waren daher immer potenziell zahlenmäßig unterlegen. Die Generäle mussten also Wege finden, ihre Ressourcen so aufzuteilen, dass ihre oft quantitativ unterlegenen Streitkräfte maximal wirkten. Bei der Schlacht von Leuthen im Dezember 1757 etwa sandte Friedrich der Große seine Armee gegen die österreichische rechte Flanke, schwenkte dann im spitzen Winkel nach rechts und zog hinter eine niedrige Hügelkette, um einen vernichtenden Angriff gegen die österreichische linke Flanke zu starten. Die Folge war ein spektakulärer preußischer Sieg, den Napoleon „ein Glanzstück von Manöver und Entschlossenheit" nannte. Über 100 Jahre später gelangen Feldmarschall Helmuth Graf von Moltke, dem Generalstabchef der preußischen Armee, durch rasche Aktivierung von Reserven, überraschende Konzentration überwältigender Stärke durch konvergente Marschlinien und den Einsatz von Bahnlinien zum Transport und zur Versorgung von Truppen eine Reihe überwältigender Siege der preußischen Armee über die Dänen, Österreicher und Franzosen. Im Krieg gegen Frankreich 1870 sammelte Moltke 475.000 Mann in vier Armeen, gelangte mit einer gigantischen Schwenkbewegung hinter die Franzosen und trieb sie gegen die belgische Grenze. Durch diese Offensive konnte Preußen die französischen Armeen trennen und dann bei Metz und Sedan besiegen.

Manöver und Kühnheit, zwei wesentliche Bestandteile des Blitzkriegs, findet man auch in der Strategie Alfred Graf von Schlieffens, des Generalstabschefs, der eine Strategie für einen Krieg gegen Frankreich und gleichzeitig Russland entwarf. Sein Plan basierte auf einem extremen, doch kalkulierten Risiko: Russland würde für die Mobilmachung etwa sechs Wochen länger als Frankreich und Deutschland brauchen. Er ließ daher eine Armee im Osten; drei weitere sollten die französisch-deutsche Grenze schützen, während die restlichen vier Armeen die linke Flanke des französischen Heeres durch eine massive Schwenkung durch Belgien umfassen sollten. Binnen sechs Wochen sollten sie die Franzosen schlagen, dann könnten sie

Triumph der Bewegung über den Zermürbungskrieg: Motorisierte Elemente der 4. Panzerdivision am 17. Mai 1940 in Frankreich auf offenem Gelände. Nach dem Stoß durch die alliierte Front in den Ardennen hatten die Panzerdivisionen freie Bahn zum Ärmelkanal, um die alliierten Armeen in Holland und Belgien von den übrigen in Frankreich abzuschneiden. Die dadurch verursachte Konfusion und Panik bei Militärs und Zivilisten machte den Vorstoß des Blitzkriegs noch wirksamer.

nach Osten verlegt werden und die Russen besiegen. Dieser Plan wurde im August 1914 angewandt und war fast erfolgreich, doch sein Misslingen führte zu einem Zweifrontenkrieg – genau das, was Schlieffen hatte vermeiden wollen.

Das Patt in den Gräben des Ersten Weltkriegs war für die deutsche Armee ein Albtraum. Gegen überzählige Gegner (besonders nach dem Kriegseintritt der USA 1917) konnte Deutschland keinen Abnutzungskrieg gewinnen. Noch dazu beraubte die Blockade der britischen Marine Deutschland wichtiger Rohstoffe aus Übersee. Deutsche wie Briten und Franzosen versuchten das Patt in Nordfrankreich mittels tiefer Durchbrüche aufzuheben. Dies endete fast stets verheerend und mit großen Verlusten. Beide Seiten suchten nach Lösungen. Die Alliierten glaubten, im Tank, der mit seinen Raupen Stacheldraht, Gräben und von Granaten zerfurchtes Gelände queren konnte, eine gefunden zu haben. Der deutsche Generalstab, erst unter General Erich von Falkenhayn, dann unter Paul von Hindenburg und Erich Ludendorff, suchte eine taktische Antwort.

Die deutsche Division wurde von vier auf drei Regimenter verkleinert und in jeder Kompanie wurden kleine mobilere Einheiten, die Kampfgruppen, gebildet.

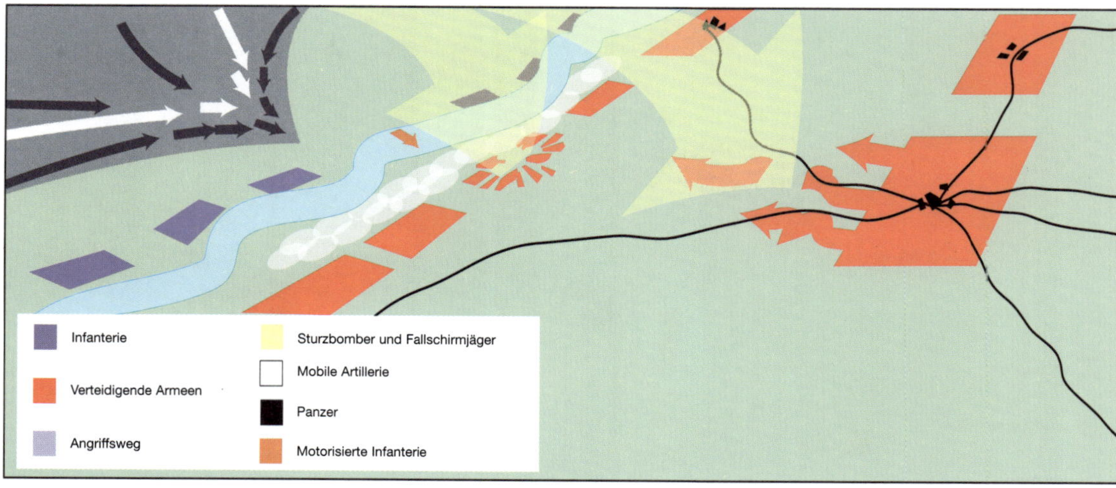

Diese würden beim Angriff für Überraschung sorgen: Heimliche Truppenkonzentrationen (nachts und im letzten Moment) und kurzer, intensiver und genauer Artilleriebeschuss würde der Attacke vorangehen. Die tatktische Einheit war die Gruppe mit 14 bis 18 Mann. Jede hatte ihre eigenen Waffen – ein leichtes Maschinengewehr und einen Granatwerfer. Speziell ausgebildete Sturminfanterie („Sturmtruppen") sollten vorrücken und den Gegner auf Schwachpunkte testen. Stützpunkte mussten um jeden Preis umgangen werden. Dadurch sollte der Schwung des Angriffs erhalten bleiben. Hinter den Sturmeinheiten würden Reserven am Punkt des größten Fortschritts den Durchbruch verstärken, während weitere Reserven umzingelte feindliche Widerstandsnester aushoben. Inzwischen sollten Regimenter und Divisionen den Durchbruch durch Attacken an und hinter den neu geschaffenen feindlichen Flanken auf beiden Seiten des Durchbruchs erweitern. Die Artillerie würde hinter der Infanterie vorgehen und für eine konstante Feuerwalze sorgen, Flugzeuge würden feindliche Nester und Reserven angreifen. Soweit die Theorie, doch würde sie real funktionieren?

Phase Eins des Blitzkriegs: Infanterie zieht die Aufmerksamkeit des Verteidigers entlang der Front auf sich. Während Stuka Frontlinien-Reserven und Artillerie angreifen, queren Panzerspitzen mit Pionieren den Fluss.

Phase Zwei: Sturmtruppen und Sprengtrupps schalten feindliche Stützpunkte aus und vergrößern den Brückenkopf. Panzer rücken ins feindliche Hinterland vor, gefolgt von motorisierter Infanterie und Artillerie. Stuka machen ihnen die Bahn frei.

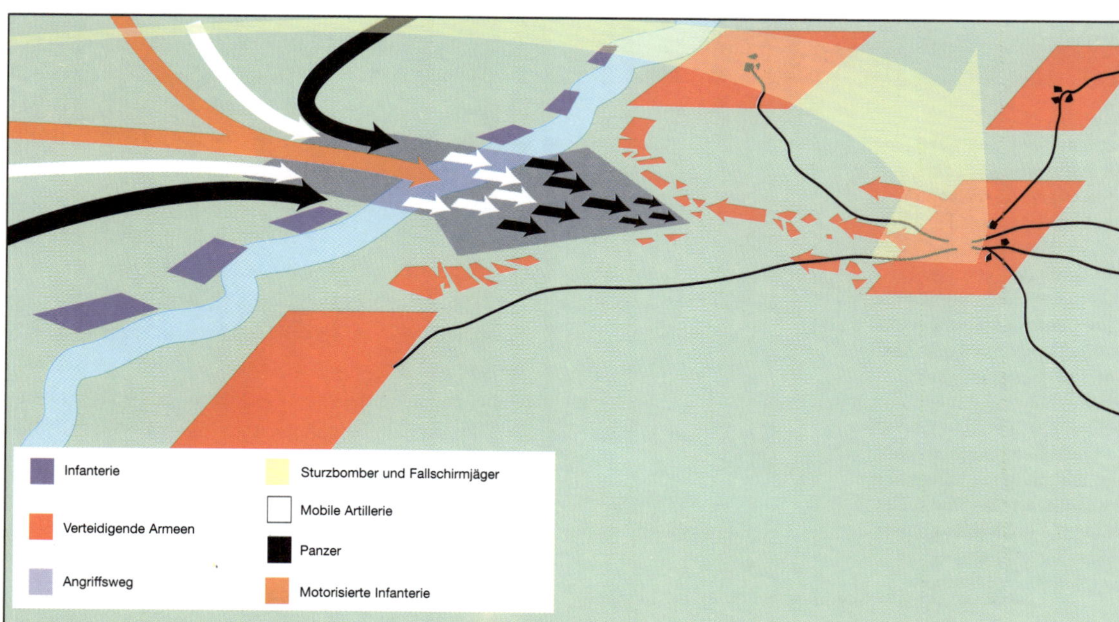

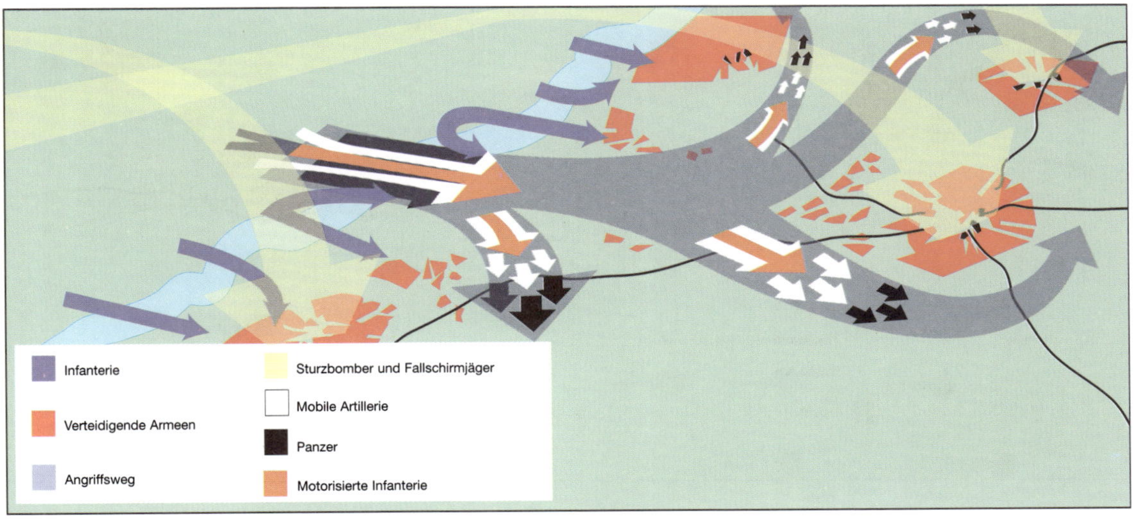

Phase Drei: Panzerspitzen teilen sich auf und umgehen feindliche Stützpunkte. Panzer nehmen Schlüsselstraßen und Bahnknoten und lähmen feindliche Versorgungs-, Reserve- und Kommandoelemente.

Phase Vier: Angriffsspitzen fahren tief in feindliches Gelände, während marschierende Infanterie nachfolgt, um Kessel einzuschließen und dann zu vernichten.

Im September 1917 befand sich die deutsche 8. Armee unter General Oskar von Hutier außerhalb der von den Russen gehaltenen Stadt Riga, die schon lange belagert wurde und allen Eroberungsversuchen getrotzt hatte. In Anwendung der neuen Taktik griff Hutier die Stadt am 1. September an. Nach kurzem doch intensivem Beschuss gingen seine Infiltrationseinheiten vor. Zwei Tage später fiel Riga – die „Hutier-Taktik" war geboren. Doch wie der Militärhistoriker Trevor Dupuy feststellte: „Es gab bei dieser neuen Taktik keine dramatische Innovation. Alle Kommandeure seit 1914 hatten versucht, die Prinzipien des Kriegs unter den modernen Bedingungen anzuwenden, um Überraschung zu erreichen, einen Durchbruch zu erzielen und dann zu verwerten. Was die Deutschen machten, war, dass sie systematische und praktische Wege entwickelten, wie diese Dinge unter den neuen Kampfbedingungen ausgeführt werden konnten, und für detaillierte Ausbildungsmethoden sorgten, die den Männern halfen."

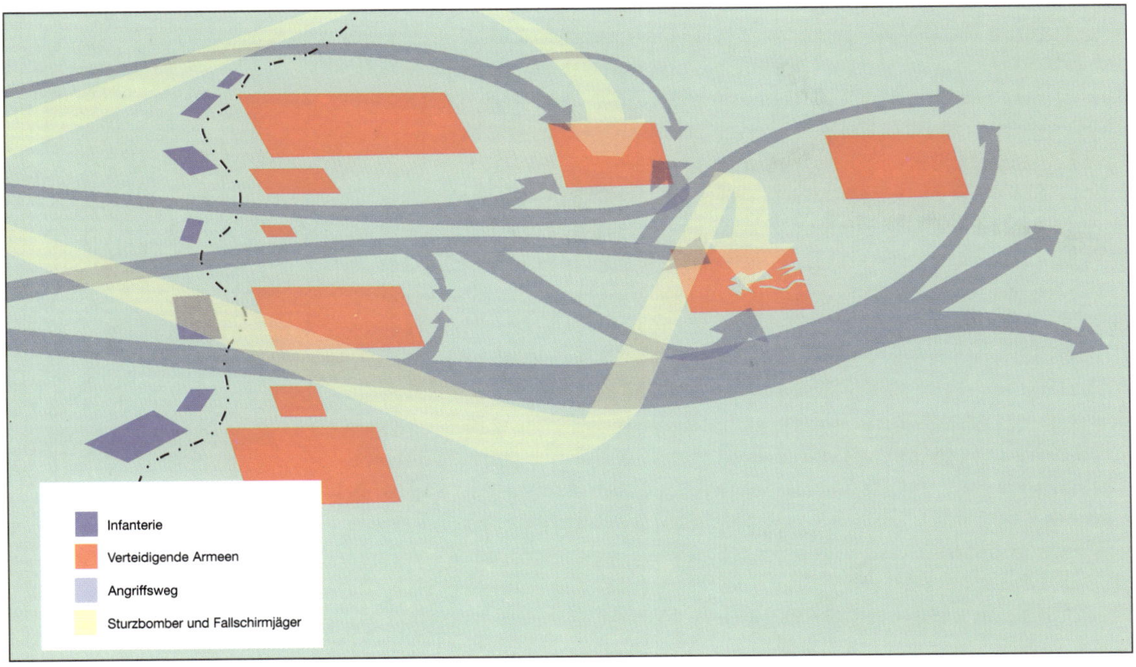

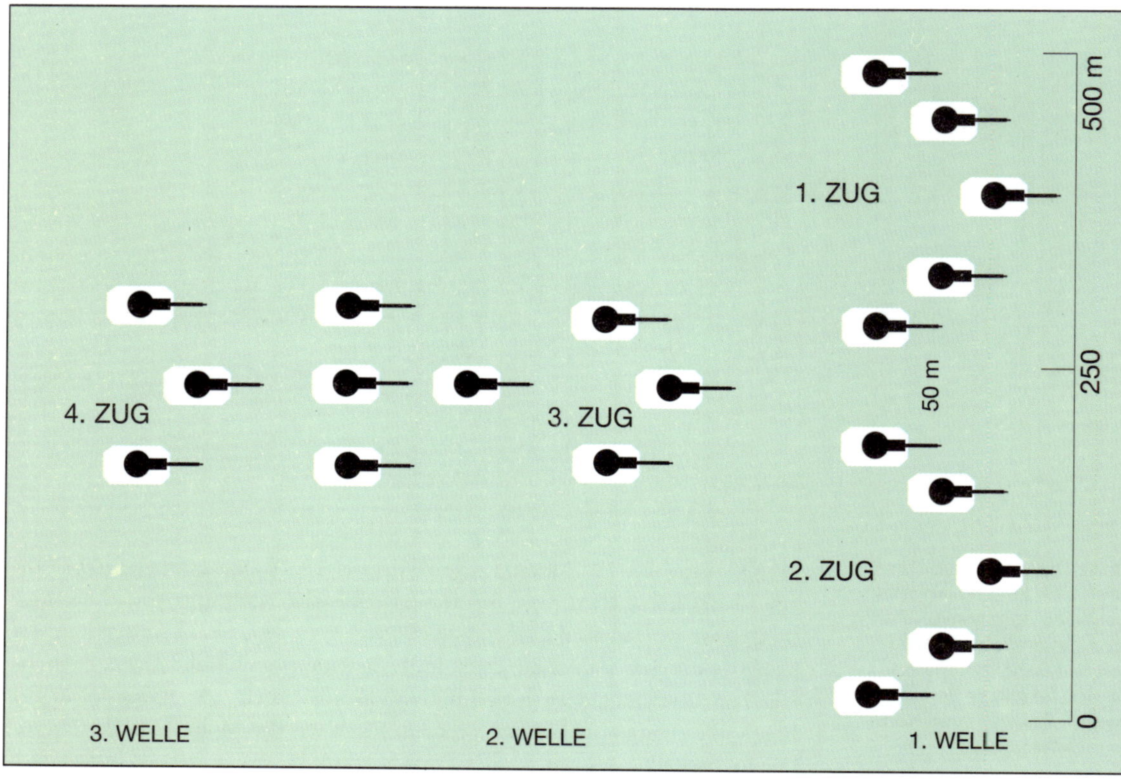

Schaubild einer Panzerkompanie in der Formation eines „Panzerkeils". Hauptziel der Panzer war durchzubrechen und die Artillerie und Pak des Gegners anzugreifen, die ihnen entgegenstand.

In größerem Umfang wurde die neue Taktik 1918 in Flandern versucht, als Ludendorff die Operation Michael startete. Beginnend am 21. März gingen seine Sturmtruppen vor und erzielten spektakuläre Erfolge. Sie umgingen Stützpunkte und stießen durch die schwache Gegenwehr. Die Front der britischen 5. Armee wurde zerrissen. Doch merkten die Deutschen bald, dass der taktische Erfolg nicht in einen strategischen Sieg umgewandelt werden konnte. Die Armee konnte nicht für Artillerie-Verstärkung und Nachschub unmittelbar hinter den vorrückenden Sturmtruppen sorgen. Dies und die zähe Verteidigung der Alliierten, besonders der noch frischen Amerikaner, stumpfte die Offensiven ab. Die fünf deutschen Offensiven forderten bei Briten und Franzosen massive Verluste, doch am Ende hatte Ludendorff den Großteil seiner Sturmtruppen verloren. Dadurch war die Moral der Armee geschwächt, was die Gegenoffensive der Alliierten am 8. August erleichterte. Deutschland war de facto besiegt.

Die stark verkleinerte Armee der Weimarer Republik analysierte die Lehren des Ersten Weltkriegs und die Ergebnisse der Analysen legten das Fundament für den Erfolg des Blitzkriegs in den 40er-Jahren. Unter dem Chef des Truppenamtes General Hans von Seeckt wurden nicht weniger als 57 Kommissionen eingerichtet, um die Fehler des Ersten Weltkriegs zu untersuchen. Man nahm die Lektionen ernst und unter Führern wie Seeckt, Generalstabschef Ludwig Beck und dem Oberbefehlshaber des Heeres Generaloberst Werner von Fritsch gründete die deutsche Militärdoktrin auf Flexibilität, Initiative auf allen Ebenen und aggressiver Führung. Hitler setzte ein massives Aufrüstungsprogramm ein, doch mischte er sich nicht in Strategie oder Taktik ein. Die 1933 erlassenen neuen Vorschriften für den Dienst im Feld unter dem Titel *Truppenführung* enthielten viele alte Vorschriften, die Einfachheit der Befehle, die Notwendigkeit der Kriegsführung mit gemischten Verbänden bei Angriff wie Verteidigung und die Schlüsselrolle der Führung betonten. Gemischte Verbände waren essenziell für den Erfolg: „Angriffsflugzeuge unterstützen die Panzer bei der Attacke auf feindliche Abwehrwaffen, Artillerie und Reserven. Tief in feindliches Territorium eindringende Flugzeuge können die Kommunikation zwischen dem Truppenkommandeur und den Panzern aufrechterhalten und vor gegnerischen Panzerattacken warnen." Zudem sollten Tanks in Verbindung mit motorisierter Infanterie, Pak und Artillerie eingesetzt werden, niemals alleine. Dies waren die Merkmale des Blitzkriegs, doch hatten sie nicht die Nazis erfunden, sondern sie waren Ende eines evolutionären Prozesses. „Als Hitler 1933 an die Macht kam, hatte die deutsche Armee bereits das gesamte theoretische Fundament für den Bitzkrieg gelegt. Es ist richtig, dass Hitlers Deklaration der Wiederaufrüstung von 1935 erlaubte, offen Panzer zu produzieren und erstmals Panzerdivisionen zu bilden, doch ebenso richtig ist, dass er mit dem Ursprung des Blitzkriegs als Militärdoktrin absolut nichts zu tun hatte." (Robert M. Citino, *The Path to Blitzkrieg*).

Bedenkt man all dies, so war die Schaffung von Panzerdivisionen weniger revolutionär als manche Kommentatoren, etwa Heinz Guderian, meinten. Guderian, der „Vater der Panzerdivisionen", war im Heer der führende Spezialist der Panzerkriegsführung geworden und hatte heimlich an der Entwicklung der Panzerdoktrin, -organisation und -techniken gearbeitet. Im Juni 1934 wurde ein neues Kommando der Motorisierten Truppen unter General Oswald Lutz mit Guderian als Stabschef geschaffen. Die ersten drei Panzerdivisionen wurden am 15. Oktober 1935 aufgestellt. Guderian erhielt den Befehl über eine von ihnen. Doch die Reichswehr hatte schon 1922–1928 ernsthaft mit Panzertaktiken zu experimentieren begonnen und andere Personen waren markanter als Guderian. Da war zunächst Ernst Volckheim, der 1923 *Deutsche Panzer im Weltkrieg* und ein Jahr darauf *Panzer im modernen Krieg* schrieb. Dann gab es Guderians Kommandeur Lutz, der Ideen vorlegte, die man später mit Guderian verband: Konzentration der Panzer, Einsatz en masse und die Wichtigkeit der Überraschung. Lutz führte 1931 und 1932 auf den Übungsplätzen von Jüterbog and Grafenwöhr eine

Schaubild eines Panzerbataillons in Angriffsformation. Die Panzer unterstützten sich gegenseitig mit Feuer und Bewegung: Mittlere oder schwere Tanks (Panzer III und IV) nahmen verdeckte Stellungen (hinter Hindernissen oder Bodenerhebungen) ein, um Feuerschutz zu geben, während die schnelleren Tanks (Panzer I und II) zum nächsten beherrschenden Punkt vorrückten. Dann gaben letztere ersteren Feuerschutz, während diese an ihren nächsten Punkt fuhren.

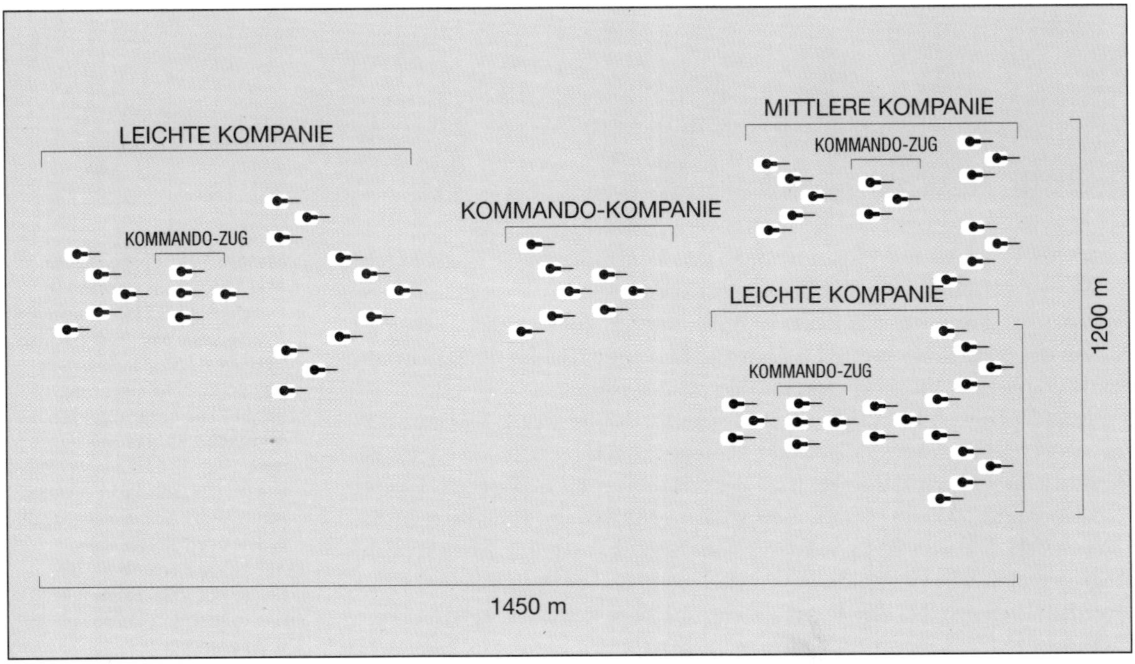

Reihe von Übungen mit Panzerattrappen-Bataillonen durch, die als die „wahre Geburt des Blitzkriegs" (Citino) bezeichnet wurden. Auch dies war Resultat eines evolutionären Prozesses, kein radikaler Bruch mit der Vergangenheit. Revolutionär war das Nutzbarmachen technologischer Entwicklungen für die bestehenden Taktiken, was den Blitzkrieg dann unwiderstehlich machte.

Jeder Feldzug im Krieg ist anders, da er jenen, die ihn planen und durchführen, ein einzigartiges Set von Herausforderungen bietet. Das Gleiche gilt für den Blitzkrieg im Zweiten Weltkrieg. Jeder der drei großen Blitzkrieg-Feldzüge – die Invasion Polens 1939, die Invasion im Westen 1940 und das Unternehmen Barbarossa 1941 – war in Bezug auf Geografie, Logistik, Mannschaftsstärke, Fahrzeuge und politische Umstände von unterschiedlichen Überlegungen beeinflusst. Trotzdem kann man bei den dreien gemeinsame Züge feststellen, aufgrund derer wir ein „typisches" Blitzkrieg-Modell entwerfen können, wenn der Leser dabei

Motorisierte Einheiten im Mai 1940 beim Vorstoß in Belgien. Zum Ziehen von Artillerie, Pak und Flak benutzte man Halbkettenfahrzeuge. So konnte man rasch einen Flak-Schirm gegen feindliche Flugzeuge oder eine „Pak-Front" gegen Panzer im Gegenangriff errichten. Derart war die gemischte Panzerdivision eine mächtige Formation, die rasch auf Veränderungen der taktischen Verhältnisse reagieren konnte.

auch stets an Moltkes Wort „Kein Plan überdauert die erste Feindberührung" denken sollte.

Zuerst kam die Planungsphase. Dabei hatten die Deutschen als Aggressoren manchen Vorteil, da sie den Hauptangriffspunkt, den *Schwerpunkt,* bestimmen konnten. Die Aufstellung des Gegners machte die Wahl des Durchbruchspunkts relativ einfach. In Polen etwa platzierte das Oberkommando den Großteil der Streitkräfte entlang der deutsch-polnischen Grenze, um derart das ganze Land zu verteidigen. Ähnlich suchten 1940 die Alliierten in Frankreich und den Benelux-Staaten die gesamte Linie vom Ärmelkanal bis zur Schweizer Grenze zu halten – sie wollten überall stark auftreten. So waren sie an den von den Deutschen gewählten Zielen, besonders in den Ardennen, schwach. Sie hatten ihre Kampfkraft ausgedünnt, ehe der Feldzug begonnen hatte. Vor dem Unternehmen Barbarossa, der Invasion der Sowjetunion, beging die Rote Armee, die ihre Truppen in drei aufeinander folgenden Gürteln entlang der sowjetischen Grenze aufgeboten hatte, denselben Fehler, ihre Einheiten zu weit vorgerückt zu konzentrieren (und wegen der Invasion Polens 1939 waren viele Verbände der Roten Armee westlich der sowjetischen Grenzverteidigungsanlagen stationiert, als der deutsche Angriff kam). Zudem glaubte das sowjetische Oberkommando fälschlich, der Hauptstoß der Wehrmacht würde südlich der Pripjet-Sümpfe erfolgen. Es konzentrierte daher seine Kräfte im Südwesten, sodass es auf dem falschen Fuß erwischt wurde, als der Großteil der deutschen mechanisierten Truppen nördlich der Sümpfe angriff. Das heißt nicht, dass allein die Schwächen der gegnerischen Pläne und Aufstellungen für den Erfolg des Blitzkriegs verantwortlich waren. 1940 etwa hatte die Wehrmacht einen vorzüglichen, von Erich von Manstein, dem Generalstabchef der Heeresgruppe A Feldmarschall Rundstedts, entworfenen Angriffsplan („Sichelschnitt"). Um nicht den Fehler des Ersten Weltkriegs, eine starke Schwenkbewegung durch die Benelux-Staaten nach Frankreich hinein zu wiederholen, empfahl Manstein die Verlegung des Hauptteils der Panzertruppen vom Norden (Heeresgruppe B) in den Süden (Heeresgruppe A). Diese Kräfte sollten durch die bewaldete Ardennen-Region stoßen, die Meuse überqueren und dann zur Küste vorstoßen. So würden die alliierten Verbindungslinien nach Zentralfrankreich zerschnitten. Mansteins Plan wurde schließlich vom Generalstab akzeptiert.

Aufklärung und Überraschung

Nachdem die Pläne bezüglich des Schwerpunkts oder der Schwerpunkte fertig waren, kam die Phase der Aufklärung. Diese war für den Erfolg des Angriffs entscheidend, da sie dem Oberkommando Information über Ort und Stärke gegnerischer Einheiten und Verteidigungsstellungen lieferte. Vor der Invasion der Sowjetunion etwa führte die deutsche Luftwaffe über 300 Aufklärungsflüge über sowjetischem Territorium durch. Das hatte seine Folgen: Binnen vier Tagen nach der Invasion verloren die Sowjets über 3000 Maschinen durch Luftangriffe. Vor dem Angriff im Westen entschärften Brandenburger-Kommandos (Spezialtruppen, die in Zivilkleidung oder Uniformen des Gegners hinter den feindlichen Linien operierten) Sprengladungen, die den Vorstoß der deutschen Panzer hätten aufhalten können, an Luxemburgs Brücken.

Ein weiterer wichtiger Faktor der Vorbereitungsphase des Blitzkriegs war Tarnung. So unwiderstehlich auch die deutschen Offensiven im Nachhinein scheinen mögen, damals hatte das Oberkommando Probleme, den Gegner über seine Absichten zu täuschen, bis die Feindseligkeiten im Gang waren. So informierte etwa das Oberkommando der Wehrmacht (OKW) Moskau, der Aufmarsch sei-

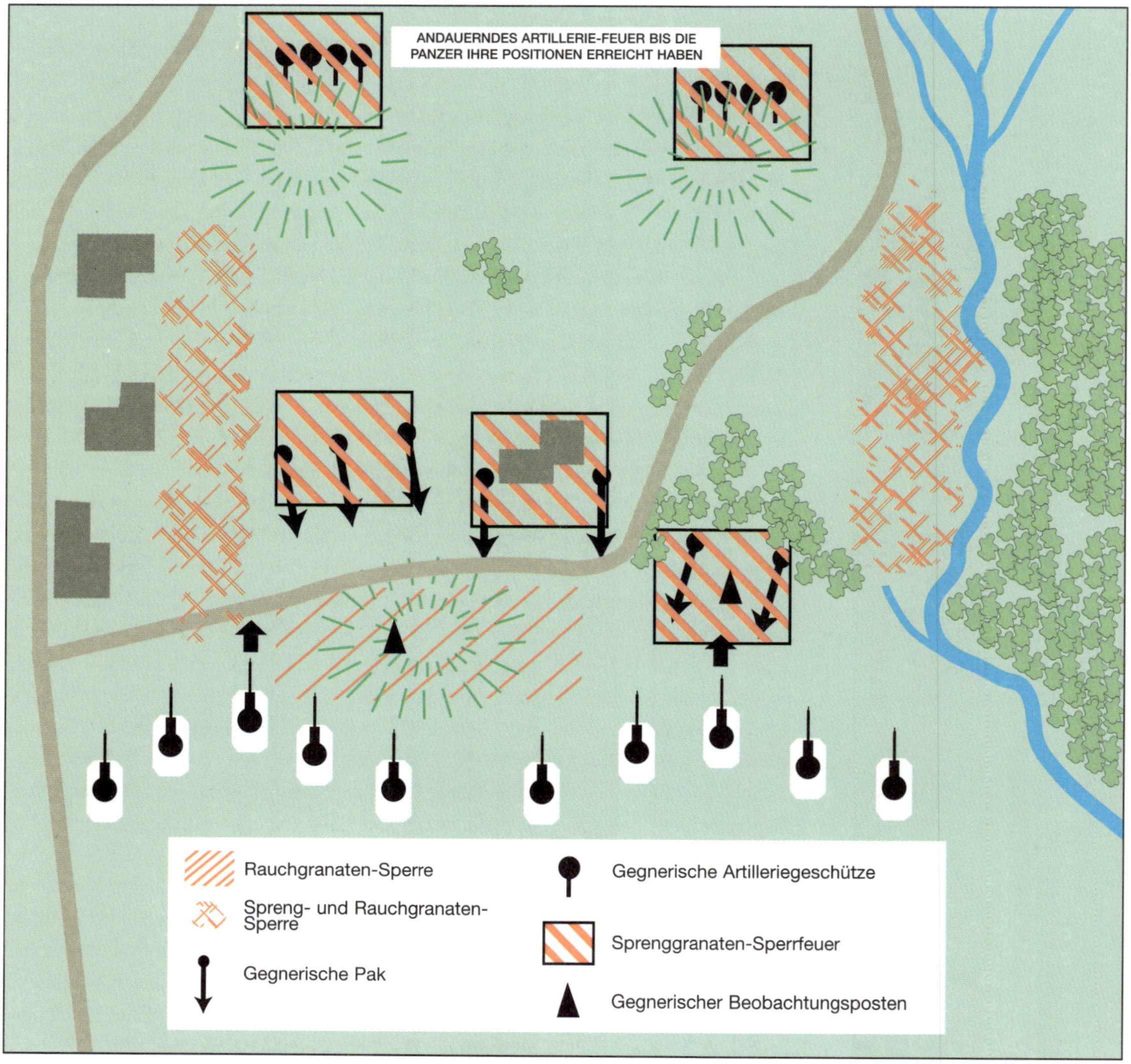

ner Streitkräfte im Osten sei ein Täuschungsmanöver, um die Briten irrezuführen. Die deutsche Armee brauche Übung für das Unternehmen Seelöwe (die Invasion Großbritanniens) jenseits der Reichweite der britischen Bomber und Aufklärer (man fragt sich, was die Sowjets über die deutschen Aufklärungsflüge über ihrem Territorium dachten). Zudem wurden die meisten für Barbarossa vorgesehenen Luftwaffe-Einheiten vor dem Juni 1941 im Westen oder in Deutschland stationiert. Doch binnen drei Wochen flogen die verschiedenen Luftflotten zu den vorbereiteten Basen, und sobald sie eingetroffen waren, wurden sie auf ihre Abstellplätze gebracht und sorgfältig getarnt.

Überraschung verschaffte dem Angreifer viele Vorteile und daher wurde beim Blitzkrieg der genaue Zeitpunkt und das Datum des Angriffs vor dem Gegner geheim gehalten. Als er dann begann, halfen die entstehende Furcht, Ungewissheit und das Chaos dem deutschen Vormarsch. So wurden im Mai 1940 Überraschungsangriffe gegen die neutralen Staaten Holland, Belgien und Luxemburg unternommen. In ähnlicher Weise ging dem deutschen Überfall auf die Sowjetunion im Juni 1941 keine Kriegserklärung voraus und wegen der vorherigen Täuschungsmaßnahmen der Deutschen erstarrten die gegnerischen Einheiten wie

Schaubild eines Panzerangriffs auf feindliche Artillerie- und Pak-Stellungen. Für einen erfolgreichen Panzerangriff war Artillerieunterstützung entscheidend. Während des Sturms hatte die Artillerie folgende Aufgaben: Niederhalten der gegnerischen Batterien durch massiven Beschuss, Blenden gegnerischer Beobachtungsposten, Bekämpfen von Pak-Verteidigungsstellungen, Decken der Flanken mit Rauch und Behinderung von Bewegung und Aufmarsch gegnerischer Reserven, insbesondere Panzer.

Hasen im Scheinwerferlicht eines Wagens: unschlüssig, was tun, und verwundbar. Dies gab den Deutschen wertvolle Zeit, in der sie die ganze Gewalt des Blitzkriegs entfesseln konnten.

Die überwältigenden Siege von 1939 bis 1941 der Panzer und Infanteriedivisionen am Boden beweisen zwar die Kraft des Blitzkriegs, doch war die Luftwaffe entscheidend dafür, ob das Heer in jedem Feldzug siegreich sein würde – und die ersten paar Tage entschieden über Erfolg oder Scheitern. Für den deutschen Erfolg war die totale Luftüberlegenheit essenziell und die Luftwaffe setzte daher zu Beginn des Feldzugs den Großteil ihrer Ressourcen ein. Bei der Invasion Polens im Sptember 1939 etwa warf sie 70 Prozent ihrer Bomber, all ihre Sturzkampfbomber und 50 Prozent ihrer Jagdflugzeuge in den Kampf. Die Luftwaffe hatte im Blitzkrieg zwei Hauptaufgaben. Erstens die gegnerische Luftwaffe zu zerstören, wenn möglich am Boden, ehe sie eine Chance zum Mobilmachen und Aufsteigen hatte. In Polen wurde dies binnen zwei Tagen erreicht. Am 3. September wandten sich die Luftangriffe gegen polnische Flugzeuge und Rüstungsindustrie. Die zweite Hauptaufgabe, die erst nach Erreichen der Luftüberlegenheit erfüllt werden konnte, war Nahunterstützung von Bodeneinheiten. Dies war für das Heer aus etlichen Gründen entscheidend: um die Verwundbarkeit von konzentrierten Einheiten durch feindliche Luftangriffe auszugleichen, Artilleriefeuer zu ergänzen (da die Artillerieverbände während des Angriffs im „überschlagenden Einsatz“ vorgingen) und die exponierten Flanken der vorrückenden Kolonnen zu decken. Während der Bodenunterstützungsoperationen konzentrierten sich die Maschinen darauf, die gegnerische Versorgung und Kommunikation zu hemmen und massierte Reservetruppen und sich zurückziehende Einheiten anzugreifen.

Luftwaffe-Operationen

General Kutrzeba, Oberbefehlshaber der polnischen „Poznan“-Armee, beschrieb die Auswirkungen des Kampfs gegen einen Feind mit Luftüberlegenheit: „Jede Bewegung, jede Truppenkonzentration, alle Marschrouten wurden aus der Luft unter vernichtendes Feuer genommen ... Es war die Hölle auf Erden. Die Brücken waren zerstört, die Furten blockiert, die Flak und ein Teil der anderen Artillerie vernichtet ... Fortsetzung des Kampfes hätte bloßes Verharren bedeutet und in Stellung zu bleiben barg die Gefahr, dass die deutsche Luftwaffe den ganzen Platz in einen Friedhof verwandelte, da es keine Luftabwehr gab.“

In Frankreich blieb die Aufgabe der Luftwaffe im Mai 1940 dieselbe, doch wurden etliche deutsche Maschinen von Beginn an zur Unterstützung von Bodenoperationen eingesetzt und die große Zahl der für den Angriff auf die französischen Bodentruppen nötigen Bomber stand nicht für andere Einsätze zur Verfügung. Wieder war die Wirkung verheerend. Marc Bloch, ein französischer Armeeoffizier im Feldzug von 1940: „Das Bombardieren ist nervenzerrüttend. Es kann das Widerstandspotenzial weitgehend brechen. Zweifellos in dieser Absicht sandte das feindliche Oberkommando eine Bomberwelle nach der anderen gegen uns. Das Ergebnis entsprach leider nur allzu gut seinen Erwartungen.“

Zu Bombardement und Tiefflugangriffen muss der Einsatz von Luftlandetruppen hinzukommen. Im Norwegen- und im Westfeldzug von 1940 hatten Fallschirmjäger und Luftlandetruppen eine im Verhältnis zu ihrer Zahl überproportional starke physische und psychologische Wirkung auf den Gegner. Der Angriff von Seglern aus auf die belgische Festung Eben Emael, die als uneinnehmbar galt, und ihre Ausschaltung war ein schwerer Schlag für die belgische Moral. Ähnlich erzeugte der Einsatz von Fallschirmjägern gegen Flugplätze und Brücken in Holland Panik und Konfusion und zog holländische Militärressourcen, die nach imaginären deutschen Luftlandetruppen, die tausende Männer zählen sollten, suchten, von der Front ab.

Am Boden begann das Heer, sobald die Luftwaffe ihre Operationen gestartet hatte, ihren Angriff auf den „Schwerpunkt". Nach kurzem, doch intensivem Artilleriebeschuss begann die Attacke. Da ein Durchbruch essenziell war, setzten die Kommandeure dazu eine große Menge an Ressourcen ein. Bei der Querung der Meuse bei Sedan im Mai 1940 unterstützten 12 Stuka-Staffeln der Luftwaffe die Flussüberquerung der Infanterie der Panzerdivisionen in Schlauchbooten. Der Angriff begann um 4 Uhr und war ein voller Erfolg. Die Deutschen errichteten am Westufer der Meuse einen Brückenkopf, durch den die Panzer strömten. Ganz nach Blitzkrieg-Doktrin stießen Truppen nach, um einen Durchbruch zu erzielen. General Gamelin, Oberkommandierender der alliierten Streitkräfte, sagte: „Es war ein bemerkenswertes Manöver. War es aber zuvor gänzlich vorausgesehen worden? Ich glaube nicht – nicht mehr als Napoleon das Manöver von Jena oder Moltke das von Sedan [1870] vorausgesehen hatten. Es war eine perfekte Ausnutzung der Umstände. Es zeigte Truppen und ein Kommando, die zu manövrieren wussten, die rasch operieren konnten – was Tanks, Flugzeuge und Funk ihnen erlaubten. Es ist dies vielleicht das erste Mal, dass eine Schlacht, die entscheidend wurde, ohne Einsatz des Hauptteils der Truppen gewonnen wurde."

Blitzkrieg und Lähmung des Gegners

Nach dem Durchbruch verlangte die Doktrin des Blitzkriegs, dass der Vorstoß aufrechterhalten werden müsse, damit sich der Gegner nicht regenerieren kann und um die Ziele des Feldzugs so rasch wie möglich zu erreichen, was auch die Verluste minimiert. Beim Unternehmen Barbarossa etwa kann man die Resultate, die erzielt worden wären, wäre der Schwung erhalten worden, einschätzen. „Sechzehn Stunden nach Beginn des Unternehmens Barbarossa hatte das deutsche Heer zwei sowjetische Fronten (die Nordwest- und die West-Front) praktisch aus den Angeln gehoben. Die sowjetische 11. Armee war in Stücke geschlagen, die linke Flanke der sowjetischen 8. Armee und die rechte der 3. Armee waren entblößt wie vom Knochen, der nun glänzend und nackt da liegt, gezogenes Fleisch. Die Schutzarmeen in den sowjetischen Grenzgebieten waren aufgespalten." (John Erickson, *The Road to Stalingrad*). Guderians Panzergruppe 2 (neun Divisionen, davon fünf Panzer- und zwei motorisierte Divisionen) stieß binnen sieben Tagen 437 km in sowjetisches Territorium vor. Als er Bobrujsk an der Beresina erreichte, verband sich Guderian mit Hoths Panzergruppe 3 im Norden und schloss 32 gegnerische Schützendivisionen sowie acht Panzerdivisionen im Minsk-Kessel ein. Nunmehr 25 Tage im Feldzug, war Guderians Panzergruppe 661 km in feindliches Territorium eingedrungen und hatte im Kessel von Smolensk weitere 185.000 Mann eingeschlossen. Wegen der Schnelligkeit und Tiefe des Blitzkriegs konnten die Sowjets keine zusammenhängenden Verteidigungsfronten bilden, sodass isolierte Kessel abgeschnitten und vernichtet wurden.

„Mitte August 1941 taumelten die russischen Kräfte, die entlang der Straße Smolensk–Mokau verteidigten, wie ein angeschlagener Boxer, der auf den K.-o.-Schlag wartet. Ohne zusammenhängende Front, die Nachhut durch ständige Luftangriffe und Panzerstürme ein Scherbenhaufen, waren die Fedor von Bock [Oberbefehlshaber der Heeresgruppe Mitte] gegenüber stehenden sowjetischen Truppen zerschlagene Trümmer der stolzen Truppen, die wenige Wochen zuvor am Bug gestanden waren. Zwar nahm die deutsche Stärke mit jedem Schritt vo-

Die Flanken der deutschen motorisierten Formationen waren im Blitzkrieg stets verwundbar. Gegen diese Bedrohung benutzte man folgende Taktik: Der Hauptangriff (dicker lila Pfeil) wird an der Flanke von starken feindlichen Kräften (rote Pfeile) attackiert. Die Deutschen sammelten Informationen über die gegnerischen Bewegungen und eine separate Streitmacht schnitt den Gegenangriff an seiner Basis ab (dünne lila Pfeile).

ran ab, doch behielten sie im Sommers und Frühherbst die absolut überlegene Schlagkraft. Überragend in der Luft, dominant am Boden, mit dem Vorteil der Initiative und Erfolg ohne Herausforderung war der finale operative Schritt von Smolensk nach Moskau gegen einen zermürbten und demoralisierten Gegner in Reichweite, wie die deutschen Generäle sich vehement versicherten." („Reinterpreting Operation Barbarossa", R. D. Hooker, *Parameters*, 1999)

Die französische Armee wurde im Mai 1940 ähnlich „erschüttert" und „demoralisiert". Guderian, kommandierender General des Panzerkorps, das bei Sedan durchbrach, schildert die Wirkung gegnerischer Panzer im Rücken der Franzosen: „Überall resignierten enorme Zahlen konfuser, demoralisierter französischer Truppen, oft mit dem Ruf ‚*Trahison*!' auf den Lippen." Rommel, Kommandeur der 7. Panzerdivision (Gespensterdivision), beschrieb denselben Durchbruch: „Mit angstverzerrten Gesichtern kauerten Zivilisten und französische

Truppen in den Gräben, entlang von Hecken und in jedem Loch neben der Straße." Hier bewährten sich Funkverbindungen, da Kommandeure wie Guderian und Rommel mit ihren Panzerkolonnen stets weit voraus waren, doch so mit den höheren Stäben in Kontakt bleiben konnten. Derart konnten die Deutschen rascher auf veränderliche Situationen reagieren als ihre Gegner. So hatten die kühnen Kommandeure einen entscheidenden Informationsvorsprung und konnten Entscheidungen schneller mitteilen. Zudem hatten die Deutschen im Oktober 1939 die französischen Codes geknackt, was ihnen ein klares Bild der französischen Schlachtordnung verschaffte. Trotzdem waren das entscheidende Element kühne, innovative Kommandeure und nicht die Technologie. Die deutschen Panzerkommandeure reagierten auf wechselnde taktische Situationen sehr schnell, anstatt auf per Funk eintreffende Befehle zu warten. Ganz anders war es im Feldzug 1940 bei den Briten und Franzosen. Den Alliierten boten sich günstige Gelegenheiten, gegen die verwundbaren Flanken der vorstoßenden deutschen Panzerverbände zu schlagen, doch sie ergriffen sie nicht.

Es ist wichtig festzuhalten, dass die Panzer im Blitzkrieg die Rolle der Kavallerie, nämlich Verfolgung und Verwertung, übernahmen. Im Blizkrieg war kein Platz für Kämpfe Panzer gegen Panzer, außer wo der deutsche Erfolg garantiert war. Es ist bemerkenswert, dass das Heer 1940 in Frankreich über 500 Panzer I einsetzte, die nur mit zwei 7,92-mm-MG bestückt und sicher vielen französischen und englischen Tanks unterlegen waren. Rommels 7. Panzerdivision wurde bei Arras zeitweilig von britischen Tanks gestoppt, ein Zeichen, dass direkte Panzerzusammenstöße für sie keineswegs wünschenswert waren.

Die letzte Phase

War der desorganisierte und demoralisierte Gegner in isolierte Kessel getrieben, so begann die letzte Phase des Blitzkriegs, die Vernichtung dieser Kessel. Dies wurde von Infanteriedivisionen und Artillerieregimentern erledigt, die langsamer als die Panzer- und motorisierten Infanteriedivisionen vorrückten. Die in den Kesseln gefangenen Truppen waren stets gering an Munition, Versorgung und (am wichtigsten) an Willen, den Kampf fortzusetzen. Bei Kiew im September 1941 etwa schloss die Wehrmacht eine sowjetische Streitmacht von mehr als 600.000 Mann ein. Zwar versuchten manche Einheiten auszubrechen, doch wurden sie von deutscher Artillerie und MG (hier bewährte sich das MG 34 mit einer Feuerrate von 900 Schuss pro Minute) in Stücke geschossen. Der Kampf dauerte fünf Tage, dann brach der sowjetische Widerstand zusammen und über 600.000 Mann gingen in Gefangenschaft. Man muss betonen, dass die Vernichtung dieser feindlichen Kessel keine reine Formsache war: Es erforderte noch harten Kampf, und 1941 starteten an der Ostfront sowjetische Formationen oft Verzweiflungsangriffe um auszubrechen. Außerdem waren die Panzerkommandeure immer darauf bedacht, die Kessel der Infanterie zu überlassen und ihren Vorstoß auf feindlichem Territorium fortzusetzen. Dadurch waren die deutschen Randstellungen oft gefährlich dünn.

Dies also war der Blitzkrieg, eine Doktrin des Vorgehens basierend auf dem Besitz dem Gegner quantitativ unterlegener Kräfte. Doch wie Theoretiker wie Guderian erkannten, wirkte das Manöver als psychologischer Multiplikator auf die Truppen, die es durchführten. Wenn man bedenkt, dass der Frankreich-Feldzug von 1940 von 10 Panzerdivisionen gewonnen wurde, sieht man die Kraft des Blitzkriegs. Dessen Ziel war stets mehr das Brechen des gegnerischen mentalen Zusammenhalts und Willens als die Vernichtung seiner physischen Ressourcen.

TEIL II

JAHRE DES ANGRIFFS

Feinschliff der Waffe

Die Invasion Polens war durch schnelle Operationen mit Elite-Panzertruppen an der Spitze charakterisiert. Polen brach binnen drei Wochen zusammen. Trotzdem zeigte der erste große Feldzug der Wehrmacht etliche Schwächen auf, die korrigiert werden mussten.

Am 1. September 1939 sandte Adolf Hitler die deutschen Streitkräfte zur Invasion in Polen, was den Zweiten Weltkrieg einleitete. Die Lage Polens, das zwischen den beiden stärkeren Staaten Deutschland und Russland eingeklemmt war, war seit langem prekär. Nach 123 Jahren fremder Besetzung entstand 1918 wieder ein unabhängiger Staat, um das durch die Auflösung des deutschen, russischen und österreich-ungarischen Reiches hervorgerufene Machtvakuum zu füllen. Als Folge aber gab es gärende revanchistische Ambitionen bei der deutschen und sowjetischen Führung, die beide den „Emporkömmling" aufteilen wollten. Hitler betrachtete die slawischen Völker Polens als rassisch minderwertig und daher eines Staates unwürdig. Auch gelüstete es den „Führer" nach der deutschen Minderheit in Polen und er sah die Trennung Ostpreußens vom Rest Deutschlands durch eine Landenge (den „Polnischen Korridor", den die Alliierten 1919 im Vertrag von Versailles geschaffen hatten) als inakzeptabel an.

Nachdem er die Frage der Minderheiten bei der Eingliederung Österreichs (1939) und des tschechischen Sudentenlands (1938), der im März 1939 die gänzliche Okkupation des tschechischen Rumpfstaates folgte, erfolgreich benutzt hatte, war es nur eine Frage der Zeit, dass Hitler seine expansionistischen Ambitionen ostwärts gegen Polen richtete. Während er zufrieden war, den Ostseehafen Danzig und den Polnischen Korridor durch Einschüchterung zu gewinnen, glaubte Hitler, nur Krieg könne letztlich das nationale Schicksal entscheiden und war zu diesem Risiko bereit. So setzte er im Herbst 1939 seine Kriegsmaschine zur entscheidenden Regelung der polnischen Frage ein.

Die Basis der deutschen Strategie, wie Hitler sie sich dachte, sollte eine massive Großoffensive sein, die den Hauptteil der deutschen Militärressourcen einsetz-

Eine Junkers Ju 87 Stuka wirft zu Beginn des Krieges gegen Polen ihre Bomben ab. Die deutsche Luftwaffe errang rasch die Lufthoheit über dem Kriegsschauplatz und verhinderte bald, dass Kolonnen der polnischen Armee mit Versorgung und Verstärkungen zur Front durchkamen.

te und Polen überwältigte, ehe Großbritannien und Frankreich an der schwach verteidigten Westfront eingreifen konnten. Hitler glaubte infolge der englisch-französische Beschwichtigungspolitik in München und dem Hinnehmen der Besetzung der Tschechoslowakei im März 1939 (und im Glauben an die Unplausibilität der britisch-französischen Bürgschaft für die polnische Souveränität), dass England und Frankreich sich abermals beugen und dem deutschen Anspruch auf Polen fügen würden. Falls aber nicht, so plante er seine Kräfte unverzüglich an die Westfront umzuverlegen, nachdem der polnische Widerstand an der schieren Überzahl zerbrochen war, um eine britisch-französische Gegeninvasion zu vereiteln. In richtiger Einschätzung des prekären Stands der militärischen Bereitschaft in England und Frankreich sowie deren allgemeiner Abneigung gegen eine weitere Verwicklung in einen großen Krieg auf dem Kontinent meinte Hitler, dass die begrenzten deutschen Kräfte im Westen jede britisch-französische Gegenoffensive aufhalten könnten, bis der Hauptteil des deutschen Heeres nach dem Sieg in Polen westwärts verlegt werden konnte.

Deutsche Entfaltung

Am 25. August 1939 befahl Hitler die Generalmobilmachung. Diese war bis 1. September großteils abgeschlossen, da die Deutschen stark von den früheren Mobilisierungsproben während der österreichischen und der tschechischen Krise (vgl. Kap. 1) profitierten. Die Probleme und das Chaos von damals gab es im September 1939 kaum noch, da die Deutschen durch Versuch und Irrtum gelernt und den Mobilmachungsprozess bedeutend verbessert hatten. Die deutschen Truppen traten in zwei großen Konzentrationen an: Generaloberst Fedor von Bocks Heeresgruppe Nord (3. und 4. Armee), die von Ostpreußen und Pommern aus operierte, und Generaloberst Gerd von Rundstedts größere Heeresgruppe Süd (8., 10. und 14. Armee), die in Schlesien und dem deutschen Marionettenstaat der Slowakei aufgestellt war. Nach dem Plan des Oberkommandos würde Rundstedts Kommando die Hauptangriffsstreitmacht der Invasion bilden.

Hitler setzte für den Angriff alle deutschen Panzer-, motorisierten und leicht motorisierten sowie den Großteil seiner aktiven Infanteriedivisionen und dazu kleinere Grenzverteidigungsverbände ein. Dies ergab eine Gesamtstreitmacht von 70 Formationen, 55 davon Divisionen. Im Westen beließ Hitler bloß 30 Divisionen, von denen nur 12 aktive Infanteriedivisionen waren. Er unternahm also ein Hasardspiel, als er den Großteil des deutschen Heeres in einen Feldzug schickte, der Polen rasch überwältigen sollte, ehe die westlichen Armeen mobil gemacht und gegen Deutschland gesandt werden konnten. Die deutsche Invasionsstreitmacht zählte insgesamt 559 Infanteriebataillone, 5.805 Artilleriegeschütze, 4.019 Pak und 2.511 Panzer. Die Deutschen besaßen also eine bedeutende zahlenmäßige Überlegenheit: 50 Prozent bei der Infanterie, 180 Prozent an Feldartillerie, 420 bei den Panzerabwehrkanonen und 430 Prozent bei den Panzern. Dazu kam noch die qualitative Überlegenheit der deutschen Ressourcen.

Jede Heeresgruppe hatte vom Oberkommando eine eigene strategische Aufgabe erhalten. Die Heeresgruppe Nord sollte den Polnischen Korridor einnehmen und so die direkte Landverbindung mit Ostpreußen wiederherstellen, dann durch preußisches Territorium schwenken und Warschau vom Norden her angreifen. Die Haupttruppe Heeresgruppe Süd, mit der 10. und der 14. Armee mit vier Panzer- und vier leicht motorisierten Divisionen an der Spitze, sollte durch die polnische Grenzverteidigung schlagen und vom Südwesten her gegen Warschau stoßen. Inzwischen würden andere Elemente der Heeresgruppe die Südflanke die-

Die beste polnische Strategie angesichts einer deutschen Invasion wäre ein rascher Rückzug von der Grenze und die Einnahme von Verteidigungsstellungen entlang einer Nord-Südfront, die Bug, Narew, Weichsel und San verband und bestehende Befestigungen benutzte, gewesen. Dies hätte berücksichtigt, dass die polnische Armee zu keiner umfangreichen Offensivaktion fähig war. Doch erforderte dieser Plan eine frühzeitige Warnung vor einer drohenden Invasion, um der polnischen Armee Zeit für eine geordnete Mobilmachung und Sammlung zu geben, was mindestens zwei Wochen brauchte. Da die Polen richtig mit einem Überraschungsangriff Hitlers rechneten, wurde die Wirksamkeit dieser Verteidigungsstrategie angezweifelt. Ein weiterer großer Nachteil der Strategie war, dass der Großteil Westpolens, wo sich der Hauptteil der polnischen Industrie und Bevölkerung konzentrierten, hätte aufgegeben werden müssen.

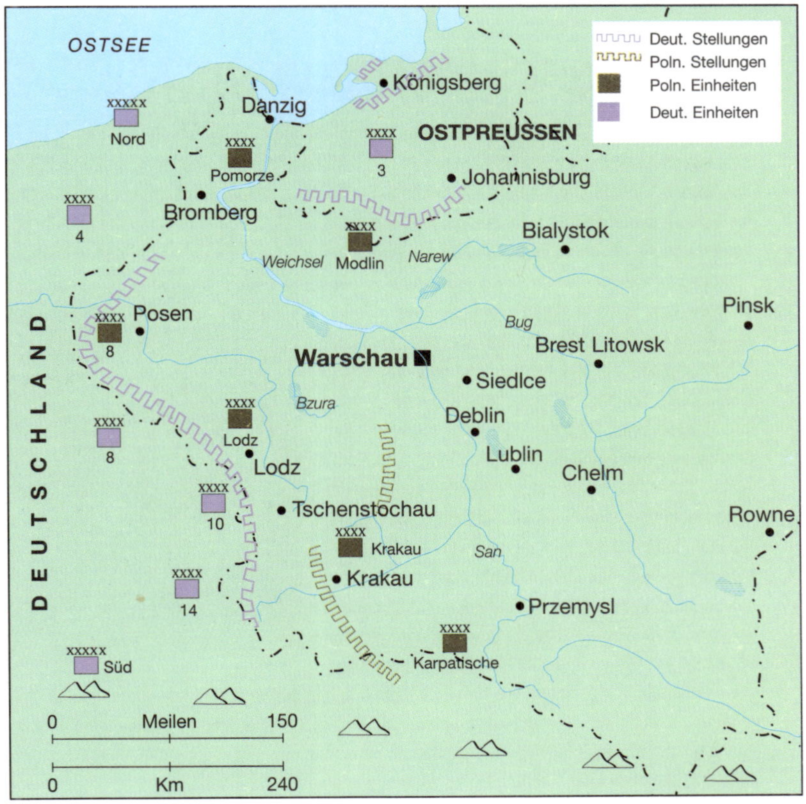

ses Hauptstoßes verteidigen und zugleich nordöstlich stoßen, um sich östlich Warschaus mit der Heeresgruppe Nord zu verbinden. Dies würde die ponische Hauptstadt und, wie die Deutschen hofften, den Hauptteil der polnischen Armee isolieren. Die Heeresgruppe Süd verfügte am 1. September über 886.000 Mann, 323 Infanteriebataillone, 3.725 Artilleriegeschütze, 2.453 Pak und 1.944 Panzer. Bemerkenswert an diesem strategischen Plan ist, dass die polnischen Aufstellungen und Absichten den Deutschen direkt in die Hände spielten und so die Lage für die Polen noch verschlimmerten.

Auch die anderen deutschen Waffenteile hatten bei der Invasion ihre Aufgaben. Für die Kriegsmarine ergab sich eine eingeschränkte Rolle, da Polen praktisch zum Binnenstaat wurde, sobald der Polnische Korridor abgeschitten war, was unweigerlich geschehen würde. Die Marine sollte den Anfangssturm unterstützen und mit Ihren U-Booten gegenerische Häfen blockieren, um damit den kleinen Küstenverbänden Polens ihre operative Freiheit zu nehmen. Eine weit größere und aggressivere Rolle teilte Hitler der Luftwaffe zu. Gerade in der Luft herrschte die größte Ungleichheit zwischen den Protagonisten. Die deutsche Luftwaffe setzte gegen Polen 2.085 Maschinen ein, 648 Bomber, 219 Stuka und 426 Jagdflugzeuge; Polen besaß nur 360 Kampfflugzeuge. Die im Feldzug eingesetzten deutschen Flugzeuge waren also denen der polnischen Luftwaffe um den Faktor vier zu eins überlegen und waren auch angesichts des Qualitätsunterschieds der beiden Luftwaffen mehr als ausreichend, um sofortige Luftüberlegenheit zu erlangen, was für das polnische Heer ein Desaster bedeutete. Sobald die Luftüberlegenheit hergestellt war, würde sich die deutsche Luftwaffe auf taktische Aufgaben – Hemmung des Gegners, Luftnahunterstützung und Aufklärung – konzentrieren, um den sich entfaltenden Bodenkrieg zu unterstützen.

Das Maschinengewehr MG 34

Das MG 34 in seiner Doppelrolle war zwar bereits 1934 beim deutschen Heer in Dienst genommen und im Spanischen Bürgerkrieg eingesetzt worden, doch erst die Invasion Polens 1939 war die erste bedeutende Periode hochintensiven Kampfs, bei dem die Möglichkeiten der Waffe ernsthaft unter dauernden harten Kriegsbedingungen getestet werden konnten. Die starke Feuerkraft der Waffe, die Basis jeder deutschen Infanteriegruppe war, versorgte letztere mit einer Elastizität, die als wichtiger Faktor zum Erfolg der Wehrmacht in Polen sowie 1940 in Norwegen und im Westen beitrug. Das MG 34 konnte sowohl in einer leichten als auch in einer schweren Rolle benutzt werden und gab den deutschen Infanterieabteilungen größere taktische Flexibilität. Wegen seiner leichten Rolle hatte die Waffe zur Gewichtsverminderung einen luftgekühlten Lauf, der durch Löcher belüftet wurde, anstelle des schwereren wassergekühlten Mantels älterer Maschinengewehre. Da aber Luftkühlung weniger wirksam als Wasserkühlung ist, war das MG 34 derart konstruiert, dass die Soldaten seinen Lauf im Feld leicht austauschen konnten. Das Gewehr besaß eine beeindruckende Feuerrate von 820 Schuss pro Minute und eine effektive Reichweite von 2.000 m. Die Munition befand sich in einem 50-Schuss-Gürtel oder einer Trommel. Alles in allem war das MG 34 eine beeindruckende Infanteriewaffe und versorgte die deutsche Infanterieabteilung mit enormer organischer Feuerkraft sowohl für den Offensiv- als auch für den Defensivkampf. Es wurde während des ganzen Kriegs produziert, ab 1943 allerdings an der Front zunehmend durch das noch verheerender wirkende, starke MG 42 ersetzt.

Die polnische Regierung fürchtete, eine zu rasche Aufgabe Westpolens würde schädliche Auswirkungen in London und Paris haben, von deren schneller Militärintervention Polen abhängig war, falls das Land der Nazi-Aggression nicht widerstehen konnte. Zudem hatten die polnischen Führer Angst, die für eine solche Strategie nötige frühe Mobilmachung könne in London und Paris als polnische Provokation missdeutet werden. Und dies könne eine Militärintervention des Westens verzögern. Auch fürchtete die polnische Elite, diese Strategie könne Hitler ermutigen, sich kleine, umstrittene Teile Polens anzueignen, wie er es eben beim Sudetenland getan hatte, und so Polen schrittweise zerstückeln.

Polen entschied sich für eine alternative Strategie (Plan Z), die eine mehr vorgerückte Aufstellung zur Verteidigung der lebenswichtigen polnischen Region Schlesien erforderte. Diese vorwärtigen Kräfte sollten einen kämpfenden Rückzug durchführen, um den polnischen Streitkräften Zeit für die volle Mobilmachung zu verschaffen. Hatten sich die Reserven gesammelt, so würden sie deutsche Einbrüche an der Grenze angreifen und eine starke Verteidigungsfront wiederherstellen. Die Vorwärtsverteidigung würde eine raschere, energische Militärintervention des Westens ermutigen, die deutsche Kräfte zur Verstärkung der Westfront abzöge. Scheiterte der Plan, so wollten die Polen sich stufenweise nach Südostpolen zurückziehen, wo das Militär einen Halt gewinnen konnte.

Leider hatte Plan Z etliche ernste Schwächen. Die Grenze war so lang, dass durch Vorwärtsverteidigung die polnische Armee nirgends stark genug war, einem konzentrierten deutschen Vorstoß zu widerstehen. Auch erzwang die Länge der Front den Einsatz der polnischen Kavalleriebrigaden – des Hauptteils der

Heeresreserven – an der Front, was ihre Mobilität vergeudete und wegen ihres Mangels an Feuerkraft wenig zur defensiven Gesamtstärke beitrug. Plan Z unterschätzte auch die Schnelligkeit und Kampfqualität des mechanisierten deutschen Heeres, so wie viele Briten und Franzosen und sogar deutsche Generäle! Denn viele höhere deutsche Generäle blieben bezüglich Potenzial und Effizienz der Panzerdivisionen skeptisch. Die deutsche strategische Aufstellung gegen Polen vom September 1939 spiegelte diese Skepsis, da sie die verfügbaren motorisierten Truppen nicht für unabhängige strategische Operationen konzentrierte.

Polnische Truppenstruktur

Polen stellte für den Feldzug sieben Feldarmeen und fünf kleinere Operationsgruppen auf. Die polnische Armee war hauptsächlich eine Infanterietruppe, die sich in 30 Infanteriedivisionen plus das Äquivalent von 18 weniger effizienten Divisionen zweiten Rangs gliederte. All diese Formationen aber waren den deutschen Infanteriedivisionen an Quantität und Qualität der Ausrüstung, Ausbildung, Mobilität, Feuerkraft, Kommunikationsmittel und Kampfkraft allgemein unterlegen. Auch an Panzer- und Fliegerabwehr sowie Feldartillerie waren die polnischen Verbände weniger gut ausgerüstet als die Deutschen. Nach der Infanterie war die Kavallerie der zweitwichtigste Waffenteil der polnischen Armee. Die Polen gliederten ihre anachronistisch berittene Kavallerie in elf Brigaden. Hauptstärke der Kavallerie war ihre Beweglichkeit, die ihr einige Überlebensfähigkeit auf dem modernen Schlachtfeld verlieh, obwohl es ihr an Feuerkraft mangelte. Knapp waren Panzer. Die polnische Armee besaß nur 887 Tanks, die meisten davon veraltete Tanketten (kleine, leicht gepanzerte Tanks), die zur Infanterie-Unterstützung verstreut waren. Polen hatte also keine strategische Panzerreserve und nur zwei gering motorisierte Brigaden, denen Feuerkraft, Ausbildung, wirksame Doktrin und Organisation fehlten. Die polnischen Panzer spielten daher eine untergeordnete Rolle.

Der Hauptteil der polnischen Feuerkraft bestand aus Artillerie, die weder gering bestückt noch veraltet war. Trotzdem hatten die polnischen Batterien weniger Feuerkraft als die vergleichbaren deutschen und schlechtere Kommunikationsmittel, unzureichende Munitionsversorgung und weniger ausgeklügelte Feuerleitsysteme als der ihnen gegenüberstehende Feind. Die polnische Ausrüstung war allgemein älter und weniger effizient als die der Deutschen. Vieles davon war ein Erbe des Ersten Weltkriegs. Nur eine polnische Waffe war ihrem deutschen Gegenstück überlegen: eine Panzerbüchse, die Wolfram-Munition verschoss.

Die polnische Luftwaffe und Kriegsmarine konnten nur einen begrenzten Beitrag zur Verteidigung ihres Landes leisten. Die Luftwaffe war bei Material und Doktrin nicht auf Offensiv-Operationen vorbereitet und als Teil des Heeres für defensive Bodenunterstützungs-Operationen eingerichtet. Das polnische Oberkommando teilte die verfügbaren Flugzeuge für Infanterieunterstützung und defensive wie offensive Einsätze auf. Dadurch konnte die ohnehin kleine Luftwaffe keine der drei Aufgaben wirksam erfüllen. Auch war sie in kleinen Kontingenten auf Flugplätzen in ganz Polen verstreut, was ihren operativen Einsatz weiter hemmte. Die polnische Kriegsmarine war ähnlich klein und zudem aus der Luft verwundbar. Sie trug daher nicht besonders zur Verteidigung Polens bei, außer dass sie Marinetruppen im Bodenkampf einsetzte.

Die deutsche Invasion begann am 1. September 1939 mit schweren Luftangriffen auf polnische Flugplätze, Bahnzentren und Fernmeldeeinrichtungen. Der erste Zusammenstoß am Boden ereignete sich, als eine Marine-Sturmkompanie vom alten deutschen Schlachtschiff *Schleswig Holstein*, unterstützt von lokalen

Der Polenfeldzug, 1. – 5. September. Der bedeutendste deutsche Erfolg am ersten Kriegstag war die Einnahme Danzigs durch die Brigade Eberhard gegen geringen Widerstand. Als aber die deutsche 3. Armee die Grenze Ostpreußens querte, traf sie auf starke Gegenwehr. Die 4. Armee griff gleichzeitig von Pommern aus über den polnischen Korridor an, um eine direkte Landverbindung zwischen den zwei deutschen Territorien herzustellen. Sie traf auf nur begrenzten Widerstand, denn die Pomorze-Armee führte einen kämpfenden Rückzug durch, da das polnische Oberkommando den Korridor für unhaltbar hielt.

SS-Paramilitärs der Heimatschutztruppe Danzig, einen Angriff auf polnische Militäreinrichtungen auf der Westerplatte an den Ausläufern der Freien Stadt Danzig startete. Als sich das Personal des polnischen Postdienstes bewaffnete und Widerstand leistete, richteten die SS-Truppen einige der Postbeamten nach deren Kapitulation hin. Derart bildete der erste deutsche Einfall in Polen den Auftakt für vier Jahre brutaler Besetzung und Repression.

Die Heeresgruppe Nord führte die Schlacht um Nordpolen an. Am 1. September brach die 3. Armee aus Ostpreußen los und stieß südwärts gegen Warschau sowie südwestwärts gegen Brest Litowsk.

Rasche Gebietsgewinne

Am 2. September wurde die für die deutsche 3. Armee verfügbare, bedeutende Zahl von 3,7-cm-Pak 35/36 eingesetzt, um mit gediegenem Abwehrfeuer etliche starke polnische Gegenangriffe, die von TKS-Tanketten angeführt wurden, zurückzuschlagen. Die Pak 35/36 hatte zwar nur bescheidene Durchschlagskraft, war aber mehr als ausreichend, die von den leicht gepanzerten polnischen Tanketten gestarteten Angriffe zu stoppen. Am Spätnachmittag des 2. September näherte sich die 3. Armee dann der Stadt Graudenz, nachdem sie durch die polnischen Abwehrstellungen östlich von Mlawa gebrochen war und nun den umgangenen Feind einzuschließen versuchte. Am selben Tag querte inzwischen die deutsche 4. Armee den Fluss Brda und schnitt die Nachhut der Pomorze-Armee im Korridor ab, ehe sie sich am folgenden Tag bei Nowe Swiecie mit den Spitzen der 3. Armee verband.

Im Polnischen Korridor trieben inzwischen die deutschen Vorstöße die polnischen Verteidiger an die Ausläufer des Hafens Gdingen zurück. Am 4. September nahm die 3. Armee nach hartem Kampf Graudenz und trieb die polnischen Verteidiger zurück, während die Infanterie der 4. Armee restliche polnische Truppen aushob, die aus dem Korridor zu entkommen versuchten.

Bis zum 5. September war der Polnische Korridor völlig gesäubert und Generaloberst von Bocks Heeresgruppe Nord hatte ihre erste Aufgabe im Feldzug erfüllt. Unverzüglich begann sie nun die 4. Armee ostwärts nach Ostpreußen zu verlegen, um an der Seite der östlichsten Formationen der deutschen 3. Armee gegen Warschau anzugreifen. Am 6. September schufen die 3. und die 4. Armee südlich von Graudenz eine neue Verbindungsstelle und die Deutschen waren nun so siegesgewiss, dass Bock sein Hauptquartier nach Allenstein in Ostpreußen verlegte. Von hier aus konnte er die folgenden deutschen Operationen, die tief ins Innere Polens führten, überwachen. Nachdem sie sich in Ostpreußen verstärkt hatte, startete die Heeresgruppe Nord die zweite Phase der geplanten Operationen und stieß am 7. September 1939 gegen Lomza vor.

Operationen im Norden

Inzwischen erzwang die deutsche 3. Armee in Nordpolen am 10. September einen Übergang über den Bug und schwenkte zwei Tage darauf, um die polnischen Kräfte in und um Warschau vom Osten her einzuschließen, während sie gleichzeitig südwestwärts gegen Siedlce vorrückte. Am selben Tag setzte sich schließlich das Hauptquartier der 4. Armee von Operationen in Westpreußen ab und ging nach Ostpreußen, wo es das Kommando über den Stoß ostwärts gegen Bialystok übernahm. Die 3. Armee setzte ihren Vormarsch südwestwärts fort, bis sie am 16. September die Weichsel südlich Warschaus erreichte. Am folgenden Tag belagerte sie Warschaus östlichen Bezirk Praga. Zugleich war die deutsche 4. Armee östlich Lomzas im Einsatz und besetzte rasch Bialystok. Vom 14. bis 17. September war die 3. Armee damit beschäftigt, Brzesc zu stürmen. Sie stieß auf starken Widerstand, da die Polen den Kampf tapfer fortsetzten.

Am 17. September 1939 drangen gemäß den Abmachungen des geheimen Zusatzprotokolls vom August 1939 zum Molotow-Ribbentrop-Nichtangriffspakt zwischen Deutschland und der Sowjetunion sowjetische Truppen in Ostpolen ein. Bock befahl daher der Heeresgruppe Nord nicht nur, eine Linie vom Bug über Brzesc nach Bialystok nicht zu überschreiten, sondern rief auch jene Truppen zurück, die die Linie bereits gequert hatten. Die sowjetische Intervention bedeutete den Todesstoß für den polnischen Widerstand in Ostpolen. Er brach rasch zusammen. Die sowjetische Invasion am 17. September und die Verbindung der vordersten Reihen der Heeresgruppe Nord und Süd über die Weichsel bei Gora Kalwarja, die den Hauptteil der restlichen polnischen Truppen in und um Warschau isolierte, waren der Höhepunkt der zweiten Operationsphase der Heeresgruppe Nord in Polen.

Nun war die Zeit für die letzte Operationsphase der Heeresgruppe Nord gekommen: die Einnahme Warschaus. Diese Phase begann am 26. September, als die polnische Garnison deutsche Kapitualitionsangebote zurückwies. Der Erfolg der folgenden deutschen Bodenoperationen verdankte viel den wirksamen Massenbombardierungen der deutschen Luftwaffe am 15. September, der die zuvor starke polnische Entschlossenheit etwas abgeschwächt hatten. Am 18. September nahmen Bocks Truppen ihre Operationen gegen Warschau mit aller Kraft wieder auf. Die deutsche 3. Armee griff gemeinsam mit der 10. Armee der Heeresgruppe Süd an. Sie wurden dabei stark durch Artilleriefeuer und Luftschläge sowie taktische Feindflüge der Luftwaffe unterstützt.

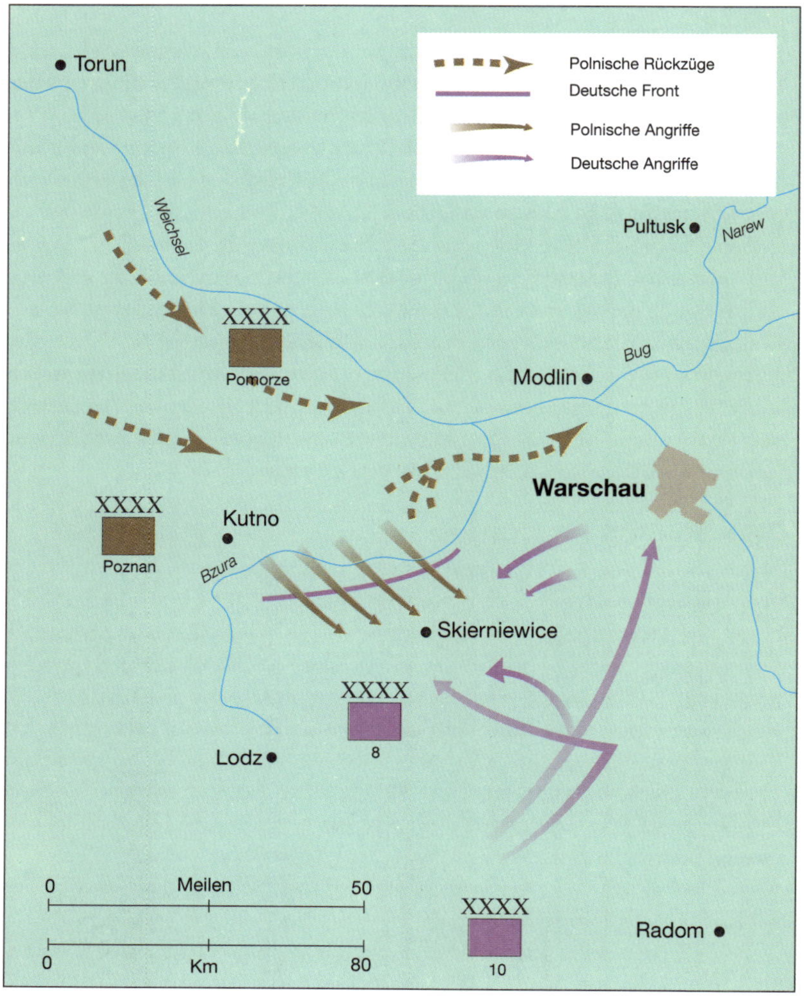

Die Schlacht an der Bzura. Am 11. September begann die deutsche 8. Armee systematisch, die polnischen Kräfte um Kutno, die 12 Divisionen oder etwa ein Viertel der gesamten polnischen Feldstärke ausmachten, zu eliminieren. So begann die Schlacht an der Bzura, in der die isolierten polnischen Truppen den deutschen Anstrengungen hartnäckig Widerstand leisteten. Die 8. Armee vereitelte am 11. und 12. September heftige polnische Ausbruchsversuche nach Osten. Drei Tage darauf erhielt die 10. Armee das Kommando über die deutschen Kräfte, die den Bzura-Kessel vom Osten her zu vernichten suchten, und vereitelte am 16. September den letzten polnischen Ausbruchsversuch. Dieses Scheitern nahm den polnischen Truppen die letzte Illusion, sie könnten der Umfassung entkommen, und daher löste sich in der Folge ihr Widerstand am 17. September auf. In den nächsten paar Tagen hob die 10. Armee letzte Widerstandsnester aus und am 20. September gab es die Poznan-Armee nicht mehr.

Doch traf der deutsche Vormarsch in Nord- und Ostwarschau auf beherzten Widerstand. Die Deutschen sahen sich in heftige, lang dauernde Straßenkämpfe verwickelt, bei denen ihre überlegene Feuerkraft nicht zum Tragen kam. Der Vorstoß wurde rasch zum methodischen Kriechgang, das von den Angreifern zunehmend seinen Zoll forderte. Erstmals seit dem Ersten Weltkrieg erfuhren deutsche Truppen die Schwierigkeiten des Stadtkriegs. Die vielen Gebäude gaben feindlichen Hinterhalten und Heckenschützen Deckung und behinderten die Feuerleitung und -observation der deutschen Artillerie. Doch allmählich senkte sich die Waage aufgrund ihrer guten Ausbildung und des entschlossenen Kampfgeists zugunsten der Deutschen. Sie konnten die polnischen Verteidiger zurücktreiben, als deren Nachschub immer knapper wurde. Am 26. September unterstützte die Heeresgruppe Nord den Schlussangriff auf Warschau mit der 8. Armee an der Spitze. Am folgenden Tag kapitulierte die polnische Garnison.

Den September hindurch focht die Heeresgruppe Nord auch einen weniger ruhmreichen Sekundärfeldzug, um den polnischen Widerstand bei Gdingen und auf der Halbinsel Hel niederzuwerfen. Doch dieTruppe an der Spitze dieses Feldzugs, das Korps Kaupisch, verfügte über weit weniger Mittel als die Belagerer Warschaus. Bis 9. September hatten Kaupischs Truppen Puck genommen und Gdingen sowie die benachbarte Oxhöfter Höhe fest eingeschlossen. Gdingen fiel schließlich am 14. September, doch die hauptsächlich aus Marinetruppen bestehenden, auf der Halbinsel Hela isolierten polnischen Kräfte wehrten sich heftig, als die Deutschen die enge Landzunge hinunter zum Hafen Hela an der Spitze der Halbinsel vorzustoßen versuchten. Nach heftigen Kämpfen, die dem Gegner schwere Verluste zufügten, kapitulierte die polnische Garnison schließlich am 1. Oktober. Damit war der Widerstand in Nordpolen zu Ende.

Den Hauptstoß der Heeresgruppe Süd führte die 10. Armee mit dem Großteil der deutschen Panzer gegen die Nahtstelle der polnischen Lodz- und Krakau-Armee. Das Ziel war Warschau. Am zweiten Tag der Invasion hielten die polnischen Stellungen großteils. Doch am 4. September traf der deutsche Angriff die polnische 7. Infanteriedivision und zwang sie zurück, sodass die deutschen Truppen rasch vorwärts drängen konnten. Inzwischen stieß die 8. Armee an den Flanken des Hauptstoßes gegen Lodz vor, während die 14. Armee gegen Krakau und nach Galizien zog und nach hartem Kampf den strategisch wichtigen Jublunka-Pass einnahm.

Eine von Pferden gezogene deutsche Versorgungskolonne auf dem Weg an die Front in Polen. Der Großteil der deutschen Artillerie wurde von Pferden gezogen, während die überwältigende Mehrzahl der Infanteriedivisionen zu Fuß marschierte. Die kleine Zahl der Panzer- und motorisierten Divisionen spielte, unterstützt durch die Luftwaffe, die Schlüsselrolle bei mobileren Operationen.

Am zweiten Tag der Invasion traf die 14. Armee bei Kattowitz auf den starken Widerstand unterlegener polnischer Kräfte, die trotzdem lange und hart kämpften. Die 8. Armee überquerte am selben Tag den Fluss Prosna, die 10. Armee ging über den Fluss Warthe, um Tschenstochau gegen entschlossene polnische Gegenwehr einzunehmen. Im Süden aber begannen die geschlagenen Polen gemäß ihrer zuvor entworfenen Strategie einen allgemeinen Rückzug, während die deutschen Angriffe auf die Krakau-Armee einschlugen. Am 5. September war die deutsche 10. Armee über dem Fluss Pilica und am folgenden Tag nahm die

14. Armee die Schlüsselstadt Krakau ein. Damit war die erste Operationsphase der Heeresgruppe Süd abgeschlossen und nach fünf Tagen intensiver Offensivoperationen pausierte Rundstedts Kommando zur Umgruppierung.

Ungeachtet dieser deutschen Maßnahmen zeigte der Gegenzug der Poznan-Armee, dass die polnischen Truppen noch nicht abgeschrieben werden konnten. Der polnische Gegenstoß bewies auch die Entschlossenheit des Oberkommandos, die Hauptstadt um jeden Preis zu verteidigen. Die Schlacht um Warschau bahnte sich an.

Doch führte der polnische Gegenstoß die Poznan-Armee noch tiefer in die Schlinge, da die deutschen Truppen sich in der Umgebung Warschaus aus drei Richtungen näherten. Die polnischen Gegenmaßnahmen beschleunigten daher die Einschließung der Poznan-Armeee bei Kutno, da sie im Osten vom deutschen XI. Korps umgangen wurde, das einen Brückenkopf über die Bzura errichtete.

Das Ende des Feldzugs

Während sich die Schlacht an der Bzura ihrem dramatischen Ende näherte, hatte die 10. Armee eine zweite Umfassungsoperation gegen Radom begonnen, das am 11. September fiel. Nach einer kurzen Pause nahm die 10. Armee zwei Tage später ihren Vormarsch in Richtung Lublin wieder auf. Ab dem 15. September nahm sie an der Belagerung Warschaus teil und stieß zugleich ostwärts gegen Lublin, das zwei Tage später nach kurzer, doch beherzter Verteidigung fiel. Inzwischen überquerte die 14. Armee am 10. September den San, schloss zwei Tage später trotz heftigen gegnerischen Widerstands Lemberg ein und nahm dann am 15. September nach einem langen Tag harten Kampfs Przemysl ein. Die 8. Armee setzte ihre Säuberungsoperationen in und um Warschau fort, während die 10. Armee östlich der Weichsel versprengte polnische Truppen gefangen nahm und die 14. Armee die Linie am San einnahm. Der letzte polnische Widerstand im Sektor der Heeresgruppe Süd endete am 6. Oktober 1939 bei Kock. Der Polenfeldzug war nach 36 Tagen vorüber.

Trotz des beeindruckenden Siegs zeigte der Polenfeldzug verschiedene Mängel in der deutschen Vorbereitung, Ausbildung, Doktrin und Organisation auf. Eine der Hauptstärken des deutschen Heeres aber war, dass es den Sieg nicht mit exzellenter Durchführung gleichsetzte. So untersuchten die Deutschen rasch und genau die Lehren des Feldzugs. Selbstkritisch betrachteten die deutschen Offiziere, höhere wie niedrigere, ihre Leistung und entdeckten dabei eine Menge Schwächen. Anders als bei anderen Armeen (besonders der britischen), wo Kritik oft mit Illoyalität gegen die Vorgesetzten gleichgesetzt wurde, konnten beim deutschen Heer von 1939 sogar Leutnante und Hauptleute offen an Doktrin, Ausbildung, Ausrüstung und Taktik Kritik üben.

Manche deutsche Kommandeure zeigten angesichts von Krisen große Flexibilität und Gelassenheit. Der zweite Tag der Invasion etwa sah einen erfolglosen Versuch deutscher Sturmpioniere der Gruppe Medem, die Weichsel-Brücke bei Dirschau zu nehmen. Zum Glück sicherten vorstoßende Bodentruppen Brücken bei Gniew und Marienwerder, da die Feldkommandeure ihre Operationspläne geschickt abänderten, als der geplante Hauptcoup gegen Dirschau scheiterte. Hier stellte die Flexibilität lokaler deutscher Kommandeure, die in Kommando und Kontrolle der „Auftragstaktik" geschult waren und ihre Initiative ausnutzten wollten, sicher, dass der Rückschlag bei Dirschau die sich entfaltende deutsche Invasion nicht durcheinander brachte. Aufgrund derartiger Führung kämpften die deutschen Soldaten auch in unvorhergesehenen und rasch wechselnden tak-

Ein Panzer IV mit kurzem Geschützrohr im September 1939 in Polen. Richtig eingesetzt hatten die Panzer vernichtende Wirkung. Bei schlechtem Einsatz konnten die Resultate verheerend sein. Im Wunsch, die polnische Hauptsstadt so schnell wie möglich zu nehmen, setzte das deutsche Heer Panzer ohne Unterstützung im Straßenkampf ein, wo sie schwere Verluste erlitten. Von den im ganzen Feldzug verlorenen 81 Tanks der 4. Panzerdivision wurde der Großteil im Straßenkampf in Warschau zerstört. Tatsächlich verloren die Deutschen die meisten Panzer bei den Kämpfen in Warschau, darunter fast alle der 19 vernichteten schweren Panzer IV.

tischen Situationen effizient und dies trug direkt zum spektakulären Erfolg der Wehrmacht im Polenfeldzug bei.

Ein weiteres Beispiel: Am 7. September nahm die 8. Armee ihren Angriff gegen Lodz wieder auf und die 10. Armee startete eine neue Offensive, um Radom einzuschließen. Inzwischen erkämpfte sich die 14. Armee ihren Weg über die Weichsel, die polnische Hauptverteidigungsstellung, um die Hauptrückzugsroute der Polen abzuschneiden, und stieß dann nach Lemberg vor. Zur Kontrolle dieser erweiterten Front fächerten sich die deutschen Truppen ins Innere Polens auf und das Hauptquartier der Heeresgruppe Süd zog am 7. September nach Lubliniec, gerade hinter der polnischen Grenze. Am nächsten Tag erreichte die 8. Armee die Vorstädte Warschaus vom Südwesten her. Dieser Stoß nordostwärts exponierte die linke deutsche Flanke. Am 10. September griff die Poznan-Arrmee die überdehnte offene Flanke der 8. Armee an und warf die deutschen Flügeltruppen zurück. Dies verursachte bei den deutschen Einheiten, denen Schulung in Defensivtaktik mangelte, kurz Panik.

Die rasche Umgruppierung lokaler deutscher Reserven aber stellte die Front am nächsten Tag rasch wieder her und stoppte die Polen. Solches taktisches Vermögen zeichnete die effizienten Reaktionen der niedrigeren deutschen Offiziere und Unteroffiziere im Polenfeldzug aus. Flexibles Ausnutzen der Initiative im Einklang mit den Absichten des Kommandeurs war hauptsächlich für die Schnelligkeit und Effizienz der deutschen taktischen Reaktionen verantwortlich.

Im Polenfeldzug hatte die deutsche Infanterie bei der Invasion eine, wenn auch lebenswichtige, Hilfsfunktion. Die von Pferden gezogene Infanterie folgte den mobileren motorisierten Spitzen nach und erfüllte drei große Aufgaben: Sie bekämpfte und neutralisierte isolierte oder umgangene gegnerische Widerstandszentren, schützte die verwundbaren Flanken der Panzerdivisionen und besetzte Gebiet.

Bei diesen wenig glamourösen, doch wichtigen taktischen Aufgaben profitierte die deutsche Infanterie wesentlich von der starken offensiven und defensiven Feuerkraft, die die Standard-Infanterieabteilung besaß. Die typische Taktik des deutschen Infanetriekommandos in Polen drehte sich um die Kraft des MG 34 (siehe Kasten Seite 54). Bei Angriffen von Infanteriezügen gegen polnische Verteidigungsstellungen assistierte das Unterstützungsfeuer von wohl platzierten und gut getarnten MG 34 (beim Können im Feld waren viele deutsche Soldaten herausragend) dem Vorwärtsschwung des deutschen Sturms mächtig. Dies zeigte sich am 2. September, als deutsche Truppen die Stadt Tschenstochau gegen heftigen feindlichen Widerstand stürmten. Zusätzlich stellte die im Polenfeldzug eingeführte deutsche Praxis, das Feuer des MG 34 dem erfahrensten und zuverlässigsten Soldaten im Zug anzuvertrauen, sicher, dass die mächtige Waffe mit maximaler Wirkung eingesetzt wurde. Wurde dieser taktische Einsatz des MG 34 mit strenger Schulung und Ausnutzen der Initiative kombiniert, so konnten die deutschen Infanteriezüge oft (wenn auch nicht immer) den Widerstand von polnischen Kräften, die von den rasch vorstoßenden Panzerdivisionen umgangen worden waren, neutralisieren.

Triumph der Infanterie

Der Erfolg der deutschen Infanterie beim Vereiteln der verzweifelten Ausbruchsversuche der polnischen Truppen aus dem Bzura-Kessel war ein Erfolg der strengen und realistischen Ausbildung, die alle deutschen Soldaten dieser Zeit durchliefen. Zur Grundausbildung etwa gehörten anstrengende taktische Übungen bei Tag und Nacht mit scharfer Munition. Das deutsche Heer war bereit, eine einprozentige Todesrate bei der Ausbildung als Preis zu akzeptieren, um unverwüstliche Soldaten zu schaffen, die auf dem realen Schlachtfeld größere Überlebenschancen hatten. Die Übungen simulierten die Kampfbedingungen realistisch. Sie testeten die Fähigkeit der Rekruten, sich in feindlicher Umgebung zu bewähren, und entwickelten zugleich die Fähigkeit zum Ergreifen der Initiative. Die Ausbildung bereitete die Männer auch darauf vor, die Aufgaben ihrer unmittelbaren Vorgesetzten zu übernehmen. Falls diese fielen, konnten ihre Untergebenen die Lücke in der Befehlskette sofort füllen. Als Folge dieser Ausbildung kämpften viele deutsche Infanteristen im Polenfeldzug zäh, flexibel und erfindungsreich. Der Beitrag, den solche Qualitäten zum Ergebnis leisteten, zeigte sich rasch.

Doch war nicht alles eitel Wonne. Auch Mängel der deutschen Ausbildung traten im Feldzug hervor. Etliche heftige nächtliche Gegenangriffe polnischer Marineinfanteristen bei Gdingen und Hela hatten deutsche Truppen in panische Flucht geschlagen und gezeigt, dass deren taktische und technische Vorbereitung auf Nachteinsätze unzureichend war. In den Ausbildungsübungen vor dem Krieg war der nächtliche Kampf vernachlässigt worden. Die Einsicht in diese Schwäche führte zu einer verstärkten Betonung des Nachtkampfs im Auffrischungs-Schulungsprogramm der deutschen Truppen, die sich während des Winters 1939/40 auf den Fall Gelb, den Westfeldzug gegen Frankreich und die Benelux-Staaten vorbereiteten.

Zudem zeigten die deutschen Einsatzberichte einen Mangel an Aggressivität bei bestimmten Infanterieeinheiten, die die höheren Generäle allgemein als schlechter als ihre Vörgänger im Ersten Weltkrieg einschätzten. Die Infanterie zö-

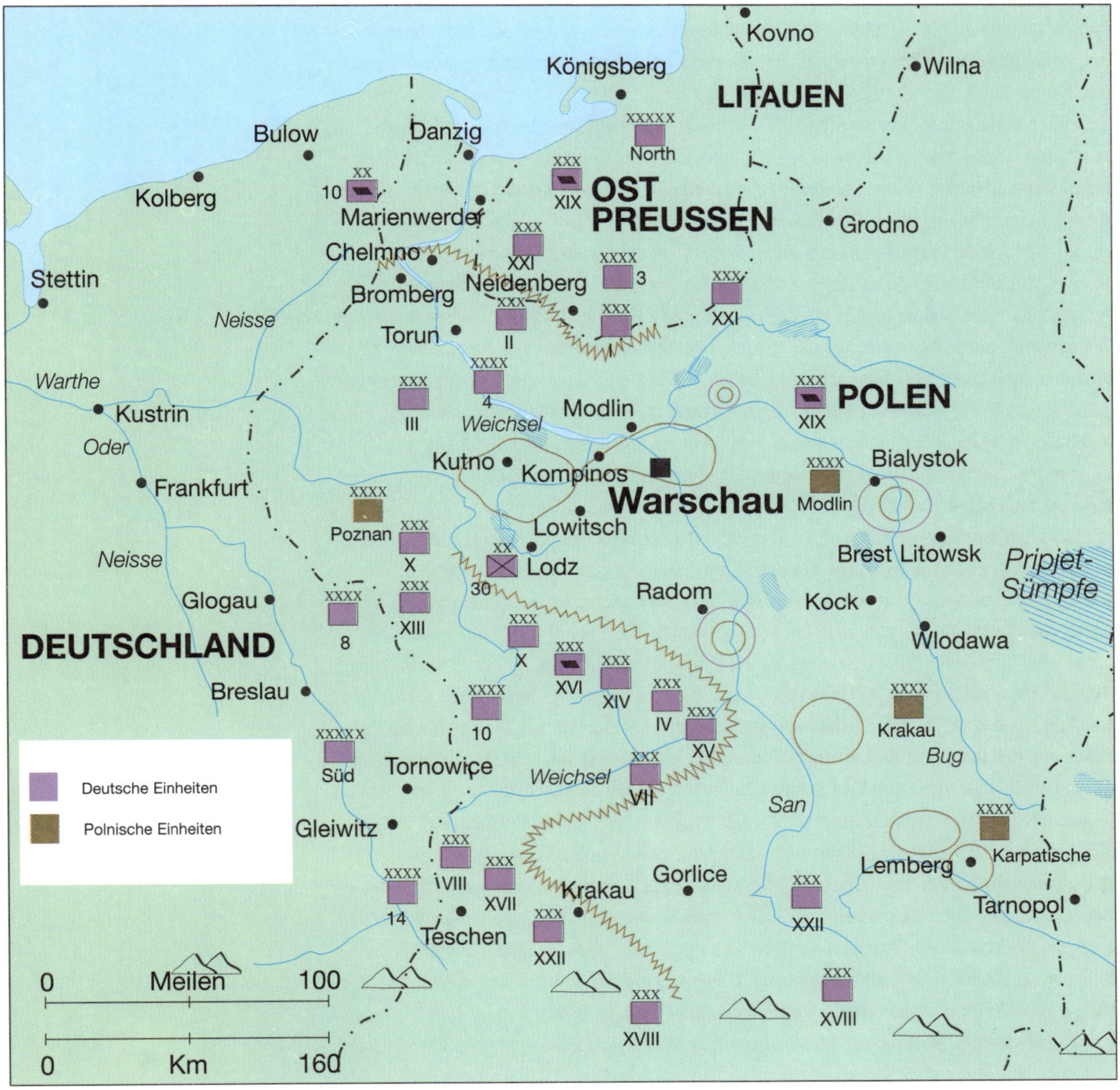

Die Lage in Polen am 14. September. Der Feldzug sah die erste Anwendung des Blitzkriegs, der die traditionelle preußische *Kesselschlacht*-Strategie der Einschließung mit den revolutionär neuen mechanisierten Truppen kombinierte. Das deutsche Heer setzte seine sechs Panzerdivisionen, unterstützt von anderen motorisierten Verbänden, als strategisches Durchbruchsinstrument ein. Die braunen Kreise zeigen fragmentierte polnische Formationen, die rot umrandeten eingeschlossene polnische Kessel.

gerte oft, ohne langes Artillerievorbereitungsfeuer und ohne Artillerieunterstützung zum Angriff überzugehen. Beim deutschen Angriff auf Podsosnina Lukowska am 15. September etwa führte der Mangel an Artillerieunterstützung – nur vier 10,5-cm-leFH 18 – zu einem eher halbherzigen Infanteriesturm. Das deutsche Heer korrigierte diese „Standhaftigkeit" durch neuen taktischen Drill auf Zugsebene und verstärkte die Betonung der individuellen Initiative. Die Kommandeure meinten auch, das allgemeine Niveau der Koordination sei unzureichend gewesen. Dies galt sogar für die Elite-Panzertruppen. Trotz starker Betonung von Operationen mit gemischten Verbänden in der Ausbildung funktionierten sie unter realen Kampfbedingungen nicht optimal. Das Auffrischungstraining jenes Herbstes wandte sich daher wieder dem Feinschliff und der Perfektionierung der Koordination gemischter Verbände zu.

Die Panzerdivisionen waren in Polen ein großer Erfolg, doch nur bei richtigem Einsatz. Als etwa die Heeresgruppe Nord mit einem Stoß südwärts am 7. September die zweite Phase ihrer geplanten Operationen begann, gehörte zu ihr

Heinz Guderians XIX. Panzerkorps, das zur Flanke der 3. Armee ganz im Osten zog und sich am 9. September gegen die schwache polnische Narew-Gruppe warf, um Warschau östlich zu umgehen und sich mit den vorstoßenden Spitzen der Heeresgruppe Süd zu verbinden. Guderians Truppen querten den Fluss Narew und zogen weiter gegen den Bug, bis sie am 10. September bei Zambow beim Versuch, den Fluss Nurzyck zu queren, in heftige Kämpfe verwickelt wurden. Guderians gut ausgebildete Truppen, die von ihrem energischen kommandierenden General rücksichtslos angetrieben wurden, gaben ein Beispiel, dem andere Kommandos nachzueifern suchten, und steigerten so das Gesamttempo der deutschen Operationen. Kein Wunder, dass es die polnischen Truppen schwer fanden, mit der unerwartet rasch voranschreitenden deutschen Invasion fertig zu werden. An Guderians linker Flanke begann die Gruppe Brand einen Vorstoß auf Bialystok an der östlichsten Flanke der Heeresgruppe Nord und schirmte seine exponierte linke Flanke ab, während seine Truppen weiter südwärts zogen.

Deutsche Panzer in Polen

Konsequenterweise spielten die Panzer beim deutschen Sieg über Polen eine Hauptrolle, als mechanisierte Truppen, die bei Gelegenheit von hochwirksamen taktischen Luftschlägen unterstützt wurden, tief ins polnische Hinterland eindrangen, um die Verbindungen zu kappen und den Gegner zu lähmen, bis Infanterie und Artillerie eintrafen, um ihn zu vernichten. Durch diese Kombination konnten die Deutschen Polen so rasch bei geringen eigenen Verlusten, zumindest im Vergleich zum Ersten Weltkrieg, überrennen. Zudem trug die relativ effiziente Kooperation aller Waffenteile innerhalb der sechs deutschen Panzerdivisionen als Speerspitze viel zum spektakulären deutschen Erfolg im Polenfeldzug bei. Diese Formationen waren gut ausgewogene Divisionen, zu denen neben der Panzerkomponente motorisierte Infanterie, mobile Artillerie, Aufklärungstruppen, Meldepanzerwagen und alle erforderlichen Versorgungsdienste gehörten. Besonders die Fähigkeit der deutschen motorisierten Infanterie (der späteren „Panzergrenadiere“), mit den Panzern auf dem Schlachtfeld taktisch eng zu kooperieren, trug wesentlich zur Kampfkraft dieser Eliteverbände bei. In Polen operierten die deutschen motorisierten Infanterieeinheiten (damals in einer Schützenbrigade gruppiert) hauptsächlich auf Lastwagen. Zusätzlich gab es für sie eine kleine Zahl von Halbketten-Schützenpanzerwagen. Während des Feldzugs wurden beide Fahrzeugarten einfach für den Transport der Infanterie zum taktischen Kampfplatz eingesetzt. Dort saßen die Panzergrenadiere ab und unterstützten die attackierenden Panzer, indem sie feindliche Stellungen, besonders die von polnischer Infanterie mit wirksamen Panzerbüchsen gehaltenen, zu Fuß angriffen oder isolierte Widerstandsnester aushoben.

Allerdings zeigten die Einsatzberichte, dass das deutsche Heer für den Städtekampf unzureichend vorbereitet war. Die deutschen Kommandeure mussten etwa ihre Lehren aus der Schlacht von Warschau ziehen. Sie erkannten die Verwundbarkeit von Tanks im Nahkampf im Stadtgebiet. Die Lektion wurde ernst genommen: Im Mai 1940 stoppte Hitler die vorstürmenden deutschen Panzer kurz vor Dünkirchen und Calais, weil er unter anderem fürchtete, sie könnten ähnlich schwere Verluste wie in Warschau erleiden. Diese Verzögerung half dem Großteil des britischen Expeditionskorps sowie etlichen französischen Truppen, von Dünkirchen nach England zu entkommen. Zwei Jahre später allerdings vergaß der „Führer“, dass der Kampf in der Stadt zeitaufwendig und verlustreich ist, und warf die 6. Armee in die Schlacht um Stalingrad.

Polnische Gefangene nach dem Feldzug unter Bewachung. Um den Preis von etwa 11.000 Gefallenen, 3500 Vermissten und 32.000 Verwundeten hatten die Deutschen Polen erobert. Mit der sowjetischen Invasion im Rücken und angesichts des Unvermögens der britisch-französischen Truppen, mehr als eine bloße Demonstration im Westen zu unternehmen, war Polen von Anfang an verloren.

Entgegen der verbreiteten Ansicht war die Eroberung Polens für die deutsche Armee kein leichter Feldzug. Nicht nur kämpften die Polen verbissen, die deutsche Armee war auch noch nicht die gut geölte Kriegsmaschine späterer Kriege und beging zahlreiche Fehler. Aufgrund heftigen polnischen Widerstands und mangelnder Kampferfahrung des deutschen Militärs gab es trotz der überwältigenden zahlenmäßgen und materiellen Überlegenheit bedeutende Verluste an Gerät. 674 Panzer der Wehrmacht wurden so schwer beschädigt, dass sie in der Fabrik repariert werden mussten. 217 davon waren Totalschäden. Dies war ein Viertel der eingesetzten Panzerwaffe. Auch die Flugzeugverluste waren groß, besonders angesichts der Überlegenheit an Flugzeugressourcen. 285 Maschinen der deutschen Luftwaffe wurden abgeschossen, weitere 279 hatten Totalschaden. Das war eine Verlustrate von 20 Prozent, ziemlich hoch angesichts der kurzen

Warschau – Lehren des Stadtkampfes

Die Schlacht von Warschau war die erste deutsche Erfahrung mit dem Stadtkampf seit dem Ersten Weltkrieg und der erste Einsatz mit mechanisierten Truppen und Luftwaffe. Die lange und verlustreiche Schlacht zeigte die deutsche Unerfahrenheit und mangelhafte Vorbereitung auf die Probleme des Stadtkampfes. Die Deutschen lernten in Warschau, dass Bauten und städtische Infrastruktur die Observation behinderten und die Wirksamkeit von Artillerie- und Luftbombardement reduzierten. Auch erkannten sie die Verwundbarkeit von Panzern ohne Begleitschutz in Städten. Tatsächlich verloren die Deutschen den Großteil ihrer im Polenfeldzug zerstörten Tanks im Straßenkampf von Warschau, meist im Nahkampf gegen die entschlossenen polnischen Verteidiger, die sie an den Flanken und von hinten mit Pak, Flammenwerfern, Molotow-Cocktails, Minen und Haftladungen angriffen. Die deutschen Panzerkommandanten waren durch in Hochhäusern versteckte Scharfschützen sehr gefährdet. Die Niederwerfung Warschaus lehrte die Deutschen, dass sich verbaute Gebiete weder rasch noch leicht erobern lassen und dass der Stadtkampf methodische Vorbereitung und systematisches Niederkämpfen erfordert.

Die Erfahrung von Warschau veranlasste Hitler unter anderem Ende Mai 1940, seine Panzer vor Dünkirchen und Calais zu stoppen, damit sie nicht noch schlimmere Prügel bezögen als die 4. Panzerdivision in Warschau (eine Lehre, die er 1942 bei Stalingrad vergaß). Dies wäre zweifellos geschehen, wären die Panzer in Städte gestürmt, die von einem verzweifelten Gegner gehalten wurden, der besser ausgerüstet als die Polen und wild entschlossen war, die Einschiffungspunkte zu halten, von denen aus die britischen, französischen und belgischen Truppen von den Stränden von Dünkirchen evakuiert wurden. Stattdessen ließ Hitler Görings Luftwaffe die Städte bombardieren. Dieser Halt, den Historiker einen verheerenden strategischen Fehler nannten, erlaubte den British Expeditionary Forces (BEF), wenngleich unter Zurücklassung des gesamten Kriegsmaterials, aus Dünkirchen zu entkommen. Doch angesichts der Lehren, die das deutsche Oberkommando aus der Schlacht von Warschau zog, wird Hitlers Entscheidung verständlicher.

Dauer des Kriegs und der bescheidenen Gegnerschaft in der Luft. Man sieht, dass die polnische Luftwaffe mit ihren begrenzten Ressourcen tapfer kämpfte.

Polen war so der perfekte Übungsplatz und ein Klassenzimmer für die deutsche Armee. Nachträgliche Untersuchungen zeigten, dass das Heer seine Panzer nicht ausreichend für eigenständige strategische Operationen konzentriert hatte und dass die rudimentären Mechanismen der Luft-Boden-Koordination gegen einen besser vorbereiteten und in der Luft stärkeren Gegner wohl nicht so gut funktionieren würden. Bloß zwei mobile Luftmeldeabteilungen waren für die Zusammenarbeit mit den sechs Panzerdivisionen verfügbar, was bei weitem nicht ausreichte. Zudem konnten diese Abteilungen Forderungen der Panzerdivisionskommandeure nach Luftnahunterstützung nicht an die Hauptquartiere der Fliegertruppen übermitteln. Stattdessen mussten solche Anforderungen über die Heereshauptquartiere an die Luftgeschwaderkommandos gehen, ein langsamer und relativ unzuverlässiger Prozess. Sobald daher der Kampf um die Luftüberlegenheit über Polen gewonnen war, neigte die Luftwaffe zur Unterstützung von Bodenoperationen durch Unterbrechung der Nachschubwege des Gegners und zu Aufklärungseinsätzen anstatt zu taktischen Luftangriffen (oder Luftnahunterstützung). Letztere blieben im Vergleich mit der Zahl der Unterbrechungseinsätze selten. Am Ende aber erwarben Heer wie auch Luftwaffe im Polenfeldzug wertvolle praktische Erfahrung bei der Luft-Boden-Kooperation, die sie zur Verbesserung von Gemeinschaftsoperationen verschiedener Wehrmachtsteile benutzten.

Die Evaluation enthüllte organisatorische Mängel wie die ungenügende Ausstattung mit Panzern und die Schwerfälligkeit der deutschen leichten motorisierten Divisionen, was sie unhandlich machte und ihnen an Feuerkraft mangeln ließ, wenn sie die Rolle der Kavallerie, nämlich Aufklärung und Überprüfung, für die sie gedacht waren, erfüllen wollten. Daher rüstete das Heer diese vier Formationen im Winter 1939–1940 zu vollen Panzerdivisionen auf. Daneben beleuchteten die Einsatzberichte die mangelnde Schlagkraft bei den deutschen motori-

Aufgrund des Eindringens sowjetischer Truppen in Polen am 17. September 1939 befahl die Heeresgruppe Süd einen sofortigen Stopp ihres Stoßes ostwärts. Drei Tage später befahl die Heeresgruppe all ihren Truppen, sich entsprechend der von den beiden Regierungen festgelegten provisorischen Demarkationslinie westlich der Linie Weichsel – San zurückzuziehen. Dies zwang die Deutschen, die Belagerung Lembergs zu stoppen und seine Einnahme der Roten Armee zu überlassen. Doch als sich die Deutschen zurückzogen, kapitulierte die Garnison von Lemberg hastig, um nicht in sowjetische Hand zu fallen. Während der Tage des Rückzugs zur Demarkationslinie kam es zu einige Kollisionen zwischen deutschen und vorrückenden sowjetischen Truppen. Die Heeresgruppe Süd war erst an diese Stellungen zurückgegangen, als die politischen Verhandlungen zwischen deutscher und sowjetischer Regierung zu einer nochmaligen Verschiebung der Demarkationslinie ostwärts geführt hatten. Daher rückten Rundstedts Truppen am 1. Oktober abermals vor und nahmen wieder die Stellungen am San und am Bug, die sie zuvor gehalten hatten, ein.

sierten Infanteriedivisionen. Es fehlte ihnen nicht nur die Feuerkraft, die ihre Mobilität gerechtfertigt hätte, sondern Mangel an Motortransportmitteln hatte auch zur Ausstattung mit bloß zwei anstatt der normalen drei Infanterieregimentern geführt. Aus den Erfahrungen in Polen ging klar hervor, dass diesen Formationen die Ausdauer fehlte, die Spitzenrolle einzunehmen und die Panzerdivisionen bei tiefen Durchbrüchen zu begleiten. Das deutsche Heer reagierte darauf, indem es vor dem Westfeldzug von 1940 die Feuerkraft seiner motorisierten Divisionen verstärkte und ihnen zusätzliche Infanterie zuteilte. (siehe Anhänge).

Trotz all dieser Mängel hatte Deutschland den ersten einer Reihe von überwältigenden militärischen Siegen errungen, die das europäische Kräftegleichgewicht zerstörten und auf dem Kontinent jene „Neue Ordnung“ der Nazis schufen, von der Hitler und seine Spießgesellen erwarteten, dass sie mindesten tausend Jahre dauern würde. Zentral für diesen deutschen Erfolg war die Bereitschaft der deutschen Armee, ihre Leistung kritisch und ehrlich zu bewerten, Lehren aus dem Kampf aufzunehmen und umzuschulen, neu zu organisieren und auszurüsten, um ihre Kampfeffizienz zu steigern (die britische und die französische Armee zogen aus dem Polenfeldzug keine neuen Schlussfolgerungen). Diese Entschlossenheit half den Deutschen, trotz einer schwachen strategischen Basis und des Fehlens einer für den Krieg organisierten Wirtschaft die Hegemonie in Zentraleurope zu erlangen. Doch schadete der Polenfeldzug der Armee auch, denn sein Erfolg überzeugte Hitler, dass er gegen jeden Gegner und unter allen Umständen wiederholt werden könne. Die höheren Kommandeure des „Führers“ schätzten seine Pläne anfangs nicht richtig ein. Dies geschah erst während er folgenden Feldzüge in der Sowjetunion, als Hitler unvernünftige Forderungen an deutsche Armeen stellte, die für die Erfüllung seiner Befehle unterbesetzt und schlecht ausgerüstet waren.

Der Norwegen-Feldzug

Der Sieg in Norwegen, das Unternehmen „Weserübung", war einer der eindrucksvollsten Erfolge der Wehrmacht, doch nährte er die gefährliche Illusion der Unbesiegbarkeit. Bald würden Improvisation und Kampfgeist der deutschen Einheiten nicht mehr ausreichen.

Die Eroberung Norwegens durch Deutschland im April–Mai 1940, mit der praktisch der Angriff im Westen begann, war einer der überraschendsten und kühnsten Siege Hitlers, da ihn bis kurz vor seinem Eintreffen weder er noch die Wehrmacht geplant hatten. Skandinavien stand anfangs nicht auf Hitlers Tagesordnung und Norwegen erklärte sich bei Ausbruch des Kriegs im September 1939 für neutral. Die deutsche Führung sah dies allgemein als befriedigenden Zustand an. Die britische Überlegenheit zur See schien so überwältigend, dass die Deutschen sich glücklich schätzten, dass die britisch-französischen Kräfte nicht sofort ihren Vorteil in den nördlichen Gewässern ausnutzten. Entscheidend war für Hitler der Export schwedischen Eisenerzes nach Deutschland, der im Winter über den nordnorwegischen Hafen Narvik erfolgen musste. Von dort konnten die Schiffe Deutschland relativ sicher erreichen, indem sie in norwegischen Hoheitsgewässern blieben. Der damalige „Erste Lord der Admiralität" (Marineminister), Winston Churchill, drängte wiederholt zur Aktion, um dieses Schlupfloch in der Blockade Deutschlands zu schließen, doch das unentschlossene Kriegskabinett Premierminister Neville Chamberlains schob jede derartige Entscheidung hinaus.

Zwei Ereignisse im Winter 1939–1940 änderten die Lage. Eine war die sowjetische Invasion in Finnland, die einen möglichen Vorwand für eine britisch-französische Intervention in Skandinavien lieferte. Churchill betrieb die Planung der Besetzung einiger norwegischer Häfen, darunter Stavanger, Bergen, Trondheim und Narvik – angeblich, um eine Verbindungslinie zur Unterstützung Finnlands einzurichten. Sein Hauptziel war aber, dadurch eine neue Bedrohung Deutschlands zu schaffen. Norwegen und Schweden wiesen dies zwar zurück und verwei-

Deutsche Truppen vor Oslo auf dem Meer. Die Invasion profitierte von fast totaler Überraschung aufgrund sorgfältiger Sicherheitsvorkehrungen, stürmischem Wetter, Nebel und einer Reihe erschreckender Versehen und Fehlinterpretationen der britisch-französischen und norwegischen Streitkräfte.

gerten die Kooperation, doch die Deutschen erkannten nun, dass sie sich nicht länger auf die Neutralität Norwegens verlassen konnten. Ein weiterer dramatischer Vorfall betonte dies zusätzlich: die *Altmark*-Affäre im Februar 1940, bei der britische Zerstörer ein deutsches Trossschiff innerhalb der norwegischen Hoheitszone abfingen und enterten. Dass Norwegen nicht einmal symbolischen Widerstand gegen das britische Eindringen leistete, verstärkte Hitlers und des Oberkommandos der Wehrmacht (OKW) Überzeugung, dass die norwegische Neutralität Deutschland wenig Vorteile brachte. Auch Vidkun Quisling, Chef des politisch unbedeutenden norwegischen Gegenstücks der Nazi-Partei, half Hitler überzeugen, dass die sozialistische Regierung in Oslo bereits ein Geheimabkommen mit London getroffen habe.

Deutsche Infanterie geht durch ein brennendes norwegisches Dorf vor. Der Norwegenfeldzug brachte eine Reihe operativer und taktischer Lehren. Die deutsche Ausrüstung und Ausbildung erwiesen sich großteils als ausgezeichnet und die deutsche Entschlusskraft stand in scharfem Kontrast zum britisch-französichen Zögern. Gelegentliche Rückschläge zeigten aber gewisse Schwächen in der Verteidigungsdoktrin, besonders unter den winterlichen Bedingungen wie bei Angriffen norwegischer Ski-Truppen. Individuell erwiesen sich die norwegischen Soldaten allgemein als bessere Scharfschützen und Skifahrer, doch die deutsche Überlegenheit an automatischen Waffen kompensierte dies. Wie nach dem Polenfeldzug führten die Deutschen eine genaue Evaluierung dieser und anderer Themen durch. Diesmal aber schienen, auch angesichts des überwältigenden Erfolgs, kaum wesentliche Korrekturen nötig.

Neben dem Vorbeugen einer britisch-französischen Okkupation und der Sicherung des Flusses an Eisenerz hatten die Deutschen zwei Grundziele, als sie einen Angriff auf Norwegen zu erwägen begannen. Erstens wollten sie Flieger- und Marinebasen für Operationen gegen Großbritannien gewinnen (selbst Hitler erwartete keinen raschen und totalen Sieg gegen Frankreich im Frühling 1940), und die Marine brauchte Häfen im Norden, um nicht wie im Ersten Weltkrieg in der Nordsee abgeschnitten zu sein. Zweitens wollten sie Deutschlands Nordflanke gegen eine eventuelle Invasion der Sowjetunion sichern, was bei der Kontrolle Skandinaviens durch britische und französische Truppen praktisch unmöglich gewesen wäre.

Die Planung begann im Dezember 1939 mit einer Studie des Marinestabs, die zunächst wegen Englands überwältigender Seeüberlegenheit entmutigend ausfiel. Doch Hitler befahl weitere Planung durch einen eigens eingerichteten Stab unter dem Kennwort „Operation Weserübung". Nach der Altmark-Affäre erhöhte Hitler das Tempo der Vorbereitungen und übertrug Generalleutnant Nikolaus von Falkenhorst die Leitung der Operation. Falkenhorsts Hauptqualifikation war, dass er in der deutschen Expedition von 1918 in Finnland gedient hatte, doch wusste er wenig über Norwegen. Er gestand später, sein erster Schritt sei gewesen, einen Reiseführer zu kaufen! Die Operation umfasste schließlich neun Divisionen und verschiedene kleinere Einheiten, doch Hitler schloss das Oberkommando des Heeres (OKH) völlig von Planung und Kommando aus. Stattdessen unterstellte er Falkenhorsts Stab (das XXI. Korps, später in Gruppe XXI umbenannt) direkt dem OKW, durch welches Hitler den persönlichen Befehl über die Invasion ausüben konnte.

Der deutsche Plan

Die Vorbreitungen für die „Weserübung" wurden hastig, doch effizient improvisiert. Sie sollte beginnen, ehe die langen Polartage Überraschung unmöglich machten. Der Plan war extrem riskant. Man musste auf Konzentration verzichten, sodass die deutschen Truppen dabei einzeln geschlagen werden konnten. Doch zwei Faktoren verringerten das Risiko: Professionalismus und Angriffslust der deutschen Truppen und Kommandeure, durch die isolierte Einheiten nicht gelähmt und unentschlossen wurden, sowie die langsame Reaktion der Alliierten auf die anfängliche Verwundbarkeit der Deutschen.

Die Invasionstruppe bestand aus sechs Gruppen. Die nördlichste (Gruppe 1) umfasste das 139. Regiment der 3. Gebirgsdivision, verschifft mit nur minimaler Versorgung und Ausrüstung in zehn Zerstörern. Kommandeur war Generalleutnant Eduard Dietl, ein Österreicher, von dem sich Hitler viel erwartete. Dietls Auftrag war besonders gefährlich: Narvik nehmen und halten, bis er von anderen Truppen, die von Südnorwegen vorrückten, entsetzt wurde. Dieser Zusammenschluss würde vom Erfolg der Gruppe 2 abhängen, die aus dem 138. Regiment der 3. Gebirgsdivision bestand und Trondheim einnehmen und halten sollte. Gruppe 3 weiter südlich bestand aus zwei Bataillonen der 69. Infanteriedivision mit Bergen als Ziel. Inzwischen würde eine Kompanie des 1. Fallschirmjägerregiments der Luftwaffe das lebenswichtige Flugfeld Sola bei Stavanger einnehmen. Gruppe 4 und 6, die die Häfen von Kristiansand, Arendal und Egersund an Norwegens Südküste sichern sollten, bestanden aus etlichen kleineren Abteilungen der 163. Infanteriedivision. Der Gruppe 5 teilte das Oberkommando das wichtigste Ziel zu: die Einnahme der norwegischen Hauptstadt Oslo. Die Angriffswelle würde zwei Bataillone der 163. Infanteriedivision auf dem kleinen Schlachtschiff *Lützow*, dem schweren Kreuzer *Blücher*, einem leichten Kreuzer und verschiedenen kleinen Booten umfassen. Daneben sollten zwei Fallschirmkompanien den Flugplatz Fornebu westlich der Stadt nehmen. Weitere Wellen würden dann Oslo verstärken und nord- sowie westwärts vorstoßen, um sich mit den anderen Gruppen zu verbinden. In der Nebenoperation „Weserübung Süd" würden zwei Infanteriedivisionen und eine motorisierte Schützenbrigade gleichzeitig Dänemark besetzen.

Überraschung war wichtig, um ein Abfangen durch die Royal Navy zu vermeiden und die Hauptziele zu nehmen, ehe die norwegischen Truppen mobil machen konnten. Relativ gesehen waren die norwegischen Streitkräfte extrem schwach. Es mangelte ihnen an Ausbildung und Ausrüstung. Doch Norwegens Geografie war für die Verteidigung von Schlüsselpunkten wie den Flugplätzen und engen Hafenzufahrten, die durch Küstenartilleriestellungen gesichert waren, exzellent geeignet. Konnten die Reserven auf insgesamt sechs Divisionen mobilisiert werden, so würden diese Befestigungen vielleicht den kühnen Überfall der Deutschen brechen. Falls aber alles nach Plan verlief, hofften die Deutschen größere Kämpfe zu vermeiden, indem sie binnen weniger Stunden nach Angriffs-

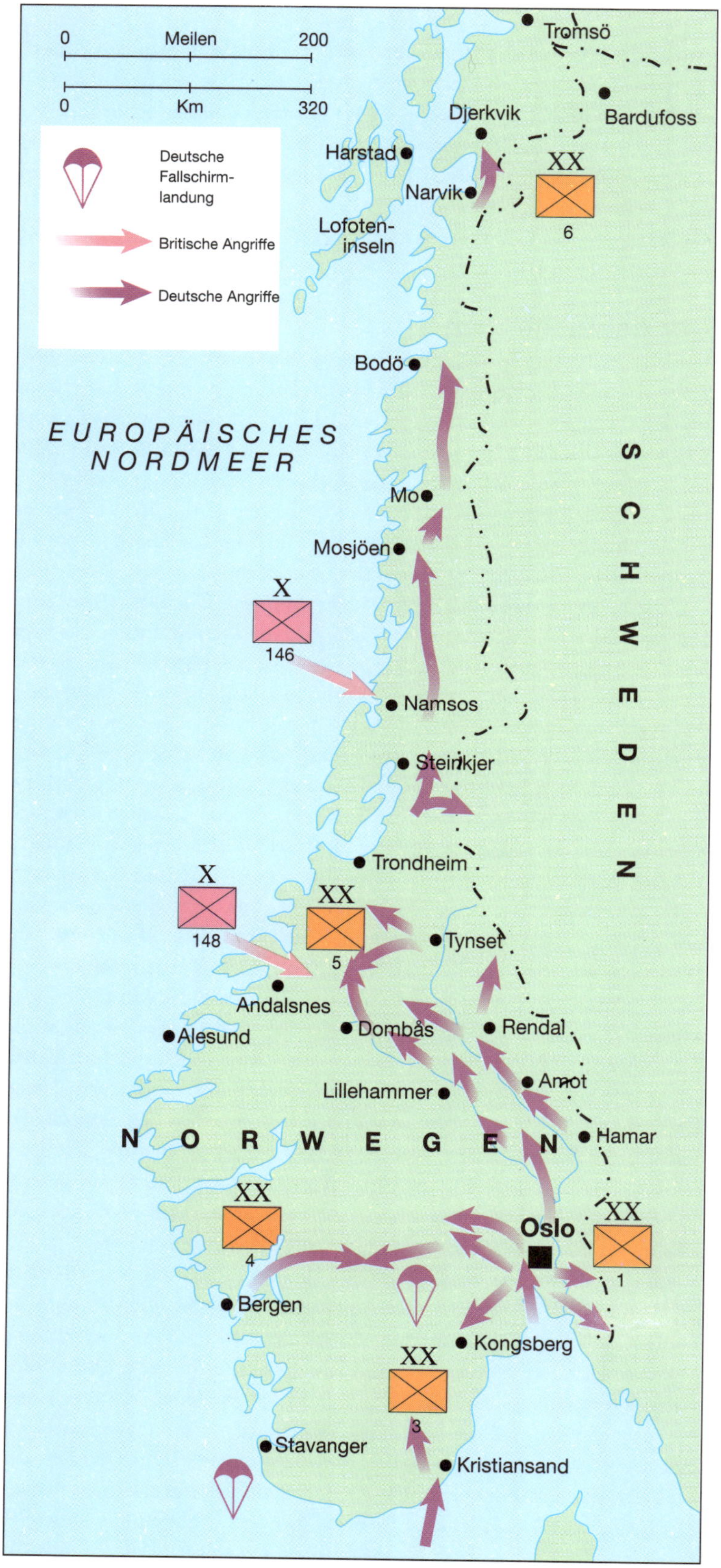

Norwegen ist ein lang gestrecktes, zerklüftetes Land, dessen Hauptbevölkerungszentren entlang der Küste liegen. Die Zerklüftung hilft der Verteidigung, doch nur wenn sie schnell und richtig organisiert ist. Andererseits mussten die Norweger erkennen, dass diese Eigenschaft der Küste es aufgrund der wenigen Verbindungen zwischen den getrennten und exponierten Zentren ermöglicht, die Verteidiger einzeln zu überwinden. Dieser Nachteil verstärkt sich noch, wenn ein Angreifer, wie im April 1940, auf Überraschung bauen kann.

beginn (9. April, 4.15 Uhr) die norwegische Regierung festsetzten und fast alle militärischen Schlüsseleinrichtungen einnahmen. Die norwegische Bevölkerung würde so vor vollendete Tatsachen gestellt. Churchill hatte am 8. April endlich Erlaubnis zu einer begrenzten Operation, der Verminung der norwegischen Gewässer, erhalten, und starke britische Kräfte waren auf See. Als Reaktion auf oberflächliche Berichte nahmen sie aber an, die Deutschen würden einen Überfall in den nordatlantischen Schiffsstraßen versuchen. In Oslo war die Regierung inzwischen wie gelähmt und befahl keine Generalmobilmachung.

Bei Narvik versenkten die Zerstörer der Gruppe 1 ein Paar veralteter norwegischer Küstenverteidigungsschiffe und Dietls Gebirgstruppen nahmen den Hafen und den Bahnhof praktisch ohne Gegenwehr (ein Genosse Quislings kommandierte die lokale Garnison). Bei zwei aufeinander folgenden Marineaktionen vom 10.–13. April vernichteten allerdings die Briten alle zehn Zerstörer und der deutsche Griff auf Narvik erschien dürftig, da die norwegische 6. Division von Finnmark südwärts zog, um die Gelandeten einzuschließen.

Erste deutsche Schläge

Bei Trondheim gelang den norwegischen Küstenbatterien am Eingang des Fjords kein Treffer gegen die deutschen Schiffe, ehe diese die Engen passierten und ihre Truppen landeten, die prompt die Stellungen von hinten angriffen und die unverteidigte Stadt selbst einnahmen. Wie in Narvik zeigte sich der norwegische Kommandant völlig passiv, was den Deutschen am 10. April die Besetzung des wichtigen Flugplatzes östlich von Trondheim erlaubte. Die Kooperation zwischen den Waffenteilen war bemerkenswert effizient, als Marine-Geschützmannschaften rasch die unbeschädigten norwegischen Kanonen bemannten und am 12. April einen Versuch britischer Zerstörer, in den Fjord zu fahren, zurückschlugen. Die lange Neuausbildung der Deutschen vom Winter 1939/40 machte sich zumindest bei effizient ausgeführten Gemeinschaftslandeoperationen bezahlt.

Die Gruppe 3 hatte es bei Bergen, wo der norwegische Marinekommandant mehr Unternehmungsgeist zeigte, etwas schwieriger. Zwar konnten die Deutschen die Stadt nehmen, doch die norwegischen Batterien beschädigten den leichten Kreuzer *Königsberg* erheblich. Am 10. April erledigten ihn britische Sturzbomber endgültig. Norwegische Zerstörer konnten zwei Versorgungsschiffe, ohne Eskorte unterwegs nach Stavanger, versenken, doch der deutsche Luftlandeangriff nahm den Flugplatz Sola. Am Ende des Tages hatten die Deutschen per Lufttransport zwei volle Bataillone als Verstärkung nach Sola geschafft. Auch die kleinen Abteilungen bei Egersund und Arendal sicherten ihre Ziele.

Die deutsche Operation bei Kristiansand misslang fast, da schlechte Sicht die erste Landung verzögerte und wirksames Feuer der norwegischen Küstenbatterien etliche Versuche, in den Hafen einzudringen, verhinderte. Doch die deutsche Luftwaffe half die Lage mit schwerem Bombardement zu klären, das die Küstenartillerie unterdrückte, und schließlich konnte die Landung vorangehen. Wieder war die deutsche Boden-Luft-Kooperation wirkungsvoller als im Polenfeldzug. Am Ende des Tages hatten die Deutschen den nahen Flugplatz Kjevik und den Hafen von Kristiansand gesichert.

Den ernstesten Rückschlag der Invasion gab es bei Oslo, wo die Gruppe 5 den langen, engen Fjord durch bloßen Bluff hinaufstoßen sollte, um die Stadt so rasch zu erreichen, dass der norwegischen Regierung keine Zeit blieb zu entkommen oder Mobilmachungsbefehle zu erteilen. Zum Unglück für die Angreifer besaß die norwegische Hauptfestung im Fjord drei alte, doch immer noch mächtige 28-cm-Kanonen (von Krupp gefertigt!) sowie eine kürzlich überholte Batterie landgestützter Torpedos. Der Festungskomamndant wartete mit dem Feuer, bis das Leitschiff, die *Blücher*, nur noch 500 m entfernt war. Da konnten es selbst die schlecht ausgebildeten norwegischen Mannschaften nicht mehr verfehlen. Der Kreuzer wurde tödlich getroffen und riss 1.000 Mann mit sich in die Tiefe, darunter den Stab der 163. Division und verschiedene Spezialkommandos, die Schlüsselziele der Hauptstadt sichern sollten.

Die erhaltenen deutschen Schiffe zogen sich zurück, um ihre Truppen weiter südlich in den niedrigeren Teilen des Fjords zu landen. Dazu kam noch, dass der deutsche Angriff aus der Luft auf den nahe gelegenen Flugplatz Fornebu fast misslang, da die die Fallschirmjäger führenden Transporter ihr Ziel nicht fanden. Doch mit bemerkenswerter Entschlusskraft befahl der Kommandeur der zweiten Welle, die Infanterieverstärkung führte, seinen Flugzeugen, trotz des gegnerischen Widerstands zu landen. So nahmen die Deutschen durch eine Kombination von Kühnheit und dem von der Auftragstaktik ermutigten Unternehmungsgeist nicht nur den Flugplatz, sondern marschierten auch nach Oslo hinein, ehe die norwegischen Streitkräfte eine wirksame Verteidigung organisieren konnten.

Die Deutschen festigen ihren Griff

Trotzdem war die Verzögerung bei der Einnahme Oslos kritisch, da sie der Regierung Zeit zur Evakuierung und Erteilung von Befehlen für Mobilmachung und Widerstand gab. Der entschieden pro-englische König Håkon VII. scharte das wankende Kabinett um sich und am 11. April ernannte es Oberst Otto Ruge zum Kommandeur der verbleibenden norwegischen Armee. Ruge ging rasch die um sich greifende Konfusion und den Defätismus seiner verstreuten Truppen an. In der vernünftigen Annahme, bald würden starke britisch-französische Truppen eintreffen, konzentrierte er sich auf die Verzögerung des deutschen Vormarsches nördlich von Oslo. Mit britischer und französischer Hilfe hoffte er, Trondheim und Narvik zurückzuholen und so Nordnorwegen als Basis einer eventuellen Befreiung des restlichen Landes zu sichern.

Die deutsche Luftwaffe hob die britisch-französische Überlegenheit zur See großteils auf. Die Besetzung Dänemarks war erfolgreich gewesen und mit den dänischen Basen konnte die Luftwaffe Süd- und Zentralnorwegen dominieren. So bekämpften am 9. April deutsche Bomber erfolgreich die britische Home Fleet westlich von Bergen. Sie verursachten zwar wenig Schaden, zeigten aber, dass nahe der Küste operierende Kriegsschiffe gefährdet waren. Die britische Admiralität war daher sehr vorsichtig und riskierte nur U-Boote, um die deutschen Nachschubwege nach Oslo zu behindern, doch mit wenig Erfolg. Die deutschen Flugzeuge zermürbten auch am Tage ständig gegnerische Bewegungen am Boden, behinderten feindliche Reaktionen auf die deutsche Invasion und erleichterten den Vormarsch der eigenen, gut ausgebildeten Bodentruppen.

Während deutsche Verstärkungen per See und Luft nach Oslo strömten, verlor Falkenhorst keine Zeit und formte sie zu improvisierten Kampfgruppen, die vom Brückenkopf ausschwärmen sollten. Er meinte, nachdem der unblutige Coup des ursprünglichen Plans misslungen war, müsse man den norwegischen Widerstand durch rasche Operationen gnadenlos brechen. Elemente der 181. und 196. Infanteriedivision folgten bald der 163., während Einheiten der 214. Infanteriedivision Stavanger verstärkten. Bis 16. April hatten die um Oslo herum stationierten Deutschen größere Widerstandsnester in der relativ flachen Region südöstlich von Oslo und im Setesdal-Tal nördlich von Kristiansand ausgehoben.

Gebirgsdivisionen

Die Ausbildung deutscher Gebirgsinfanterie hatte unter Seeckt begonnen, der befahl, ein Bataillon pro Division als „Jäger“ (leichte Infanterie) auszubilden und mit Gebirgsausrüstung zu versorgen. Ein Erlass im Juli 1924 schuf zwei Arten von Gebirgseinheiten: die speziell für Hochgebirgseinsätze ausgebildeten und die mit Ausrüstung für das Mittelgebirge. Die Schaffung der Gebirgseinheiten brauchte Zeit und die Armee begann ein intensives Ausbildungsprogramm, zu dem Klettern, Abseilen, Skifahren und Schießen im Gebirge und unter Schneeverhältnissen gehörten. Die Ausbildung war lang und schloss vier Wochen alpine Übungen (Marschieren und Schießen innerhalb der Kompanie oder des Bataillons), die im Mai begannen, ein. Im Herbst folgte weitere Ausbildung. Diese war individueller, mit Betonung auf Späheinsätze. Die Eingliederung Österreichs ins Dritte Reich verstärkte die Gebirgstruppe. Die 2. und 3. Gebirgsdivision etwa wurden aus früheren Einheiten der österreichischen Armee gebildet.

Eine typische Gebirgsdivision umfasste den Stab, zwei Schützen- oder Gebirgsregimenter, ein Artillerieregiment und Unterstützungseinheiten, darunter ein Meldebataillon, Aufklärungstruppen, Pak-Schützen und Pioniere – insgesamt etwa 13.000 Mann. Da die Truppen für den Kampf in unwirtlichem Gelände ausgebildet waren, hatten sie verhältnismäßig viele Maultiere und Pferde und ihre Unterstützungswaffen waren leichter, um sie fürs Tragen zerlegbar zu machen. Das mittlere Artilleriebataillon etwa besaß anstatt der 15-cm-Geschütze solche mit 10,5 cm. Die Deutschen sahen, dass die maximal tragbare Last 18 kg betrug – schwerere Lasten behinderten Schnelligkeit und Mobilität. Im Gebirgskrieg ist Schießdisziplin entscheidend, da die Einheiten von der Munition, die sie tragen, abhängen. Die Bewaffnung war für das Terrain maßgeschneidert. Viel Munition für wenige Waffen ist besser als viele verschiedene Waffen mit wenig Munition. Da Schusswechsel gewöhnlich auf kurze Distanz stattfinden, waren Handfeuerwaffen mit hoher Feuergeschwindigkeit wichtiger als Genauigkeit. Ideal war daher die Maschinenpistole. Eierhandgranaten wurden den Stielhandgranaten vorgezogen, die durch Felsen behindert wurden (obwohl tiefer Schnee diese Granaten oft harmlos machte).

Der deutsche Vormarsch in Richtung Bergen und Trondheim erwies sich als schwieriger. Der Hauptstützpunkt der norwegischen 4. Division lag etwa 45 km östlich von Bergen. Sie konnte daher relativ ungestört mobilmachen und hatte deahalb wenig Probleme, die dortige deutsche Einnistung einzuschließen. Obwohl sie durch den gestörten Mobilmachungsprozess ernsthaft behindert wurden, konnten Teile der norwegischen 2. Division Blockadestellungen nördlich von Oslo einnehmen und die Deutschen an etlichen Punkten aufhalten. Ein solcher Rückschlag ereignete sich am 15. und 16. April bei Bjrrgeseter, wo ein norwegisches Ski-Bataillon einen Flankenangriff unternahm und eine an die Straße gebundene deutsche Kolonne zum fast panikartigen Rückzug zwang. Eine deutsche Fallschirmjägerkompanie musste sich bei Dombås ergeben, als sich Einheiten von Oslo aus nicht mit ihr verbinden konnten.

Dies waren aber Aunahmen und anderswo erlangten die gut motivierten deutschen Truppen stets die Initiative zurück. Am 16. April etwa führte General Pellangahr, der Kommandeur der 196. Infanteriedivision, persönlich einen Überraschungsangriff über den zugefrorenen See Mjrsa an, ein kühner Zug, der eine starke norwegische Blockadestellung am Südende des Sees umging und vertrieb.

Am selben Tag ging auch die erste Abteilung leichter deutscher Panzer in den Kampf. Sie war für die Norweger, die keine Pak hatten, verheerend. Zwar kanalisierte die Geografie den Vorstoß in wenige schmale Täler, doch die deutschen Einheiten entwickelten eine wirksame Taktik, um die aufeinander folgenden norwegischen Blockadepositionen auf ihrem Weg zu durchbrechen. Eng hinter einem Zug leichter Tanks folgten ein Zug von Sturmpionieren in gepanzerten Lastern, eine motorisierte Infanteriekompanie und eine Artilleriebatterie für Unterstützungsfeuer. Bei einer engen Front konnten die Deutschen ihre Überlegenheit nicht mit seitlichen Manövern ausnutzen, doch sie gingen in die Tiefe, indem sie ihre Einheiten umlaufen ließen, um ein hohes Operationstempo zu halten, das die Norweger bald durch Erschöpfung niederrang.

Am 18. April trafen endlich britische und französische Bodentruppen in Zentralnorwegen ein. Die britische 148. Brigade landete bei Åndalsnes. Bestehend aus schlecht ausgebildeten Soldaten der Territorialarmee zerfiel sie am 23. April prompt, als sie eine angeblich starke Stellung bei Tretten halten sollte. Gegen die reguläre britische 15. Brigade, die nachfolgte, kamen die Deutschen weit langsamer voran, doch ihr Vorstoß ging weiter und verhinderte einen britisch-französischen Angriff gegen Trondheim vom Süden her. Eine weitere große Truppe vor allem französischer Soldaten landete nördlich Trondheims bei Namsos, um den zweiten Teil einer geplanten Zangenbewegung zu bilden. Doch wieder ergriffen die Deutschen die Initiative, als eine unterlegene Truppe bei Steinkjer im oberen Bereich des Trondheim-Fjords eine kleine amphibische Landung versuchte.

Deutsche mittlere Nb-Fz-Panzer im April 1940 in Oslo (nur fünf davon wurden gebaut). Neben den Verlusten zur See betrugen die deutschen Opferzahlen in Norwegen rund 3700 Gefallene und 1604 Verwundete, eine bemerkenswert kleine Zahl angesichts der etwa 100.000 beteiligten Mann. Operativ gesehen war die „Weserübung" ein fantastischer Erfolg, doch gab es auch bedeutende Missgeschicke. Die Kriegsmarine hatte hohe Verluste erlitten, darunter drei Kreuzer und zehn Zerstörer, was die Chancen einer Invasion Englands im Sommer 1940 verringerte. Die Deutschen konnten die Route für das Eisenerz sichern, doch schwere Schäden an Hafen- und Bahneinrichtungen in Narvik verhinderten viele Monate lang seine Verschiffung.

Schweres Bombardement der deutschen Luftwaffe radierte die von den britisch-französischen Truppen gehaltenen Häfen aus und am 28. April beschlossen die Briten und Franzosen, sich aus Zentralnorwegen zurückzuziehen. Aus der Luft verstärkt, starteten die Deutschen in Trondheim ihren Ausbruch und verbanden sich am 30. April mit Kräften aus Oslo. Am 2. und 3. Mai schlossen die Briten und Franzosen ihre Evakuieruung aus Åndalsnes und Namsos ab. Die norwegischen Truppen in Zentral- und Südnorwegen befanden sich nun in einer hoffnungslosen Lage und begannen zu kapitulieren.

Doch blieb offen, ob die Deutschen dies rechtzeitig ausnutzen konnten, um Dietls in Narvik isolierte Truppe, die Hitler nach der Nachricht vom Verlust der Zerstörer am 13. April schon abgeschrieben hatte, zu entsetzen. Dietls Männer ergriffen zeitweilig am 25. und 26. April durch einen kühnen Angriff auf vorrückende norwegische Truppen bei Gratangen die Initiative, was ein ganzes Bataillon vernichtete. Mitte Mai aber hatten britisch-französische und norwegische Truppen das Äquivalent zweier Divisionen um Narvik stationiert und die Deutschen immer mehr eingeengt. Am 27.–28. Mai fiel die Stadt schließlich unter einem Angriff alliierter Einheiten, doch Dietl konnte seine verbleibenden Kräfte an eine allerletzte Stellung bei Bjrrnefjell an der schwedischen Grenze zurückziehen, wo sie eventuell die Internierung der Kapitulation vorziehen konnten.

Das Ende des Feldzugs

Entsatztruppen aus Trondheim kamen rasch. Die 2. Gebirgsdivision an der Spitze durchbrach oder umging wiederholt eine Reihe von norwegischen und britischen Blockadetruppen südlich von Bodö und stieß manchmal 30 km pro Tag über von den Briten für „unpassierbar" gehaltenes Terrain vor. Dieses Tempo war nur aufgrund der exzellenten körperlichen Verfassung durch die vorhergegangenen strengen Ausbildungsprogramme der deutschen Soldaten möglich. Die deutsche Entsatztruppe wäre aber ohne die unerwartete Wendung der Ereignisse in Frankreich gewiss nicht rechtzeitig eingetroffen. Der dramatische Erfolg der deutschen Offensive am 10. Mai im Westen hatte Churchill, inzwischen Premierminister, gezwungen, den Kampf in Norwegen aufzugeben und alle verfügbaren Einheiten für die drohende Schlacht um England zu konzentrieren. Die britisch-französischen Truppen bei Narvik und Bodö wurden daher vom 25. Mai bis 8. Juni systematisch evakuiert, während sie den Angriff auf Narvik nur abschlossen, um ihre Einschiffung zu erleichtern. Die Norweger hielten den Druck auf Dietls Stellung aufrecht, um den britisch-französischen Rückzug zu decken und einen letzten moralischen Sieg zu erringen, indem sie die Deutschen nach Schweden trieben. Falkenhorst hielt Dietls für fast erledigt und dieser meinte, seine Männer könnten ihre Stellungen keine weiteren 48 Stunden halten. Doch die Deutschen hielten noch einen kleinen Kessel auf der norwegischen Seite der Grenze, als die norwegische Regierung am 8. Juni einem Waffenstillstand zustimmte.

Norwegen war erobert und Hitlers persönliche Führung erhielt trotz seines Beinahe-Nervenzusammenbruchs wegen der Krise bei Narvik im April eine weitere Rechtfertigung. Die norwegischen Stützpunkte würden sich ab 1941 gegen die Sowjetunion als nützlich erweisen, doch Norwegen wurde für die deutschen Ressourcen zum Aderlass, da Hitler die Garnison gegen eine britische Invasion, die nie kam, fortwährend verstärkte. Zudem trug die am 9. April misslungene Gefangennahme der norwegischen Regierung langfristig zu den deutschen Problemen bei, da diese Regierung von ihrem Exil in London aus den patriotischen Widerstand und die Subversion anheizte.

G

Triumph im Westen

Die Eroberung Frankreichs und der Benelux-Staaten war der vielleicht größte Sieg der deutschen Armee. In sechs Wochen besiegte die Wehrmacht die französische, holländische und belgische Armee sowie das britische Expeditionskorps in einem Blitzkrieg.

Drei miteinander zusammenhängende Faktoren trugen zum überwältigenden deutschen Erfolg im Westen bei: ein exzellenter Plan, der die schlechte Aufstellung der Alliierten zur strategischen Überraschung ausnutzte, das beispiellos rasche Tempo massiert vorstoßender mechanisierter Formationen, das einer wirksamen Antwort des Gegners zuvorkam, und die taktische Effizienz der Zusammenarbeit zwischen den Waffenteilen (erleichtert durch gute Ausbildung, unverwüstliche und gut motivierte Männer, verantwortliche Führung auf allen Ebenen und die zuverlässige, wenn auch nicht bedeutend überlegene Ausrüstung).

Am 9. Oktober 1939 verblüffte Hitler seine höheren Generäle mit der Mitteilung, ein Angriff im Westen, geplant für den 12. November, stehe unmittelbar bevor. Das OKH war entsetzt, da es die taktischen Mängel, die der Polenfeldzug enthüllt hatte, genau kannte. Es war überzeugt, die deutschen Truppen seien für eine Invasion in Frankreich einfach nicht bereit, und wandte daher eine Hinhaltetaktik an, um Hitlers Absichten abzuwürgen, während es eine strenge Neuausbildung seiner Truppen durchführte. Nichtsdestotrotz führte Hitlers Beharren zur Entwicklung von „Fall Gelb", dem künftigen Angriff auf Belgien, Holland und Frankreich.

Die prizipielle Schwäche des ursprünglichen deutschen Plans war, dass er (anders als der Schlieffen-Plan 1914) keine Aussicht auf einen entscheidenden Erfolg bot. Die franzsösiche Strategie hatte den Frontalangriff nach Zentralbelgien bereits vorausgesehen und wollte ihm durch den Plan D begegnen. Wären die Deutschen bei ihrer Invasion im Mai 1940 nach diesen Richtlinien vorgegangen, so hätte die britische, französische und belgische Verteidigung entlang der Dyle-Linie den deutschen Angriff in Zentralbelgien wahrscheinlich aufgehalten und der Feld-

Panzerwagen und Motorräder des Panzerkorps Guderians (beachten Sie das „G" auf den Fahrzeugen) rücken im Mai 1940 durch Frankreich vor. Die deutschen Angreifer führten 2.574 von ihren insgesamt 3.380 Tanks in den Kampf, wobei viele der nicht eingesetzten Fahrzeuge kaum kampftaugliche leichte Panzer I waren. Dass die deutschen eine überwältigende Überzahl an Panzern hatten, ist ein Mythos, Sie benutzten einfach ihre Fahrzeuge einfallsreicher als die Briten und die Franzosen.

zug wäre in einen statischen Zermürbungskrieg übergegangen. Doch es sollte anders kommen.

Am 10. Januar 1940, nur eine Woche vor dem von Hitler am 28. Dezember 1939 festgesetzten, revidierten Stichdatum für die Invasion, führte der Fallschirmjäger-Major Hellmuth Reinberger bei der Reise zu einer Stabsbesprechung im Flugzeug eine Aktentasche mit Geheimdokumenten über den deutschen Invasionsplan mit sich. Reinbergers Pilot verlor in Schlechtwetter die Orientierung und musste bei Mechelen, kurz hinter der belgischen Grenze, notlanden. Die belgische Polizei nahm Reinberger fest und binnen Stunden befand sich die Information aus der Tasche in französischer Hand. Reinberger wurde natürlich bei seiner Rückkehr nach Deutschland auf Anweisung des tobenden Hitler von der Gestapo als Verräter arretiert.

Im März 1940 änderten die Franzosen, die die bei Mechelen erhaltene Information für korrekt hielten, ihre Strategie ab. Der französische Oberbefehlshaber, General Maurice Gamelin, verstärkte die dem Dyle-Plan zugeteilten Truppen und weitete dessen Umfang aus, was die Breda-Variante schuf. Die französischen Truppen sollten nun 164 km weiter bis zur Stadt Breda in Südholland vorrücken, um die holländische Armee zu verstärken. Um diese Aufgabe zu erfüllen, erhöhte Gamelin die dem Manöver zugeteilten Kräfte von 20 auf 32 Divisionen, hauptsächlich indem er die mobilen Divisionen von der strategischen Reserve abzog und sie General Girauds 7. Armee bei deren Zug nach Breda zuwies.

Als Hitler im Frühling 1940 den kompromittierten ursprünglichen Plan aufgegeben hatte, veranlasste die wachsende Einsicht in die Schwäche der französischen strategischen Reserve das deutsche Oberkommando, einen alternativen Angriffsplan näher zu prüfen. Dieser beruhte auf Ideen Generalmajor Erich von Mansteins. Der Plan sah ein strategisches Eindringen deutscher motorisierter Kräfte durch die angeblich unpassierbaren Ardennen vor.

Der Manstein-Plan

Bereits im Oktober 1939 hatte das Oberkommando Generaloberst Gerd von Rundstedt und seinem Stabschef, Generalleutnant von Manstein, den Befehl über die Heeresgruppe A übertragen. Dies war die zentrale Truppe für die geplante Invasion im Westen. Manstein gefiel der ursprüngliche Plan nicht, da er keine Aussicht auf einen entscheidenden Sieg bot. Er begann daher seinen eigenen Plan zu entwickeln und drängte seine Vorgesetzten wiederholt, ihn zu prüfen. Dem Oberkommando missfiel Mansteins Einmischung, es stellte Hitler den Plan nicht vor. Doch der „Führer“ hörte zufällig von Mansteins Ideen und bestellte den Offizier aus Stettin zu sich, um sie sich von ihm erklären zu lassen. Danach befahl ein beeindruckter Hitler dem OKW, das Konzept weiterzuentwickeln. Dieser endgültige Plan, der dann „Sichelschnitt“ genannt wurde, verlegte den deutschen Hauptangriffspunkt weiter nach Süden. Er sah einen schnellen, überraschenden Vorstoß konzentrierter mechanisierter Einheiten durch die Ardennen vor.

Der neue deutsche Plan war allerdings äußerst riskant. Das Gelände der Ardennen stellte große mechanisierte Einheiten vor enge Grenzen. Die schmalen gewundenen Straßen mit steilen Böschungen an beiden Seiten, das dicht bewaldete und hügelige Terrain und die vielen schnell fließenden Flüsse behinderten die Bewegung ernsthaft. Um sieben Panzerdivisionen mit 1.900 Tanks, 41.000 Motorfahrzeugen und 175.000 Mann über diese Verbindungsrouten zu führen (manchmal ein Fahrzeug hinter dem anderen), waren 160 km lange Kolonnen nötig! Damit der Plan funktionierte, benötigten die Deutschen die engstmögliche

Schaubild der von beiden Seiten Anfang Mai 1940 aufgebotenen Kräfte. Beide Teile hatten etwa gleich viele Divisionen. Die Franzosen stationierten fast 50 Divisionen hinter der Maginot-Linie entlang der deutsch-französischen Grenze. Um diese Divisionen möglichst lange im Süden festzuhalten, führten die Deutschen eine Täuschung durch, die einen geplanten Angriff der Heeresgruppe C gegen diese Linie simulierte. In einer cleveren Kriegslist verbreiteten sie durch Doppelagenten die Fehlinformation, sie würden einen Umgehungsangriff auf die Maginot-Linie unter Verletzung der Neutralität der Nordwestschweiz planen. Darin lag eine schlaue Täuschung: Indem sie scheinbar die klare Achillesferse dieser angeblich undurchdringlichen Verteidigungsbarriere bedrohten, trafen sie den wunden Punkt eines militärischen Kommandos, das durch den Bau der aufwändigen Bunkeranlagen der Maginot-Linie die französische Wirtschaft fast ruiniert hatte.

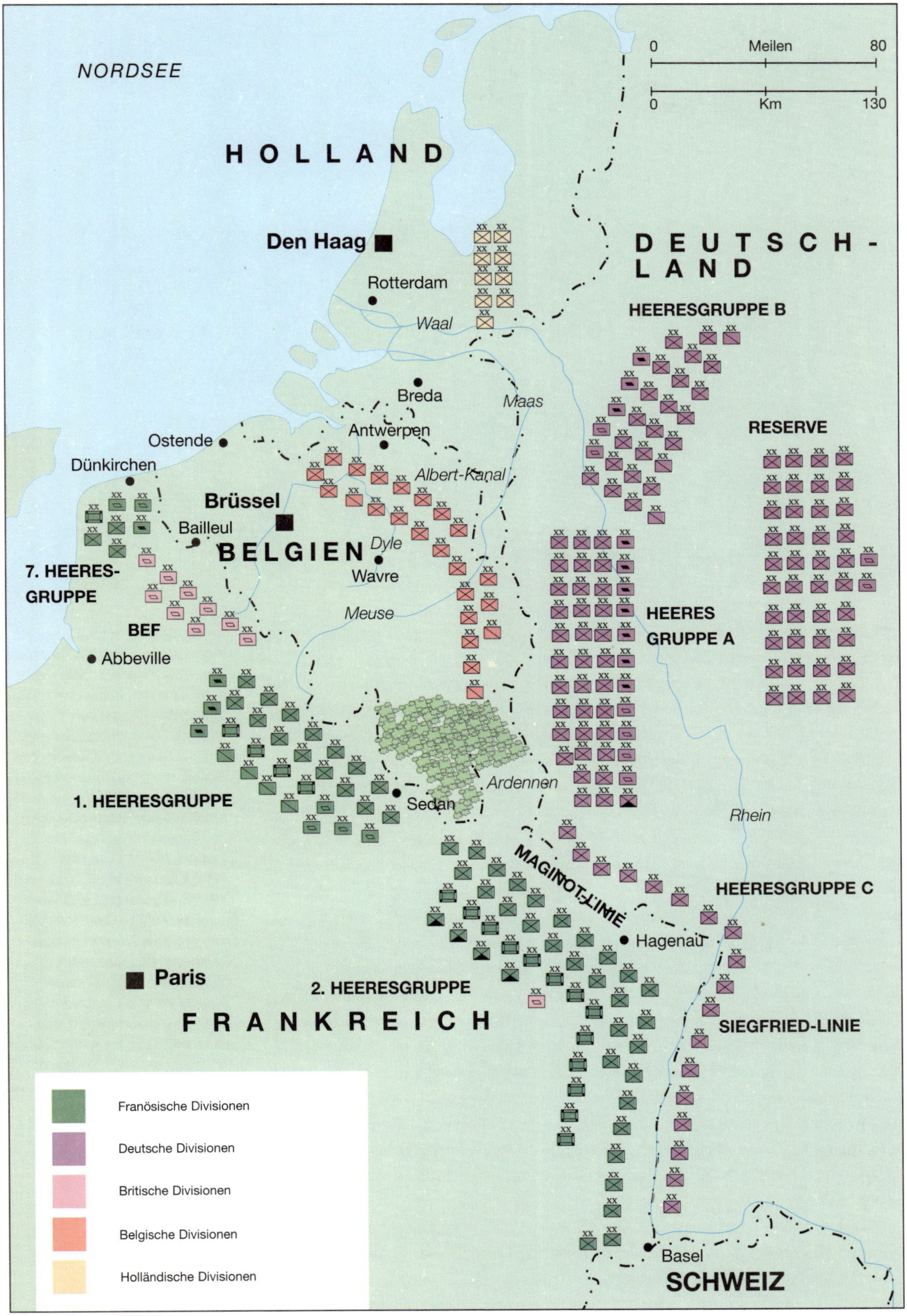
NORDSEE
0 Meilen 80
0 Km 130
HOLLAND
Den Haag
Rotterdam
Waal
Breda
Maas
DEUTSCH-
LAND
HEERESGRUPPE B
RESERVE
Ostende
Antwerpen
Dünkirchen
Albert-Kanal
Brüssel
Bailleul
BELGIEN
Dyle
Wavre
7. HEERES-
GRUPPE
BEF
Meuse
HEERES
GRUPPE A
Abbeville
Ardennen
1. HEERESGRUPPE
Sedan
Rhein
MAGINOT-LINIE
HEERESGRUPPE C
Hagenau
Paris
2. HEERESGRUPPE
SIEGFRIED-LINIE
FRANKREICH
Franösische Divisionen
Deutsche Divisionen
Britische Divisionen
Belgische Divisionen
Holländische Divisionen
Basel
SCHWEIZ

Der ursprüngliche deutsche Angriffsplan für den Westen sah einen vorsichtigen Vorstoß vor, der stark dem des Schlieffen-Plans von 1914 ähnelte. Das deutsche Heer würde die entlang der befestigten Maginot-Linie stationierten französischen Kräfte durch einen Stoß ins neutrale Belgien umgehen. Doch anders als 1914 wollten die Deutschen diesmal zugleich die holländische Neutralität verletzen. Der Plan war wenig einfallsreich und empfehlenswert. Nach einem erfolgreichen Stoß nach Zentralbelgien etwa wollten die Planer es einfach den dortigen Feldkommandeuren überlassen, eine taktische Möglichkeit zu finden, die sie ausnutzen konnten.

Integration ihrer Luft- und Bodentruppen. Besonders wichtig war, rasch die Luftüberlegenheit über den Ardennen zu gewinnen.

Um die gegnerische Luftwaffe maximal zu treffen, hofften die Deutschen den Feind zu überraschen und seine Maschinen am Boden zu zerstören, während gleichzeitig die Startbahnen bombardiert wurden, um die intakt gebliebenen Maschinen am Abheben zu hindern. Vor allem musste die deutsche Luftwaffe verhindern, dass geballte französische Fliegerformationen über den Ardennen die verwundbaren deutschen Panzerkolonnen angriffen.

Am 10. Mai umfasste das deutsche Heer 157 Divisionen, 49 mehr als zu Beginn des Zweiten Weltkriegs. 136 waren bei der Invasion im Westen eingesetzt, doch hielt das Oberkommando 44 von ihnen als strategische Reserve zurück. Gegen dieses 136 Divisionen brachten die Gegner Deutschlands 135 Divisionen auf – 96 französische, zehn britische, 21 belgische und acht holländische.

Entlang der Nordostgrenze stationierte die französische Armee 3.563 Tanks seiner verfügbaren Gesamttruppe von etwa 4.000 Stück. Die Franzosen teilten 1.485 dieser Panzer in „Pfennig-Paketen" in 33 Infanterieunterstützungsbataillonen mit je 45 Fahrzeugen auf. 110 Tanks dienten in drei Kavalleriedivisionen, weitere 582 in drei mechanisierten Divisionen und die restlichen 1.386 Gefährte in drei (plus einer in Bildung begriffenen) Panzerdivisionen. Zusätzlich besaßen das britische Expeditionskorps 196, die Belgier 60 und die Holländer 40 Tanks, was insgesamt 4.296 alliierte Panzerfahrzeuge auf dem nordöstlichen Schauplatz machte. Den deutschen 2,9 Millionen Mann standen drei Millionen Soldaten der Alliierten gegenüber.

In den frühen Morgenstunden des 10. Mai 1940 begannen 92 deutsche Divisionen die Invasion in Belgien, Frankreich, Holland und Luxemburg. Die Überraschung war total (Hitler ließ seine Truppen erst 20 Stunden vor Beginn des Angriffs darüber informieren). Die Spitzenelemente der Heeresgruppe B Ge-

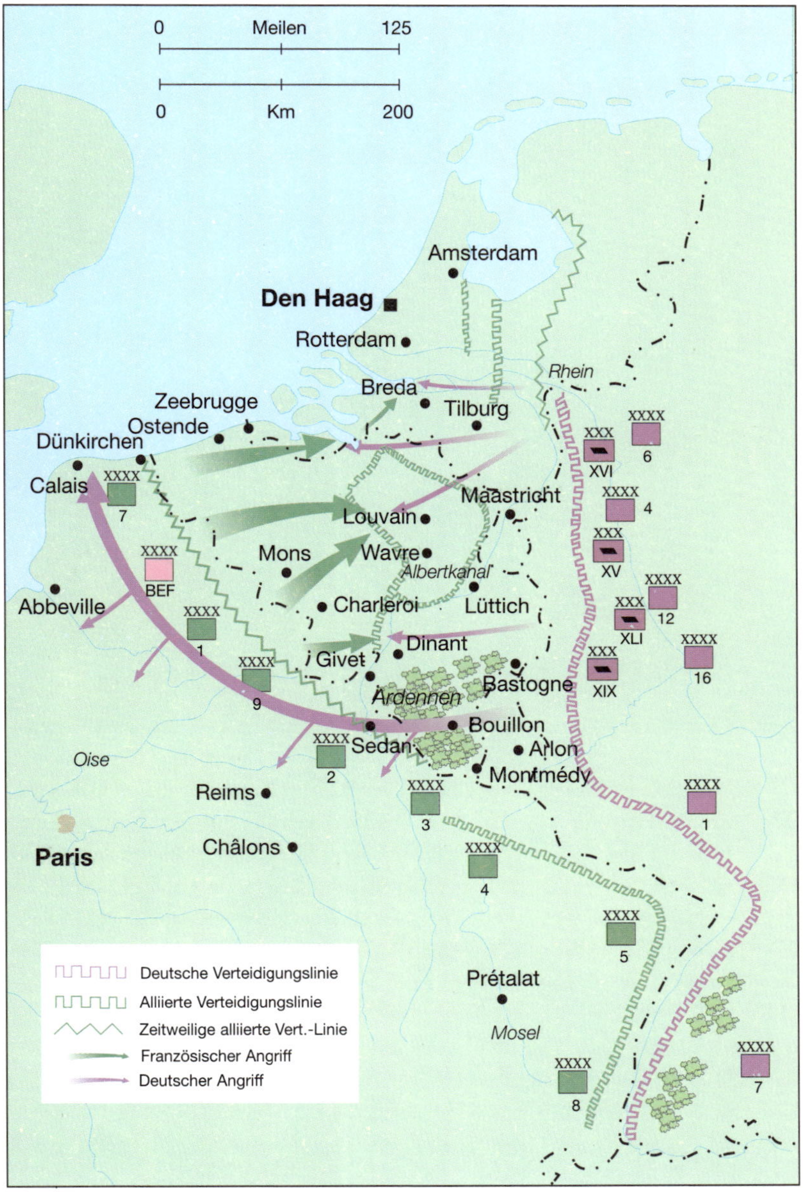

Der endgültige deutsche Plan sah einen konzentrierten motorisierten Stoß durch das schwache französische Zentrum, wo nur 14 Divisionen zur Verteidigung stationiert waren, vor. Sandten die Franzosen umfangreiche Truppen nach Belgien und Holland, um die Breda-Variante umzusetzen, wie es der deutsche Nachrichtendienst annahm, so würde diese Umgruppierung dem Manstein-Plan helfen, indem sie britische und französische Kräfte vom Zentrum nach Norden abzog. Um durch das schwache Zentrum zu kommen, mussten die Deutschen die schlechte Aufstellung provozieren. Sie planten daher einen starken Nebenangriff in Nordbelgien und Südholland. Das OKH nahm an, die Franzosen würden dies für den Hauptangriff halten. Es erwartete, dass wesentliche französische und britische Kräfte durch diese Ablenkungsattacke vom Zentrum nach Norden abgezogen würden. Waren die Truppen erst dort, so konnte der starke deutsche Nebenangriff sie fixieren, während die deutsche Hauptoffensive in ihrem Rücken verlief.

neraloberst Fedor von Bocks drangen in Südholland und Nordbelgien ein. Bald trieben die deutschen Angriffsspitzen die relativ schwache holländische Armee gegen die „Festung Holland" zurück. Diese sollte als Hauptverteidigungsposition im Westen des Landes dienen. Gamelin hielt diese Operationen für den erwarteten deutschen Hauptangriff und befahl den 32 Divisionen der 1. Armee General Billottes, die Breda-Variante umzusetzen und nach Belgien zu gehen. Diese Kräfte und die BEF begannen, an ihre isolierten Stellungen um Breda und dann südlich entlang des Flusses Dyle in Zentralbelgien nach Sedan zu ziehen. Die deutsche Luftwaffe tat nicht viel, das zu verhindern, da es den Deutschen half, indem dadurch starke Kräfte aus dem entscheidenden Zentralabschnitt abgezogen wurden. Die Divisionen der Heeresgruppe A würden später diese britischen, französischen und belgischen Truppen am nördlichen Schauplatz festhalten, indem sie die Dyle-Stellungen unermüdlich attackierten.

Generalmajor Erwin Rommel, Kommandeur der 7. Panzerdivision (in der ganz linken Gruppe rechts) überwacht vor dem Westfeldzug eine Übung zur Flussquerung. Trotz des ungünstigen Terrains mussten die Deutschen schnell durch die Ardennen vorrücken, da die Franzosen ansonsten umgruppieren und jeden deutschen Ausgang ins jenseitige Flachland blockieren konnten. Zur Steigerung des Tempos kooperierten alle Waffenteile effizient. Ein Schlüssel dazu war der Einsatz der „Auftragstaktik". Dieses flexible Vorgehen gab den nachgeordneten Kommandeuren beträchtlichen Freiraum und machte es überflüssig, während Operationen Pausen einzulegen und auf Befehle von oben zu warten. In etlichen Fällen führte das von Rommel benutzte Kommandofahrzeug seine Division an – was ihm rasche und gut informierte taktische Entscheidungen ermöglichte.

Während in den Morgenstunden des 10. Mai drei Panzer- und 26 Infanteriedivisionen der Heeresgruppe B Bocks im Norden westwärts stießen, startete Rundstedts Heeresgruppe A ihre entscheidenden Operationen im Zentrum. Mit drei motorisierten Korps unter den Generälen Guderian, Reinhardt und Hoth (Erstere zwei der Motorisierten Gruppe von Kleist unterstellt) an der Spitze, begann die Heeresgruppe in die schwach verteidigte Ardennenregion zu ziehen. General Hermann Hoths XV. Motorisiertes Korps hatte Hartliebs 5. und Rommels 7. Panzerdivision unter sich. Dieses Korps bildete die Nordachse des Panzerkeils Rundstedts und stieß von Stadtkyll über Malmédy an die Meuse bei Dinant vor. Hinter Hoth kamen 12 Infanteriedivisionen der 4. Armee General Hans von Kluges. Im Zentrum rückte General Georg-Hans Reinhardts XLI. Motorisiertes Korps mit der 6. und der 8. Panzerdivision entlang einer Achse von Prüm zur Meuse bei Monthermé vor.

An der Südachse führte das stärkste Korps, das XIX. Motorisierte General Heinz Guderians, die 1., 2. und 10. Panzerdivision sowie das Motorisierte Regiment *Großdeutschland* ins Feld. Das Korps sollte durch Luxemburg und an die Meuse bei Sedan vorstoßen. Guderians Kommando musste das stärkste Korps sein, denn seine Truppen würden die schwere Aufgabe haben, französische Attacken gegen die verwundbare Südflanke dieses konzentrierten Panzereinbruchs abzuwehren. Rundstedts drei motorisierte Korps hatten insgesamt 1.900 Tanks – mehr als drei Viertel der bei der Invasion eingesetzten. Weiter südlich, unterhalb der Ardennen, standen die 18 Infanteriedivisionen der Heeresgruppe C Generaloberst von Leebs der Maginot-Linie gegenüber.

In den 72 Stunden des 10.–12. Mai brachen Rundstedts drei motorisierte Korps durch die schwachen französischen und belgischen Kräfte in den Ardennen. Das Tempo, in dem die deutschen ihre Infiltration durch die Ardennen ausführten, verdankte viel den vor den Panzern zur Sicherung von Schlüsselbrücken und Straßenkreuzungen abgesetzten Luftlandetruppen. Sobald die Panzer die Ardennen durchquert hatten, war der nächste wichtige Schritt im deutschen Angriffsplan, rasch die Meuse zu überqueren, ehe sich die Franzosen fangen konnten. Bei Sedan, dem sich Guderians Korps am Abend des 12. Mai näherte, stand den Deutschen eine harte Flussquerung angesichts eines vorbereiteten Gegners bevor. Das Hauptkontingent der französischen Verteidiger bildete die 55. Infanteriedivision, die starke Stellungen am Südufer der Meuse einnahm. Ihnen half schwere Artillerie und ein ausgezeichneter Überblick von den Marfée-Höhen aus, die südlich des Sektors lagen, wo die Deutschen übersetzen wollten.

Am 13. Mai begann Guderians Artillerie um 15 Uhr einen zweistündigen Artilleriebeschuss, unterstützt durch das Feuer seiner 700 am Ufer aufgereihten Panzer. Zwar schaffte es die vielfach von Pferden gezogene deutschen Artillerie nicht immer, mit den vorausstürmenden Panzern Schritt zu halten, was ihren Beitrag zu den deutschen Siegen von 1940 oft begrenzte, doch bei Sedan half sie bedeutend, die Entschlossenheit der Verteidiger zu zermürben.

Am 14. Mai starteten Guderians Truppen mit Infanterie und Sturmpionieren, unterstützt von massiertem Luft-, Artillerie- und Panzerfeuer, eine Flussquerung und festigten und vertieften ihren Brückenkopf südlich von Sedan. Der alliierte Widerstand begann zu bröckeln: Im Norden kapitulierten die dezimierten holländischen Kräfte, nachdem sie von der 9. Panzerdivision und der 18. Armee nach Westholland zurückgetrieben worden waren. 3000 Mann der holländischen Armee waren in fünf Kampftagen gefallen, 7000 verwundet worden. Obgleich die holländische Kapitulation kurz bevorstand, konnte das bereits gestartete Luftwaffenkampfgeschwader 54 nur noch zum Teil gestoppt werden und löste einen Feuersturm in Rotterdam aus, der rund 1000 Zivilisten tötete und 78.000 obdachlos machte. Aufgrund der holländischen Kapitulation konnten die Deutschen die volle Kraft ihres Stoßes nach Südholland und gegen die Nordflanke der französischen 1. Armee General Blanchards um Breda und Antwerpen richten.

Deutsche Infanterie quert während der Invasion Belgiens einen Fluss. Im Feldzug zeigten die deutschen Kommandeure mehr Unternehmungsgeist als ihre Gegner. Bei Dinant etwa, wo Elemente von Hoths Korps angriffen, konnte die 7. Panzerdivision Rommels nur aufgrund der raschen Improvisation ihres Kommandeurs gegen starken französischen Widerstand über die Meuse gelangen. Er war wie üblich mit den Fronttruppen vorne. Rommel sah, wie starkes französisches Feuer den Angriff seiner motorisierten Eliteinfanterie, die den Fluss mit Schlauchbooten queren wollte, zurückschlug. Er erkannte sofort, dass Rauch nötig war, um die Boote zu verbergen, und befahl unbeschäftigten Soldaten, die Gebäude auf der deutschen Flussseite in Brand zu stecken. Bei günstigem Wind trieb der Rauch über den Fluss und die deutschen Sturmtruppen konnten am anderen Ufer einen Brückenkopf errichten.

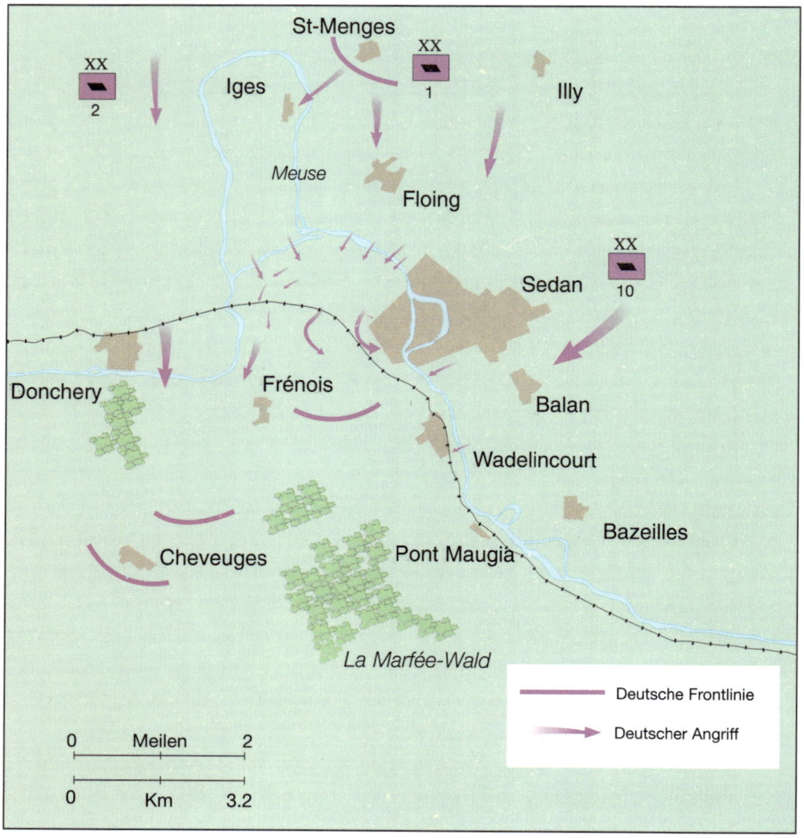

Die Schlacht von Sedan, 13.–15. Mai 1940. Die Kühnheit und Aggressivität des deutschen Angriffs sowie die französische Unentschlossenheit und Unbeholfenheit sorgten für Guderians Sieg an dieser entscheidenden Angriffsachse.

In Zentralbelgien griffen Reichenaus Infanteriedivisionen (6. Armee) die alliierten Abwehrstellungen entlang der Dyle an, während Hoepners Panzer (XVI. Motorisiertes Korps) westwärts gegen das offene Gelände bei Gembloux attackierte. Inzwischen unternahmen auch Hoths und Reinhardts motorisierte Korps Angriffe an der Meuse bzw. bei Dinant und Monthermé. Am 14. Mai konnte Reinhardts Korps schließlich Monthermé einen kleinen Brückenkopf über die Meuse errichten, nachdem es am Tag zuvor zurückgeschlagen worden war. Hoths Korps konnte trotz eines heftigen Gegenschlags der verbleibenden Teile der französischen 1. Panzerdivision 48 km westwärts jenseits Phillippeville bis Sivry vorstoßen. Der Widerstand rief bei Kluge, dem Oberbefehlshaber der 4. Armee, Besorgnis hervor. Er wies daher seine Untergebenen an, den Vormarsch am nächsten Tag zu verlangsamen.

Am 15. Mai konnten auch eine deutsche motorisierte und sechs Infanteriedivisionen der 4. Armee die Meuse erreichen und queren. Dies war für die Franzosen eine gefährliche Entwicklung, da diese Kräfte die 32-km-Lücke zwischen Hoths Korps und der Motorisierten Gruppe von Kleist im Süden schlossen und die Möglichkeiten des Gegners, die Flanke der Panzertruppen zu treffen, verringerten. In der Nacht des 15./16. Mai stießen diese drei motorisierten Korps mit sechs Panzerdivisionen, unterstützt durch sieben weitere Formationen, rasch westwärts in einen 78 km breiten konzentrierten Panzerkorridor im Rücken des französischen Zentrums vor, das von der nun rasch zerfallenden französischen 1. und 9. Armee gehalten wurde.

Zudem drohte dieser entscheidende deutsche Panzervorstoß tief jenseits der Meuse zwischen Sedan und Namur die Südflanke der noch zusammenhängenden britischen, französischen und belgischen Kräfte, die an der Dyle und in der Gembloux-Lücke hinunter zur Meuse bei Dinant stationiert waren, zu umfassen. Spät am 15. Mai befahl Gamelin den Truppen entlang der Dyle-Linie einen vier Tage dauernden, gestaffelten Rückzug an den Fluss Escaut, 72 km weiter westlich, durchzuführen. Bis zum 17. Mai war das ganze Ausmaß der französischen Misere bis zum Oberkommando in Vincennes durchgedrungen. Die Franzosen hatten nämlich all ihre Reserven in Sektoren nördlich und östlich des deutschen Panzereinbruchs stationiert und ein Teil dieser Reserven war bereits bei Feindberührungen übel zugerichtet worden. Die französische Armee hatte nun keine Reserven, um die deutschen Panzer vor Paris zu stoppen. Hatten die Franzosen zunächst angenommen, die deutschen motorisierten Korps würden hinter die Maginot-Linie schwenken, so dachten sie am 17. Mai (wieder fälschlich), die Deutschen würden sich südwestlich gegen Paris wenden.

Um die Hauptstadt zu schützen, befahl an diesem Tag der Kommandeur der Nordost-Front, General Alphonse Georges, einen ehestmöglichen Gegenangriff von sechs Divisionen auf die Süd- und die Nordwestflanke des deutschen Panzer-Frontbogens. Doch die dafür vorgesehen Divisionen waren in ihren eigenen Sektoren zu stark bedrängt, um loszukommen. Zudem waren sie zu angeschlagen und zerstreut, hatten viele Transportprobleme und waren zu sehr mit dem deutschen Vorstoß beschäftigt, um Georges' Befehl auszuführen. An jenem Tag war neben wenigen kleineren, misslungenen Gegenzügen der einzige Gegenangriff der erfolglose Stoß der neu gebildeten 4. Panzerdivision Oberst de Gaulles gegen Guderians XIX. Motorisiertes Korps bei Montcornet.

Am nächsten Tag, dem 18. Mai, gingen in Westbelgien die BEF und der Nordflügel der französischen 1. Armee Blanchards an den Fluss Escaut zurück.

Französische Artillerie in den Ardennen im Einsatz. Die Artillerie der französischen Armee war zwar überzeugt, die Überlegenheit an Feuerkraft würde Schlachten entscheiden, doch im Allgemeinen hielt sie sich 1940 schlecht. Manstein, der Kommandeur des XXXVIII. Korps in Frankreich, sagte Folgendes über die franzsösiche Artillerie: „Ihr Beschuss war nicht genügend anpassungsfähig und das Tempo, mit dem sie stark konzentriertes Feuer legte, war für die im modernen Bewegungskrieg nötigen Standards keineswegs ausreichend. Zudem hatten sie keine fortschrittliche Observationstechnik, die unserer gleichkam, entwickelt, und es gab keine Spezialisten von der Qualität unserer Observationsbataillone auf diesem Gebiet."

Erich von Manstein

Erich von Lewinski Manstein (1887–1973), damals Generalleutnant, spielte 1940 als Stabschef der für den Angriff im Westen bereiten Heeresgruppe A eine prominente Rolle im deutschen Heer. Er entwarf einen alternativen Angriffsplan, doch dadurch erzürnte er seine Vorgesetzten so sehr, dass er als Kommandeur einer Reserveformation an die polnische Grenze versetzt wurde. Doch durch einen Glücksfall hörte Hitler von dem neuen Plan und befahl schließlich seinen höheren Kommandeuren, das Manstein-Schema auszuführen. Der Plan trug stark zum rasanten Erfolg der Deutschen im Westen bei und Mansteins Aufstieg war gesichert. 1941/42 befehligte er die 11. Armee beim Angriff auf die Krim und dann um Leningrad. Nach Eroberung der Seefestung Sewastopol am 3. 7. wurde er Generalfeldmarschall. Im November 1942 wurde er zum Kommandeur der Heeresgruppe Don befördert, konnte aber Feldmarschall Paulus' bei Stalingrad eingeschlossene 6. Armee nicht retten. Seine Karriere hatte 1943 ihren Höhepunkt, als er geschickt elastische Verteidigung in der Ukraine mit einem kühnen Panzer-Gegenschlag bei Charkow verband, der zweitweise der Roten Armee die strategische Initiative an der Ostfront entriss. Im März 1944 enthob Hitler Manstein seines Kommandos, da er die Geduld mit dessen (gut begründeten) Versuchen verlor, trotz der Rückzugsverbote des „Führers" an der Ostfront eine bewegliche Verteidigung durchzuführen, was nicht ohne Rückzüge möglich war.

Inzwischen nahmen im Zentrum die deutschen Panzerdivisonen ihren raschen Stoß westwärts gegen die Küste wieder auf und kamen unter Umgehung von Widerstandsnestern, auf die sie trafen, weitere 64 km voran. Dabei konnten die Panzer durch etliche Stopp-Linien schlüpfen, die General Georges noch befohlen hatte, ehe die dafür zugeteilten französischen Kräfte zurückgehen und sie einnehmen konnten. Guderians Truppen querten die Somme, während Reinhardts und Hoths Korps jenseits des Canal de St-Quentin im St-Quentin–Cambrai-Sektor vorrückten. Wieder einmal bestand an diesem Tag die einzigen Reaktion der erschütterten französischen Armee in wenigen unkoordinierten, erfolglosen, kleinen Gegenangriffen gegen den „Panzerkorridor".

Um den deutschen Panzerstoß weiter zu verstärken, formierte sich Hoepners Korps südwestlich gegen die Sambre neu, um sich mit Hoths Korps zu einem Panzerkeil von vier Divisionen zu verbinden. Diese Fortsetzung des schnellen Panzerstoßes durch das französische Zentrum am 18. Mai überzeugte das französische Oberkommando endlich, dass die Deutschen den Ärmelkanal erreichen wollten, doch diese Einsicht kam um drei Tage zu spät. Im Rückblick gesehen war ein weiterer Vorzug des Manstein-Plans, dass er den Deutschen drei mögliche Vorstoßachsen bot, sobald Sedan gefallen war (südostwärts zur Maginot-Linie, südwestwärts nach Paris und westwärts an die Kanalküste). Dadurch blieb das Überraschungsmoment noch lange nach der Querung der Meuse aufrecht.

Am 19. Mai kamen die deutschen Panzerkorps nicht so rasch voran, Guderians Korps legten nur 24 km bis Péronne zurück. Wie am 17. Mai wurde die Verlangsamung des Vorstoßes durch logistische Engpässe verursacht, da die Versorgungsdienste große Mühe hatten, die Panzerspitzen weiter mit Nachschub zu versorgen. Zudem bremsten zwei französische Gegenstöße Guderians Vormarsch. Oberst de Gaulles geschwächte Division konnte von Laon aus gegen Crécy attackieren, um Guderians exponierte Südflanke zu treffen, während die angeschlagene 2. Panzerdivision Guderian bei Saint Quentin vom Norden her traf. Trotzdem bedeutete der Durchbruch durch das französische Zentrum für die Franzosen ein militärisches Desaster. Eine operative Schlappe dieses Ausmaßes erforderte ein Sühneopfer. Am 19. Mai entließ daher Ministerpräsident Paul Reynaud den französischen Oberbefehlshaber Gamelin und ersetzte ihn durch den 72-jährigen General Weygand, der eben aus dem Nahen Osten zurückgekehrt war.

Der deutsche Sieg

Am 20. Mai erreichten Guderians und Reinhardts Panzerdivisionen die Kanalküste bei Abbeville, nur sieben Tage nachdem sie die Meuse überquert hatten. Sie hatten bei einer unglaublichen Durchschnittsrate von 55 km pro Tag in einer Wochen 386 km kämpfend zurückgelegt. Nun begannen sie gegen Calais und Dünkirchen zu ziehen, um die Häfen einzunehmen. Diese waren der einzige Weg, auf dem die vom deutschen Vormarsch eingeschlossenen britischen, französischen und belgischen Truppen entkommen konnten. Am nächsten Tag aber beeinflussten die Nachklänge des bei Arras erlittenen Schocks (siehe Seite 105) den Invasionsverlauf. Hitlers Angst vor einem feindlichen Gegenangriff gegen die schwachen deutschen Flanken und die wahrscheinlich hohen Verluste, falls die Panzer in verteidigtes Stadtgebiet einfuhren, veranlasste ihn, die Panzer für 48 Stunden anzuhalten. In dieser Pause bombardierte die Luftwaffe die isolierten britischen, französischen und belgischen Truppen, um ihren angeschlagenen Zusammenhalt weiter zu schwächen.

Vom 27. Mai bis 4. Juni verteidigten britische, französische und einige belgische Truppen den schrumpfenden Raum, den sie um Dünkirchen hielten, um die Evakuierung eines Großteils der isolierten Kräfte zu ermöglichen. Im neuntägigen „Wunder von Dünkirchen" brachten 861 kleine Boote 226.000 britische und 112.000 französische und belgische Soldaten in Sicherheit. Doch ließen sie fast ihre gesamte Ausrüstung (2.472 Geschütze und 84.427 Fahrzeuge) zurück.

In den folgenden Kämpfen in Frankreich hofften die Franzosen einen Waffenstillstand zu erreichen, ehe die Wehrmacht ganz Frankreich besetzt hatte, doch die Deutschen wollten nicht verhandeln. Die Heeresgruppe C begann die Maginot-Linie von hinten zu attackieren, während die Panzer, die an der Aisne und Somme durchgebrochen waren, Amok liefen. Frankreich behielt zwar im Süden einen nicht deutsch besetzten Marionettenstaat (das Vichy-Regime), doch dies war ein „Diktatfrieden" so wie 1919 der Versailler Vertrag.

In nur sechs Wochen hatte die Wehrmacht Belgien, Frankreich, Holland und Luxemburg erobert und die BEF vom Festland vertrieben. All dies wurde unter relativ geringen Verlusten (156.000 Gefallene oder Verwundte) erreicht. Die Alliierten aber hatten 300.000 Gefallene oder Verwundete sowie zwei Millionen Gefangene zu verzeichnen. Nun wollte Hitler nur noch England erobern oder es zum Austritt aus dem Krieg veranlassen, damit er sich nach Osten wenden und seine glorreichen Erfolge gegen Deutschlands wahren ideologischen Feind, die bolschewistische Sowjetunion, wiederholen konnte.

Der Feldzug war zwar ein Triumph der schnellen Panzer gewesen, doch ironischerweise hatten feste Stellungen seinen Ausgang entschieden. Da der endgültige deutsche Plan die bestehende schlechte Aufstellung der Alliierten ausnutzte, muss jede Bewertung des Erfolgs der Wehrmacht im Westfeldzug 1940 die Art der französischen Strategie berücksichtigen. Der Erste Weltkrieg hatte Nordfrankreich verwüstet und daraus schloss das französische Militär, im nächsten großen Krieg würden die defensive Feuerkraft der Artillerie und das Maschinengewehr das taktische Schlachtfeld beherrschen. Frankreichs Militärstrategie der Zwischenkriegszeit war daher auf Defensive gerichtet, wie der Bau der Maginot-Linie 1930–1935 zeigte. Diese Ausrichtung spiegelte auch die französische Reaktion auf die ungeheuren Verluste des Ersten Weltkriegs wider, die die erwachsene männliche Bevölkerung des Landes bedeutend dezimiert hatten.

Festungswerke und Verteidigungslinien

Die Maginot-Linie, die wohl stärkste je gebaute statische Verteidigungsstellung, verlief entlang der französisch-deutschen Grenze von der Schweiz bis Luxemburg. Ein derart gewaltiges Unterfangen wie die Errichtung der Linie stellte natürlich eine schwere Belastung für die französische Wirtschaft dar. Die Linie sollte die Deutschen von jedem künftigen Krieg gegen Frankreich abschrecken, indem sie den traditionellen Korridor durch Elsass-Lothringen nördlich der Vogesen absperrte. Griffen die Deutschen trotzdem an, so würde die Linie die deutsche Armee zunächst zur Eroberung Belgiens zwingen, um Nordostfrankreich von Südbelgien aus zu attackieren.

Für einen solchen Fall plante die französische Strategie vor 1936, Truppen nach Zentralbelgien zu entsenden, um dieses gegen den deutschen Angriff zu unterstützen, was für Frankreich den zusätzlichen Vorteil brächte, dass die mit dem Aufhalten der Wehrmacht verbundenen Zerstörungen des Landes auf belgischem Territorium erfolgen würden. In der ersten Hälfte der 30er-Jahre nahm die französische Strategie deshalb die Form des D-Plans an – das „D" bezog sich auf den Fluss Dyle, die geografische Barriere, an die die französischen Truppen vorrücken und wo sie dann an der Seite belgischer Einheiten Verteidigungsstellungen einnehmen würden.

Wegen dieser geplanten französisch-belgischen Militärkooperation setzten die Franzosen die Maginot-Linie nicht von Luxemburg entlang der französisch-belgischen Grenze bis zur Nordsee fort. Da die französische Strategie eine Unterstützung der Belgier durch 20 Divisionen auf deren Gebiet vorsah, hätte der Bau der stärksten Verteidigungsbarriere der Welt entlang der französisch-belgischen Grenze der belgischen Regierung kaum die richtige Botschaft vermittelt. Dass der Bau der 362 km der Maginot-Linie Frankreich fast bankrott gemacht hatte, beeinflusste ebenfalls die Entscheidung, sie nicht bis zur Kanalküste zu verlängern.

Angesichts dessen, was man heute über den Verlauf der deutschen Invasion von 1940 weiß, wurde rückblickend heftig kritisiert, dass Frankreich die Linie nicht bis zur Küste verlängerte. In Wahrheit aber erfüllte die Linie 1940 ihre geplante Aufgabe. Die Befestigungen zwangen die Deutschen, anderswo anzugreifen – in Belgien. Der fatale Fehler war nicht, dass die Linie nicht bis zur Küste verlängert wurde, sondern dass die strategische Planung der Franzosen die Möglichkeit eines großen motorisierten Angriffs durch das schwierige Gelände der Ardennen nicht bedachten. Zudem war es für die deutsche Artillerie bei den wenigen Gelegenheiten, wo sie im Feldzug die Maginot-Linie angriff, selbst mit ihren schwersten Kanonen unmöglich, die französischen Bunker zu zerstören. Als etwa Infanterieeinheiten der Heeresgruppe C am 18. Juni das Fort de Formont attackierten, erwies sich das Unterstützungsfeuer auch ihrer schwersten Geschütze, des

21-cm-Mörsers 18 und des tschechischen 30,5-cm-Mörsers als unwirksam und der Angriff scheiterte daher unter großen Verlusten. Jeder länger dauernde, direkte Anriff auf die stärksten Teile der Linie hätte die Deutschen schwere Opfer gekostet. Doch konnten sie aufgrund der französischen Nachlässigkeit durch die Ardennen stoßen und die Linie einfach umgehen. Die mächtigen Abwehrstellungen spielten daher im Feldzug eine unbedeutende Rolle.

Angesichts dessen, dass die französische Entscheidung, die Linie nicht bis zur Kanalaküste zu verlängern, auf dem Wunsch beruhte, die künftige französisch-belgische Militärkooperation im Fall eines deutschen Angriffs zu zementieren, war Belgiens Neutralitätserklärung von 1936 voll Ironie. Diese Entscheidung spiegelte teils innere politische Spannungen und die Angst, engere französisch-belgische Bindungen würden die Wahrscheinlichkeit einer deutschen Invasion in Belgien mit dem Ziel, den Zugang nach Nordfrankreich zu gewinnen, vergrößern. Doch die deutsche Armee hatte schon 1914 belgisches Territorium verletzt, um Frankreich anzugreifen, und so schützte die belgische Neutralität 1936 das Land nicht vor künftigen Verwüstungen eines europäischen Krieges.

Nach 1936 erwies sich die belgische Neutralität als großes Hindernis der geplanten französischen Strategie. Die Franzosen nahmen korrekt an, dass die Belgier im Fall einer deutschen Neutralitätsverletzung sofort französische Militärhilfe suchen würden. Sie nahmen daher ihre Strategie von vor 1936 wieder auf, obwohl sie nun mit dem neutralen Belgien die Anwendbarkeit des Dyle-Plans nicht erörtern konnten. Dies sollte sich am 10. Mai rächen, als ihre Truppen die Straßen nach Belgien von belgischer Polizei besetzt fanden, die noch keinen Befehl erhalten hatte, die Franzosen Belgien zu Hilfe kommen zu lassen!

Auch die belgische Festung Eben Emael spielte im deutschen Angriffsplan eine große Rolle. Bereits im Herbst 1939 hatten die Planer dieses mächtige Fort, dem es an Fliegerabwehranlagen mangelte, als verwundbar erkannt. Sie entwarfen daher den kühnen Plan, überraschend mit einer Seglertruppe auf dem Dach der Festung zu landen, der erste Versuch einer solchen Taktik. Einmal auf dem

Der „Panzerkorridor", 13.–20. Mai. Am Spätnachmittag des 12. Mai begannen alle drei deutschen motorisierten Korps die hügeligen Ardennen zu verlassen und zur Meuse zu ziehen. Der Fluss stellte das letzte größere Hindernis zwischen den deutschen Panzern und dem offenen Flachland Zentralfrankreichs dar. Früh am 15. Mai brachen Reinhardts 6. und 8. Panzerdivision aus ihrem Brückenkopf an der Meuse aus. Bis zum Abend hatte das Korps gegen sich auflösenden französischen Widerstand 50 km bis Montcornet westwärts zurückgelegt. Dabei vergrößerten Reinhardts Panzer die kritische Lücke, die Guderians Truppen durch das französische Zentrum gerissen hatten, nach Norden. Nun standen nur noch zerstreute französische Reserven vor dem deutschen Panzerstoß westwärts zur See.

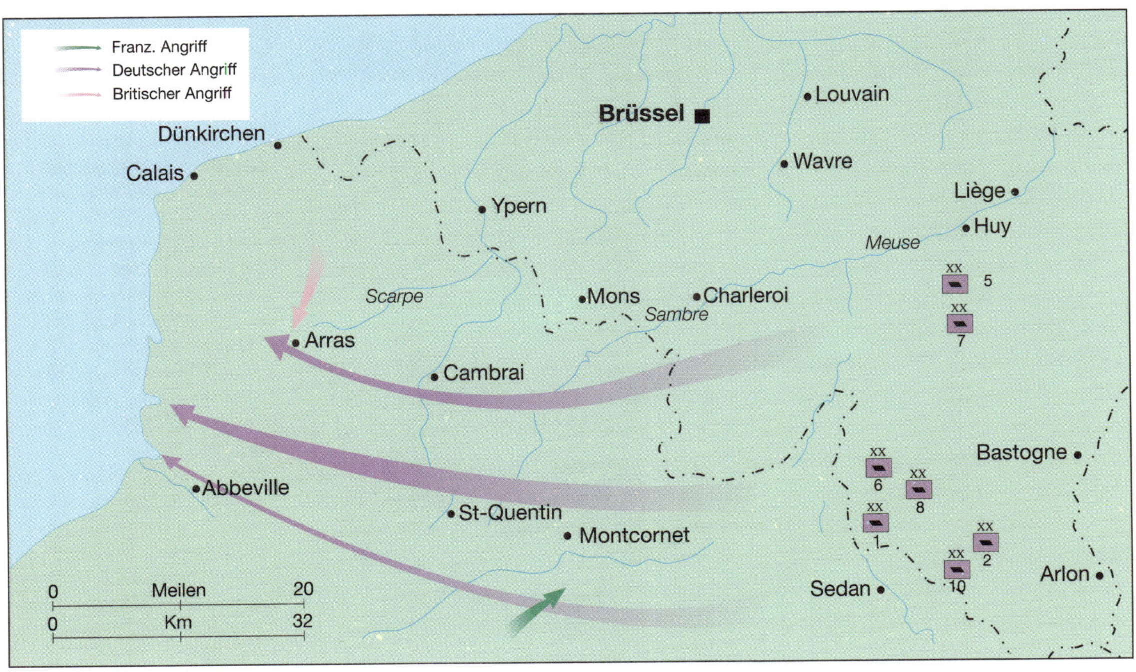

Dach, sollten die deutschen Truppen eine neue leichtgewichtige Waffe, Haft-Hohlladungen, einsetzen, um die dicken Betonmauern des Forts zu sprengen. So landeten am 10. Mai, wenige Minuten bevor die deutsche Invasion begann, um 5.35 Uhr elf von den besten verfügbaren Piloten gesteuerte Segler auf dem Dach von Eben Emael. Man hatte die Erfolgschancen der gewagten Operation dadurch gesteigert, dass 84 freiwillige Sturmpioniere der Fallschirmabteilung unter Hauptmann Koch den einzigartigen Einsatz unter strengster Geheimhaltung sechs Monate lang im Detail geprobt und genau einstudiert hatten.

Deutsche Fallschirmjäger vor dem Westfeldzug bei der Ausbildung. Deutschland besaß 1940 nur 4.500 ausgebildete Fallschirmjäger. 4.000 von ihnen wurden beim Angriff auf Holland eingesetzt. Doch die psychologische Wirkung auf die holländischen Streitkräfte und die Zivilbevölkerung war gemessen an ihrer Zahl überproportional. Die von ihnen verursachte Angst und Panik unterstützte den deutschen Vormarsch stark, auch weil die Holländer Armeeeinheiten zur Jagd auf nicht existierende deutsche Luftlandeverbände abstellten.

Zehn der elf Segler gelang die Landung auf dem Dach von Eben Emael und die Pioniere überwältigten rasch die verblüfften Verteidiger und nahmen die als uneinnehmbar geltende Festung ein. Dieser Erfolg verdankte viel der Effizienz der deutschen Ausbildung, die Flexibilität und die Bereitschaft, falls nötig frei gewordene Führungsaufgaben zu übernehmen, förderte. Denn der einzige Segler, der zunächst das Ziel nicht erreichte, war der mit dem Kommandeur, Oberleutnant Witzig. Trotzdem gefährdete dies den Einsatz nicht, da der anwesende Oberfeldwebel Wenzel den Befehl übernahm und die entscheidende Aufgabe, die Hohl-Haftladungen anzubringen, um das Fort zu nehmen, durchführte. Die Eroberung des Forts war aber erst die Hälfte der Mission. Die deutschen Pioniere mussten es gegen belgische Gegenangriffe verteidigen, bis die Panzer des XVI. Motorisierten Korps General Hoepners sie entsetzten, was gelang. Durch verwegene Planung, den Einsatz neuer Waffen und neuartiger Taktik, Überraschung, durch die von Wenzel gezeigte taktische Entschlusskraft und aufgrund der Ausbildung an Modellen und Vorbereitung unter strengster Geheimhaltung konnte also diese Spezialoperation, die belgischen Verteidigungsanlagen von Eben Emael rasch und unter minimalen Verlusten zu eliminieren, gesichert werden.

Nachdem das entscheidende Hindernis Eben Emael durch den gewagten Spezialeinsatz beseitigt war, eilte Hoepners Panzerkorps (mit der 3. und 4. Panzerdivision) dem strategisch wichtigen offenen Gelände bei Gembloux entgegen.

Eine der Hauptursachen für den Triumph der Wehrmacht von 1940 war die Aggressivität und Kühnheit, die die deutschen Korps- und Divisionskommandeure während des Feldzugs zeigten. Bei Sedan etwa erwartete das französische Oberkommando, dass die Deutschen mindestens acht Tage lang warten würden, um eine ausreichende Streitmacht für einen sorgfältig geplanten Angriff auf die

Eine zerstörte Geschützstellungen in Eben Emael. Beim spektakulärsten deutschen Spezialeinsatz des Westfeldzugs landete eine Truppe von 78 Sturmpionieren mit Segelflugzeugen oben auf dem mächtigen, angeblich uneinnehmbaren belgischen Fort, das die deutsche Vorstoßroute nach Zentralbelgien beherrschte. Die deutschen Fallschirmjäger hatten mittels Haft-Hohlladungen bald die Geschütze der Festung zerstört und zwangen die Garnison zur Kapitulation.

Position gesammelt hätten. Die Franzosen wollten in dieser Zeit ihre Stellungen vorbereiten und Verstärkungen heranschaffen. Doch zum Unglück für sie führten 1940 deutsche Panzerkommandeure wie Guderian ihre Operationen in einem schnelleren Tempo aus, als es die Franzosen von 1918 kannten. Spät am 12. Mai kamen daher der verwegene Guderian und sein Vorgesetzter General Ewald von Kleist überein, dass das XIX. Korps am nächsten Nachmittag mit den Truppen, die gerade verfügbar waren, über die Meuse angreifen sollte. Das Tempo und die Heftigkeit des deutschen Überraschungsangriffs bei Sedan erwischte die Franzosen auf dem falschen Fuß. 24 km nordwestlich griff der andere Teil der Motorisierten Gruppe von Kleist, Reinhardts Korps, am selben Nachmittag bei Monhermé ebenfalls an der Meuse an.

Am 15. Mai traf dann Guderian entgegen dem Rat seines vorsichtigeren Vorgesetzten Kleist eine der wichtigsten Entscheidungen des Feldzugs. Die Luftaufklärung hatte ihn informiert, dass General Flavignys französisches XXI. Korps (3. Panzer- und 3. Motorisierte Division) vom Osten her gegen seinen Brückenkopf heranzog, um im Gebiet von Stonne einen Gegenangriff zu starten. Doch trotz dieser Mitteilung beschloss Guderian, mit seinen Panzern westwärts in Richtung der Kanlaküste zu ziehen. Zwar hatte die deutsche operationale Planung vor dem 10. Mai nicht entschieden, welche Stoßrichtung die Truppen nach dem Fall Sedans nehmen würden, doch Guderian selbst hatte stets den Weg nach Westen zur Küste zu nehmen beabsichtigt, um die französische Armee zu spalten. Typisch für den extemporierten und Verantwortung übertragenden deutschen Zugang zu Operationen ließ das Oberkommando nun Guderian als dem Kommandeur vor Ort über seine Stoßachse entscheiden. Indem er verwegen Risiken einging, ließ Guderian nur die 10. Panzerdivision als Schutz des Brückenkopfs gegen Flavignys heranziehende zwei Divisionen zurück, bis die beiden nachrückenden motorisierten Divisionen Wietersheims Sedan erreichten, um den Brückenkopf zu verstärken.

Inzwischen schwenkte Guderian seine anderen beiden Panzerdivisionen im rechten Winkel und zog westwärts gegen die Kanalküste. Er befahl seinen Formationen, bis zum letzten Benzintropfen zu fahren und feindliche Widerstandspunkte einfach zu umgehen. Seine 1. und 2. Panzerdivision stießen eindrucksvolle 60 km gegen Montcornet und Rethel vor. Dabei entstand eine entscheidende Penetration tief ins Hinterland des schwach besetzten französischen Zentrums. Am Morgen des 15. Mai erhielt Guderian die Freiheit zu solch kühnen Operationen aber erst nach einer heftigen Auseinandersetzung mit seinem Vorgesetzten Kleist. Denn nun traten die seit dem frühen Frühling bestehenden Spannungen im Oberkommando bezüglich der Durchführung des Feldzugs ans Tageslicht. Das vorsichtigere Oberkommando und besonders Hitler sorgten sich wegen der Gefahren, die mit der Verwegenheit von Panzerkommandeuren wie Guderian, Hoth und Rommel einhergingen. An jenem Morgen wies Kleist sehr zum Ärger Guderians den Korpskommandeur an, am 15. Mai bloß den Brückenkopf von Sedan zu erweitern und zu festigen, während zwei nachrückende motorisierte Divisionen in das Gebiet eilten. Erst nach einer heftigen und langen Auseinandersetzung gab Kleist nach und erlaubte Guderian den Vorstoß westwärts.

Unstimmigkeiten

Mitte Mai erhielt Guderian von Kleist wieder den ausdrücklichen Befehl, vorsichtiger zu sein, indem er seinen Vorstoß verlangsamte und seine verwundbaren Flanken durch von seinen Panzerspitzen abgezogene Kräfte absicherte. Bei einem weiteren scharfen Krach befahl Kleist Guderian vehement zu stoppen, außer für Aufklärung, während dieser darauf bestand, sein Korps kühn einzusetzen. Guderian reichte daraufhin ein Rücktrittsgesuch ein und umging Kleist unwillkommenen Haltebefehl teilweise, indem er große Teile seiner zwei Panzerdivisionen auf „Aufklärungseinsätze" schickte.

Wegen dieser Unstimmigkeiten im Kommando und ernster logistischer Probleme, die aufgrund des Tempos des deutschen Vorstoßes entstanden waren, kamen die Panzer am 17. Mai nur bescheidene 16 km voran. Durch diese Verlangsamung konnten aber die beiden Divisionen des nachrückenden XIV. Motorisierten Korps Wietersheims Sedan erreichen und an der Südflanke Defensivstellungen einnehmen. Diese Verstärkung entband die 10. Panzerdivision von ihren Verteidigungsaufgaben und sie konnte sich westwärts in Bewegung setzen, um sich Guderians Angriffsspitze anzuschließen. An diesem Tag befahl das OKH auch den drei Panzerdivisionen des XVI. Motorisierten Korps Hoepners und des XXXIX. Schmids, sich vom Vorstoß nach Zentralbelgien abzusetzen und durch das Zentrum zu ziehen. Binnen weniger Tage würden nun alle zehn deutschen Panzerdivisionen gegen das bröckelnde französische Zenrtum konzentriert sein.

Clausewitzscher Zufall

Carl von Clausewitz' Werk *Vom Kriege*, veröffentlicht 1832, gilt heute als eine der besten bisher aufgestellten, umfassenden Theorien der westlichen Auffassung der Kriegsführung. Eine der Ideen, die Clausewitz in dieser Arbeit darlegt, ist, dass der Krieg – mehr als jede andere menschliche Aktivität – unentwirrbar mit dem Einfluss des Zufalls verbunden ist. Helmuth von Moltkes berühmter Ausspruch, dass kein Plan die erste Feindberührung überlebt, spiegelt seine Anerkennung der Behauptung Clausewitz'. Kein Kommandeur kann den Einfuss, den zufällige Ereignisse auf Operationen haben können, vermeiden, bedenkt man die Unvorhersehbarkeit menschlicher Reaktionen (bei der gegnerischen oder eigenen Truppe) sowie die Unsicherheit und Konfusion, die jede ausgeführte Aktion als Teil der Anwendung militärischer Gewalt durchzieht. Der deutsche Westfeldzug von 1940 illustriert gut den Einfluss, den Zufall ausüben kann. Ohne zwei zufällige Ereignisse hätten die Deutschen wohl mit ihrem ursprünglichen Invasionsplan vom Oktober 1939 fortfahren können. „Was-wäre-wenn?"-Geschichte ist zwar gefährlich, doch der tatsächliche Ablauf des Feldzugs legt nahe, dass beim Angriff gemäß dem Originalplan den Deutschen der Sieg entgangen wäre und sich der Zweite Weltkrieg in der Folge anders entwickelt hätte. Der erste zufällige Vorfall war die Flugzeugnotlandung bei Mechelen am 10. Januar 1940, der die deuschen Invasionspläne enthüllte. Der zweite war, dass Hitler zufällig eine Bemerkung über den Manstein-Plan hörte, nachdem dessen Urheber als Kommandeur einer Reserveformation an die polnische Grenze verbannt worden war. Ohne diese beiden Ereignisse hätten die Deutschen den Manstein-Plan nicht übernommen und den Westen nicht in nur sechs Wochen erobert. Als Folge davon wären sie vielleicht in eine Situation geraten, die den Einfall in die Sowjetunion im Juni 1941 verhindert hätte.

Die Wirkungen auf die Moral der Franzosen und ihre Unfähigkeit, mit den schnellen deutschen Vorstößen zurechtzukommen, waren für den Erfolg der Wehrmacht im Mai 1940 entscheidend. Bei Sedan etwa war der Einsatz des Korps Guderians hart und riskant, doch seine Erfolgschancen wurden durch die enorme Luftwaffen-Unterstützung gesteigert. Diese setzte nicht weniger als 900 Flugzeuge ein, um seinem Angriff zu helfen, den das Oberkommando korrekt als entscheidenden Punkt des Feldzugs erkannte, worauf es die größtmögliche Konzentration der Truppe verlangte. Am Morgen des 13. Mai flog die Luftwaffe im Hinterland von Sedan mit Dornier-Do-17-Bombern Dauerluftangriffe, um das Kampfgebiet zu isolieren. Ab Mittag halfen Attacken von Bombern und Stuka, den gegenerischen Widerstand zu zermürben und unterstützten den deutschen Bodenangriff, der um 15 Uhr begann. Die physische Zerstörung durch diese ständigen Luftangriffe war zwar bescheiden, doch schwächten sie die französische Moral stark, besonders bei den Artillerieeinheiten im diesem Gebiet.

Der französische Kommandeur bei Sedan hatte erwogen, am 13. Mai einen Gegenangriff auf den immer noch schwachen deutschen Brückenkopf zu befehlen. Um 18 Uhr aber erhielt er die beunruhigende Nachricht, man habe deutsche Panzer 4 km südlich der Marfée-Höhen um Bulson gesichtet. Später stellte sich heraus, dass diese Information inkorrekt war. Keine deutschen Tanks hatten bisher den Fluss queren können. In Wahrheit waren die bei Bulson gesichteten Fahrzeuge französische. Trotzdem verursachte das sich rasch verbreitende Gerücht an jenem Abend bei einigen französischen Infanterieeinheiten und Artilleriebatterien Panik. So flohen hunderte französische Soldaten in einer Massenhysterie zurück in die rückwärtigen Gebiete. Die französische Artillerie gab 50 Geschütze auf und dieser Verlust schwächte die Defensivkraft der Infanterieeinheiten entscheidend.

Aufgrund dieses Zusammenbruchs des Kampfgeistes konnten die Deutschen an jenem Abend bei Frénois durchbrechen und die lebenswichtigen Marfée-Höhen nehmen. Dass unglücklicherweise gerade zu diesem Zeitpunkt französischer Schwäche das Hauptquartier der 55. Division unterwegs an einen neuen Ort war, hemmte die Versuche der Franzosen, den Zusammenhalt in diesem Sektor wieder herzustellen. Die Panik legte sich zwar des Nachts, doch viele kleinere, weniger spektakuläre Fälle von Zusammenbruch der Moral dauerten um Sedan in den folgenden Tag hinein. Zudem überschatteten diese Vorfälle den heftigen Widerstand, den bestimmte französische Einheiten an jenem Abend und in der Nacht leisteten. Am wichtigsten war vielleicht, dass diese Zeichen zerbrechlicher Moral das Vertrauen des französischen Oberkommandos in die Entschlossenheit seiner Truppen, dem deutschen Überfall standzuhalten, erschütterte. In dem Chaos, das in der Nacht des 13./14. Mai entstand, fanden es die Franzosen bei Sedan äußerst schwierig, gegen den noch schwachen deutschen Brückenkopf einen raschen Gegenangriff innerhalb geringer Reichweite zu organisieren.

Das war für Guderian günstig, denn um Mitternacht des 13./14. Mai war der Brückenkopf südlich des Flusses unsicher, da noch kein einziger Tank hatte herüberkommen können. In fieberhafter Arbeit konnten deutsche Pioniere bis 23.10 Uhr eine 16 Tonnen schwere Pontonbrücke über die Meuse legen. So konnten die leichten Tanks der 1. Panzerdivision (Panzer I und II) in den frühen Stunden des 14. Mai beginnen, in den Brückenkopf hinüberzufahren. Zum Glück für Guderian konnte General Grandsard, der französische Korpskommandeur, erst um 3.10 Uhr konkrete Befehle für einen Gegenangriff ausgeben, der um 4.30 starten sollte. Doch selbst diesen verspäteten französischen Gegenstoß würden nur zwei schwache Kampfgruppen, jede mit einem Panzerbataillon und einem Infanterieregiment, ausführen. Eine der Gruppen sollte die deutschen Stellungen nördlich von Chémery angreifen, die andere bei Bulson.

Lähmung der Franzosen

Am Morgen des 14. Mai hatten also die Franzosen durch ihr lethargisches Reagieren sowie erste Zeichen bröckelnder Moral eine ausgezeichnete Gelegenheit versäumt, Guderians Korps über die Meuse zurückzuwerfen. Hätten Grandsards Truppen diesen entscheidenden deutschen Zug durch das französische Zentrum stoppen können, so hätten die Franzosen die ganze deutsche Invasion aus der Bahn werfen können. Vor allem aber verstärkte Guderians rasche Überwindung der Meuse den tiefen Schock beim französischen Oberkommando, den die Nachricht von der panischen Flucht bedeutender französischer Truppen bei Sedan hervorgerufen hatte. Das Tempo und die Kühnheit der deutschen Angriffe lähmte bei den Franzosen zunehmend die Entschlossenheit, Entscheidungen zu treffen. Spät am 15. Mai etwa wurde Gamelin erstmals der Ernst der militärischen Krise, in der Frankreich nun steckte, klar. Düster teilte er dem Verteidigungsminister Edouard Daladier vertraulich mit, dass Guderians Erfolg die Vernichtung der französischen Armee bedeutete. An jenem Abend bemerkte Oberst Minart, ein Verbindungsoffizier zum Oberkommando, dass sich im französischen Hauptquartier in Vincennes eine schale Gelähmtheit ausbreitete. Das wachsende psycholgische Unvermögen, rechtzeitig Entscheidungen zu treffen, wurde durch unzureichende Mittel zur Kommunikation mit dem Hauptquartier verschärft: Vincennes hatte keinen Funk, um mit den französischen Einheiten im Feld Verbindung zu halten. Es war zu schlecht ausgestattet, um mit dem Tempo der deutschen Operationen fertig zu werden.

Am 16. Mai wurde klar, dass das französische Kommandosystem mit dem Tempo des deutschen Panzerstoßes im Zentrum einfach nicht Schritt halten konnte. Als etwa Gamelin Befehl zum Rückzug an eine Linie entlang des Flusses Escaut hinunter nach Omont gab, waren Reinhardts Panzers bereits bei Montcornet über diese Linie hinausgestoßen. Und das französische Oberkommando begann erst jetzt einzusehen, dass seine Annahme, die Deutschen würden ostwärts schwenken, um die Maginot-Linie von hinten zu umfassen, falsch sein

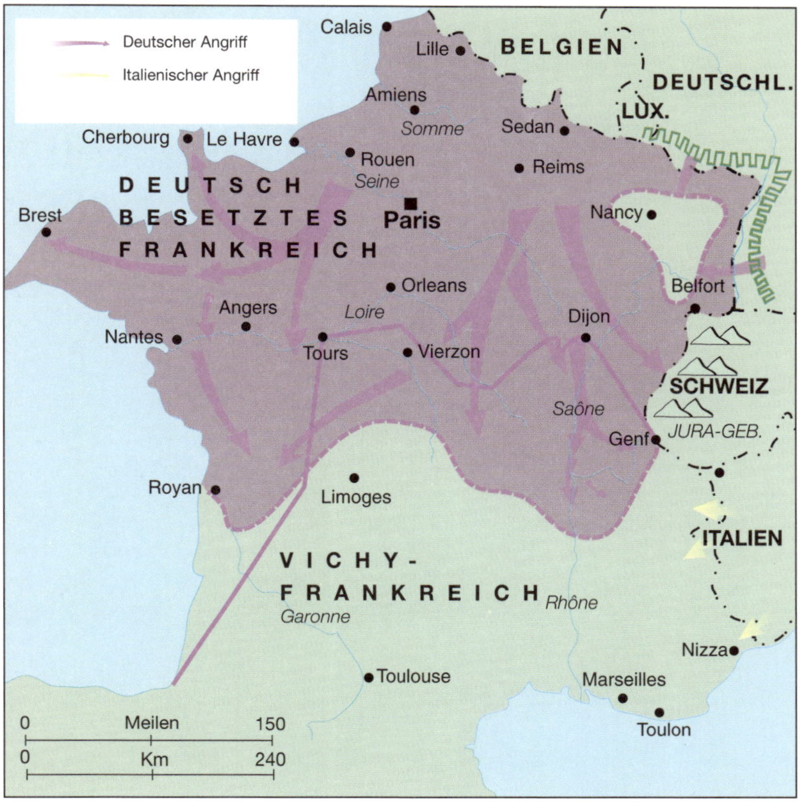

Am 5. Juni startete die deutsche Armee „Fall Rot", die zweite Phase des Angriffs auf Frankreich. Zwei Tage lang hatten sie pausiert und neu geordnet, nun ließen sie ihre Panzer- und Infanteriedivisionen südwärts über die Somme los. Die Deutschen konnten nun 120 Divisionen gegen die 65 französischen und eine britische, über die Weygand verfügte, ins Feld führen. Man sieht diese Phase des Feldzugs oft als bloße Formalität nach dem erfolgreichen Stoß zur Kanalküste, doch in Wahrheit kam der deutsche Angriff gegen die französischen Abwehrstellungen entlang der Somme angesichts starken Widerstands zunächst nur wenig voran. In der Woche vom 5.–12. Juni führten die französischen Kräfte eine klassische elastische Verteidigung durch und verlangsamten den deutschen Stoß südwärts gegen Paris. Am 12. Juni aber hatte die überlegene deutsche Kampfkraft das Herz des französischen Widerstands gebrochen. Weygand verfügte im Feld nur noch über Reste von 27 intakten Divisionen und musste einen strategischen Rückzug an der ganzen Front anordnen. Die durchgezogene Linie zeigt die Demarkationslinie, die strichlierte die Grenzen des deutschen Vormarsches, als der Waffenstillstand unterzeichnet wurde.

könnte. Denn an diesem Tag stießen die Panzer, indem sie ihre Benzinvorräte erschöpften, gegen schwächer werdenden Widerstand und bei zögerlichen Reaktionen aus Vincennes weitere 32 km westwärts. Guderians Truppen verbanden sich bei Montcornet mit denen Reinhardts und beide zogen bei Nacht weiter nach Marle. Im Norden zog Rommels 7. Panzerdivision 24 km nach Solre-le-Cateau vor. Dieser Vorstoß wurde einigermaßen durch Kluges Forderung verlangsamt, Hoths Panzer sollten größere Vorsicht als bisher an den Tag legen. An diesem Tag war wieder bemerkenswert, dass das zunehmend desorganisierte und hart bedrängte französische Zentrum keinen einzigen substanziellen Gegenstoß gegen den deutschen „Panzerkorridor" unternehmen konnte.

Am 17. Mai, dem achten Tag des Feldzugs, war das französische Zentrum in einer sehr kritischen Lage. Im „Panzerkorridor" und der dem Westende der Gembloux-Bresche standen neun deutsche Panzer- und 13 weitere Divisionen den zerfallenden Resten von Blanchards 1. und Coraps 9. Armee gegenüber. Die Moral vieler französischer Soldaten war zusammengebrochen, als der Überraschungsangriff, das Tempo der Panzerdivisionen und die ständigen Luftangriffe ihre Opfer forderten. Dieser Zusammenbruch zeigte sich am 16./17. Mai beim Vorstoß der 7. Panzerdivision Rommels nach Landrecies am Sambre-Oise-Kanal, bei dem sie 10.000 Gefangene machte und 100 gegnerische Tanks erbeutete – bei nur 41 Mann eigener Verluste. Weiter nördlich drängten Reichenaus 13 Infanteriedivisionen vorwärts, während sich das BEF und die belgischen Truppen schrittweise von der Dyle zum Escaut zurückzogen.

Am 19. Mai griff der verzweifelte Gamelin selbst in die Durchführung der Operationen ein und befahl einen koordinierten Angriff auf den Panzerkorridor durch britische und belgische Truppen vom Norden und französische Einheiten

Ein seltenes Beispiel für eine erfolgreiche Vernichtungsschlacht

Die preußisch-deutsche Militärstrategie des 19. und des 20. Jahrhunderts zeigte eine Fixierung auf das Konzept der „Vernichtungsschlacht". Diese Militärstrategie basierte auf einer Interpretation (oder eher Verzerrung) der Ideen von Clausewitz über die sich zuspitzende, entscheidende, einzelne Schlacht, wie sie in der napoleonischen Periode vorherrschte. Diese Militärstrategie konzentriert sich darauf, den Gegner rasch durch eine einzige fortlaufende Offensivaktion zu besiegen. Der preußische Angriff auf Frankreich von 1870, der deutsche Angriff gegen den Westen (der Schlieffen-Plan) von 1914 und die deutschen Invasionen im Westen und in der Sowjetunion von 1940 und 1941 waren alle Versuche des preußischen bzw. deutschen Militärs, diese Strategie durchzuführen. Doch ließ sich ein solches Vorgehen gegen einen etwa gleich starken Gegner oft nicht anwenden, da sich die offensive Kampfkraft gegenüber der defensiven Kampfkraft und dem entschlossenen Kampfgeist des Verteidigers oft nicht ausreichend aufrechterhalten lässt. In der Zwischenkriegszeit aber steigerte die neue Militärtechnologie (in Form von Kampfpanzern, Motorisierung und Luftwaffe) Tempo, Schwung, Nachhaltigkeit und Überraschungsmoment von Offensivaktionen. Nach 1939 ermöglichten es diese Fortschritte den Streitkräften, diese besondere Militärstrategie sogar gegen mächtige Gegner anzuwenden. Tatsächlich bestand der außergewöhnlichste Aspekt des überwältigenden Siegs der Deutschen 1940 im Westen darin, dass er ein seltenes Beispiel einer erfolgreichen Vernichtungsschlacht gegen einen Gegner mit etwa gleicher Kampfkraft und Effektivität darstellte. Allerdings nährte dieser Erfolg die deutsche Arroganz noch mehr und verführte sie zum Versuch, diese Strategie (im zwölffachen Ausmaß) 1941 gegen die Sowjetunion zu wiederholen. Die endgültige deutsche Niederlage 1945 gegen die Rote Armee bewies wieder einmal, wie schwierig es im 20. Jahrhundert war, mit einer solchen Militärstrategie erfolgreich zu sein.

vom Süden her. Die niemals starke „alliierte Allianz" hatte sich unter dem Druck der unerwartet erfolgreichen deutschen Invasion weiter gelockert und dies hemmte die Ausführung eines synchronisierten umfangreichen Gegenschlags. In der Woche zuvor etwa hatte der spätere britische Feldmarschall John S. Gort, Oberbefehlshaber der BEF, keine direkten Befehle von seinem französischen Vorgesetzten, General Billotte, darüber erhalten, wie er sich verhalten solle. Es waren diese bedeutsamen gegnerischen Schwächen, die durch das gnadenlose Tempo der Panzerdivisionen so erfolgreich ausgenutzt wurden.

Bis zum 12. Juni hatten sich die Schwierigkeiten Weygands verschlimmert, da seine Truppen nun auch Südostfrankreich gegen den am 10. Juni begonnenen italienischen Angriff verteidigen mussten. Vier Tage später fiel das ziemlich verlassene Paris an Hitlers vorrückende Truppen. Neun deutsche Panzerdivisionen strömten ins Innere Frankreichs und die französische Moral brach zusammen. Am 15. Juni begannen die Engländer, ihre Truppen durch die Häfen von Cherbourg und Brest abzuziehen. In dieser Phase des Feldzugs setzten die Deutschen eine Batterie einer neuen Art von Panzerkampfwagen ein, das Sturmgeschütz StuG III, eine wirksame Artilleriewaffe zur Infanterieunterstützung (siehe Kasten S. 103). Während die deutschen Panzer südwärts stürmten, trat der französische Premier Paul Reynaud zurück, eine neue Regierung unter Marschall Pétain wurde vereidigt. Mitte Juni forderten französische Politiker zunehmend einen Waffenstillstand, während viele höhere Offiziere nun einen schnellen Friedensvertrag wünschten, der die Ehre der französischen Streitkräfte garantierte, ehe die Deutschen das ganze Land überrannten. Als der Waffenstillstand am 22. Juni 1940 unterzeichnet wurde, waren die Deutschen tief in den Süden Frankreichs vorgedrungen; sie hatten im Westen Bordeaux, im Zentrum Clermont-Ferrand und im Osten Lyon erreicht. Dabei hatte der deutsche Stoß von Sedan nach Süden den Hauptteil der französischen Truppen, die noch die Maginot-Linie entlang der französisch-deutschen Grenze hielten, in Elsass-Lothringen umzingelt.

Motorisierte Infanterie der Waffen-SS rückt während des Frankreichfeldzugs vor. Sobald die Deutschen bei Sedan durchgebrochen waren, überforderte ihr Tempo die Alliierten. Diese waren doktrinmäßig erbärmlich schlecht für Reaktionen auf die deutsche Beweglichkeit vorbereitet. Guderian meinte richtig: „Die französische Doktrin war das Resultat der Lehren, die die Franzosen aus dem Ersten Weltkrieg gezogen hatten, ihrer Erfahrung im Stellungskrieg, des hohen Werts, den sie der Feuerkraft zumaßen und ihrer Unterschätzung der Bewegung. Diese französischen strategischen und taktischen Prinzipien waren meinen Theorien genau entgegengesetzt."

Die Armee machte 1940 guten Gebrauch von den im Jahr davor in Polen gelernten Lektionen. Alle Waffengattungen waren im Frankreichfeldzug auf dem Kampffeld effizienter. Der Plan für den Feldzug war operativ raffiniert angelegt, denn es handelte sich dabei auf Ebene der Operationen um einen Plan, der zeitlich und räumlich eine Reihe taktischer Elemente effizient kombinierte, die Aussicht auf einen raschen und entscheidenden Sieg boten. Nach dem Plan wurden die Stellungen der Maginot-Linie umgangen, während der mächtige nördliche Ablenkungsstoß und die südliche Finte die vorgefassten französischen Meinungen ausnutzten und ihre strategisch falsche Aufstellung verstärkten. Diese kombinierten taktischen Elemente zogen die Franzosen nord- und südwärts ab, und die Deutschen konnten ihre Stärke am französischen Schwachpunkt im Zentrum konzentrieren. Der Plan trieb auch einen Keil zwischen die französischen Truppen in Belgien und jene, die die Maginot-Linie verteidigten. Gelang eine Infiltration und wurde sie bis zur Küste ausgedehnt, so drohte dieser Vorstoß die Verteidiger aufzuspalten, wodurch sie dann einzeln vernichtet werden konnten.

Sobald die geballte Masse von sieben Panzerdivisionen durch die Ardennen war, mussten sie zwischen Sedan und Namur rasch Übergänge über die Meuse erobern. Der Fluss war das letzte größere Hindernis auf dem Weg ins Innere Frankreichs. Konnten die deutschen Panzer die französischen Abwehrstellungen entlang seiner Ufer überwinden, ehe sie verstärkt wurden, so waren die Ebenen Zentralfrankreichs ihren wütenden Vorstößen hilflos ausgesetzt. Durch ein rasches Queren der Meuse konnte das deutsche Heer das durch den Stoß durch die Ardennen erreichte operationale Potenzial in einen entscheidenden strategischen Durchbruch tief ins Innere Frankreichs umsetzen. Das deutsche Oberkommando aber hatte in der Planungsphase keine genaue Richtung des Vormarsches nach dem Fall Sedans festgelegt. Die Deutschen hatten drei ausgezeichnete Achsen zur

Verfügung, entlang derer sie ihren Angriff entwickeln konnten: Zurück ostwärts gegen das nördliche Hinterland der Maginot-Linie, südwestwärts gegen Paris oder weiter westwärts gegen die Kanalküste. Das Oberkommando schob diese Entscheidung bis zum Fall Sedans hinaus, um die beste taktische Gelegenheit, die sich ergab, zu nutzen und vom Urteil der Kommandeure vor Ort zu profitieren. Diese Flexibilität brachte gute Dividenden.

Die körperliche Fitness der deutschen Truppen übertraf die ihrer alliierten Gegner bei weitem. Die zwölf Infanteriedivisionen der 6. Armee General Reichenaus etwa stießen nach Zentralbelgien, was die Franzosen für den deutschen Hauptangriff hielten. Diese fitten deutschen Infanteristen führten weite Märsche durch und fochten harte taktische Treffen mit dem Feind aus, um im Wettlauf mit dem Gegner westwärts zu stürmen und die Dyle zu erreichen, ehe die französische 1. Heeresgruppe dort eintraf und die Abwehrstellungen festigte.

Auch ihre Moral war viel besser. Bei Sedan begannen am 13. Mai um 15 Uhr die ersten deutschen Sturmtrupps aus Pionieren und Infanterie in Schlachbooten die Meuse zu queren. Diese Truppen gingen zwar unter einem Geschosshagel von

Während der Kampfhandlungen bei Arras am 21. Mai erkannten die Deutschen, dass keine ihrer bisher ausreichenden 3,7-cm-Pak 35/36 (hier zu sehen) die 60 mm dicke Frontalpanzerung der britischen Matilda-II-Tanks durchdringen konnten, obwohl die SS-Kanoniere zunächst ihre Nerven behielten und weiterhin zwei durchgebrochene Matildas bekämpften, bis diese auf Kernschussdistanz waren. Die deutsche Untersuchung eines ausgeschalteten Matilda einige Tage darauf zeigte, dass er nicht weniger als 14 Treffer durch Geschosse aus der 3,7-cm-Kanone überstanden hatte. Diese Waffe hatte zwar 1939 im Polenfeldzug gegen die leicht gepanzerten Tanketten ausgereicht, doch aufgrund von Erfahrungen wie der im Mai bei Arras kurbelten die Deutschen die Produktion von schwereren Panzerabwehrwaffen wie der 5-cm-Pak 38, von der einige Prototypen im Feldzug dienten, an und entwickelten rascher die noch schwerere 7,5-cm-Pak 40.

Unterstützungsfeuer vor, trafen aber trotzdem auf sehr heftige französische Gegenwehr. Trotz des schweren feindlichen Feuers konnte die deutsche Sturminfanterie einen Brückenkopf am französischen Ufer sichern, wenn auch nur in drei der ursprünglich sechs Angriffssektoren. Sobald die Deutschen diese Ausgangspositionen gesichert hatten, begannen ihre Pioniere Fähren und Ponton-Brücken zu bauen, um die Panzer über den Fluss zu schaffen. Ab 17 Uhr hörten die Stuka-Angiffe im Gebiet von Sedan auf und verlagerten sich weiter west- und südwärts, um französische Verstärkungen aus dem Inneren Frankreichs zu hindern, sich dem Brückenkopf zu nähern. 90 Minuten später gelang der deutschen Angriffsspitze, der motorisierten Infanterie des 1. Schützenregiments, bei Frénois ein entscheidender Durchbruch durch die französische Verteidigungslinie. Bis 22 Uhr hatten diese Truppen Cheveuges, etwa 5 km südwestlich von Sedan, genommen. Um 22.30 Uhr hatten Männer des Elite-Regiments Großdeutschland die beherrschenden Marfée-Höhen erreicht. Und schließlich errichteten die Deutschen am

Eine deutsche 8,8-cm-Flak in Frankreich in Aktion. Während des alliierten Durchbruchs bei Arras wurden eine Batterie von 8,8-cm-Flak 18 und 10,5-cm-leHF 18 (leichte Feldhaubitze) als Teil der bei Wailly hastig zusammengestellten gemischten Verteidigungstruppe in der Panzerabwehrrolle eingesetzt. Die deutschen Flak- und Artilleriekanoniere entschieden schließlich, angefeuert von Rommel, der von Geschütz zu Geschütz eilte und aufmunterte, den Tag, indem sie ihre Geschütze auf kurze Distanz gegen die vorrückenden britischen Tanks abfeuerten. Der englische Angriff versandete, als die Deutschen die britischen Matildas an der Spitze der Attacke ausschalteten.

14. Mai um 3.30 Uhr entlang der Linie Chehéry–Chaumont Verteidigungsstellungen für die Nacht und warteten auf den vorhersehbaren französischen Gegenangriff.

Während Reinhardts Vorstoß verdankten die von den Panzern erzielten Erfolge wie in anderen Fällen des Feldzugs viel der Entfaltung, in der die Panzer und die motorisierte Infanterie (später Panzergrenadiere genannt) auf dem taktischen Kampffeld eng zusammenarbeiteten. Im Polenfeldzug hatten die wenigen verfügbaren Halbketten-Schützenpanzerwagen die motorisierte Infanterie bloß an den Rand des Schlachtfelds transportiert, wo sie absaß. In Frankreich aber blieb die gut ausgebildte motorisierte Infanterie oft in ihren (nun in großer Zahl verfügbaren) Schützenpanzerwagen, während die Fahrzeuge neben den Panzern gegen kaum zusammenhängenden gegnerischen Widerstand vorstießen. Die Panzergrenadiere unterstützten dann die Panzer mit Handfeuerwaffen von ihren Wagen aus, deckten die Flanken vorstoßender Panzerkeile oder sie saßen auf dem Kampffeld ab und hoben desorganisierte feindliche Truppen aus. Diese neue taktische Rolle führte zwar zu einer etwas höheren Verlustrate unter den Panzergrenadieren, doch steigerte sie auch die Kampfkraft der vorrückenden Panzerdivisionen und trug zum fantastischen Erfolg 1940 im Westen bei.

Im späten Mai hielt auch der Einbruch der Nacht Elemente des Korps Hoths nicht ab, den nun sichtbar mangelnden Zusammenhalt der gegnerischen Truppen auszunutzen, indem sie ihre Attacken nordwestwärts während der Nacht fortsetzten. Im Polenfeldzug hatte der deutsche Durchschnittssoldat bei nächtlichen Operationen gewisse Schwächen gezeigt, hauptsächlich aufgrund der bescheidenen, dieser Kunstfertigkeit gewidmeten Zeit im ansonsten strengen deutschen Ausbildungsprogramm vor der Invasion in Polen. Während des Winters 1939–1940 aber arbeitete das deutsche Heer hart daran, die Kampffertigkeit seiner Soldaten bei Nacht zu verbessern, indem es ausgedehnte Neuschulungskurse durchführte.

Die erheblich verbesserte Effizienz des gemeinen deutschen Soldaten bei nächtlichen Szenarios zeigte sich während der Invasion des Westens im Mai 1940 in etlichen Fällen. Ein bemerkenswertes Beispiel gab es in der Nacht des 20./21. Mai, als Elemente des Korps Hoths (vor allem Rommels 7. Panzerdivision) eine nächtliche Querung des La Bassée-Kanals angesichts starken Widerstands eines Bataillons der britischen Grenadier Guards schaffte. Wieder einmal verstärkte, wie sich Hans von Luck, ein an der Aktion beteiligter deutscher Offizier erinnerte, Rommels Anwesenheit in dieser schwierigen taktischen Situation den Angriffsschwung der Sturmtruppen. Er trieb seine Männer vorwärts und lenkte persönlich das Artillerieunterstützungsfeuer. Der Angriff wurde zusätzlich durch rudimentäre und improvisierte deutsche Luftangriffe unterstützt, obwohl die deutschen Techniken des Kampfes bei Nacht in dieser Kriegsphase noch unterentwickelt waren. Die Fähigkeit, wirksame Angriffe bei Nacht durchführen zu können, steigerte natürlich das hohe Operationstempo des deutschen Heeres im Westen weiter und half, den Druck, den seine Truppen auf die zunehmend desorientierten alliierten Formationen, die den deutschen Vorstoß zu stoppen versuchten, ausübten, zu maximieren.

Die Überlegenheit der deutschen Infanterie

Die Entscheidung, die Panzer vor Dünkirchen anzuhalten, wurde durch die Qualität der deutschen Infanterie unnötig gemacht. Die schwerste Bedrohung des deutschen Vorstoßes war am 24. Mai vorübergegangen, da nachrückende Infanterieverbände rasch die verwundbare deutsche Südflanke von der Küste ostwärts entlang der Somme zurück bis Stonne bei Sedan ausfüllten. Tatsächlich verdankte der Erfolg des deutschen Panzerzugs zur Küste viel der Fähigkeit der nachrückenden Infanterie, nicht zu weit zurückzufallen. Um mit den Panzern Schritt zu halten und die nötigen Schutzschirme über den exponierten deutschen Flanken zu spannen, musste die Infanterie jeden Tag beeindruckende Distanzen zurücklegen, in manchen Fällen bis zu 56 km. Zudem trugen taktische Aufklärungsflugzeuge erheblich zum Erfolg der Abschirmeinsätze der nachrückenden Infanterie bei, indem sie die Bodentruppen vor drohenden feindlichen Gegenschlägen warnten. Dass aber der deutsche Durchschnittssoldat derartige Entfernungen zurücklegen und dann noch wirksam kämpfen konnte, verdankte er nicht der Luftunterstützung, sondern seiner exzellenten körperlichen Fittness, die er durch das strenge Trainingsschema, das alle Rekruten und Soldaten während der Grundausbildung durchliefen, erworben hatte.

Da diese Infanteriekräfte nun den Großteil der exponierten deutschen Südflanke hatten sichern können, war die Gefahr feindlicher Gegenangriffe zurückgegangen. Als daher die britischen und französischen Truppen vom 23.–26. Mai zwei schwache Gegenstöße gegen die deutschen Stellungen entlang der Somme starten konnten (es griffen die britische 1. Panzerdivision und das, was von de Gaulles 3. Panzerdivision übrig war, an), kamen diese Attacken wenig voran. Hitlers Haltebefehl erreichte bloß, dass die angeschlagenen und desorganisierten Truppen der BEF Zeit erhielten, einen Verteidigungsperimeter um Dünkirchen zu errichten, in den sich die Engländer und Franzosen zurückziehen konnten. Doch dann kapitulierte leider die belgische Armee auf Befehl König Leopolds am 28. Mai. Im Norden war es nun vorrangig, sicherzustellen, dass die britischen und französischen Truppen der drohenden Vernichtung entkamen, während sich die deutsche Einkreisung Dünkirchens schloss.

Das Sturmgeschütz III (StuG III)

In den letzten Tagen von Fall Rot setzten die Deutschen eine einzelne Batterie der neuen gepanzerten und beweglichen Sturmartillerie, das Sturmgeschütz III (StuG III) ein. Dieser niedrige, turmlose Panzerwagen für vier Mann basierte auf der Forderung des deutschen Heeres von 1936 nach einem gepanzerten Geschütz auf Selbstfahrlafette zur Infanterienahunterstützung – was auch die Panzer hätten leisten können, hätten sie nicht als Instrumente des strategischen Durchbruchs gedient. Das Heer erhielt im Frühling 1940 30 Prototypen des StuG III Modell A (Sdkfz 142), die fünf experimentelle StuG-Batterien ausrüsteten, eine davon in den letzten Tagen des Frankreichfeldzugs. Das StuG III Modell A trug die kurze 7,5-cm-Kanone des Panzers IV. Die Bewaffnung befand sich in einem querlaufenden Rahmen an der Frontplatte des festen Aufbaus des StuG III. Dieser war oben auf dem Standardchassis eines Panzers III aufgesetzt. Das Design reduzierte die Höhe des Gefährts auf bloß 1,95 m, was gegenüber dem 2,5 m hohen Panzer III vorteilhaft war. Zudem hatte das StuG III eine 50 mm dicke Frontalpanzerung und an den Seiten 43 mm dicke Platten – ein besserer Schutz als jener des Panzers III oder Panzers IV. In Frankreich zeigte die eingesetzte Sturmgeschütz-Batterie dem deutschen OKH klar, dass das StuG III eine wirksame Infanterieunterstützungswaffe darstellte. Dies führte im Juli 1940 zum Beginn der Produktion in großem Umfang. Mit Fortschreiten des Krieges verließ sich das deutsche Heer zunehmend auf aufgerüstete, stärker gepanzerte StuG-III-Varianten als Ersatz für die stets in unzureichender Zahl verfügbaren Panzer. Das StuG III als billigerer und rascher produzierbarer Panzerkampfwagen war genau das Fahrzeug, das die überbeanspruchte deutsche Kriegswirtschaft ab 1943 produzieren musste, um die Abnutzung an allen Fronten auszugleichen.

Wie in Polen war der Beitrag der deutschen Luftwaffe essenziell für den Erfolg des Heeers. Als die Bodentruppen ihre Attacken gegen die Abwehrstellungen an der Grenze starteten, begannen geballte Formationen deutscher Bomber und Jagdbomber (hauptsächlich Dornier-Do-17- und Heinkel-He-111-Bomber, Messerschmitt-Bf-110-Jagdbomber und Junkers-Ju-87-Stuka) die gegnerischen Luftbasen anzugreifen. Besonders erfolgreich waren diese Angriffe in Belgien und Holland, wo Dutzende Flugzeuge am Boden erwischt und zerstört wurden. Die französische Luftwaffe erlitt weniger Schaden. Diese Luftoperationen waren ein klassischer Materialfeldzug, um die lokale Lufthoheit über dem Schauplatz zu erreichen. Sobald das gelungen war konnten die Deutschen ihre Luftwaffe einsetzen, um den Bodenvorstoß durch Luftaufklärung, Behindern des Gegners und Luftnahunterstützung zu erleichtern.

Um das Tempo des Vorstoßes der Heeresgruppe B zu erhöhen, setzten die Deutschen Fallschirmjäger und Luftlandetruppen der 22. (Luftlande-)Infanteriedivision und der 7. Luftlandedivision, einige davon als holländische Soldaten verkleidet, tief auf holländischem Gebiet ab. Aufgabe dieser Truppen war es, etliche wichtige Brücken über die Maas, Waal und den Rhein bei Dordrecht, Gennep, Maastricht, Moerdijk und Waalhaven zu besetzen. Diese Aktionen sollten es dem XXXIX. Motorisierten Korps General Schmidts (mit der 9. Panzerdivision, der einzigen mechanisierten Formation, die die Deutschen in Holland einsetzten, unter seinem Befehl) ermöglichen, rasch gegen Den Haag vorzurücken. Bei Gennep etwa konnte eine Hand voll vorzüglich ausgebildeter Kommandos der Brandenburger, die als holländische Polizisten verkleidet waren, die Brücke unter minimalen Verlusten nehmen, eine Operation, die bewies, wie wirksam Elitetruppen mittels Kriegslist den deutschen Vormarsch auf dem Kriegsschauplatz er-

leichtern konnten. Unmittelbar nördlich dieses Luftlandeteppichs rückte die 18. Armee General Küchlers westwärts gegen das Ijsselmeer und Den Haag vor, um den Vorstoß der 9. Panzerdivision zu unterstützen.

Zusätzlich versuchten die deutschen Luftlandetruppen, die drei wichtigen holländischen Flugplätze bei Den Haag einzunehmen, um von dort aus einen Überfall zu starten, bei dem Königin Wilhelmina und ihre Regierung gefangen genommen werden sollte. Zwar scheiterten etliche dieser Operationen (vor allem der Versuch, die Regierung festzusetzen), doch die anderen Einsätze erfüllten ihre Vorgaben und erleichterten den folgenden Vorstoß der Invasionsbodentruppen. Wie schon in Polen war es die Kooperation der deutschen „verbundenen Waffen" (der Wehrmachtsteile) sowie der gemischten Verbände, die hauptsächlich den entschiedenden Erfolg der Wehrmacht im Westfeldzug von 1940 sicherte.

Bei Sedan unterstützte die deutsche Luftwaffe nicht nur den ersten Übergang, sie wehrte auch die französischen Angriffe ab. Am 14. Mai um 9 Uhr war es den Deutschen gelungen, die gesamte 1. Panzerbrigade über die Meuse zu schaffen, wobei sie für die Panzer III und IV dieses Verbandes eine zweite, schwerere Pontonbrücke benutzten. Dieser Erfolg war aber am Morgen gefährdet gewesen, als die deutschen Pontonbrücken unter gegnerische Dauerangriffe aus der Luft gerieten. Doch das sofortige Eintreffen von Jägern der deutschen Luftwaffe sowie die Konzentration von 200 Flak-Geschützen um die Brücken half, den Schaden durch die feindlichen Lufteinsätze gegen die Pontonbrücken zu begrenzen. Als

Der Westfeldzug wurde von den Panzern gewonnen, doch wäre der Sieg ohne die Unterstützung durch die Infanterie, deren Großteil zu Fuß vorrückte, nicht möglich gewesen. Sie sicherte die Flanken des „Panzerkorridors" und vernichtete gegnerische Widerstandsnester. Die deutschen Infanteristen waren den britischen und französischen bei weitem überlegen.

dann die beiden französischen Gegenangriffe mit großer Verzögerung begannen, hatte bereits eine große Zahl deutscher Panzer die Frontinfanterie erreicht und Verteidigungsstellungen eingenommen. Die französischen Tanks und Infanterie krachten einfach in die wartenden deutschen Kräfte, die nun zur Unterstützung ihrer Bodentruppen über Panzer, Pak und leichte Artillerie verfügten. Binnen 60 Minuten hatten diese die angreifenden französischen Einheiten zerschlagen. Diese zogen sich daraufhin zwei Kilometer südwärts hinter Maisoncelle zurück.

Bei de Gaulles Gegenangriff half den gut ausgebildeten und motivierten Soldaten der Panzerdivisionen Guderians die Unterstützung ihrer Luftwaffe sehr, die französischen Gegenstöße aufzuhalten. Als de Gaulles Panzerkolonnen die Ebene von Laon querten, um Guderians Truppen von der Flanke her zu attackieren, machten deutsche Aufklärungsflugzeuge diese Bedrohung aus. In der Folge griffen deutsche Jagdbomber wiederholt die gegnerischen Panzer an, um ihre Vorwärtsbewegung zu hemmen und ihnen bedeutende Verluste beizubringen. In der durch diese Luftangriffe gewonnenen wertvollen Zeit improvisierten Guderians Truppen rasch ihre Gegenzüge, wodurch dann der versuchte Gegenstoß de Gaulles gestoppt werden konnte.

Die Risiken des Blitzkriegs – Arras

Die gegnerischen Aktionen am 21. Mai 1940 sollten beweisen, wie begründet die Bedenken des deutschen Oberkommandos bezüglich der Verwundbarkeit der Flanken des Panzerkorridors waren. An jenem Tag unternahm eine britische Brigade-Gruppe, die um die 1. Panzerbrigade herum aufgebaut war, bei Arras einen Gegenangriff mit 58 Matilda-Mark-I- und 16 schwer gepanzerten und bestückten (doch langsamen) Matilda-Mark-II-Panzern an der Spitze. An ihrer Flanke starteten die Franzosen eine Unterstützungsoperation. Dieser Gegenstoß ersetzte den ursprünglich von Gamelin befohlenen großen Angriff. Trotz der geringen eingesetzten Kräfte kam der britische Gegenschlag gegen die von der deutschen 7. Panzer- und der SS-Panzerdivision „Totenkopf" geleistete Gegenwehr fünf Kilometer voran. Viele der Waffen-SS-Soldaten gaben ihre Pak auf und rannten, so rasch sie konnten, nach hinten. Ungeachtet ihrer „harten" Ausbildung waren die SS-Männer entsetzt, als sie merkten, dass ihre 3,7-cm-Granaten von den alliierten Tanks abprallten (eine Erfahrung, die sich an der Ostfront bei den sowjetischen T-34 wiederholen sollte). Den Männern der 7. Panzerdivision ging es nicht besser, und nur die Anwesenheit Rommels beruhigte ihre Nerven und rettete die Lage (er musste von Kanone zu Kanone rennen, damit die Mannschaften nicht davonliefen). Wäre der Angriff entschlossener durchgeführt worden, so hätte er den vorrückenden deutschen Truppen ernste Probleme bereiten können.

Der britische und französische Gegenschlag bei Arras scheiterte zwar schließlich, doch schockierte er das deutsche Oberkommando, besonders Hitler, zutiefst, da die besorgten Offiziere an 1914 denken mussten, als das alliierte „Wunder von der Marne" den zuvor erfolgreichen Schlieffen-Angriff gestoppt hatte. Während sich der britische Gegenschlag bei Arras entwicklete, überflog Weygand den Panzerkorridor, um bei Calais zu landen. Hier versuchte er mit Elementen der 1. Heeresgruppe Billottes einen koordinierten Angriff aus dem Norden zu arrangieren. Man einigte sich an jenem Tag darauf, doch der Plan scheiterte bald, da Billotte in jener Nacht tödlich verwundet wurde und der deutsche Druck gnadenlos war, sodass die dafür vorgesehenen Truppen den von Weygand geplanten Gegenschlag nicht ausführen konnten. Und schließlich war dann für die französischen und britischen Armeen alles zu spät.

Zwischenspiel am Balkan

Der Balkanfeldzug von 1941 war für die Wehrmacht ein fantastischer Erfolg, doch beeinträchtigte er den Zeitplan für die Invasion in die Sowjetunion und ließ das Partisanenproblem offen, das später militärische Ressourcen binden sollte.

---

26. April 1941: Elemente des deutschen 2. Fallschirmjägerregiments landen entlang des Kanals von Korinth, der den engen Isthmus von Korinth quert, um die einzigen Brücken einzunehmen, über die sich die Briten südwärts auf den Peloponnes zurückziehen konnten. Durch Überraschung nahmen diese Truppen ihre Ziele und verwerteten den Erfolg, indem sie eine größere britisch-griechische Streitmacht zur Aufgabe zwangen.

Das Tempo, mit dem die eilig improvisierte Invasion der Achsenmächte im April 1941 Jugoslawien, Griechenland und Kreta einnahm, bewies, wie sehr die deutsche Armee ihre Kampfleistung im Vergleich zu der in Polen im September 1939 gesteigert hatte. Ohne Zweifel halfen die wertvolle Erfahrung, die sie im Mai/Juni 1940 im Westen gemacht hatte, sowie das Selbstvertrauen, das dieser Sieg bei den Truppen hervorgerufen hatte, der Wehrmacht bei ihren Operationen auf dem Balkan. Die Fähigkeit der Kommandeure und Stabsoffiziere, rasch improvisierte (und trotzdem wirksame) Pläne zu entwerfen, war für den Triumph der Wehrmacht wesentlich. Zudem erwies sich die enge Luft-Boden-Koordination als äußerst wertvoll bei der Kompensation für den Mangel an Artillerieunterstützung. Die Kanoniere hatten nämlich Mühe, in dem unwirtlichen Gelände in den Bergen Griechenlands und Jugoslawiens mit den motorisierten Angriffsspitzen Schritt zu halten.

Auch die Kooperation aller Waffengattungen, darunter der erfolgreiche Einsatz von Fallschirmjäger-, Kommando- und Gebirgstruppen trug sehr zum deutschen Erfolg bei, so wie auch die beeindruckende Fähigkeit deutscher Truppen und Fahrzeuge, Gelände, das der Gegner für praktisch unpassierbar hielt, zu bewältigen. Dazu kamen gute Führung durch nachgeordnete Offiziere, ausgezeichnete Truppenausbildung, körperliche Zähigkeit der Mannschaften sowie ihre vielseitig einsetzbare Ausrüstung. All dies trug wesentlich zum Umfang und Tempo des Triumphs der Achse im Frühling 1941 auf dem Balkan bei.

Gegen Ende 1940 und Anfang 1941 wünschte Deutschland sich einen stabilen Balkan, der neutral oder noch besser pro-deutsch war. Hitler wollte dies so, damit nicht Ereignisse auf dem Balkan die Vorbereitungen Deutschlands für das Unternehmen Barbarossa, die geplante Invasion der Sowjetunion, die im Spätfrühling 1941 starten sollte, störten. Doch am 28. Oktober 1940 fielen die Italiener, ohne die Deutschen vorher zu informieren, von ihrem Protektorat Albanien aus in Nordwestgriechenland ein. Mussolini fürchtete, die Deutschen könnten sich auf Kosten Italiens eine Einflusssphäre auf dem Balkan sichern. Die „leichte" Besetzung Griechenlands durch die Italiener würde das verhindern und Italien Kriegsruhm verschaffen, wie ihn die Wehrmacht für das Dritte Reich gewonnen hatte. Doch nach anfänglichen bescheidenen Erfolgen der Italiener trieb die griechische Armee sie nach Albanien zurück und im Dezember war es im Kampf zu einem Patt gekommen.

Diese Lage drohte die günstigen Bedingungen, die die Wehrmacht auf dem Balkan für ihre Vorbereitungen auf Barbarossa wünschte, zu unterminieren. Hitler fürchtete, Griechenland könnte mit Großbritannien ein Militärbündnis gegen Italien schließen, das die Briten dann zu einer anti-deutschen Front gegen die Südflanke der deutschen Aufmarschgebiete für Barbarossa ausbauen könnten. Zudem konnten von griechischen Luftbasen aus englische Langstreckenbomber die Ölfelder von Ploesti in Rumänien angreifen, die wichtigste Treibstoffversorgungsquelle Deutschlands. Hitler reagierte auf Italiens Schwierigkeiten, indem er seinem Achsenpartner begrenzte Militärhilfe zunächst nach Albanien, dann nach Nordafrika sandte. Dort würde Rommels Afrikakorps die italienische Armee im Kampf gegen die Briten unterstützen (siehe Kapitel 7).

Im November 1940 beschloss Hitler eine entscheidende Militäraktion für den Frühling 1941, um die Lage am Balkan vor dem Beginn von Barbarossa zu klären. Dazu gehörte die deutsche Eroberung Griechenlands von bulgarischem Boden aus. 1941 startete Hitler diplomatische Anstrengungen, um Rumänien und Bulgarien zu den Achsenmächten zu bringen, was die jugoslawische Regierung, kein standhafter Gegner Berlins, in eine schwierige Lage brachte. Im Februar und März zogen erstmals deutsche Truppen auf rumänisches, dann bulgarisches Gebiet. Unter politischem Druck erörterte Jugoslawien zögernd Pläne für eine gemeinsame Invasion Griechenlands, wodurch es eine deutsche Verletzung der jugoslawischen Souveränität als Trittbrett für die Invasion vermeiden wollte.

Der Krieg gegen Jugoslawien

Diese bedrohlichen Züge der Achse ließen Griechenland seine strategischen Optionen überdenken. Ende 1940 hatte es die Stationierung britischer Militärkräfte für den Kampf gegen die Italiener abgelehnt, da dies eine deutsche Invasion hätte provozieren können. Als Griechenland aber Anfang 1941 die aggressiven Schritte der benachbarten Achse-Nationen überblickte, sah sich die Regierung gezwungen, das britische Angebot, zwei Divisionen auf griechischem Boden zu stationieren, anzunehmen. Diese Entwicklung verstärkte Hitlers Entschlossenheit, in Griechenland einzufallen, obwohl er den Schlussstein seiner anti-griechischen Achsenfront erst am 25. März einbauen konnte, als Jugoslawien dem Achsenbündnis beitrat. Doch zwei Tage darauf ergriff in Jugoslawien ein pro-britisches Regime die Macht. Daraufhin befahl der tobende „Führer" sofort, eine volle deutsche Invasion in Griechenland und Jugoslawien (Unternehmen Marita) solle so bald wie möglich starten.

Nach rascher, stark improvisierter Planung meldeten die ersten deutschen Truppen, sie würden am Palmsonntag, dem 6. April 1941, bereit zum Angriff auf Jugoslawien und Griechenland sein. Die jugoslawische Armee war zwar auf dem Papier numerisch stark (sie umfasste 28 Divisionen), doch viel davon blieb illuso-

Ein deutsches Halbkettenfahrzeug, ein Motorrad und ein sIG-33-Sturmgeschütz im April 1941 auf dem Balkan. Die deutschen Fahrzeuge hielten sich im widrigen gebirgigen Terrain gut und die jugoslawischen, griechischen und britischen Truppen wurden oft von der Fähigkeit der deutschen Tanks, „unpassierbare“ Gebirgspfade zu benutzen, überrascht.

risch. Bis 6. April konnten einige Formationen nicht mobil machen und jenen, die bereit waren, fehlte moderne und wirksame Ausrüstung (sie besaßen keinerlei Panzer). Zudem verfügte die jugoslawische Luftwaffe nur über 300 einsatzfähige Maschinen und konnte daher die sich entfaltenden Bodenoperationen nur bescheiden unterstützen.

Strategisch betrachtet war die Verteidigungskraft der jugoslawischen Armee dadurch fundamental geschwächt, dass sie von drei Seiten her feindlichen Achsenmächten gegenüberstand – Italien (mit Albanien), den österreichischen Teilen des Reichs, Rumänien, Ungarn und Bulgarien. Die griechische Armee hatte zwar eine stärkere geostrategische Position und größeren Zusammenhalt, doch war sie mit 21 Divisionen kleiner als die jugoslawische Armee und fast ebenso schlecht ausgerüstet. Zudem hatte der ergebnislose Krieg gegen Italien bereits zwei Drittel der Armee im Nordwesten des Landes gebunden, sodass nur sieben Formationen plus das Äquivalent von vier Commonwealth-Divisionen zur Abwehr der deutschen Invasion zur Verfügung standen.

Vom 6. bis 11. April begann der Bodenkrieg gegen Jugoslawien von drei Seiten her mit einer Reihe von wuchtigen Schlägen. Dass diese Angriffe nicht alle gleichzeitig am 6. April starteten, beruhte auf der hastig improvisierten Art der Invasion. Viele Formationen waren an jenem Tag noch nicht bereit zum Angriff. Doch dass die Invasion überhaupt schon beginnen konnte, sagt genug über die Fähigkeit der deutschen Kommandeure und Stabsoffiziere, unter schwierigen Bedingungen rasch improvisierte Pläne zu entwickeln. In den ersten 72 Stunden hoffte Jugoslawien verzweifelt auf die Hilfe seiner Alliierten (der Sowjetunion und der Türkei), während es zugleich taktische Arrangements mit den Griechen vermied, um die Manövrierfreiheit seiner Armee zu wahren. Doch weder die Türkei noch die Sowjetunion wollten in einen Konflikt mit Europas größter Militär-

Am 11. April griff die italienische 2. Armee von Istrien aus die jugoslawische 7. Armee an und stieß südostwärts. Am Tag davor attackierte das deutsche XLIX. Gebirgskorps (ein Teil der 2. Armee Generaloberst Freiherr von Weichs') von Südösterreich aus südwärts gegen Zagreb. Ebenfalls am 11. April stieß das deutsche XLVI. Motorisierte Korps entlang der Nordostfront der jugoslawisch-ungarischen Grenze westwärts gegen Zagreb, die Hauptstadt Kroatiens. Am selben Tag revidierte die ungarische Regierung ihre Entscheidung, nicht direkt an der Invasion teilzunehmen, da die deutschen Angriffe äußerst erfolgreich waren. Sie warf die ungarische 3. Armee in den Kampf. Auch am 11. April griff entlang der jugoslawisch-rumänischen Grenze das deutsche XLI. Motorisierte Korps unter General Reinhardt westwärts gegen die nur 90 km entfernte jugoslawische Hauptstadt Belgrad an.

maschine verwickelt werden und kritisierten daher die deutsche Invasion nicht. Besonders Stalin wollte in der Hoffnung, der „Führer" werde nicht in die Sowjetunion einfallen, solange England unbesiegt blieb, eine Verschlechterung seiner bereits heiklen Beziehung zu Hitler vermeiden. So konnte die Achse ohne das Risiko einer ausländischen Intervention Jugoslawien fertig machen.

Am 7. April war entlang der Grenze Südostjugoslawiens die Panzergruppe 1 Generaloberst Ewald von Kleists von bulgarischem Gebiet aus gegen Nis und Belgrad vorgerückt. Am Tag davor hatten weiter südlich das XL. Panzer- und das XVIII. Gebirgskorps (als Teil der deutschen 12. Armee) südwestwärts über Mazedonien in Südjugoslawien gegen Albanien hin attackiert. Und in Südwestjugoslawien griffen die Italiener von Nordalbanien aus entlang der Küste gegen Dubrovnik an. Der italienische Vormarsch verlief gegen schwache Opposition glatt.

Doch um seinen Vormarsch nach dem 9. April fortzusetzen, musste Kleist seine Flanken erheblichen Risiken aussetzen. Denn die deutschen Gebirgstruppen, die mit der Deckung seiner exponierten Nordflanke beauftragt waren, kamen über sehr schwieriges Terrain nur langsam voran. Um seine exponierte Südflanke zu schützen, musste Kleist (neben dem Vertrauen auf Behinderung des Feinds durch die deutsche Luftwaffe) Teile seiner 5. Panzerdivision südostwärts in Richtung Pristina, der Hauptstadt der serbischen Provinz Kosovo, lenken. Am 11. und 12. April gingen die jugoslawische 1. und 6. Armee, die bedroht waren, durch Kleists raschen Vormarsch vom Südosten her umfasst zu werden, von der rumänischen und der ungarischen Grenze 100 Kilometer südwärts und westwärts an eine viel kürzere Linie entlang der Donau um Belgrad zurück. Dieser Rückzug veranlasste die Deutschen, den für den 12. April geplanten Angriff ihres XLI. Korps von Rumänien aus gegen Belgrad einen Tag früher zu beginnen.

Am 11. April stieß das XLVI. Motorisierte Korps an der ungarischen Grenze westwärts gegen Zagreb sowie südostwärts. Am folgenden Tag zog das Korps in den Nordwesten von Belgrad, das zu Beginn des Balkanfeldzuges von der Luftwaffe schwer bombardiert worden war. Inzwischen begann die italienische 2. Armee am 11. April ihren Angriff von Istrien aus gegen Delnice in Westkroatien, das am nächsten Tag fiel. Nach der Einnahme dieser Stadt wiesen die Deutschen der italienischen Armee eine Operationszone entlang der dalmatinischen Küste zu, die die Deutschen meiden wollten, um bei einer sich ändernden Kampflage die Gefahr von Verlusten durch verbündetes Feuer zu minimieren. Am 13. April besetzten Kleists Truppen Belgrad ohne Kampf, nachdem sich die jugoslawischen Verteidigungseinheiten südostwärts in die Berge zurückgezogen hatten. Die Deutschen konzentrierten sich nun auf die schnellstmögliche Sicherung von Schlüsselstädten und Hauptstraßen, wobei sie die isolierten Reste der jugoslawischen Armee in deren Stellungen in den Bergen weitgehend unbehelligt ließen.

Am 17. April erreichten die Deutschen die Adriaküste und verbanden sich mit jenen Italienern, die inzwischen von Istrien südwärts entlang der Küste gestoßen waren, um sich mit den von Albanien nordwärts vorrückenden italienischen Truppen zu verbinden. Am 14. April trat Premierminister General Simovic, der weiteren Widerstand für sinnlos hielt, zurück und die Jugoslawen baten um Waffenstillstand. Nachdem deutsche Truppen das jugoslawische Oberkommando gefangen genommen hatten, akzeptierte der Oberbefehlshaber der deutschen 2. Armee, Generaloberst von Weichs, am 15. April das Angebot, das am 17. April formell in Belgrad unterzeichnet wurde.

Trotz des hartnäckigen Partisanenproblems, das den erfolgreichen Zugriff der Achse auf den Balkan für den Rest des Krieges stören sollte, hatte Hitler aus der Sicht von Mitte April 1941 an Jugoslawien erfolgreich furchtbare Vergeltung für den pro-britischen Umsturz vom März 1941 geübt. Zudem hatte der „Führer" einen Teil des lästigen Balkan-Problems geklärt, ohne Barbarossa stark zu verzögern. Im April 1941 sollte durch die Eroberung Griechenlands und Kretas der andere Teil des Problems Hitlers gelöst werden.

Der Krieg gegen Griechenland

Die deutsche Invasion Nordostgriechenlands, die von Feldmarschall Wilhelm Lists 12. Armee von Bulgarien aus gestartet wurde, begann am 6. April gleichzeitig mit der Offensive gegen Südostjugoslawien. Beide Unternehmen waren Facetten eines Invasionsplans. Wenige Stunden vorher hatten die Deutschen die Griechen informiert, die durch die Akzeptanz britischer Truppen auf griechischem Boden angeblich entstandene anti-deutsche „alliierte" Front erzwinge eine deutsche Invasion. Die Note betonte aber, dies sei gegen England, nicht gegen Griechenland gerichtet. Für die griechischen Soldaten aber, die an jenem Nachmittag von Panzern und Stukas attackiert wurden, hatten solche diplomatische Nettigkeiten keinerlei Bedeutung.

Das deutsche XVIII. Gebirgskorps griff von Südwestbulgarien aus genau südwärts gegen Serrai in Nordostgriechenland an und traf auf die Stellungen der griechischen Ostmazedonienarmee. Gleichzeitig drangen andere Teile des XVIII. Korps von Petrich in Südwestbulgarien westwärts in die Südostspitze Jugoslawiens ein. Dann schwenkten diese Kräfte um 90 Grad und zogen genau südwärts nach Nordgriechenland. Sie umgingen so das Westende der starken Metaxas-Ver-

Gebirgskrieg

Angesichts der wahrhaft unwirtlichen Berggebiete, mit denen es das deutsche Heer in den Feldzügen von 1939–1945 zu tun hatte, musste es auf seine Elite-Gebirgstruppen (Gebirgsjäger) als Speerspitzen der Angriffe auf schwierigstem Terrain zurückgreifen. Das Oberkommando des Heeres wählte diese Truppen aus der Creme des verfügbaren Reservoires von Heeresrekruten aus, die große Erfahrung mit dem Leben unter alpinen Bedingungen hatten. Die Verhältnisse, auf die die Gebirgsjäger bei der Invasion vom Frühling 1941 in Jugoslawien und Griechenland trafen, zeigen gut die taktischen Realitäten der Gebirgskriegsführung. Das deutsche Heer setzte in diesem Feldzug vier Gebirgsdivisionen ein und die Erfahrungen der 5. Division General Julius Ringels bei ihren Angriffen gegen die Stellungen der griechischen Metaxas-Linie im Gebiet des Rupel-Passes vom 6.–9. April waren typisch für die Art von Krieg, den die Gebirgsjäger führten. Schon an den Ausgangs-Sammelplatz hoch oben in der unzugänglichen Gebirgsregion der griechisch-bulgarischen Grenze zu gelangen, erforderte übermenschliche Anstrengungen. Zu Überraschungszwecken wo möglich bei Nacht gehend, brachten Pack-Maultiere die zerlegten Teile der relativ schweren 7,5-cm-Gebirgsgeschütze 36 (7,5-cm-GebG 36) hinauf. Doch selbst diese Lasttiere schafften es nicht bis zu den höchsten Stellungen, die Ringels erfahrene Alpintruppen einnahmen. Daher musste die Hälfte des Personals jeder Gebirgsjägerkompanie eingesetzt werden, um die nötige Verpflegung, Munition und Gerät für die anderen Soldaten der Einheit zu transportieren, und dies schränkte natürlich die Kampfstärke ein, die gegen den Feind verfügbar war. Trotz all ihrer Ausbildung und ihres taktischen Könnens, die sie in den drei Tagen wiederholter Angriffe einsetzten, hatten diese Gebirgstruppen Schwierigkeiten, die entschlossene griechische Verteidigung des Rupel-Passes, die die Vorteile, die das Gelände bot, geschickt nutzte, zu überwinden. Erst am vierten Tag (9. April) konnten Ringels Gebirgsjäger die Verteidiger umgehen. Indem sie die Überraschung ausnutzten, rollten sie die gegnerischen Stellungen von hinten auf und nahmen den lebenswichtigen Rupel-Pass ein. Wieder einmal erwiesen sich die Entschlossenheit, taktische Flexibilität und körperliche Zähigkeit dieser deutschen Spezialsoldaten sowie ihre effizienten Waffen schließlich als ausreichend, eine strategisch wichtige Stellung einzunehmen.

teidigungslinie. Als Reaktion darauf griffen am 7. April britische Bomber deutsche Versorgungstützpunkte in Südwestbulgarien an. Hätte die Royal Air Force diese Angriffe fortgesetzt, so hätte sie vielleicht die verzweifelten Bemühungen des deutschen Heeres, die sich durch die rasch vorstoßenden motorisierten Angriffsspitzen ergebenden Versorgungsprobleme zu bewältigen, durchkreuzen können. Weiter östlich aber waren die zwei Divisionen des deutschen XXX. Korps gegen schwächere Gegenwehr schneller erfolgreich, obwohl die griechischen Kräfte, die sich an den Ostflügel der Metaxas-Linie entlang des Flusses Nestos zurückgezogen hatten, den Vorstoß des Korps westwärts bis 9. April aufhalten konnten.

Das XL. Motorisierte Korps setzte am 10./11. April seinen Stoß südwärts in Jugoslawisch-Mazedonien fort. Die Panzer kamen nun zum kritischen Teil ihres Einsatzes, dem Zug südwärts tief auf griechisches Gebiet, um das relativ schwache britisch-griechische Zentrum zu bedrohen. Sie stürmten daher am Abend des 11. April südwärts, um Florina, 21 km von der Grenze entfernt, zu nehmen. Dies ermöglichte einen künftigen deutschen Stoß weiter südwärts gegen Ioannina, was 14 griechische Divisionen, die in Südalbanien im Kampf gegen die Italiener standen, von ihren einzigen Rückzugsrouten über den Pindos abschneiden würde.

Um Vevi aber konnten die von der britisch-griechischen W-Truppe entlang der Westflanke des Zentralabschnitts stationierten britischen Kräfte am 12. April den Vorstoß des nun geschwächten XL. Korps aufhalten. Am 11. April hatte Hitler nämlich (gegen die Wünsche des OKH) bestimmte Einheiten des XL. Korps, darunter die motorisierte 1. SS-Division „Leibstandarte Adolf Hitler", westwärts verlegt. Er wollte, dass diese Truppen sich mit den italienischen Einheiten, die die jugoslawische 3. Armee von Albanien aus angriffen, verbanden, obwohl es strategisch sinnvoller gewesen wäre, alle verfügbaren deutschen Einheiten für den entscheidenden Stoß durch das schwache griechische Zentrum zu konzentrieren.

Nachdem die griechische Ostmazedonien-Armee kapituliert hatte, begann das deutsche XVIII. Gebirgskorps einen Stoß von Saloniki westwärts gegen Edessa, um sich mit dem Zug des XL. Motorisierten Korps vom Gebiet um Vevi sudwärts zu verbinden. Gleichzeitig rückten andere Elemente des XVIII. Gebirgskorps (mit der 2. Panzerdivision) rasch entlang der ostgriechischen Küste südwärts gegen die Ziele Katerini, den Olymp, Larissa und schließlich das Becken von Thessalien vor. Während sich dieser Angriff entwickelte, griff das XL. Korps jenseits von Florina und Vevi südwärts an, um die starken britisch-griechischen Verteidigungsstellungen in diesem Zentralabschnitt zu durchbrechen.

Die beiden deutschen Korps hofften, die vier britischen Divisionen der W-Truppe nördlich des Aliakmon zwischen sich einzukeilen. Außerdem hoffte das XL. Korps durch den Vorstoß südwestwärts gegen Ioannina den griechischen Kräften, die immer noch die von Südalbanien aus angreifenden italienischen Truppen aufhielten, die offen stehenden Rückzugslinien zu kappen. Um der Einkreisung der W-Truppe vorzubeugen und der griechischen Westmazedonien- sowie Epirus-Armee den Rückzug südwärts zu erlauben, zogen sich die Commonwealth- und griechischen Truppen am 12./13. April 30 km an eine neue Verteidigungsfront, die zweite Aliakmon-Linie, zurück. Diese Stellung sicherte eine Front von 180 km vom Olymp an der Ostküste durch Servia und das Aliakmon-Tal bis zum See Prespa an der griechisch-jugoslawisch-albanischen Grenze.

Für die britischen und griechischen Truppen, die dem Überfall der Achse auf Griechenland verzweifelt zu trotzen suchten, war der deutsche Vorstoß durch das Aliakmon-Tal ein schwerer strategischer Rückschlag. Die griechische Westmazedonien-Armee, die die italienischen Attacken in Südalbanien noch stoppte, hatte nun keine Rückzugsroute. Angesichts dieser verheerenden Lage im Westen ergaben sich die praktisch eingekreisten 14 Divisionen der Westmazedonien-Armee ins Unvermeidliche und kapitulierten am 21. April vor Feldmarschall Lists Truppen.

Im Osten konnte das XL. Korps das britische Kontingent der W-Truppe bis zum 20. April weitere 129 km zu den Thermopylen zurückdrängen. Das britische

Ein deutscher Soldat hält sich auf einem Gebirgshang in Griechenland mühsam auf den Beinen. Das unwirtliche Gelände auf dem Balkan behinderte die Infanterie der Wehrmacht im April 1941 nicht allzu sehr. Später allerdings erwiesen sich die Berge für die anti-deutschen Partisanen als ausgezeichnetes Terrain.

Oberkommando hatte nun aber bereits mit der intensiven Planung einer Evakuierung der britischen Expeditionstruppe übers Meer begonnen. Ein solcher Rückzug war dringend nötig, da die griechische Regierung bereits Friedensverhandlungen mit den Deutschen gestartet hatte, ehe ihre ganze Armee zusammenbrach. Am 23. April akzeptierte Generaloberst Alfred Jodl, der Chef des Wehrmachtführungsstabes, die griechische Kapitulation. Nun musste die Wehrmacht nur noch die britischen Commonwealth-Truppen, die noch in Griechenland laren, vernichten. Während Commonwealth-Truppen die Deutschen an der Thermopylen-Stellung aufhielten, begannen die Briten in der Nacht des 23./24. April Operation Demon („Dämon"), die Evakuierung ihrer Truppen mit Schiffen.

Insgesamt konnten bis zum 30. April 1941 etwa 50.000 der ursprünglich 62.000 stationierten britischen und Commonwealth-Soldaten über das Mittelmeer entkommen, die meisten nach Kreta. Inzwischen stießen deutsche Einheiten südwärts, um den Rest Griechenlands zu besetzen, und begannen, die Ägäis zu überqueren. Am 3. Mai hatten sie die größeren griechischen Inseln besetzt. Sofort nach dem Feldzug verlegten die Deutschen ihre Einheiten in Griechenland (bis auf die für das Unternehmen Merkur, die Invasion Kretas, vorgesehenen) in den Osten, damit sie am Unternehmen Barbarossa teilnehmen konnten.

Die Invasion auf Kreta

Bis zum 3. Mai hatte Deutschland also Jugoslawien und Griechenland erobert und die Südflanke des bevorstehenden Unternehmens Barbarossa abgesichert. Das einzige noch in alliierter Hand befindliche griechische Territorium war nun Kreta. Bis Mitte Mai war die kleine Garnison auf der Insel durch die vom griechischen Festland entkommenen Truppen auf eine Streitmacht von 42.000 Mann, 11.000 davon Griechen, angewachsen. Die Alliierten auf Kreta waren eine Gefahr für die Operationen der Achse. Von hier aus konnten britische Flugzeuge die Schiffskonvois, die zur Versorgung der Truppen Rommels in Nordafrika das Mittelmeer querten, abfangen und auch mit Langstreckenflügen die Ölfelder von Ploesti in Rumänien attackieren. Zudem mochten Sowjets und Briten aufgrund deutscher Operationen gegen Kreta glauben, die deutschen Offensivaktionen im Sommer 1941 beträfen eher den Mittelmeerraum als den Osten. So befahl Hitler am 25. April in seiner Führerweisung Nr. 28 der Wehrmacht, Mitte Mai im Unternehmen Merkur auf Kreta einzufallen.

Die Garnison auf Kreta war zwar Mitte Mai numerisch stärker als die Merkur zugeteilten deutschen Truppen, doch ihre Kampfstärke wurde durch etliche Faktoren verringert. Erstens hatten viele der vom Festland entkommenen britischen, Commonwealth- und griechischen Soldaten nur einen Teil ihrer Ausrüstung mitnehmen können. Zweitens hatte die RAF auf dem Festland hohe Verluste erlitten und konnte die Bodentruppen nur minimal unterstützen. Die Deutschen besaßen daher während Merkur dauerhafte Luftüberlegenheit und dies behinderte die Unterstützung der belagerten Garnison durch die Royal Navy. Eine Sache glich aber diese Schwächen teilweise aus: Vorauswissen. Der „Ultra"-Nachrichtendienst hatte deutsche Enigma-Funkmeldungen entschlüsselt und der neuseeländigsche Garnisonskommandant, Major-General Bernard Freyberg, hatte eine Vorstellung vom deutschen Überfall. Im Wissen, dass Landungen aus der Luft und von der See her wahrscheinlich waren, teilte er seine Truppen auf, um mögliche Landungsbuchten sowie die Hauptflugplätze zu verteidigen.

Im frühen Mai 1941 entwickelten die Deutschen hastig ihren Merkur-Plan, der für die erste Angriffsphase die Ausnutzung der Luftüberlegenheit durch den

Am 6. April 1941 starteten die zehn Divisionen der deutschen 12. Armee die Invasion Nordostgriechenlands und Jugoslawiens. Einheiten des XL. Motorisierten Korps attackierten von Kyustendil an der bulgarischen Grenze aus in zwei Stößen ostwärts. Entlang der Nordachse rückten die Panzer rasch durch Jugoslawisch-Mazedonien bis Skopje in 97 km Entfernung vor. Das XXX. Korps griff von Südostbulgarien aus in Richtung der griechischen Stadt Komotine an. Dann stießen die deutschen Truppen 70 km südostwärts, bis sie bei Alexandroupolis die griechisch-türkische Grenze erreichten. Gleichzeitig rückten andere Elemente des XXX. Korps südwestwärts, um den Ostabschnitt der Stellungen der Metaxas-Linie zu bekämpfen. Zur Unterstützung der Attacke auf die Metaxas-Position flog die deutsche Luftwaffe am 6. April schwere Bombenangriffe gegen die Linie. Gleichzeitig starteten die 23 Divisionen der italienischen 9. und 11. Armee Offensivoperationen gegen die 14 griechischen Divisionen der Epirus- und der Westmazedonien-Armee, die in Südalbanien standen.

kühnen Einsatz von Luftlandetruppen vorsah. 16.000 Luftlandesoldaten (Fallschirmjäger und mit Seglern gelandete Männer) der 7. Fallschirmjägerdivision des XI. Fliegerkorps unter General Kurt Student würden auf den drei Hauptflugplätzen bei Maleme, Rethymnon und Heraklion sowie nahe der Hauptstadt Chania landen. Sobald diese die Landebahnen eingenommen hatten, sollten Flugzeuge 3.000 Mann Verstärkung von der 5. Gebirgsdivision an diese Orte bringen. Gleichzeitig würden Marinekonvois weitere 7.000 Gebirgssoldaten für Landeoperationen nach Kreta bringen. Um die Landungen zu decken, setzte die deutsche Luftwaffe 180 Jäger und 430 Bomber aller Typen ein.

Eine Woche vor den Landungen schlugen deutsche Bomber gnadenlos auf die Verteidigungsanlagen auf Kreta ein, um den gegnerischen Widerstand zu schwächen. Der Sturm begann am 20. Mai. Am 21. Mai hatten die Deutschen den Großteil des Flugplatzes von Maleme gesichert, doch blieb er unter starkem feindlichem Feuer. In Ju 52 kam deutsche Verstärkung, obwohl viele Maschinen abgeschossen wurden, ehe sie landen konnten. Doch an diesem Tag benötigte General Kurt Student, Deutschlands Fallschirmjäger-Kommandeur, ungeachtet aller Risiken dringend zusätzliche Truppen auf der Insel. So sandte er spät am 21. Mai zwei Marinekonvois mit Gebirgstruppen nach Kreta. Trotz der deutschen Luftüberlegenheit fing die Royal Navy beide Konvois ab. Sie zerstörte den einen und zwang den anderen zur Umkehr. Weitere Verstärkung für Student musste also ohne Rücksicht auf Verluste auf dem Luftweg herbeigeschafft werden.

Am 23. Mai sah General Freyberg ein, dass seine stark überforderten Truppen ihre Stellungen auf Westkreta nicht wie auf dem Rest der Insel halten konnten. Also befahl er den Kräften bei Maleme, sich nach Chania zurückzuziehen. Die kampfgehärteten Männer der Gruppe West folgten dem gegnerischen Rückzug auf dem Fuße und machten sich zu einem Angriff bereit, der die britischen Stellungen bei Chania durchbrechen würde, sodass sie ostwärts stürmen und ihre bei Rethymnon und Heraklion eingeschlossenen Kameraden entsetzen könnten. Das Glück verließ nunmehr Freybergs Verteidiger rasch, denn wegen der Gefahr aus der Luft musste die Royal Navy nördlich Kretas ihre Bemühungen, die Marinekonvois mit Verstärkung abzufangen, an diesem Tag einstellen.

Vom 28. Mai bis zum 1. Juni evakuierte die Royal Navy 12.000 Mann aus Sfakia, am 29. Mai weitere 3.800 Mann aus Heraklion. Am 1. Juni legte das letzte britische Schiff von Sfakia ab und die auf der Insel verbleibenden Truppen (darunter die meisten der Griechen) ergaben sich oder flohen auf die Hügel. Die Verluste auf beiden Seiten waren erheblich. Seltsamerweise überzeugte die Operation Hitler dauerhaft davon, dass die Luftlandetruppe künftig nicht bei umfangreichen Angriffen aufs Spiel gesetzt werden dürfe (siehe Kasten Seite 124). Die Zeit großer deutscher Luftlandeoperationen war damit vorbei.

Der Einfluss der Luftwaffe

Wie bei anderen Blitzkrieg-Feldzügen war der Einsatz der Luftwaffe für den Erfolg des Heeres auf dem Balkan entscheidend. In Jugoslawien wurden die Operationen vom VIII. Fliegerkorps unter General Wolfram von Richthofen durchgeführt. Die Wehrmacht leitete ihren Angriff auf Jugoslawien auf Hitlers persönliches Beharren hin mit dem Unternehmen Vergeltung, einem Terror-Bombenangriff auf Belgrad, ein. Trotz der jugoslawischen Erklärung vom 4. April, Belgrad sei eine „offene Stadt“ und von Militäreinheiten frei, bombardierten am 6. und 7. April 500 deutsche Maschinen die Stadt. Die Luftangriffe verwüsteten große Teile Belgrads und töteten etwa 2.000 Zivilisten. Neben dem Propagandawert dieser Demonstration deutscher Luftmacht erfüllte die Operation auch die taktische Aufgabe, die jugoslawischen Kommando- und Kontrolleinrichtungen in der Stadt zu zerschlagen.

Der Vormarsch der 14. Panzerdivision in Jugoslawien zeigt die Wichtigkeit von Luftmacht für Heeresoperationen. Am Morgen des 10. April brach die Division, in zwei Panzerformationen aufgeteilt, aus dem Drava-Brückenkopf aus und stieß südostwärts gegen Zagreb. Sturzbomber säuberten zuvor die Bahn und Luftaufklärer meldeten dem Divisionskommando Stärke und Ort feindlicher Truppen. Die Verbindung von Fliegerangriffen, genauer Information und großer Mobilität zerschlug den Zusammenhalt des Gegners und am Abend war die Division in Zagreb. Sie hatte 160 km zurückgelegt. Ihr Vormarsch geschah derart schnell, dass sie zeitweilig die Funkverbindung zum XLVI. Korps verlor und Aufklärungsflugzeuge ihre genaue Position feststellen mussten.

In Griechenland leistete die Luftwaffe bei den Versuchen am 15. und 16. April, die zweite Aliakmon-Linie zu durchbrechen, wirksame taktische Unterstützung. Die Boden-Luft-Kooperation war natürlich im Frühling 1941 auf dem Balkan effizienter als in den Tagen der Improvisation Ende 1939 bei der Invasion der Wehrmacht in Polen.

Trotz des unwirtlichen Geländes, mit dem es die deutschen Divisionen auf dem Balkan zu tun hatten, übertrafen die Motorfahrzeuge und Panzer der Wehrmacht alle Erwartuungen. Zudem verschafften verbesserte Tanks den Deutschen einen taktischen Vorteil gegenüber ihren Gegnern. In Jugoslawien begannen Kleists Panzer am 7. April ihren Angriff nordwestwärts gegen Nis, nachdem der Vormarsch des XL. Motorisierten Korps von Kyustendil nach Stracin am Tag zuvor Kleists linke (südliche) Flanke gesichert hatte. Am 8. April konnte die Panzergruppe 1 ihren Vorstoß trotz harten Widerstands der jugoslawischen 5. Armee südlich von Nis fortsetzen. Bei diesen oft harten Operationen gegen periodisch effiziente jugoslawische Gegenwehr stellten Kleists Panzerdivisionen fest, dass die immer noch relativ kleine Zahl potenter neuer Waffen, die sie besaßen, eine wirkliche taktische Hilfe war.

Zu diesem Gerät gehörten die 5-cm-Panzerabwehrkanone 38 (5-cm-Pak 38) und der Panzer III Modell G, die das deutsche Heer erstmals im Balkanfeldzug 1941 verbreitet einsetzte, nachdem man im Mai 1940 im Westfeldzug eine winzige Menge von Exemplaren erprobt hatte. Der Panzer III Modell G war die erste Version dieses Tanks, die die stärkere 5-cm-KwK-L/42-Kanone anstelle der 3,7-cm-KwK L/45 trug, die, wie die Erfahrungen in Frankreich zeigten, eine kaum befriedigene Durchschlagskraft besaß. Daneben führte das deutsche Heer einige hundert Stück der neuesten Version des Panzer III, das Modell H, das noch nicht im Kampf erporbt war, ins Feld. Diese Panzer Modell H hatten eine verstärkte Panzerung, ebenfalls eine taktische Lehre aus den genauen Untersuchungen des fantastischen Erfolgs, den das Heer 1940 im Westen erzielte.

Am 9. April zwang die sich verschlechternde strategische Lage die jugoslawische Armee zum Rückzug nordwestwärts hinter die Morava, wodurch die Truppen Kleists rasch Nis einnehmen konnten. Am 10. April gelang es der Panzer-

Panzer III der 2. Panzerdivision im April 1941 in Saloniki. Das große Tempo und und die Kühnheit des deutschen motorisierten Vormarsches brachte die griechische Armee rasch in eine derart üble Lage, dass sie wie zuvor die Franzosen im Mai 1940 Mühe hatte, wirksam auf die sich entfaltende Invasion zu reagieren.

gruppe 1, die Morava nordöstlich von Krusevac zu überqueren und weitere 40 km gegen abnehmenden Widerstand in Richtung Kragujevac vorzustoßen. Dieser Zug war entscheidend, denn er drohte den Bestand der vorgeschobenen jugoslawischen Stellungen im Süden und Osten des Landes zu unterminieren.

Aufgrund des widrigen Geländes, über das die Panzerdivisionen auf dem Balkan vorrücken mussten, erhöhte sich der Benzinverbrauch dieser Verbände erheblich. Bis zu einem gewissen Grad verbesserte der Einsatz deutscher Transportflug-

Oberst Bruno Bräuer (links), einer der deutschen Fallschirmjägerkommandeure auf Kreta, erteilt einem Untergebenen Befehle. Am 22. Mai flog die deutsche Luftwaffe bei Maleme weitere Gebirgstruppen ein, wenn auch unter hohen Verlusten. Bei Rethymnon und Heraklion hatten die belagerten deutschen Truppen (durch schiere Entschlossenheit) trotz wiederholter feindlicher Gegenangriffe ihre Stellungen gehalten. Zwar war der deutsche Erfolg auf Kreta noch nicht sicher, doch die Initiative begann klar auf die Seite der Truppen Students überzugehen.

zeuge, die Versorgung auf die Flugplätze nahe der vorstoßenden Panzerangriffsspitzen lieferten, diese Lage. Nichtsdestotrotz gelang es den Deutschen nur, ihre Panzerdivisionen in Bewegung zu halten, indem sie zu verzweifelten Improvisationen griffen. Doch angesichts des bescheidenen Widerstands, auf den sie in Jugoslawien trafen, reichten diese Maßnahmen aus (wenn auch gerade noch), um den deutschen Vormarsch in genügend hohem Tempo zu halten, sodass er den Zusammenhalt der jugoslawischen Truppen rasch auflöste.

Ähnlich effizient waren die deutschen Panzer in Griechenland. Am 6. April etwa stießen die Elitetruppen der 2. Panzerdivision unglaubliche 74 km westwärts vor und nahmen Strumica in Südostjugoslawien ein. Am nächsten Tag schwenkte die Division südwärts und querte nahe des Sees Doiran die jugoslawisch-griechische Grenze, um das westliche Ende der Metaxas-Linie zu umgehen. Um die Fahrzeuge der Division trotz der schlechten Straßen am Laufen zu halten, mussten ihre Mechaniker rund um die Uhr beschädigte Aufhängungen, Ketten und Motoren reparieren. Mehrfach erwiesen sich die unterstützenden Hilfseinheiten, die zu den gut ausgewogenen deutschen Panzerdivisionen gehörten, als entscheidend für den Erfolg, den die gepanzerte Speerspitze des Angriffs auf dem Balkan erzielte.

Bis zum Mittag des 8. April hatten die zunehmend erschöpften Männer der 2. Panzerdivision einen potenziell entscheidenden Erfolg erlangt, indem sie rasch bis zu einem Punkt auf halbem Weg zum Hafen von Saloniki südwärts vorstießen. Konnten die Panzer den Hafen nehmen, so würden sie die vier Divisionen der griechischen Ostmazedonien-Armee, die in Nordostgriechenland standen, abschneiden. Trotz verzweifelter Gegenangriffe der griechischen 19. Division an diesem Tag konnte die 2. Panzerdivision durch eine Reihe von Attacken mit allen Waffengattungen südwärts stürmen und am Abend des 8. April die Ausläufer Salonikis erreichen. Ohne Schiffe zur Evakuierung der abgeschnittenen Ostmazedonien-Armee und Nachschub an Munition sowie ohne Reserven, um den Vormarsch der 2. Panzerdivision weiter ostwärts jenseits des Axios gegen Serrai zu stoppen, waren die umzingelten griechischen Truppen (etwa 60.000 Mann) in einer hoffnungslosen Lage. Am 11. April fügten sie sich ins Unvermeidliche und ergaben sich den vorstoßenden, numerisch unterlegenen deutschen Truppen.

Nachgeordnete Kommandeure

Der Balkanfeldzug bietet viele Beispiele für die starke Initiative, die nachgeordnete Kommandeure der Wehrmacht zeigten, oft im Widerspruch zu den Befehlen des Oberkommandos. In Jugoslwaien wandten die Deutschen so genannte „Feuerzauber“ (Sondierungsangriffe) an. War der Boden für motorisierte Einheiten ungeeignet (etwa über die österreichisch-jugolawische Grenze), so wurden Spezialgruppen aus Sturmtruppen (Kaderpersonal und neu Einberufene in der Grundausbildung) zusammengestellt. Urspünglich sollten diese Einheiten die Grenzwachen verstärken und die Sammlung der Ersatzarmee sichern. Doch etliche nachgeordnete Kommandeure hatten andere Ideen. Eine Gruppe war die Truppe Palten unter Hauptmann Palten, die am 8. April entgegen den Befehlen gegen Maribor angriff. Da die Jugoslawen alle Brücken gesprengt hatten, mussten die Deutschen ihre Ausrüstug auf dem Rücken tragen. Sie begegneten einer Reihe feindlicher Einheiten, die sie durch Flanken- und Frontalangriffe beiseite fegten. Am Abend nahm Palten Maribor ein und machte 100 Gefangene. Nur einer seiner Männer fiel dabei, einer wurde verwundet.

Ähnlich konnte am 14. April die deutsche 16. Motorisierte Division, indem sie fuhr, bis ihren Fahrzeugen das Benzin ausging, rasch von Mitrovica südwärts gegen Sarajevo, die Hauptstadt Bosnien-Herzegowinas, vorstoßen. Die Stadt fiel am nächsten Tag. Als dann Transportflugzeuge Treibstoff auf ein nahe gelegenes Flugfeld gebracht hatten, schloss sich die Division dem Stoß der 14. Panzerdivision südostwärts von der Una über Banja Luka an. Bei diesen Operationen schienen die nachgeordneten Kommandeure (die ihre und die Erschöpfung ihrer Männer ignorierten) die Gleichrangigen im Rennen um entfernte Ziele in Jugoslawien schlagen zu wollen.

In Griechenland konnte die SS-Division „Leibstandarte Adolf Hitler“, obwohl sie große Mengen an weniger effizientem Gerät als das der besten Heereseinheiten besaß, sehr rasch vorrücken. Dies gründete sich auf den fanatischen ideologischen Glauben dieser körperlich äußerst fitten und entschlossenen, freiwilligen Nazi-Soldaten. Doch wurden diese „Qualitäten“ auch durch die gnadenlose Entschlossenheit und Disziplin der nachgeordneten Kommandeure der Division verstärkt. Ein herausragendes Beispiel dieses Fanatismus war der Kommandeur des Aufklärungsbataillons der Division, SS-Sturmbannführer Kurt „Panzer“ Meyer. Ohne Rücksicht auf seine oder die Sicherheit seiner Männer trieb er einen Angriff, der angesichts starken feindlichen Widerstands stockte, voran, indem er eine abgezogene Handgranate hinter den letzten Mann jeder Abteilung warf. Dies stellte den Schwung nach vorn äußerst rasch wieder her.

Der rasche Sieg über die griechische Armee genügte den örtlichen deutschen Kommandeuren nicht. Sie versuchten gnadenlos, die verbleibenden britischen Truppen zu vernichten, ehe diese evakuiert werden konnten. Um daher die Briten, die sich südwärts in den Peloponnes zurückzogen, um sich in den Häfen von Nauplion und Kalamata einzuschiffen, zu stoppen, setzten die Deutschen am 26. April mit Seglern gelandete Männer und Fallschirmjäger tief im Rücken des Feindes ein. Doch ohne ihr Verschulden konnten diese Luftlandetruppen die letzte Phase der britischen Einschiffung nicht bedeutsam stören. Der Einsatz startete 24 Stunden zu spät, und da hatte bereits eine erhebliche Zahl von Briten auf die Südseite des Kanals übergesetzt und die Evakuierungshäfen erreicht.

Auf Kreta verlief der Kampf zunächst äußerst ungünstig für sie, doch die überlebenden, leicht bewaffneten deutschen Luftlandetruppen konnten etliche kleine Defensivpositionen sichern. Sie hatten keine Chance, die Flugplätze gegen die starke feindliche Gegenwehr einzunehmen. Kleine Gruppen isolierter Fallschirmjäger wurden sogar von mit Heugabeln und Jagdflinten bewaffneten griechischen Zivilisten angegriffen. Unter diesen Umständen war die Hauptaufgabe der deutschen Truppen, einfach zu überleben. Doch die Initiative der Unteroffiziere, die die Aufgaben ihrer gefallenen Offiziere übernahmen, sowie die Hartnäckigkeit der Elite-Fallschirmjäger stellte sicher, dass die isolierten deutschen Stellungen trotz des schlechten Beginns der Invasion standhielten.

Taktik

Wie 1940 im Westen erwies sich die deutsche Taktik der von ihren Gegnern angewandten als überlegen. In Jugoslawien traten daher nur in den wenigen Fällen, in denen die jugslawischen Truppen den deutschen Vormarsch mit Hindernissen blockieren konnten, die Pioniere der Panzerdivisionen Kleists in den Vordergrund. Sie operierten oft in mobilen Halbkettenfahrzeugen, wurden meist nahe der Front der Panzerkolonnen gehalten, manchmal auch weiter zurück, und sorgten auf gediegene Art für freie Bahn für die anderen deutschen Fahrzeuge.

Die deutschen Truppen hatten nun Veteranen, die die taktischen Lagen einschätzen und entsprechend agieren konnten. Das hieß, sie wurden nicht panisch, wenn sie unter Feuer gerieten, sondern gingen bloß in Deckung und machten der Lage angemessene Pläne. Diese Gelassenheit unter Feuer trug wesentlich zum Aufrechterhalten des Schwungs des deutschen Vormarsches bei. Am Abend des 12. April etwa hatten Kleists Panzer die Höhe südöstlich Belgrads genommen, während sich das XLI. Korps der Stadt vom Nordosten her näherte. Um eine Schlüsselbrücke in diesem Sektor einzunehmen, paddelte eine Kompanie gut ausgebildeter Gebirgstruppen in Schlauchbooten leise über das gefährliche Wasser eines schnell fließenden Flusses. Einmal am anderen Ufer, stürmten die Deutschen kühn die schwer bewaffneten jugoslawischen Bunker, die die Brücke beherrschten und nahmen die Stellung durch das Überraschungsmoment rasch ein. Sie beseitigten die von den Verteidigern an der Brücke befestigten Sprengladungen und Kleists Panzer querten die Brücke und stießen weiter gegen Belgrad. Wieder hatte die Kombination von taktischer Kühnheit, Tempo bei der Aktion und gut koordinierter Operationen sowie ein Quäntchen Glück den Deutschen auch in einer schwierigen Kampfsituation einen schnellen Erfolg ermöglicht.

Um das Blitztempo des deutschen Panzervorstoßes durch Mazedonien zu erhalten, setzte Feldmarschall List eine Abteilung von Kommandos der Brandenburger ein, um Schlüsselübergänge über die Vardar zu sichern. Sobald dies gelungen war, rasten die Panzerspitzen des XL. Korps weiter durch das südliche Kosovo westwärts, um Albanien zu erreichen. Wie bei der Invasion 1940 im Westen setzte das deutsche Heer wirksam bestausgebildete Spezialkräfte ein, um den Vorwärtsschwung seiner mechanisierten Vorhutverbände aufrechtzuerhalten.

Der Angriff der speziell ausgebildeten Elitetruppen der 5. Gebirgsdivision General Ringels (als Teil des XVIII. Gebirgskorps) am 6. April gegen das Zentrum der griechischen Metaxas-Linie nahe des Rupel-Passes kam trotz starker Luftnahunterstützung nur langsam voran. Während der Infanterieattacken der Division auf die mächtigen griechischen Befestigungen leisten die nicht gerade leichten 7,5-cm-Gebirgsgeschütze 36 (7,5-cm-GebG 36) unschätzbare Feuerunterstützung, während deutsche Stuka vom Himmel aus zusätzliche Unterstützung brachten. Unter diesem Unterstützungsfeuer drangen die Gebirgsjäger gegen die feindlichen Bunker vor, wobei sie sich an das verfügbare Terrain klammerten, und

Deutsche Fallschirmjäger auf Kreta. Durch einen mit gnadenloser Entschlossenheit ausgeführten kühnen Angriff aus der Luft sicherte sich das deutsche Heer die Insel nach 13 Tagen Kampf gegen eine numerisch stärkere, harte Truppe. Doch der Triumph war angesichts des hohen Preises schal. Von den 23.000 Mann der Invasionstruppe fielen nicht weniger als 7.000 oder wurden verwundet. Zudem verlor die Luftwaffe 264 Jäger und Bomber sowie 118 Ju-52-Transporter.

griffen dann die feindlichen Stützpunkte kühn mit Granaten und Sprengladungen an. Das geschah auf kurze Distanz und war äußerst gefährlich.

Doch trotz des großen taktischen Könnens dieser erlesenen deutschen Truppen trafen sie immer noch auf so heftigen Widerstand, dass sogar sie Mühe hatten, ihn zu überwinden. Schließlich ermöglichte eine typisch deutsche taktische Improvisation am 9. April den Alpintruppen, die Verteidiger zunächst zu umgehen und dann die restlichen griechischen Stellungen am Rupel-Pass durch Überraschung einzunehmen. Doch die Gebirgstruppen erfüllten diese wichtige taktische Mission nur um einen hohen Preis an Verlusten – etwa 2.300 Mann wurden in nur vier Tagen harten Gebirgskampfes verwundet oder fielen. Das deutsche Heer zog aus dieser und ähnlichen Erfahrungen auf dem Balkan die richtige Lehre, dass der Kampf auf schwierigem Gebirgsterrain gegen vorbereitete feindliche Verteidigungsanlagen stets eine schwere Aufgabe sein würde, dass aber trotzdem Gebirgstruppen, die mit Beharrlichkeit, Einfallsreichtum und taktischem Können vorgingen, ihre Gegner besiegen konnten.

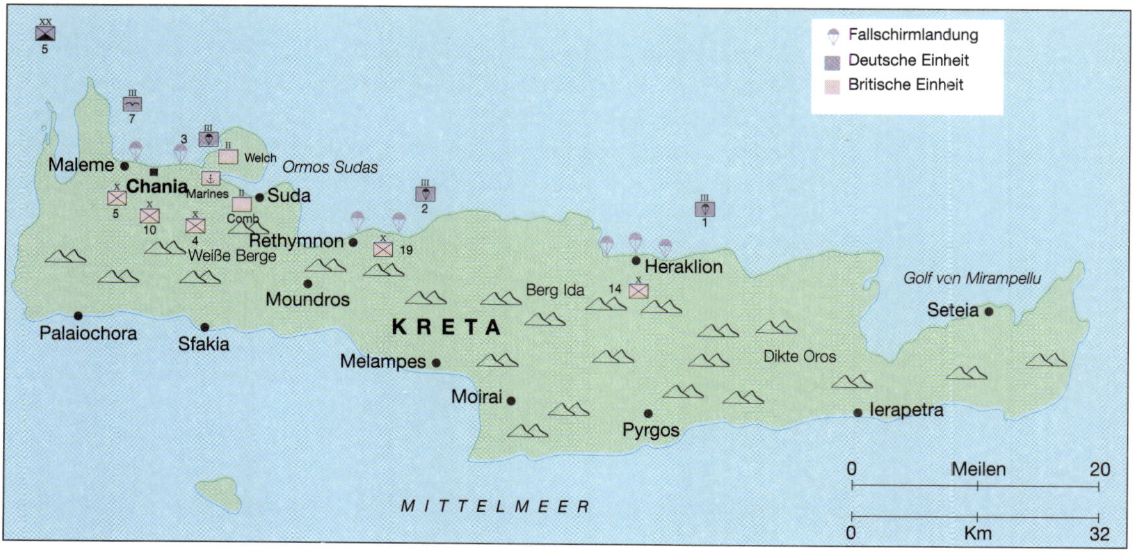

Am 20. Mai traf die erste Welle des deutschen Luftlandeangriffs um 7.20 Uhr auf der Nordküste Kretas ein. Im Westen landeten exzellent ausgebildete, hochmotivierte Segler-Sturmtruppen am Flugplatz von Maleme, andere bei Heraklion. Gleichzeitig sprangen 3.000 Fallschirmspringer der Gruppe Mitte ab, um Chania zu nehmen. Am Nachmittag kam die zweite Luftlandewelle mit den restlichen Fallschirmspringern der Gruppe Mitte, die am Flugplatz von Rethymnon absprangen, und der Gruppe Ost, die bei Heraklion landeten. Da die Deutschen bei den Angriffen nur bescheidenen Widerstand erwarteten, hofften sie, ihre Ziele rasch zu sichern, sodass nachrückende Truppen landen und die schnelle Eroberung der Insel abschließen konnten. Doch die Gegenwehr war stärker als erwartet und die Deutschen verzeichneten bedeutende Verluste.

Die deutsche 72. Infanteriedivision brauchte 48 Stunden, um durch die starken Stellungen der Metaxas-Linie zu stoßen und gegen heftigen griechischen Widerstand bescheidene 30 km gegen Serrai vorzurücken. Bei diesen harten Auseinandersetzungen erwiesen sich die in der Ausbildung durch wirklichkeitsgetreue Simulation von Kämpfen erworbene Zähigkeit sowie die 1939–1940 gewonnene Kampferfahrung als großer Vorteil. Ein Infanterist erinnerte sich an das Entsetzen in seinem Abschnitt, als die ihnen gegenüberstehenden Griechen die Seitengewehre aufpflanzten und zum Gegenangriff übergingen. Doch trotz der Furcht hielt die Disziplin der deutschen Soldaten stand und sie mähten die angreifenden Gegner mit starkem MG-34- und Handfeuerwaffenfeuer nieder, ehe der Feind zum Nahkampf übergehen konnte.

Beim Olymp, östlich von Servia, aber fand das deutsche XVIII. Korps am Boden eine Möglichkeit, die dortige standhafte britische Verteidigung aufzubrechen. Die Deutschen setzten eine Kombination aller Waffenteile sowie körperlich robuste Soldaten über äußerst unwirtliches Terrain ein, um die eingegrabenen britischen Stellungen zu durchbrechen. Am 15. April begannen Elemente der 2. Panzerdivision unter Oberst Hermann Balck, von Katerini aus entlang der Küstenstraße und -bahnlinie südwärts vorzurücken. Ziel war, den Pinios zu überqueren und hierauf Larissa einzunehmen. Dadurch würde der Fluchtweg der britischen Truppen in diesem Abschnitt südwärts abgeschnitten. Inzwischen wagten unmittelbar an der rechten Flanke Balcks Spezialtruppen der 6. Gebirgsdivision den mühsamen Aufstieg auf den Olymp, um derart die feindlichen Stellungen zu umgehen.

Die taktische Lage blieb schwierig, da Balcks Panzer wegen des rauen Geländes nicht querfeldein operieren konnten, und die Straße war stark vermint und unter dem Feuer der britischen Stellungen, die in einiger Tiefe lagen. Unbeeindruckt befahl Balck dem Hauptteil seiner Infanterie (einer Kradkompanie und einem motorisierten Infanteriebataillon), ihre Gefährte zurückzulassen und die britischen Stellungen in einem kühnen Manöver nachts zu Fuß zu umgehen. So blieb dem Panzerregiment für einen nächtlichen Scheinangriff zur Ablenkung der Briten bloß sein Pionierbataillon übrig. Bis an die Grenzen ihrer Kräfte gehend, fanden die Umgehungstruppen zu Fuß mühsam ihren Weg durch ein derat übles Terrain, dass es nur für speziell ausgebildete Gebirgsjäger geeignet war. In der

Dämmerung griffen die total erschöpften Soldaten die überraschten Verteidiger von hinten an, während zugleich Balcks gemischte Panzer- und Pionier-Kampfgruppe von vorne her attackierte. Unter dem Gewicht dieser synchronisierten Schläge zogen sich die Commonwealth-Truppen bald südwärts zurück, wobei sie einen Großteil ihres schweren Geräts zurückließen.

Mittels derartiger taktischer Improvisation konnten die deutschen Angriffe durch die gegnerischen Verteidigungsstellungen brechen und bis zum 18. April das gesamte Aliakmon-Tal einnehmen. In diesen Schlachten bewies das deutsche Heer erneut den großen taktischen Wert von Gerät, das zusätzlich zur grundlegenden Rolle auf dem Schlachtfeld in einer Vielfalt anderer taktischer Funktionen genutzt werden konnte. Das herausragende Beispiel dieser Flexibilität war die 8,8-cm-Flak 18, die in den Aliakmon-Kämpfen ihren im Westen errungenen Ruf als tödliche Waffe in der Antipanzerrolle unterstrich. In einem Fall schoss eine der drei „Acht-Achter" der 1. SS-Division „Leibstandarte Adolf Hitler" in dieser Sekundärfunktion einen britischen Tank auf die unglaublich Distanz von 6 km ab und stellte so einen neuen deutschen Rekord auf diesem Gebiet auf.

Ethnische Divisionen

Im Balkanfeldzug nutzten die Deutschen die ethnischen Unterteilungen der Region erfolgreich zur Unterstützung ihres militärischen Unternehmens aus. Die ernsthaften ethnischen Spannungen, die innerhalb der jugoslawische Armee herrschten, schwächten deren Kampfstärke erheblich. Viele kroatische Einheiten der Armee etwa ergaben sich sofort den einfallenden deutschen Truppen, die sie in einem positiven Licht sahen. Um den Widerstand des Gegners weiter zu verringern, nutzten etliche Propagandakompanien des deutschen Heeres, die an der Seite der vorrückenden Fronttruppen eingesetzt wurden, diese Spannungen wirksam aus, indem sie versprachen, die nationalistischen Bestrebungen der unterdrückten nicht-serbischen Minderheiten in Jugoslawien zu unterstützen. Ein kroatischer Luftwaffenoffizier übergab den Deutschen eine Liste jener Flugplätze, auf denen jugoslawische Maschinen standen. So konnte die deutsche Luftwaffe zu Beginn des Feldzugs jene des Gegners vernichten.

Die schnellen Erfolge in Ostjugoslawien veranlassten das deutsche Oberkommando, den ursprünglich für 13. April geplanten Angriff des XLIX. Gebirgskorps von Südösterreich aus vorzuverlegen. Die Attacke startete am 10. April, obwohl manche Einheiten noch nicht voll einsatzbereit waren. Trotzdem rückte das Korps rasch südwärts vor. Denn in Nordwestjugoslawien trafen die Deutschen wie erwartet aufgrund der pro-deutschen Einstellung der kroatischen Elemente in der jugoslawischen Armee auf weit geringeren Widerstand. Viele kroatische Soldaten glaubten dem, was in den Pamphleten stand, und den Radiobotschaften der deutschen Front-Propagandaeinheiten und ergaben sich der Wehrmacht sofort. Andere kroatische Einheiten weigerten sich, den Angriffsbefehlen zu gehorchen oder attackierten sogar serbisch dominierte Armeeeinheiten (in Vinkovci revoltierten kroatische Truppen offen gegen ihre serbischen Vorgesetzten). Solche psychologische Operationen brachten dem deutschen Heer in Jugoslawien reichere Ernte als bei irgendeinem anderen der folgenden Feldzüge des Zweiten Weltkrieges.

Angesicht dieser unliebsamen Lage in Nordwestjugoslawien (d. h. Kroatien) sah das jugoslawische Oberkommando ein, dass seine Truppen diese Region nicht gegen den Überfall der Achse verteidigen konnten. Am Mittag des 10. April begannen daher die noch loyalen jugoslawischen Einheiten einen geordneten Rückzug von etwa 200 km an die Una. Während die jugoslawische Armee also am

Das Ende der Luftlandeangriffe

In Deutschlands frühen Blitzkriegen, besonders dem in Frankreich im Mai/Juni 1940, hatte das deutsche Heer viel Gebrauch von Fallschirmjägern und Segler-Luftlandetruppen gemacht, um Tempo und Schwung der vorrückenden Bodentruppen zu steigern. Die schweren Verluste der deutschen Luftlandetruppen beim Angriff auf Kreta im Mai 1941 aber überzeugten Hitler, dass solche Einsätze zu teuer seien, um sich strategisch zu lohnen. Bei einer Ordensverleihung Mitte Julli 1941 teilte er General Student, dem Kommandeur der deutschen Luftlandetruppen, mit, die Ereignisse auf Kreta hätten ihn zum Schluss gebracht, die Tage der umfangreichen Luftlandeangriffe seien vorbei. Solche Operationen brauchten das Überraschungsmoment, erklärte der „Führer", und alle Feinde Deutschlands erwarteten inzwischen, dass die Wehrmacht Luftlandetruppen einsetzen könnte. Als Folge dieser Entscheidung dienten die Luftlandetruppen für den Rest des Kriegs fast ausschließlich als Eliteinfanterie im Bodenkampf. Seinen Höhepunkt erreichte dieser Trend Ende 1944, als das deutsche Heer die 1. Fallschirmjägerarmee im Westen in einer defensiven Bodenkampffunktion einsetzte. Hitlers Entscheidung vom Juli 1944 berücksichtigte nicht, dass der Überraschungseffekt durch die Entschlüsselung der Enigma-Codes weggefallen war. Allerdings waren große Luftlandeangriffe stets problematisch, wie im September 1944 die alliierte Offensive Market-Garden zeigte: Von 10.000 Luftlandesoldaten entkamen nur 2400 – unter Zurücklassung der Verwundeten. Doch höhlte mangelnde Erfahrung seit dem Frühling 1941 die Luftlandekapazitäten des deutschen Heeres so aus, dass im Dezember 1944 selbst der bescheidene (in Regimentsumfang) taktische Luftlandeangriff, der zur Ardennen-Gegenoffensive gehörte, ineffizient blieb.

Nachmittag des 10. April zurückging, rückte die deutsche 2. Armee rasch vor und nahm am Abend Zagreb. Der Nationalistenführer Ante Pavelic verkündete dann sofort die Bildung eines pro-deutschen faschistischen kroatischen Staates.

Die deutsch geführte Invasion der Achse hatte Jugoslawien rasch und unter erstaunlich geringen Verlusten erobert und unmittelbar danach beanspruchten die siegreichen Achsenmächte die Beute und teilten das Land auf. Doch in Wahrheit war der Sieg weniger vollständig, als es schien. Die Deutschen hatten über einen Großteil der Gebirgszonen kaum Kontrolle. Dort tauchten bald kleine Partisanengruppen auf, hauptsächlich aus jugoslawischem Militärpersonal, das der Gefangennahme entgangen war, doch auch aus kommuninistischen Aktivisten bestehend. Sobald der Waffenstillstand in Kraft war, zogen die Deutschen eilig den Großteil ihrer Truppen ab und stationierten sie im Osten, um sich für Unternehmen Barbarossa, das ehestmöglich beginnen sollte, bereitzumachen. Durch dieses eilige Verlassen jugoslawischen Territoriums versäumte die Wehrmacht aber, die in den Bergen im Entstehen begriffene Partisanenbewegung zu zerschlagen. So waren für den Rest des Kriegs fünf deutsche Divisionen sowie substanzielle weitere Achsentruppen in einem dauerhaften und entsetzlich brutalen Antipartisanenkrieg blockiert, der große Teile des eroberten Jugoslawiens überzog.

Die Frage des Willens

Hitler betonte vor seinen Generälen stets die Bedeutung der Willenskraft für den militärischen Erfolg. Geistige Entschlossenheit könne numerische und physische Überlegenheit des Gegners überwinden und den Sieg erringen. Dies wurde vor allem in den letzten beiden Kriegsjahren, als seine Armeen an allen Fronten (besonders in der Sowjetunion) geschlagen wurden, zum Dogma des „Führers". Die Frage des Willens wurde zwar als bloßes rassistisches Nazi-Gewäsch und Beweis für Hitlers Realitätsverlust abgetan, doch konnte der „Wille" auf dem Schlachtfeld tatsächlich entscheidende Wirkungen haben und war sicher ein Faktor des deutschen Siegs auf dem Balkan. Einige Beispiele können dies illustrieren:

In Jugoslawien machte Schlechtwetter die Bewegung auf den Nebenstraßen (geschweige denn querfeldein) fast unmöglich und dies lenkte Kleists mechanisierte Truppen auf die offensichtlichen Vorstoßachsen: die Hauptstraßen. Auf dem schlechten Terrain, das den schnellen motorisierten Operationen, durch die sich das deutsche Heer 1940 ausgezeichnet hatte, kaum förderlich war, drohten die Panzer durch effiziente gegnerische Verteidigung, beruhend auf Hindernissen und Blockadestellung, zum Kriechgang verurteilt zu werden. Die Schockbehandlung der jugoslawischen Armee durch die Heftigkeit, Kühnheit und den Schwung der ersten deutschen Panzerschläge aber beutete gnadenlos die nationalistischen Schwächen, die innerhalb der Verteidigungstruppen herrschten, aus. Als Folge zerfiel die jugoslawische Armee rasch, und so konnten ihre Truppen die Geländevorteile nicht effizient nutzen, um den raschen Vormarsch der Achse zu bremsen. Bis 12. April war die Moral großer Teile der Armee fast zusammengebrochen, es gab häufig Meutereien und Massendesertionen und die Achsentruppen setzten ihren schellen Zug von allen Seiten ins Herz des Landes fort.

Am 8. April hatte das XL. Korps Shtip und Prilep eingenommen, letzteres 122 km von der bulgarischen Grenze entfernt. Bei diesen Vorstößen wurde den deutschen Truppen klar, dass auch die Moral der mazedonischen Elemente in der jugoslawischen Armee zerfallen war. Dieser Zusammenbruch, großteils durch wirksame deutsche Propaganda verursacht, war durch die Schockbehandlung mittels intensiver Luftnahunterstützung und Luftangriffen am 7. und 8. April verstärkt worden. Die effiziente Luftunterstützung war möglich, da deutsche Maschinen am ersten Tag der Invasion schwere Angriffe auf die jugosawischen und griechischen Flugplätze geflogen waren, sodass die Deutschen rasch die Lufthoheit erlangten. Da die deutsche Luftwaffe nun zum Schutz der Luftüberlegenheit keine ausgedehnten Einsätze gegen die geschwächte gegnerische Luftwaffe mehr fliegen musste, konnte sie sich auf die Unterstützung des Bodenkriegs durch Luftaufklärung, Luftnahunterstützung und Behinderung des Gegners aus der Luft konzentrieren.

Hartnäckigkeit auf Kreta

Weiters war es bestimmt Willensstärke, die die deutschen Fallschirmjäger auf Kreta aufrecht hielt. Ab den ersten Minuten der Landungen wurde klar, dass die Eroberung der Insel keine leichte Sache sein würde. Die Verteidiger, die einen Angriff erwartet hatten, belegten die langsamen Segler und die schwerfälligen Ju-52-Transporter, die die Fallschirmjäger trugen, mit verheerendem Abwehrfeuer. Noch dazu wurden die Fallschirmspringer, sobald sie aus den Maschinen waren, bei ihrem Sinkflug zur Erde unter starken Beschuss genommen. An etlichen Stellen, etwa bei Rethymnon, sprangen die Deutschen in Gebiete, die sie für schwach verteidigt hielten, und fanden sich bei starken Stellungen, die einen tödlichen Geschosshagel über sie ergossen. Viele Fallschirmspringer wurden noch in der Luft getötet, ehe sie den Boden erreichten, und die, die sicher landen konnten, sahen sich oft durch feindliches Feuer festgenagelt und waren nicht in der Lage, zu ihren Waffenbehältern zu gelangen oder den Kontakt zu ihren Kommandeuren oder Regimentern herzustellen.

Es schien General Student, er müsse die Operation vielleicht abbrechen. Bloß in einem Sektor der Invasion schien ein Erfolg möglich, denn bei Maleme hatten die Elitetruppen des Luftlandesturmregiments Schlüsselterrain besetzt, von wo aus sie vielleicht den Flugplatz sichern konnten. Student setzte alles auf eine Karte und befahl, alles auf die Einnahme Malemes zu konzentrieren. Der Plan funktionierte und Maschinen begannen auf dem Flugfeld zu landen, um Verstärkungen zu bringen. Solche Risiken, um in letzter Sekunde der drohenden Niederlage durch einen entschlossenen Willensakt zu entgehen, waren typisch für die deutschen Reaktionen auf Offensivoperationen, die schief gelaufen waren (besonders an der Ostfront).

Der Krieg in Nordafrika

Das deutsche Heer ging widerwillig nach Nordafrika. Obwohl es durch seine motorisierten Einheiten und ihren kühnen Kommandeur eine Serie von Siegen erzielte, beendeten zuletzt unzureichende Versorgung und wachsende alliierte Materialüberlegenheit Rommels Abenteuer.

Betrachtet man die Erfolge des deutschen Heeres während des Zweiten Weltkriegs in Nordafrika, so muss man vor allem eines bedenken: Vor 1939 dachte keiner in der Wehrmacht, dass es nötig werden könnte, außerhalb Europas Krieg zu führen. Man hatte daher keinerlei Vorbereitungen auf einen Wüstenfeldzug getroffen und es ist fantastisch, dass die deutschen Truppen, als sie früh im Jahr 1941 in Afrika eintrafen, für ihre neuen Einsätze völlig unvorbereitet waren. Umso beeindruckender ist der Erfolg des Heeres in Afrika und er ist ein Zeugnis des Gesamtkalibers der deutschen Führung, Taktik, Ausrüstung und Flexibilität.

Erwin Rommel kommandierte während der ersten Phase des Nordafrikafeldzugs das Deutsche Afrikakorps (DAK). Diese Formation führte den Zug der Achsenmächte in Afrika an, war aber nur Teil eines größeren, binationalen Kommandos der Achse, die „Panzergruppe Afrika“ oder „Panzerarmee Afrika“ genannt wurde und die meiste Zeit des Feldzugs hindurch von Rommel befehligt wurde. Man sollte sich daran erinnern, dass der Hauptkörper der Achsentruppen in Nordafrika während des Feldzugs italienisch, nicht deutsch war.

Anfangs bildeten nur zwei deutsche Divisionen, die 5. Leichte (die später zur 21. Panzer- wurde) und die 15. Panzerdivision, den Kern des Afrikakorps. 1941–1942 erweiterten die Deutschen diese Streitmacht um die 90. und die 164. Leichte Afrikadivision, die Fallschirmbrigade Ramcke und die 999. Afrikabrigade, eine Bewährungseinheit. Neben diesen deutschen Verbänden teilte das italienische Oberkommando in bestimmten Phasen des Feldzugs Rommels Kommando als Verstärkung verschiedene italienische Einheiten zu. Ein weiterer Beitrag zu dessen Erfolg auf dem Schauplatz war die effiziente Unterstützung durch die Luftwaffe.

Deutsche Panzerverbände in der Schlacht von Gazala im späten Mai 1942 im Vormarsch. Der Krieg des deutschen Heeres 1941–1943 in Nordafrika war durch schnelle mobile Operationen gekennzeichnet, die eine Reihe von Vormärschen und Rückzügen beider Seiten über die Wüsten und Küstenebenen Libyens und Ägyptens einschlossen.

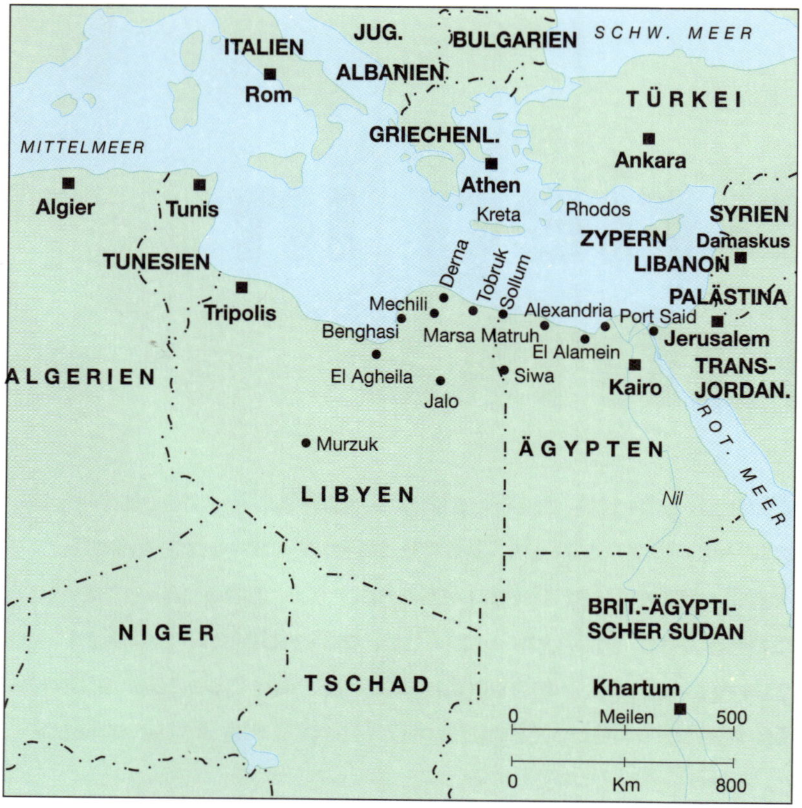

Als Rommel im Februar 1941 in Libyen eintraf, waren die italienischen Streitkräfte nach El Agheila zurückgeworfen worden. Die deutsche Truppe, die zunächst nur aus der 5. Leichten Division bestand, profitierte von der Verlegung eines Teils der Commonwealth-Truppen von Ostlibyen auf das Festland Griechenlands, um sich dort an der Verteidigung zu beteiligen. Zur Verteidigung der britischen Front in Libyen blieben danach bloß unerfahrene Commonwealth-Truppen, die teils mit erbeuteten italienischen Waffen ausgerüstet waren, zurück. Rommel, ein stets verwegener Panzerkommandeur, ignorierte den Rat seiner Vorgesetzten und ergriff die durch die momentane britische Schwäche entstandene Gelegenheit, indem er sofort eine Offensive einleitete.

Während des Feldzugs hatte das Fliegerkommando Afrika verschiedene Luftstaffeln, die vom in Italien stationierten X. Fliegerkorps abgestellt wurden, unter sich. Rommel traf am 21. Februar 1941 als Kommandeur des Afrikakorps in Libyen ein. Formal stand er unter italienischem Befehl, doch konnte er sich an Berlin wenden, falls er mit dem Einsatz seines Kommandos unzufrieden war. Er ging seinen eigenen Weg: Er missachtete den Befehl des deutschen Oberkommandos, mit Offensivoperationen zu warten, bis seine zweite Panzerdivision im Mai eintreffen würde. Am 20. März 1941 attackierte er die britische Front nur mit seiner 5. Leichten Division und einigen verfügbaren italienischen Truppen.

Im späten März und in der ersten Aprilhälfte trieb Rommels Offensive die Briten ostwärts zurück und zwang sie, Benghasi aufzugeben und eine eingekreiste Garnison in Tobruk zurückzulassen. Dann vertrieb er die Briten aus der libyschen Provinz der Cyrenaika und auf ägyptischen Boden, wo der Gegner zwischen Sollum und dem Halfaya-Pass eine neue zusammenhängende Front errichten konnte. Während des Vormarsches der Achse hatte das besorgte deutsche Oberkommando Rommel etliche Male befohlen anzuhalten, doch der „Wüstenfuchs" ignorierte die Anweisungen und rückte weiter vor.

Die Briten waren nun über die libysch-ägyptische Grenze zurückgetrieben, doch die überdehnten Versorgungslinien der Achse stellten für ihre 164.000 Mann starke Truppe in Nordafrika einen bedeutenden taktischen und strategischen Nachteil dar. Trotzdem stoppte das Afrikakorps zwei Versuche der Briten, es aus seinen neuen Defensivstellungen entlang der ägyptischen Grenze zu werfen. Am 15. Mai 1941 griffen die Briten in der Operation Brevity die Achsenstellungen bei Sollum, am Halfaya-Pass und bei Capuzzo an. Sie konnten zunächst 24 km westwärts vorrücken, doch Rommel schlug zurück und nahm das verlorene Terrain wieder ein. In der am 15. Juni gestarteten Offensive Battleaxe versuchten die Briten, bei Sollum durchzubrechen und diesen Erfolg durch einen Vorstoß bis Mechili, 322 km weiter westlich, auszunutzen. Doch Battleaxe konnte die Achsentruppen nicht zurückwerfen. Nachdem sich der britische Schwung in den ausgedehnten deutschen Verteidigungsstellungen erschöpft hatte, begann Rommel am 16. und 17. Juni Panzer-Gegenangriffe, die die britische Offensive niederschlugen und die ursprüngliche Frontlinie wiederherstellten.

Als Rommels erste Offensive vom März–April 1941 die britischen Truppen aus der Cyrenaika geworfen hatte, blieb eine isolierte Commonwealth-Garnison zurück, die den wichtigen Hafen Tobruk halten konnte. Da Rommels Panzer weiter östlich im Einsatz waren, mussten die am wenigsten mobilen Teile des Afrikakorps Gewaltmärsche unternehmen, um die britische Zone um Tobruk zu erreichen und einzuschließen. 32 km pro Tag unter den schrecklichen Bedingungen von Hitze und Wüstengelände waren eine Großtat und bewiesen wieder einmal die körperliche Zähigkeit, die die Ausbildung dem deutschen Durchschnittssoldaten gebracht hatte. Die Truppen der Achse belagerten Tobruk vom 9. April bis 7. Dezember 1941, konnten die Stadt aber nicht einnehmen.

Der erste entschlossene deutsche Sturm auf Tobruk startete am 30. April 1941, doch britische Gegenangriffe trieben die Deutschen in ihre Ausgangsstellungen zurück. Nach diesem taktischen Rückschlag verbot das deutsche Oberkommando weitere Erstürmungsversuche und befahl stattdessen Belagerungsoperationen wie später jene gegen Leningrad 1941–1942.

Rommel auf dem Rückzug: Operation Crusader

Im November 1941 begannen die Briten unter General Claude Auchinleck ihre eigene Offensive (Operation Crusader), die Rommels auseinander gezogene Truppen in einer taktisch und strategisch ungünstigen Lage erwischte. Das deutsche Oberkommando hatte die 5. Leichte Division zwar in 21. Panzerdivision umgetauft, doch war sie an Panzern ebenso schwach wie während Battleaxe. Und Rommel hatte zwar kürzlich eine weitere Division (ursprünglich „Afrikadivision“, dann „90. Leichte Afrikadivision“ genannt) gebildet, doch war dies eine improvisierte, nicht motorisierte Einheit. Trotzdem hielt sie sich angesichts ihrer bescheidenen Grundausrüstung gut. Gegen die 700 Maschinen der britischen RAF konnte Rommel nur auf die Unterstützung durch 120 deutsche und 200 italienische Flugzeuge zurückgreifen.

Die britische Offensive begann am 18. November 1941. Während das britische XIII. Korps die Hauptstellungen der Achse angriff, schwenkte das XXX. Korps um das Südende der Achsefront, um sich dem Hauptteil der Panzer Rommels zu widmen. Am Ende des folgenden Tages war das XXX. Korps 96 km west- und nordwestwärts vorgestoßen und bedrohte Bir el Gubi bzw. Sidi Rezegh, das nur 32 km von der in Tobruk eingeschlossenen Commonwealth-Garnison entfernt lag. Manchmal bekämpften im verzweifelten Versuch, den britischen Vormarsch zu stoppen, Rommels 10,5-cm-Leichte-Feldhaubitze-18-Artilleriegeschütze die vorrückenden britischen Tanks sogar direkt über offenes Gelände. Am 19. November aber gerieten die britischen Truppen in Unordnung und diese Lage bot Rommel eine günstige Gelegenheit, die er eifrig ergriff.

Am 24. November stellte er eine Behelfstruppe aus der 21. Panzerdivision zusammen und stürmte kühn ostwärts über die ägyptische Grenze, um die Verbindungslinien der nun viele Kilometer west- und nordwestlich hinter ihm stehenden britischen Truppen abzuschneiden. Doch am Stacheldraht der Grenze aufge-

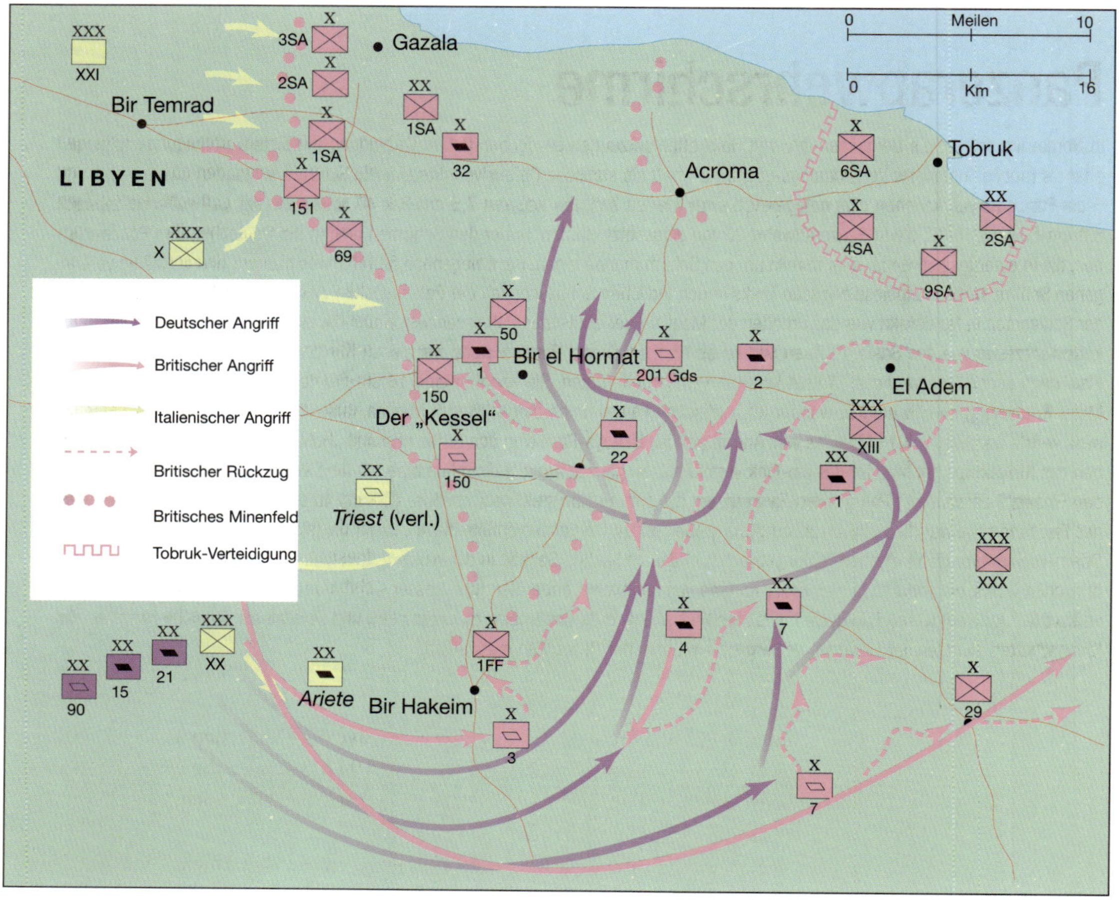

halten, verlor Rommels Stoß seinen Schwung, da seinen Panzern der Treibstoff knapp wurde und auch seine widerstandsfähigsten Soldaten vor Erschöpfung zusammenbrachen. Noch dazu konnte die New Zealand Division am 27.–28. November rasch entlang der Küste von Bardia aus gegen Tobruk stoßen und bedrohte Rommels Nachschublinien. Diese Entwicklung zwang des Wüstenfuchs, seinen Panzerüberfall abzubrechen, um den gefährlichen Vormarsch der Neuseeländer zu stoppen.

Dies zwang Rommels Truppen zurück in die Defensive gegen wiederholte Angriffe der numerisch überlegenen Commonwealth-Truppen. Bis zum frühen Dezember hatten so die realtiv erfolgreichen Versuche des Afrikakorps, die Crusader-Offensive zu stoppen, es dezimiert (es besaß nur 60 einsatzbereite Tanks). Rommel musste daher am 7. Dezember einen strategischen Rückzug westwärts anordnen. Während Deutsche und Italiener westwärts durch die Cyrenaika zogen, entsetzte der alliierte Vormarsch nach 242 Tagen die Garnison in Tobruk.

Bis 26. Dezember hatten sich die Achsetruppen 243 km zurückgezogen, um bei El Agheila entlang der Westgrenze der Cyrenaika neue Verteidigungsstellungen einzunehmen, ohne dabei ihren Zusammenhalt zu verlieren. Nun standen die britischen Truppen und nicht die Rommels am Ende von überdehnten Versorgungslinien. In diesem kritischen Moment erhielt Rommel durch einen Neuversorgungskonvoi, der es übers Mittelmeer geschafft hatte, eine wertvolle Lieferung von 54 neuen Panzern. Derart verstärkt plante Rommel, die ihm gegenüberstehenden britischen Kräfte wieder zu attackieren, ehe sie zur Unterstüzung ihrer Stellungen ein festes logistisches Netzwerk errichten konnten. Beginnend am 21.

Die Schlacht von Gazala, 26. Mai–11. Juni 1942. Angesichts der substanziellen quantitativen und teils auch qualitativen Vorteile der Briten sowie ihres Vorteils zu verteidigen, hätten sie die Achsentruppen in der Schlacht theoretisch besiegen müssen. Dass es anders kam, sagt viel über die gute Ausbildung, ausgezeichnete Motivation und wirksame Taktik des deutschen Afrikakorps sowie die großteils gezeigte Tüchtigkeit der in Nordafrika stationierten italienischen Truppen aus.

Panzerabwehrschirme

In Nordafrika setzten die Deutschen ihre von Halbkettenfahrzeugen gezogenen Pak in Verbindung mit Tiefenverteidigungsstellungen eher als mobile, integrierte Verteidigungs-„Schirme" statt als statische Defensivpunkte ein. Die Schirme bestanden aus 3,7-cm- und 5-cm-Panzerabwehrkanonen plus gelegentlich einer kleinen Zahl der neueren 7,5-cm-Pak 40 sowie von der Luftwaffe betriebenen 8,8-cm-Flak 18/36/37, die in Panzerabwehrfunktion eingesetzt wurden. Hinter den Schirmen hielten die Deutschen ihre Panzertruppen, die in einer lokalen Gegenangriffsrolle um den Schirm manövrierten. Bei Gelegenheit fuhren die Panzer vor den sorgfältig verborgenen Schirm, um ahnungslose britische Tanks in den tödlichen Schussbereich der Pak zu locken. Angesichts der beweglichen Natur der Schlachten in Nordafrika war das Erhalten der Mobilität der deutschen Pak essenziell, wobei die die Kanonen schleppenden Halbkettenfahrzeuge wie das Sdkfz 10 ihren taktischen Wert bewiesen. Rommel hatte bei diesen Kämpfen nie genügend viele 8,8-cm-Flak, doch schon wenige dieser Waffen konnten verheerend wirken. Sie konnten eine 16-cm-Frontpanzerung von Tanks aus 2000 Meter Entfernung durchschlagen, was für alle britischen Panzer, auch den schweren Matilda, ausreichte. In der Operation Battleaxe etwa kehrte nur einer von 13 Matildas vom Angriff auf den Halfaya-Pass (von den Briten passend „Höllenfeuer-Pass" genannt) zurück, den das Afrikakorps mit nur vier 8,8-cm-Flak verteidigte. Im ganzen Afrikafeldzug kombinerten die Deutschen (durch „überschlagenden Einsatz") effizient ihre Pak mit den Panzern, um auf dem Schlachtfeld noch größere Wirkung zu erreichen. In den frühen Phasen des Feldzugs etwa war die Hauptursache für die großen britischen Panzerverluste die Art, in der die leichte deutsche 5-cm-Pak 38 als Offensivschirm vor die deutschen Tanks gebracht wurden. In flachen Senken in der Wüste aufgestellt, bekämpften diese Kanonen die britischen Tanks, die annahmen, das Feuer komme von den weiter entfernten (und besser sichtbaren) deutschen Panzern. Die Briten versuchten dann mit wenig Erfolg, die deutschen Panzer auf weite Entfernung zu bekämpfen, und so sank die britische Moral, da die Mannschaften glaubten, ihr Gerät sei im Vergleich mit dem der Deutschen mangelhaft.

Januar 1942 brachte seine 22-wöchige Offensive die Deutschen an ihren östlichsten Punkt im ganzen Afrikafeldzug. Im Juli 1942 ereichten die erschöpften Achsentruppen den Bahnhof von El Alamein. Sie standen nur noch 96 km von Alexandria in Ägypten entfernt.

Rommels fünfeinhalbmonatige Offensive nach El Alamein verlief in zwei Phasen. In der ersten vom 21. Januar bis 6. Februar rückten seine Truppen bis zur starken Defensivlinie der 8. Armee bei Gazala–Bir Hakeim vor. Nach einer 15-wöchigen Pause, in der beide Seiten beständig ihre Kräfte aufbauten, startete Rommel dann am 26. Mai 1942 seinen Angriff auf die Gazala-Linie. Nach 17 Tagen harten Kampfs überwand seine kürzlich in Panzerarmee Afrika umbenannte Truppe schließlich den gegnerischen Widerstand entlang der Gazala–Bir Hakeim-Linie. Hitler dachte nun, falls Rommel durch die Gazala-Linie brechen konnte, so könnte die Panzerarmee Afrika sogar durch den Mittleren Osten vorrücken und sich mit einem deutschen Vorstoß von der südlichen Sowjetunion her durch den Kaukasus verbinden. Doch zum Pech für Rommel führten Hitlers wachsende Ambitionen für die Panzerarmee Afrika zu keiner größeren Bereitschaft, diese zu verstärken. Der Wüstenfuchs musste nun also ehrgeizigere Ziele mit den bescheidenen Mitteln, über die er bereits verfügte, verfolgen.

Am 7. Juni 1942 nutzte das Afrikakorps seinen Erfolg unerbittlich aus und schwenkte nordostwärts gegen Tobruk, um die britischen Verbindungslinien abzuschneiden. Die Panzerarmee Afrika war durch die Gazala-Linie gebochen. Am 13. Juni schlossen die Achsentruppen wieder Tobruk ein. Diesmal drangen sie leicht durch die Commonwealth-Verteidigungsstellungen und bald ergaben sich über 30.000 Mann des Gegners. Man machte eine riesige Beute an alliierten Vorräten und Motorfahrzeugen. Die deutsche Bereitschaft zu improvisieren und ein buntes Gemisch erbeuteten Geräts einzusetzen, kam Rommels Vormarsch gegen El Alamein lange zugute.

Als Rommel im späten Juni 1942 zur El Alamein-Stellung vorrückte, war er entschlossen, den Schwung seines Stoßes trotz seiner abnehmenden Kampfstärke

aufrechtzuerhalten. Seine Truppen konnten nun nur 44 deutsche und 14 italienische Tanks aufbieten und seine Nachschublinien waren stark überdehnt. Trotzdem meinte die Achse zuversichtlich, der Gegner sei in Nordafrika fast schon geschlagen. Bis zum Abend des 30. Juni stand die Panzerarmee nur noch 96 km von Alexandria entfernt, doch an diesem Punkt kam der Vormarsch aufgrund des Zusammenbruchs der Versorgung und der feindlichen Gegenwehr in der ersten Schlacht von El Alamein zum Stehen.

Rommels kühne Führung in Nordafrika war durch seine Anwesenheit nahe der Front im „Greif", seinem Sdkfz-250/3-Kommandowagen, einem umgebauten Halbketten-Schützenpanzerwagen, charakterisiert. Dies ermöglichte es Rommel, rasch auf die sich ständig ändernde Kampflage zu reagieren und trug zu den Erfolgen des Afrikakorps bei. Saß er nicht im „Greif", so überflog Rommel regelmäßig das Schlachtfeld (oft unter einigem Risiko), um neueste Informationen über die Entwicklungen auf dem Kampffeld zu erhalten.

Die Schlacht von Alam Halfa

Während Rommel im Herbst 1942 für einen neuen Angriff auf die El Alamein-Stellung plante, trafen zur Verstärkung der britischen Truppen in Ägypten riesige Mengen neuer amerikanischer Ausrüstung ein. Rommel erhielt im August 1942 die Fallschirmbrigade Ramcke und eine italienische Division als Verstärkung. Diese Truppen hatten keineswegs den Umfang der britischen Verstärkungen desselben Monats. Zudem verschärfte die geografische Lage der El Alamein-Stellung noch die numerische Unterlegenheit des Kommandos Rommels. Die ausgedehnte Quattara-Senke südlich der britischen El Alamein-Verteidigungslinie hinderte ihn, seine bevorzugte Taktik, eine Umgehungsbewegung durch die offeneWüste, anzuwenden.

Rommel begann seinen Angriff am 30. August 1942 bei Alam Halfa. Der neue Kommandeur der britischen 8. Armee, Bernard Montgomery, hatte auf die von Auchinleck gelegten Grundlagen aufgebaut und um Alam Halfa eine starke Stellung mit einem tiefen System von Minenfeldern errichtet. In der Phase vom 3.–6. September konnten die britischen Kräfte die Deutschen schließlich schlagen und in deren Ausgangsstellungen zurückwerfen. Die Briten hatten die Schlacht in einer rein defensiven Aktion gewonnen und unternahmen keinen Versuch, den sich zurückziehenden Achsentruppen zu folgen.

Nach Alam Halfa bereitete Montgomery sorgfältig seine erste große Offensive, die zweite Schlacht von Alamein (Oktober 1942) vor. Am 23. September flog ein kranker Rommel zur ärztlichen Behandlung nach Hause. General Georg Stumme kam von der Ostfront, um in seiner Abwesenheit als stellvertretender Kommandeur der Panzerarmee Afrika zu wirken, während General von Thoma das nachgeordnete Kommando des Afrikakorps übernahm. Als der britische Angriff bei El Alamein begann, erwies er sich als unaufhaltbar.

Rommels „Großer Rückzug“

Die überlebenden deutschen Truppen zwängten sich in alle verfügbaren Transportmittel und gingen in einer gestuften Serie geordneter Rückzüge, die den von vielen britischen Kommandeuren erhofften allgemeinen Zusammenbruch vermieden, zurück. In der ersten Novemberhälfte 1942 legten die lädierten Reste der Panzerarmee Afrika 1.120 km westwärts durch die Cyrenaika bis Mersa el Brega zurück, wo italienische Kräfte unter Marschall Ettore Bastico eine dünne neue Verteidigungsfront errichteten.

Doch Rommels Kommando war zu schwach, um brüchige Linie zu halten, als sich die Alliierten am 11. Dezember 1942 seinen Stellungen näherten. Während der folgenden beiden Wochen setzte die Panzerarmee Afrika daher ihren Rückzug weitere 467 km durch die libyische Provinz Tripolitanien fort. Am 3. Dezember 1942 setzten sich die Deutschen in den schwachen Verteidigungsstellungen bei Buerat fest. Am 18. Januar 1943 versuchten Montgomerys Truppen, Rommels schwache Positionen im Süden zu umgehen. Doch noch ehe die Briten dieses Manöver ausgeführt hatten, zog sich die Panzerarmee Afrika wieder westwärts zurück, diesmal 467 km, und gab dabei Tripolis auf. Am 26. Januar 1943 richteten sich die Achsentruppen entlang der leichter zu verteidigenden Front der alten französischen Grenzbefestigungen der Mareth-Linie an der libysch-tunesischen Grenze ein.

Inzwischen hatten britisch-amerikanische Truppen am 8. November 1942, während die zweite Schlacht von El Alamein tobte, die Operation Torch, eine Reihe amphibischer Landungen im von Vichy-Frankreich kontrollierten Marokko und Algerien, begonnen. Sobald die Landungen der Operation vollzogen waren, hofften die Alliierten, würden diese Streitkräfte rasch ins zerklüftetet Terrain Westtunesiens ziehen und Rommels Truppen, während sich diese durch Libyen westwärts zur Mareth-Linie zurückzogen, von hinten angreifen. Doch durch rasche deutsche Improvisation (Verstärkung wurde per Schiff und Flugzeug aus Sizilien herangeschafft) und schwerfälliges Vorgehen der britischen 1. Armee konnten die Deutschen im späten November eine unsichere Defensivfont gegen die sich von Westen her nähernden britisch-amerikanischen Truppen errichten.

Mitte Dezember 1942 hatten die Achsentruppen, teils dank der neuen Tiger-I-Panzer, die von der kürzlich gebildeten 5. Panzerarmee in Tunesien gehaltenen Verteidungsstellungen konsolidiert. Die Kommandeure hatten ihre erschöpften, entmutigten Truppen wieder gut motiviert. Bei Terbourda in Tunesien etwa führte am 30. November Generalleutnant Wolfgang Fischer persönlich etliche Angriffe der kampfesmüden Männer seiner 10. Panzerdivision an. Aufgrund derartigen Einsatzes hatte die 5. Panzerarmee bis Mitte Dezember eine improvisierte Front gefestigt, die von Sedjenane durch Bou Arada, Kasserine und Gafsa verlief, wo sie an die von Rommels früherer Panzerarmee Afrika, die nun in Deutsch-Italienische Panzerarmee umbenannt war, gehaltene Linie anschloss.

In Westtunesien bestand Generaloberst Hans-Jürgen von Arnims eilig improvisierte 5. Panzerarmee im frühen Januar 1943 aus einer italienischen und drei deutschen Divisionen. Sie sollte den Zug der britisch-amerikanischen Truppen der britischen 1. Armee General Andersons aufhalten. Die Deutsch-Italienische

Panzerarmee, nun unter dem Befehl des italienischen Generals Giovanni Messe, hielt die südöstliche Front entlang der Mareth-Linie gegen die Angriffe der kampferprobten 8. Armee Montgomerys.

Ermutigt durch den Erfolg dieser kleinen Gegenstöße entwickelten die Deutschen nun ehrgeizigere Pläne für Gegenoffensiven, die durch einen Befreiungsschlag den fester werdenden Griff der Alliierten in Westtunesien lockern sollten. Da die Alliierten nun an zwei geografisch getrennten Fronten operierten, hoffte das deutsche Heer den Vorteil, dass es selbst an inneren Verbindungslinien operierte, auszunutzen. Zwischen zwei getrennten („äußeren") alliierten Streitmächten, konnten die „inneren" Deutschen ihre Kampfstärke rascher an einem Punkt konzentrieren, als die getrennten alliierten Kommandos reagieren konnten.

Vom 14. bis 22. Februar koordinierten daher Einheiten der 5. und der Deutsch-Italienischen Panzerarmee einen heftigen Gegenschlag gegen die im Bereich des Kasserine-Pass in Westtunesien stehenden unerfahrenen US-Truppen. Der Angriff konnte gegen kollabierenden gegnerischen Zusammenhalt 96 km weit vordringen – einige US-Einheiten gerieten in Panik. Doch der Sieg bei Kasserine verzögerte den unvermeidlichen Sieg der Alliierten in Nordafrika nur.

Nach Kasserine startete Rommel am 6.–7. März 1943 bei Medinine einen Angriff gegen Montgomerys Truppen an der Mareth-Linie. Er konzentrierte drei Panzerdivisionen mit 160 Tanks, unterstützt von 200 Geschützen und 10.000 Infanteristen. Doch Montgomery wusste zuvor von der Attacke (abgefangene Funksprüche gaben ihm entscheidende Informationen) und hatte eine Truppe von 400 Tanks, 350 Artilleriegeschützen und 470 Pak versammelt. Diese numerische Überlegenheit fing Rommels Stoß auf und verursachte große Verluste. Medinine war Rommels letzte Schlacht in Nordafrika. Hitler berief ihn wegen Krankheit ab und von Arnim ersetzte ihn als Heeresgruppenoberbefehlshaber.

Rommels verlustreiche Attacke bei Medinine schwächte die Chancen der Achse, den neuerlichen britischen Angriffen im späten März und frühen April April 1943, die die Mareth-Linie aufrissen, zu widerstehen. Bis Mitte April zwangen die kombinierten britisch-amerikanischen Angriffe vom Westen her und

Eine deutsche 8,8-cm-Flak in Nordafrika. Die Deutschen setzten im Wüstenkrieg mit großem Können eine Kombination von Panzern und Panzerabwehrkanonen ein. Man merkte bald, dass die unbehinderte Sicht in der Wüste weitreichende Waffen wie die „Acht-Acht" begünstigte, da man den Gegner aus großer Entfernung ausmachen konnte. Wann immer möglich, grub man die Fahrzeuge ein, um die Wirkung von Granat- und Bombensplittern abzuschwächen. Außerdem wies man die deutschen Soldaten an, zum Schutz vor den Gefahren feindlicher Luftangriffe Schützenlöcher zu graben.

Die zweite Schlacht von El Alamein, 23. Oktober bis 2. November 1942. Zu Montgomerys Angriffsplan gehörte eine Ablenkungsattacke des XIII. Korps im Süden, während weiter im Norden das XXX. Korps den britischen Hauptstoß führte, um zwei Korridore in die feindlichen Minenfelder zu legen, durch die die Panzer des Korps vorrücken würden. In der letzten Oktoberwoche verlangsamten die ausgeklügelten Minenfelder der Achse die von den Tanks des XXX. Korps angeführten Attacken einigermaßen und lokale Panzergegenangriffe machten einige britische Panzerdurchbrüche wirkungslos. Es war anerkennenswert, dass die erschöpften, rasch schwächer werdenden Einheiten des Afrikakorps gegen die wiederholten entschlossenen Angriffe der numerisch überlegenen Truppen der 8. Armee so lange aushielten. Am 2. November schloss Montgomery, sein Gegner sei am Zusammenbrechen, und begann daher die Operation Supercharge. Dies war sein finaler Durchbruchsangriff gegen den Rahman-Pfad nördlich der Ruweisat-Berge. In der Nacht des 3./4. November sah Rommel, dass seine Männer die El Alamein-Stellung nicht länger halten konnten. Er befahl daher trotz Hitlers kürzlich ergangener Weisung, an der Alamein-Stellung standzuhalten und bis zum letzten Mann zu kämpfen, der Panzerarmee Afrika einen strategischen Rückzug westwärts. Die äußerst brutal geschlagene zweite Schlacht von El Alamein, bei der die Achse und die Alliierten 51.000 bzw. 14.000 Mann verloren, erwies sich als Wendepunkt des Kriegs in Nordafrika.

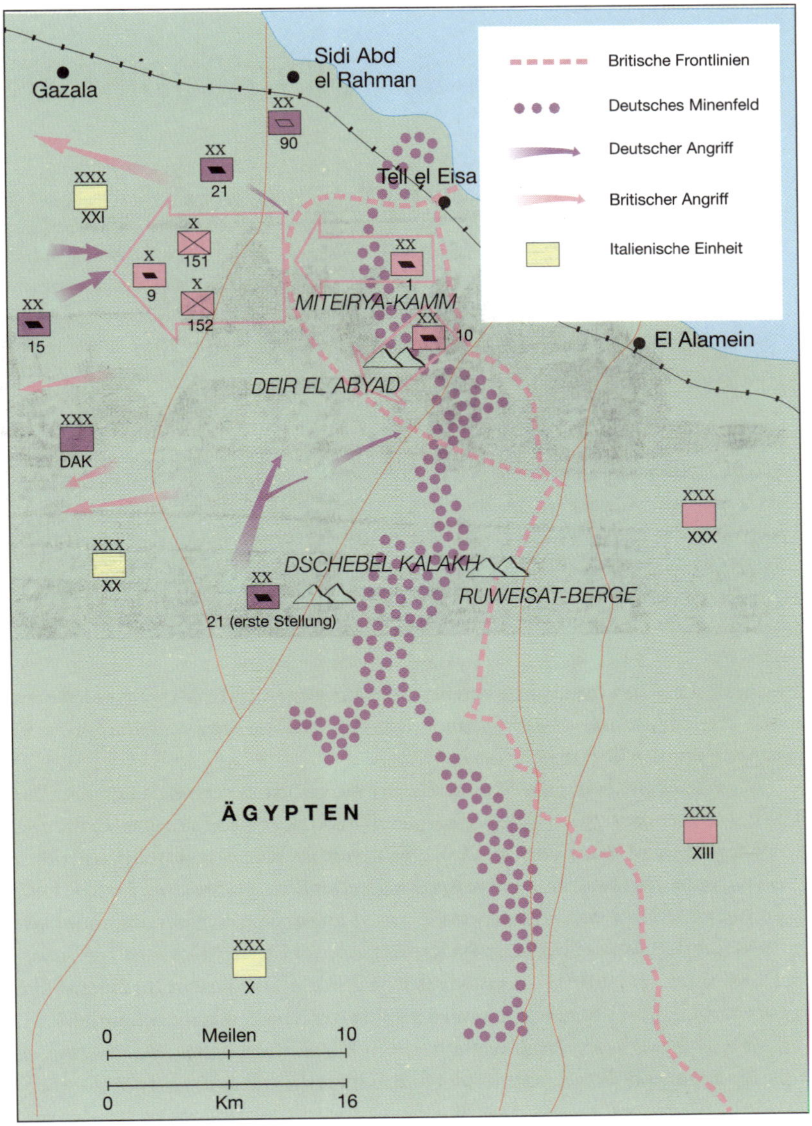

Montgomerys Vorrücken aus dem Süden die Achsetruppen in einen kleinen Umkreis um Tunis und Bizerta, der sich auf den letzten Hügelring vor der offenen Küstenebene stützte. Trotz der widrigen Umstände leisteten die Achsensoldaten weiter tapfer Widerstand. Hitler hoffte, die zähen Truppen der Heeresgruppe Afrika könnten ihren gefährdeten Brückenkopf in Tunesien einige Monate lang halten und so alliierte Kräfte binden. Doch am 7. Mai 1943 eroberten die Alliierten die Schlüsselhäfen von Bizerte und Tunis und nur fünf Tage später, am 12. Mai, war der Krieg in Nordafrika vorüber: Rund 245.000 deutsche und italienische Soldaten gingen in die Kriegsgefangenenlager.

Die Leistung der Panzer in Nordafrika

Der Tank war in Nordafrika der Katalysator des Sieges. Die deutschen Panzer waren das Rückgrat des Heeres. Alles hing von ihnen ab. Die anderen Einheiten unterstützten sie bloß. Für beide Seiten war daher der Panzerkampf von überragender Bedeutung. Der Mythos des Afrikakorps besagt, dass Rommel mehr Tanks

Kampfleistung der italienischen Armee

Deutsche wie auch Briten verunglimpften die Kampfleistungen der italienischen Truppen im Afrikafeldzug. Nach dem Krieg führten die britischen und die deutschen Berichte über den Feldzug zur Vorstellung, die Italiener seien eine „unkriegerische Rasse", was auf dem angeblichen „romanischen" Temperament beruhen sollte. Die Italiener stellten den Großteil der Achsenkampftruppen in Nordafrika, und allzu oft verspottete das deutsche Heer aufgrund seiner eigenen Arroganz oder, um seine eigenen Fehler und Schwächen zu verbergen, die militärischen Fähigkeiten der Italiener. In Wahrheit fochten viele italienische Einheiten in Nordafrika voll Können und viele „deutsche" Siege beruhten auf dem italienischen Geschick und der gemeinsamen Anstrengung. Die Briten schufen einen Mythos um Rommel, da sie ihre Niederlagen eher durch einen außerordentlichen General als durch die überlegenen Qualitäten der Kämpfer, Italienern wie Deutschen, rechtfertigen wollten. Dass bestimmte italienische Verbände so effizient kämpften, war eine beeindruckende Großtat, bedenkt man, dass die italienische Bevölkerung an der Heimatfront wenig von der Beteilung ihres Landes am Krieg hielt.

hatte als die Briten, und dass sie besser bestückt und gepanzert waren. Die Wahrheit ist anders. Was die Zahlen betrifft, so war in der Operation Crusader im November 1941 sowohl die Menge der britischen Commonwealth-Formationen, die gegen Rommel standen, als auch die Ausrüstung, die sie einsetzten, deutlich angewachsen. Zudem war die relative deutsche Schwäche an Panzern zu Beginn der Operation beachtlicher als vorher. Während die Briten Mitte November 1941 über 700 Tanks besaßen, hatten Rommels deutsche Einheiten nur 174 Stück sowie zusätzlich 146 einsatzbereite italienische Gefährte. Zudem hielten die Briten weitere 500 Tanks in Reserve, während Rommels Afrikakorps keinerlei Panzerreserve hatte.

Bei Gazala im Mai 1942 hatten die Briten, die nach dem Kriegseintritt der USA im Dezember 1941 große Mengen Gerät von dort erhielten, 850 Tanks und weitere 420 in Reserve zur Verfügung, während die Achse bloß 560 Panzer einsetzen konnte, davon 230 veraltete italienische und 50 unwirksame leichte deutsche Panzer II. In der zweiten Schlacht von Alamein im Oktober 1942 hatte die 8. Armee 1.029 Tanks für die Offensive, darunter 252 neue M4 Sherman, der sogar den neuen Panzer III Modell J übertraf. Die Deutschen führten nur 211 Tanks (173 Panzer III und 38 Panzer IV) plus 278 veraltete italienische ins Feld. Bis zum 2. November hatten Montgomerys Angriffe Rommels Hauptverbände (die 15. und die 21. Panzerdivision) auf 30 einsatzfähige Panzer und 2500 kampftaugliche Soldaten reduziert. In dieser Phase standen die lädierten Panzerkampfgruppen 600 britischen Tanks gegenüber – ein Verhältnis von 20:1.

Auch was die Qualität des Geräts betraf, waren Rommels Truppen oft im Nachteil. Bei Gazala etwa wurde die numerische Überlegenheit der Briten noch durch Qualitätsvorteile verstärkt. Die meisten mittleren deutschen Panzer (die Panzer III) waren mit der kurzen 50-mm-KwK-L/42-Kanone bestückt, deren Durchschlagskraft dem britischen Sechs-Pfünder unterlegen war. In Bezug auf die Panzerung waren die deutschen Tanks im Ganzen den neueren britischen Cruiser-Tanks nicht überlegen. Allerdings verfügten die Deutschen bei dieser Offensive über den wirksamen neuen Panzer III Modell J. Mit seiner mächtigen langläufigen 5,0-cm-KwK-39-L/60-Kanone und der 50 mm dicken Panzerung war er allen britischen Tanks auf dem Kriegsschauplatz überlegen und sogar dem neuen britischen M3 Grant (ein US-Tank, den die Briten modifizierten), der im Mai 1942 eintraf, gleichwertig. Doch bis Mitte jenes Monats waren nur 19 Panzer III Modell J an der Front gelandet und weitere 19 in Tripolis ausgeladen worden. Diese geringe Verstärkung wurde durch die Ankunft von 400 neuen, von den USA gelieferten Grant-Tanks für die britischen Truppen überwogen. Diese neuen Panzer besaßen eine Durchschlagskraft, die jener des Panzers III Modell J überlegen war.

Was die Panzerung betraf, waren der britische Matilda, Valentine und Crusader besser geschützt, ebenso der amerikanische Stuart. Der einzige wirkliche qualitative Vorteil, den die Deutschen bei den Panzern hatten, kam erst gegen Ende des Feldzugs, nämlich der Panzer IV und der Tiger.

Zu den im Novermber 1942 erhaltenen Verstärkungen zählten nicht nur Nebelwerfereinheiten, sondern auch das Schwere Panzerbataillon 501, das mit 45 neuen schweren Tigern I mit einer tödlichen 8,8-cm-Kanone und starker Panzerung ausgerüstet war. Taktisch setzten die Deutschen die kleine Zahl der in Tunesien verfügbaren Tiger meist als Zentrum und hinter dem Zentrum von kleinen Panzerkeilen ein. Um sie herum wurden die leichteren und beweglicheren Panzer III und IV positioniert. Der Tiger erwies sich zwar in Tunesien als beeindruckender Panzerkiller, auf dessen Konto Dutzende alliierter Kampfpanzer gingen, doch die deutschen Kommandeure merkten bald, dass sein großes Gewicht und seine dadurch eingeschränkte Beweglichkeit sowie sein hoher Treibstoffverbrauch seine taktische Nützlichkeit begrenzten. Zudem war sein Motor für Wüsteneinsätze zu schwach und anfällig. Der Motor des Panzers IV dagegen war sehr effizient und brauchte nur alle 15.000 km überholt zu werden. Für die Defensive und die begrenzten Gegenoffensiven des deutschen Heers Anfang 1943 in Tunesien aber war der Tiger ideal geeignet und schwächte die alliierte Defensivstärke trotz deren numerischer Überlegenheit.

Panzerabwehrwaffen

Was Panzerabwehrwaffen betraf, hatte das Afrikakorps die qualitative Überlegenheit über die Alliierten, vor allem weil es ein Flak-Geschütz für diese Rolle einsetzte. Bei den britischen Offensiven Brevity und Battleaxe im Mai und Juni 1941 etwa erwies sich die deutsche 3,7-cm-Pak 35/36 als unwirksam gegen die schwereren britischen Tanks: Sogar die neuere 5-cm-Pak 38 war gegen den schweren britischen Matilda unzureichend, außer auf kurze Distanz. Hier bewiesen die deutsche 8,8-cm-Flak 18 und ihre modifizierten Versionen, die 8,8-cm-Flak 36 und 37 ihren taktischen Wert im Einsatz als Bodenwaffe. Die 8,8-cm-Kanone konnte sogar die 77 mm starke Frontalpanzerung des britischen Matilda auf 2000 Meter durchschlagen. Die Antipanzerstärke der doppelfunktionalen 8,8-cm-Flak sowie das taktische Können und die Professionalität der deutschen Truppen waren dafür verantwortlich, dass Rommels Männer bei Brevity und Battleaxe den ernsten Nachteil in Bezug auf die Panzer ausgleichen konnten (die deutschen Kommandeure rätselten stets, warum die Briten ihre 3,7-Zoll-Flugzeugabwehrkanonen nicht als Antipanzerwaffe einsetzten).

In der Schlacht von Gazala waren die wenigen 8,8-cm-Flak, die Rommel besaß, hauptverantwortlich für die hohen Panzerverluste des Gegners. Die kurz davor erfolgte Verstärkung des britischen Panzerabwehrkanonenarsenals durch die 5,7-cm-Sechs-Pfünder-Kanone, die der deutschen 5-cm-Pak 38 überlegen war, verschaffte den Briten allerdings eine taktisch Waffe im Antipanzerkampf, die die Panzerkillstärke der 8,8-cm-Flak einigermaßen ausglich. Diese Entwicklung, sowie die Unverwundbarkeit der Frontpanzerung des britischen Matilda II durch die 5-cm-Pak 40, veranlassten Hitler im Mai 1942, ein neues, wendiges Antipanzerfahrzeug an den Schauplatz zu senden. Der Panzerjäger 38(t) Marder III trug die mächtige ex-sowjetische 76,2-mm-Pak 36(r) in einem dreiseitigen Schild auf dem Chassis des veralteten Panzers 38(t). In der Schlacht von Gazala

Deutsche motorisierte Infanterie während Rommels Offensive früh im Jahr 1942. Gegen Ende 1941 hatten die verteidigenden Deutschen den Briten große Verluste zufügen können, indem sie ihre überlegene taktische Mobilität für verwegene Gegenschläge mit begrenzten Ressourcen an unerwarteten Orten ausnutzten.

versorgte der Marder III als Verstärkung der kleinen verfügbaren Zahl von 8,8-cm-Flak-Geschützen Rommels Infanterie mit der dringend benötigten mobilen Schlagkraft. Das Gefährt bewies, dass seine 76,2-mm-Kanone tödlich war, indem es etliche Dutzend britischer Tanks abschoss. Die Commonwealth-Truppen waren derart beeindruckt, dass sie annahmen, die Deutschen hätten einfach ihre starke 8,8-cm-Flak auf Vollkettenchassis montiert.

Rommel

Keine Erörterung der Leistung des deutschen Heeres in Nordafrika kann ohne eine Analyse Erwin Rommels, des „Wüstenfuchses", auskommen. Der Krieg in Nordafrika machte ihn berühmt. Am 12. Februar 1941 ließ ihn Hitler als Reaktion auf die schwere Niederlage, die die italienischen Einheiten eben durch die britischen und Commonwealth-Truppen erlitten hatten, nach Tripolis einfliegen. Der neue Kommandeur hatte nur eine kleine mobile Truppe bei sich, um den Italienern den Rücken zu stärken und ihre mögliche totale Niederlage gegen die von Ägypten aus vorrückenden, von den Briten geführten Kräfte abzuwenden. Hitler sah keineswegs voraus, dass das Afrikakorps spektakuläre Erfolge erringen würde, geschweige denn, dass der Schutz des dann Erreichten gegen britische Gegenstöße kostbare deutsche Reserven von der bevorstehenden Invasion der Sowjetunion (Barbarossa) an den Schauplatz Nordafrika abziehen würde.

Bei seiner ersten Schlacht früh im Jahr 1941 benutzte Rommel Beweglichkeit und List, um seine geringe Stärke zu vergrößern. Dadurch gewann er den psychologischen Kampf gegen die Briten. Die Deutschen setzten sogar Lastwagenkolonnen ein, um Staub aufzuwirbeln und den Anschein größerer Stärke zu erzeugen, und mit solchen Tricks umzingelten sie bei Mechili die britische 2. Panzerbrigade und nahmen sie und ihren Kommandeur gefangen. Wie im Westfeldzug 1940 benutzte das deutsche Heer wirksam Standardkriegslisten, um die Wirkung seiner Stärke auf den Gegner im Kampf zu maximieren.

Rommels Eigenmächtigkeiten machten ihn beim deutschen Generalstab kaum beliebt. Oft bewahrte ihn nur Hitlers Gönnertum vor dem Zorn des Oberkommandos, das Untergebene, die Befehle missachteten, gern bestrafte. Doch Kühnheit lohnte sich. Bemerkenswert am Erfolg Rommels in der Schlacht von Gazala etwa war, dass die Panzerarmee Afrika in allen Schlüsselbereichen unterlegen war. Zudem hatten die Deutschen fast keine Reserven. Sie waren daher als Angreifer bei den einsatzbereiten Panzern im Verhältnis drei zu eins in der Unterzahl. Bei der Artillerie stand das Verhältnis drei zu zwei für die Briten. Doch die Deutschen konnten ihre Geschütze (vor allem die 10,5-cm-leichte-Feldhaubitze 18) konzentrieren anstatt sie wie die Briten auf all ihre Divisionen aufzuteilen, was den numerischen Nachteil teilweise wettmachte. Bei der Luftunterstützung kam man am ehesten einem Gleichgewicht nahe. Die Briten hatten etwa 430 einsatzbereite Maschinen, die Achse 350.

In der ersten Schlacht von El Alamein am 2.–4. Juli 1942 gelang es Rommel nicht, die britischen Linien zu durchbrechen. Doch die Briten fürchteten dies so sehr, dass ihre Diplomaten in Kairo geheime Papiere verbrannten, die britische Flotte den Hafen von Alexandria verließ und die Zivilisten zu allen verfügbaren Transportmitteln griffen, um ostwärts nach Palästina zu gelangen. Doch die deutschen Einheiten war nach ihrem Marathonvormarsch zu müde und erschöpft, um einen Sieg zu erringen. Diese Niederlage legt nahe, dass Rommels Feldherrenkunst eine Schwäche aufwies. Er war nämlich bereit, Schlachten mit unzureichenden Truppen am Ende überdehnter Versorgungslinien zu bestreiten, die vorsichtigerere Kommandeure vermieden hätten.

Bei Alam Halfa wandte Rommel sein erprobtes Gambit an, im Norden einen Ablenkungsangriff zu starten, während er durch die Südachse schwenkte und sich dann nordwärts zum Alam Halfa-Kamm wandte und so die britischen Nach-

Britische Truppen im März 1943 in Tunesien. Zu dieser Zeit hatten die Deutschen eine völlig neue, verbesserte Version der berühmten 8,8-cm-Fliegerabwehrkanone, die Flak 41, erhalten, die die deutsche Panzerabwehr stärkte. Die 8,8-cm-Flak 41 übertraf die Flak 18 bei der Mündungsgeschwindigkeit um 20 Prozent, bei der vertikalen Reichweite um 30 Prozent. Glück für die alliierten Bodentruppen und Pech für das deutsche Heer, dass Hitler nach dem Tunesienfeldzug alle verfügbaren Flak 41 (ihre Zahl betrug im Januar 1945 nur 318 Stück) der Verteidigung des Reiches gegen die alliierten strategischen Bombardements zuteilte.

schublinien abschnitt. Zwar schränkte die Quattara-Senke die Bewegungsfreiheit der Panzer ein, doch bis 2. September war das Afrikakorps 32 km vorgestoßen und hatte den Alam Halfa-Kamm erreicht. Hier allerdings stoppten heftiger gegnerischer Widerstand, tiefe Minenfelder und Luftschläge der britischen RAF bei Tageslicht sowie Treibstoffknappheit der Achsentruppen Rommels entschlossenen Stoß. Oft ignorierte er logistische Probleme. Er glaubte, Verwegenheit und Aggressivität könnten sie wettmachen. Doch in einem Feldzug, der zunehmend von derartigen Faktoren beherrscht wurde, war dies eine ganz falsche Auffassung.

Wüsten-Taktik

Das Afrikakorps wandte oft wirksam die deutschen Standard-Offensiv- und Defensivtaktiken an, vor allem Panzerabwehrschirme zur Vernichtung gegnerischer Tanks, sodass die deutschen Panzer die Freiheit hatten, die gegnerischen zu umgehen und die feindliche Infanterie und den operativen Zusammenhalt zu vernichten. Rommels Truppe lieferte im Afrikafeldzug einer überwältigenden Übermacht einen gewaltigen Kampf und durch Professionalismus und ihre Kühnheit erreichte sie bemerkenswerte Erfolge. Dass sie Ägypten nicht erobern konnte, verdankte sie den oft überehrgeizigen Plänen des Feldmarschalls, bedenkt man seine begrenzten Ressourcen und ständigen Probleme mit der Logistik (siehe unten). Interessanterweise akklimatisierten die Deutschen ihre Truppen nicht an den Wüstenkrieg. Sie meinten, dies würde einen Teil ihres ersten Jahrs vor Ort, eine Zeit, in der sie körperlich maximal fit waren, vergeuden.

Die deutschen Panzerfallen sowie ihre kühnen mobilen Gegenmanöver überlisteten die auf die Infanterie fixierten Angriffe der Briten (ab früh im Jahr 1942 hatten alle deutschen Infanterieeinheiten Pak; allerdings konnte man nie wie geplant jedes Bataillon mit 18 7,62-cm-Kanonen ausrüsten). Die Deutschen waren besonders geschickt darin, die offene Wüste im Süden auszunutzen, um die britische Stellung zu umgehen und das gegnerische Hinterland anzugreifen. Bei Brevity und Battleaxe etwa führten sie vor, wie wirkungsvoll eine flexible, aggressive Verteidigung mit mobilen Panzerabwehrschirmen in Verbindung mit Panzergegenangriffen eine numerisch überlegene Attacke abschwächen kann.

Manchmal erschwerte aber Rommels Knappheit an Panzern die Verwertung. Am 20.–22. November 1941 etwa setzte er seine Pak aggressiv ein, um die britischen Panzerangriffe festzunageln, während er seine Panzertruppen bei Sidi Azeiz für einen kühnen Gegenstoß sammelte. Dann rückte er gegen Gabr Saleh vor, um die gegnerischen Panzertruppen im Hinterland anzugreifen, ehe er nordwestwärts schwenkte, um die britischen Angriffsspitzen, die Sidi Rezegh bedrohten, zu vernichten. Dass die Achsentruppen über so wenige Tanks verfügten, war aber bei der Ausführung dieser mobilen Gegenangriffe ein ernstes Hindernis. Denn jeder taktische Erfolg, den das Afrikakorps während seiner Verteidigung gegen die Operation Crusader erreichte, verzeichnete angesichts der tapferen britischen Panzerabwehraktionen große Panzerverluste, wie etwa am 23. November (dem „Sonntag der Toten") um Sidi Rezegh. Derart schwere Verluste an Kampfpanzern machten es für die übrig gebliebenen, bescheidenen Panzertruppen schwierig, die bereits erreichten taktischen Erfolge auszunutzen.

Da das deutsche Oberkommando nicht bereit war, zur Unterstützung Rommels Extratruppen nach Nordafrika zu senden (hauptächlich wegen der riesigen Zahlen, die inzwischen an die Ostfront gebracht wurden), mussten seine Einheiten bemerkenswert erfolgreiche, extemporierte Taktiken anwenden, die dann zur Legende vom Afrikakorps führten. Welche Taktiken waren dies? Einige Beispiele

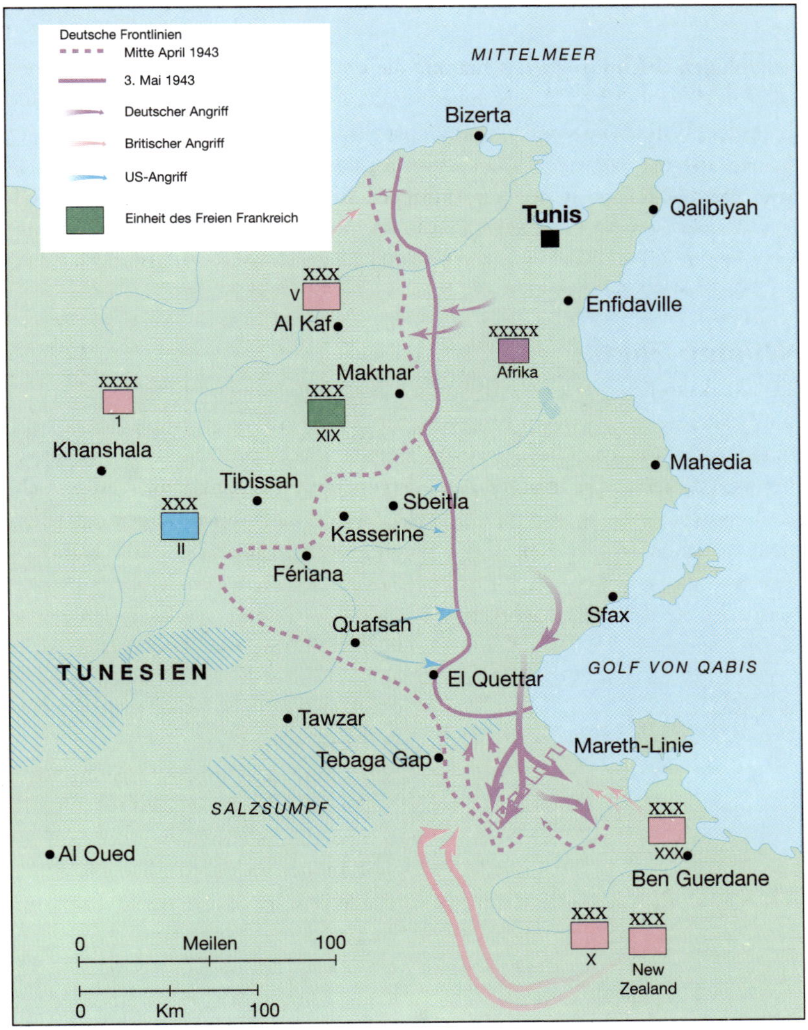

Die Lage in der Schlussphase des Afrikafeldzugs. Die Deutschen hatten es mit Gegnern zu tun, die an Luftmacht, Mannstärke und Ausrüstung erheblich überlegen waren. Die endgültige Niederlage konnte nur verzögert, nicht aber verhindert werden.

aus dem Wüstenkrieg illustrieren ihre Wirksamkeit, besonders die der gemischten Verbände, und die Stärke der Teile einer Panzerdivision.

Während der Offensive Rommels im Januar 1942 wurde die Kampfgruppe Marcks, kommandiert von Werner Marcks, aus vom 155. Regiment, der 21. Panzerdivision, 90. Leichten Division und der italienischen Panzerdivision Ariete abgezogenen Einheiten gebildet. Sie sollte als Speerspitze der Offensive Rommls agieren. Die Formation bestand aus Panzerkampfwagen an der Spitze (die Deutschen vertrauten sehr auf Schlachtfeldaufklärung und waren stets bereit, für Information zu kämpfen – die Aufklärungseinheiten der Panzerdivisionen verließen sich auf Kühnheit und Tempo sowie überlegene Ausbildung, um Information zu sammeln), gefolgt von Kampfpanzern, dann Lastern mit der Infanterie und Halbkettenfahrzeugen, die die Flak und die Artillerie schleppten. An jeder Flanke waren Kradfahrer der Aufklärungseinheit der Panzerdivision.

Am 21. Januar traf die Kampfgruppe auf britische Tanks und Pak. Marcks brachte rasch seine Artillerie in Stellung und sie eröffnete das Feuer. Dann gerieten die Panzer aneinander und lieferten sich einen Feuerwechsel. Die Kradfahrer der Aufklärungseinheit wurden nach vorn geschickt. Dort stiegen sie ab und funkten unter Feuerschutz durch Granatwerfer und MG die Position der gegne-

Der Tiger I

Die Verlegung von schweren Panzern VI Modell E Tiger I nach Nordafrika im Dezember 1942 half den Achsentruppen, die Lage nach dem doppelten Desaster der Operation Torch und Rommels „Großem Rückzug" nach der zweiten Schlacht von El Alamein wieder zu stabilsieren. Der Tiger I war ein vierschrötiges Fahrzeug mit 56 Tonnen Gewicht. Er trug eine tödliche 8,8-cm-KwK-43-L/56-Kanone. Der Schutz, den er bot, war beeindruckend. Seine Frontalpanzerung war 110 mm stark, an den Seiten und hinten waren die Panzerplatten 80 mm dick. Abgesehen von den ersten Fahrzeugen wurde der Tiger von einem 700-PS-Maybach-HL-230-Motor angetrieben, der eine Straßengeschwindigkeit von 38 km/h, doch im Gelände nur bescheidene 20 km/h erreichte. Da der Tiger für den Transport auf dem deutschen Standard-Plattformwagen zu groß war, entwickelte Henschel ein neues Zwei-Ketten System für das Fahrzeug. In der Schlacht benutzte der Tiger breite 725-mm-Kampfketten, wurde er aber mit der Bahn transportiert, so wurden diese durch schmälere Transportketten ersetzt. Der Tiger gab sein Einsatzdebüt im August 1942 an der Ostfront, focht aber viele seiner frühen Aktionen im Frühjahr 1943 in Nordafrika. Obwohl er eine extrem starke Kanone trug und schwer gepanzert war, wurde seine Wirksamkeit im Kampf durch ständige Motorprobleme und seine begrenzte Mobilität etwas verringert. Trotzdem erwies sich der Tiger beim Einsatz in Defensivschlachten, die ab 1943 beim deutschen Heer vorherrschten, als Furcht einflößender Panzerkiller, der den deutschen Widerstand gegen alliierte Überzahl verstärkte. Pech für das deutsche Heer, dass stets zu wenige Tiger verfügbar waren (es wurden nur 1.354 hergestellt), als dass sie die in der zweiten Kriegshälfte ständig schlechter werdende strategische Lage verbessern könnten.

rischen Tanks zurück. Marcks brachte seine Flak nach vorn. Sie eröffnete ein verheerendes Feuer auf die britischen Pak und Tanks. Als Marcks schätzte, es seien genügend gegnerische Tanks und Pak zerstört, befahl er seinen Panzern und Halbkettenfahrzeugen, unterstützt durch seine Artillerie und Flak, durch die Bresche vorzurücken. Die verbleibenden britischen Kräfte zogen sich zurück und überließen Marcks das Feld. Seine Artillerie und Flak wurde aufgeprotzt und folgte dem Rest der Kampfgruppe. Als diese später von britischer Infanterie attackiert wurde, wurde letztere durch MG-Feuer zu Boden gezwungen und dann mit Granaten der Acht-Acht eingedeckt.

Im ersten Teil des Wüstenkriegs besaßen die Deutschen bei der Reichweite einen Vorteil, der bei vielen Auseinandersetzungen entscheidend wirkte. Die Panzereinheiten bestanden meist aus Panzern III und IV. Der Panzer III trug eine 5,0-cm-, der Panzer IV eine 7,5-cm-Kanone, deren Sprenggranaten bis zu 2740 Meter erreichten. Bei Battleaxe kämpften die Tanks der deutschen 5. Leichten Division gegen die 7. Panzerdivision. Aus 2740 m Entfernung eröffneten die deutschen Panzer das Feuer. Die britischen Tanks mit ihren Zwei-Pfündern blieben unbeschädigt, doch die Mannschaften und Geschütze der unterstützenden 25-Pfünder wurden vernichtet. Am 16. Juni 1941 griff ein Bataillon von 40 Panzern eine Linie von zehn britischen Cruisern, unterstützt von einer Batterie 25-Pfünder, an. Als die deutschen Panzer vorrückten, wurden die 25-Pfünder der Reihe nach abgeschossen, ehe die britischen Tanks antworten konnten.

Auch in der Verteidigung wurden wirksam Kampfgruppen eingesetzt. Am 6. Juni 1942 wurde in der Schlacht von Gazala die Kampfgruppe Wolz aus Teilen des 33. Aufklärungsbataillons, 33. Pak-Bataillons und des 2. Bataillons des 25. Flak-Regiments gebildet. Bei einem Angriff britischer Tanks im Knightsbridge-Bereich wurden die 8,8-cm-Flak in Linie gebracht, um die gegnerischen Tanks zu stoppen. Dies gelang: 50 britische Panzer wurden dabei abgeschossen.

Bei Gazala wandte Rommel seine bevorzugte Kriegslist an, indem er den nördlichen Teil der Panzerarmee Afrika einen Ablenkungsangriff entlang der direkten Route nach Tobruk ausführen ließ, während das Afrikakorps die südlichste gegnerische Verteidigungs-„Box" bei Bir Hakeim umging, um die anderen „Boxen" von hinten zu attackieren. Die 1. Brigade des „Freien Frankreich" aber hielt in der Bir Hakeim-Box zehn Tage lang heroisch stand. Dies störte Rommels Offensive. Am 28.–31. Mai zertrümmerte das Afrikakorps die britische 150. Brigade-Box im „Kessel", sodass es direkte Versorgungslinien zu seinen Angriffsspitzen herstellen konnte. Am 5.–6. Juni wehrte es den erwarteten (nun zu späten) britischen Panzergegenstoß aus dem Osten ab, wobei es schwere Verluste verursachte. Doch den Achsentruppen gelang dieser große Erfolg nur unter sehr schweren eigenen Verlusten. Denn die von den Briten bei Gazala eingesetzten neuen Grant-Tanks konnten es mit den deutschen Panzern aufnehmen (der erwähnte Vorteil bei der Reichweite wurde neutralisiert). Doch der Wüstenfuchs fuhr unbeirrt mit seinen Panzeroperationen fort und bis zum Abend des 6. Juni hatte das Afrikakorps bei Gazala die Initiative ergriffen. Die Schlacht war ein perfektes Beispiel dafür, was man mit einer Kombination von wirksamer Taktik, gemischten Verbänden und einem verwegenen Kommandeur erreichen kann.

Triumph der Tiger

Im Feldzug in Tunesien war die deutsche Niederlage unvermeidbar. Trotzdem zeigte das Afrikakorps immer noch seine taktische Meisterschaft. Im Februar 1943 etwa wandte von Arnim trotz des ungünstigen Kräftegleichgewichts an der Front begrenzte Gegenoffensiven an. Bei einem solchen Gegenstoß entlang der Straße nach Pont du Fahs zeigten die Tiger des 501. Bataillons wieder ihre Widerstandsfähigkeit gegen das britische Antipanzergerät. An jenem Tag geriet ein deutscher Panzerkeil von 16 Panzern III und IV mit zwei Tigern an der Spitze in einen britischen Panzerabwehrhinterhalt. Ein Dutzend 6-Pfünder-Pak bekämpften die Tiger auf kurze Distanz. Das Fahrzeug an der Spitze wurde erst durch den zehnten Treffer, der seine Seitenpanzerung durchschlug, ausgeschaltet. Nachfolgende alliierte Tests am Wrack zeigten, dass der britische 6-Pfünder die Frontalpanzerung nicht einmal auf selbstmörderisch kurze Distanz durchschlug.

In der Kasserine-Operation, vor allem in der Nacht des 19./20. Februar bei Dschebel Chambi, griffen deutsche Soldaten in einem nächtlichen Einsatz erfolgreich amerikanische Verteidigungsstellungen an bzw. drangen an ihnen vorbei vor. Diese Erfolge bewiesen wieder, wie sehr das deutsche Heer die Ausbildung im Nachtkampf nach den im Polenfeldzug 1939 gezeigten Schwächen verbessert hatte. Allerdings schlossen britische und amerikanische Reserven nach diesen anfänglichen Erfolgen rasch die Lücke und die Deutschen waren zu schwach, ihren Vorteil auszunutzen. Die Achse hatte zwar um den Preis von 2000 eigenen Truppen den Alliierten 10.000 Mann Verluste beigebracht, doch diese konnten ihre Verluste viel leichter ersetzen als Rommel.

Neben der überlegenen Taktik, der besseren Ausbildung und dem totalen Vertrauen in die eigene Ausrüstung besaßen die Deutschen in Nordafrika einen weiteren Vorteil gegenüber den Alliierten, wie der Militärhistoriker Barrie Pitt meint: „Die britischen Verstärkungen kamen in kompletten Formationen (meist in Divisionen, manchmal, wie bei Crusader, auch in Brigaden) und gingen als solche in den Kampf ... Rommels Verstärkungen aber trafen als einzelne Soldaten ein und wurden einzeln den unterbesetzten Verbänden zugeteilt – und wenn sie in den Kampf gingen, so wurden sie von erfahrenen Männern begleitet, oft auch angeführt ... einem Kern kampferprobter Veteranen, die die Härten des Wüstenkriegs leicht ertrugen und Gefahren sofort erkannten, sich ohne hohles Gerede und unnütze Wut auf das, was nötig war, konzentrierten – und die Neuankömmlige dasselbe lehrten." Pitt hätte noch die besonders zwischen Juli und November zur weiteren Verbesserung der Grundausbildung häufig abgehaltenen

Übungen erwähnen können. Man betonte dabei vor allem kombinierte Infanterie-Artillerie-Panzer- und Artillerie-Panzer-Flugzeug-Aktionen. Die Deutschen hielten auch ein hohes Trainingsniveau beim Einsatz und der Pflege von Waffen, Ausrüstung und Fahrzeugen aufrecht. Alle Waffen wurden sorgfältig gereinigt, doch danach nur leicht eingeölt. Ansonsten hätte sich der Staub in die Metalloberflächen hineingefressen.

Deutsche Panzer werden in Tripolis ausgeladen. Da in Nordafrika beide Seiten in einem feindseligen Klima über weite Gebiete am Ende langer und anfälliger Versorgungslinien kämpften, bestimmte die Logistik den Ausgang der Operationen. Die deutschen Nachschublinien waren besonders anfällig. Sie erstreckten sich von Italien über das Mittelmeer zu den Häfen Benghasi, Tripolis und Tobruk sowie ab Ende 1942 den Häfen Tunesiens. Da die Alliierten diese Verbindungslinien behindern konnten, gingen ihrem Gegner das Gerät und die Versorgung aus.

Zuletzt aber behinderten externe Faktoren die deutschen Anstrengungen in Nordafrika. Erstens beraubten die erfolgreichen gegnerischen Angriffe auf die Achsen-Nachschublinien über das Mittelmeer Rommel der Ressourcen, die er für operative Effizienz brauchte. In diesem durch die Logistik dominierten Krieg erwies sich der Einsatz des britischen „Ultra"-Nachrichtendiensts als besonders nützlich, da er die Alliierten Zeitpunkt und Routen der Versorgungskonvois der Achse schon zuvor wissen ließ. Zweitens war die Effizienz der gemeinsam mit den Deutschen kämpfenden italienischen Truppen unterschiedlich. Drittens schwächte die Notwendigkeit, die verschiedenen italienischen und deutschen Strategien zu verbinden, Rommels Position. Viertens war der Hafen von Tripolis für die benötigte Nachschubmenge zu klein. Da fünftens Hitler immer nur wollte, dass Nordafrika gehalten wurde, erhielt Rommel nie die nötige Unterstützung aus Berlin für einen strategischen Sieg, die Einnahme Kairos und (vielleicht) eine Wende des Kriegsausgangs. Und nach der zweiten Schlacht von Alamein hatten die Briten eine numerische Überlegenheit, die keine noch so überragende deutsche Taktik ausgleichen konnte.

Auch wenn er über dem Mittelmeer war, musste der Nachschub der Achse noch hunderte Kilometer über die Straßen transportiert werden, ehe er die Fronttruppen erreichte. Die Versorgung auf dem begrenzten Straßennetz zur Front zu schaffen, verbrauchte viel kostbaren Treibstoff, den motorisierte Fronteinheiten benötigten, und Angriffe der RAF zerstörten viele Fahrzeuge auf der Fahrt durch die offene Wüste. Malta, auf der Route von Italien nach Afrika liegend, wurde bald zum Angelpunkt der deutschen Anstrengungen, die Nachschublinien offen zu halten. Die Achse belagerte die Insel lange und schließlich erfolglos, nachdem sie sie bombardiert hatte. Hätte sie ihren Plan, Malta durch einen Luftlandeangriff einzunehmen, ausgeführt, und hätte Hitler dem Krieg im Mittelmeer und in Nordafrika mehr Ressourcen zugeteilt, so hätte Rommel vielleicht den Mittleren Osten erobern können. Ein Versorgungskonvoi, der nach Nordafrika durchkam, konnte extrem folgenreich werden. Aufgrund des Eintreffens von sechs Schiffen mit neuen Panzern im Januar 1942 konnte Rommel seinen Angriff starten, der ihn bis nach El Alamein brachte. Umgekehrt war der Verlust von zwei italienischen Schiffen mit 4.400 Tonnen Treibstoff während der zweiten Schlacht von El Alamein kritisch, da Rommels Truppen bereits gefährlich wenig Benzin hatten. Wie Rommel begann auch Stumme bald über den Nachschubmangel, besonders an Treibstoff für die Tanks und Laster, zu klagen. Am 19. Oktober 1942 meldete Stumme, seine Truppen hätten beim gegenwärtigen Verbrauch nur noch Benzin für 11 Tage, Munition für neun Kampftage und Brotrationen für 21 Tage. Er benötigte dringend Reifen und Ersatzteile für die Fahrzeuge, die Verstärkung war gering, Unterernährung verbreitet und die Krankheitsraten stiegen.

Am 23. Oktober 1943 schlug Montgomerys 8. Armee mit einem Artilleriebeschuss aus 1000 Geschützen, verstärkt durch Luftangriffe, los. Unter diesem entsetzlichen Feuerhagel startete Montgomery einen umfangreichen Panzer- und Infanteriesturm tief in die deutschen Stellungen. Die Briten hatten 194.000 Mann, Rommels Kommando 104.000. Aus der Luft unterstützten 530 Maschinen die britische Offensive, Rommel konnte nur auf 340 Flugzeuge zählen.

Logistik – die Achillesferse

Rommels Knappheit an Männern und Ausrüstung verhinderte, dass er Montgomerys entschlossene Stöße wirksam aufhalten konnte. Er kehrte von seinem Erholungsaufenthalt in Deutschland zurück, um der Krise zu begegnen. Nachdem er die 21. Panzer- und die italienische Ariete-Division nach Norden verlegt hatte, griff er mit ihnen gegen den drohenden australischen Stoß entlang der Küste (ein Teil der „Zerbröselungs"-Attacken Montgomerys) an. Rommel wusste, dass seine Gegenmaßnahmen Erfolg haben mussten, denn der Panzerarmee Afrika fehlten Transporter und Benzin, um all seine Männer abzuziehen, sobald die Verteidigungslinie brach. Stoppte er Montgomery nicht, so konnte seine ganze Armee in den nachfolgenden britischen Verwertungsoperationen vernichtet werden. Da den Achsentruppen die Mobilität fehlte, Montgomerys Attacken weiter zu stoppen, musste Rommel westwärts fliehen und ganz Libyen aufgeben.

Anfang 1943 bemühten sich Deutsche und Italiener, die bereits unterbesetzten Achsentruppen in Tunesien weiter mit Benzin, Munition und Verpflegung zu versorgen. Im Januar–Februar 1943 richteten die Deutschen eine Luftbrücke für einen kleinen, doch beständigen Strom von Verstärkung und Nachschub ein. Trotz der entschlossenen alliierten Luft- und Seeangriffe, die die Achsentruppen in Tunesien abschneiden sollten, flogen etwa 200 Ju-52-Transporter sowie 15 sechsmotorige Me 323 (Gigant) wiederholt gefährliche Versorgungseinsätze nach Tunesien. Die Luftbrücke hielt bis April 1943. Dann vereitelten die eskalierenden alliierten Luftangriffe praktisch alle Versuche der Achse, die Heeresgruppe Afrika aus der Luft oder übers Meer zu versorgen.

Die Ostfront 1941–1942

Hitlers Invasion der Sowjetunion im Juni 1941, das Unternehmen Barbarossa, war ein titanischer Zusammenstoß der Waffen. Doch statt den bolschewistischen Staat rasch zu vernichten, verwickelte Barbarossa das deutsche Heer in einen brutalen Materialkrieg.

Berücksichtigt man alle Faktoren, so war das deutsche Heer von 208 Divisionen, das am 22. Juni 1941 Unternehmen Barbarossa begann, nur geringfügig stärker als sein kleinerer Vorgänger vom Mai 1940. Bis Juni 1941 hatte das Heer eine kleine Zahl effizienter neuer Waffen wie die 5-cm-Pak 38 eingeführt. Es hatte auch das Ausbildungsniveau der nachgeordneten Offiziere und Mannschaften gesteigert. Die Verbesserungen bei Aurüstung und Ausbildung wurden aber durch Knappheit an Männern und Gerät und das Unvermögen, die Zahl der an der Front verfügbaren Panzer, Artillerie und Pak zu steigern, ausgeglichen. Diese Mängel sollten sich als wichtig erweisen, da im Sommer 1941 eine nur geringfügig als zuvor stärkere Wehrmacht es mit einem weit stärkeren Gegner, als es ihre bisherigen waren, zu tun haben würde. Trotzdem waren Zahlen nur die halbe Geschichte. Das deutsche Heer fiel nach fast zwei Jahren ununterbrochener Siege in die Sowjetunion ein. Die Moral war am Höhepunkt – die Wehrmacht glaubte, sie könne die Rote Armee rasch und leicht besiegen.

Der endgültige Plan für Barbarossa sah einen dreizinkigen Überfall durch drei Heeresgruppen vor. An der Nordachse sollte Generalfeldmarschall Ritter Wilhelm von Leebs Heeresgruppe Nord Leningrad einnehmen, sich mit den von Karelien kommenden, auf deutscher Seite kämpfenden finnischen Trupen verbinden und dann weiterstoßen, um Archangelsk am Weißen Meer zu nehmen. Fünf weitere deutsche Divisionen würden aus Nordnorwegen kommend den finnischen Zug durch Nordkarelien unterstützen und den Hafen Murmansk erobern. Im Zentralabschnitt der Front sollte Generalfeldmarschall Fedor von Bocks Heeresgruppe Mitte durch Weißrussland auf direktem Weg über Smolensk nach Moskau und weiter durch Gorkij und Kazan zum Ural vorrücken. Die Heeresgruppe Mitte war

Deutsche Infanterie während der ersten Tage Barbarossas. Die physisch robusten Infanteriedivisionen versuchten durch Gewaltmärsche verzweifelt, mit den Panzern Schritt zu halten. In den fünf Wochen bis zum 28. Juli legten etwa die Männer einer der Formationen Leebs (die 12. Infanteriedivision) 900 Kilometer bei einer Durchschnittsrate von 24 Kilometern pro Tag kämpfend zurück!

vom Südabschnitt, wo Generalfeldmarschall Gerd von Rundstedts Heeresgruppe Süd eingesetzt wurde, durch die Pripjet-Sümpfe getrennt. Diese Formation enthielt auch rumänische, ungarische und slowakische Truppen. Die Heeresgruppe Süd sollte (über Kiew und Charkow) durch die Ukraine nach Rostow am Asowschen Meer vorrücken und von da südostwärts in den ölreichen Kaukasus und ostwärts durch Kasachstan zum Südural bei Orsk vorstoßen.

Die Ziele Barbarossas waren eine konfuse, widersprüchliche Mischung. Das Unternehmen verband wirtschaftliche Ziele wie die Landwirtschaft der Ukraine, die Industrie des Don-Beckens und das Öl im Kaukasus mit Siedungszentren, die auch eine Rolle als Verkehrsknotenpunkte spielten, wie Moskau, Kiew und Charkow, und zielte zugleich auf Häfen wie Leningrad, Rostow und Sewastopol, deren Einnahme die Flanken des Achsenvorstoßes schützen sollte. Derart viele verschiedene Ziele ließen die Invasionstruppen ohne klares Hauptziel, auf das sie ihre Aufmerksamkeit richten konnten.

Beeindruckend war der immense Umfang des Unternehmens. Die Ausgangsposition (abgesehen vom finnischen Abschnitt) reichte 1.464 km von der Ostsee bis zur rumänischen Schwarzmeerküste. Die Heeresgruppe Nord musste 788 km vorrücken, um Leningard zu erreichen, das Zwischenziel der Heeresgruppe Mitte, Moskau, lag 990 km entfernt. Die Heeresgruppe Süd musste 1.410 km vorstoßen, um Stalingrad, und 2.415 km, um den Südural zu erreichen.

Schlachtordnung

An der Spitze der Heeresgruppe Nord stand die Panzergruppe 4 Generaloberst Hoepners mit den sechs mechanisierten Divisionen des XXXXI. und LVI. Motorisierten Korps. Zwei Panzergruppen, später Panzerarmeen (Generaloberst Heinz Guderians Zweite und Generaloberst Hoths Dritte), führten den Angriff der Heeresgruppe Mitte an. Guderians Kommando bestand u. an aus dem XXIV., XXXXVI. und XXXXVII. Panzerkorps, insgesamt neun mobile Divisionen, während die Panzergruppe 3 die vier Panzerdivisionen des XXXXI. und LVI. Panzerkorps umfasste. Und schließlich stand Generaloberst Ewald von Kleists Panzergruppe 1 mit den neun mechanisierten Divisionen des III., XIV. und XXXXVIII. Panzerkorps an der Spitze des Vormarsches der Heeresgruppe Süd. Neben diesen Einheiten bestand der Hauptteil der drei Heeresgruppen aus Infanteriearmeen, die den Panzern nachfolgen und Gebiet besetzen und säubern sollten. Im finnischen Abschnitt setzte Marschall Mannerheim eine finnische Armee von 18 Divisionen ein. Die Heeresgruppe Nord verfügte über die 21 Infanteriedivisionen der 16. und 18. Armee, die Heeresgruppe Mitte führte die 4. und 9. Armee mit 15 bzw. 17 Divisionen ins Feld und die Heeresgruppe Süd verfügte über drei deutsche Armeen (die 6., 11. und 17.) mit 32 Divisionen sowie 14 Divisionen der rumänischen 3. und 4. Armee. Die 2. Armee stand in Reserve.

Der deutsche Ostfeldzug von 1941, das Unternehmen Barnbarossa, kann in vier Phasen unterteilt werden. Die erste dauerte vom 22. Juni bis 19. Juli. In dieser Periode fingen die schnell vorrückenden Panzerspeerspitzen hunderttausende Soldaten der Roten Armee in gigantischen Kesseln wie bei Minsk und Smolensk und besiegten die sowjetische Armee in Weißrussland total. In der zweiten Phase (20. Juli bis 21. August) ließ Hitler durch die Weisung Nr. 33 die Flanken verstärken und Panzertruppen von der zentralen Moskau-Achse weg verlegen. So wurde Guderians Panzergruppe 2 zur Verstärkung der Heeresgruppe Süd gesandt, während Hoths Panzergruppe 3 nach Norden ging, um den Angriff auf Leningrad zu unterstützen. Die dritte Phase vom 22. August bis 26. September sah die

Der erste deutsche Plan (August 1940) für die Invasion der Sowjetunion sah einen Zug durch Weißrussland in Richtung Smolensk mit einem Doppelstoß auf Kiew vor. Die Flanken an der Ostsee und am Schwarzen Meer sollten für bloße Verschleierungsoperationen dienen.

Die OKH-Variante vom 5. Dezember 1940 wandelte den ursprünglich doppelten Stoß in einen dreifachen um. Der Zug gegen Leningrad wurde dabei verstärkt.

Führerweisung Nr. 21 (Unternehmen Barbarossa) vom 18. Dezember 1940, das als Ziel der Invasion die Vernichtung des in den westlichen Gebieten der Sowjetunion stehenden Hauptteils der Roten Armee festsetzte. Die Deutschen versuchten, die Rote Armee in der 400-km-Grenzregion am Dnjepr und an der Dwina zu vernichten. Sobald das deutsche Heer diese Aufgabe erfüllt hatte, sollte es gegen den Ural weiterstoßen.

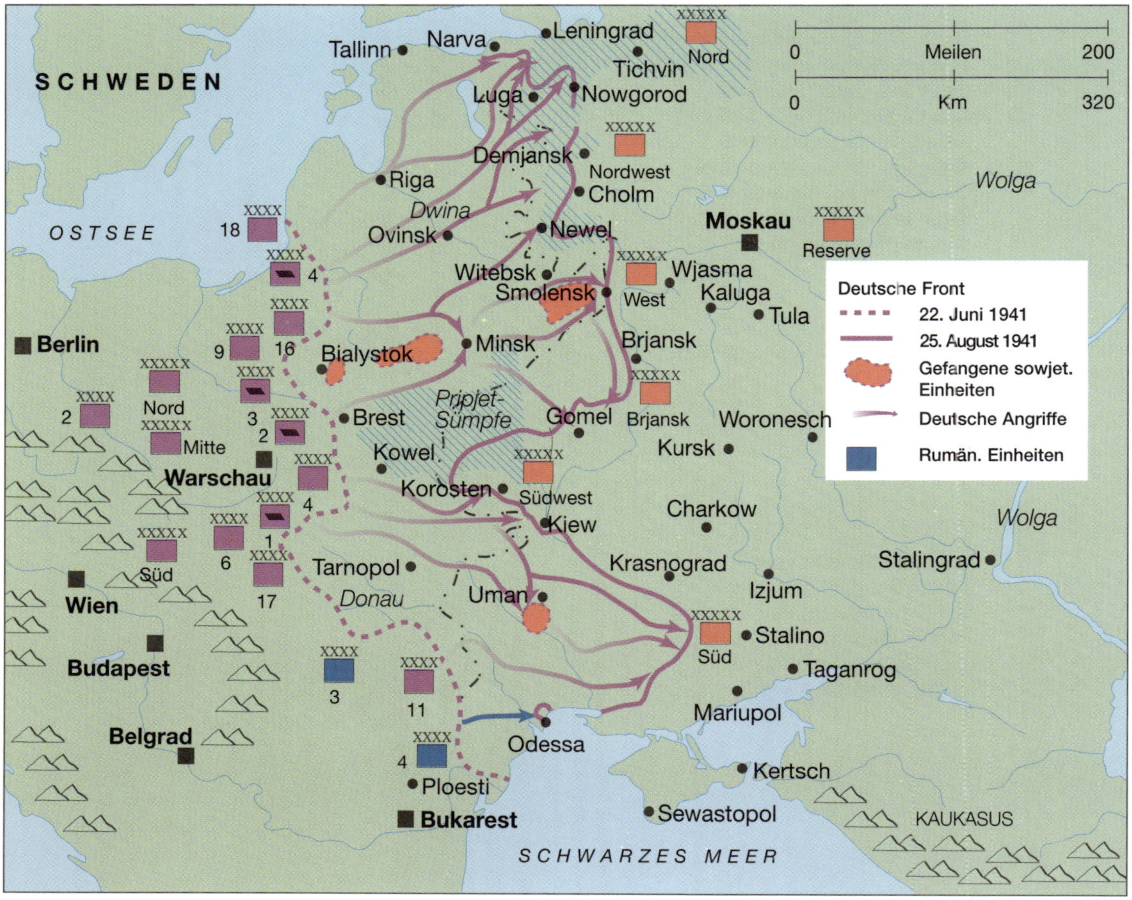

Vernichtung des Kessels von Kiew vor, die zur Kapitulation von 665.000 sowjetischen Soldaten führte. Dieser Sieg, ein Cannae des 20. Jahrhunderts, war wohl der größte Triumph der Wehrmacht im Zweiten Weltkrieg. Die vierte Phase dauerte von Oktober bis Anfang Dezember 1941. In dieser Periode änderte Hitler abermals die Pläne und befahl einen Angriff auf Moskau (Unternehmen Taifun). Dieser begann am 2. Oktober Doch die deutschen Panzer- und Infanteriedivisionen waren nun aufgrund von Abnutzung auf 50 Prozent ihrer Effizienz reduziert und durch die zweimonatige Verzögerung kam ein weiterer Faktor zum Tragen: der Schlamm. Regen verwandelte die Straßen in Morastseen, was den Vorstoß verlangsamte, dann ganz stoppte. Der Beginn des äußerst kalten russischen Winters im November erlaubte die Fortsetzung des Vormarsches, doch nun war das deutsche Heer an den Grenzen seiner Ausdauer angelangt. Taifun stoppte im frühen Dezember. Dies signalisierte das Scheitern Barbarossas und den Beginn der Zerreißprobe des deutschen Heeres in Russland.

In den Morgenstunden des 22. Juni 1941 starteten 161 Divisionen der Achse ihren Angriff auf die Sowjetunion. Sobald sie in der ersten Woche des Unternehmens Barbarossa durch die sowjetischen Grenzverteidigungsanlagen waren, stießen die Panzerverbände tief ins Hinterland des Gegners, wo sie bald über die weit vorgerückt angelegten Versorgungsdepots der Roten Armee herfielen. Zur Erleichterung des Vorstoßes setzte das Heer wieder Spezialkommandos ein, besonders Russisch sprechende Brandenburger in erbeuteten gegnerischen Uniformen und Fahrzeugen (diese waren eine Beute der Finnen aus dem Winterkrieg von

In den ersten zehn Tagen des Feldzugs eilten die mechanisierten deutschen Angriffsspitzen durch die westlichen Grenzgebiete der Sowjetunion. Am 1. Juli querten etwa die mobilen Divisionen der Heeresgruppe Nord in Estland die Dwina, nachdem sie 321 km bei einem Tagesschnitt von 32 km zurückgelegt hatten. Doch zwang Leeb sein Doppelauftrag, nach Leningrad vorzurücken und die Nordflanke der Heeresgruppe Mitte zu schützen, die ohnehin schwache Panzergruppe 4 aufzuspalten. Reinhardts XXXXI. Motorisiertes Korps rückte also direkt in Richtung Leningrad vor, während Mansteins LVI. Panzerkorps die südlichere und östlichere Route über Nowgorod nahm.

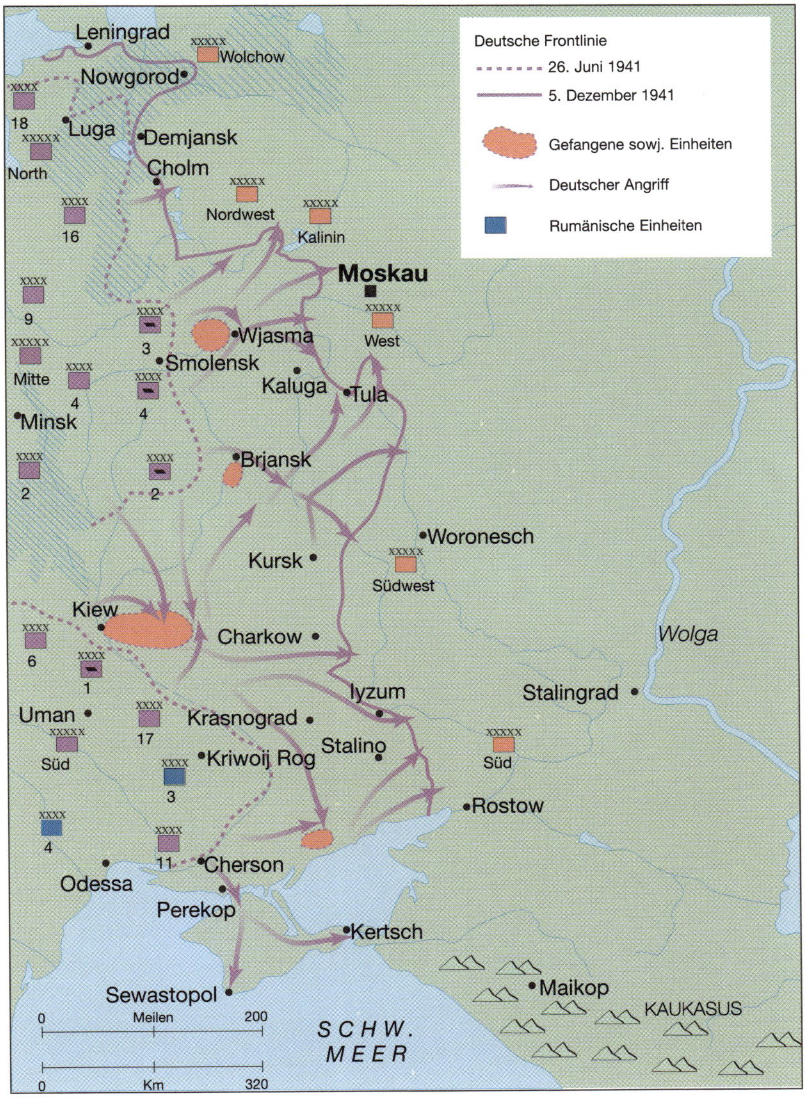

Die Führerweisung Nr. 33 vom 19. Juli verlegte das deutschen Hauptaugenmerk weg von Moskau südwärts in die Ukraine. Hier planten die Deutschen in der zweiten Augusthälfte durch die Kooperation der Panzergruppe 1 Kleists von der Heeresgruppe Süd und Guderians Panzergruppe 2 von der Heeresgruppe Mitte eine weitere große Doppelumfassung. Bereits Mitte Juli hatten Kleists Panzer mit einem Stoß gegen den Dnjepr Vorbereitungsoperationen gestartet, um die Südflanke einer Ansammlung immobiler gegnerischer Infanterie westlich Kiews zu umgehen. Elemente des Verbandes Kleists stießen auch südwärts und verbanden sich am 3. August mit der 17. Armee, um bei Uman 200.000 sowjetische Infanteristen einzukreisen. Inzwischen stießen Kleists Kräfte weiter südwärts, bis sie am 12. August Krementschug am Dnjepr, 177 km hinter der sowjetischen Nord-Süd-Hauptverteidigungslinie von Gomel bis Kiew, einnahmen. Konnten Kleists Panzer nordwärts stoßen und sich mit dem geplanten Zug der Panzer Guderians südwärts verbinden, so würde diese Einkreisung fünf sowjetische Armeen einschließen. Es gelang und die Falle schloss im Kessel von Kiew 665.000 Mann der Roten Armee ein.

1939–1940). Die Einheiten operierten verdeckt tief hinter den feindlichen Linien, sicherten wichtige Brücken und kappten Telefonleitungen, um Kommando und Übersicht des Gegners zu lähmen. Tatsächlich verlor das sowjetische Oberkommando in den ersten Stunden des Krieges den Kontakt zu den Ereignissen an der Front und befahl etwa Armeen, die durch den Überfall der Achse bereits zerstört waren, zum Gegenangriff!

Bald nach Beginn der Offensive schlossen die Deutschen sowjetische Armeen in riesigen Kesseln ein (bei Bialystok, Minsk, Smolensk und Kiew), während die Panzer zu ihren Zielen vorausstürmten. Im Norden etwa legten Hoepners Tanks in nur 24 Tagen 587 km zurück, im Durchschnitt 24 km pro Tag. Bei diesem Tempo würden die Panzer binnen vier Tagen in Leningrad sein.

Während die Deutschen im August und September 1941 in der Ukraine aufräumten, stießen die Elitetruppen der Panzergruppe 4 weiterhin an der Nordachse nordöstlich gegen Leningrad. Am 7. September erreichten sie den Lagoda-See und schnitten die letzte Landverbindung der Stadt mit dem Rest der Sowjetunion ab. Am nächsten Tag gab Hitler neue Befehle für die Fortsetzung des Feldzugs aus. Der

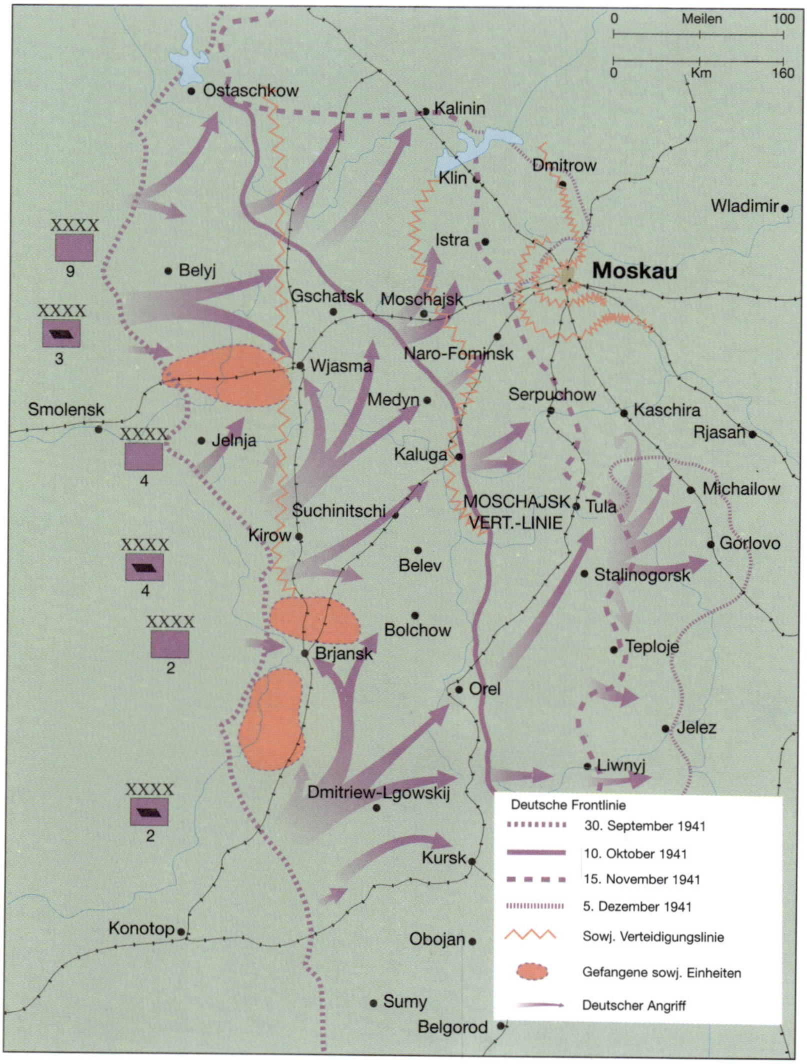

Unternehmen Taifun, der Angriff auf Moskau. In der ersten Oktoberwoche 1941 entwickelte sich Taifun bei gutem Wetter für die Deutschen viel versprechend. Sie trafen aber immer noch auf fanatischen Widerstand. Als sie jedoch ab dem 8. Oktober ihre Umzingelungen zu komplettieren versuchten, begann der mächtige Herbstregen. Bis zum 15. Oktober hatte Dauerregen die wenigen Straßen und die Wege in der Region in unpassierbaren Morast verwandelt, was die Deutschen zum Kriechtempo verurteilte. Mit heroischer Anstrengung der erschöpften, durchnässten Truppen, die ständig stecken gebliebene Panzer aus dem knietiefen Schlamm graben oder ziehen mussten, konnten die Panzerdivisionen gerade einmal einen Kilometer pro Tag vorrücken. Diese Bedingungen verhinderten, dass die Deutschen ihre unglaublichen Erfolge bei Brjansk und Wjasma (670.000 Gefangene) durch einen schnellen Panzerstoß gegen Moskau ausnutzten.

viel versprechende Stoß in der Ukraine sollte zu einem Zug bis Charkow und auf die Krim ausgedehnt werden. Zugleich sollte die Heeresgruppe Nord ihre Operationen gegen Leningrad fortsetzen, doch nun sollte die Stadt durch Belagerung zur Aufgabe gezwungen werden. So würden Panzer für die Moskau-Achse frei.

Als hätte das deutsche Heer mit diesen beiden Aufgaben nicht genug zu tun, forderten Hitlers Weisungen vom 8. September auch noch, dass die Heeresgruppe Mitte gleichzeitig ihren Angriff gegen Moskau wieder aufnehme. Zur Umsetzung der Befehle des „Führers“ ging die Panzergruppe 2 im späten September aus der Ukraine wieder zurück an die Stellungen, die sie im späten Juli um Smolensk gehalten hatte. Zudem kehrten auch Elemente der Panzergruppe 3 ins Gebiet von Smolensk zurück, während Elemente der Panzergruppe 4 Hoepners von Leningrad hinunterzogen, um sich dem Stoß in Richtung Moskau anzuschließen. Am 30. September 1941 starteten die 78 Divisionen der Heeresgruppe Mitte mit dem Großteil der drei Panzergruppen (1.350 Tanks) an der Spitze das Unternehmen Taifun gegen Moskau.

Starker Regen zwang die Deutschen zu einem Kriechtempo, da sich der Boden in einen Schlammsee verwandelte, und die Rote Armee so die verzweifelt nö-

Deutsche Logistik-Probleme

Der beispiellose Umfang des Unternehmens Barbarossa stellte das deutsche Heer vor enorme logistische Probleme. Zwar hatte die Wehrmacht vor dem Juni 1941 große Anstrengungen unternommen, ihre logistischen Kapazitäten zu steigern, doch übersteigertes Selbstbewusstsein der deutschen Planung führte zu überoptimistischen logistischen Berechnungen. Noch in der Planungsphase merkte man, dass man sich jenseits Smolensks nicht selbst erhalten konnte, und setzte sich daher das Ziel, die Rote Armee westlich dieser Stadt zu vernichten. Entgegen der verbreiteten Annahme war das deutsche Heer von 1941 keine motorisierte Truppe. Abgesehen von der kleinen Zahl der mechanisierten Divisionen bestand das Heer aus Infanteriedivisionen mit von Pferden gezogenen Fahrzeugen. An der Invasion der Sowjetunion nahmen 1941 etwa 625.000 Pferde des deutschen Heeres teil. Im weiteren Verlauf konfiszierte das Heer daneben vor Ort hunderte robuste Wagen, um die Mobilität der Divisionen zu steigern. Die Grundlage der deutschen Logistik aber war der große Fuhrpark von 6.500 Transportfahrzeugen, die jeder Heeresgruppe für den strategischen Nachschub gestellt wurden. 19.500 scheint viel, doch reichten sie für den Umfang Barbarossas einfach nicht aus. Erschwerend wirkte noch, dass diese Zahl 1.800 verschiedene militärische und zivile Fahrzeugtypen umfasste, die überall im von der Achse besetzten Europa konfisziert worden waren. Diese Mannigfaltigkeit machte es unmöglich, die erforderlichen Ersatzteile zu erhalten.

Außerdem behinderten 1941 weitere Probleme die deutsche Versorgung. Das sowjetische Straßennetz war dünn, und sogar die wenigen guten Straßen brachen unter dem ständigen deutschen Verkehr und dem rauen Wetter auf. Auch planten die Deutschen, für die Versorgung ihrer Truppen die sowjetischen Bahngeleise zu nutzen, doch diese hatten eine breitere Spurweite als die europäischen, und die Pioniere mussten jeden Kilometer neu verlegen, ehe die deutschen Lokomotiven verkehren konnten. Wegen solcher Probleme konnte Leeb Mitte Juli seine Panzergruppe 4 nur neu versorgen, indem er die Versorgung der nachrückenden Infanteriearmeen stoppte. Die Heeresgruppe Mitte wurde zuerst im August bei Smolensk, dann im Oktober beim Unternehmen Taifun angehalten, da das Logistik-System überfordert war. Wie sich später zeigte, vernachlässigte das deutsche Heer weiter die logistische Dimension des Kriegs und vertraute stattdessen auf sein taktisches Können, um Schwächen auszugleichen. Angesichts der taktischen Siege der Deutschen in Russland fragt man sich, ob eine besere logistische Basis ihnen wohl 1941 die Zerschlagung der Roten Armee ermöglicht hätte. Doch angesichts des bloßen Ausmaßes der Ziele der Achse und des weiterhin heftigen Widerstands der Sowjets hätte sich höchstwahrscheinlich jedes logistische System, egal welches die Deutschen einsetzten, als unzureichend erwiesen.

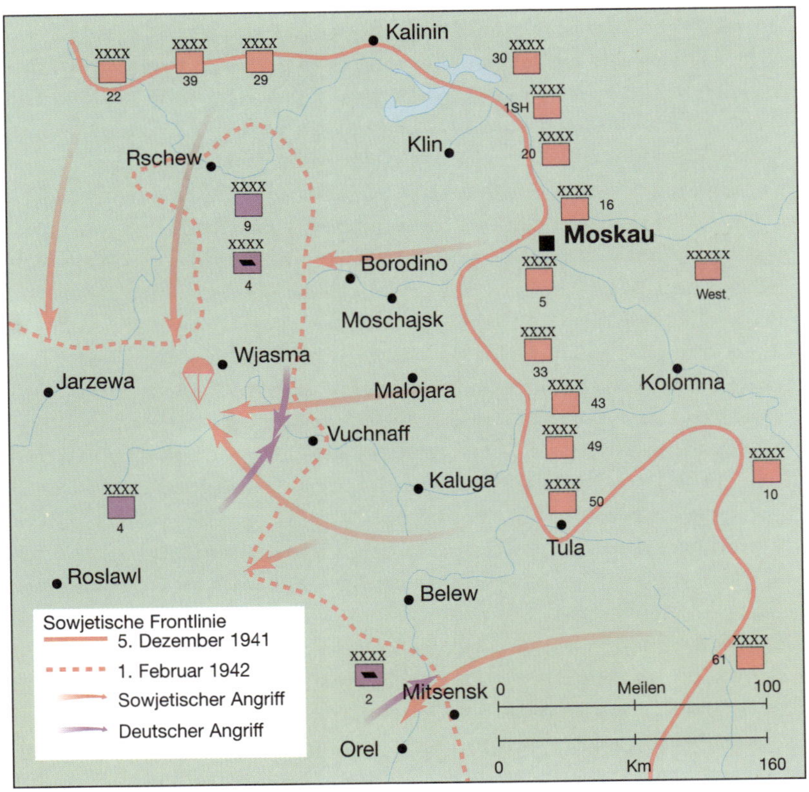

Am 6. Dezember setzten die Sowjets die 30 Divisionen, die sie sorgfältig hinter Moskau gehalten hatten, für eine strategische Gegenoffensive ein. Diese sollte die lädierten, müden und frierenden Soldaten der Heeresgruppe Mitte aufreiben. Man setzte auch Fallschirmjäger hinter den deutschen Linien ab. Die Heeresgruppe Mitte kämpfte um ihr Überleben.

tige Atempause erhielt, um eilig eine Behelfsverteidigungsposition (die Moschajsk-Linie) mit allen Truppen, die ihre Mobilmachung abgeschlossen hatten, vor Moskau zu errichten. Bei den Angriffen auf die Moschajsk-Linie traf die motorisierte Infanterie wiederholt auf entschlossene sowjetische Antworten mit schweren Panzern. Dabei erlitt sie, die in schwach geschützten gepanzerten Mannschaftswagen operierte, praktisch jedesmal ernste Verluste durch die Sowjets. Die beunruhigende Erfahrung bei Moschajsk veranlasste die Deutschen 1942–1943, ihre motorisierte Infanterie in weniger tödlichen Aufklärungsaufgaben einzusetzen und 1944 den Sdkfz-251/22-Schützenpanzerwagen einzuführen, der zur Bekämpfung feindlicher Panzer aus größerer Entfernung die 7,5-cm-Pak 40 trug.

Am 25. Oktober stoppte Bock Taifun zeitweilig, damit sich seine Truppen in Vorbereitung eines neuerlichen Vorstoßes gegen Moskau neu formieren und versorgen konnten. Das Unvermögen, den Hauptangriff länger als 26 Tage aufrecht zu erhalten, hätte dem Oberkommando klar machen sollen, dass die Chancen, die ehrgeizigen Ziele Barbarossas zu erreichen, nun äußerst gering waren. Doch dies hielt Hitler nicht vom Versuch ab, mit letzter Kraft Moskau zu erreichen, den Krieg zu gewinnen und so (durch reine Willenskraft) die drohende Niederlage im letzten Augenblick in einen Sieg umzuwandeln.

Während sich diese Ereignisse entwickelten, nahm die Heeresgruppe Süd, die die Kiew-Kessel ausgehoben hatte, in der Ukraine wieder ihren Vormarsch ostwärts auf. Trotz des Einsetzens starker Regenfälle, die Kleists Panzer verlangsamten, gelang es den erschöpften, doch gut motivierten deutschen Infanteristen mit entschlossenen Angriffen, die Stadt am 24. Oktober einzunehmen.

Wiederaufnahme des Vormarsches

In der Nacht des 5./6. November härtete der erste strenge Frost des näher rückenden russischen Winters den morastigen Boden und ermöglichte es den Deutschen, Taifun wieder aufzunehmen. Allerdings waren die der Heeresgruppe Mitte gegenüberstehenden sowjetischen Kräfte auf 84 Divisionen mit 1,2 Millionen Mann und 850 Tanks angewachsen. Zudem hatten die Sowjets Mitte November, als Stalin durch sowjetische Spione erfuhr, dass Japan keinen Angriff auf Ostsibirien plante, rasch weitere 100.000 Mann aus Asien an die Moskau-Front verlegt.

Am 15. November nahm die Heeresgruppe Mitte ihren Zug gegen Moskau wieder auf, doch sie kam wegen entschlossenen sowjetischen Widerstands, entsetzlich kalten Wetters und ernsthafter Nachschubprobleme nur langsam voran. Um den Panzerdivisionen auch nur ein Schneckentempo zu ermöglichen, mussten die deutschen Truppen von der lokalen Bevölkerung gnadenlos jedes Paar Schneeschuhe, jeden Schlitten und alle noch lebenden robusten russischen Ponys konfiszieren. Beim südlichen Vorstoß hinderte zudem der fanatisch-hartnäckige Widerstand der Sowjets bei Tula, obwohl es fast umzingelt war, die Deutschen daran, die Bahnlinie zur Stadt in Betrieb zu nehmen und zur verzweifelt nötigen Versorgung der Fronttruppen zu benutzen.

Trotzdem waren die deutschen Panzerspitzen des nördlichen Stoßes am 1. Dezember bis auf 19 km an Moskau herangerückt. Doch inzwischen besaßen viele der Panzerdivisionen nur noch weniger als zehn einsatzbereite Tanks und trotz aller Anstrengungen des deutschen Heeres wurde am 4. Dezember allen klar, dass die Kombination des massierten sowjetischen Artilleriefeuers und des Widerstands die Offensivkraft des Unternehmens Taifun vernichtet hatte. Am 5. Dezember fügte sich Hitler ins Unvermeidliche, blies die deutsche Offensive ab und erlaubte Bocks Truppen, in die Defensive zu gehen. Noch dazu erlitt wäh-

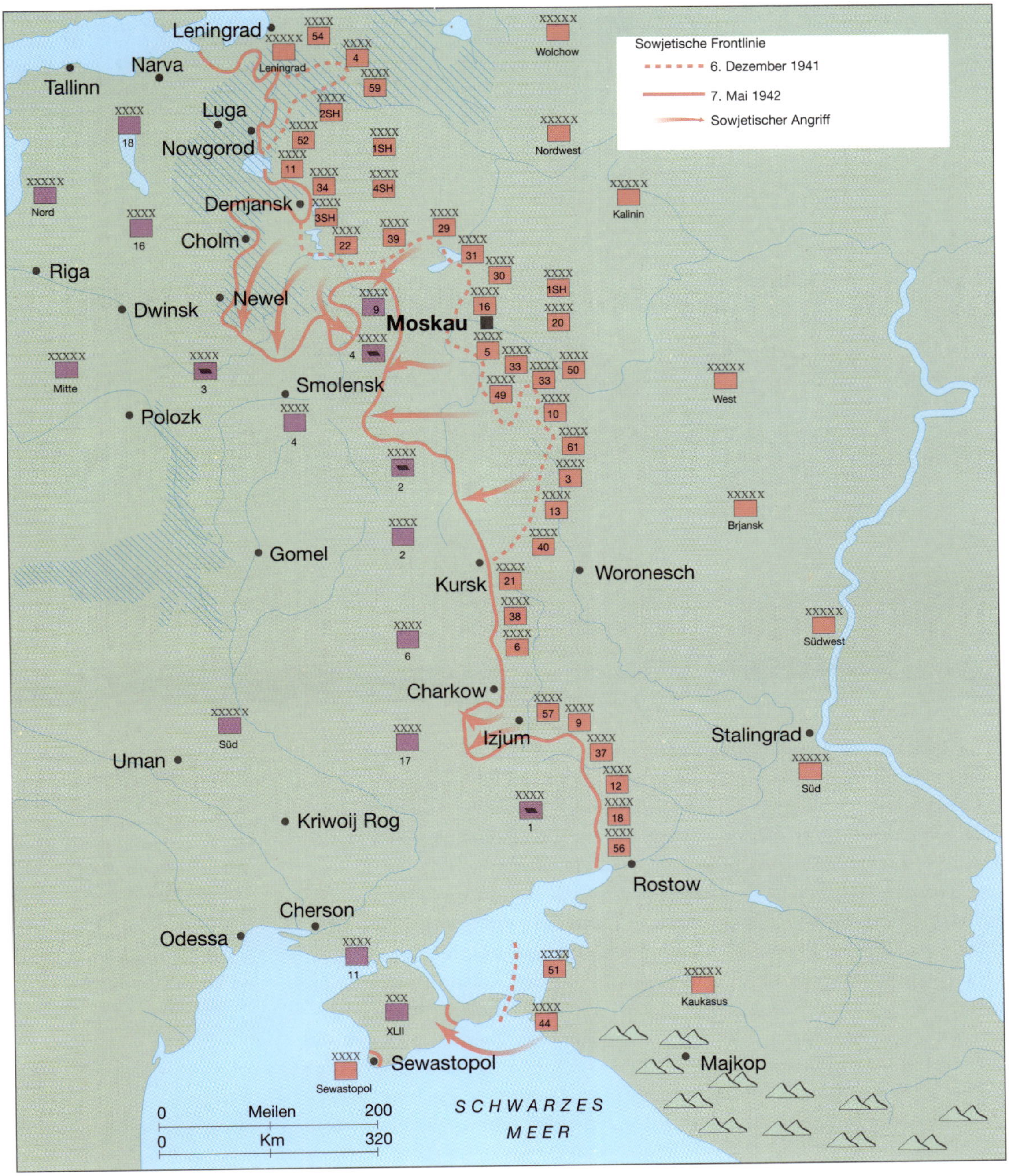

Sowjetische Offensivoperationen zwischen dem 6. Dezember 1941 und dem 7. Mai 1942. Zwar wurden viele davon von unterbesetzten, schlecht ausgerüsteten und geführten Armeen unternommen, doch zeigten sie den Deutschen, dass Barbarossa die Rote Armee keineswegs zerstört hatte.

rend dieser Ereignisse der Stoß der Heeresgruppe Süd durch die Ostukraine eine Niederlage. Bis zum 28. November hatten die Sowjets die deutschen Truppen von Rostow vertrieben. Die Deutschen waren nun im Osten in der Defensive.

Mit dem Ende Taifuns begann eine sowjetische Gegenoffensive entlang der gesamten Front (siehe Karte). Die deutschen Truppen wurden von den Toren Moskaus vertrieben. Eine Zeit lang schien die Wehrmacht besiegt zu werden. Doch Hitler befahl eine „Standhalte"-Strategie und so hielten die frierenden, schlecht ausgerüsteten Truppen an der Front aus. Mittels improvisierter Stützpunkte konnten sie den sowjetischen Angriffen standhalten und die Ostfront retten.

Warm gekleidete sowjetische Soldaten marschieren während der Gegenoffensive der Roten Armee vor Moskau im Dezember 1941 an den gefrorenen Leichen deutscher Truppen vorbei. Es war für die Deutschen sehr schwer, ihre Offensive aufrecht zu halten, da sie am Ende überdehnter und verwundbarer Versorgungslinien kämpften.

Ein Grund dafür, warum Hitler der Roten Armee keinen Zoll Boden überlassen wollte, war, dass für ihn Barbarossa ein weltanschaulicher Kampf war, und viele seiner Entscheidungen bezüglich der Kriegsführung der Wehrmacht müssen in diesem Kontext gesehen werden. Hitlers Werk *Mein Kampf* hätte jedem Leser keine Illusionen über seine künftigen Absichten lassen sollen. Hitler betrachtete die Sowjetunion als internationalistisches, antikapitalistisches, slawisch-asiatisch und jüdisch dominiertes bolschewistisches Regime, das für die Existenz des expansionistischen Nazi-Staates, der die Heimat des arischen deutschen Volks bildete, eine fundamentale ideologische Bedrohung darstellte. Das „Tausendjährige Reich" konnte nicht gedeihen, solange das bolschewistische Regime bestand. Neben dem ideologischen Gegensatz wollte Hitler sowjetisches Gebiet, um „Lebensraum" im Osten zu gewinnen. Er glaubte, Deutschland habe den Krieg von 1914–1918 verloren, weil seine geostrategische Lage in Zentraleuropa den Alliierten erlaubte, Deutschland von Nahrung und Rohstoffen, die es zur Fortsetzung des Kriegs importieren musste, abzuschneiden. Für sein Reich forderte Hitler wirtschaftliche Selbstversorgung, für die es die landwirtschaftlichen und ökonomischen Ressourcen der Westsowjetunion brauchte.

Im August 1939 hatten Hitler und Stalin einen Nicht-Angriffsvertrag, den Molotow-Ribbentrop-Pakt, unterzeichnet. Dieser änderte aber nichts an den unterschwelligen Spannungen zwischenden beiden Ländern. Er war bloß ein Zeugnis des zynischen Eigeninteresses beider Führer. Sie vereinbarten darin, in Polen einzufallen und es dann aufzuteilen. Daneben versprach Stalin große Getreidelieferungen nach Deutschland bis Mitte Juni 1941 (beachten Sie das Datum!). Hitler erhielt so durch Stalin freie Hand, sich 1940 ohne die Furcht vor dem Gespenst eines Zweifrontenkriegs dem Westen zuzuweden. Stalin nutzte die Zeit, um sich auf den Krieg vorzubereiten, den er für unvermeidlich hielt.

Angesichts der immensen körperlichen und mentalen Anforderungen, die Barbarossa an die einfachen deutschen Soldaten stellen würde, impfte ihnen das Oberkommando systematisch die Nazi-Ideologie ein. Nachgeordnete Offiziere und Propaganda-Offiziere flößten in Seminaren und informellen Diskussionen ihren Männern die Nazi-Werte ein, um in ihnen als Vorbereitung auf den entsetzlich brutalen Feldzug, den Hitler starten wollte, „östliche Härte" zu entwickeln. Zur Verstärkung dieses Vorgehens stachelte ein ständiges Sperrfeuer von

Eine deutsche Artilleriekolonne nach dem Scheitern von Taifun auf dem Rückzug. Das deutsche Heer überlebte den Winter 1941–1942 hauptsächlich durch sein Geschick zur Improvisation und die Entschlossenheit des gemeinen deutschen Soldaten. Truppen wie jene der 18. Panzerdivision fertigten aus dem Fell erbeuterer oder konfiszierter, geschlachteter Tiere Stiefel und Hüte oder legten jede Schicht ihrer Kleidung mit Stroh oder Zeitungen aus. Die Wehrmacht hielt sich – gerade noch.

Propaganda die Truppen zu einem bestialischen Verhalten gegen den „untermenschlichen" slawischen Gegner an.

Sobald Barbarossa im Gange war, spielte die Weltanschauung auf vielen Ebenen eine Rolle. Das offensichtlichste Merkmal der ersten zehn Tage der Invasion war, dass sie die deutsche Meinung über die Rote Armee und ihre Männer zu bestätigen schienen. Hitler fasste diese Haltung am 22. Juni so zusammen: „Alles was wir tun müssen, ist die Tür einzutreten, und das ganze brüchige Haus wird zusammenbrechen." Die 1939–1940 bereits erzielten unglaublichen Siege der Wehrmacht und die Aufladung jedes Aspekts von Barbarossa mit ideologischen Elementen förderte den Überoptimismus. Viele Deutsche betrachteten Barbarossa tatsächlich als Krieg der Weltanschauungen, der fürs Überleben des Reichs nötig war. Nur wenige Offiziere wollten in einem Kampf, bei dem man sich nur einen Erfolg vorstellen konnte, als Defätisten erscheinen. Die ideologische Sichtweise ließ die Wehrmacht die Entschlossenheit der angeblich rassisch minderwertigen Sowjets in einem Konflikt, dessen Ausgang prinzipiell von der stärkeren Willenskraft bestimmt sein sollte, zu widerstehen, gewaltig unterschätzen. Letz-

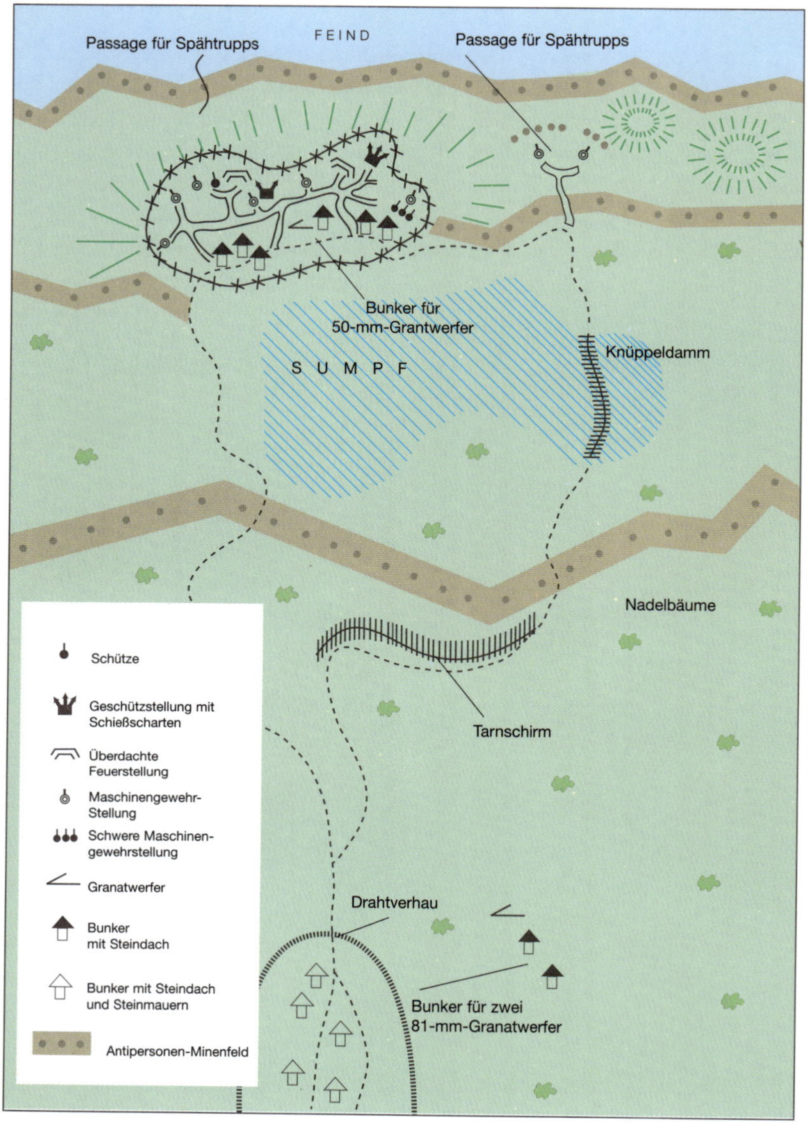

Darstellung eines improvisierten deutschen Stützpunkts Ende 1941 an der Ostfront. Um auch bei Temperaturen unter Null kämpfen zu können, lernten die stets findigen deutschen Soldaten, ihre Gewehre und Infanteriegeschütze zu entfrosten, indem sie sie mit Benzin einrieben oder am Einfrieren hinderten, indem sie ständig nahebei Feuer unterhielten. Manche Infanteristen bauten sogar Schneeschuh-ähnliche Gestelle, die an das Zweibein ihrer wichtigsten Feuerwaffe (des MG 34) passten, damit dieses nicht im tiefen Schnee einsank.

tere Täuschung wurde dadurch verstärkt, dass die Deutschen den Schaden, den die Rote Armee durch Säuberungen genommen hatte, überschätzten. Der von der schwachen finnischen Armee 1939–1940 gegen die Rote Armee erzielte Erfolg bekräftigte diese Einschätzung, doch ignorierten die Deutschen das gegenteilige Indiz, den sowjetischen Sieg über die Japaner 1939 bei Chalkin Gol.

Für die deutsche Führung war die Invasion der Achse im Osten ein ideologisch motivierter Vernichtungskrieg, den sie von der ersten Planung an beispiellos barbarisch führen wollte. Die Deutschen spielten darauf an, dass die Sowjets die Genfer Konvention nicht unterzeichnet hatten. Ihr Gegner würde daher mit entsetzlichen, „asiatischen" Mitteln Krieg führen. Diesen Vorwand benutzten sie, ihre Vorbereitungen für den brutalen Krieg, den sie ohnehin geplant hatten, zu starten. Der bereits bestehende, weit verbreitete Hass gegen den Bolschewismus unter den deutschen Truppen sowie die systematische Indoktrinierung der Soldaten mit der Nazi-Weltanschauung im Winter 1940–1941 führte dazu, dass das deutsche Heer 1941 im Osten mehr als bei früheren Feldzügen nazifiziert war.

Das Paradoxon der „Kesselschlacht“

Im Unternehmen Barbarossa benutzte die deutsche Blitzkrieg-Methode das Konzept der „Kesselschlacht“, wobei Panzerspeerspitzen eine Reihe tiefer Doppelumfassungen ausführten, um große Elemente der sowjetischen Schlachtreihe zu umfassen und dann zu zerstören. Heute würde man das Konzept taktische Bewegungskriegsführung nennen. Es zielte auf einen raschen Sieg durch Zerschlagung des Zusammenhalts der sowjetischen Truppen ab. Doch die Mittel, dies zu erreichen (eine Reihe von Einkreisungen) beruhten eher auf Elementen des Zermürbungskiegs. Barbarossa strebte angesichts der Lehren, die man aus dem Desaster der Invasion Napoleons von 1812 gezogen hatte, vor allem danach, die Rote Armee in den sowjetischen Grenzregionen zu zerstören. Da das deutsche Oberkommando einsah, dass es die Wehrmacht jenseits von Smolensk nicht gegen einen zusammenhängenden Gegner erhalten konnte, sollte sie den Feind vor dieser Stadt vernichten. Dazu befahl Hitler den Panzerspitzen zu stoppen und die Kessel, die die Rote Armee am Entkommen und Weiterkämpfen tiefer im sowjetischen Gebiet hindern sollten, dicht zu machen. Dies war nötig, da der Großteil des deutschen Heeres als nicht motorisierte Divisionen nicht mit den Panzern Schritt halten konnte. Zudem fehlten der Infanterie mobile Feuermöglichkeiten, da praktisch alle Panzer in den mechanisierten Verbänden konzentriert worden waren. Die Infanterie musste also eng mit den Panzerdivisionen zusammenarbeiten, um die Kessel auszuheben.

Rückblickend gesehen war die Truppenstruktur des deutschen Heeres für den Umfang seines Einsatzes im Osten ungeeignet. Dass die Panzer stoppen und die Kessel dicht machen mussten, hinderte sie an der Fortsetzung ihres Stoßes tiefer in die Sowjetunion hinein. Der deutsche Bewegungskrieg verlor so schließlich seinen Schwung und dies gab dem Gegner Zeit zur Erholung von der Schockbehandlung und Verwirrung, die der deutsche Vormarsch bis dahin bereits ausgelöst hatte. Der Blitzkrieg war durch die Grpße des Ziels und die für eine so ehrgeizige Aufgabe ungeeignete deutsche Truppenstruktur in einem Dilemma – einem Dilemma, das nur wenige im deutschen Oberkommando überhaupt wahrnahmen.

Diese Veränderung zeigte sich in der Bereitschaft der Truppen, im Unternehmen Barbarossa so brutal vorzugehen, wie es für den völkermörderischen Rassenkrieg, den Hitler im Juni 1941 startete, wesentlich war.

Denn Barbarossa sollte nicht nur durch die Besetzung der Sowjetunion die Zukunft des Reichs sichern, sondern auch die angebliche „Pest“ des Bolschewismus ausrotten. Die Politkommissare waren Agenten der kommunistischen Partei, die sowjetischen Militäreinheiten zugeteilt waren, um die politische Loyalität zur Partei sicherzustellen. Der „Kommissarsbefehl“ Hitlers vom Juni 1941 wies die deutschen Truppen an, alle Kommissare noch auf dem Gefechtsfeld summarisch hinzurichten. Zudem inszenierten die Deutschen im Osten eine entsetzliche Besatzungspolitik. Da die besetzten Gebiete als „Lebensraum“, den das Reich brauchte, dienen sollten, mussten die Eroberer die landwirtschaftlichen Gebiete entvölkern, damit volksdeutsche Familien die Bauernhöfe übernehmen konnten. Durch Vertreibung der sowjetischen Familien im tiefen Winter, Hungerrationen und Misshandlungen sowie die Krankheiten, die mit all dem einhergingen, sollte die Besatzung die eingeborene slawische Landbevölkerung dezimieren – die städtischen sowjetischen Facharbeiter aber würden für den Einsatz als Sklaven bewahrt werden. Am 16. Juli 1941 verkündete Hitler, im besetzten Osten gelte: „Erstens erobern, zweitens beherrschen und drittens ausbeuten“.

Selbst als Barbarossa zu stocken begann, ging der wahnsinnige idologische Kreuzzug weiter. Im späten Oktober 1941 etwa verstärkte die Heeresgruppe Süd ihre Propaganda bei den Frontsoldaten. In den vorwärtigen Gebieten zeigte man den Truppen in den seltenen Ruhepausen Propagandafilme, die Deutschlands Pflicht, die europäische Kultir vor den jüdisch-bolschewistisch beherrschten slawischen „Untermenschen“ zu schützen, hervorhoben. Außerdem benutzte die Wehrmacht trotz des verzweifelten Bedarfs an Munition und Benzin bedeutende Nachschubressourcen, um die zweiwöchentliche Heereszeitung und Pamphlete wie *Information für die Truppe* an die Front zu bringen. Und schließlich ließ man

Eine 5-cm-Pak 38 im Unternehmen Barbarossa in Aktion. Sie konnte eine 60 mm starke Vertikalpanzerung auf einer Distanz von 500 m durchschlagen, Das genügte für den T-34, nicht aber für die schweren KW-Tanks. Wie für die 3,7-cm-Pak entwickelten die Deutschen auch für die Pak 38, die eine stärkere Durchschlagskraft hatte, Wolframkarbidgeschosse. Die deutschen Truppen sahen in der 5,0-cm-Kanone bald den einzig realistischen Weg, die von T-34 angeführten sowjetischen Gegenangriffe zu stoppen.

die Divisionsbibliotheken mit ganzen Lastwagen voll giftiger nationalistischer, antisemitischer und antislawischer Literatur auffüllen.

Die Ideologie mag die Entschlossenheit verstärkt haben, doch für den Erfolg des deutschen Heeres in den ersten Wochen von Barnbarossa waren der Professionalismus, die Aggressivität und der Elan der Panzerdivisionen verantwortlich. Um Hitlers Plan, die Sowjets im Sommer 1941 zu vernichten, umzusetzen, musste das Heer seine Truppenstruktur umbilden. Mitte Juni 1940 sah man, dass die eilige Vergrößerung vom Frühling 1940 auf 153 Divisionen den Zusammenhalt verringert hatte, und demobiliserte auf eine kleinere, doch stärkere Schlachtordnung von 141 Divisionen. Doch Hitlers Entscheidung für Barbarossa unterminierte diesen Konsolidierungsprozess, als der „Führer" im Herbst 1940 die Verdoppelung der bestehenden Panzerwaffe auf 20 Divisionen anordnete. Dies war das Minimum für die tiefen strategischen Durchbrüche, die zur Eroberung eines so großen Landes wie der Sowjetunion nötig waren.

Doch im Winter 1940–1941 war die deutsche Panzerproduktion bescheiden. Zudem wandte Hitler spät im Jahr 1940 die Priorität bei der Ressourcenzuteilung zugunsten der Luftwaffe und Kriegsmarine weg vom Heer. Man konnte die Verdoppelung der Panzerwaffe des Heeres daher nur durch die Halbierung der Panzerstärke jeder Division erreichen. Im Frühling 1941 hatte das deutsche Heer so anstatt zehn Panzerdivisionen, die jede über 320 Tanks verfügten, 20 solcher Verbände, von denen elf weniger als 200 Panzer besaßen. Außerdem befahl Hitler, die Gesamtzahl der deutschen Divisionen bis zum Frühling 1941 um 50 Prozent (von 141 auf 208) zu erhöhen. Doch wie bei früheren Feldzügen strapazierte diese Expansion die Kapazitäten an Mannstärke und Ausrüstung. Viele dieser Divisionen konnten daher nicht sie Sollstärke an Gerät erreichen, obwohl sie große Mengen erbeuteter Waffen benutzten, darunter eine bunte Sammlung hunderter unterschiedlicher Motorfahrzeuge von neun verschiedenen Nationen.

Vier Panzergruppen (Ende 1941 in Panzerarmeen umbenannt) führten die Invasion an. Eine Panzergruppe umfasste zwei oder drei motorisierte Korps. Insgesamt bestanden die vier deutschen Formationen aus 17 Panzerdivisionen mit 3.584 Tanks, elf motorisierten Divisionen und einer Kavalleriedivision, was 29 deutsche mechanisierte Divisionen ausmachte. Die 17 Panzerdivisionen führten gemeinsam mit drei eigenständigen Bataillonen insgesamt 160 Panzer I, 831 Panzer II, 187 Panzer 35(t), 772 Panzer 38(t), 965 Panzer III, 439 Panzer IV und 230 Kommandopanzer ins Feld – eine Gesamtstärke von 3.584 Fahrzeugen. Zusätzlich zu den als strategisches Instrument innerhalb der Panzerdivisionen konzentrierten Tanks standen den 126 Infanteriedivisionen der zweiten deutschen Welle und strategischen Reserve 250 Sturmgeschütze (StuG III) als direkte mobile Feuerunterstützung zur Verfügung. Die Gesamtstärke der Deutschen an Panzerkampfwagen als Speerspitze betrug also 3.834 Stück. Daneben setzte die rumänische Armee weitere 227 Tanks ein. Neben diesen 4.061 Panzerkampfwagen hatten die Deutschen 350 Tanks in Reserve, sodass die Gesamtstärke der Achse an Panzerkampfwagen 4.411 Fahrzeuge betrug.

Panzergrenadier-Taktik

Ein Grund für den Erfolg der Panzergruppen in Russland war die aggressivere Rolle, die die motorisierte Infanterie (Panzergrenadiere) innerhalb der Panzerdivisionen in den ersten Wochen des Unternehmens Barbarossa übernahm. 1939 hatten in Polen die wenigen motorisierten Infanteriebataillone, die bei den Panzerdivisionen mit gepanzerten Halbketten-Transportern ausgerüstet waren, ihre Männer einfach am Rand des taktischen Schlachtfelds abgesetzt, damit sie die Panzer zu Fuß unterstützen konnten. Im Westfeldzug 1940 hatte die motorisierte Infanterie in gepanzerten Transportern eine anspruchsvollere taktische Funktion übernommen. Sie lieferte den Panzern von ihren Fahrzeugen aus enge Unterstützung. Im Unternehmen Barbarossa übernahmen die motorisierten Infanteristen noch ambitioniertere Funktionen. Oft rückten die Wagen an den Flanken der Panzerkeile vor, um sie dort gegen sowjetische Gegenmaßnahmen zu schützen. Oder die Panzergrenadiere stießen in ihren Schützenpanzerwagen innerhalb des Panzerkeils vor, um den Tanks enge Handfeuerwaffen- und MG-Feuerunterstützung zu geben. Diese abgestimmte und wirksame Kooperation zwischen den Tanks und den Truppen in Schützenpanzerwagen trug in Verbindung mit Luftnahunterstützung sehr zu den überwältigenden Erfolgen, die man in den ersten Monaten Barnbarossas gegen einen schlecht ausgerüsteten Gegner erzielte, bei.

Die Panzergruppen 2 und 3 führten während Barbarossa fantastische Vorstöße durch. Bis 20. Juli waren sie weitere 290 km gegen Moskau vorgerückt und hatten bei Smolensk 300.000 sowjetische Soldaten fast eingeschlossen. Bei diesen Aktionen leistete die deutsche Luftwaffe den Panzern gediegene Unterstützung. Ständige Einsätze aus der Luft zerstörten die Ost-West-Verbindungsrouten hinter der Smolensk-Front und hinderten so die von den deutschen Panzern bereits umgangenen weniger mobilen sowjetischen Truppen daran, sich aus den Klauen der deutschen Einkreisung ostwärts zurückzuziehen. Wieder beruhten die am Boden erzielten Erfolge großteils auf der engen (Boden-Luft-)Kooperation. So drangen die Deutschen in diesen ersten vier Wochen bei einer Durchschnittsrate von 19 km pro Tag 571 km weit vor (fast zwei Drittel der Distanz zu Moskau). Hätten die deutschen Panzer dieses Tempo halten können, so hätten sie nach nur 21 Tagen (am 11. August) den Kreml erreicht. Tatsächlich waren sich die Feldkommandeure der Heeresgruppe Mitte sicher, dass ein weiterer Panzerstoß gegen die Hauptstadt Moskau erobern würde.

Die beeindruckende Kampfleistung der deutschen Panzertruppen im August-September 1941 in der Ukraine beruhte auch darauf, dass diese Verbände die Creme der deutschen Soldaten enthielten. Die Panzerwaffe nahm zur Ausbildung als Panzersoldat nur Rekruten auf, die sich bei der (Infanterie-)Grundausbildung ausgezeichnet hatten. Sie erhielten dann in Panzerlehrschulen eine umfangreiche Spezialausbildung, die unter anderem Übungen in Ballistik, Panzergeschützwesen, Fahrzeugwartung und Kampftaktik einschloss. Dieser Unterricht wurde meist von den tüchtigsten und erfahrensten Panzeroffizieren des Heeres erteilt, die trotz des dringenden Bedarfs an jedem einzelnen erfahrenen Kommandeur an der Front (besonders in Russland) regelmäßig von dort kamen, um neue Rekruten auszubilden. Noch bis 1944, als dann Mängel eine Abkürzung erzwangen, unternahmen diese Panzersoldaten in Ausbildung auch ausgedehnte und harte Schießübungen im Feld. Die Verbindung dieser Elemente (unterstützt durch exzellente optische Geräte) schuf bis mindestens 1944 ein sehr hohes Niveau des Panzerwesen. Ein weiterer Grund für die Effizienz der Panzerdivisionen war, dass ihre Panzermannschaften an diesen Schulen auch ausgiebig in der Kooperation der Waffengattungen, etwa der engen Zusammenarbeit mit motorisierter Infanterie und Panzer-Artillerieeinheiten auf dem Kampffeld, sowie in der Praxis der Taktik „verbundener Waffen“ (Boden- und Luftverbände) unterrichtet wurden.

Die Rolle der Luftwaffe im Unternehmen Barbarossa

Luftüberlegenheit war für den Erfolg des deutschen Angriffs wesentlich und wie 1939–1940 in Polen und im Westen leistete die Luftwaffe dem Heer gediegene Unterstützung. In den ersten 48 Stunden Barbarossas setzte sie ihre für die Front verfügbaren 2.150 Maschinen für einen geballten Luftkrieg ein, um sich die Luftüberlegenheit zu sichern.Völlig überraschend griffen deutsche Fliegerformationen die in Reihen auf den Rollbahnen der westlichen Sowjetunion stehenden Maschinen an. Allein in diesen ersten 48 Stunden konnte die deutsche Luftwaffe 2.200 sowjetische Maschinen zerstören, eine Rate von einem „Kill“ alle 80 Sekunden! Aufgrund dieses Anfangserfolgs konnten die Deutschen einige Luftüberlegenheit erlangen, zumindest in etlichen Sektoren des riesigen Schauplatzes für bestimmte Zeitabschnitte. Danach konzentrierte die Luftwaffe am 24. Juni das Hauptgewicht ihrer Einsätze auf die Unterstützung der vier vorrückenden Panzergruppen. Sie behinderte den Gegner hinter der Front und gab bei Feindberührung Luftnahunterstützung. Die Behinderung sollte die Verlegung sowjetischer Reserven an die Front erschweren und eingeschlossene sowjetische Truppen am Ausbruch bzw. umgangene am Rückzug ostwärts (um der Einkreisung zu entgehen) hindern. Mit solchen Aktionen half die Luftwaffe den Panzergruppen, die großen Umfassungen Barbarossas durchzuführen und die so entstandenen Kessel zeitgerecht auszuheben.

Die Luftwaffe leistete auch wertvolle Luftnahunterstützung, oft als Ersatz für die Artillerie, die an der Front mangelte, da die von Pferden gezogenen Geschütze mit den rasch vorstoßenden Panzerverbänden nicht Schritt halten konnten. Aufgrund im Frühjahr 1941 gesetzter und im Lauf des Jahrs erweiterter Schritte war die Luft-Boden-Kooperation der Deutschen bei Barbarossa anspruchsvoller als zuvor. 1940–1941 wurde die Zahl der Luftfernmeldeabteilungen erhöht, sodass die meisten bei Barbarossa eingesetzten 40 deutschen Korps sowie ausgewählte Panzerdivisionen eine besaßen. Sie hatten Panzerwagen und gelegentlich Tanks mit starken Fernmeldeeinrichtungen, rückten mit den Panzergruppen vor und meldeten die Lage an der Front und die jeweilige Stellung der Truppen nach hinten. Die Anforderung von Luftnahunterstützung ging allerdings immer noch vom Korpshauptquartier über das Heer zurück an die zuständigen Luftwaffenkommandos und von da an die für solche Aufgaben bestimmten Fliegerverbände.

Um den Jagdbombern bei ihrer Luftnahunterstützung zu helfen, lieferten bei Barbarossa auch zunehmend vorwärtige Observationsoffiziere in Panzerwagen den Flugzeugen per Funk Information über die Ziele, obwohl sie die Maschinen nicht selbst anfordern konnten. Durch diese Maßnahmen hatte sich Versorgung mit Luftnahunterstützung durch die Luftwaffe im Vergleich mit früheren Feldzügen in technischer Hinsicht verbessert. Doch war effiziente Boden-Luft-Kooperation aufgrund der riesigen Ausdehung des Kriegsschauplatzes, der Probleme der taktischen Luftstaffeln, die mit vorgeschobenen improvisierten Graslandebahnen arbeiten mussten, mit den stürmischen Panzern Schritt zu halten, des oft entsetzlichen Wetters und der großen Ausfallsraten eher ein sporadisches als ein konstantes Phänomen. Trotzdem konnte solche Luftunterstützung verheerend auf die gegnerischen Truppen wirken. Zudem steigerte die sichtbare Unterstützung aus der Luft den Kampfgeist der Panzergrenadiere und Panzercrews an der Spitze, die stets bis an die Grenzen ihrer physischen Ausdauer gingen.

Um die Kampfstärke und hohe Moral eines Heeres und einer Luftwaffe, die zwei Jahre lang siegreich gewesen waren, voll auszunutzen, sah der Barbarossa-Plan vom Dezember 1940 für das deutsche Heer kühne, schnelle Operationen vor, zu denen tiefe strategische Einbrüche durch Panzerspeerspitzen gehörten. Vier Panzergruppen würden eine Reihe doppelter Umfassungen, die große Teile

In den ersten Tagen des Unternehmens Barbarossa am Boden zerstörte sowjetische Flugzeuge. Die ersten deutschen Panzerangriffe kamen als überwältigende taktische, operative und strategische Überraschung, da Stalin den britischen Warnungen, eine Invasion stehe kurz bevor, nicht geglaubt hatte. Zudem befahl er am Morgen des Überfalls, die sowjetischen Grenztruppen sollten nur zurückschlagen, falls klar war, dass sie es mit einer großen Invasion der Achsenmächte zu tun hatten, auf eine kleinere militärische Provokation aber nicht reagieren!

Die Notwendigkeit neuer Panzer

Am 23. und 24. Juni 1941 bekamen es Teile der Panzergruppe 4 Hoepners in Litauen und der Panzergruppe 1 Kleists am Bug erstmals mit dem neuen schweren sowjetischen KW-1-Tank zu tun. Zur Bestürzung der deutschen Truppen prallten bei einer Entfernung von 820 Metern sogar die Geschoße der 5,0-cm-KwK-L/42-Kanone ihrer modernsten Panzer III von der 90 mm starken Front dieser sowjetischen Tanks ab. Am 4. Juli warf dann ein von den neuen sowjetischen T-34 angeführter Gegenangriff die Spitzen der Panzergruppe 2 zurück. Am 4. Oktober 1941 traf die 4. Panzerdivision bei Mitsensk, nahe Orel, ein entschlossener Gegenstoß, der von 51 sowjetischen T-34 und KW-1 angeführt wurde. Diese überraschende sowjetische Reaktion zerstörte zehn Panzer III (unten zu sehen) und trieb die deutschen Panzer über den Fluss Lisiza zurück. Diese beunruhigenden Erfahrungen zeigten die Überlegenheit dieser sowjetischen Tanks über alle Typen, die die Deutschen einsetzen konnten, sowie ihre praktische Unverwundbarkeit durch deutsche Panzerabwehrgeschosse.

Als Reaktion auf solche Vorfälle begann das deutsche Oberkommando eilig, bei den neuesten Panzern III die längere 5.0-cm-KwK-L/60-Kanone einzuführen und die Panzerung der Fahrzeuge zu verstärken. Vor allem aber begannen die Deutschen nun mit der Entwicklung des mittleren Panzers V Panther mit einer 7,5-cm-Kanone und des schweren Panzers VI Tiger I mit einer 8,8-cm-Kanone, die ab 1943 auf den Schlachtfeldern Europas eine große Rolle spielen sollten.

der Roten Armee einkreisen und in Kesselschlachten (siehe Seite 159) vernichten sollten, ausführen. Barbarossa betonte außerdem, dass diese Panzergruppen den Rückzug von kampffähigen sowjetischen Truppen (darunter der in den Kesseln eingeschlossenen) tiefer in die Sowjetiuunion hinein, wo es für jeden Invasor aus logistischen Gründen schwer wäre, sie zu schlagen, verhindern mussten. Die vier Panzergruppen würden die Kesselschlachten ausführen, indem sie rasch auf konvergierenden Achsen vorrückten, um riesige Zangenbewegungen (Doppelumfassungen) zu erreichen und so große Teile der Roten Armee einzukreisen und zu zerstören. Sobald die Elitetruppen der Panzerdivisionen die Umfassungen erreicht hatten, sollten einige zurückbleiben und die Kessel dicht machen. Der Rest der Panzertruppen würde den Vorstoß wiederaufnehmen und tief in die sowjetischen rückwärtigen Gebiete ziehen, um den gegnerischen Zusammenhalt zu zerstören.

Während die relativ wenigen mechanisierten Verbände der Achse vorwärts stießen, würde der Hauptteil der Invasionstruppe (126 Infanteriedivisionen mit 625.000 Pferden) marschieren und versuchen, nicht zu weit hinter die Panzerspeerspitzen zurückzufallen. Diese Infanteriedivisionen sollten Gebiet besetzen und säubern und außerdem den vier Panzergruppen helfen, die sowjetischen Kessel zu vernichten. Diese Aktionen wurden zusammen als Teile eines einzigen kontinuierlichen Offensivunternehmens gesehen, das den Krieg binnen Monaten gewinnen würde. Die Schlüsselfrage war aber, ob das deutsche Heer seinen Vorstoß in einem Land dieser Größe und gegen einen so starken Gegner wie die Sowjets, falls deren Widerstand nicht rasch zusammenbrach, würde aufrechterhalten können. Die ersten Wochen legten nahe, dass es möglich war.

Am 26. August warf Kleist die Panzerdivisionen seiner Panzergruppe 1 über den Dnjepr, damit sie nordwärts in Richtung der Panzer Guderians stürmten, die südwärts zogen. Als sie sich einander näherten, begann die geplante riesige Umfassung der sowjetischen Kräfte westlich Kiews Wirklichkeit zu werden. Guderians Panzergruppe 2 konnte ihren Stoß südwärts erst am 22. August starten, vier Wochen nachdem Kleists Panzer ihren Zug im Süden begonnen hatten. Die Verzögerung resultierte aus der versuchten Gehorsamsverweigerung deutscher Kommandeure, die nach Moskau ziehen wollten, der schrecklichen deutschen Versorgungssituation und den heftigen sowjetischen Gegenangriffen bei Jelnja. Am 22. August stießen Guderians Elite-Panzerdivisionen südwärts tief ins rückwärtige Gebiet der vor Kiew stationierten sowjetischen Armeen. Nach einem 26-tägigen kämpfenden Vorrücken südwärts erreichten die mobilen Truppen der Panzergruppe 2 trotz Staub und Hitze Lochwiza, 399 km südlich Roslawls und 188 km hinter der sowjetischen Frontlinie. Die Panzergruppe 2 verband sich bei Lochwiza am 15. September mit Kleists Panzereinheiten und schuf um Kiew einen riesigen Kessel, der 665.000 sowjetische Soldaten enthielt. Stalin beharrte, Kiew dürfe um keinen Preis aufgegeben werden, und so konnten die umgangenen Sowjets der näher rückenden deutschen Zange nicht durch Rückzug entkommen.

Guderians und Kleists Panzer hatten also Mitte September 665.000 sowjetische Soldaten im Kiew- und im Uman-Kessel eingeschlossen und weitere 300.000 Mann Verluste verursacht. Es brauchte zwar weitere zwei Wochen, den riesigen Kiew-Kessel auszuheben, doch die Deutschen hatten nun die sowjetischen Stellungen in der Ukraine dezimiert. Der Weg zur reichen Landwirschaft und Industrie der östlichen Ukraine stand den vorrückenden Panzern offen. Ihre Bahn versperrten nur noch desorganisierte Reste der sowjetischen Südwestfront, die eilig mobilisierten Kadetten der Militärschulen jenseits des Dnjeprs sowie die Kapazität des deutschen Logistik-Systems, den weiteren Vormarsch aufrechtzuerhalten. Die Rote Armee hatte sich wieder als unfähig zu einer wirksamen Reaktion auf das hohe Tempo und den Schwung der mechanisierten deutschen Formationen erwiesen.

Der Beitrag Stalins und Hitlers

Hier muss erwähnt werden, dass Stalin den deutschen Umfassungen oft half. Während Taifun etwa hatte die Rote Armee zwar Moskau als Schwerpunkt erkannt und mächtige Kräfte vor der Hauptstadt gesammelt, doch Stalin setzte seine Doppelstrategie einer statischen, linearen Verteidigung und des Verbots von Rückzügen, das zum Desaster des Kiew-Kessels geführt hatte, fort. Ein solches Vorgehen lud die deutschen Panzerdivisionen mit ihrer überlegenen Mobilität ein, diese statischen sowjetischen Kärfte zu umgehen. In den ersten zwölf Tagen Taifuns manövrierten die deutschen Panzerformationen die statischen Stellungen vor Brjansk und Wjasma aus und erzeugten zwei Kessel mit 660.000 sowjetischen Soldaten. Wie das Fliegerass Hans Ulrich Rudel berichtete, nützte die deutsche Luftwaffe in dieser Phase das gute Wetter und gab mit Stuka und Henschel-Hs-123 intensive Luftnahunterstützung. Dies erleichterte etwa am 8. Oktober die erfolgreichen Attacken der motorisierten SS-Division Das Reich auf Pokrow. Zwar brauchte die Heeresgruppe Mitte wieder weitere elf Tage, die zwei riesigen Umzingelungen auszuheben, doch bis 13. Oktober waren deutsche Truppen bereits ins Herz des sowjetischen Verteidigungssystems vor Moskau eingedrungen. Die Bahn zum Kreml war frei.

Wie stand es mit dem „Führer"? Es gibt keinen Zweifel, dass Hitlers Einmischung die Fähigkeit des Heeres, die Rote Armee 1941 zu besiegen, verringerte. Das Oberkommando leistete dem Vorschub. Da es die riesigen feindlichen Truppenmengen in den Kesseln hinter der Front fürchtete, missachtete es den Rat der Feldkommandeure, die Panzer weiter vorstoßen zu lassen, und befahl den Panzerdivisionen zu stoppen, bis die Infanteriedivisionen das Gebiet erreichten, und erst dann den Stoß gegen Moskau wieder aufzunehmen. So stockte der Schwung gegen die sowjetische Hauptstadt gerade in dem Moment, als die Heeresgruppe Mitte die sowjetischen Truppen, die Moskau verteidigten, durchbrochen hatte. Allerdings ist keinesfalls klar, ob Guderians und Hoths Panzer ihren Vormarsch hätten fortsetzen können, auch wenn Hitler es erlaubt hätte. Selbst Mitte Juli war ein derartiger Vormarsch logistisch kaum machbar und beide Formationen brauchten dringend eine Pause, um ihre lädierten Fahrzeugflotten zu überholen. So konnte etwa keine

Deutsche Panzer und Sdkfz-Halbkettenfahrzeuge in Russland. Bis zum zehnten Tag des Feldzugs hatten die Panzer an der Spitze die Beresina in Weißrussland überquert und waren 400 km auf sowjetisches Gebiet vorgestoßen. Guderians und Hoths Panzergruppen hatten bereits zwei Umfassungen sowjetischer Truppen, eine bei Bialystok und eine bei Minsk, geschaffen.

der Panzerdivisionen Hoths mehr als die Hälfte ihres Bestands an Panzerfahrzeugen einsetzen und die restlichen Mannschaften waren trotz exzellenter Ausbildung und körperlicher Zähigkeit an den Grenzen ihrer Ausdauer.

Hitlers Entscheidungen waren noch verheerender. Aus Sorge über einen drohenden Gegenangriff der noch zusammenhängenden, in der Ukraine stehenden sowjetischen Kräfte gegen die Südflanke der Heeresgruppe Mitte befahl der „Führer" seinen Truppen, die Rote Armee in der Ukraine zu besiegen, ehe die Heeresgruppe Mitte ihren Vorstoß gegen Moskau wieder aufnahm. Begründet in dieser Angst wies er die Panzergruppe 2 der Heeresgruppe Mitte an, ihren Vormarsch südwärts hinter die sowjetischen Verteidigungsstellungen in der Ukraine zu lenken, wo sie sich mit dem Stoß der Panzergruppe 1 der Heeresgruppe Süd nach Osten verbinden sollte. Außerdem befahl er den restlichen Panzern der Heeresgruppe Mitte (der Panzergruppe 3), nach Norden zu ziehen und den deutschen Vorstoß auf Leningrad zu unterstützen. Die Heeresgruppe Mitte sollte ihren Haupteinsatz, den Stoß gegen Moskau, fortsetzen, doch nur mit ihren beiden verbleibenden, relativ unbeweglichen Infanteriearmeen. Die Führerweisung

Nr. 33 war ein enormer strategischer Fehler. Im späten Juli und frühen August konnten die Sowjets nach den katastrophalen Verlusten im Minsk- und Smolensk-Kessel vor Moskau nur schwache Kräfte einsetzen. Angesichts dessen hätte ein erneuerter deutscher Panzerstoß vielleicht Moskau einnehmen können, ehe es die Sowjets mit frisch mobilisierten Reserven verstärken konnten. Jedenfalls würde jeder Vormarsch der zwei Infanteriearmeen Bocks wohl so langsam sein, dass er Moskau nicht einnehmen konnte, ehe die Rote Armee ihren Zusammenhalt wiederhergestellt hatte. Die Torheit der Führerweisung Nr. 33 war vielen Feldkommandeuren im Osten klar (auch manchen im OKH). Manche tapfere Offiziere kritisierten die Entscheidung und versuchten in der Hoffnung, Hitler würde seine Meinung ändern, die Verlegung der Panzer zu umgehen.

Aufgrund der Ereignisse auf dem Schlachtfeld konnte die Heeresgruppe Mitte die Neustationierung der beiden Panzergruppen erst am 21. August abschließen. Einen Monat lang waren die Panzergruppe 2 und 3 nun keinen Kilometer an Moskau, das nun 410 km entfernt war, herangerückt, im ersten Monat des Krieges hingegen 571 Kilometer.

Schlussfolgerungen

Der überraschendste Aspekt an Barbarossa ist, dass den Achsentruppen trotz einiger der spektakulärsten taktischen Siege in der Geschichte der Kriegsführung keine entscheidende strategische Niederwerfung der Sowjets gelang. In der 166-tägigen Phase von Juni bis Dezember rückten die Deutschen an einer 1600 km langen Front bis zu 1.290 km weit, fügten dabei der Roten Armee 4,3 Millionen Mann Verluste zu und zerstörten die gesamten sowjetischen Bodentruppen in der westlichen Sowjetunion, die 1,3-mal so stark waren! Doch trotz dieser Erfolge stand das deutsche Heer Mitte Dezember 1941 einer Roten Armee gegenüber, die stärker war als zu Beginn Barbarossas am 21. Juni 1941. Dieses unangenehme Faktum wurde dadurch verschärft, dass die deutschen Siege nur unter schmerzlichen, oft unersetzbaren Verlusten errungen worden waren. Bis 5. Dezember hatte das deutsche Heer 87 Prozent (3,370 Stück) der ursprünglichen (22. Juni) 3.854 Panzerkampfwagen und 26 Prozent (780.000) der 3,05 Millionen Soldaten verloren. Als Ersatz gab es nur 663 Panzerkampfwagen und 410.000 Mann, sodass das deutsche Heer im frühen Dezember um 2,707 Panzerkampfwagen und 340.000 Soldaten unter seiner Stärke zu Beginn Barbarossas lag.

Ein Hauptgrund für die deutsche Unfähigkeit, die bei Barbarossa erlittenen Verluste zu ersetzen, war Hitlers Entscheidung vom Frühling 1941, die Waffenproduktion für die Bodentruppen (besonders leichte Haubitzen und Granatwerfer) bedeutend zu reduzieren. Im Winter 1941–1942 stand das übel geschwächte Heer im Osten trotz der großen taktischen Erfolge, die es erreicht hatte, einem stärkeren Gegner denn je gegenüber, der entschlossen war, die Achsentruppen von sowjetischem Boden zu vertreiben. Hitler stellte an seine lädierten Truppen exorbitante Forderungen. Wie Guderian meinte: „Es war ein schwere Niederlage, dass wir die Hauptstadt nicht erreichen konnten. Sie wurde in den nächsten Wochen durch die Unnachgiebigkeit des Oberbefehlshabers noch verschlimmert: Trotz all unserer Berichte machten sich diese Männer, weit entfernt in Ostpreußen, keine richtige Vorstellung von den wahren Bedingungen des Winterkriegs, in dem unsere Soldaten kämpften."

Die sowjetische Gegenoffensive war bis März 1942 durch verbissene Verteidigung aufgehalten worden. Dann stoppte der Frühlingstau und der folgende Morast jede Bewegung. Diesmal hatten allerdings die Sowjets ihre Nachschublinien überdehnt. Das Patt an der Ostfront würde bis Mai 1942 dauern.

Die Ostfront 1942

Die deutsche Sommeroffensive in der Sowjetunion (Fall Blau) endete in einer totalen Niederlage bei Stalingrad. Wieder einmal verlor die Wehrmacht zehntausende Mann und hunderte Kampfpanzer – Verluste, die sie an der Ostfront schlecht verkraften konnte.

Die Deutschen erholten sich niemals von den entsetzlichen Verlusten des Feldzugs von 1941. Bis April 1942 hatte das Heer ein Drittel der Truppen, 40 Prozent der Pak, die Hälfte der Pferde und 79 Prozent der Panzer, die das Unternehmen begonnen hatten, eingebüßt. Die schweren Fahrzeugverluste verringerten die Mobilität bedeutend und die Munitionsbestände waren auf ein Drittel des Niveaus von Juni 1941 gefallen. Neuproduktion und Ersatz konnten dies nicht wettmachen, und so sackte die Infanterie-, Offiziers- und Ausrüstungsstärke ab. Zudem konnten die Deutschen im Winter 1941–1942 aufgrund der Beschränkungen durch Terrain und Wetter und wegen Mangels an Truppen, Gerät und Versorgung sowie der Standhaltebefehle Hitlers keine elastische Verteidigung in die Tiefe ausführen. Sie wandten behelfsmäßige, improvisierte Verteidigungsmethoden an, wie sie die Umstände erzwangen. Die Rote Armee startete starke, doch naive, schlecht koordinierte und verstreute Frontalangriffe entlang des gesamten Zentralabschnitts der Front, um die Deutschen von Moskau zurückzutreiben und etwas Operationsraum zum Manövrieren zu bekommen. Diese Gegenoffensive verwickelte die dezimierten, erschöpften deutschen Panzerdivisionen in schwere Defensivkämpfe, für die sie schlecht geeignet waren.

Die deutschen Kommandeure vor Ort erkannten die Gegenoffensive und ihren Umfang nur langsam und unterschätzten aufgrund ihrer rassistischen Vorurteile ihre eigene Schwäche sowie die sowjetische Durchhaltekraft. Knapp an Männern, Waffen und Versorgung sowie unerfahren in der Verteidigung, reagierten die zunächst überoptimistischen Deutschen nur halbherzig. Kein Wunder, dass Maßnahmen wie schrittweise lokale Rückwärtsbewegungen und kleine Rotationen von Einheiten die sowjetische Flut nicht aufhalten konnten.

Ein deutscher Soldat während der Straßenkämpfe in Stalingrad. Die Deutschen ließen sich in einen langen Stadtkampf, der eine Stärke des Gegners war, verwickeln. Dadurch versäumten sie auch, die überlegene Mobilität ihrer gut ausgebildeten und taktisch flexiblen Panzerdivisionen effizient zu nutzen.

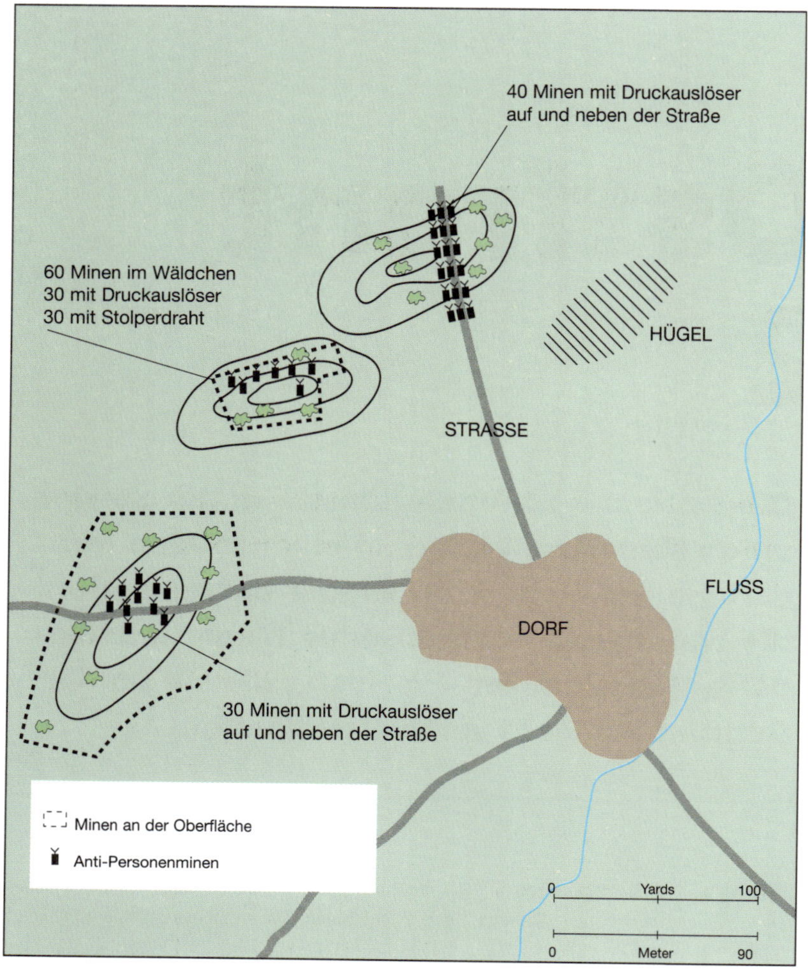

Typische Anordnung deutscher Minenfelder als Teil einer Verteidigungsstellung um ein Dorf an der Ostfront. Die Minen sollten angreifende sowjetische Infanterie in Bereiche, die im Schussbereich deutscher MG-Mannschaften lagen, lenken.

Das anpassungsfähige deutsche Heer reagierte auf die sowjetische Gegenoffensive vom Dezember 1941, indem es seine Strategie änderte und Defensivtaktik modifizierte. Es gab zwei strategische Optionen: einen allgemeinen Rückzug an eine kürzere, besser verteidigbare Winter-Linie (was die Generäle wollten) oder standhalten und den sowjetischen Angriff überstehen, die Option, die Hitler am 16. Dezember wählte. Ein strategischer Rückzug mitten im Winter bei nur eingeschränkter Mobilität hätte die Deutschen ihr schweres Gerät gekostet und vielleicht zu einer wilden Flucht geführt wie bei Napoleons Rückzug 1812. Außerdem wollte der „Führer" eine Front nahe Moskaus erhalten und die Stadt dann 1942 einnehmen. Er befahl den Truppen, überall an der Front standzuhalten und um die befestigten Dorfstützpunkte, in die sich die belagerten Deutschen im Dezember zurückgezogen hatten, herum errichtete „Igelstellungen" unnachgiebig zu verteidigen. Bis Monatsende hatte der Großteil des zentralen Frontabschnitts Igelstellungen, die die Deutschen bestmöglich befestigten. Doch der Kampf zeigte, dass Doktrin, Ausrüstung und Ausbildung für die Defensivkriegsführung im Winter ungeeignet waren. Trotzdem stoppten die deutsche Standhaltestrategie sowie die taktische Anpassungsfähigkeit und Entschlossenheit der Truppen, das Winterwetter und das beschränkte Können des Gegners schließlich früh im Jahr 1942 die sowjetische Offensive.

Dass solche Notbehelfe die Dampfwalze aufhielten, beruhte aber ebenso auf der sowjetischen Unerfahrenheit in der Durchführung offensiver Operationen wie auf den Defensivqualitäten der Igelstellungen und der Standhaftigkeit der Deutschen. Diese vermieden zwar den Zusammenbruch der Front, doch bezahlte das deutsche Heer dafür teuer. Allein im Winter 1941–1942 gab es bei den für die Jahreszeit schlecht ausgerüsteten Deutschen 228.000 Opfer durch Erfrierung. Außerdem konnten die Sowjets im selben Zeitraum eine Anzahl von Igelstellungen einschließen und zerschlagen. Eine besondere Gefahr waren die sowjetischen Panzer, da der mittlere T-34 exzellente Wintertauglichkeit bewies, während viele ansonsten zuverlässige deutsche Waffen (etwa das entscheidende MG 34) bei diesen schrecklichen Bedingungen unzuverlässig oder unwirksam wurden.

Im Januar 1942 aber verbesserten die findigen deutschen Verteidiger rasch ihre Defensive und Wintertauglichkeit sowie ihre Igelstellungen. Den deutschen Einheiten gelang diese schnelle Anpassung teils durch Versuch und Irrtum, aber auch durch rasche Verteilung scharfsichtiger Einsatzberichte. Die Deutschen sahen bald, dass die Dorfstützpunkte einen großen Nachteil hatten: Die gesammelten Verteidiger waren sehr verwundbar durch sowjetisches Artilleriefeuer und ihren Positionen fehlte die Tiefe. Die Igelstellungen überließen das Gebiet zwischen ihnen dem Gegner, der die Linien infiltrierte, um die einzelnen Igel zu isolieren und zu eliminieren. Ab dem späten Januar dehnten die Deutschen daher die Igelstellungen über Dorfperimeter aus, um an Sicherheit zu gewinnen, die Observation zu verstärken und die Lücken in der Front, durch die sowjetische Truppen einsickern konnten, zu verkleinern.

Die Erfahrung des Januar 1942 zeigte zudem schnell, dass sofortige energische Gegenangriffe mit massiver Feuerkraft nötig waren, um die sowjetischen Einfälle zurückzuschlagen. Angesichts des ernsten Nachschubmangels an der Front mussten die lokalen Kommandeure in taktisch weniger gefährlichen Lagen mit der Artilleriemunition haushalten, damit sie wirklich bedrohliche gegnerische Angriffe mit massivem Feuer stoppen konnten. Aufgrund dieser Erfahrungen entwickelte das deutsche Heer 1942 erstmals Kommandomechanismen zur Koordination massierten Abwehrfeuers aus allen schweren Waffen. Das Stützpunkt-Verteidigungssystem entsprach zwar nicht ganz der deutschen Militärdoktrin (sie betonte eine elastische Verteidigung), doch der Schwerpunkt auf Tiefe, Feuerkraft und raschen Gegenangriff zeigte, dass es in der traditionellen deutschen Verteidigungspraxis wurzelte. Indem sie eine aktive, aggressive Verteidigung ermöglichten, überlebten die Igelstellungen trotz ihrer behelfsmäßigen Natur oft gegen eine große Übermacht. Bei Suchininci etwa wehrte ein isoliertes deutsches Regiment der 216. Infanteriedivision zwei sowjetische Schützendivisionen bis zum Entsatz über einen Monat lang ab.

Defensiv-offensive Operationen

So hatten die Deutschen trotz Überdehnung, Erschöpfung und ohne Ausrüstung für den Winter ein Stützpunkt-Verteidigungssystem improvisiert, das dem Ansturm trotzte. Nachdem sich die sowjetische Offensive erschöpft hatte, studierte und verbreitete das deutsche Heer eilig die aus der Winterkrise gelernten Lektionen. Ergebnis dieser Erfahrungen war eine substanzielle, rasche Revision von Doktrin, Ausbildung und Verteidigungspraktiken. Die Frontverbände stellten umfassende Einsatzberichte zusammen, die die Mängel bei der deutschen Ausrüstung, Organisation und Ausbildung genau untersuchten und zugleich Vorschläge zur Behebung dieser Schwächen unterbreiteten. Der deutsche Erfolg schien Hitlers Standhaltebefehle zu rechtfertigen. Außerdem bestärkte er dessen falschen Glauben (beispielhaft unterstrichen durch den heroischen Widerstand der SS-Division Totenkopf im Demjansk-Kessel in Nordrussland), dass der eiserne Wille ei-

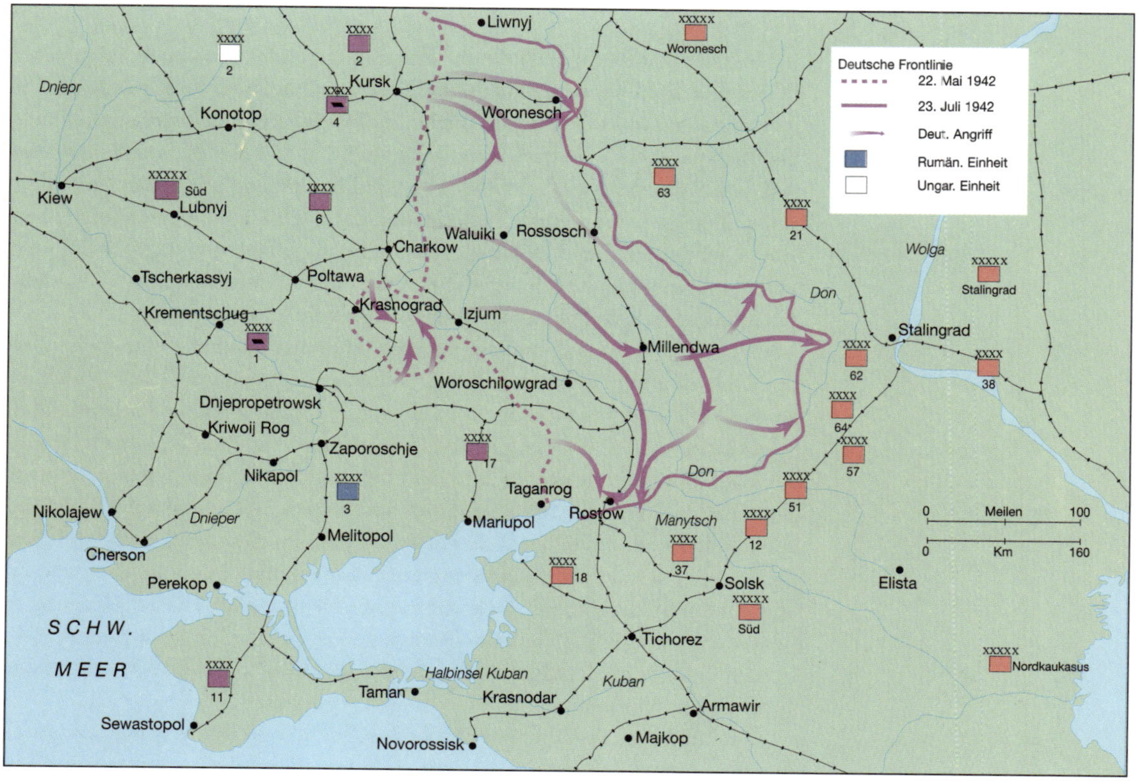

nes rassisch überlegenen Militärs ungeachtet des Ungleichgewichts an Mannstärke, Feuerkraft und Versorgung immer über einen stärkeren Gegner triumphieren konnte. Aufrgund dieser Irrmeinung befahl Hitler nachher den deutschen Truppen stets, gegen überwältigende Überzahlen standzuhalten, was trotz des Heroismus der Männer regelmäßig die Verluste erhöhte und das Desaster beschleunigte.

Die deutsche Technik der Defensive-Offensive hatte sich bei richtiger Umsetzung durch gut ausgebildete, entschlossene Truppen als hochwirksam und zugleich ökonomisch gegen ein Oberkommando der Roten Armee (die STAVKA) erwiesen, das sich 1942 noch schwer tat, Offensivoperationen zu meistern. Als Verlängerung ihrer Winteroffensive vom Winter 1941–1942 startete die Rote Armee am 12. Mai 1942 im Süden eine zweizinkige Offensive zur Rückeroberung Charkows. Als Nordflügel griff die 28. Armee von Woltschansk südwestwärts gegen Charkow an, an der Südachse attackierte die 6. Armee von der Izjum–Barwenkovo-Ausbuchtung aus sowohl westwärts gegen Krasnograd wie auch nordwärts gegen Charkow. Die Operation wurde später als zweite Schlacht von Charkow bekannt. Der Entschluss der Sowjets zum Angriff kam, weil sie deutsche Vorbereitungen für eine für den 18. Mai geplante, begrenzte Operation, die durch Beseitigung des Barwenkowo-Bogens bessere Ausgangsstellungen für die deutsche Sommeroffensive sichern sollte, entdeckten. Am 12. Mai griff die sowjetische Südwestfront die von der Heeresgruppe Süd gehaltenen Stellungen an. 46 sowjetische Schützendivisionen sowie 19 motorisierte Brigaden attackierten die Sektoren des XVII., LI. und VIII. Korps sowie des rumänischen VI. Korps. An der Nordachse konnten die verzweifelten Verteidigungsaktionen der Infanteriedivisionen der Achse einen größeren sowjetischen Durchbruch verhindern, doch im Süden gelang dies nicht. So konnten die Angriffsspitzen der Roten Armee dort bis zum 15. Mai 92 km westwärts vorrücken und die Deutschen zur Aufgabe Krasnograds zwingen.

Vom 28.–31. Juni durchbrachen die Truppen der 4. Panzer- und der 2. Armee (Heeresgruppe Süd) die sowjetischen Verteidigungsstellungen östlich Kursks und stießen rasch gegen den Don, wobei sie bei ihrem Vorrücken etliche kleine Kessel schufen. Bei diesen Bodenangriffen leistete die deutsche Luftwaffe (die zeitweilig lokale Luftüberlegenheit hatte) konzentrierte Luftnahunterstützung und Behinderung des Gegners. Letztere Einsätze richteten sich vor allem gegen nächtliche Bewegungen per Bahn und versuchten den Feind an der Verlegung von Reserven zur Blockade des Vorstoßes der Panzer Hoths zu hindern. Bis zum 6. Juli waren die Elitetruppen der 4. Panzerarmee 136 km vorgerückt und hatten Woronesch erreicht. Bis 23. Juli waren die letzten sowjetischen Widerstandsnester in dieser Stadt ausgehoben.

Die Rote Armee erzielte diesen Erfolg am 12.–15. Mai, obwohl die Heeresgruppe Süd aufgrund verstärkter taktischer Aufklärung in diesem Gebiet die gegnerischen Absichten erkannt hatte. Während die Sowjets tiefer in die deutschen Linien eindrangen, verlegte die Heeresgruppe Süd gelassen Panzerreserven an die Nord- und Südflanke des Barwenkovo-Bogens, um einen kühnen Gegenschlag zu landen. Die Sowjets entdeckten zwar diesen deutschen Aufmarsch, doch Stalin beharrte auf dem weiteren Vorrücken der Roten Armee. Am 17. Mai startete die Heeresgruppe Süd ihre Gegenoffensive (Unternehmen Fredericus), die die überdehnten sowjetischen Kräfte an beiden Flanken traf. Die Truppen der deutschen 6. Armee attackierten vom Norden und vom Süden her gegen die Brücken über der Donez südlich von Balakleja. Gleichzeitig stießen die Elitetruppen der 1. Panzerarmee Kleists vom Barwenkovo-Gebiet nordwärts, um sich mit dem deutschen Nordflügel zu verbinden. Weitere Elemente der 6. Armee rückten ostwärts gegen Kupjansk am Fluss Oskel.

Nach sechs Tagen gut geführter, temporeicher Attacken, die von Luftschlägen unterstützt wurden, verbanden sich die beiden Flügel der Achse am 22. Mai 32 km südlich von Balakleja und kreisten 280.000 Mann der sowjetischen 6., 9. und 57. Armee ein. Während sich umfangreiche deutsche Kräfte mit den eingeschlossenen Sowjets beschäftigten, verwerteten andere mobile Verbände durch einen raschen Vorstoß ostwärts über den Donez an die Linie des Oskol den Erfolg. Als sich am 30. Mai 1942 die letzten der eingeschlossenen Truppen der Roten Armee ergaben, hatte Fredericus 239.000 Gefangene gebracht, 1.250 Panzerverluste verursacht und eine nützliche Front entlang der Donez–Oskel-Linie gesichert, von der aus die geplante deutsche Sommeroffensive starten konnte.

Fall Blau

Hitler, der die deutschen Armeen nun direkt lenkte, entschied, dass seine Truppen im Zentrum und im Norden in der Defensive bleiben, die im Süden aber angreifen sollten, um das Öl des Kaukasus zu erbeuten. Trotzdem zögerte er, ob die Armee Stalingrad an der Wolga einnehmen, um Bewegung nordwärts zu verhindern, oder in den Kaukasus ziehen sollte, um das Öl zu erbeuten. Diese Unentschlossenheit bestand den ganzen Feldzug (Fall Blau) hindurch. Fall Blau war tatsächlich die letzte Chance Deutschlands, die Rote Armee zu besiegen. Das Oberkommando erkannte, dass das deutsche Heer im Frühling 1942 für eine Generaloffensive einfach zu schwach war. Bis Mitte Juni hatten neue deutsche Verstärkungen dem Heer im Osten nur eine Stärke von 3,13 Millionen Mann (etwa 80.000 mehr als zu Beginn von Barbarossa) gebracht. Doch da das deutsche Heer im Feldzug von 1941 einiges von seinem besten Personal und Gerät eingebüßt hatte, war es im Sommer 1942 qualitativ schwächer als im Juni 1941. Die Deutschen wollten daher die Fähigkeit der Sowjetunion, diesen Krieg der industriellen Produktion fortzusetzen, zerstören, indem sie sich ihrer Ölressourcen bemächtigten.

Am 28. Juni 1942 startete die Heeresgruppe Süd Fall Blau. Eine Streitmacht von 68 Divisionen mit 1,4 Millionen Mann und 1.495 Kampfpanzern, unterstützt durch die Luftflotte 4 mit 1.550 der 2.950 an der Ostfront verfügbaren Maschinen, strebte südostwärts gegen den Kaukasus.

Am 9. Juli 1942 befahl Hitler die Aufspaltung der Heeresgruppe Süd in zwei getrennte Kommandos: die Heeresgruppe A unter Generalfeldmarschall von List und die Heeresgruppe B unter Bock. Letztere sollte nun, sobald sie das Don-Becken gesäubert hatte, ostwärts stoßen und Stalingrad nehmen, die Heeresgruppe A tiefer in den Kaukasus jenseits der Majkop-Ölfelder stoßen. Die Heeresgruppe

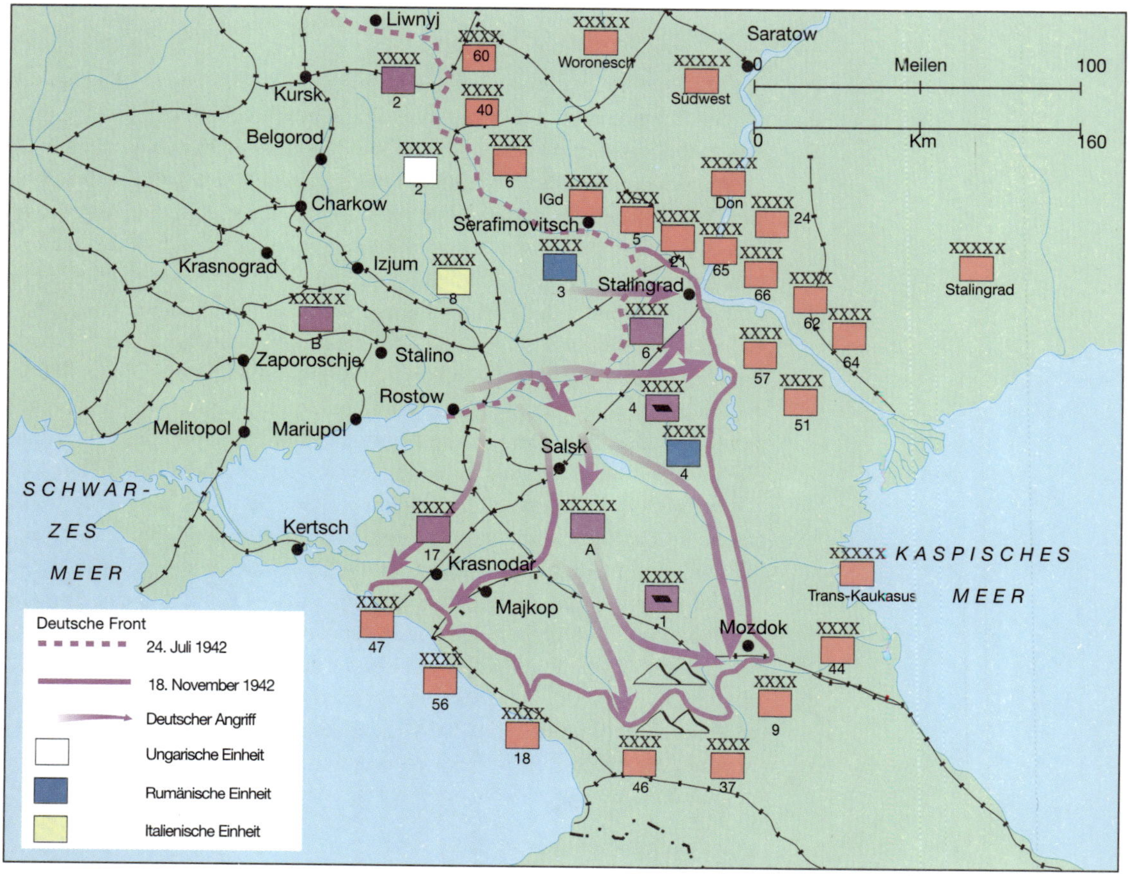

B startete die zweite Phase von Fall Blau mit dem Stoß der 4. Panzerarmee (die nun südlich Woroneschs stand) südostwärts entlang des Westufers des Don, um sich mit dem Vorstoß der 6. Armee Paulus' ostwärts, der bereits am 30. Juni begonnen hatte, zu verbinden. Gleichzeitig starteten weiter südlich die drei Armeen der Heeresgruppe A (Kleists 1. Panzer-, Ruoffs 17. und Dumitrescus rumänische 3. Armee) ihren Angriff. Vom Izjum–Taganrog-Sektor aus rückten ihre 22 Divisionen rasch ostwärts und südostwärts gegen Rostow und die Don-Mündung, um sich mit der 4. Panzerarmee zu verbinden.

Bis 11. August waren die mobilen Truppen der 1. Panzerarmee zum Kaukasus in der Gegend von Tscherkessk vorgerückt. Das LII. Korps stieß inzwischen im Nordwesten durch die spärlich bevölkerte, trockene kalmückische Steppe vor und nahm am 12. August Elista, 360 km südöstlich Rostows, ein.

Doch überall im Kaukasus stockte nun der Vormarsch der Achse aufgrund stärker werdenden sowjetischen Widerstands, abnehmenden Nachschubs, Krankheiten und Mannknappheit – die Divisionen waren im Durchschnitt um 4.000 Mann unterbesetzt. Hitler, der das Interesse am Kaukasus verloren hatte, übertrug Kleist den Oberbefehl über die Heereegruppe A, um sich selbst ganz der erwarteten baldigen Einnahme Stalingrads widmen zu können. Da Kleists Kommando nun in der Defensive war, war klar, dass die überdehnten Achsentruppen die riesigen Ölfelder bei Baku nicht erreichen konnten und sogar Probleme haben würden, ihre gewaltig ausgedehnte Front in so widrigem Terrain zu halten.

Im September 1942 kämpften sich in der Gegend Stalingrads 20 Achsendivisionen ihren Weg gegen grimmigen sowjetischen Widerstand buchstäblich Meter für Meter auf ruinierten Straßen vorwärts, um die Wolga zu erreichen und

In der letzten Augustwoche 1942 wurde der deutsche Vormarsch in den Kaukasus zum Kriechgang, der durch stark überdehnte Nachschublinien, den Mangel an robusten Tragtieren, das schwierige gebirgige Gelände und Hitlers Verlegung großer Truppenmengen (auch Flugzeugressourcen) nach Stalingrad behindert wurde. In der Zwischenzeit tauschten die Sowjets Raum gegen Zeit ein.

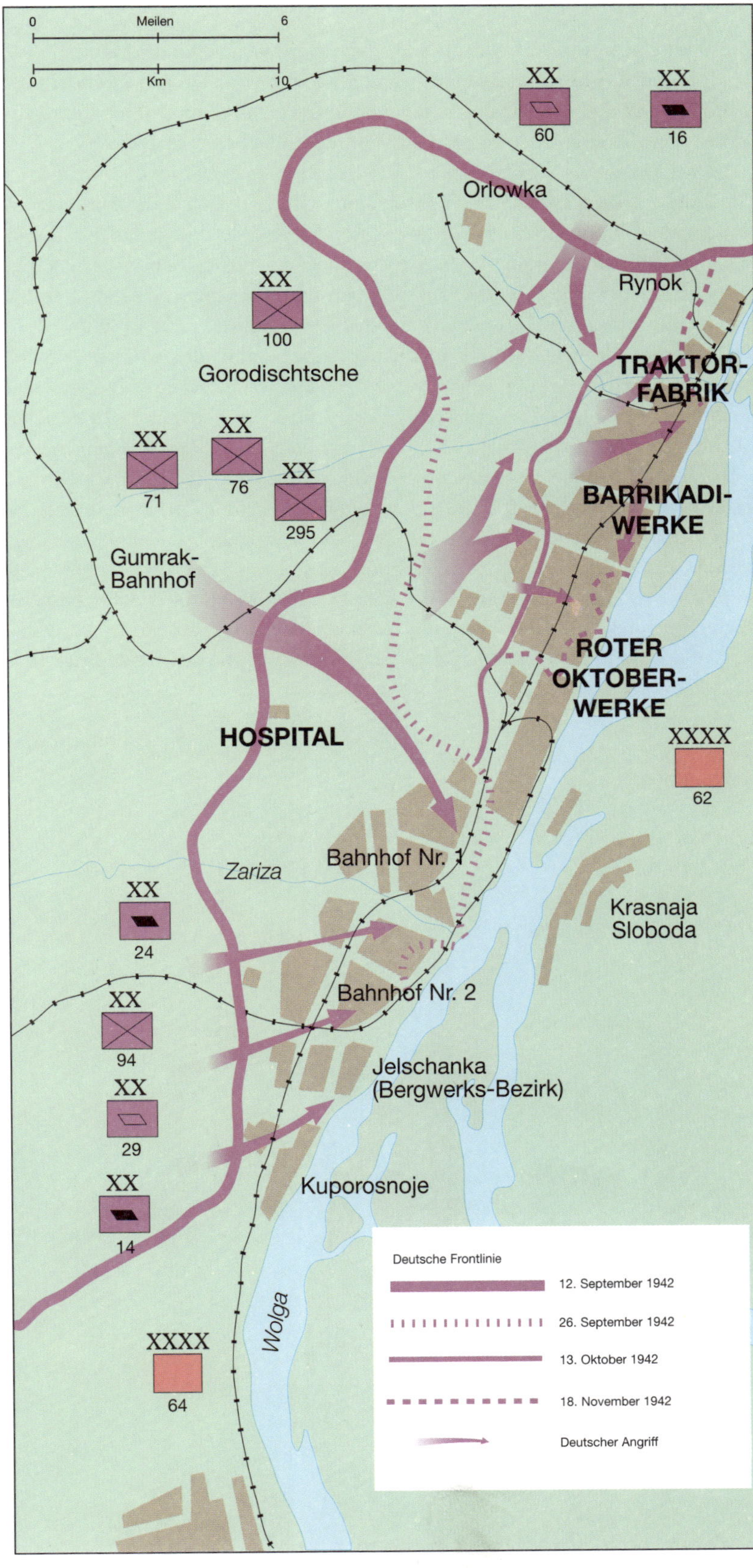

Stalingrad, 12. September–18. November 1942. Bis zum 26. September war es der deutschen Infanterie (unter dem Einsatz von Flammenwerfern, Granaten, Sprengladungen und sogar Spaten) gelungen, sich ihren Weg im harten Kampf Mann gegen Mann und Haus für Haus vorwärts zu bahnen, bis sie die Wolga im Süden der Stadt erreichten. In weiteren zwei Wochen bitteren Kampfes warfen die Deutschen die Sowjets in einen nur 5 km tiefen und 24 km langen Brückenkopf westlich der Wolga zurück. In weiteren fünf Wochen brutalen Stadtkampfs trieben die Achsentruppen die Sowjets bis zum 28. November zurück, bis diese in der Stadt nur noch eine kleine, 2 km tiefe und 12 km lange Enklave hielten. Die Deutschen glaubten, nun werde Stalingrad binnen Tagen fallen.

die Stadt einzunehmen. Hitlers Besessenheit vom psychologischen Triumph, die Stadt mit dem Namen Stalins einzunehmen, verzerrte nun das ganze Konzept für Fall Blau und zog Achsentruppen in einen begrenzten Raum, während im Kaukasus wenige überforderte Formationen in riesigen Gebieten operierten.

Doch ein der Achse unbekannter Grund, weshalb sie ihren Marsch hatte fortsetzen können, war, dass die Sowjets gerade genug Truppen nach Stalingrad gebracht hatten, um die Einnahme der Stadt, nicht aber das Vorrücken zu verhindern. Denn die sowjetische Strategie sah vor, die Achsentruppen im bitteren Kampf vorzulocken, dann zu fixieren und zu schwächen, während die Rote Armee ihre Reserven für einen Überraschungsschlag gegen die Flanken der 6. Armee Paulus' bewahrte.

So glaubte das deutsche Oberkommando, seine Sommeroffensive habe bis Mitte November eine Menge erreicht. Doch die von Fall Blau erzielten Gebietsgewinne waren kein nennenswerter strategischer Erfolg. Sie unterminierten die strategische Position der Achse im Osten eher als sie zu verstärken. Es wurden ökonomisch eher wenig nützliche Gebiete eingenommen und das führte die erschöpften Achsentruppen in kaum verteidigbares, unwirtliches Terrain und dehnte die Linien der bereits überforderten Wehrmacht weiter aus. Und diese überdehnten Truppen standen nun im Süden einer immer noch zusammenhängenden Roten Armee, die einen Großteil ihrer Kampfstärke durch Rückzüge vor dem Vorstoß der Achse bewahrt hatte, gegenüber. Während zudem im November die Vormärsche der Achse bei Stalingrad und im Kaukasus stockten, brachten die Sowjets (von den Deutschen unbe-

Am 19. November 1942 startete die Rote Armee eine Gegenoffensive (Operation Uranus), die die Achsentruppen überraschte. Starke sowjetische Kräfte trafen die von den Rumänen gehaltenen, schwachen Stellungen und drangen schnell ein. Am 23. November verbanden sich die konvergierenden sowjetischen Flügel und bildeten eine flache Einkreisung, die die deutschen Truppen in Stalingrad fing. In fünf Tagen hatten die Sowjets der Wehrmacht die größte Niederlage zugefügt, die diese bis dahin im Zweiten Weltkrieg erlitt.

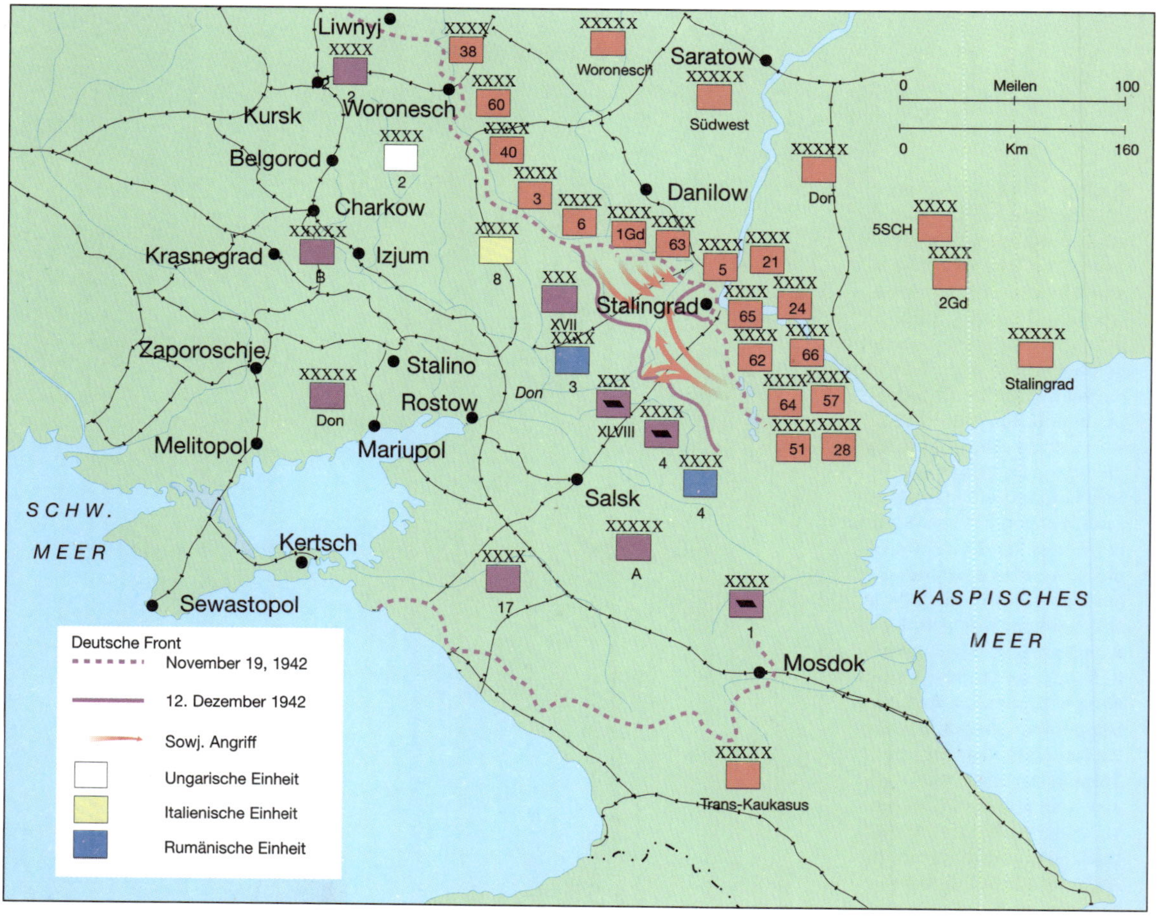

Sichtweisen des Kriegs: Die Belagerung Leningrads, Krieg als Sache des Willens

Die deutschen Militäroperationen wurden (durch eine verfälschte Interpretation der Theorien von Clausewitz) durch die Auffassung dominiert, dass Krieg vor allem ein Zusammenprall moralischer Kräfte sei. Dieses Konzept warf (und wirft immer noch) einiges Licht auf militärische Unternehmungen, doch im Zweiten Weltkrieg wurde es durch seine Auswirkung auf die Nazi-Ideologie weiter verzerrt. Aufgrund des Nazi-Glaubens an den überlegenen rassischen Willen der arischen Deutschen meinten viele deutsche Kommandeure, der Wille der „halbzivilisierten slawischen Sowjets" würde dem Ansturm der technologisch modernen Wehrmacht nicht widerstehen können. Barbarossa würde daher kurz und entscheidend verlaufen. Die brutale 900-tägige Belagerung Leningrads bewies aber, wie falsch die deutsche Einschätzung des Gegners war. Sie zeigte, wie viel die leidenden Sowjets in ihrem verzweifelten Kampf, der Achse zu widerstehen, aushalten konnten. Obwohl sie in einer Einkreisung, die die Bevölkerung der Stadt zu Tode hungern sollte, gefangen waren, brachten die Sowjets den Großteil der Bewohner (Männer, Frauen und Kinder) dazu, dem deutschen Druck standzuhalten. Fast drei Jahre lang erduldete die Bevölkerung entsetzliche Entbehrungen (vor allem Hunger und Krankheiten), doch ihr Widerstandswille blieb ungebrochen. Der heroische Widerstand der Sowjets in Leningrad bewies, dass nicht die angeblich „rassisch überlegenen" Deutschen im Osten den stärkeren Überlebenswillen hatten. Die deutsche Fehlauffassung der unterschiedlichen Willenskraft erleichterte die Versuche des deutschen Heeres, sich nach 1942 den sowjetischen Truppen entgegenzustemmen, nicht gerade. Die letzte Konsequenz davon war im Frühling 1945 der triumphale Zug der sowjetischen Panzer durch die Ruinen Berlins.

merkt) die Vorbereitungen für ihre überraschende Gegenoffensive gegen die im Kampf bei Stalingrad stehenden Achsentruppen zum Abschluss.

Am 19. November startete die Rote Armee ihre Gegenoffensive (Operation Uranus). Die deutsche Entsatzoperation (Unternehmen Wintersturm) blieb angesichts sowjetischen Widerstands (siehe unten) am Fluss Myschkowa stecken. Zudem hatten die Sowjets drei Tage zuvor ihre starke Offensive Kleiner Saturn gegen den Nordsektor der Heeresgruppe Don begonnen. Bis zum 19. Dezember waren sie tief ins rückwärtige Gebiet der Achse gedrungen und drohten nun, die Nordflanke der exponierten 4. Panzerarmee an der Myschkowa zu umgehen.

Deutsche Truppen in Stalingrad. Die dortige Niederlage der Wehrmacht war noch nicht (wie man oft glaubt) der entscheidende Wendepunkt im Osten. Diese Beschreibung trifft viel eher auf die Offensive bei Kursk im Juli 1943 zu. Trotzdem war das Desaster von Stalingrad die bis dahin schwerste Niederlage des deutschen Heeres im Zweiten Weltkrieg. Doch früh im Jahr warteten auf sie noch größere Bedrohungen.

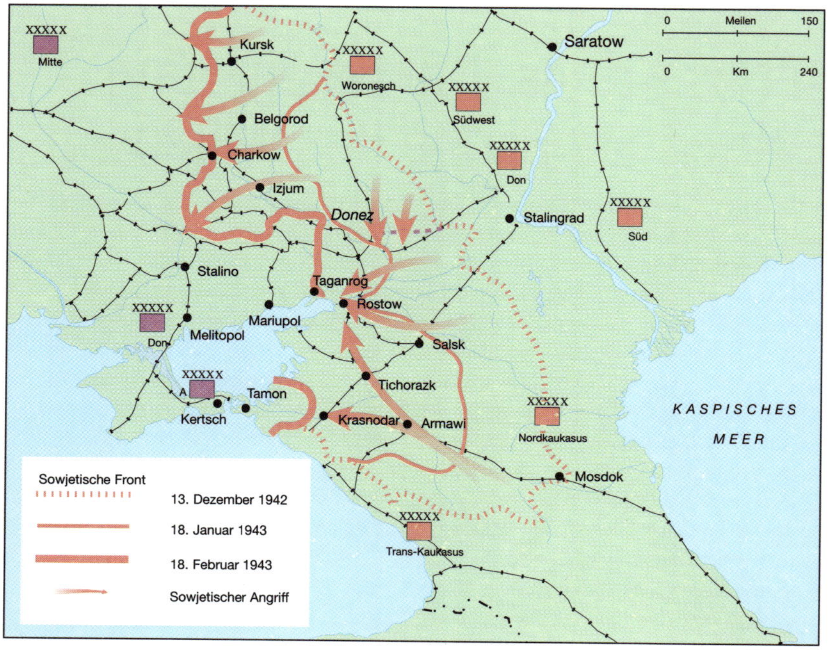

Nachdem Kleiner Saturn durch die Achsenstellungen am Don gebrochen war, rückten die sowjetischen Panzer im späten Dezember rasch gegen Rostow, um die deutschen Kräfte im Kaukasus abzuschneiden. In der ersten Januarhälfte 1943 verteidigten sich von Mansteins hart bedrängte Truppen geschickt nördlich des Donez, um der 1. Panzerarmee genug Zeit zum Rückzug aus dem Kaukasus hinter die Donezmündung zu verschaffen, ehe Rostow fiel. Diese Operationen umfassten eine Reihe von Blocka de- und Verzögerungsaktionen der Infanterie- und Panzertruppen sowie eine Zahl kühner lokaler Panzergegenstöße an den Flanken. Bei einigen dieser Defensivschlachten half den Männern der 4. Panzerarmee die Ankunft einer neuen Waffe, einer schwereren Version des bereits verwendeten Raketenwerfers. Falls aber die Heeresgruppe Don den sowjetischen Vormarsch nach Rostow nicht stoppen konnte, dann war das deutsche Heer in einer potenziell weit schlimmeren Lage als bei Stalingrad. Denn in von Mansteins Hand lag das Schicksal der 900.000 Mann der Heeresgruppen A und Don.

Der „Führer“ überschätzte die verbleibende Standhaltekraft der 6. Armee stark und verbot jeden Ausbruchsversuch, bei dem man die großen, von den Deutschen gehaltenen Teile Stalingrads hätte aufgeben müssen. Doch ab 24. Dezember war es wohl ohnehin zu spät. Denn da hatte die Armee für ihre 20 Panzer nur noch Benzin für 32 km, sodass sie 24 km von Hoths Entsatzkräften an der Myschkowa entfernt stehen geblieben wären.

Bereits im November 1942 hatte der STAWKA Operation Saturn als zweite Phase einer Reihe koordinierter Offensiven, eingeleitet durch Uranus, die die ganze deutsche Position im Süden zerstören sollten, geplant. Am 16. Dezember 1942 griff die Rote Armee in der Operation Kleiner Saturn, einer weniger ehrgeizigen Version, über den Don und gegen die schwache italienische 8. Armee sowie Elemente der Armeeabteilung Hollidt an. Die Offensive sollte 386 km südwestwärts nach Rostow stoßen, um die gesamte im Kaukaus stehende Heeresgruppe A einzuschließen. Vom 20.–24. Dezember unternahm das LVII. Korps alles, um seine Stellungen an der Myschkowa gegen diese Umgehungsbedrohung zu halten, damit die 6. Armee auszubrechen versuchen konnte. Doch am 25. Dezember 1942 musste von Manstein (der die Heeresgruppe Don führte) nachgeben. Er zog Hoths Verband westwärts über den Don zurück. Nun war die 6. Armee dem Untergang geweiht.

Unter so üblen Umständen verlangten die nachgeordneten Offiziere an der Ostfront von ihren erschöpften Truppen noch strengere Disziplin, um deren Widerstandskraft zu stärken. Als etwa Männer in Hollidts Kommando ohne guten Grund in der Etappe gefunden wurden, verpassten ihnen Kriegsgerichte lange Haft und in mindestens neun Fällen die Todesstrafe. Während sich die 1. Panzerarmee im frühen Januar 1943 aus dem Kaukasus nach Rostow zurückzog, ging die 17. Armee nun auf die Halbinsel Kuban zurück, die auf Weisung Hitlers als Ausgangsposition einer künftigen Offensive in den Kaukasus dienen sollte.

Am 15. Januar schlugen die 17 Divisionen der Woronesch-Front auf die von der ungarischen 2. Armee besetzten Stellungen los und eroberten am 26. Januar die wichtige Stadt Woronesch zurück. Die in den letzten zwei Monaten erzielten Erfolge veranlassten den zuversichtlichen STAWKA nun, den Umfang seiner

Als die sowjetische Offensive am 19. November startete, war die deutsche Reaktion schwerfällig. Am fünften Tag hatte der sowjetische Angriff den Ring um die deutsche 6. Armee in Stalingrad geschlossen.

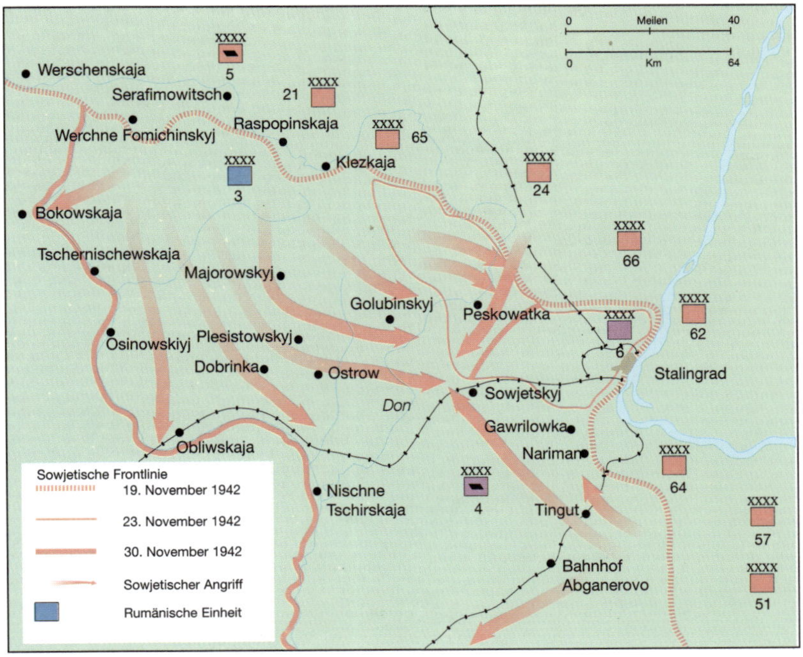

Offensiven zu erweitern. Am 29. Januar bzw. am 2. Februar 1943 begannen daher die sowjetischen Truppen die Operationen Stern und Galopp, bei denen die Woronesch- und die Südwest-Front Belgorod, Kursk und Charkow einnehmen sowie südwestwärts zum Asowschen Meer ziehen sollten, um die 650.000 Mann der 1. und der 4. Panzerarmee und des Heeresverbandes Hollidt im Gebiet von Woroschilow–Mjus einschließen sollten. Dass die Sowjets die 200.000 Mann der 6. Armee Paulus' bei Stalingrad eingeschlossen hatten, stellte die Deutschen vor das Problem einer synchronisierten Entsatzoperation. Während die innerhalb des

Da sie wegen Knappheit an Mannstärke und Munition den Umkreis nicht halten konnten, wurden die deutschen Kräfte beständig in einen dauernd anwachsenden Kessel zurückgetrieben. Hitler gab wie immer den Befehl, die Männer der 6. Armee sollten bis zum letzten Mann kämpfen.

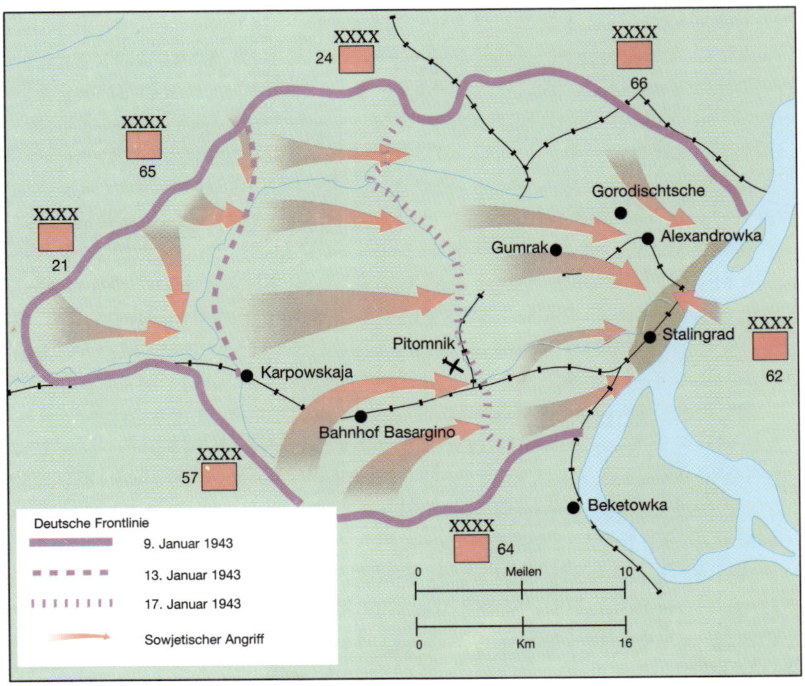

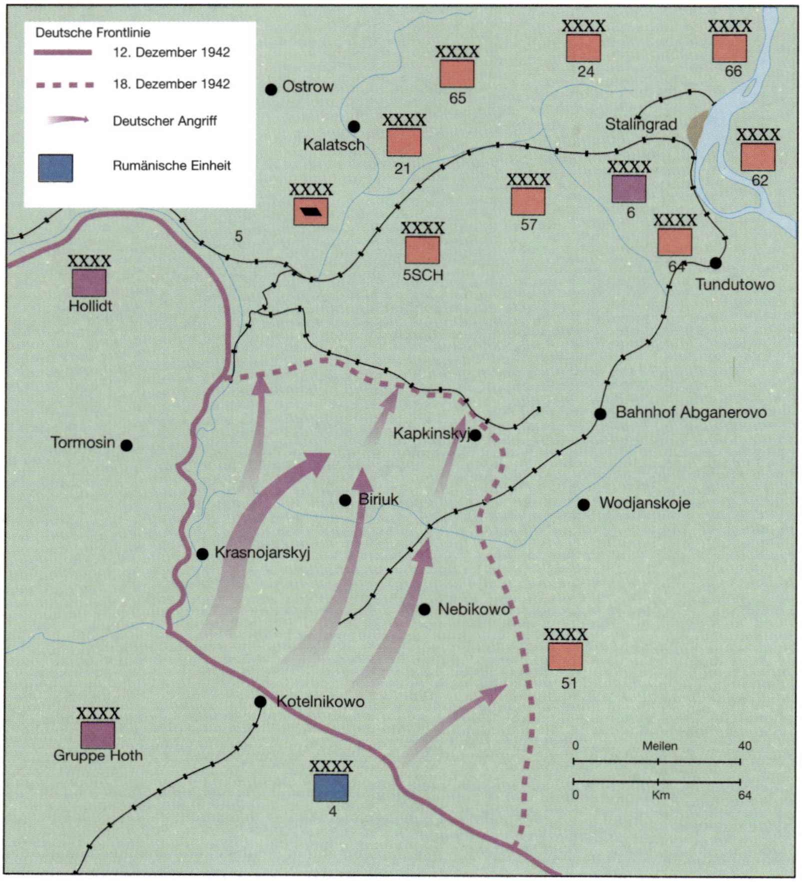

Unternehmen Wintersturm, der gescheiterte deutsche Versuch, die 6. Armee in Stalingrad zu retten.

Kessels gefangenen Truppen in Richtung der deutschen Hauptlinien auszubrechen versuchten, sollte die Entsatztruppe gegen den Kessel hin angreifen, um sich mit den entkommenen Kräften zu verbinden.

Die 6. Armee musste schnell ausbrechen, ehe die Rote Armee ihrern Kreis um Stalingrad konsolidiert hatte, wenn sie irgendeine Chance haben wollte. Doch Hitler befahl ihr, die Stadt durch Bildung von defensiven Igelstellungen um jeden Preis zu halten, während sich die Truppen außerhalb des Kessels entlang des Flusses Tschir auf eine Entsatzoperation vorbereiteten, um wieder nach Stalingrad einzufallen. Eine solche Operation würde, wie der „Führer“ meinte, nicht nur die Verbindung zu Paulus' Kommando wiederherstellen und diesem auch das Halten großer Teile Stalingrads ermöglichen, sondern auch die Rückeroberung der restlichen Stadt ermöglichen. Pech für Paulus' immer noch entschlossene Männer, dass Hitler in erbärmlicher Weise die wahre Lage, in der sich das deutsche Heer inzwischen im Osten befand, weiterhin ignorierte.

Nach dem sowjetischen Zusammenschluss am 23.–27. August reagierten die Deutschen rasch und trafen Verzweiflungsmaßnahmen, um westlich Stalingrads am Tschir und Don wieder eine kohärente Front herzustellen. Truppen der Etappe schlossen sich mit frischen Verstärkungen zu improvisierten Kampfgruppen zusammen, die bald entlang der beiden Flüsse einen dünnen Schirm aufbauten, um weitere gegnerische Vorstöße zu verhindern. Als Nächstes überlegten die Deutschen eine Entsatzoperation für Paulus' gefangene Truppen. Als erster Schritt wurde das Kommando umgebildet, da die Heeresgruppe B nun fünf weit verstreute Armeen, mehr als sie lenken konnte, enthielt. Im späten November befahl daher das Oberkommando von Manstein, aus dem Hauptquartier der 11. Armee einen neuen Stab für die neue Heeresgruppe Don zu bilden, der die Lenkung der 4. Panzer- und der rumänischen 3. Armee, des improvisierten Heeresverbands Hollidt sowie des Kommandos Paulus' in Stalingrad übertragen würde.

Der neue Kommandeur nahm richtig an, die einzige Chance der 6. Armee zu entkommen, bestehe in einem sofortigen Ausbruch, doch Hitler hatte dies verboten. Während Manstein seine Entsatzoperation vorbereitete, wurde die Zeit knapp, da aufgrund der Unfähigkeit der deutschen Luftwaffe, Paulus auch nur die Hälfte der täglich nötigen Versorgung zu liefern, die 6. Armee mit jedem Tag schwächer wurde. Das Nachschubproblem war angesichts der kleinen deutschen Lufttransporterflotte enorm und Schlechtwetter sowie sowjetische Feindflüge verschlimmerten die Lage weiter. Da die Sowjets die deutschen Versorgungsflüge erwarteten, konzentrierten sie Flak und Jagdflugzeuge im kritischen Gebiet, was die Deutschen 488 Transportmaschinen – ein Drittel aller eingesetzten – kostete. So nahm die Kampfstärke der 6. Armee trotz der vollmundigen Versprechungen Görings ständig ab.

Unternehmen Wintergewitter

Die Heeresgruppe Don war aber erst am 12. Dezember 1943 so weit, Unternehmen Wintergewitter, ihren Gegenangriff zum Entsatz Paulus', zu starten. Der Plan sah vor, dass das XXXXVIII. und das LVII. Panzerkorps (wie die ehemaligen motorisierten Korps von 1941 nun genannt wurden) einen simultanen Doppelstoß in Richtung Stalingrad unternehmen sollten. Die kampfgehärteten Truppen des LVII. Korps, dessen Flanken von zwei rumänischen Korps, die ebenfalls zu Hoths 4. Panzerarmee gehörten, gedeckt wurden, sollten von Kotelnikowo (östlich des Don) nordostwärts, 143 km über gegnerisches Territorium nach Marinowka an der Nordwestecke des Gebiets von Paulus stoßen. 80 km weiter nördlich sollten die Elitetruppen des XLVIII. Korps (ein Teil des Heeresverbandes Hollidt) vom Zusammenfluss des Don und Tschir bei Nischne Tschirskaja aus einen Übergang erzwingen und 62 km zu Paulus' Zone ziehen, um sich mit dem LVII. Korps zu verbinden. Pech für die 6. Armee war, dass von Beginn an starker sowjetischer Druck und Mangel an Verstärkung die Entsatzoperation behinderten. Schwere sowjetische Angriffe entlang des Tschir hielten das XXXXVIII. Korps von der Teilnahme an der Offensive ab, sodass das LVII. Korps auf sich allein gestellt blieb.

Angesichts der steigenden Zahl von Einkreisungen durch die Rote Armee ab dem Ausgang des Jahrs 1942 mussten die Deutschen regelmäßig derartige Rettungsoperationen für in Kesseln gefangene Truppen unternehmen. Manche davon waren sehr erfolgreich, etwa die beim Kamenez-Kessel im Frühling 1944, andere wie bei Tscherkassy im Februar 1944 hatten nur Teilerfolge. Bei Stalingrad überredete am 20.–24. Dezember von Manstein schließlich Hitler, den Truppen Paulus' den Ausbruch zu erlauben und sich mit von Mansteins stockender Entsatzoperation zu verbinden. Da Hitler aber gleichzeitig darauf beharrte, Paulus dürfe den Griff auf Stalingrad nicht aufgeben, und zuwenig Treibstoff verfügbar war, war das Unternehmen schon vor Beginn zum Scheitern verurteilt. Das Schicksal der 6. Armee in den Ruinen der Stadt, die Stalins Namen trug, war damit besiegelt.

Am 8. Februar 1943 nahmen die schnellen mechanisierten sowjetischen Angriffsspitzen Kursk und begannen Charkow, das Industrie- und politische Zentrum der Ukraine, einzukreisen. In diesen bitteren Verteidigungskämpfen unternahmen die hart bedrängten deutschen Panzerkommandeure immer größere Anstrengungen, beschädigte Tanks vom Schlachtfeld zu bergen, ehe der sowjetische

Druck zur Aufgabe des Terrains zwang. Als Unterstützung dafür erhielten die deutschen Panzereinheiten Ende 1942, Anfang 1943 zusätzliche Bergefahrzeuge aus umgebauten Chassis veralteter Tanks wie dem Panzer 38(t). Da die deutsche Panzerproduktion die Verluste im Osten nicht ausgleichen konnte, mussten die geborgenen und reparierten Tanks die abnehmenden Verteidigungskapazitäten des deutschen Heeres vergrößern.

Jedenfalls erreichten die sowjetischen Panzer Pawlograd 164 km südwestlich des Donez und nahmen dabei den wichtigen Bahnknotenpunkt Sinelnikowo ein, um die beiden direkten Bahnverbindungen zur deutschen Front an der Mjus abzuschneiden. Dadurch würden die großen Verbände der Achse am Mjus aufgrund von Nachschubmangel bald ihre restliche Kampfstärke verlieren. Weiter östlich erreichten Popows Panzer (5. Stoßarmee) Krasnoarmejskoje, nur noch 158 km von ihrem Ziel, der Küste des Asowschen Meeres entfernt, wo sie einen Großteil der Heeresgruppe Don Mansteins einschließen würden. So schien es am 17. Februar 1943, als stünde der gesamte Südabschnitt der Achse kurz vor dem Zusammenbruch. Dass es nicht so kam, beweist die Qualität von Männern, Taktik und Ausrüstung der Wehrmacht.

Das Desaster wird abgewendet

Am 11. Februar 1943 befahl Hitler der Armee-Abteilung Lanz, die fast ganz eingeschlossene Stadt Charkow um jeden Preis zu halten, was dann zur dritten Schlacht von Charkow führte. Lanz beauftragte das jüngst gebildete SS-Panzerkorps, das die kampferfahrenen Elitetruppen der SS-Panzerdivisionen „Leibstandarte Adolf Hitler“ und „Das Reich“ umfasste, mit der Aufgabe. Diese gut ausgerüsteten Verbände waren erst vor kurzem im Nazi-besetzten Frankreich von motorisierten zu Panzergrenadierdivisonen gemacht worden. Unter dem Kommando SS-Obergruppenführer Paul Haussers war das Korps aber gerade erst im Osten eingetroffen und hatte sich noch nicht an die dortigen Kampfbedingungen akklimatisiert.

Hitlers Befehl, Charkow zu halten (der eher Prestigedenken als operativer Notwendigkeit entsprang) war ein weiterer großer strategischer Fehler. In diesem Moment hätten die deutschen Truppen in der Ukraine eher durch geschickte aggressive Gegenstöße die sowjetischen Panzerspitzen, die jenseits des Donez gegen Dnjepropetrowsk und Pawlograd voranstürmten, stoppen müssen. Befolgte aber Hausser Hitlers Weisungen, so würde dies bloß zur Vernichtung seines starken Korps führen, dabei aber nichts zur Stabilisierung der üblen strategsichen Lage der Achse im Süden beitragen. Doch der „Führer“ vertraute darauf, dass seine loyale Waffen-SS Charkow bis zum letzten Mann verteidigen würde. Zum Glück für die Deutschen war Hausser mutig genug, Hitler nicht zu gehorchen, um seine Truppe (ein Schlüsselinstument bei jedem Stabilisierungsversuch an der Front) vor der unvermeidlichen Vernichtung ohne strategischen Nutzen zu bewahren.

Bis zum 15. Februar 1943 hatten die Sowjets Haussers Korps in Charkow bis auf einen zwei Kilometer breiten Korridor zurück zur deutschen Linie eingeschlossen. Nachdem Hitler und Lanz seine Bitte um Erlaubnis zum Abzug wieder abgelehnt hatten, befahl Hausser in jener Nacht trotzdem seinen Truppen, einen kämpfenden Rückzug aus den Ruinen der Stadt zu beginnen. Als Lanz davon hörte, befahl er Hausser, den Rückzug zu stoppen, doch der SS-General machte einfach weiter. Er war nicht bereit, für seine kampferprobten Männer ein zweites Stalingrad zuzulassen. Bei diesen Abzugsaktionen merkten die SS-Panzergrenadierabteilungen, dass ihre neue Waffe, das Maschinengewehr MG 42, eine noch mächtigere Defensivwaffe als ihr Vorläufer, das MG 34, war und ihre Defensivstärke erheblich steigerte. Das MG 42 war in der Tat eines der wirksamsten aller je gebauten Maschinengewehre. Es war billig herzustellen, sehr zuverlässig und leicht zu warten und besaß einen Feuerrate von 1.500 Schuss pro Minute. Ein überhitzter Lauf konnte rasch ausgetauscht werden, um das Dauerfeuer zu erhalten. Spezielle Vorrichtungen am Gewehr ermöglichten es den Truppen, mit der Waffe aus einem Graben oder Schützenloch heraus zu zielen und zu feuern, ohne sich selbst feindlichem Feuer auszusetzen. Die angreifenden sowjetischen Soldaten bei Charkow und anderswo im Osten (und auch die anderen Gegner Deutschlands) fürchteten bald das Rattern dieser Infanterie-Feuerwaffe, die in vielen Fällen von entschlossenen, gut ausgebildeten deutschen Soldaten bedient wurde.

Als Hitler in seinem Hauptquartier in Ostpreußen von Haussers Ungehorsam erfuhr, raste er vor Wut. Als er aber über dessen Bestrafung nachdachte, dämmerte ihm langsam der taktische Sinn der Aktionen des SS-Generals, und das veranlasste ihn (da er einen Sündenbock für Haussers Ungehorsam brauchte) wenige Tage später ungerechtfertigt Lanz zu entlassen. Selbst der „Führer“ musste zugeben, dass Haussers Eigenmächtigkeit zwei verzweifelt benötigte deutsche Elitedivisionen vor der Vernichtung bewahrt hatte. Zudem gab der entschlossene, hinhaltende Widerstand des SS-Korps in Charkow anderen deutschen Einheiten Zeit, sich westwärts zurückzuziehen und westlich der Stadt wieder eine fragile Defensivlinie aufzubauen.

Ein aus dem Stalingrad-Kessel ausgeflogener verwundeter deutscher Offizier wird in einen Ambulanzwagen verladen. Er gehört zu den Glücklichen. Am 1.–3. Februar 1943 gingen die verbliebenen 91.000 Mann der Achse (die Überreste von 22 Divisionen) in Gefangenschaft. Die Sowjets führten die Gefangenen in winterlichen Gewaltmärschen in höllische Zwangsarbeitslager, von wo in den 50er-Jahren nur 5.000 lebend wieder auftauchten.

Bei Charkow wie bei vielen anderen Gelegenheiten im Osten half das Geschick des deutschen Heeres, rasch und flexibel zu improvisieren, eine größere Krise abzuwenden. Energische lokale Kommandeure unternahmen, oft in Eigeninitiative unter

Friedrich Paulus, der Verteidiger Stalingrads. Im Januar 1943 trieben die Sowjets seine ausgemergelten (sie hatten bereits die meisten ihrer Pferde verspeist) Truppen, die sehr knapp an Munition und Treibstoff waren, zurück. Am Ende des Monats ernannte Hitler Paulus zum Generalfeldmarschall, eine zweifelhafte „Beförderung", die einen klaren Führerbefehl enthielt. Denn kein preußischer oder deutscher Feldmarschall hatte sich bisher lebendig ergeben, und so war klar, dass Hitler von Paulus die Fortführung dieser Tradition erwartete. Doch am 1. Februar konnten die hungernden, erfrorenen und demoralisierten Soldaten der aufgegebenen 6. Armee nicht länger Widerstand leisten, und so lieferte Paulus voll Verachtung, dass der „Führer" die eingeschlossene Armee nicht hatte retten können, seine Truppe und sich selbst den Sowjets aus.

konfusen Kommandobedingungen, sofortige Schritte, um die Front westlich der Stadt wiederherzustellen. Das Heer profitierte von der Ausbildung des einfachen Soldaten, die Aufgabe seiner Vorgesetzten zu übernehmen. Fielen die nachgeordneten Führer, so übernahmen oft und wirksam ihre Untergebenen ihre Verantwortung. So zerstörten die Verluste an Offizieren und Unteroffizieren nicht den Zusammenhalt der verbliebenen Truppen. An der fragilen Front westlich Charkows setzten diese nachgeordneten Führer Truppen in Marsch, um die vielen kleinen Gruppen sich zurückziehender Soldaten (oft fast in Auflösung) aller Waffengattungen abzufangen. Sie schweißten sie rasch zu improvisierten Kampfgruppen zusammen, um die neue Linie zu halten. Die Fähigkeit dieser bunten Sammlungen von Panzergrenadieren, Köchen, Infanteristen und Schreibern, schnell zu Einheiten zu werden, verdankte viel der Doktrin und Grundausbildung aller Soldaten sowie dem Training der verbundenen Waffen. Und die wachsende Präsenz der Feldgendarmerie hinter der Linie, die die rückwärtigen Gebiete nach nicht Kampfwilligen durchkämmte, verstärkte die Bereitschaft, in der Linie zu bleiben und dem „untermenschlichen" Feind zu trotzen.

Obwohl Hausser seinen ideologisch motivierten SS-Truppen ein zweites Stalingrad erspart hatte, verschlechterte sich die Lage der Achse in der Ukraine in den Tagen nach dem Fall Charkows rapide. Denn Stalin glaubte, dass Hitlers fanatisch loyale Waffen-SS-Soldaten die viertgrößte Stadt der Sowjetunion nur aufgeben würden, falls der „Führer" selbst einen allgemeinen strategischen Rückzug hinter den Dnjepr befohlen hatte. Diese Fehleinschätzung veranlasste den ermutigten STAWKA zum Schluss, nun sei der richtige Moment zur Erweiterung seiner Offensive gekommen. Diese würde die gesamte Front der Achsenmächte in der Ukraine zerschlagen. Der STAWKA ließ daher die sowjetische 6. Armee zwischen Dnjepropetrowsk und Saporoschje zum Dnjepr vorrücken und einen Brückenkopf errichten, während General Popows mobile Gruppe südwärts gegen Krasnoarmejskoje und dann nach Mariupol an der Küste des Asowschen Meers stieß, um alle Achsentruppen an der Linie des Mjus einzukreisen.

Doch Manstein setzte auf Zeit, und sobald die sowjetischen Divisionen das Ende ihrer Versorgungslinien erreicht hatten, startete er mit seinem SS-Panzerkorps einen vernichtenden Gegenangriff. Die Folge waren 50.000 sowjetische Gefallene und 20.000 Gefangene. Die sowjetische Offensive stoppte abrupt.

Pech für das deutsche Heer, dass weder Hitler noch das Oberkommando in der Folge bei ihrer Planung im Osten die Hauptlektion der zweiten und dritten Schlacht von Charkow zu beachten schienen: Eine sorgfältig durchgeführte, elastische Defensive-Offensive konnte eine äußerst wirksame operative Technik sein.

Die Einsatzberichte zeigten, dass die deutsche Panzerabwehr-Doktrin und -ausrüstung unzureichend war und beleuchteten die Probleme der Truppen, die schweren sowjetischen Panzer zu zerstören. Selbst die wirksamste deutsche Panzerabwehrkanone, die 5-cm-Pak 38, konnte den schweren KW-1-Tank nur aus extrem kurzer Distanz abschießen. Die Truppen stellten ihre Pak daher bald in verdeckten Stellungen auf und bekämpften die gegnerischen Panzer von den Flanken oder von hinten aus, wo sie am verwundbarsten waren. Zwar konnte die schwere 8,8-cm-Flak jeden

Deutsche Fahrzeugwracks außerhalb Stalingrads. In der dreimonatigen Phase vom 19. November 1942 bis 19. Februar 1943 erlebte das hart bedrängte deutsche Heer eine strategische Krise beispiellosen Ausmaßes. Besonders die exzellent ausgebildete deutsche Panzerwaffe hatte schwere Verluste erlitten, zuerst im Fall Blau und dann bei den verzweifelten Versuchen, die vielen oben beschriebenen sowjetischen Gegenangriffe zu stoppen. Im späten Januar 1943 sank die Gesamtstärke an Panzern des Heeres auf einen Tiefpunkt von nur 502 einsatzfähigen Tanks.

sowjetischen Tank aus weiter Distanz ausschalten, doch wegen Munitionsknappheit, ihrer Verwundbarkeit aufgrund ihrer hohen Silhouette und da die Flak-Artillerie der Luftwaffe unterstand, waren an der Ostfront nicht genügend dieser Kanonen für Infanterieunterstützung verfügbar. Wie bei Barbarossa musste die deutsche Artillerie oft sowjetische Panzer, die an offenen Stellen die Front durchbrochen hatten, bekämpfen, was unweigerlich zu schweren Verlusten führte. Ansonsten mussten es die Infanteristen und Pioniere im Nahkampf mit Minen (wie der Tellermine 35), Granaten und Sprengladungen mit den sowjetischen Tanks aufnehmen, was eiserne Nerven und Disziplin verlangte und die Möglichkeiten der erschöpften, hungrigen, schlecht ausgerüsteten und demoralisierten Truppen oft überstieg. Die Einsatzberichte forderten daher größere Panzerabwehrkapazitäten.

Schwerere Panzer

Im Jahr 1942 beschleunigte Hitler deshalb die Entwicklung neuer, schwererer Tanks (des Panzers VI Tiger I und Panzers V Panther) und nahm sie im Sommer 1942 bzw. Frühling 1943 eilig in Dienst. Inzwischen statteten die Fabriken den Panzer III und IV mit schwereren Kanonen und zusätzlicher Panzerung aus, entwickelten stärkere Modelle der beiden Panzertypen, steigerten die Produktion der billig herzustellenden Sturmgeschütze StuG III und befestigten auf Panzerchassis schwere Kanonen, was zu leichten Panzerjägern wie dem Marder III führte. Bei diesem wurde zwar die Panzerung und Geländegängigkeit zugunsten maximaler Feuerkraft vernachlässigt, doch erwies er sich als wirksame mobile Interims-Antipanzerwaffe und wertvoller Behelf, bis 1944 die Spezialfahrzeuge in Dienst gingen. Gleichzeitig wurden die deutschen Infanteristen und Pioniere intensiv im Nahkampf zur Panzerabwehr ausgebildet.

Man versuchte auch, die Panzerdivisionen an der Front zu verstärken. Jene, die Fall Blau starteten, besaßen im Durchschnitt nur 126 Tanks – 40 Prozent weniger als bei Barbarossa. Als Ausgleich dafür waren ein kleiner Teil dieser Panzerkampfwagen (nur 133 Stück) modernste Panzer IV Modell F2, die die mächtige lange 7,5-cm-KwK-40-L/48-Kanone trugen und eine Frontalpanzerung von 50 mm besaßen. Die starke Kanone des F2 hatte eine Mündungsgeschwindigkeit von 740 m/s und konnte eine schräge Panzerung von 89 mm aus einer Entfernung von 1000 m durchschlagen, was selbst für die Frontalpanzerung des T-34 ausreichte. Was die Deutschen aber dringend brauchten, war eine größere Zahl von Panzern IV Model F2, um die Leistung der T-34 auf dem taktischen Schlachtfeld zu neutralisieren.

Die Infanterie wurde mit einer offensiven Feuerunterstützungswaffe verstärkt. Der 15-cm-Nebelwerfer 41 (ein Raketenwerfer) bestand aus sechs Rohren auf einer modifizierten 3,7-cm-Pak-Lafette. Die ziemlich mobile Waffe (sie wog voll geladen nur 770 kg) schoss eine Salve von sechs Raketen maximal 6,9 km weit. Bei Woronesch gab das 52. Nebelwerferregiment der angreifenden Infanterie vernichtende Feuerunterstützung. Ein deutscher Infanterist erinnerte sich, dass die Raketen ein entsetzliches Geräusch machten, während sie über den Himmel zogen und rote Streifen hinter sich herzogen. Das Sperrfeuer war so wirksam, dass etliche durch das Geräusch und die unerträglichen Erschütterungen halb verrückte sowjetische Soldaten einfach nach vorn zu den deutschen Linien liefen und niedergemäht wurden. Binnen Minuten nahm die Infanterie gegen geringen Widerstand die sowjetische Stellung und ging dann, unterstützt durch das Feuer der Raketen, daran, die Stadt zu erobern. Es war Pech für die deutsche Infanterie, dass der Nebelwerfer 41 eine relativ seltene Waffe blieb

Deutscher Belagerungskrieg

Im Spätfrühling 1942 bereitete sich Generaloberst Mansteins 11. Armee auf die Erstürmung der starken sowjetischen Stellungen um Sewastopol vor, das seit Ende 1941 belagert wurde. Zur Unterstützung der Belagerung und des nachfolgenden Angriffs stationierten die Deutschen die größten Kaliber ihrer überschweren Artillerie um den Hafen. Dazu gehörte der 42-cm-Gamma-Grantwerfer, die 42-cm-Haubitze und die unglaubliche 80-cm-Eisenbahnkanone (800mm K(E)) „Dora". Letztere brauchte eine Mannschaft von 4.400 Mann und wog 1.350 Tonnen. Sie war das größte je gebaute Artilleriegeschütz Deutschlands. Sobald sie zusammengesetzt und auf einem speziell gelegten, doppelten Bahngeleise stationiert war, was allein vier Wochen dauerte, konnte „Dora" alle 20 Minuten ein Standardgeschoss von 7100 kg bis zu 47 km weit abfeuern (Spezialmunition noch viel weiter).

Am 2. Juni 1942 begann ein koordiniertes Flieger- und überschweres Artilleriebombardement die sowjetische Festung Sewastopol sturmreif zu schießen. Am 7. Juni startete der Bodenangriff. Nach langem, heftigem Kampf hatten sich die deutsche Infanterie und Sturmpioniere, die ständig aus der Luft und mit Artilerie unterstützt wurden, am 30. Juni ihren Weg in die letzten starken Befestigungen um die Stadt gebahnt. Während des vierwöchigen Kampfs flogen die 400 verfügbaren Maschinen insgesamt 23.000 Unterstützungseinsätze, wobei zähe Piloten es bis zu acht Einsätzen pro Tag brachten. Der deutsche Erfolg bei Sewastopol beruhte auf der Zusammenarbeit aller Waffengattungen und Wehrmachtsteile sowie auf der Tapferkeit der Sturmpioniere, die die sowjetischen Bunker wiederholt im Nahkampf mit Sprengladungen, Granaten und dem Flammenwerfer 41 (FlaW 41) angriffen.

„Dora" feuerte in dieser Schlacht insgesamt 300 Schuss ab und half, die stärksten sowjetischen Verteidigungsanlagen zu knacken, etwa die Maxim-Gorkij-Festung mit ihren 4 Meter starken Stahlbetonwänden. Am spektakulärsten war aber die Zerstörung eines sowjetischen Munitionslagers, das 30 Meter unter dem Grund der seichten Sewernaja-Bucht lag. Wie groß aber auch ihr unbestrittener taktischer Wert bei solchen Belagerungen war, die Entwicklung „Doras" kostete riesige Mengen an Arbeit, Material und Geld. Wie beim Projekt des überschweren Panzers „Maus" spiegelte die 80-cm-Kanone die kolossale Vergeudung, die als Folge der Fixierung des deutschen Oberkomamandos auf nicht umsetzbare militärische Gigantomanie betrieben wurde.

und es niemals so viele davon gab, wie die Fronttruppen gerne eingesetzt hätten. Der 21-cm-Nebelwerfer 42 konnte zudem eine Salve von fünf 112-kg-Geschossen in acht Sekunden abschießen und dies binnen fünf Minuten dreimal wiederholen. Mit der größeren Reichweite von 7,8 km, später bis zu 12,7 km, versorgte diese relativ mobile, doch seltene Waffe die Glücklichsten der hart bedrängten deutschen Infanterie in Südrussland mit einer mächtigen Feuerunterstützung, mit der sie Ende 1942 die wiederholten Wellen sowjetischer Angriffe brechen und verlangsamen konnten.

Natürlich war die Qualität der Truppen, die die Waffen einsetzten, oft wichtiger als das Gerät. Am 25. und 26. November 1942 etwa startete Marschall Schukow die Operationen Mars bzw. Jupiter. Bei Letzterer aber gelang den Sowjets trotz wiederholter Versuche, die angesichts der gewandten und zähen deutschen Verteidigung zu schweren Verlusten führten, kein einziger Durchbruch. Die deutschen Truppen improvisierten mit allen verfügbaren Waffen (Infanterie-Panzerjägerteams, 5-cm-Pak 38, 8,8-cm-Flak, Marder-III-Selbstfahrlafetten und Feldartillerie auf offenem Gelände) eine wirksame Panzerabwehr, die in Verbindung mit aggressiven örtlichen Gegenangriffen den sowjetischen Stoß entkräftete. Westlich des Rschew-Bogens drangen die Sowjets in die deutschen Stellungen um Belij ein und stießen südostwärts. Doch die Deutschen reagierten rasch und wirksam. Sie verlegten lokale Reserven für einen Gegenschlag. Die gut koordinierten, schnellen Aktionen aller Waffengattungen stoppten die Sowjets bald nördlich Belijs. Um die flüchtige taktische Gelegenheit auszunützen, manövrierten die deutschen Panzergrenadierverbände rasch, kreisten zwei sowjetische Korps ein und vernichteten sie dann südlich der Stadt.

Während die kühn geführten und gut ausgebildeten verbliebenen Truppen ein hohes Maß ihrer früheren Effizienz behielten, hemmte 1942 der Mangel an Kampfausrüstung die Stärke der Elitepanzertruppen Deutschlands an der Ostfront. Mit aller Wahrscheinlichkeit konnte nur eine Reihe verwegener, mit hohem Tempo ausgeführter Panzergegenschläge in Verbindung mit den entsprechenden Anpassungen an die mehr statischen Bereiche der Front die wankende Position der Achsenmächte in der Ukraine retten. Doch aufgrund von Hitlers Verweigerung taktischer Rückzüge sowie des mageren Ausrüstungsniveaus, über das die lädierten, doch noch zusammenhängenden Panzerdivisionen verfügten, war es sehr schwierig, diese Art von elastischer Reaktion wirksam umzusetzen.

Sowjetische Truppen attackieren während der Operationen gegen Stalingrad im Dezember 1942. Insgesamt hemmten schlechte Führung, falsche Doktrin, schlechte Koordination und naive Frontalangriffe der erschöpften, eilig ausgebildeten und schlecht ausgerüsteten Truppen die Operationen der Roten Armee ebenso wie Knappheit an Artillerie und Munition, unzureichendes Fernmeldewesen und die begrenzte verfügbare Panzerunterstützung. Zudem nutzten die Truppen Einbrüche selten oder unentschlossen aus und zogen sich oft angesichts der regelmäßigen raschen und energischen Gegenmaßnahmen der Deutschen zurück.

Hitler – der unberechenbare Faktor

Die Einmischung des „Führers“ wurde im Feldzug von 1942 immer sprunghafter und schädlicher. Sie führte direkt zum Verlust der 6. Armee in Stalingrad. Das vom Oberkommando urspünglich gesetzte, von Hitler bestimmte Ziel von Fall Blau war die Einnahme der lebenswichtigen Ölfelder im Nordkaukaus bei Majkop. Die Anfangsplanung vom Frühling 1942 gab der psychologischen Aufgabe, Stalingrad, die Stadt mit Stalins Namen, zu erobern, geringe Priorität. Zu diesem Zeitpunkt sah das Oberkommando für Fall Blau zwei Phasen vor: In der ersten würden die Achsentruppen ost- und südostwärts zum Don vorstoßen, in der zweiten Phase würden die Streitkräfte an zwei getrennnten Achsen operieren, um ostwärts gegen Stalingrad zu ziehen und südwärts in den Kaukaus vorzustoßen. Doch wie bei Barbarossa gab es bei den Zielen, die die Deutschen der Offensive vorgaben, einen ernsten Widerspruch. Denn viele höhere deutsche Kommandeure hofften, die zur Eroberung dieser Region nötigen Bodeneinsätze würden zu den von Barbarsossa bekannten großen Einkreisungen und Kesselschlachten führen. Die Wehrmacht könnte daher zugleich mit der Zerstörung der ökonomischen Kapazität des Gegners die Rote Armee auch entscheidend im Feld besiegen.

Hitler träumte davon, im Fall eines entscheidenden Triumphs der Wehrmacht über die Rote Armee im Verlauf von Fall Blau dies durch die Umsetzung der überoptimistischen Pläne von 1941, die Verwertung Barbarossas betreffend, auszunutzen. Diese Pläne sahen vor, dass ein erfolgreicher deutscher Vorstoß in den Kaukasus durch den Mittleren Osten fortgesetzt würde. Sobald sich dieser Stoß mit Rommels siegreicher Panzergruppe Afrika, die durch Palästina nordwärts zog, verbunden hätte, würde das Dritte Reich die größte Erdölregion der Welt beherrschen! Das deutsche Oberkommando plagte sich im Zweiten Weltkrieg nicht durch übervorsichtige Planung.

Am 16. Juli mischte sich Hitler in die sich entfaltende Offensive ein. Er lenkte Hoths Panzerarmee von ihrem viel versprechenden Stoß gegen Stalingrad weg, um den Zug der 1. Panzerarmee südostwärts gegen Rostow zu unterstützen. Dies war ein entscheidender Fehler, denn es versäumte die flüchtige günstige Gelegenheit, Stalingrad Mitte Juni durch einen Überraschungsangriff zu nehmen, ehe die Sowjets eine wirksame Verteidgung improvisieren konnten. Tatsächlich gestand Hitler seinen Fehler am 30. Juli ein und lenkte die 4. Panzerarmee, die inzwischen den Don bei Isyimljanskaja erreicht hatte, wieder nach Norden um, damit

T-34 im Angriff. Während des Kampfes um Stalingrad sammelte die Rote Armee um die Stadt geballte Reserven. Um sicherzustellen, dass die Deutschen beim Zusammenziehen dieser Truppe von 50 Divisionen mit 1.000 Tanks ihre Absichten nicht entdeckten, führten die Sowjets umfangreiche *Maskirowka* (Täuschungs-, Sicherheits- und Tarnaktionen) durch, die in der Doktrin der Roten Armee ein integraler Teil der taktischen Planung war.

sie den Angriff auf Stalingrad wieder aufnahm. Des „Führers" sprunghafte Befehle entsprachen bestimmt nicht dem klassischen Militärprinzip, ein Ziel zu wählen und es aufrechtzuerhalten. Zudem konnten die Sowjets während der zweiwöchigen Verzögerung der Formation und da Paulus' 6. Armee zu schwach war, die Stadt alleine zu nehmen, um die Stadt eine starke Stellung aufbauen. Die sinnlose Verlegung des Kommandos Hoths verbrauchte außerdem viel Treibstoff, und der resultierende Mangel hemmte dann die Operationen bei Stalingrad.

In der dritten Juliwoche aber war Hitler zunehmend frustriert, dass der offenbar erfolgreiche Fall Blau keine umfangreichen sowjetischen Truppen einschließen und vernichten konnte. Dies brachte seinen schwelenden Streit mit dem OKH zum Ausbruch. Hitlers bereits gespannte Beziehung zum Generalstabschef des Heeres, Franz Halder, verschlechterte sich weiter; er setzte außerdem von Bock als Kommandeur der Heeresgruppe B ab und ersetzte ihn durch von Weichs, den Oberbefehlshaber der 2. Armee. Hitler machte lieber von Bock

dafür verantwortlich, dass die Deutschen nicht mehr Erfolg hatten, als einzugestehen, dass dies teilweise auf seiner eigenen Einmischung beruhte. Als dann am 23. Juli Rostow fiel, gab Hitler in der Führerweisung Nr. 45 neue Befehle für die Führung des Angriffs. Er bestimmte als Hauptziel der Heeresgruppe B die Eroberung Stalingrads und erweiterte die Aufgabe der Heeresgruppe A. Diese sollte auch die Ölfelder bei Baku an der Küste des Kaspischen Meeres einnehmen.

Denn ungeachtet seiner Enttäuschung darüber, dass die im Fall Blau bereits erreichten Einkreisungen keine große Zahl an sowjetischen Gefangenen gebracht hatten, verleiteten die bedeutenden Gebietsgewinne des vorangegangenen Monats einen überoptimistischen Hitler zum Glauben, die Rote Armee sei im Süden zerschlagen. Die Torheit dieser Annahme hätte dem „Führer" klar sein sollen, denn er wusste, dass die bisherigen Einkreisungen des Falls Blau bloß 90.000 sowjetische Gefangene ergeben hatten. Der Hauptgrund für dieses enttäuschende Ergebnis waren nicht schlechte deutsche Generäle (wie Hitler annahm) oder die üble Wirkung seiner eigenen Einmischung, sondern die angemessenen Reaktionen der Sowjets auf die Offensive.

Am 9. September entließ Hitler Wilhelm List. Er selbst ersetzte ihn, um von seinem Hauptquartier in Winniza aus, 1.448 km von den Truppen entfernt, die er nun direkt lenkte, persönlich das Kommando über die Heeresgruppe A auszuüben. Er befahl sogleich der 17. Armee, die Schwarzmeerhäfen Novorossisk und Tuapse einzunehmen, doch kam die Armee Mitte September trotz Hitlers direkter Kontrolle des Kampfes und der reichlichen Luftunterstützung durch die Stuka-Staffeln Hans Rudels kaum voran. Weiter östlich griff die 1. Panzerarmee im Oktober gegen Grosny an und gelangte am 2. November bis Ortschonikidze, die südlichste von den Deutschen während des Kriegs erreichte Stadt. Stalin hatte

Eine deutsche Maschinengewehrstellung im Schnee. Bis 17. Februar waren die Angriffsspitzen der sowjetischen Woronesch-Front 96 km jenseits von Kursk vorgestoßen, während Watutins Südwestfront die Verteidigungslinie am Donez entlang einer 177 km langen Front durchbrochen hatte. Nun war die gesamte Ostfront im Süden in Gefahr, auseinander gerissen zu werden.

(anders als Hitler) im Jahr 1942 begonnen, aus seinen früheren strategischen Fehlern zu lernen. Seine statische Verteidigung und sein Rückzugsverbot hatten zur Einkreisung und Gefangennahme hunderttausender sowjetischer Soldaten geführt, besonders 1941 bei Kiew, Brjansk und Wjasma. Ab Mitte 1942 erlaubte er stattdessen von Einkreisung bedrohten sowjetischen Truppen, sich tiefer in die Sowjetunion zurückzuziehen, um den deutschen Zangenbewegungen zu entkommen. Im Sommer 1942 wandten die sowjetischen Kräfte, die mit Fall Blau konfrontiert waren, die traditionelle russische Strategie an: Sie tauschten Raum gegen Zeit. Hitler hätte erkennen müssen, dass die Stalingrad- und die Südostfront als Folge dieser Politik im August 1942 keineswegs besiegt waren. Schließlich hatten die Sowjets am 20. August die 6. Armee vor Stalingrad gestoppt. Doch diese Tatsachen schwächten nicht die Überzeugung des „Führers", seine Truppen könnten durch reine Willenskraft Stalingrad und die ganze Kaukasus-Region erobern.

Die geringe Chance, dass die Heeresgruppen A und B diese überehrgeizigen Ziele erreichen konnten, wurde Mitte August verringert, als Hitler die nun verfügbare 11. Armee törichterweise zur Offensive nach Leningrad verlegte, anstatt sie zur Verstärkung von Fall Blau einzusetzen. Im Sommer 1942 vernachlässigte Hitlers Strategie an der Ostfront schmählich das klassische militärische Prinzip der Kräftekonzentration auf den entscheidenden Punkt.

Das Versagen der deutschen Luftwaffe

Während die Deutschen für den Entsatz Stalingrads eine Bodenoperation organisierten, suchte die Luftwaffe die 6. Armee mit Munition, Benzin und Verpflegung zu versorgen. Paulus' Formation musste jeden Tag 600 Tonnen Nachschub erhalten, sollte sie ihre Kampfstärke erhalten. Um dies zu leisten, musste die Luftwaffe pro Tag 230 Einsätze mit Ju-52-Transportern fliegen. Ein entscheidender Faktor bei Hitlers Entscheidung, die 6. Armee solle in Stalingrad bleiben, war die Garantie des Reichsmarschalls Hermann Göring, die Luftwaffe sei in der Lage, eine derartige Herausforderung zu bewältigen. Es war ein Pech für Paulus' Truppen, dass Göring bezüglich der strategischen Realitäten im Osten genauso ahnungslos war wie sein „Führer". Wie Erich von Manstein später sagte: „Nur wenn die Versorgung aus der Luft garantiert war, konnten wir es uns leisten, den Ausbruch aufzuschieben, bis der Einsatz der Entsatztruppen die Chancen der Armee zu entkommen vergrößerte. Als er Paulus' Bitte um einen Ausbruch zurückwies, hatte Hitler diese Garantie bereits erhalten. Seine Weigerung beruhte auf den Versicherungen Görings. ... Trotzdem hätte Hitler noch die Glaubwürdigkeit dieser Behauptungen prüfen sollen. Erstens wusste er, was für ein Charakter Göring war, und zweitens war ihm die Stärke der Luftwaffe wohl bekannt."

Die Luftbrücke startete am 25. November. Sie war von Beginn an aufgrund von Schlechtwetter und zu wenigen Flugzeugen, die noch dazu Spießruten durch gegnerisches Flakfeuer nach und von Stalingrad weg fliegen mussten, völlig unzureichend. Göring hatte 600 Tonnen pro Tag versprochen, doch dann war es weniger als ein Drittel davon (und das nur bei gutem Wetter). Das Versagen der Luftwaffe bei Stalingrad beschädigte ihren Ruf, doch unmittelbar danach hatte sie dringendere Sorgen. Sie hatte beim Versuch, die 6. Armee zu versorgen, 488 Maschinen verloren, den Großteil davon absurderweise durch schlechte Lande und Startbahnen, nicht durch gegnerisches Feuer. Auch beim Personal gab es hohe Verluste, besonders an Ausbildern, die extra aus Deutschland gekommen waren. Dadurch wurde die Schulung neuer Crews übel beeinträchtigt. Insgesamt hatte das Stalingrad-Desaster auch schlimme Folgen für die Zukunft der deutschen Luftwaffe.

Wachsende Kompetenz der Roten Armee

Der Feldzug von 1942 war nicht nur ein Wendepunkt im Geschick des deutschen Heeres, er bewies auch, dass die Rote Armee immer kompetenter wurde. Der Erfolg des Gegenschlages Uranus im November 1942 etwa zeigte, dass sie es mit den Deutschen im Spätjahr 1942 in taktischer und operativer Hinsicht aufnahm, aber auch die Entfaltung von Operationen auf strategischer Ebene wirksamer plante. Anders als Fall Blau verfolgte Uranus bescheidene Ziele (eine flache, doppelte Umfassung), die trotz der geringen Offensivkapazitäten der Roten Armee in dieser Kriegsphase erreichbar waren. Die Sowjets hatten offenbar aus früheren Fehlern gelernt, besonders aus der verfrühten Ausweitung ihrer zunächst erfolgreichen Winteroffensive von 1941/1942. Der Erfolg der sowjetischen Operationen im Spätjahr 1942 beruhte daher zu einem großen Teil auf der Fähigkeit der sowjetischen Führer, aus früheren Fehlgriffen zu lernen.

Dies aber schien bei Hitler und seinem Oberkommando 1942 nicht der Fall zu sein. In Fall Blau etwa wiederholten die Deutschen schon bei Barbarossa begangene Fehler. Die überehrgeizige Offensive begann zu spät im Jahr und konnte taktischen Erfolg nicht in strategischen Triumph umwandeln. Die deutsche Front wurde überdehnt, bis sie nicht mehr ausreichend versorgt werden konnte und anfällige Flanken, die sowjetische Gegenschläge provozierten, ergab. Auch bei Uranus nahm die Rote Armee (mit vernichtenden Folgen) diese unbeabsichtigte Einladung der Deutschen dankbar an. Dass die Deutschen die Sowjets 1942 nicht besiegen konnten, beruhte nicht auf weniger effizienter Kooperation der Waffenteile, langsamerer Verwertung, schlechter nachgeordneter Führung oder abnehmender Moral der Truppen. Dies alles kam dem Niveau von 1941 ziemlich nahe.

Deutsche Schützenpanzer im Juli 1942 während des Falls Blau. In allen Einsätzen an der Ostfront 1942 und Anfang 1943 zeigten die Deutschen bei mobilen Operationen eine merkliche Überlegenheit über die Rote Armee. In einer großen Schlacht Panzer gegen Panzer bei Martynowka am 28. Juli 1942 etwa wurden die abwartenden sowjetischen Tanks durch die schnelleren deutschen Reaktionen, flexiblen Kommandeure, die ganz vorn stationiert waren, die zeitliche Abstimmung aller Waffengattungen und die überlegenen Panzerkanonen ausmanövriert und dezimiert.

Doch die zunehmenden sowjetischen Kapazitäten nutzten die deutschen Schwächen strategisch und operativ aus. Pech für den einfachen deutschen Soldaten, dass Uranus erst der Beginn eines koordinierten sowjetischen Gegenstoßes an der ganzen Ostfront war. Mit Uranus beabsichtigten die Sowjets eine klassische doppelte Einkesselung, die sowjetische Stärke gegen Schwäche der Achse ins Feld führte. Doch anders als die Deutschen mit ihren „Kesselschlachten" verfolgten die Sowjets geografisch begrenzte Ziele, die dadurch auch erreichbar waren.

Trotzdem starteten die höheren Kommandeure noch Offensiven, die ihre Truppen überforderten. Im Herbst 1942 entwicklete Schukow einen Plan für eine noch ehrgeizigere Offensive im Zentrum der Ostfront. Die Sowjets planten die simultanen Operationen Mars und Jupiter als mächtige Angriffe, die die Bedrohung Moskaus durch die Stellungen der Heeresgruppe Mitte im Rschew-Bogen beseitigen sollten. Bei Mars griff die Kalinin-Front die Nordwestflanke der Rschew-Frontausbuchtung an, bei Jupiter schlug die West-Front auf den Osten des Bogens los. Sie wollten die 9. Armee zwischen sich einschließen und vernichten und nach Smolensk weiterstoßen.

Schukow pestönlich lenkte Mars und Jupiter und dies war das bedeutendste Scheitern des Kommandeurs. Die Operationen zeigten, wie bescheiden die sowjetischen Offensivkapaziäten in dieser Kriegsphase immer noch waren, wenn sie mit effizienten Verteidigungsaktionen konfrontiert waren. Zudem bewiesen sie, dass die deutsche Defensivtaktik eine Gefahr für jede Offensive darstellte, die es versäumte, eine durch deutsche Fehler auf höchster Befehslebene verursachte, strategisch schlechte Lage auszunutzen.

Die Rote Armee durchlief zwar im Jahr 1942 einen Lernprozess, war aber am Ende des Jahres ihrem Gegner im direkten Vergleich immer noch unterlegen. Doch ihre Fähigkeit, aus Fehlern zu lernen, verhieß nichts Gutes für die Zukunft der Wehrmacht. Die Verteidigung mit Igelstellungen nutzte unbeabsichtigt Schwächen der sowjetischen Organisation, Führung und Doktrin aus, da es den Sowjets an Fachkenntnis, Feuerkraft und Mobilität mangelte, um größere deutsche Truppen einzuschließen und zu vernichten. Eine solche Offensive überstieg die geschwächten Kapazitäten der Roten Armee, doch Stalin unterschätzte die deutsche Defensivstärke und den Einfluss des Schlechtwetters. Aufgrund der Verstreuung der sowjetischen Kräfte über die Front konnten die geschwächten deutschen Truppen der Vernichtung entgehen. Ohne geballte Artillerie, geeignete Munition und wirksame Koordination konnte die Rote Armee den zähen Widerstand der Deutschen nicht brechen.

Deutsche Kampfqualität

In den Kämpfen 1942 an der Ostfront blieben die Kampfqualitäten des einzelnen deutschen Soldaten hoch. Sie wurden durch Weltanschauungsunterricht gestützt. Im Spätfrühling 1942 verstärkten die Deutschen ihre Bemühungen, die Frontsoldaten im Osten psychologisch zu motivieren. Im Mai besuchten Universitätslehrer die Division Großdeutschland (die erst kürzlich von Regimentsgröße erweitert worden war) und diskutierten das Böse des Kommunismus. Außerdem gab es für die Division den neuen Schulungsoffizier, der alle Aktivitäten zur Stützung der Moral und Entschlossenheit der Truppe koordinierte. Er versorgte den Bibliothekswagen der Divsion mit etlichen hundert neuen Propagandabüchern und hielt Seminare über die Überlegenheit des deutschen Heeres und die Unausweichlichkeit des „Endsiegs", um die „soldatischen Tugenden" zu stärken und „Standhaftigkeit in Krisen" zu entwickeln. Derartige wirkungsvolle Maßnahmen waren die erste Phase eines Trends, in dem das Oberkommando die Truppen zu indoktrinieren suchte, um sie trotz der entsetzlichen Entbehrungen und der zunehmend ungünstigen strategischen Situation im Osten zur äußersten Kampfanstrengung anzuspornen. Man betonte den Truppen gegenüber auch, dass sie gegen eine unzivilisierte „bolschewistische Horde" kämpften, die Deutschland Tod und Vernichtung bringen würde, falls sie scheitern sollten – eine Taktik, die einigen Erfolg hatte.

Am 15. Juli wies das Oberkommando alle Divisionen im Osten an, einen Schulungsoffizier zu ernennen, der alle Maßnahmen zur Steigerung des Kampfgeistes koordinieren sollte. Diese Ernennungen waren der Vorläufer der Ende 1943 eingesetzten „Nationalsozialstischen Führungsoffiziere", die in den letzten 18 Kriegsmonaten das wichtigste Motivierungsinstrument des deutschen Heeres waren. Die Schulung in den „Tugenden" des Nationalsozialismus wurde dabei von hartem körperlichem Training begleitet.

Körperliches Training

Die beeindruckenden Fortschritte der Deutschen 1942 im Kaukasus waren Resultat eines gesteigerten Niveaus an „Widerstandsfähigkeits-Training", das die im Osten eintreffenden Ersatztruppen im Sommer erhalten hatten. Ein Rekrut für die Division Großdeutschland, Guy Sajer, erinnerte sich an die Härte der Ausbildung in der Kaserne von Chemnitz. Die Rekruten ertrugen ein ausgedehntes „Widerstandsfähigkeits-Training", das ihre körperliche und mentale Ausdauer entwickeln sollte, damit sie die schrecklichen Bedingungen im Osten ertragen konnten. Sie führten bei Tag und bei Nacht Übungen mit scharfer Muntion und Exerzierstunden durch, die die erschöpften und hungrigen Männer stark forderten. Das Training war so anstrengend und die Übungen simulierten Kampfs waren so realistisch, dass 24 der 140 Rekruten der Gruppe Sajer verwundet wurden, vier davon tödlich. Die Früchte einer solchen Ausbildung, so unangenehm sie auch war, wurden beim deutschen Vormarsch über die unwirtliche offene Steppe des Kaukasus geerntet. Hier wurden die körperliche und mentale Zähigkeit der deutschen Soldaten durch die riesigen Entfernungen, die Hitze und den Staub und den Mangel an Wasser aufs Härteste gestestet (Quellen waren in Südrussland eine Seltenheit und die existierenden gaben oft Wasser mit faulem Geschmack; im Norden dagegen gab es viele und ihr Wasser war kühl und wohlschmeckend). Das schreckliche Wüsten- und Gebirgsterrain, auf dem die Soldaten der Heeresgruppe A operierten, um Hitlers Gier nach den wertvollen Erdölressourcen zu befriedigen, trieb auch die robustesten Soldaten bis an die Grenzen ihrer Widerstandfähigkeit.

Ähnlich war es beim Versuch, Stalingrad zu entsetzen, am 19. Dezember 1942. Nach acht Tagen langsamen, doch ständigen Vorrückens gegen starken Widerstand erreichten die gut ausgebildeten Truppen des LVII. Korps die Myschkowa, 90 km von ihren Ausgangspositionen und 56 km von Paulus' Perimeter entfernt. Dass das Unternehmen trotz heftiger Gegenwehr und Schlechtwetters so weit kam, verdankte viel dem exzellenten Training der Panzercrews, den flexiblen Reaktionen erfahrener Panzerkommandeure wie General Rauss und Oberst von Hünersdorff von der 6. Panzerdivision und der Tapferkeit der Pak-Kanoniere. Der deutsche Soldat leistete wie immer Heroisches, um die Befehle seiner Vorgesetzten zu erfüllen. Leider waren diese Befehle (besonders die aus Ostpreußen kommenden) oft unrealistisch und führten zum unnötigen Verlust tausender Männer, Verluste, die die Wehrmacht bei ihren Vorbereitungen auf ihren dritten Sommer an der Ostfront schlecht verkraften konnte.

TEIL III

DAS WESEN DES HEERES

Hitler im Krieg

Hitler wurde als Verrückter, dessen unpassende militärische Entscheidungen unnötig das Leben hunderttausender deutscher Soldaten kosteten, dargestellt. In den ersten Kriegsjahren war seine Führung des deutschen Heeres inspiriert, dann aber total verheerend.

Als der Zweite Weltkrieg an Heftigkeit zunahm, wurde Hitlers Kontrolle der deutschen Kriegsführung fast total, da er zu immer verzweifelteren Maßnahmen Zuflucht nahm, um das Blatt zugunsten Deutschlands zu wenden. Des „Führers“ Kriegsführung ist Thema großer Kontroversen. Viele seiner Generäle machten ihn nach 1945 in ihren Memoiren für die deutsche Niederlage verantwortlich. Da Hitler tot war, war es für sie leicht, ihrem früheren Chef alle Schuld an dem Debakel zuzuschieben.

Hitler wurde als Verrückter dargestellt, dessen Besessenheit, keinen Zoll Boden aufzugeben, hunderttausende deutsche Soldaten in Tod oder Gefangenschaft trieb. Man warf ihm schwere strategische Fehler vor, etwa dass er die Alliierten im Juni 1944 in der Normandie Fuß fassen oder im folgenden Frühling die Russen bis vor die Tore Berlins vorrücken ließ. Nach vielen seiner Generäle hätte Deutschland eine Chance gehabt, den sowjetischen und den britisch-amerikanischen Vorstoß zu stoppen und den Krieg auf dem Verhandlungsweg zu beenden, falls Hitler die Militäroperationen nur professionellen Soldaten überlassen hätte.

Um zu verstehen, warum Hitler den Krieg so führte, wie er es tat, muss man seine Ziele und den Mann selbst betrachten. Seine Erfahrungen im Ersten Weltkrieg, wo er in den Gräben kämpfte und für seine Tapferkeit das Eiserne Kreuz bekam, formten seine Anschauungen über die Kriegsführung und die höheren Befehlsebenen des Heeres. Im Zweiten Weltkrieg glaubte er auf eine Art, die den höheren Kommandeuren verschlossen blieb, zu wissen, was seine Fronttruppen dachten, wozu sie fähig waren, da er einst einer von ihnen gewesen war. Dies verband sich mit seiner Ablehnung von „Experten“. Er sagte: „Das höchste ist Instinkt, und aus Instinkt kommt Glaube. ... Während sich die gesunden, einfachen Leute instinktiv zu einer Volksgemeinschaft zusammenschließen, laufen die Intellektuellen hierhin und dahin, wie die Hühner auf einem Hühnerhof. Mit denen kann man nicht Geschichte machen.“ Seine politischen Erfolge vor 1939 stärkten

Hitler als Kriegsherr. Zwar hatte er ein Verständnis von Strategie, doch seine Ideologie beeinflusste seine Meinung, wie der Krieg geführt werden sollte. Auf rein militärischer Ebene muss man ihm als Kriegsführer seine Entschlossenheit, einen totalen Krieg bis zum bitteren Ende zu führen, vorwerfen.

seine Ansicht, Wille und Kühnheit könnten viel erreichen. Er besetzte das Rheinland und führte Österreich und die Tschechoslowakei „heim ins Reich", alles ohne Blutvergießen. Er verlor das Vertrauen in seine höheren Kommandeure, besonders Feldmarschall Werner von Blomberg und Generaloberst Freiherr von Fritsch, die von einer aggressiven Außenpolitik abrieten. Dabei machten ihn seine Erfolge bei der deutschen Bevölkerung immens populär. Sie hielt ihn für einen größeren Staatsmann als Bismarck. Dies verkleinerte nicht gerade seine Sicht von sich selbst als erstem Führer Europas.

Als am 1. September 1939 seine Truppen in Polen einfielen, wurde Hitler zum Kriegsherren Deutschlands. Die Kette von Siegen der Deutschen 1939 und 1940 zeigte, dass Hitler ein gesundes Verständnis von Militärstrategie hatte, vor allem als er für den Manstein-Plan, 1940 durch die Ardennen zu attackieren, optierte. Die Niederlage Frankreichs hatte zwei unmittelbare Folgen. Erstens überzeugte sie Hitler, sein Verständnis für Strategie und Operationen sei dem der Chefs der Waffengattungen ebenbürtig wenn nicht besser (was nicht ganz unvernünftig war, denn er hatte Frankreich in sechs Wochen besiegt; die Kaiserliche Deutsche Armee und ihr Generalstab hatten das in vier Jahren nicht geschafft). Zweitens betrachtete man Hitler nun in Deutschland als Genie. Das war er kaum, doch wie der Militärhistoriker John Keegan sagt, besaß er „viele für den militärischen Erfolg wichtige Eigenschaften – Selbstvertrauen, Kühnheit, Intelligenz, Gewalt über seine unmittelbaren Untergebenen und Gleichgütigkeit gegenüber menschlichem Leid."

Die Eroberung des Balkans 1941 und die ersten Wochen des Unternehmens Barbarossa verstärkten noch Hitlers Glauben an sein militärisches Können. Dann kam im Dezember 1941 der Rückschlag vor Moskau, ein Wendepunkt in den Beziehungen Hitlers zu seinen höheren Kommandeuren. Sie rieten zum Rückzug, er blieb stur. Die Truppen blieben, wo sie waren – und hielten stand. Hitler war bestätigt. Danach war er zunehmend über seine „defätistischen" Generäle ernüchtert, besonders wenn sie an der Ostfront zu Gebietsaufgaben rieten.

Der Rassenkrieg des „Führers"

Viele westliche Historiker haben unterschätzt, wie wichtig der Krieg an der Ostfront für Hitler war. Der Konflikt mit der Sowjetunion zog ihn total in Bann. Jede seiner Aktionen war vom messianischen Wunsch getrieben, das kommunistische Regime zu besiegen. Davon war er besessen und 1942 erklärte er: „Falls wir die Eroberung des Ostens nicht völlig und unwiderruflich abschließen, wird jede künftige Generation Krieg führen müssen." Im Juli 1943 sagte er zu Erwin Rommel: „Deutschland braucht die eroberten Gebiete oder es wird nicht lange existieren. Es wird die Herrschaft über den Rest Europas gewinnen. Wo wir einmal sind, bleiben wir."

Noch im Frühling 1943 glaubte Hitler trotz der schweren Niederlagen in Nordafrika und der Sowjetunion in den vergangenen sechs Monaten (wobei bei Stalingrad und El Alamein sowie in Tunesien etwa 500.000 Deutsche gefallen oder gefangen genommen worden waren) an den totalen Sieg über seine Feinde.

Stets optimistisch, behielt der „Führer" öffentlich eine Tünche der Zuversicht, das Dritte Reich würde 1.000 Jahre dauern. Er war von seinem Sieg überzeugt, da seine Gegner, angeführt von Slawen und Juden, den deutschen Ariern rassisch unterlegen wären. Er konnte sich nicht vorstellen, dass die russischen „Untermenschen" clever oder stark genug sein könnten, die deutsche Überlegenheit in Gefahr zu bringen (ähnlich wie die europäischen Kolonialherren im 19.

Jahrhundert, die meinten, ihre afrikanischen oder asiatischen Gegner seien in keiner Hinsicht ein gleichwertiger Opponent).

Hitler meinte, Slawen und Juden verdienten es nicht, mit dem deutschen Volk denselben Kontinent zu teilen. Sie mussten entweder zur Emigration gezwungen oder versklavt oder gar ausgerottet werden. Deshalb war für ihn jeder Verhandlungsfriede mit Stalin undenkbar. Entweder die Sowjetunion wurde zerstört oder Deutschland. Im April 1945, die Niederlage war besiegelt, schwadronierte er: „Ich war im Umgang mit den Juden immer fair. Ich warnte sie ein letztes Mal. Ich sagte ihnen, sollten sie einen weiteren Krieg heraufbeschwören, würden sie nicht verschont werden."

Hitler nach dem erfolgreichen Abschluss des Polenfeldzugs vom September 1939 mit höheren Wehrmacht-Kommandeuren (zu Hitlers Rechten sieht man Franz Halder, den Generalstabschef des OKH). Hitler behielt immer Vorbehalte gegenüber der aristokratischen preußischen Offiziersklasse.

Die deutschen Niederlagen 1943 bei Stalingrad und Kursk erschütterten Hitlers Zuversicht stark. Er gab allen außer sich selbst die Schuld an den Desastern, die das deutsche Heer trafen. Inkompetenz oder Verrat mussten schuld sein, dachte er, denn den Sowjets konnte man nicht zutrauen, dass sie ein Heer, das dieselbe Kampfqualität wie das deutsche hatte, aufstellten.

Als Hitler langsam dämmerte, dass seine geplagte Armee die Sowjets nicht aufhalten konnte, verlagerten sich seine Kriegsziele. Er wollte nun den Kampf möglichst verlängern, bis sich Deutschlands geheime V-Waffen auswirkten (d. h. Großbritanniens Moral vernichtet hatten und einen Friedensschluss erzwangen) oder die Allianz zwischen Stalin und den westlichen Alliierten zerfiel. Letzteres bevorzugte er und blieb bis zu den letzten Tagen in seinem Berliner Bunker überzeugt, Deutschland würde sich bald mit den Briten und USA gegen die Russen verbünden. Kurz vor der Ardennenoffensive im Dezember 1944 sagte er zu seinen Generälen: „Falls wir noch einige schwere Schläge landen, so kann diese künstlich gestützte gemeinsame Front in jedem Augenblick zusammenbrechen."

Ein Verhandlungsfriede war nicht Hitlers Sache. Der Rassenkrieg zwischen Deutschlands Ariern und den Slawen wurde zum Selbstzweck. Hitler sah ihn als Kampf bis zum Tod. „Ich werde nicht nachgeben, ich werde niemals kapitulieren", wiederholte er immer wieder. So verloren des „Führers" Generäle zunehmend ihre

Illusionen über seine Kriegsziele. Sie begannen zu realisieren, dass die Vernichtung Deutschlands drohte. Der „Führer" stand nicht nur mit seinen Gegnern, sondern auch mit seinen Kommandeuren in einem „Kampf des Willens".

Um das deutsche Volk auf sein Schicksal vorzubereiten, erklärte Hitler im Januar 1943 den „totalen Krieg". Das geschah vor dem Hintergrund der kurz bevorstehenden Vernichtung der 6. Armee bei Stalingrad. Es folgte ein Propagandafeldzug Joseph Goebbels, des Propagandaministers. Dieser sollte die deutsche öffentliche Meinung auf die schlechte Nachricht vorbereiten und die Bevölkerung für einen langen, blutigen Krieg wappnen. Bis dahin war das deutsche Volk fast täglich mit Nachrichten über leichte Siege gegen einen unvorbereiteten und unbeholfenen Feind gefüttert worden. Nun aber wurde es ernst.

Totaler Krieg

Ein Schlüssel dieser Strategie war die Einführung der Kriegswirtschaft. Die ökonomische Planung basierte nicht länger auf der Annahme eines kurzen Krieges. Immer noch dominierte die Zivilproduktion die Wirtschaft. Sechs Millionen Arbeiter stellten Gebrauchsgüter her und 1,5 Millionen Frauen waren als Dienstboten tätig. 1940 betrug die monatliche Produktion an Panzern im Durchschnitt 136 Stück, bis Januar 1943 war sie auf bloß 257 gestiegen. Albert Speer, der Minister für Rüstung und Kriegsproduktion, war ein fähiger Mann, doch gelang ihm nie die „totale Mobilisierung der Wirtschaft". 1942 wurde die Produktion von Konsumgütern um 12 Prozent reduziert. Selbst 1944 machte sie noch 22 Prozent der gesamten industriellen Produktion aus. Im Februar 1943 stachelte Goebbels in einer Rede im Berliner Sportstadion das deutsche Volk an, mit allen Kräften zu kämpfen. Alle Männer bis 65 und alle Frauen bis 45 Jahre waren zur Kriegsarbeit verpflichtet. Die Knaben der Hitlerjugend mussten auf Bauernhöfen arbeiten oder Alteisen sammeln. Zwangsarbeiter wurden zur Kriegsarbeit eingesetzt. Gleichzeitig verpflichtete Hitler Industrielle, auf Kriegsgüterproduktion umzustellen, die immer noch auf nicht viel höherem Niveau als 1939–1940 dahindümpelte. Speer und der neue Generalinspekteur der Panzertruppen, Heinz Guderian, sollten die Produktion von Panzern und anderen Waffen ankurbeln.

Der beste Verbündete des „Führers" im seinem Feldzug, das Volk für den totalen Krieg zu motivieren, war absurderweise die britische Luftwaffe (RAF). Ab März 1943 schlug das RAF-Bomberkommando jede Nacht auf die deutschen Städte los. Den Höhepunkt bildeten dabei 40.000 tote Zivilisten in Hamburg während einer sechstägigen Angriffsserie im Juni 1943.

Speer und Guderian gingen wie besessen an die Arbeit und brachten bald beeindruckende Resultate. Mitte 1943 war die Panzerproduktion auf 1.004 Stück pro Monat emporgeschossen und 1944 betrug sie im Durchschnitt 1.538 Stück pro Monat. Die Spitzenwert lag im Dezember 1944, als die alliierten Bombardements ihren Höhepunkt erreichten. 1943 und ins Jahr 1944 hinein kämpften die deutschen Truppen an allen Fronten äußerst entschlossen, was zeigte, dass Hitlers Motivierungsmaßnahmen, trotz der Ängste der Generäle, der „Führer" führe das Land ins Verderben, sehr effizient waren.

Für seinen Verzögerungskrieg musste Hitler die gegnerische Truppe wo weit wie möglich von den Grenzen des Reichs entfernt halten, um Deutschlands Verbündete an seiner Seite zu halten und die lebenswichtigen industriellen und natürlichen Ressourcen zu bewahren. Letzteres war Hitler sehr wichtig, denn er glaubte, die technologische Entwicklung und die Kriegsproduktion seien entscheidende Faktoren, um die bevölkerungsreichere Sowjetunion zu besiegen.

Kommandozentralen

Mit Fortschreiten des Krieges wurde es für Hitler immer gefährlicher, seine Truppen im Feld zu besuchen. Fliegen wurde zu riskant und das Schicksal des japanischen Admirals Isoroku Yamamoto, der in einen Hinterhalt amerikanischer Jagdflugzeuge geriet und getötet wurde, war eine Lehre für die Probleme, die durch den Verlust der Lufthoheit der deutschen Luftwaffe entstanden.

Hitler zog sich in eine Reihe von 21 unterirdischen Bunkeranlagen, die unter großer Geheimhaltung errichtet wurden, zurück. Sie wurden um Deutschland herum gebaut, damit er beim Besuch der Hauptkampffronten geschützt war. Bis die Sowjets im Winter 1944 zur Ostseeküste durchbrachen, verbrachte er die meiste Zeit in der berühmten „Wolfsschanze" in den Wäldern Ostpreußens (siehe unten). Aus Angst, die Briten würden eine Division Fallschirmjäger auf dem Komplex absetzen, befahl er, dass dieser durch riesige Minenfelder und eine speziell ausgebildete Eilteeinheit, das berühmte „Führerbegleitbataillon", geschützt wurde.

Während der Ardennenoffensive Ende 1944 zog Hitler in die Bunkeranlage Adlerhorst bei Bad Nauheim. Hier konnte er tief unter der Erde Delegationen seiner Generäle empfangen und mit seinen Parteigünstlingen Hof halten. Da Fliegen fast unmöglich war, zog Hitler in seinem immer kleiner werdenden Reich in seinem Führerzug umher, der Fernmeldeeinrichtungen enthielt und durch Flak gut geschützt war.

Nach dem Scheitern des Unternehmens „Wacht am Rhein" in den Ardennen verlegte Hitler sein Hauptquartier in den Führerbunker unter der Reichskanzlei im Herzen Berlins. Von hier aus leitete er die letzten Kämpfe des Krieges (nach seinen Generälen in die Irre).

Nach Hitlers Meinung blieb ihm umso mehr Zeit, die Sowjets und die westlichen Alliierten auseinander zu bringen, je mehr Gebiet Deutschland hielt. Darauf beruhte die „Halten-um-jeden-Preis"-Strategie. Oft fasste er dies mit den Worten „Zeit, Zeit, Zeit!" zusammen. Er gab Befehl, grandios benannte Defensivstellungen, etwa die Panther-Linie in Russland oder den Atlantikwall an der französischen Küste, zu verteidigen. Er konnte sie einsetzen, um seine Generäle einzuschüchtern, wenn sie sich zurückziehen wollten. „Ich bin der größte Erbauer von Befestigungen aller Zeiten", erklärte er. „Ich habe den Westwall gebaut. Ich habe den Atlantikwall gebaut."

Ab dem Sommer 1943 kämpfte Deutschland mit schwindenden Ressourcen an mehreren Fronten gegen Feinde, die jeden Monat stärker zu werden schienen. Hitler war gezwungen, die Stärke seiner Armeen zu verringern und seine Aufmerksamkeit auf all diese Fronten aufzuteilen. Das nannte man „Brandbekämpfung" und die Elite-Panzerdivisionen der Waffen-SS hatten bald den Spitznamen „Feuerwehr", da sie ständig von einem Krisenpunkt zum nächsten eilen mussten.

Kommandomethoden

Hitler führte seinen Krieg mittels formeller „Führerweisungen" und „Führerbefehle". Weisungen waren weitläufige strategische Pläne für bestimmte Feldzüge oder Operationen oder sie betrafen die Art der Kriegsführung an einem bestimmten Schauplatz. Sie wurden unter Hitlers Namen erteilt und sollten den Kommandeuren längerfristige Vorbereitungen ermöglichen. Die Führerweisung Nr. 21, Unternehmen Barbarossa, vom 18. Dezmeber 1940 bereitete die Invasion Russlands vor. Sie erklärte, die „Wehrmacht muss schon vor dem Abschluss des Kriegs gegen England bereit sein, die Sowjetunion in einem schnellen Feldzug entscheidend zu schlagen."

Die Bombardierung Kiels am 14. Mai 1943. Die Bombenangriffe auf deutsche Städte verstärkten die Unterstützung Hitlers durch die Bevölkerung, entgegen der Hoffnung der Alliierten, die deutsche Zivilbevölkerung friedensbereit bomben zu können. Der Krieg war nicht mehr etwas, das sich hunderte Kilometer entfernt an der Ostfront oder in Afrika ereignete. Jede deutsche Familie litt unter Todesopfern oder Not. Die Nazi-Propaganda des totalen Kriegs traf auf empfängliche Ohren.

Als Deutschland mit Fortschreiten des Krieges die Initiative verlor, wurde der Umfang dieser weit reichenden Planung verringert. Hitler erteilte durch „Führerbefehle" detailliertere Anordnungen. Diese reichten von Plänen für Großoffensiven bis zum Befehl, ein Bataillonskommandeur solle Zusatzbunker errichten.

Die Führerbefehle entsprangen meist den täglichen Lagebesprechungen Hitlers, wo er detallierte Berichte über die Aktivitäten an den Fronten erhielt. Diese Sitzungen dauerten oft stundenlang und Hitler gab Ad-hoc-Anweisungen für diese oder jene Aktion, die durchgeführt werden sollte.

Ab dieser Zeit misstraute Hitler seinen „defätistischen" Generälen, Männern wie Brauchitsch, Chef des OKH, Halder, dessen Nachfolger, Rundstedt (der von Hitler dreimal entlassen und wieder eingesetzt wurde) und sogar Manstein. Er wollte die Kommandeure der niedrigeren Befehlsebenen stützen und so wurden in für besonders wichtig gehaltenen Angelegenheiten eigene Emissäre überallhin gesandt, um die Befehle des „Führers" persönlich zu erteilen. In manchen Fällen griff Hitler selbst zum Telefon und erteilte Generälen, die sein Missfallen erregt hatten, brüllend Befehle. „Der Generalstab sollte eigentlich aufgelöst werden!", tobte er im Sommer 1944.

Hitler glaubte stark an seine persönliche Wirkung auf zögerliche Generäle und neigte zu Überraschungsvisiten in den Hauptquartieren in Russland. Dadurch sollte nicht nur vor Ort die Lage erkundet werden, es schüchterte auch die lokalen Kommandeure ein, die Befehle des „Führers" genau auszuführen.

In den letzten zwei Kriegsjahren verschlechterte sich Hitlers geistiger und körperlicher Zustand dramatisch. Der Stress eines globalen Kriegs war immens, besonders für einen Größenwahnsinnigen, der selbst kleinste Details nicht an

Hitler im April 1945 mit einem letzten Aufgebot an Verteidigern Berlins. Zunehmend auf unterirdische Bunker und verdunkelte Züge eingeschränkt, verlor Hitler zuletzt den Kontakt zur Realität. War er nicht in langen Besprechungen mit seinen Generälen, so verbrachte er seine Zeit mit einem kleinen Hof von Nazi-Funktionären. Diese nährten seine Vorurteile und seine Paranoia. Seine Kumpane nahmen sogar seine verrücktesten Ideen ernst und riesige Mengen der spärlichen Ressourcen wurden zu ihrer Umsetzung verbraucht.

Untergebene delegieren wollte. Ab 1943 konnte er nachts nur noch wenige Stunden schlafen, in den letzten Kriegsmonaten auch das nur mit Schlafmitteln, die ihm sein äußerst dubioser Leibarzt Theodor Morell gab.

Die so genannte „Endlösung der Judenfrage“ war einer der extremsten Pläne des „Führers“, während sein Befehl, Warschau dem Erdboden gleichzumachen, nachdem der Aufstand der polnischen Heimatarmee im Herbst 1944 gescheitert war, ein weiteres Beispiel für Vergeudung von Ressourcen darstellte. Denn deutsche Pioniere verschwendeten wertvolle Zeit und Sprengstoff, jedes Gebäude der Stadt zu sprengen, um Hitlers Rachedurst zu befriedigen.

Das Bombenattentat vom Juli 1944 verstärkte Hitlers Paranoia und sein Misstrauen gegenüber den Generälen weiter. Zunehmend ließ er die Nazi-Partei und die Waffen-SS die Dinge erledigen. Dies zeigte sich bei der Ernennung des Reichsführers SS, Heinrich Himmler, zum Chef des Ersatzheers. Himmler erwies sich als völlig unfähig, das Ausbildungssystem der Männer für den Feldeinsatz in Gang zu halten und verursachte ein noch größeres Chaos, als er im Januar 1945 zum Chef der Heeresgruppe Weichsel ernannt wurde.

Und doch konnte Hitler korrekte militärische Urteile fällen. Er meinte etwa richtig, die Alliierten würden in der Normandie landen, während seine Generäle vom Pas de Calais besessen waren. Er erhielt widersprüchliche Ratschläge für die Vorbereitung auf die Landung in Frankreich. Rommel wollte die Hauptschlacht an den Buchten austragen, Guderian optierte für einen massiven Panzergegenschlag landeinwärts. Da sich die zwei besten deutschen Panzerkommandeure uneinig waren, überascht es nicht, dass die erste Reaktion auf die Landungen des D-Day schwach und wirr war. Doch dies blieb zuletzt eine akademische Frage, denn Hitler war der eigentliche Betreiber seiner eigenen und der Vernichtung Deutschlands.

Oberkommando

Das deutsche Heer verfügte über einige der fähigsten Generäle des Zweiten Weltkriegs. Doch die ständige Einmischung Hitlers, der vielen seiner „defätistischen" Generälen misstraute, verringerte ihre Effizienz und schadete der deutschen Kriegsleistung.

In den Jahren vor dem Ersten Weltkrieg war der preußische Generalstab aufgrund seines Rufs der Professionalität und Effizienz eine mit Ehrfurcht betrachtete Institution. Nach dem Krieg beschuldigten ihn die Alliierten, er habe Deutschland auf eine aggressive Bahn gebracht, und im Vertrag von Versailles (1919) wurde die Organisation verboten.

Die Struktur des militärischen Oberkommandos Hitlers war eine ganz andere als die Bismarcks oder Kaiser Wilhelms II. Er war entschlossen, die Streitkräfte unter seine Kontrolle zu bringen, und schuf daher am 4. Februar 1938 das Oberkommando der Wehrmacht (OKW) als Ersatz des alten Kriegsministeriums. Mit Zustimmung der Chefs der Waffengattungen wurde er Oberbefehlshaber der Streitkräfte, und in der Folge wurde das Oberkommando des Heeres (OKH) zum Instrument des „Führerwillens" anstatt einer Quelle gesunder Militärberatung und erfindungsreicher Planung. Durch geschickte politische Manöver dünnte er die Macht des Generalstabs des Heeres aus, da er kein Machtzentrum neben seiner Nazi-Partei wollte.

„Hitlers herausragendste Eigenschaft war seine Willenskraft", meinte Generaloberst Heinz Guderian. „Indem er seinen Willen einsetzte, zwang er mich, ihm zu folgen. Diese Kraft arbeitete mittels Suggestion und ihre Wirkung auf viele Männer war in der Tat fast hypnotisch. Im OKW widersprach ihm praktisch niemand: Die Männer befanden sich entweder in einem Zustand permanenter Hypnose wie Generalfeldmarschall Wilhelm Keitel [Chef des OKW] oder resignierter Ergebung wie Generaloberst Alfred Jodl [Chef des Wehrmachtsführungsstabs]. Auch selbstbewusste Personen, Männer, die ihre Tapferkeit vor dem Feind bewiesen hatten, erlagen Hitlers Redekunst und verstummten, wenn sie mit seiner Logik, die so schwer zu widerlegen war, konfrontiert waren." Ein anderer, weniger milder Kritiker nannte Keitel „Hitlers gedanken- und verantwortungslosen Jasager".

General Paulus richtet 1942 Artilleriefeuer gegen Stalingrad ein. Obwohl er Anfang 1943 zum Feldmarschall ernannt wurde, nahm er sich nicht das Leben, sondern ergab sich mit den Resten der 6. Armee den Sowjets. Wegen derartiger Aktionen verlor Hitler das Vertrauen in die von ihm so genannten „defätistischen Generäle".

Guderian versäumt darauf hinzuweisen, dass das Offizierskorps insgesamt Hitler und dessen Nazi-Partei großteils guthieß. Die Männer stammten vor allem aus etablierten Familien mit Militärs, aus dem Adel oder der Mittelklasse. Sie waren meist konservativ und antikommunistisch. Außerdem wollten die höheren Kommandeure ihren Treueeid auf den „Führer“ nicht brechen, selbst als sich das Kriegsglück gegen Deutschland wandte. So gab es Mitte 1944 in der Armee mehr als 2.000 Generäle, doch nur 35 spielten bei der Verschwörung gegen Hitler eine aktive Rolle.

Im Heer kommandierten Generalfeldmarschälle Schauplätze und Heeresgruppen. Unter ihnen wurden die Armeen von einem Generaloberst oder General der Infanterie oder der Panzertruppe geführt. Eine Division wurde von einem Generalleutnant oder einem Generalmajor kommandiert, ein einzelnes Regiment führte ein Oberst an. Auf dem Papier sollte das OKW die Aktivitäten aller verschiedenen Wehrmachtsteile koordinieren, doch war es kaum etwas anderes als Hitlers persönlicher Planungsstab. Die Waffenteile berichteten in operativen Angelegenheiten an das OKW, doch die Chefs der Dienste trafen einander außer bei den offiziellen Sitzungen zum Empfang der Befehle ihres „Führers“ kaum. Das OKW war kein Gemeinschaftsstab, wo die Chefs der Dienste zusammenkamen und ihrem Staatschef Planungsoptionen oder militärische Ratschläge vortrugen. „In den demokratischen Staaten waren die Teile der Streitkräfte und die verschiedenen Aspekte der Kriegswirtschaft eng koordiniert, doch in Deutschland gab es eine seltsame Trennung in unabhängige Kräfte“, erinnerte sich der Stabsoffizier General F. W. Mellenthin. „Heer, Kriegsmarine, Luftwaffe, SS, die Organisation Todt, die NSDAP, die Intendanturen, die zahlreichenWirtschaftszweige, alle arbeiteten separat, erhielten aber direkte Befehle von Hitler. Die Ursache für dieses seltsame, unheimliche Phänomen war zweifellos Hitlers Machtgier und sein Misstrauen in jede unabhängige Macht. Das alte Motto ‚Teile und herrsche‘ wurde mit absurder Konsequenz umgesetzt.“

Teile und herrsche

Hitler, der in bezug auf Bedrohungen seiner Macht paranoid war, war zufrieden, wenn Luftwaffe, Heer und Kriegsmarine und die Industriebaronen stritten und alle von seinen Schiedsspüchen abhängig waren. Daneben schuf er auch noch seine eigene Privatarmee, die Waffen-SS. Bis Kriegsende war sie auf fast 40 Divisionen mit eigenen Armee- und Korpsstäben angewachsen. Im Feld unterstand die Waffen-SS den taktischen Stäben der Wehrmacht, hatte aber ihr eigenes Versorgungs-, Verwaltungs-, Dienstgrad- und Beförderungssystem. Sie berichtete direkt der SS-Organisation Heinrich Himmlers oder dem „Führer“ persönlich.

Während des Kriegs baten Generäle wie Erwin Rommel, Heinz Guderian und Erich von Manstein Hitler wiederholt, diese chaotische und ineffiziente Kommandostruktur zu ändern, um Deutschlands Ressourcen durch bessere Einsatzplanung zu maximieren. Hitler lehnte stets ab. Ab 1943 hatte er kein Vertrauen in seine Generäle mehr. Er nannte sie „Nachttopfstrategen“ oder „Defätisten“. Das Attentat im Juli 1944 verschlechterte seine Meinung über die höheren Chargen des Offizierskorps weiter: Die Generäle würden bei erster Gelegenheit mit den Alliierten einen Kompromissfrieden schließen. Damit Deutschland also seinen titanischen Kampf gegen seine Feinde fortsetzte, müsse er die totale Kontrolle über die Kriegsführung, bis ins kleinste Detail, behalten. Er wollte sich nicht auf den Status Kaiser Wilhelms II., der zum Werkzeug des Generalstabs wurde, reduzieren lassen. Deutschlands Oberkriegsherr würde die Zügel der Macht nicht lockern, bloß weil dies den Generälen half, ihre Fronten in Ordnung zu bringen.

Hitlers Wunsch nach Zentralisierung aller Entscheidungen machte nicht auf der Befehlsebene innerhalb des OKW Halt. Er teilte Europa in eine Reihe ope-

Das Oberkommando des deutschen Militärs (von links nach rechts): General Gerd von Rundstedt, Oberbefehlshaber des Heeres General Werner von Fritsch und Kriegsminister Werner von Blomberg. Fritsch und Blomberg wurden Opfer von durch Nazis angestiftete Skandale und zum Rücktritt gezwungen.

rationaler Schauplätze, die von Generälen, dei ihre Rivalen ausstechen wollten, kommandiert wurden. Die größte Kriegszone, die Ostfront in Russland, unterstand nominell dem OKH. Ihr Verantwortungsbereich wurde auf große Heeresgruppen aufgeteilt. Die bekanntesten waren die Heeresgruppen Nord, Mitte und Süd. Sie kümmerten sich um die Ostsee und Leningrad, die Front gegenüber Moskaus und die Ukraine. Hitler überließ dem Stab des OKH Details der Verwaltungsroutine, doch in strategischen Angelegenheiten wandte er sich direkt an die Kommandeure der Heeresgruppen. Ende 1941 ernannte er sich selbst zum Chef des OKH und machte so seine Eingriffe in die Kriegsführung in Russland offiziell. Das Kaltstellen des OKH auf dem russischen Kriegsschauplatz signalisierte die Ablösung des Generalstabs alten Stils. Die Führung des deutschen Heeres war auf die Ostfront

fixiert und das OKW gab den deutschen Streitkräften keinen alternativen Schwerpunkt. Hitler ließ es bewusst in diese Richtung gehen.

Der Mittelmeerraum war in den letzten zwei Kriegsjahren vor allem die Domäne der Luftwaffe, obwohl Generalfeldmarschall Albert Kesselring zum Oberbefehlshaber der Heeresgruppe C in Italien ernannt wurde. Da er zehntausende alliierte Truppen zum Stocken brachte, überließ ihn Hitler ziemlich sich selbst.

Nordeuropa war von 1942 bis 1944 die Domäne Generalfeldmarschall Gerd von Rundstedts. Mit 67 wurde er zum Oberbefehlshaber West mit Verantwortung für Frankreich, Belgien und Holland ernannt. Als die alliierte Invasion im Frühling 1944 vorrückte, setzte Hitler unter Rundstedt eine Riesenmenge Befehlsebenen ein, die dem „Führer“ direkt berichteten, sodass der Feldmarschall keinen wirklichen Einfluss auf die Geschehnisse vor Ort hatte.

Generalfeldmarschall Walther Model (Mitte, mit Schutzbrille), ein fähiger Kommandeur, der unter Hitlers Einmischung litt. In der Ardennenoffensive (Dezember 1944) leitete er die Heeresgruppe B, hatte aber bei den Details der Planung wenig mitzureden. Hitler und das OKW teilten ihm den Plan mit und befahlen ihm, danach vorzugehen. Der „Führer" bestimmte sogar die Routen der Panzerdivisionen mittels einer Karte, ohne eine Ahnung von den Bedingungen vor Ort zu haben. Model und etlichen seiner Untergebenen gefiel der Umfang der Offensive nicht; sie sei überehrgeizig. Hitler ignorierte es. Erst als die Offensive in Gang war, erhielt Model Einfluss auf die Geschehnisse. Doch das dauerte nicht lang und Hitler beharrte bald, als das Scheitern der Offensive klar war, darauf, dass es keinen Rückzug zum Rhein geben dürfe.

Auf dem Balkan, dem Kriegsschauplatz „Südost", waren 1944 mehr als 600.000 Soldaten stationiert. In den letzten zwei Kriegsjahren erhielt Maximilian Freiherr von Weichs, seit Januar 1943 Feldmarschall, den Auftrag, sich um die griechischen, albanischen und jugoslawischen Partisanen zu kümmern.

Die Heeresgruppen enthielten mehrere Armeen. Sie waren die Kraftwerke der Kriegsmaschine und meist so weit vom Führerhauptquartier „Wolfsschanze" entfernt, dass ihre Kommandeure und ihre Stäbe bei der Ausführung von Operationen eine gewisse Eigenständigkeit hatten. Einige der berühmtesten deutschen Feldmarschälle – Erich von Manstein, Walther Model, Hans Günther von Kluge, Gerd von Rundstedt – befehligten in Russland Heeresgruppen.

Die Oberbefehlshaber der Heeresgruppen waren die erste Befehlsebene, auf der Hitlers Politik des „Teile und herrsche" ihre Wirkung verlor. Einem Heeresgruppenkommandeur zugeteilte Luftwaffen-, Waffen-SS- und Marinetruppen standen unter seiner operativen Kontrolle. Auf dieser Ebene waren Kommando- und persönliche Beziehungen zwischen den höheren Kommandeuren meist gut. So konnten koordinierte Pläne aufgestellt und effizient ausgeführt werden.

Innerhalb der Heeresgruppen konnte man auch Operationen durchführen, ohne allzu sehr auf Funk zu vertrauen, der oft vom britischen „Ultra" abgefangen und entschlüsselt wurde. Mansteins Erfolg 1943 und 1944 in Russland beruhte teilweise auf seiner Gewohnheit, künftige Einsätze persönlich mit Korps- und Divisionskommandeuren zu besprechen. Die Briten wussten daher nichts von seinen Plänen für einen Gegenangriff auf Charkow Anfang 1943 und konnten die Sowjets nicht warnen. Diese überdehnten sich gefährlich, gerieten durch den Angriff ins Wanken und verloren Charkow, tausende Panzer und zehntausende Männer.

Von Manstein machte seinen Stab der Heeresgruppe Süd zu einem der effizientesten der Wehrmacht. Seine Schlachten in Südrussland und der Ukraine vom Dezember 1943 bis zum März 1944 erhielten fast legendären Status.

Gegen anscheinend überwältigende Übermachten bewahrten Manstein und sein Stab immer wieder die Südflanke der Ostfront vor einem Desaster.

Bis Sommer 1944 hielt Hitler seine Heeresgruppenkommandeure stark am Zügel. Rommel etwa hatte nach den Landungen des D-Day im Juni 1944 in der Schlacht um die Normandie wenig Aktionsfreiheit. Als Befehlshaber der Heeresgruppe B hatte er theoretisch zwei Armeen (die 7. und die 15.) unter sich, doch Hitler weigerte sich, letztere in die Normandie ziehen zu lassen, da er glaubte, alliierte Truppen stünden bereit, den Kanal zu queren und am Pas de Calais einzufallen. Hitler gab auch Anweisung, keine der Panzerdivisionen in Frankreich dürfe ohne seine persönliche Zustimmung bewegt werden. Kein Wunder, dass der Wüstenfuchs meinte, er kämpfe mit einem am Rücken festgebundenen Arm.

Während einzelne deutsche Divisionen in ihren Abschnitten heftigen Widerstand leisteten, konnte Rommels Heeresgruppe keine wirksamen Großoperationen durchführen. Zwar spielte die alliierte Lufthoheit bei der Beschränkung der Bewegungsfreiheit die Hauptrolle, doch auch so kam die Heeresgruppe B nie wirklich in Fahrt. Außerdem waren den Alliierten viele Züge Rommels schon vorher bekannt.

Die Hauptfeldstäbe an der Front waren Armeen, Korps und Divisionen. Sie bestanden meist ausschließlich aus Einheiten des deutschen Heeres. Hier lebte die alte Tradition des Generalstabs fort. Armeen und Korps konnten verschiedenartige Einheiten wie Panzer-, Infanterie- oder Panzergrenadierdivisionen sowie spezielle Artillerie, Nebelwerfer- oder Sturmgeschützverbände zugeteilt sein. Die Einheiten wurden je nach der besonderen Aufgabe, die sie erhielten, den Hauptquartieren zugeteilt. Danach wurden sie wieder von ihnen abgezogen.

Das deutsche Stabssystem funktionierte ganz anders als sein alliiertes oder sowjetisches Gegenstück, das stark die Rolle des Kommandeurs, seine Vorstellungen selbst zu formulieren und sehr detaillierte Befehle zu geben, betonte.

Rommel (sitzend in der Mitte) versuchte im Juni 1944 die Alliierten in ihrem Brückenkopf in der Normandie zu halten, bis er, von einem Besuch an der Front unterwegs zurück, bei einem Angriff britischer Jagdbomber auf seinen Wagen schwer verwundet wurde. Dass der Heeresgruppenkommandeur so viel Zeit an der Front verbringen musste, zeigte die Schwäche seiner Stabsoffiziere in der Normandie. Viele seiner Armee-, Korps- und Divisionskommandeure waren alt, krank oder unerfahren im Bewegungskrieg. Die Schwächen seiner Stabs- und nachgeordneten Kommandeure sowie Hitlers Einschränkung der Bewegung der Panzerdivisionen waren die Wurzeln der Konfusion im deutschen Kommando in Frankreich in den Tagen nach dem D-Day. Sie waren Hauptfaktoren bei der schlecht koordinierten deutschen Reaktion auf die ersten alliierten Landungen.

Führung direkt an der Front war bei den deutschen Generälen die Norm. Bei vielen Gelegenheiten wurde die Lage durch das rasche Eingreifen von Divisions- oder Koprskommandeuren gerettet, die zur rechten Zeit am rechten Ort waren, um einen Gegenangriff zu befehlen oder einen Angriff voranzutreiben. Das war nicht Glück, sondern wurde im deutschen Heer erwartet. Die Kommandeure sollten sich nahe am „Schwerpunkt" jeder Operation, defensiv wie offensiv, befinden. Gute Stabsarbeit war in Ordnung, doch die Kommandeure verdienten sich ihren Ruhm durch Führung von der Front aus, wenn es die Lage erforderte. Die berühmten Panzergeneräle Rommel und Guderian (stehend mit Feldstecher) benutzten beide gepanzerte Halbketten-Kommandowagen, um bei größeren Angriffen direkt hinter der ersten Welle ihrer Panzer nachzufolgen. Sie hatten immer ihren Luftwaffen-Verbindungsoffizier und Artilleriekommandeur bei sich, damit rasch Feuer- und Luftunterstützung abgerufen werden konnten.

Der Stab des Hauptquartiers einer deutschen Armee, eines Korps oder einer Division war ein besonderer Verband mit eigenen Transport-, Fernmelde-, Verwaltungs-, Versorgungs- und Schutzeinheiten. Das reibungslose Funktionieren eines Hauptquartiers hing von der Effizienz dieser Hilfseinheiten, besonders des Fernmeldepersonals, das jederzeit den Kontakt des Stabs mit den höheren Hauptquartieren und den nachgeordneten Einheiten sicherstellte, ab.

Das Personal der Hauptquartiere wurde für bestimmte Dienste abkommandiert und erhielt nur Schlüsselstellungen, wenn es anspruchsvolle Stabsprüfungen abgelegt hatte. Nur die Offiziere, die die letzte Stufe der Prüfung für das Generalstabskorps abgelegt hatten, konnten die obersten Stabsebenen in einem Divisions- oder höheren Hauptquartier leiten. Im Krieg behielt das Heer seine Stabsoffizierslaufbahn- und Beförderungsstruktur bei. Offiziere stiegen von einer Stabsstufe zur nächsten auf, wobei sie zwischendurch Frontregimenter befehligen oder als Ausbilder der Ersatztruppe oder in Stabsschulen arbeiten mussten. Die Deutschen besetzten die Stäbe ihrer Frontarmeen, -korps oder -divisionen nie mit kränklichen oder Offizieren zweiter Wahl. Eine Stabsstelle in einem Fronthauptquartier war der Ehrgeiz jedes aufstrebenden deutschen Offiziers und Voraussetzung für ein hohes Kommando und die Beförderung in den Generalsrang.

Die deutschen Stabsoffiziere sollten körperlich fit und geistig agil sein. Sie mussten zu Besuchen an der Front fähig sein, um zu sehen, was vorging und ihre

Untergebenen durch ihr Vorbild zu begeistern. Sich im Hauptquartier in der sicheren Etappe zu verstecken, war kein angemessenes Offiziersverhalten. Die Hauptquartiere mussten rund um die Uhr funktionieren. Lange ohne Schlaf auszukommen, war Voraussetzung für einen erfolgreichen deutschen Stabsoffizier.

Die deutschen Hauptquartiere betrieben eine Reihe von Stabsabteilungen: Operationen, Artillerie, Nachrichtendienst, Kampfpioniere, Sanität, Versorgung, Verwaltung, Recht, Karten- und Fernmeldewesen. Am wichtigsten waren die Stabsoffiziere für Operationen (1a) und Artillerie. Erstere mussten für den Kommandeur und den Stabschef Vorschläge für Operationen entwickeln. Hatte der Kommandeur den Verlauf der Aktion beschlossen, so formulierten sie die spezifischen Befehle.

Der Artilleriekommandeur hatte seine eigene separate Befehlsstelle, die dem Armee-, Korps- oder Divisionshauptquartier, das er unterstützte, zugeordnet war. Auf Divisionsebene war der Artilleriestab permanent zugeteilt, doch bei den höheren Hauptquartieren wurde er je nach taktischer Lage zugeordnet, um das Feuer einer großen Zahl von Artillerieeinheiten zu koordinieren. Es war nicht Aufgabe der Artilleriebefehlsstelle, das Feuer der einzelnen Geschützbatterien zu lenken, sondern Gesamtpläne zur Feuerunterstützung von Operationen zu entwickeln. Die Deutschen setzten ihre Artillerie mit zentraler Planung und dezentraler Ausführung ein. Der Artilleriekommandeur bestimmte Observationsposten für die Fronteinheiten und teilte diesen dann Geschützbatterien zu. Es war Aufgabe des Beobachters, je nach Lage am Boden den Feuerbefehl zu geben. Der Stab des Artilleriekommandeurs musste eng mit der Operationsabteilung des gemeinsamen Hauptquartiers zusammenarbeiten, damit der Feuerplan den Anforderungen des Gesamtschlachtplans des Kommandeurs entsprach. Die Artilleriebefehlsstelle kontrollierte ihre Beobachter und Batterien mit einem eigenen Funknetzwerk oder Feldtelefonen, um auf Anforderungen sofort reagieren zu können.

Stabschef

Die funktionierende Beziehung zwischen dem Kommandeur und seinem Stabschef war der Schlüssel zur Effizienz eines deutschen Hauptquartiers. In den britischen, sowjetischen und US-Hauptquartieren musste der Stabschef kaum mehr tun, als für glatte Abläufe im Hauptquartier zu sorgen. Bei den Deutschen war er in vielen Dingen dem Kommandeur gleichgestellt. Der Stabschef übernahm das Kommando, wenn sein Vorgesetzter auf Urlaub oder Frontbesuch war.

Der Kommandeur musste bei der Entwicklung und Umsetzung von Plänen Hand in Hand mit seinem Stabschef arbeiten. Er verbrachte die meisten Tage an der Front und inspizierte Einheiten oder führte einzelne Operationen von einem kleinen taktischen Hauptquartier aus, während der Stabschef im großen Hauptquartier blieb und den Gesamtverlauf der Schlacht überwachte, damit alles nach Plan verlief. Bei Krisen wurde er oft ins Feld geschickt, um Ad-hoc-Kampfgruppen zu kommandieren oder wankende Untergebene zu stützen.

Die Gegner waren vom deutschen Befehlssystem sehr beeindruckt. Die Erfolge der Blitzkrieg-Jahre schufen einen Mythos der deutschen Unbesiegbarkeit, der bis Kriegsende nie ganz erlosch. Hitlers Generäle, besonders jene, die für die großen alliierten Niederlagen verantwortlich waren (wie Manstein 1940 in Frankreich und Rommel in Afrika) wurden als eine Art militärische Übermenschen betrachtet.

Die Wirklichkeit des Kommandosystems des deutschen Heeres war weniger eindrucksvoll und qualitativ sehr unterschiedlich. Die strategische Richtung des Kriegs lag ab 1941 ganz in der Hand Hitlers. Er hatte jeden höheren General, der sich gegen seine Art der Kriegsführung gestellt hatte, kaltgestellt oder entlassen. Er umgab sich mit Offizieren wie Keitel und Jodl, die willig als Laufburschen dienten. Keitels Rechtfertigung dafür, dass er im März 1940 den Befehl, 50 entkommene britische Gefangene zu erschießen, erteilt hatte, zeigte seinen moralischen Bankrott. „Sie müssen erschossen werden", sagte er zu einem zögernden Untergebenen. „Wir müssen ein Exempel statuieren. Wir besprachen es im Beisein des Führers, und es geht nicht anders."

Das OKW war nie imstande, als wirkliches Gemeinschaftshauptquartier zu operieren. Sein Stab verbrachte die meiste Zeit damit, Frontberichte für Hitlers tägliche Besprechungen zu sammeln. Sollte er Pläne für spezielle Einsätze vorbereiten, so gab er einfach den Ideen des „Führers" eine militärische Tünche.

Wenn diese amateurhaften Befehle dann in den Fronthauptquartieren ankamen, riefen sie bei den hoch qualifizierten, erfahrenen Stabsoffizieren oft große Belustigung hervor. Ein Panzergeneral, Frido von Senger und Etterlin, erinnerte sich, dass eine Anfeuerungsrede Keitels vor vesammelten Frontoffizieren im Mai 1944 nicht viel Begeisterung hervorrief. „Ich sah, dass manche Offiziere keineswegs begeistert waren, in einer Zeit, als die Lage fast schon verheerend war, derartigen Propaganda-Unsinn zu hören. Doch sie dachten, es sei am besten, ihre Gefühle zu verbergen." Aus Angst vor einer Revolution behielten die hartnäckigen Anhänger Hitlers „unzuverlässige Generäle" im Auge.

Führung an der Front

In der Feldarmee herrschte beim Offizierskorps des deutschen Heeres Professionalismus. Die Männer, die Hitlers Armeen befehligten, hatten ihr ganzes Leben damit verbracht zu üben, wie man Männer in die Schlacht führt. Aus Berufsstolz gaben sie ihr Bestes und ihre Einheiten und Stäbe erfüllten ihre Pflicht in einer Art, die ihr militärisches Ansehen vergrößerte. Die Anerkennung ihrer Gleichrangigen war den deutschen Offizieren sehr wichtig.

Das deutsche Heer war seinen Gegnern zahlenmäßig unterlegen, doch seine Verbände wurden im Feld sehr selten geschlagen. Frei von der Einmischung des „Führers" erledigten die Kommandeure ihre Arbeit wirksam und manchmal großspurig. Effiziente Stabsarbeit war kein Selbstzweck. Ihr Sinn lag darin, es den Kommandeuren zu ermöglichen, den Verlauf der Schlacht genau zu beurteilen, rationale Entscheidungen zu treffen und dann das Nötige zu tun. Die deutschen Hauptquartiere arbeiteten meist effizient. Die Kommandeure erhielten aktuelle Informationen über das Kampffeld und konnten ihre Operationspläne in ausführbare Befehle, die dann den nachgeordneten Einheiten übermittelt wurden, übersetzen lassen.

Unter der Heeresgruppenebene war das Kommandosystem sehr robust. Es bewies seinen Wert immer wieder in Kampfsituationen, in denen andere Armeen zusammengebrochen wären. Kommando- und Kontrollabläufe wurden erprobt und getestet, wobei jeder Kommandeur und jeder Stab seine Aufgaben und Verantwortung kannten. Dazu musste man nicht nur detaillierte Befehle erteilen, die Untergebenen mussten auch eine klare Vorstellung des Gesamtgemäldes haben, um in Eigeninitiative handeln zu können, wenn sie den Kontakt zu ihrem Hauptquartier verloren. Der berühmte Ostfront-Panzergeneral Hermann Balck, Kommandeur der 11. Panzerdivision, etwa war gern dabei, wenn seine Tanks Gegenangriffe auf den Feind unternahmen. Er wollte sicherstellen, dass seine Untergebenen aus sich ergebenden Gelegenheiten das Beste herausholten.

Mit Fortschreiten des Kriegs versuchte Hitler immer mehr, seine Generäle zu kontrollieren. Er machte sie für die wachsende Zahl der Niederlagen des deut-

Manstein (rechts) schüttelt Hitler die Hand. In seiner Zeit in der Heeresgruppe Süd (1943) konnte Manstein eine Reihe von Krisen, die andere Formationen zerstört hätten, meistern. Teil seines Erfolgs war seine Beziehung zu Hitler. Solange er gewann, ließ ihm dieser großen Spielraum, doch während des sowjetischen Zuges in die Ukraine im Winter 1943 und Beginn 1944 begann der „Führer" das Vertrauen in ihn zu verlieren und schränkte seine Aktionsfreiheit stark ein. Im März 1944 entließ er ihn schließlich.

schen Heeres verantwortlich und wollte sicherstellen, dass der Krieg auf seine Art geführt wurde. In den eisigen Öden Russlands oder in der afrikanischen Wüste schien es leicht, die „verrückten Befehle des böhmischen Gefreiten" zu missachten. Doch als die Reihe entlassener und in Ungnade gefallener Generäle von 1942 bis 1944 immer länger wurde, war es zunehmend riskant, die Befehle des „Führers" zu ignorieren. Karriere, Gehalt und Familie standen auf dem Spiel. Manstein schätzte, dass nur einer von 17 Heeres-Feldmarschällen (Keitel) und drei von 36 Generalobersten während des Kriegs der Entlassung entgingen. Nach dem Attentat im Juli 1944 wurden 35 Generäle und hunderte nachgeordnete Heeresoffiziere exekutiert. Es war gefährlich, in Ungnade zu fallen.

Bis zuletzt gab es deutsche Offiziere, die das Leben ihrer Männer über die Loyalität dem „Führer" gegenüber stellten. Als Generalleutnant Fritz Bayerlein, ein erfahrener Veteran des Afrikakorps, mit seinem XXXXVII. Panzerkorps im Januar 1944 in Kirowograd eingeschlossen wurde, schaltete er einfach die Funkgeräte in seinem Hauptquartier aus. Er wusste, er würde von Hitler einen „Standhalte"-Befehl erhalten. Er befahl den Truppen, westwärts auszubrechen. „Kirowograd

klingt für meinen Geschmack zu ähnlich wie Stalingrad", war sein Kommentar über die Situation, als er sein Kommando vor der sicheren Vernichtung bewahrte. General Theodor Busse, Mansteins alter Stabschef in der Heeresgruppe Süd, ignorierte den Befehl, bis zum letzten Mann zu kämpfen, und brach gegen Kriegsende mit 40.000 Mann seiner lädierten und schlecht ausgerüsteten 9. Armee aus einem Kessel südlich von Berlin aus. In dieser Phase reichte auch gute Stabsarbeit nicht mehr aus, um Hitlers Tausendjähriges Reich zu retten.

Nachgeordnete Kommandeure

Die nachgeordneten deutschen Offiziere waren keineswegs Automaten, sondern ausgebildet, sich dem Gegner und Terrain, auf dem sie Operationen ausführten, wirksam anzupassen. Sie waren der Mörtel, der das deutsche Heer zusammenhielt und weiterkämpfen ließ.

Gegen Ende des Krieges lag die Last, die lädierten Überreste des Heeres an den letzten Schutzwällen des Dritten Reichs zusammenzuhalten, auf den Schultern einer kleinen Gruppe von Obersten und Majoren. Als die Divisionen immer wieder von der alliierten Feuerstärke dezimiert und sowjetischen Panzermassen überrollt wurden, bildeten entschlossene Kommandeure aus kleinen Kontingenten deutscher Soldaten Ad-hoc-Kampfgruppen, um die Breschen in der Frontlinie zu schließen.

Das Korps der nachgeordneten Offiziere (alle zwischen dem Oberst und Leutnant) war das Rückgrat der Militärmaschine Hitlers und ein wichtiges Glied zwischen dem „Führer", dem OKW und den einfachen Soldaten. Ihm war es großteils zu verdanken, dass das Heer gegen eine überwältigende Übermacht weiterkämpfen konnte.

Das deutsche Heer war bedacht, sein Offizierskorps nicht durch direkte Beförderung von Unteroffizieren zu verwässern (obwohl es manchmal im Feld solche Beförderungen gab). Alle potenziellen Offiziere dienten vor der Auswahl für die Offiziersausbildung bei den Mannschaften, ehe sie „Offiziersanwärter" wurden. Das Qualifikationsniveau war hoch angesetzt, sodass viele Unteroffiziere nicht ins Offizierskorps aufrückten. Die während der Grundausbildung als potenzielle Offiziere Ausgewählten mussten eine Universitätsaufnahmeprüfung abgelegt haben, doch die für die höheren Ränge Vorgesehenen waren davon ausgenommen. Nach etlichen Monaten unter Aufsicht in einer Einheit ging der Anwärter für eine sechsmonatige Offiziersgrundausbildung in die Offiziersschule nach Döberitz bei Berlin. Der Großteil der vor Kriegsbeginn ernannten Offiziere waren Wehrpflichtige, die nach den zwei Jahren Wehrdienst ins zivile Leben entlassen wurden.

Ein Panzergrenadier-Gruppenführer mit seinen Männern im Februar 1945 an der Ostfront. Den deutschen Feldkommandeuren standen 1943–1945 auf den Schlachtfeldern Europas anscheinend unüberwindliche Übermachten gegenüber. Um ihre Truppen am Leben und Kämpfen zu halten, mussten die Kommandeure körperlich fit, sehr stark motiviert und entschlossen zum Erfolg sein. Die Führungsqualität wurde durch gnadenlose Gegner und extremes Klima bis an ihre Grenzen getestet.

In den ersten Kriegsjahren war die Mehrzahl der Obersten und Majore Berufssoldaten in der alten Reichswehr gewesen. Sie waren die letzten der alten Garde. Viele waren Aristokraten oder Söhne von Militärs. Aufgrund der raschen Vergrößerung des Heeres und der ersten Welle schwerer Verluste 1941/42 in Russland und Afrika führten zu der Zeit, als Deutschland nach Stalingrad und Kursk 1943 in die Defensive gezwungen war, diese Männer die Divisionen oder dienten in den hochrangigen Hauptquartieren als Stabsoffiziere. Als sie aufstiegen, rückten Männer, die die Mannschaftsdienstgrade durchlaufen hatten, auf ihren Platz an der Spitze der Frontbataillone und -regimenter vor.

So trugen Männer, die in den frühen Jahren des Aufstiegs Hitlers zur Macht als junge Leutnante bestallt worden waren und in den 30er-Jahren die Offiziersausbildung durchlaufen hatten, die Last der Führung. Durch diesen Zugang von Reserveoffizieren nach 1943 wurde das Offizierskorps des deutschen Heeres von der Berufstruppe der Friedenszeit zu einer, die die gesamte deutsche Gesellschaft spiegelte. Die Reserveoffiziere kamen fast alle aus dem unteren Mittel- oder dem Akademikerstand. Da die Nazis in den 30er-Jahren das Erziehungssystem kontrollierten, war diese Generation von Offizieren fast vollständig mit der Rassenideologie des „Führers“ indoktriniert. So war bei manchen Divisionen mehr als ein Viertel aller Offiziere Mitglied der Nazi-Partei.

„Auftragskommando“

Einen großen Beitrag zum Erfolg des deutschen Heeres auf dem Schlachtfeld leistete die Ausbildung des Offizierskorps in der so genannten „Auftragstaktik“. Die deutschen Offiziere aller Dienstgrade lernten, ohne detaillierte Befehle zu kämpfen, mit einer kurzen Erklärung der Absichten ihres Kommandeurs auszukommen. Der Kommandeur erklärte seinen Untergebenen, *was* erreicht werden sollte, nicht aber *wie*. Von den untergeordneten Offizieren wurde erwartet, dass sie selbstständig denken und die kurzen Anweisungen den Erfordernissen der Lage entsprechend anpassen konnten.

Die Methode der Auftragstaktik unterschied sich grundlegend von den rigideren Kommandoprozeduren bei den Alliierten. Diese vetrauten mehr auf das, was die Deutschen „Befehlstaktik“ nannten, die detaillierte Anweisung an alle Truppen. Dieser Unterschied war großteils dafür verantwortlich, dass sich die Deutschen immer wieder kurz vor dem Desaster erholen konnten.

Nach 1943 durchbrachen die Alliierten regelmäßig in sorgfältig geplanten Angriffen mit massivem Artillerieeinsatz und Luftunterstützung die deutschen Linien. Das waren eng choreografierte Operationen, bei denen die nachgeordneten Offiziere wenig Aktionsfreiraum besaßen. Stets stockten diese Attacken oder wurden abgewendet. Die alliierten Kommandeure zeigten oft wenig Eigeninitiative. Sie warteten einfach auf weitere Befehle, Verstärkung oder Nachschub, sodass die Angriffstruppen anfällig für Gegenattacken waren.

Genau hier bewährte sich die deutsche Kommandodoktrin. Sie gab dem Kommandeur vor Ort Aktionsfreiheit, um ohne Rücksprache mit dem höheren Kommando das Nötige zu tun, den Angriff zu stoppen. In vielen Fällen war natürlich die Rückfrage ohnehin unmöglich, da Artilleriebeschuss oder Luftschläge die Fernmeldeverbindungen zum Hauptquartier zerstört hatten.

Die Ausführung der Auftragstaktik erforderte gut ausgebildete, erfahrene und selbstbewusste Kommandeure. Zentral in der deutschen Offiziersausbildung zu jener Zeit war die Auffassung, der Kommandeursanwärter solle trainiert werden, die Aufgaben seines unmittelbaren Vorgesetzten zu übernehmen. Kompanieführer mussten daher bereit sein, den Befehl über ihr Bataillon zu übernehmen, falls dessen Kommandeur ausfiel. Ebenso mussten Zugführer das Kommando über die Kompanie übernehmen können.

Dienstperioden in Stabsstellen bereiteten die Offiziere darauf vor, eine gemischte Kampfgruppe zu befehligen. Ein Verständnis dafür, wie Infanterie, Panzer, Pak, Artillerie, Granatwerfer, Kampfpioniere und Flugzeuge zusammenarbeiten konnten, wurde durch Stabsausbildung und in Manövern entwickelt. Die Schulungskurse begannen mit einer Darlegung der Kapazitäten der verschiedenen Waffengattungen und Ausrüstung des deutschen Heeres. Dann kamen Schulungsübungen ohne Truppen, in denen taktische Probleme zu lösen waren und die besten Lösungen mit den Ausbildern besprochen wurden. Es folgten richtige Feldübungen mit Demonstrationstruppen. Dabei wurden die angehenden Offiziere verschiedenen Kommandos zugeteilt, damit sie Erfahrung mit unterschiedlichen Waffengattungen und Gerät sammeln konnten.

Das Konzept der Kampfgruppe war bei den Deutschen so erfolgreich, weil es aus einer Kampfdoktrin aller Waffenteile erwuchs. Es beruhte auf der Idee der Einheit. Das deutsche Heer hatte längst die Idee von Kampfverbänden *einer* Waffengattung aufgegeben. Korps, Divisionen, Regimenter und Bataillone enthielten verschiedene Waffengattungen und Untereinheiten. Auf dem Schlachtfeld er-

Ein Kompaniechef und Ritterkreuzträger überwacht im Januar 1944 an der Ostfront den Bau einer Verteidigungsstellung. Entgegen einer verbreiteten Ansicht waren nicht alle deutschen Offiziere Berufssoldaten. Im Krieg bestand das Offizierskorps des deutschen Heeres zu mehr als 80 Prozent aus Reservisten, die in den 30er-Jahren gedient und eine sechsmonatige Offiziersausbildung absolviert hatten, ehe sie ins Zivilleben zurückkehrten. Noch 1939 bestand das Offizierskorps zu 78 Prozent aus Berufssoldaten. Bei Kriegsbeginn wurden nicht alle Reservisten einberufen. Erst als der Russlandfeldzug 1943 voll in Gang war, wurden alle Reserveoffiziere zu den Fahnen zurückgerufen.

Nachgeordnete Offiziere planen im Oktober 1943 an der Ostfront einen Angriff. Die meisten dieser Offiziere waren keine Berufssoldaten und an keiner Fortsetzung ihrer Militärkarriere nach dem Krieg interessiert. Sie wollten, dass Deutschland den Krieg so schnell wie möglich gewann und sie nach Hause zu Familie und Beruf zurückkehren konnten. Daher dienten sie großteils an der Front anstatt in den Dienst als Stabsoffizier in einem höheren Hauptquartier aufzusteigen. Ihre bereitwillige Annahme Hitlers und der Nazi-Partei machte sie zu leidenschaftlichen Unterstützern der Kriegsziele des „Führers". In den Gräben an der Front gab es wenig Gewissensbisse über Hitlers Kriegsführung. Es war der Job des deutschen Heeres, des „Führers" Feinde zu töten, und die nachgeordneten Offiziere waren eifrig bemüht, das 1939 begonnene Unternehmen abzuschließen. General Frido von Senger und Etterlin war bei einer Auszeichnung nachgeordneter Offiziere anwesend, wo sie der „Führer" für ihren Mut belohnte: „Der Eindruck, den Hitler machte, war äußerst deprimierend ... Der Mann wurde von vielen dieser jungen Offiziere immer noch als Halbgott angesehen, ein Mann, dem sie total vertrauten, dessen Handschlag neue Zuversicht auslöste."

schien oft eine zusätzliche Mischung von Waffengattungen und Verbänden als Kampfgruppen. Sie wurden für spezielle Aufgaben gebildet und danach wieder aufgelöst. In den alliierten und sowjetischen Armeen wurde die Bildung von Verbänden aller Waffengattungen ständig durch Streitereien über die Kommandostruktur vereitelt, da etwa Panzerkommandeure nicht unter Infanteriebefehl stehen wollten. Bei den Deutschen war der Kommandeur der Kampfgruppe der Boss.

Es gab eingeschliffene Prozeduren zur Einrichtung einer Kampfgruppe und der Übertragung des Kommandos von Untereinheiten auf sie. Meist wurde sie um ein bereits bestehenden Bataillons- oder Regimentshauptquartier herum gebildet, damit dem Kampfgruppenkommandeur alle nötige Planungs- und Fernmeldekapazitäten zur Verfügung standen. Eine spezifische Kampfgruppe war um ein spezifisches Bataillon oder Regiment zentriert und hinzu kam noch eine Vielfalt von Unterstützungseinheiten, um ihre Kampfkapazität abzurunden. Dazu gehörten normalerweise Kampfpionier-, Fernmelde-, Pak-, Sturmgeschütz-, Sanitäts- und Versorgungseinheiten mit Zusatzmunition und -Gerät, Aufklärungstruppen und Feldgendarmerie zur Verkehrsregelung, Nachrichtendienst, schwere Granatwerfer, Nebelwerfer, ein Artillerieplanungsstab und Beobachter. Letztere waren besonders wichtig, da sie das für eine bestimmte Operation verfügbare Maß an Feuerunterstützung bestimmten.

Die erfolgreichsten deutschen Bataillons- und Kompanieführer waren meist in ihren späten 20ern oder frühen 30ern. Sie motivierten ihre Männer durch Führung an der Front und indem sie ihre Entbehrungen mit ihnen teilten. Beispielhaft für diese Männer war Dr. Franz Bäke, der als Kommandeur einer Kampfgruppe von Panther-Tanks die Versuche im Februar 1944, einen Korridor zum Korsun-Tscherkassy-Kessel offen zu halten, anführte und Ruhm erwarb. Sie mussten auch ihre Truppen überzeugen, dass sie ihnen am Herzen lagen und sie ihr Leben nicht in törichten oder nutzlosen Einsätzen vergeuden würden. Doch unter den extremen Verhältnissen an der Ostfront mussten die Kommandeure daneben gnadenlos auf Disziplin achten. Der Punkt, an dem Einheiten unter dem Druck einbrachen, war schwer abzuschätzen, doch um Panik im Keim zu ersticken, mussten Zaudernde manchmal hart behandelt werden, besonders wenn die Einheit eingeschlossen zu werden drohte. Nach Stalingrad 1943 hatten die einfachen deutschen Soldaten besondere Angst eingekesselt zu werden und gelegentlich brachen Einheiten zusammen, wenn sowjetische Truppen hinter sie gelangten. Das wurde als „Kessel-Stress“ bekannt, und darauf musste man achten, wollten die Kommandeure ihre Einheiten am Kämpfen halten, um eine Ausbruchschance zu haben oder eine Gegenattacke gegen den Feind zu starten.

Eiserne Disziplin bis zum Ende: eine Exekution von Deserteuren im April 1945. Selbst für Offiziere mit den besten Führungsqualitäten war es zu diesem Zeitpunkt schwierig, ihre Männer zum Weiterkämpfen für eine offensichtlich verlorene Sache zu bewegen. Da die Wehrmacht nun auf deutschem Boden kämpfte, war es für die Soldaten leichter zu desertieren, und das Problem begann sich in den ersten Monaten 1945 lawinenartig auszuweiten.

Desertionen waren zwar selten, besonders in Russland, wo die Bevölkerung feindlich eingestellt war, doch die Offiziere wurden regelmäßig zu harten Maßnahmen gegen schlechte Disziplin gedrängt. Mit fortschreitendem Krieg wurden Feld-Kriegsgerichte immer häufig. Die nachgeordneten Offiziere waren ermächtigt, jeden Soldaten, der vor dem Feind zauderte oder beim Überschreiten der feindlichen Linien erwischt wurde, zu erschießen. Doch wurde es immer schwerer, die Männer am Kämpfen zu halten, da ihr Glaube an den „Führer“ zu wanken begann.

Die einfachen Soldaten

Fast bis ganz zum Ende rekrutierte und bildete das deutsche Heer Soldaten aus, die denen der Alliierten im direkten Vergleich überlegen waren. Sie waren keine fanatischen Nazis, doch vorzüglich ausgebildet, körperlich fit und gut motiviert.

Deutsche Infanteristen marschieren im Russlandfeldzug. Nach dem Ende des Afrikafeldzugs schrieb ein britischer Offizier: „Es gibt keinen Zweifel, dass die deutschen Soldaten aller Ränge professioneller waren als die britischen. Ihre Kenntnis und praktische Anwendung der Waffen waren fast immer überlegen. … Sie waren zähe, geschickte, entschlossene und wohl disziplinierte Soldaten. … Manche Briten kamen an ihren Standard heran, übertrafen ihn in wenigen Fällen. Doch der Großteil der Truppen der 8. Armee erreichte ihn nie."

Das deutsche Heer des Zweiten Weltkriegs war im Wesentlichen eine Infanteriestreitmacht. Die Deutschen stellten während des Kriegs mehr als 200 Infanteriedivisionen auf. Viele davon waren (vor allem gegen Kriegsende) allerdings unterbesetzt. Vergleicht man die Gesamtzahl der Panzerdivisionen (30 plus sieben der Waffen-SS) mit jener der Infanteriedivisionen, so erkennt man die Rolle, die die einfache Infanterie in den Feldzügen der Wehrmacht 1939 bis 1945 spielte. Dieses Kapitel untersucht den Beitrag, den die Mannschaften vom Schützen bis zum Stabsfeldwebel lieferten, um das deutsche Heer zu einer der stärksten Kampftruppen der Geschichte zu machen.

Mehr als jeder andere trugen die deutschen Infanteristen zu den Siegen des deutschen Heeres von 1939–1941 bei. In den Jahren danach verteidigten sie meisterhaft, um die Niederlage abzuwenden. Wie der US-Militärhistoriker Colonel Trevor Dupuy bemerkte: „Abgesehen von der Karriere einer Hand voll großer Anführer kommt nichts in der Geschichte (nicht einmal die hervorragende Leistung der deutschen Armee im Ersten Weltkrieg) dem Ausmaß, Umfang und der Totalität der ersten Siege oder der Brillianz, Wendigkeit und Hartnäckigkeit in der Ausführung der Verteidigung gleich." Colonel Dupuy meint weiter: „Im direkten Vergleich fügten die deutschen Bodentruppen den gegnerischen britischen und amerikanischen unter allen Umständen um etwa 50 Prozent mehr Verluste zu, als sie selbst von diesen erlitten." Winston Churchill sagte über den Norwegenfeldzug von 1940 Folgendes: „In diesem norwegischen Zusammenstoß wurden unsere besten Truppen, die *Scots and Irish Guards*, von der Härte, dem Unternehmungsgeist und der Ausbildung der jungen Männer Hitlers verblüfft." Edward Shils und Morris Janowitz, die in der Abteilung für psychologische Kriegsführung des

Rekruten bei der Grundausbildung. Guy Sajer, ein Elsässer, der im deutschen Heer diente: „Die Kampfausbildung ist die härteste Herausforderung, der ich je begegnet bin. ... Um fünf Uhr stehen wir auf. ... Jeden Abend werfen wir uns vom Schweiß durchtränkt auf die Matratzen und werden vom Schlaf überwältigt, ohne noch Energie zu haben, unseren Familien zu schreiben.“ 1944 gab es 305 Infanterie-Lehrbataillone, 49 Panzergrenadierlehrbataillone, 13 Panzerlehrbataillone, 49 Artillerielehrbataillone und 15 Versorgungslehrbataillone. Das war ein enormes Unternehmen, auf dessen Höhepunkt 1943–1944 jeden Monat 128.000 Männer ein Ausbildungssystem durchliefen.

Hauptquartiers Eisenhowers dienten, bestätigten dies: „Obwohl stark in der Unterzahl und strategisch gesehen bei der Ausrüstung unterlegen, hielt das deutsche Heer an allen Fronten über eine Periode etlicher Jahre durch eine Reihe geordneter Rückzüge ein hohes Maß an organisatorischer Integrität und Kampfleistung aufrecht. In der Schlussphase zerfielen die deutschen Armeen in unverbundene Segmente und die Reste wurden überrannt, als die Verbindungs- und Kommandohauptlinien zerbrachen. Trotzdem ging der Widerstand, der bei den meisten Divisionen stets mehr als nur ein symbolischer war, weiter, bis sie in einer Weise überwältigt oder überrannt wurden, die durch Unterbrechung der Kommunikationslinien die einzelnen Battaillone und Kompanien daran hinderte, in einer zusammenhängenden Art zu operieren. Auflösung durch Desertion war ein unbedeutendes Phänomen, während die aktive Kapitulation, einzeln oder in Gruppen, während des ganzen Feldzugs im Westen extrem selten vorkam.“

Die Ursachen für die Widerstandskraft des deutschen Heeres gegen überwältigende Übermacht an Männern und Gerät variierten (mit guter Führung und Verteidigung der Heimat angesichts der alliierten Forderung nach bedingungsloser Kapitulation an der Spitze), doch von überragender Bedeutung waren auch Kampfgeschick, Moral und Disziplin des deutschen Durchschnittssoldaten. Wenn wir die Idee, die Deutschen seien anderen Rassen genetisch überlegen (die Nazi-Ideologie) oder sie seien in ihrem Wesen für das Militärwesen oder die Kriegsführung geeignet, zurückweisen, müssen wir Churchills Worte von der „Härte, dem Unternehmungsgeist und der Ausbildung der jungen Männer Hitlers“ genauer untersuchen. Tatsächlich versorgte die gründliche Ausbildung des deutschen Mannes in seinem Teenager- und jungen Erwachsenenleben das Heer mit Rekruten, die ihren alliierten Gegnern und auch Achsen-Verbündeten körperlich und mental überlegen waren.

Unterricht im Ausschalten von Panzern. Die Lehrbataillone waren von erfahrenen Veteranen besetzt, die ihren Chargen die intensivste und realistischste Ausbildung angedeihen ließen. Es gab Übungen mit scharfer Munition, und man war nicht zimperlich was Opfer dabei betraf. Man akzeptierte den Verlust einer kleinen Zahl von Soldaten während der Ausbildung, solang die große Masse der Rekruten dafür besser auf die Härten der Schlacht vorbereitet wurde. Entgegen der verbreiteten Annahme stand der Stechschritt im Krieg nicht auf dem Lehrplan der Ausbildung des deutschen Soldaten. Das blieb Domäne bestimmter Eliteeinheiten, die in Berlin Gardedienst versahen, oder alter Vorkriegseinheiten.

Von Beginn ihrer Herrschaft an waren die Nazis entschlossen, die deutsche Jugend für ihre Sache einzuspannen. Hitler selbst glaubte, eine richtig erzogene Jugend sei für das Überleben seines Tausendjährigen Reichs wesentlich. Er sagte: „Eine wilde, aktive, dominierende, brutale Jugend – das ist es, was ich will. Die Jugend muss unempfindlich für Schmerz sein." Dazu setzte er zwei von der Nazi-Partei kontrollierte Organisationen ein: die Hitlerjugend und den Bund Deutscher Mädel (BDM). Erstere hatte in den 40er-Jahren eine entscheidende Wirkung auf den Kampfwert der Wehrmacht, da sie die deutsche Jugend für den Militärdienst vorbereitete. 1935 waren etwa 60 der deutschen Jungen Mitglied der Hitlerjugend. Der Prozess, die deutschen Jungen in Individuen, die „schnell wie Windhunde, zäh wie Leder und hart wie Kruppstahl" waren, zu verwandeln, begann im Alter von sechs Jahren, als der Knabe ein „Pimpf" wurde. Im Alter von zehn trat er dem Deutschen Jungvolk bei und mit 14 wurde er richtiges Mitglied der Hitlerjugend. Zu deren Aktivitäten gehörten Sport, Zelten, Nazi-Ideologie und vormilitärisches Training. 1938 hatte die Hitlerjugend 7.728.529 Mitglieder.

Die Mitgliedschaft in der Hitlerjugend war für die deutschen Jungen keineswegs eine schlimme Zeit voll harter Indoktrination, sondern für die meisten angenehm. Natürlich gab es Indoktrinierung, doch ebenfalls attraktive Uniformen, Exerzieren, Ausbildung an Waffen und eine Menge von Aktivitäten im Freien. Der US-Schriftsteller William Shirer lebte in den 30er-Jahren in Deutschland und gab Beschreibungen der Hitlerjugend aus erster Hand: „Zwar wurde ihr

Geist mit Absicht vergiftet, ihr regelmäßiger Schulbesuch unterbrochen, wurden sie ihren Familien entfremdet, doch die Jungen und Mädchen schienen sehr glücklich, erfüllt von Begeisterung für das Leben eines Hitlerjungen. … Niemand, der in jenen Tagen in Deutschland herumreiste, in ihren Zeltlagern mit den Jugendlichen sprach, sie beim Arbeiten, Spielen und Singen beobachtete, konnte verkennen, dass es sich hier um eine trotz der üblen Lehre unglaublich dynamische Jugendbewegung handelte." Und die Jugendbewegung erhielt rudimentären militärischen Unterricht. Die Jungs lernten mit Handfeuerwaffen das Schießen und die Instandhaltung – wenn sie in die Armee eintraten, war es zu ihrer zweiten Natur geworden. Die Knaben exerzierten zudem und wurden durch Geländemärsche und -läufe sowie Schwimmen körperlich fit gemacht. Wie lächerlich es hinterher auch erscheinen mag, die Gruppen deutscher Jugendlicher, die man in den 30er-Jahren mit einem Führer mit Landkarte und Kompass durch die Landschaft und über die Hügel jagen sah, lernten Fähigkeiten, die ihnen zugute kommen würden, wenn sie Infanteristen im deutschen Heer würden.

Die Erziehung in der Hitlerjugend bestand aus zwei Kategorien. Zunächst gab es Schulung in der Weltanschauung. An mindestens einem Nachmittag pro Woche gab es Unterricht durch speziell ausgebildete Führer, die Vorschriften und Pamphlete benutzten, um ihre Nachricht an den Mann zu bringen. Zweitens gab es körperliches Training unter Aufsicht des Nationalsozialistischen Reichsbunds für Leibesübung. Zwei der drei wöchentlichen Treffen waren im Allgemeinen Leibesübungen militärischer Art (etwa Übungen im Granatenwerfen und mit Handfeuerwaffen) gewidmet: Sommerlager und Wehrertüchtigungslager entwickelten dann zusätzlich die militärischen Fähigkeiten weiter.

Auszeichnung an der Ostfront. Nicht nur die Verleihung von Medaillen hielt die Moral aufrecht. Wichtiger war ein effizienter Feldpostdienst. Briefe waren portofrei und brauchten von einem Ende Europas zum anderen selten mehr als eine Woche. Die tägliche Postausgabe war stets ein Höhepunkt. Zudem erhielten die Männer regelmäßig Verpflegung und Munition, was ebenfalls die Moral stützte. Man versuchte alles, um für die Verwundeten zu sorgen. Noch Gehfähige gingen selbst zu den Sanitäts-Verbandplätzen, die ernster Verwundeten brachte man auf Bahren in die Lazarette der Etappe. Wer eine längere Behandlung brauchte, wurde in Lazarettzügen zurück nach Deutschland gebracht. Zudem bemühte man sich sehr, die Leichen in der Schlacht gefallener Kameraden zu bergen.

Eine Stärke des deutschen Heeres war sein Ersatz-(Reserve-)System. Ursprünglich gab es am Heimatstützpunkt jedes Infanterieregiments, das ins Feld zog, einen Bataillonskader mit eigener Nummer, das „Ersatzbataillon“. Dessen Hauptaufgabe war, Rekruten aufzunehmen, auszubilden dann zum Regiment ins Feld zu schicken. Im deutschen Heer war als Reserve jeder Einheit im Feld eine des Ersatzheeres in ihrem „Wehrkreis“ angeschlossen. So waren jedem Wehrkreis eine Reihe von Regimentern zugeteilt, sodass die überwiedende Mehrheit der Rekruten in einer Kompanie von Männern aus ihrer eigenen Provinz ausgebildet wurden und kämpften. Die Wehrkreise sind oben dargestellt.

Nach der Mitgliedschaft in der Hitlerjugend mussten die Männer zwischen 19 und 25 sechs Monate lang im Reichsarbeitsdienst dienen. Der RAD war in den 30er-Jahren als Instrument zur Reduzierung der chronischen Arbeitslosigkeit geschaffen worden, doch unterlagen seine Mitglieder einer strengen Disziplin. Da Hitler den RAD als nötigen Schritt zur Aufrüstung ansah, wurde das Leben der Eingezogenen stark militarisiert. Siegfried Knappe kam im April 1936 zum RAD: „Eine wichtige Funktion des Arbeitsdienstes war, der Armee die grundlegendste Art der Ausbildung abzunehmen. Jeder, der beim RAD gewesen kam, ging bereits teilweise ausgebildet in die Armee. … In der ersten Woche durften wir das Lager nicht verlassen. Unsere vierwöchige Ausbildung verging rasch mit Exerzieren, Gymnastik und Unterricht. Wir wurden allgemein mit dem Militärleben vertraut gemacht.“

Das Leben im RAD war spartanisch: Aufstehen um 5.30 Uhr, Frühstück gefolgt von Exerzieren bis zu Mittag. Nach 30 Minuten Pause hielt man den Rekruten Vorträge über die Größe des Dritten Reiches und darüber, wie gut der Nazismus für sie und Deutschland sei. Es folgte weiteres Exerzieren (wobei man im RAD Spaten, keine Gewehre schulterte). Dann gab es Abendessen. Die Männer mussten die Spaten und Uniformen „in ihrer Freizeit“ pflegen, sodass es wenig Gelegenheit zur Entspannung gab, bis um 22 Uhr die Lichter ausgingen.

Der RAD entsandte Sonderkommandos, um in der Industrie und Landwirtschaft mitzuhelfen. Die Arbeit war stets hart. Siegfried Knappe beschreibt einen Arbeitseinsatz im Tagebergbau, dem er zugeteilt war: „Einer unserer ersten Tage war besonders anstrengend, da das Wetter heiß und trocken war. Ich hatte vom Spaten Blasen an den Händen und der Schweiß rann mit über den Körper, der dadurch zum gefundenen Fressen für Bremsen und Stechmücken wurde.“ Andererseits war die Verpflegung gut, und obwohl viele der Ausbilder eine sadistische

Ader hatten, reagierte die große Mehrheit der Rekruten positiv auf das Regime, unter das sie gestellt waren. Das System strenger Disziplin und Handarbeit produzierte Männer, die körperlich und geistig abgehärtet waren.

Nach dem Dienst im RAD kamen zwei Jahre Militärdienst in der Wehrmacht. So konnte jeder Wehrpflichtige im Alter von 19 oder 20 Jahren auf etwa zehn Jahre Erfahrung in militärischem Exerzieren, Disziplin, Vertrautheit mit Handfeuerwaffen und Arbeiten als Teil eines kleinen Trupps zurückblicken. Aufgrund dieser allgemeinen Grundlage militärischer Fähigkeiten, darunter des Befehlsempfangs, hatten die Einberufenen der Wehrmacht einen bedeutend höheren Standard als die der franzöischen, britischen und amerikanischen Armee. Sie waren fitter, sodass sie über längere Entfernungen marschieren konnten, waren gut unterrichtet in Waffenwartung und Scharfschießen und wussten, wie sie als Teil eines Teams arbeiten mussten, was für den Erfolg auf dem Schlachtfeld wesentlich war. Während sich die Armeen der USA und Westeuropas mühten, ihre Einberufenen in Soldaten zu verwandeln, konnte sich die Wehrmacht darauf konzentrieren, gute Rekruten zu exzellenten Soldaten zu machen.

Grundausbildung

Ungeachtet der gewählten Waffengattung erhielten alle Rekruten zu Beginn ihrer Laufbahn in der Wehrmacht eine intensive sechswöchige Infanterieausbildung. Die Tage waren lang und körperlich anstrengend – Aufstehen um 5 Uhr und fast ständig Exerzieren und Dienstpflichten, bis um 22 Uhr die Lichter ausgingen

Nach den ersten sechs Wochen begannen sich die Rekruten auf die Waffengattung, die sie gewählt hatten, zu spezialisieren: Arillerie, Infanterie oder Panzer. Doch das mental und körperlich harte Regime dauerte an. Das deutsche Heer der 30er-Jahre folgte seinen Traditionen und Werten, die zur preußischen Armee des 17. und 18. Jahrhunderts, besonders der Friedrichs des Großen (1712–1786), zurückreichten. Dieser sagte einmal: „Eine Armee besteht großteils aus faulen, untätigen Männern. Wenn die Generäle nicht ständig ein Auge auf sie haben, wird diese Maschine bald zerfallen. Der Soldat muss mehr Angst vor seinen Offizieren als vor den Gefahren, denen er ausgesetzt ist, haben.“ Friedrichs Armee pflegte harte Disziplin und ständiges Training, was in den folgeden Jahrhunderten beibehalten wurde. Es gab etwa mindestens einmal pro Monat Feldübungen, bei denen die Rekruten scharfe Munition benutzten. Tote waren daher keinen Seltenheit.

Ein radikaler Bruch mit der Tradition Friedrichs war allerdings die Delegation von Autorität an die Unteroffiziere und sogar einfachen Soldaten. So erhielt die Reichswehr in den 20er-Jahren, der Ära Seeckts, im Dezember 1921 ein wichtiges Ausbildungshandbuch, *Die Ausbildung der Schützengruppe*. Eine solche bestand aus einem Korporal und sieben Schützen, die eigeninitiativ und aggressiv vorgehen sollten. Außerdem musste der Leiter einer Schützengruppe beim Zusammenschluss einiger Gruppen zu einer „Kampfgruppe“ bereit sein, deren Kommando zu übernehmen und sie in den Kampf zu führen.

Drei oder vier Gruppen machten einen Zug aus, drei Züge bildeten eine Kompanie. Bei den deutschen Infanteriedivisionen war es weit verbreitet, einer Kompanie einen Maschinengewehrzug anzuschließen, sodass sie insgesamt 120 Mann umfasste. Ein großer Vorteil der deutschen Kompaniestruktur bestand darin, dass jeder Verband aus einer Mischung von Gewehren, Maschinengewehren und Grantwerfern bestand, sodass Kompanien ohne Störung der Ausgewogenheit der Waffen kombiniert werden konnten. Eine Kompanie konnte auch als selbstständige Einheit kämpfen. Außerdem waren die deutschen Soldaten ausgebildet, unter dem Kommando jedes Offiziers zu kämpfen. Bei den britischen Einheiten, die nur unter „ihrem eigenen" Offizier kämpften, war das ganz anders.

Besonders betont wurde die Ausbildung von nachgeordneten Unteroffizieren für den Frontdienst. Soldaten mit Führungsqualitäten erhielten eine sechsmonatige Schulung, damit sie Posten als Abteilungsführer oder Zugs-Feldwebel übernehmen konnten. Das waren intensive Kampfausbildungskurse mit Schwerpunkt

„Der einfache deutsche Soldat kämpfte vor allem für Deutschland. Er akzeptierte Hitler als Führer – er hatte keine Wahl. In der Niederlage behielt er zumindest einen Funken Stolz und Selbstachtung. Auch wenn alle gefangen genommen wurden, die Städte in Ruinen lagen, ein Viertel der Bevölkerung Flüchtlinge waren und Deutschland besetzt war, wusste er, dass er einst zu den besten Streitkräften der Welt gehört hatte. Als Einzelner hatte er seine Pflicht erfüllt. Er hatte gekämpft und starb in Würde." (Charles von Luttichau, Wehrmachtssoldat 1939–45)

auf prosaische, doch wichtige Themen wie Orientierung, Vorbreitung und Erteilen von Befehlen sowie Kampftaktik. Vor Barbarossa fanden diese Kurse in speziellen Unteroffiziersschulen statt, ab 1942, als mehr als die Hälfte des deutschen Heeres im Osten in aktivem Dienst stand, wurden sie meist von Regimentern oder Divisionen direkt hinter der Frontlinie durchgeführt.

So kann man sagen, dass der deutsche Soldat ein Professionalist par excellence war. Siegfried Knappe, den wir in diesem Kapitel schon kennen gelernt haben, war bis Kriegsende Einsatzoffizier des LVI. Panzerkorps. Am 22. April 1945 diente er an der bröckelnden Ostfront: „Die Russen hatten die Front der 4. Panzerarmee der Heeresgruppe Schörner nahe Guben aufgerissen und rückten hinter uns vor. Wir mussten uns mit einem Durchbruch zwischen der 9. und der 3. Armee auseinander setzen, durch den die motorisierte russische Infanterie ohne Gegenwehr westwärts strömte." Er und ein Freund überlegten, wie sie ihr Entkommen organisieren konnten, doch dann sah er ein, dass er auf diese Weise jene Männer, die den Kampf verzweifelt fortsetzten, im Stich lassen würde. So blieben beide an der Front. So wie zehntausende andere einfache deutsche Infanteristen kämpften Knappe und sein Kamerad weiter – bis zum bittern Ende.

Wehrmacht und Nazismus

Nach dem Ende des Zweiten Weltkriegs behauptete die Wehrmacht gern, sie habe mit den Gräueltaten der Nazis nichts zu tun gehabt, doch im schlimmsten Fall war sie ein Komplize des Rassenprogramms Hitlers, im besten schwieg sie feig zum Völkermord.

Die Beziehung zwischen Hitlers Nazi-Partei und der Wehrmacht war komplex und entwickelte sich. An der Spitze des Militärs stand die alte Garde von Berufsoffizieren, die in den 30er-Jahren Hitlers Aufstieg begünstigte. Viele verachteten den österreichischen Gefreiten und sein Kriegsdenken, dachten aber, sie könnten ihn kontrollieren. Als er die totale Kontrolle über den deutschen Staat errungen und das Oberkommando mit gefügigen Männern besetzt hatte, begannen diese Offiziere zur Gewalt gegen Hitler zu drängen, um ihn von der Macht zu verdrängen.

In den frühen 30er-Jahren nahm die Haltung der höheren Militärführung gegen Hitler und das Nazi-Regime Form an. Reichspräsident Paul von Hindenburg, Feldmarschall des Ersten Weltkriegs und Vaterfigur der Reichswehr, wollte sicherstellen, dass in Deutschland die konservativen Kräfte das Übergewicht über linke Strömungen behielten. Wie auch rechte Politiker, führende Industrielle und höhere Militärkommandeure dachte er, Hitler und seine radikale Nationalsozialistische Partei seien allen linken Alternativen vorzuziehen. Zwar mögen sie die rassistischen Theorien der Nazis und ihre Politik des Straßenkampfs verachtet haben, doch waren sie und die Armee als Ganzes empfänglich für Hitlers Pläne, die Streitkräfte zu vergrößern. Wie der Militärhistoriker Matthew Cooper bemerkt: „Aufgrund ihrer sozialen Zusammensetzung neigte die Reichswehr im Grunde politisch der Rechten zu … [Der Nationalsozialismus] schien ein Beispiel für den selbstherrlichen germanischen Geist, dessen Wiederkehr viele so begierig erwarteten, zu sein und eine Alternative zum Abstieg der Nation und der Armee zu bieten. Er trat gegen die Bedingungen des Versailler Vertrags und für die allgemeine Wiederaufrüstung, gegen den Marximus, Sozialismus und Pazifismus und für das Ansehen und den Ruhm des Reichs und seiner Armee ein."

Generalfeldmarschall Gerd von Rundstedt profitierte von den Siegen der Nazis enorm. Während der Blitzkriege wurde er Millionär. Er vermied es, in Bewegungen gegen Hitler verwickelt zu werden, leistete aber taktische Unterstützung. So stellte er sicher, dass er sein Geld und seine Privilegien behielt.

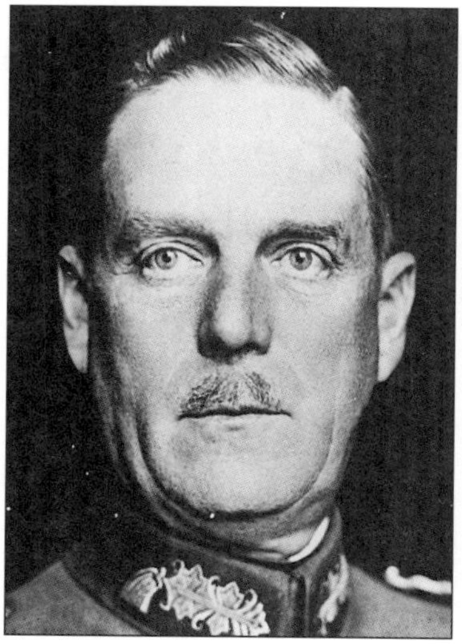

Hitlers Partei errang im Reichstag nicht die Mehrheit der Sitze, doch aufgrund koalitionärer Absprachen konnte ihn Hindenburg im Januar 1933 zum Reichskanzler ernennen. Anstatt aber ein gefügiges Werkzeug des politischen Establishments zu sein, ging Hitler daran, den Spieß gegen es zu wenden. In einer Reihe genau berechneter Schritte machte er sich zunächst bei der Armee beliebt, band sie dann in sein Verbrecherregime ein und fesselte sie durch einen Treueeid an sich. Sodann entließ er alle Generäle, die seine Führung herausfordern konnten. Durch den Start eines massiven Aufrüstungs- und Expansionsprogramms besänftigte er die Generäle und lenkte sie von seinem Plan, Deutschland in einen Nazi-Staat zu verwandeln, ab.

Im Juni beschleunigten sich die Dinge durch die „Nacht der langen Messer", in der eine Menge politischer Gegner Hitlers, darunter auch höhere Mitglieder der Nazi-Sturmabteilungen (SA), der paramilitärischen Organisation der Partei, von Kommandos der SS, die nur Hitler gegenüber loyal war, ermordet wurden. Doch Hindenburg und das Armeeoberkommando unternahmen nichts, da sie eine Machtreduktion der SA begrüßten.

Zwei Monate darauf starb Hindenburg und Hitler nannte sich nun „Führer und Reichskanzler". Als Staatschef band er die Armee an sich, indem er jeden Soldaten einen Treueeid auf ihn persönlich schwören ließ: „Ich schwöre bei Gott diesen heiligen Eid, dass ich dem Führer des deutschen Reichs und des Volks, Adolf Hitler, dem Oberbefehlshaber der Wehrmacht, bedingungslos gehorchen und als tapferer Soldat mein Leben für diesen Eid geben werde." Die deutsche Armee war nun unauflöslich mit dem Geschick des „Führers" verbunden.

Während sich Hitler 1936–1938 unerbittlich dem Krieg näherte, schwächte bzw. ersetzte er systematisch die letzten höheren Generäle, die vielleicht die Wehmacht gegen ihn mobilisieren konnten. Er schuf zur Überwachung von Heer, Kriegsmarine und Luftwaffe das OKW. Dies schwächte schlagartig Macht und Einfluss des Generalstabs des Heeres, des OKH, das in Deutschland traditionell der vorrangige Dienst und Zentrum der Militärmacht gewesen war. Generaloberst Werner von Fritsch, Oberbefehlshaber des Heeres, und Feldmarschall Werner von Blomberg, Reichskriegsminister, wurden durch getrickste Sexskandale zum Rücktritt gezwungen. Ihren Platz nahmen Hitlers Getreue ein. Blomberg hatte Hitler zunächst begeistert unterstützt: 1934 hatte er alle Offiziere zum persönlichen Treueeid auf den „Führer" aufgerufen. Doch nach einer Konferenz am 5. November 1937, die der spätere General Friedrich Hoßbach protokollierte

Feldmarschall Wilhelm Keitel (oben links), Hitlers Hauptmilitärberater im Zweiten Weltkrieg. Er sagte: „Im Grunde meines Herzens war ich ein treuer Schildträger Adolf Hitlers." Er wurde 1946 als Kriegsverbrecher gehängt.

Feldmarschall Ritter von Leeb (oben Mitte), kommandierte beim Überfall auf die Sowjetunion 1941 eine Heeresgruppe. 1940 erhielt er vom dankbaren Führer einen großen Geldbetrag. Nach dem Misserfolg Barbarossas wurde er entlassen, da er zum Rückzug in Russland drängte.

Der pensionierte Generalstabschef des Heeres, Generaloberst Ludwig Beck (oben rechts) und Generalmajor Henning von Tresckow, die Anführer der Opposition im Heer, waren überzeugt, die Zerstörung Deutschlands als Folge von Hitlers Krieg könne nur durch dessen Verdrängung von der Macht verhindert werden. Beck wurde nach dem gescheiterten Bombenattentat von 1944 erschossen.

und bei der Hitler seine Pläne für einen Krieg, der im Osten „Lebensraum" erobern sollte, skizziert hatte, verlor er seine Illusionen. Fritsch war von Hitlers Plan ebenso entsetzt. Beide sagten das offen. Damit war ihre Militärlaufbahn beendet.

Nun kontrollierten von Hitler gewählte Männer die Armee. Er konnte seine Kampagne der Aggression starten. 1936 wurde das Rheinland besetzt, im März 1938 Österreich. Nächstes Ziel war das Sudetenland der Tschechoslowakei. Während Hitler das osteuropäische Land durch Einschüchterung zu zwingen versuchte, ihm das Sudetenland mit seiner deutschen Bevölkerung auszuliefern, bereitete eine kleine Gruppe höherer Offiziere, angeführt vom Generalstabschef des Heeres Generaloberst Ludwig Beck, einen Umsturz vor, falls die Krise zu einem Krieg mit Großbritannien und Frankreich führen würde. Im September 1938 gaben England und Frankreich nach und unterzeichneten das Münchener Abkommen, das die Tschechen zur Abgabe des Sudetenlands zwang. Die Verschwörung verlief im Sande.

In den nächsten vier Jahren ritten Hitler und seine Wehrmacht auf einer Erfolgswelle, und Opposition gegen den „Führer" und sein Regime erschien aussichtslos. Hitlers Siege in Polen, Dänemark Norwegen, Holland, Belgien, Frankreich, Jugoslawien, Griechenland und Russland bis 1942 verschafften ihm den Nimbus der Unfehlbarkeit. Seine Generäle hatten immer wieder gewarnt, er führe Deutschland ins Verderben, doch jedesmal blieb er siegreich. Er war ein Zauberer, der gegen fast unüberwindliche Übermacht siegen konnte und in der deutschen Bevölkerung und bei den Mannschaften immens populär.

Orden und Geld

Von 1939 bis 1943 setzte Hitler seine Kampagne zur Sicherung der Loyalität der Generäle fort. Einer seiner Helfer beschrieb seine Haltung. „Er verlangt von seinen Generälen und Offizieren, dass sie sich dem Staat unterordnen und Befehle ohne zu fragen ausführen. Es wäre für die betreffenden Männer leichter – auch gegen ihre inneren Überzeugungen –, wenn sie vom Staatsoberhaupt geeignete Auszeichnungen erhielten und sich dadurch dem Staat verpflichtet fühlten."

Der „Führer" war bei Siegen großzügig. Orden wurden wie Konfetti verliehen, doch die wahre Schwäche der Generäle waren Beförderungen und Geld. Am 19. Juli 1940 ernannte er zwölf Generalfeldmarschälle, die ersten von 23, die den höchsten Rang im deutschen Heer erhielten. Mit dem Rang kamen Ehre, Privilegien und Reichtum. Das Jahresgehalt eines Feldmarschalls entsprach dem Gegenwert von 200.000 $ (Kurs des Jahres 2000). Dazu erhielten sie steuerfreie Barbeträge für den Erwerb von Liegenschaften. Gerd von Rundstedt und Wilhelm Keitel bekamen Einstiegszahlungen im Gegenwert von 1 Million $ und Ritter von Leeb den Gegenwert von 500.000 $. Keitel erhielt später noch eine Zahlung im Gegenwert von 3 Millionen $. Das waren gewaltige Summen für Offiziere, die in der Weimarer Republik dürftige Gehälter erhalten hatten. Der monatliche Durchschnittslohn eines deutschen Industriearbeiters betrug im Vergleich dazu den Gegenwert von 140 $.

Die Zahl der Generäle des Heeres stieg bis 1944 auf 2.242. Dazu kamen 150 Luftwaffen-Generäle und die höheren Führer der Waffen-SS. 40 Heeres- und zehn Fliegergeneräle wurden zum Generaloberst (Vier-Sterne-General) befördert. Hoher Dienstgrad in der Wehrmacht bedeutete gutes Gehalt: Ein Generalmajor erhielt ein Gehalt im Gegenwert von 100.000 $. Die Lieblinge des „Führers" bekamen auch gute Häuser und Liegenschaften. Heinz Guderian, der berühmte Vater der Panzertruppen, wurde vom „Führer" für seine Verdienste ums Reich ein Landgut versprochen. Auch nach dem Rückzug von Moskau hielt Hitler sein Wort. Im Janu-

ar 1943 erhielt der General ein 947 Hektar großes Gut im Osten Deutschlands (heute Westpolen). Der „Führer" bezahlte sogar die Einrichtung und die Maschinen. Kein Wunder, dass Guderian 1943 gern als Generalinspekteur der Panzertruppen wieder in Hitlers Dienste trat. Nach dem Attentat vom Juli 1944 wurde er Chef des Generalstabs des Heeres. In dieser Zeit forderte er die anderen Generäle auf, dem „Führer" treu zu bleiben.

Auch der Besatzungstruppe in Westeuropa zugeteilt zu werden, war eine Vergünstigung. Die besten französischen Chateaus dienten als deutsche Hauptquartiere. Feldmarschall Rundstedt bewohnte mehr als zwei Jahre lang eine riesige Villa in St-Germain-en-Laye bei Paris, während er die deutsche Okkupation beaufsichtigte. Der alte Zyniker führte ein angenehmes Leben und musste dabei keine wichtigen Entscheidungen treffen: Die fielen alle im Führerhauptquartier. Rundstedt scherzte, er könne ohne Erlaubnis des „böhmischen Gefreiten" nicht einmal die Wache vor seinem Chateau auswechseln. Obwohl er die Art der Kriegsführung Hitlers ablehnte, weigerte er sich, sich dem Widerstand anzuschließen.

Hitler wollte seine Generäle voll in die Vernichtung der Juden und Slawen einbeziehen. Der „Kommissarbefehl", der gefangenen sowjetischen politischen Komissaren den Schutz der Genfer Konvention versagte, die so genannte Politik der verbrannten Erde und die Zusammenarbeit mit den SS-Einsatzgruppen (Killerkommandos, die bis Ende 1941 500.000 Juden ermordet hatten), all dies lief durch die Befehlsketten des OKW und des OKH. Hunderte Generäle und höhere Stabsoffiziere sahen diese Befehle, zeichneten sie ab und gaben sie zur Ausführung an ihre Untergebenen weiter. Manche auch nicht. Im Osten sahen die deutschen Generäle selbst die Felder voll verhungernder sowjetischer Gefangener und Massengrä-

Das Netzwerk der Konzentrationslager war ein riesiges, kompliziertes Unternehmen. Tausende Personen waren in der Maschinerie des Völkermords beschäftigt und es ist undenkbar, dass die Soldaten des Heeres nicht wussten, was mit den europäischen Juden geschah. Doch die Wehrmacht verharrte zu ihrer ewigen Schande in Schweigen.

ber voll massakrierter Juden. Fast ausnahmslos ignorierten sie die unangenehme Seite des Reiches Hitlers. Es war nicht ihre Sache, sich in die „Politk" oder „örtliche Verwaltungsangelegenheiten" einzumischen.

Dem „Führer" zu dienen, war nicht gefahrlos: Bis 1944 waren mehr als 500 deutsche Generäle im Kampf gefallen oder gefangen genommen worden. Willkürliche Entlassung traf jeden General, der Hitler missfiel. Nach dem Rückzug von Moskau 1941 wurden 35 Korps- und Divisionskommandeure entlassen und danach wurden fast wöchentlich Generäle auf Befehl des „Führers" ihres Kommandos enthoben. Die Glücklichen packten ihre Sachen und beobachteten den Krieg dann von zu Hause aus. Wer aber Hitler wirklich aufgebracht hatte, riskierte Haft oder Schlimmeres. Exekutionen entlassener Generäle gab es zwar erst nach dem Attentat von 1944, doch Hitler kümmerte sich nicht länger darum, die Kameraden der Opfer zu besänftigen.

In der Folge des Unternehmens Barbarossa begann einer Reihe von hauptsächlich adeligen Berufsoffizieren zu dämmern, woraufs sich Hitler mit der Invasion der Sowjetunion eingelassen hatte. Eine Zahl ähnlich denkender Zivilisten, darunter Kirchenmänner und Bürgermeister, begann die Möglichkeit, Hitler zu stürzen und mit den Alliierten einen Frieden auszuhandeln, zu diskutieren.

Im Jahr 1941 traten die Verschwörer an höhere Militärs heran, um deren Haltung zu taxieren. Es gab wenig Zeichen von Unterstützung, doch wurde keiner der Verschwörer an Hitlers gefürchtete Geheime Staatspolizei (Gestapo) verraten. Die Generäle waren notorisch wankelmütig. Einerseits klagten sie gern über Hitlers militärisches Unwissen, andererseits konnten sie sich nicht aufraffen, selbst etwas zu tun. Sie wären mehr als glücklich gewesen, hätte ein anderer das „Problem Hitler" beseitigt, doch wenige Generäle waren bereit, den ersten Zug zu machen. Die übliche Ausrede war, sie seien durch ihren Treueeid gebunden. Daneben hatten sie Angst, die Nation und die Armee zu spalten, während Deutschland um sein Leben kämpfte. Generalmajor F. W. Mellenthins Sichtweise war verbreitet: „Die Frontsoldaten – und wir Offiziere des Heeresgeneralstabs sind stolz, zu diesen zu gehören – waren angewidert, als sie vom Ansachlag auf Hitlers Leben hörten, und hießen ihn nicht gut. Der kämpfende Soldat erfüllte bis zum bitteren Ende seine Pflicht."

Bombenattentate

Manche Generäle hatten einen Horror vor einem Staatsstreich, falls dieser die politische Neutralität der Armee untergrub. Zentrum des Problems war, dass viele deutsche Generäle dank Hitler reich und mächtig geworden waren und ihm daher Loyalität zu schulden glaubten. Im Januar 1943, während der Niederlage bei Stalingrad, suchten die Verschwörer bei Guderian Unterstützung, gingen aber mit leeren Händen fort. Der General stand gerade mit Hitler in Verhandlungen über ein Geschenk im Gegenwert etlicher hundertausend Dollar, um ein Gut zu kaufen.

Im Frühjahr 1943 gewann die Verschwörung an Schwung. Es gab den ersten Versuch, Hitler zu töten, als er zu einem Treffen mit höheren Generälen in Russland flog. General Henning von Tresckows Adjutant, Dr. Fabian von Schlabrendorff, versteckte eine als Branntweinflasche getarnte Bombe in Hitlers Flugzeug, doch der Zünder funktionierte nicht und die Bombe explodierte nicht. Zum Glück wurde sie nicht entdeckt und die Verschwörung nicht von der Gestapo, die dabei war, zivile Nazigegner sowie Admiral Wilhelm Canaris, den Chef der „Abwehr", des militärischen Nachrichtendiensts, zu verhaften und zu foltern, aufgedeckt.

Es folgte der Plan eines Selbstmordattentats, bei dem die Verschwörer in ihren Uniformen versteckte Bomben nahe Hitler zur Detonation bringen wollten. Es gab etliche Versuche, doch misslangen sie alle.

Inzwischen hatte sich Oberst Claus Graf Schenk von Stauffenberg Tresckow bei dessen Bemühungen um eine breitere Basis für einen Umsturz angeschlossen. Er war Stabschef beim Leiter des Ersatzheeres, das die Heeresverbände in und um Berlin kontrollierte. Der Militärbefehlshaber in Frankreich, General Stülpnagel, sagte seine Beteiligung zu. Er sollte die Kontrolle von Paris sicherstellen. Feldmarschall Hans von Kluge, Oberbefehlshaber West, bot halbherzig Unterstützung an.

Ein verwundeter Hitler hält im Juli 1944 nach dem misslungenen Attentat seinen Arm. Die Folgen des Bombenattentats waren für die beteiligten Offiziere und viele andere, die nur entfernt mit dem Plan in Verbindung standen, verheerend. In den Tagen danach nahm die Gestapo tausende Verdächtige, darunter etliche hundert Heeresoffiziere, fest. Hitler befahl Guderian, dem neuen Generalstabschef im OKH, so genannte „Ehrenhöfe" abzuhalten und die Verschwörer aus der Armee auszustoßen. Dann wurden die Opfer den Volksgerichtshöfen der Nazis unter dem demagogischen Richter Roland Freisler übergeben. Es war ein klassischer Schauprozess. Die Angeklagten, darunter einige Feldmarschälle, mussten vor Gericht stehen und ihre Hosen festhalten, da man ihnen Gürtel und Hosenträger abgenommen hatte. Auch ihre falschen Gebisse wurden konfisziert, um sie zusätzlich zu erniedrigen. Alle Angeklagten wurden schuldig gesprochen. Der Großteil, darunter 35 Heeresgeneräle, wurde im August 1944 in einem grässlichen Schauspiel hingerichtet. Nackt wurden sie vor Filmkameras, die das Spektakel zur späteren Vorführung vor dem „Führer" aufnahmen, an Klavierdraht aufgehängt.

Als er zu einer Besprechung des OKW am 20. Juli 1944 zur Wolfsschanze in Ostpreußen befohlen wurde, füllte der Oberst eine Aktentasche mit erbeutetem britischen Sprengstoff. Äußerst gelassen konnte Stauffenberg die Tasche in den Besprechungsraum schmuggeln und nahe Hitler abstellen. Das Schicksal wollte es anders: Ein starkes Tischbein fing den Großteil der Explosion ab. Vier Offiziere starben, doch der „Führer" wurde nur geringfügig verletzt. In Berlin übernahmen bald wieder Hitler loyale Einheiten die Kontrolle. Viele der Verschwörer wurden summarisch hingerichtet, andere (die Glücklicheren) töteten sich selbst.

Guderian, der nun im OKH-Bunkerkomplex in Zossen Dienst tat, erhielt die zweifelhafte Ehre, die Loyalität des Heeres seinem „Führer" gegenüber zu demonstrieren. Das Heer führte den Hitler-Gruß ein. Der Volkssturm wurde Martin Bormann und der Nazi-Partei übertragen. Man verstärkte die Indoktrinierung der Truppen mit Nazi-Ideologie. Angesichts von Hitlers Rachedurst nach dem Bombenattentat blieb Guderian und anderen Generälen wie Rundstedt, die am „Ehrenhof" teilnahmen, kaum eine andere Möglichkeit, als den Wünschen ihres Herrn zu folgen. Die ganze Episode war ein schwarzer Fleck auf dem Ansehen der Beteiligten. Doch beseitigte sie ein für allemal den Wahn, die Wehrmacht sei eine nicht-politische Organisation. Sie war nun gänzlich Hitlers Armee, durch und durch. Und man sollte sich erinnern, dass die verschiedenen Anschläge auf Hitlers Leben von einer kleinen Minorität unter den deutschen Offizieren ausgeführt wurden. Die riesige Mehrheit der Wehrmacht blieb loyal, war blind für Gräueltaten und diente weiterhin ihrem wahnsinnigen „Führer".

TEIL IV

JAHRE DER VERTEIDIGUNG

Triumph der Improvisation

Feldmarschall Albert Kesselrings Feldzug in Italien war ein strategisches, operatives und taktisches Meisterstück der Verteidigung. Mit begrenzter Ausrüstung und Mannstärke konnte er hundertausende alliierter Truppen in einem verbissenen Zermürbungskrieg binden.

Deutsche Artillerie im September 1943 in einem Weinberg. Die deutschen Einheiten und Kommandeure reagierten allgemein rascher auf Lagewechsel als ihre alliierten Gegner. Auf diese Weise gelang es ihnen, den Vormarsch der Alliierten nordwärts zu verlangsamen.

Der Italienfeldzug war das bei weitem erfolgreichste defensive Hinhalteunternehmen des deutschen Heeres im Krieg. Von den ersten brtischen und amerikanischen Landungen auf Sizilien im Juli 1943 bis kurz vor der Kapitulation im Mai 1945 hielten die zahlenmäßig unterlegenen deutschen Verbände unter Generalfeldmarschall Albert Kesselring die Linie geschlossen und verhinderten einen entscheidenden Durchbruch.

Nach der Kapitulation von 275.000 deutschen und italienischen Soldaten im Mai 1943 in Tunesien war Italien das nächste Ziel der Alliierten. Auf der Casablanca-Konferenz im Januar 1943 beschlossen die alliierten Führer, mit Vorbereitungen für Operationen zur Landung von Truppen in Italien zu beginnen, um den Achsen-Verbündeten Deutschlands aus dem Krieg zu werfen. Dies würde das Mittelmeer für die alliierten Schiffe öffnen und deutsche Kräfte von der Ostfront abziehen. Außerdem schuf es die von den Sowjets gewünschte zweite Front im Westen. Operation Husky begann am 10. Juli mit amphibischen und Luftlandungen von 180.000 britischen und amerikanischen Soldaten auf Sizilien. Zur Abwehr der Invasion standen 130.000 italienische und 30.000 deutsche Truppen bereit. Letztere waren Veteranen der 15. Panzergrenadierdivision und der Panzerdivision Hermann Göring. Die Italiener leisteten halbherzigen Widerstand, anders aber die Deutschen unter General Frido von Senger und Etterlin. Deutsche Luftlandetruppen nahmen an der Seite des XIV. Panzerkorps General Hans Hubes am Kampf teil. Die italienischen Truppen ergaben sich in Massen und bald darauf wurde der faschistische italienische Diktator Benito Mussolini gestürzt. US-Truppen unter Lieutenant-General George Patton umgingen die deutschen Stellungen und Kesselring, der deutsche Oberbefehlshaber Süd, befahl Anfang August den Rückzug aufs italienische Festland. Dadurch entkam der Großteil der deutschen Truppen (60.000 Mann) mit seiner Ausrüstung. Die Alliierten verbuchten fast 20.000 Mann Verluste. 134.000 Italiener ergaben sich.

Die Unzufriedenheit der Italiner mit dem Achsenbündnis führte am 25. Juli 1943 zum Sturz Mussolinis. Es wurde ein angeblich pro-Achse eingestelltes Regime unter Marschall Pietro Badoglio gebildet, das aber am 8. September vor den Alliierten kapitulierte. Hitler und Kesselring war die Unzuverlässigkeit der Italiener klar gewesen und sie hatten beständig Truppen in das Land verlegt, um einem italienischem Absprung zuvorzukommen. Britische Truppen querten von Sizilien aus die Straße von Messina und strebten nordwärts an die „Stiefelspitze" Italiens. In der ersten Septemberwoche schlugen die Deutschen zu. Sie besetzten Schlüsselpunkte in Rom und im ganzen Land, während die Alliierten am 9. September ihre 5. Armee bei Salerno landeten, um den Rückzug der Truppen Kesselrings nordwärts nach Rom abzuschneiden.

Die Deutschen reagierten rasch, riegelten die alliierten Brückenköpfe mit Panzertruppen ab und trieben dann die britischen und US-Truppen fast ins Meer zurück. Nur zähe Verteidigung mit Feuerunterstützung durch die Schlachtschiffe vor der Küste stoppte Kesselrings Angriff. Doch die Deutschen hatten Zeit gewonnen, den Hauptteil ihrer Truppen geordnet auf die Gustav-Linie südlich von Rom zurückzuziehen.

Die Front hält

Kesselrings Truppen hielten die Gustav-Linie gegen fast ständige alliierte Angriffe bis zum späten Mai 1944. Der Monte Cassino war der Schlüssel der Verteidigung. Er war für die Alliierten besonders schwer zu knacken. Um das Patt zu brechen, versuchten sie die Gustav-Linie durch eine weitere amphibische Landung bei Anzio im Januar 1944 zu umgehen. Dies war ihre letzte derartige Operation in Italien, da sie den Großteil ihrer Spezialboote und -schiffe für die geplanten Landungen in der Normandie nach England bringen mussten.

Auch den neuen Brückenkopf konnte Kesselring abriegeln und dann angreifen. Die Alliierten konnten in den Tagen nach den Landungen Rom nicht einnehmen. Die Stadt musste, bis zur Säuberung der Gustav-Linie, noch fünf Monate auf ihre Befreiung warten.

Kesselring war den Alliierten wie immer einen Schritt voraus und begann im Norden eine Reihe Rückzugsstellungen vorzubereiten. Im September unternahmen die Alliierten eine Großanstrengung, um die Goten-Linie zu durchbrechen, doch kam es zu einem Patt und der Winter stoppte den Kampf. Wegen der Konzentration im Winter auf Nordwesteuropa konnten die Alliierten in Italien erst wieder im Frühling 1945 an eine Offensive denken.

Als die Alliierten am 9. April angriffen, leisteten die Deutschen starken Widerstand, doch schließlich durchbrachen britische Tanks südlich des Po die Linien. Die britische 6. Panzerdivision führte die Verfolgung der nun demoralisierten deutschen Truppen an, die sich, so schnell sie konnten, nordwärts zurückzogen. Diesmal gab es keine Verteidigungsstellung mehr. Der Weg nach Österreich war frei und italienische Partisanen nahmen Mailand und Venedig ein. Kesselring war inzwischen am Rhein stationiert worden und sein Nachfolger Generaloberst Heinrich von Vietinghoff-Scheelnahm mit den Alliierten Kapitulationsverhandlungen auf. Am 29. April, einen Tag vor Hitlers Selbsttötung in Berlin, waren die Verhandlungen abgeschlossen und eine Million deutscher Soldaten in Italien, auf dem Balkan und in Österreich streckten am 2. Mai ihre Waffen.

Ein Hauptfaktor, der einen raschen Sieg der Alliierten in Italien verhinderte, war die Qualität der deutschen Feldherrenkunst im Feldzug. Unter der Gesamtleitung Kesselrings wurde die deutsche Armee in Italien von einer Reihe sehr talentierter und fähiger Generäle geführt.

Es war verwunderlich, dass Kesselring, eigendlich Luftwaffenoffizier, einer der erfolgreichsten Bodenkommandeure Deutschlands wurde. Seine Männer nannten ihn wegen seines ewigen Optimismus und Lächelns „Lächelnder Albert“. Im Ersten Weltkrieg hatte er als Artillerieoffizier gedient. In den frühen 30er-Jahren wurde er Divisionskommandeur. Seine Laufbahn kam nicht voran, und so wechselte er 1933 zur neu geschaffenen Luftwaffe. Bei der Invasion Frankreichs führte er erfolgreich die Luftflotte 2 und wurde im Juli 1940 zum Generalfeldmarschall befördert. Weitere Erfolge 1941 in Russland lenkten die Aufmerksamkeit Hitlers und einer Reihe höherer Offiziere in seiner Umgebung, darunter Generaloberst Alfred Jodls, des Chefs des Wehrmachtsführungsstabs, auf ihn. Freunde an hohen Stellen förderten seine Karriere und im Dezember wurde er als Oberbefehlshaber Süd für den Krieg in Nordafrika und dem Mittelmeerraum verantwortlich. Er verstand sich gut mit Erwin Rommel, dem Kommandeur des Afrikakorps, doch der Feldzug gegen die britische 8. Armee wurde ständig durch Hitlers Einmischung behindert, vor allem durch dessen Entscheidung, Anfang 1943 Tunesien zu verstärken, was zum Verlust von mehr als 200.000 Mann führte.

Generalfeldmarschall Albert Kesselring (ganz rechts), der deutsche Oberkommandierende in Italien. Ab der Verteidigung Siziliens Juli 1943 lief er zu voller Form auf. Er richtete heftige Gegenangriffe gegen die alliierten Invasionsbuchten und riegelte die Briten und Amerikaner zunächst ab. Dann stützte er mittels improvisierter Fähren über die Straße von Messina seine Stellungen mit Panzerverstärkungen. Auf dem italienischen Festland führte er eine geschickte Verteidigung gegen eine große Übermacht.

Als die alliierte Mannstärke- und Materialüberlegenheit seine Verteidigung auf Sizilien zu überwinden begann, organisierte Kesselring den Rückzug durch eine Reihe vorbereiteter Stellungen. Die Alliierten versuchten seine Linien durch amphibische Landungen zu umgehen, doch war er ihnen stets einen Schritt voraus. Den Rückzug seiner Truppen von Sizilien begann er trotz Hitlers üblicher Weisung, bis zum letzten Mann zu kämpfen. Dank seiner guten Stellung beim „Führer“ konnte er ihn schließlich von der Notwendigkeit, die zahlenmäßig unterlegenen Deutschen von Sizilien abzuziehen, überzeugen. General Hube, erst sechs Monate zuvor als einer der letzten aus dem Kessel von Stalingrad ausgeflogen, übernahm die Leitung der Evakuierung (Unternehmen Lehrgang) und ließ 40.000 deutsche Soldaten, 9.905 Fahrzeuge, 47 Panzer, 94 Artilleriegeschütze und 17.272 Tonnen Munition aufs italienische Festland in Sicherheit bringen.

Im folgenden Monat war Kesselring mit den politischen Intrigen der Italiener, die kurz davor waren, die Seiten zu wechseln, beschäftigt. Er wurde zum Kommandeur der Heeresgruppe C in Mittel- und Norditalien ernannt. In Zusammenarbeit mit Rommel, der nun eine Reserve-Heeresgruppe in den österreichischen Alpen leitete, organisierte er eine Reihe von Coups, um vor den Alliierten die Kontrolle über Italien zu übernehmen. Sein Vorgehen überraschte die Italiener total, und während die italienische Regierung mit den Alliierten verhandelte, nahmen seine Fallschirmjäger die Flugplätze um Rom ein.

Auch auf die Landungen bei Salerno am 9. September reagierte Kesselring rasch. Er sah schnell, dass er die Alliierten abriegeln musste, wollten die deutschen Truppen in Süditalien nicht abgeschnitten werden. Binnen Stunden gab er Befehl, zur Verstärkung der deutschen Kräfte, die die Invasionsbuchten umschlossen, ein Panzerkorps abzustellen. Binnen drei Tagen standen sechs Panzer- und Panzergrenadierdivisionen in der Linie um den Brückenkopf. Diese schnelle Improvisation brachte die Alliierten durcheinander. Ihre Truppen kämpften bald ums Überleben, und Lieutenant-General Mark Clark, der US-Kommandeur des Brückenkopfs, gab sogar den Befehl zur Vorbereitung einer Evakuierung. In den nächsten zwei Tagen schien es, als könnten die Deutschen die Alliierten ins Meer treiben. Als aber klar wurde, dass dies nicht gelingen würde, befahl Kesselring einen weiteren seiner berühmten freiwilligen Rückzüge.

Die Schlacht um Rom

Kesselrings Truppen konnten wieder entkommen und im Dezember 1943 wurde der alliierte Vormarsch an der Gustav-Linie gestoppt. Die Schlacht zur Verteidigung Roms war Kesselrings vielleicht glänzendste Leistung. Da der alliierte Brückenkopf bei Anzio rasch abgeriegelt wurde, konnte die italienische Hauptstadt weitere sechs Monate gehalten werden. Kesselring ging ähnlich wie bei Salerno vor und mobiliserte binnen vier Tagen die deutsche 14. Armee mit acht Infanterie- und fünf Panzergrenadierdivisionen, um den Brückenkopf nach den ersten Landungen am 24. Januar 1944 zu vernichten. Als die Alliierten dann am 29. Januar den Brückenkopf verließen, empfing sie Artillerie- und Maschinengewehrfeuer. Binnen einer Wochen griffen 125.000 Truppen Kesselrings an. Eine Zahl von Panzereinheiten führte die Attacken an, darunter eine Kompanie von elf überschweren Ferdinand-Sturmgeschützen, ein Regiment von 76 Panthern, ein Bataillon von 45 Tigern und mehr als 85 Sturmgeschütze.

Dass die Alliierten binnen Tagen in Rom sein würden, war nun völlig undenkbar. Die Nazi-Propaganda verkündete frohlockend, der Brückenkopf sei nun ein „Totenkopf". Der deutsche Angriff konnte den Brückenkopf nicht völlig zerstören, doch gab es ein monatelanges blutiges Patt. Angesichts der strategischen Lage war dies für die unterzähligen und unterbestückten Deutschen in Italien ein großer Erfolg. Die Verluste der Alliierten waren enorm: Die 5. US-Armee verlor 30.000 Mann, die Briten etwa 12.000. Die Deutschen verloren 25.000 Mann.

Schließlich brach der ständig wachsende Druck auf die Gustav-Stellung bei Cassino und dem Monte Cassino die deutsche Verteidigung. Da seine Truppen dort abgeschitten zu werden drohten, befahl Kesselring einen weiteren Rückzug,

Amerikanische B-25 im Februar 1944 unterwegs zur Bombardierung der deutschen Stellungen bei Anzio. Wegen des unwirtlichen Terrains und längerer Perioden von Stellungskrieg wirkte sich in Italien die alliierte Luftüberlegenheit nicht so stark aus.

diesmal an eine Reihe von Hinhalte-Stellungen südlich und nördlich Roms, bis seine Truppen Mitte August in der Goten-Linie südlich Bolognas in Sicherheit waren. Die Alliierten waren ihnen eng auf den Fersen, doch konnten sie ihre Gegner nicht erwischen.

Die Verzögerungsaktionen seiner Truppen gaben Kesselring Zeit, die Goten-Linie in eine tödliche Falle für die Alliierten zu verwandeln. Sie besaß 30 Panzertürme in Geschützstellungen, 100 Stahlbetonbunker, 23.786 MG-Posten, 479 Pak. In einem 16 km tiefen Minenfelder- und Hindernis-Gürtel waren 120 km Stacheldraht verlegt. Am 26. August griffen die Alliierten die Linie an. Die britische 8. Armee schien kurz vor einem Durchbruch, doch Kesselring konnte drei Divisionen von anderen Abschnitten verlegen und die Bresche stopfen. Drei Wochen später kam der Angriff zum Stehen. Die Briten verzeichneten 14.000 Gefallene, Verwundete oder Vermisste sowie 200 zerstörte Panzer. Diese Kämpfe verhinderten, dass die Alliierten vor dem Winter in die Po-Ebene eindrangen und die österreichische Grenze bedrohten. Es sollte noch acht Monate dauern, bis Kesselrings Truppen schließlich geschlagen waren.

Zum Glück für Kesselring zeigte Hitler wenig Interesse am Italienfeldzug und ließ seinen Untergebenen im Allgemeinen tun, was dieser für das Beste hielt. Der „Führer" mischte sich aber bei den Anzio-Kämpfen ein, wo er eine Attacke im Detail festlegte. Ein blutiges Debakel war die Folge. Bei den Kämpfen im April 1945 in der Po-Ebene befahl er Kampf bis zum letzten Mann, doch zu diesem Zeitpunkt war das für die Lage vor Ort ziemlich egal.

Glück auch für den Feldmarschall, dass er einige der besten deutschen Feldkommandeure und Stabsoffiziere unter seinem Kommando hatte. Es kam ihm

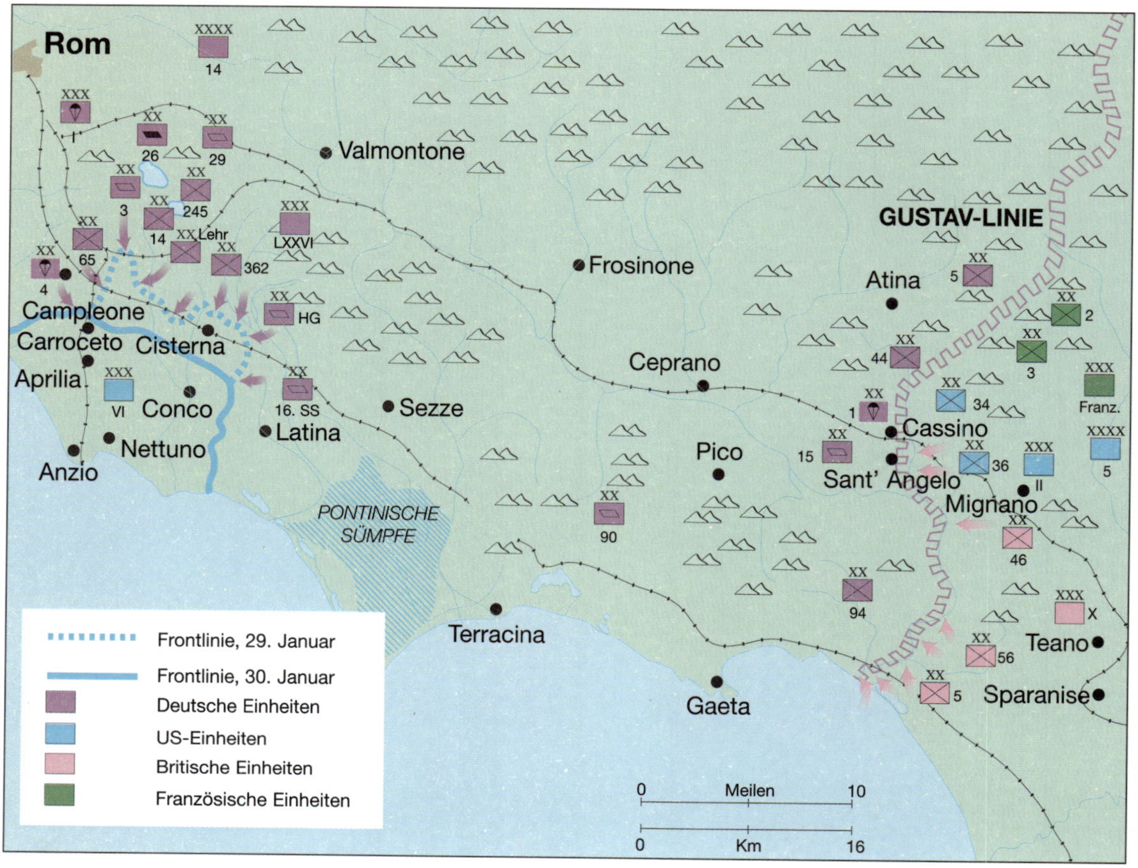

sehr zugute, dass von Mitte 1943 bis Frühling 1944 Siegfried Westphal sein Stabschef war. Dieser hervorragende Stabsoffizier trug viel dazu bei, dass Kesselring auf dem Schlachtfeld seine „Zaubertricks" gelangen.

General Heinrich von Vietinghoff-Scheel, Kommandeur der 10. Armee, war ein solider ehemaliger preußischer Gardist. Er führte den Angriff gegen den Salerno-Brückenkopf, der die Alliierten fast ins Meer zurücktrieb. Im September 1944 war er führender Kopf der Verteidigung der Goten-Linie gegen den britischen Angriff. Der General war ein Offizier, wie er im Buche stand, und gnadenlos effizient. Seine Angriffs- und Verteidigungstaktik war systematisch, genau das, was während des deutschen Rückzugs die italienische Halbinsel hinauf nötig war.

Einer der fähigsten Untergebenen Kesselrings war der einarmige Hans Hube. Seine Evakuierung Siziliens war ein Meisterstück und später wiederholte er diese Leistung in Süditalien, als die Briten die Straße von Messina überquerten. Er hielt die Alliierten etliche Wochen lang auf, sodass Vietinghoff Zeit hatte, auf den Salerno-Brückenkopf einzuschlagen.

Im Oktober 1943, gerade als sich der Kampf am Monte Cassinio aufheizte, wurde Hube als Kommandeur des XIV. Panzerkorps durch Senger ersetzt. Dieser war ein verwegener Panzerkommandeur, der sich seine Sporen an der Ostfront verdient hatte und die Gustav-Stellung um Cassino bald in eine veritable Festung verwandelte. Die Gustav-Linie war eine Stellung in die Tiefe mit einer Menge Unterstellungen wie der Winter- und der Bernhard-Stellung. Senger führte die Verteidigung meisterlich. Es kostete die Alliierten Zeit und Männer, die Sub-Stellungen zu stürmen, ehe sie an die Hauptstellung herankamen. Ein amerikani-

Die Stellungen bei Anzio und Cassino Anfang 1944 nach den Landungen des 22. Januar. Major-General John Lucas war in den ersten sechs Tagen nach den Anzio-Landungen wohl zu vorsichtig. In diesen Tagen war der Weg nach Rom offen, keine Deutschen waren in Sicht. Doch Lucas baute erst einmal seine Versorgungsdepots auf. Als er am 29. Januar vorrückte, traf er auf eilig gesammelte deutsche Truppen. Es gab ein Massaker und die Anzio-Operation degenerierte zu einem monatelangen blutigen Patt.

scher Frontalsturm über den Rapido am 20. Januar wurde zurückgeschlagen. Das kostete die 36. (Texas) Division 400 Gefallene und 500 Gefangene.

Auch die deutschen Divisionskommandeure in Italien zählten zu den begabtesten der Wehrmacht. Die 90. Panzergrenadierdivision wurde 1943–1944 vom exzentrischen Ernst Baade befehligt. Er verteidigte die Cassino-Front in der ersten Phase der Schlacht geschickt. Seine Truppen liebten seine Launen, etwa mit einem schottischen Kilt bekleidet in die Schlacht zu ziehen oder seinen amerikanischen Gegnern über die Frontlinie hinweg per Funk „Ein fröhliches neues Jahr“ zu wünschen.

Baades Nachfolger im Kommando an der Cassino-Front war Richard Heidrich, Kommandeur der 1. Fallschirmjägerdivision der Luftwaffe. Deren Verteidigung von Cassino war legendär und ihren Erfolg verdankte sie zu einem nicht geringen Teil der Führung und dem Können Heidrichs.

Altgediente Truppen

Außer seinen exzellenten Kommandeuren kamen Kesselring auch eine Reihe altgedienter Divisionen zugute, die besser ausgebildet, ausgerüstet und geführt waren als ihre alliierten Gegner. Er achtete sehr darauf, dass seine Truppen und Divisionen nicht in Kesselschlachten zerstört wurden, wie es in Frankreich und an der Ostfront geschehen war. Bis zu den Schlusskämpfen an der Goten-Linie wurden Verluste bei seinen Divisionen im Allgemeinen ersetzt. Ende 1944 und im Frühling 1945 verlor die italienische Front allerdings etliche Schlüsseleinheiten und die Verluste wurden nicht mehr ersetzt.

Die stärkste deutsche Division in Italien war die Panzerdivision Hermann Göring (HG) der Luftwaffe. Sie war nach dem prahlerischen Chef der Luftwaffe benannt. Ihre Anwesenheit in Italien hatte mit dessen politischer Unterstützung Kesselrings als einzigem Luftwaffenoffizier, der einen Hauptoperationsschauplatz kommandierte, zu tun. Im Mittelmeerraum stand das Ansehen der Luftwaffe auf dem Spiel und so sorgte Göring eifrig dafür, dass es seinem Protegé weder an Männern noch an Ausrüstung mangelte.

Das ursprüngliche Regiment Hermann Göring wurde im Januar auf Divisionsstärke vergrößert. Dies war Teil des Beitrags Görings zur Lösung des Problems des deutschen Heeres, seine Mannstärke nach den Verlusten an der Ostfront auszugleichen. Gleichzeitig mit der Vergrößerung befahl Göring die Aufstellung von Luftwaffen-Felddivisionen. Diese Verbände hatten nur begrenzte Kampfkraft, doch die Division HG war von anderem Kaliber. Sie bestand gänzlich aus Freiwilligen, nicht aus gepressten Flugzeugmechanikern, und erwarb sich einen guten Ruf. Einige ihrer Teile gingen nach Tunesien und waren in der ersten Hälfte des Jahres 1943 verloren. Zur Zeit der Invasion Siziliens waren ihre nicht nach Afrika gesandten Einheiten verstärkt worden, um die Bildung zweier starker Kampfgruppen für die Bekämpfung der Operation Husky zu erlauben. Eine davon wurde um das Panzerregiment HG gebildet. Sie hatte drei Bataillone, 29 Sturmgeschütze, 46 Panzer III und 32 Panzer IV. Dazu kam eine Kompanie des 508. Schweren Panzerbataillons des Heeres mit17 Tigern I. Die andere Kampfgruppe besaß ein starkes Kontingent von 8,8-cm-Flak, die in der Panzerabwehrrolle gegen die schwach gepanzerten alliierten Tanks tödlich wirkten.

Viele Rekruten der Division waren noch nie im Kampf gestanden. Beim ersten Treffen mit den Amerikanern gerieten manche in Panik, doch rasches Eingreifen ihres Kommandeurs, Generalleutnant Paul Conraths, beruhigte die Lage. Im restlichen Sizilienfeldzug hielt sich die Division gut und gewann einiges Ansehen. Bei einem ihrer Angriffe fügte sie der 1. US-Division große Verluste zu und ihre

Spezialwaffen bei Anzio

Bei den im Januar 1944 im prekären Anzio-Brückenkopf eingeschlossenen alliierten Truppen war sie als „Anzio Annie" bekannt. Die Deutschen, die den alliierten Halt an der italienischen Küste beseitigen wollten, nannten die Krupp-K-5-280-cm-Eisenbahnkanone zärtlich „Dicke Berta". Der deutsche Oberbefehlshaber in Italien, Feldmarschall Albert Kesselring, war entschlossen, die Alliierten ins Meer zurückzutreiben. Also umringte er Anzio zur Unterstützung einer Serie von Bodenoffensiven mit massiver Feuerkraft. Die Dicke Berta spielte dabei eine Hauptrolle. Sie operierte von einem Tunnel in den Albaner Bergen südlich Roms aus. Nachts wurde sie herausgefahren, um tödliches Feuer in den Brückenkopf zu spucken. Dann brachte man sie zurück, damit sie nicht bei Tageslicht von alliierten Luftaufklärern entdeckt und von Bombern zerstört wurde.

Die Waffe war erstaunlich. Das Geschütz und sein Wagen wogen 221 Tonnen. Jede Granate hatte ein Gewicht von 255 kg. Die Reichweite betrug bis zu 61 km.

Die Dicke Berta war Teil einer großen deutschen Behinderungskampagne, die den gesamten alliierten Brückenkopf mit Feuer belegen und den belagerten Verteidgern keine Atempause gewähren sollte. Diese Taktik war schon bei der Belagerung Sewastopols (1941–1942) und Leningrads (1941–1944) äußerst wirksam eingesetzt worden.

Am Höhepunkt der Kämpfe um den Brückenkopf im Januar und Februar 1944 hielten die alliierten Truppen an der italienischen Küste nur einen gefährdeten Bereich von 19,2 km Breite und 9,6 km Tefe. Manche alliierte Einheiten hatten mehr als 50 Prozent Verluste, und die Moral begann zu bröckeln. Angesichts der regelmäßigen Salven der Dicken Berta auf die Landezonen der Bucht, die die einzigen Lebensadern des Brückenkopfs waren, sank die Moral der alliierten Tuppen noch mehr.

Nur auf die Landziele bei Anzio einzuschlagen, genügte den Deutschen nicht. Daher wurde die Luftwaffe mit ihren neuen ferngelenkten 1,500-kg-Fx-1400- oder Fritz-X- und 500-kg-Henschel-Hs-293-Gleitbomben angefordert, um die alliierte Armada, die die Landungstruppe unterstützte, zu vernichten. Vom Abschussflugzeug (meist einem Dornier-Do-217-Bomber) aus steuerte ein Operator die Bombe durch Funksignale zu ihrem Ziel. Am 23. Januar wurden so ein britischer Zerstörer und ein Lazarettschiff versenkt.

Die alliierten Frontstellungen wurden mit Lenkbomben, so genannten „Goliaths", angegriffen. Diese ferngesteuerten Kettenfahrzeuge wurden mit Sigalen über 2.000 Meter lange Kabel, die der 60 cm hohe Goliath hinter sich herschleppte, aus den deutschen Positionen vorgesandt. Dann brachte der Operator den 91-kg-Sprengkopf zur Detonation. Nach der ersten Überraschung durch die Goliaths bekämpften die Alliierten sie mit leichten Panzerabwehrwaffen oder schweren Maschinengewehren.

Tiger brachen zum Meer durch und lieferten sich mit einem US-Zerstörer einen Feuerwechsel! Bei Kämpfen mit alliierten Shermans erlitt die Division schwere Panzerverluste, und als sie aufs Festland abgezogen wurde, hatte sie die Hälfte ihrer Tanks und Sturmgeschütze eingebüßt. Nur ein Tiger konnte nach Italien zurückgeschafft werden. Die Division wurde rechtzeitig fast bis Sollstärke neu aufgefüllt, um beim Gegenangriff bei Salerno eine führende Rolle zu spielen.

Während der Kämpfe an der Gustav-Linie hielt Kesselring die Division HG nahe Rom in Reserve, um einer Umgehung von Verteidigungsstellungen durch amphibische Landungen zu begegnen. Nach den Landungen bei Anzio wurde die Division zur Einschließung und Zertrümmerung des Brückenkopfs verlegt. Ihre 35 Panzer III, 27 Panzer IV und 14 StuG III standen bei den deutschen Angriffen, die die alliierten Linien im Februar 1944 trafen, an vorderster Front. Doch die deutschen Panzer konnten im sumpfigen Terrain nicht frei manövrieren und der Kampf wurde zum verlustreichen Duell mit den eingegrabenen alliierten Shermans.

Kesselring nahm die Division nun zur Überholung und als Reserve nahe Roms im Fall einer weiteren amphibischen Landung aus der Linie. Sie ging im späten Mai als Nachhut südwärts, um der 10. Armee den Rückzug von Cassino nordwärts hinter Rom zu ermöglichen. Auf dem Zug südwärts wurde sie bei Tageslicht von alliierten Jagdbombern übel zugerichtet und beim Halten der Cäsar-Linie südlich der italienischen Hauptstadt erlitt sie schwere Verluste. Nach dem Fall Roms ging sie nordwärts. Der Erfolg der sowjetischen Offensive im Mittelabschnitt der Ostfront im Juni zwang Hitler, Truppen von Kesselrings Komman-

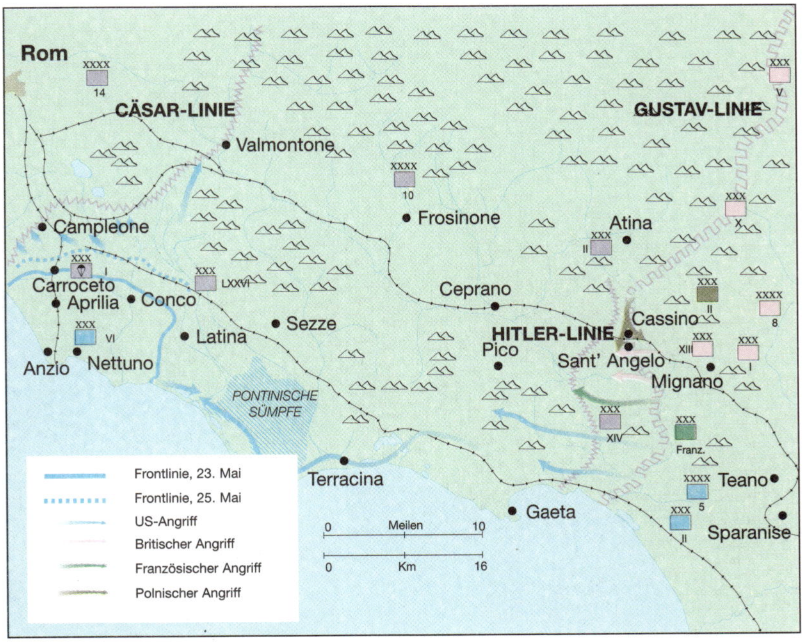

Der Durchbruch durch die Gustav-Linie. Der Sieg war unvollständig, da Lieutenant-General Mark Clark, Kommandeur der 5. US-Armee, den Großteil der Truppen Kesselrings 1944 von der Cassino-Front entschlüpfen ließ. Als der zweizinkige Angriff schließlich bei Anzio nördlich Cassinos durchbrach, war der Hauptteil der Elitetruppen Kesselrings, darunter die 1. Fallschirmjägerdivision und all seine Panzergrenadierdivisionen, der alliierten Zange ausgeliefert. Anstatt einen Hauptstraßenknotenpunkt zu besetzen und so die deutsche Rückzugsroute zu blockieren, befahl Clark am 5. Juni seinen Panzern, nach Rom zu ziehen. Der US-General wollte den Ruhm, die erste Hauptstadt der Achse einzunehmen, ehe die Landungen des D-Day am nächsten Tag die Bedeutung des italienischen Schauplatzes völlig in den Schatten stellten. Ohne die deshalb entkommenen deutschen Truppen wäre eine Verteidigung der Goten-Stellung unmöglich gewesen.

do abzuziehen, und so ging die Division HG per Bahn nach Ostpreußen. Kesselrings Kommando wurde dadurch übel geschwächt.

Weitere starke Verbände unter Kesselrings Kommando waren seine zwei Fallschirmjägerdivisionen (die 1. und die 4.). Die 1. Fallschirmjägerdivision war die Eliteeinheit der Luftewaffe. Viele ihrer Männer waren zwei Jahre zuvor an der Invasion auf Kreta beteiligt gewesen. Sie wurde in Südfrankreich als strategische Reserve des OKW gebildet und zum Eingreifen im Mittelmeeraum bereitgehalten. Sie war immer noch im Springen trainiert und im Sizilien-Feldzug sprang tatsächlich eines ihrer Regimenter ab. Unter General Heidrich war sie beim Rückzug an die Gustav-Linie ständig im Einsatz und hielt sich sehr gut. Ein Bataillon wurde zum Kampf bei Salerno abgestellt, kam in einem Gewaltmarsch in einem Tag zur Front und nahm 2.000 Briten gefangen.

Im Februar 1944 wurden Teile der Division erstmals zur Verteidigung des Monte Cassino an der Seite der 90. Panzergrenadierdivision eingesetzt. Im März waren Heidrichs Elitetruppen für die Verteidigung des Schlüsselsektors der Gustav-Stellung verantwortlich. Zwei Monate lang wehrten die Fallschirmjäger eine überwältigende Truppe Alliierter ab und brachten den Angreifern zehntausende Verluste bei. Cassino war eine epische Schlacht. Täglich wurden die Verteidiger von tausenden Geschützen und Bomberwellen angegriffen. Tagsüber versteckten sie sich in Höhlen und tiefen Bunkern, nachts besserten sie ihre Stellungen aus oder unternahmen Gegenangriffe.

Die 4. Fallschirmjägerdivision war nicht ganz im Springen ausgebildet. Sie wurde gegen Ende 1943 aus Kadern der 2. Fallschirmjägerdivision und neuen Rekruten gebildet. Bei Anzio hielt sie sich gut. Beide Fallschirmjägerdivisionen blieben bis Kriegsende in Italien und leisteten an der Goten-Linie harten Widerstand, wobei ihre Veteranen die tausenden neuen Rekruten, die zu ihnen gesandt wurden, bestens unterstützten.

Zwei Heeres-Panzerdivisionen (die 16. und die 26.) wurden nach Italien gesandt. Die 16. Panzerdivision nahm im Herbst 1943 kurz am Italienfeldzug teil. Ihre zähe Verteidigung bei Salerno vor der Ankunft der Hauptruppe Kesselrings

Deutsche Fallschirmjäger unterwegs zum Anzio-Brückenkopf. Kesselring hatte in Italien viele Vorteile: hochwertige Truppen und Kommandeure sowie ein für die Verteidigung günstiges Terrain und Klima. Auch standen ihm nicht überwältigende alliierte Kräfte gegenüber. Die alliierten Truppen in Italien waren von sehr unterschiedlicher Qualität. Nur ein Bruchteil der 1944 eingesetzten war erste Klasse. Während der Schlachten an der Gustav-Linie Anfang 1944 war bereits ein Großteil der altgedienten Divisionen, die die Invasion Siziliens und Süditaliens angeführt hatten, etwa die berühmte britische 7. Panzerdivision (die „Wüstenratten"), zur Vorbereitung auf die Invasion Nordwesteuropas am D-Day nach Großbritannien abgezogen worden.

für den Gegenangriff führte zur Einschließung des Brückenkopfs. Sie verlor dabei zwei Drittel ihrer Tanks. Die 26. Panzerdivision stand länger unter Kesselrings Kommando. Sie kämpfte bei Salerno, Anzio und an der Goten-Linie. Sie besaß ein sehr starker Panzerregiment, das im Januar über 80 Panzer IV, 23 Panzer III und 14 StuG III verfügte.

Die restlichen Panzerverbände Kesselrings waren Panzergrenadierdivisionen, die ein Bataillon von Panzern oder Sturmgeschützen hatten, doch waren davon selten mehr als 40 Stück einsatzfähig. Die 3., 15., 29. und 90. Panzergrenadierdivision sowie die 16. SS-Panzergrenadierdivision waren kampfstarke Verbände, die überall dort, wo Kesselring sie brauchte, gute Leistung zeigten. Die 15. und die 90. spielten bei der Verteidigung der Stellung am Monte Cassino eine Schlüsselrolle, die anderen Panzergrenadierdivisionen Kesselrings wurden bei Anzio in den Kampf geworfen. Im Sommer und Herbst 1944 wurden die 3. und 5. Panzergrenadierdivsion sowie die 16. SS-Panzergrenadierdivision an die West- bzw. Ostfront verlegt, sodass Kesselrings Panzerstärke mehr als halbiert wurde. Bei Kriegsende befanden sich nur noch die 26. Panzer- und die 29. und 90. Panzergrenadierdivision in Italien. Sie waren zu schwach, um im April 1945 den britischen Panzerdurchbruch in die Po-Ebene aufzuhalten.

Kesselring hatte auch während des gesamten Feldzugs einen soliden Rückhalt von 12 bis 14 Infanterie- und Gebirgsdivisionen. Das waren professionelle Verbände und im letzten Kriegsjahr mussten nur drei von ihnen Männer zur Bildung von Volksgrenadierdivisionen abstellen. Anders als auf anderen Kriegsschauplätzen wurden die Deutschen in Italien nie in Kesseln eingeschlossen, da Kesselring seine Truppen stets in letzter Minute der alliierten Einkreisung zu entziehen wusste. Daher konnten die deutschen Divisionen ihren Kern von Kommandeuren und Spezialisten, besonders Artilleristen, stets intakt halten, sodass die

Luftlandeoperationen

In den Verteidigungsschlachten 1943 in Italien und Griechenland setzten die Deutschen etliche Male Luftlandetruppen für strategische Interventionen ein. Im Frühling 1943 sammelte die Luftwaffe in Südfrankreich eine strategische Reserve von Luftlandetruppen gegen die im gesamten Mittelmeerraum erwarteten alliierten Landungen.

Bei den alliierten Landungen im Juli 1943 auf Sizilien konnten die Luftlandetruppen erstmals ihren strategischen Wert beweisen. Das 3. Fallschirmjägerregiment sprang auf Sizilien ab, um Catania, das von einem britischen Panzerstoß bedroht war, zu besetzen. Zwei Tage später wurden britische Fallschirmjäger hinter den deutschen Stellungen abgesetzt, was zu schweren Kämpfen zwischen den beiden Elitetruppen führte.

Kaum einen Monat später wurde der italienische Diktator Benito Mussolini gestürzt, was die Deutschen zur Besetzung Roms und anderer wichtiger Städte veranlasste. Unter Leitung des Vaters der deutschen Luftlandetruppen, des Generals Kurt Student, wurden strategische Reserven an Luftlandetruppen zur Einnahme der Flugplätze um Rom eingesetzt. Ein Überraschungsabsprung überwältigte auch unter minimalen Verlusten das Hauptquartier der italienischen Armee am Rande der Hauptstadt.

In einem weiteren Handstreich besetzte ein deutsches Fallschirmjägerbataillon die Insel Elba und nahm dabei 10.000 verwirrte italienische Soldaten gefangen. Den Höhepunkt dieser Einsätze bildete die Befreiung Mussolinis durch deutsche Fallschirmjäger unter dem Kommando des SS-Hauptsturmführers Otto Skorzeny aus seinem Hausarrest auf dem Gran Sasso.

Um das durch die italienische Kapitulation entstandene Chaos auszunutzen, befahl Premier Winston Churchill, britische Truppen sollten den Dodekanes in der südlichen Ägäis von der nominell zur Achse gehörenden dortigen italienischen Garnison übernehmen. Die USA weigerten sich, dies mit ihren starken Luftstreitkräften im Mittelmeerraum zu unterstützen. Die gerade besetzten Inseln waren daher verwundbar durch deutsche Gegenangriffe. Deutsche Fallschirmjäger landeten vor größeren amphibischen Truppen zunächst in Bataillonsstärke auf Kos und dann Leros. Wie 1941 auf Kreta erlitten die deutschen Luftlandetruppen schwere Verluste (mehr als 60 Prozent bei den ersten Landungen), konnten aber bald das Blatt gegen die isolierten Briten wenden.

Antipartisanenoperationen in Jugoslawien waren eine Hauptaufgabe der deutschen Kommandeure im Mittelmeerraum, da das Land auf ihren Verbindungslinien nach Griechenland lag. Der Krieg gegen Titos kommunistische Kämpfer zog immer mehr Achsentruppen an. Im Mai 1944 versuchte das deutsche Oberkommando Titos Hauptquartier bei Drvar durch einen Luftlandeüberfall von 900 SS-Fallschirmjägern auszulöschen. Die Partisanen erlitten schwere Verluste, doch Tito entkam den Deutschen in der Konfusion nach der Schlacht. Trotzdem war auch dies ein Beispiel für den kühnen Einsatz von Luftlandeeinheiten.

Formationen schnell mit neuen Rekruten aus den Ausbildungszentren in Deutschland aufgefüllt werden konnten. Dies war für die Erhaltung der Kampfstärke der Infanteriedivisionen entscheidend.

Kesselrings wichtigster Verbündeter im Italienfeldzug war das schwierige Terrain und das Klima des Landes. Zwei Jahre lang konnten die deutschen Verteidiger immer wieder die Bergketten, Flusstäler und sumpfigen Tieflande Italiens ausnutzen, um die alliierten Versuche, einen entscheidenden Durchbruch zu schaffen, zu verzögern und zu frustrieren. Auch das Klima half den Deutschen. In kritischen Momenten des Feldzugs half es, den alliierten Vormasch zu stoppen.

Für die Truppen der Alliierten, die im Sommer 1943 die Invasion Italiens anführten, war das Gelände des Landes eine große Überraschung. Ihre bisherigen Kampferfahrungen hatten sie in den Wüsten Nordafrikas, wo die Panzer weite Umgehungsmanöver ausführen konnten, gesammelt. Sie brauchten viele Monate, um sich an das italienische Terrain anzupassen, und in dieser Zeit gelang es den Deutschen, ihnen schwere Verluste zuzufügen und in vielen Fällen sogar den Verlauf des Kampfes zu diktieren. Italien ist jedenfalls ein geografisch sehr unterschiedliches Land und die Alliierten erkannten bald, dass die Taktik, die auf Sizilien gut gewesen war, in den Bergen südlich Roms nicht funktionierte. Sie mussten daher ständig ihre Kampfpläne ändern. Dieser Lernprozess begünstigte die Deutschen, die sich stets in Verteidigungsstellungen auf einem Terrain ihrer Wahl zurückzogen, was ihnen einen Vorteil gegenüber den Alliierten, die stets auf nicht vertrautem Gelände vorrückten, verschaffte.

Verteidigungslinien

Italiens gebirgiges Terrain war ideal geeignet für die deutsche Defensivtaktik, die das Vorrücken der alliierten Truppen durch den „weichen Unterleib" des Dritten Reichs aufhalten sollte. Die deutschen Verteidigungsstellungen mit Namen wie Gustav, Bernard, Rom, Cäsar, Albert und Goten forderten den angreifenden alliierten Kommandeuren und Soldaten großen Respekt ab.

Anders als der Siegfried-Linie und dem Westwall in Nordwesteuropa wurden den deutschen Stellungen in Italien nie große Ressourcen zugeteilt. Die deutschen Kommandeure mussten maximalen Nutzen aus dem Terrain, Minenfeldern und Feldschanzen ziehen. Improvisation war entscheidend – die Türme kampfunfähiger Panther wurden als feste Bunker benützt.

Der Schlüssel zum Erfolg der deutschen Verteidigungslinien war ihre kunstvolle Anordnung entlang hoher Hügelkämme. Alle Zugangswege wurden durch Minenfelder blockiert und lagen im Feuerbereich von Artillerie und Maschinengewehren. Aufgrund der Beherrschung der Anhöhen ging das deutsche Artilleriefeuer immer direkt geleitet auf seine Ziele nieder.

Britische Soldaten untersuchen den Turm eines deutschen Panthers, der als Teil der Goten-Verteidigungsstellungen eingegraben wurde. Beachten Sie, wie exzellent er das Terrain in der Umgebung beherrscht.

Die alliierten Landungen bei Salerno liefen der deutschen 16. Panzerarmee in die Arme, die auf den Anhöhen über den Invasionsstränden stationiert war. Erstmals trafen die Alliierten bei Landungen auf hochwertige Truppen und sie lernten dabei viel für die späteren Landungen des D-Day. Die Deutschen hielten einen Ring von Anhöhen rund um die Invasionsbuchten und ihre Artillerierichtschützen zogen daraus Nutzen. Während sich die alliierten Truppen landeinwärts kämpften, wurden sie mit Artilleriefeuer eingedeckt. Dann stürmten Wellen von Panzern und Panzergrenadieren, die vor dem alliierten Artilleriefeuer durch eine Reihe gewundener Wasserläufe gedeckt waren, zum Gegenangriff vorwärts. Erst als die Deutschen den Rand der Landungsstrände erreichten, waren sie dem alliierten Marinegeschützfeuer ausgesetzt und wurden gestoppt.

Der Monte Cassino erhebt sich 519 m über das Liri-Tal. Er blockierte den Weg der Aliierten von Neapel nordwärts nach Rom. Kesselring machte den Berg, der nahe seinem Gipfel eine weltberühmte Benediktinerabtei trug, zum Zentrum der Gustav-Linie. Vor dem Berg lag im Garigliano-Tal die Stadt Cassino. Der breite Fluss war ein Nebenfluss des Rapido, der (wie schon sein Name sagt) in den Wintermonaten sehr schnell floss. Als die Kämpfe bei Cassino in den ersten Monaten des Jahres 1944 auf dem Höhepunkt waren, stand der Garigliano/Rapido in voller Flut und bildete für die alliierten Truppen, die mit ihrem Sturm auf die Gustav-Linie beginnen wollten, ein fast unüberwindliches Hindernis. Die alliierten Sturmboote wurden flussabwärts getrieben und die Pioniere konnten keine Behelfsbrücken errichten, um die Tanks und Artillerie hinüberzuschaffen. Stellen, um Brücken zu schlagen, waren rar und wurden leicht von den deutschen Artillerierichtschützen ausgemacht, was die Probleme der Alliierten bei der Querung des schnell strömenden Flusses im Winterfrost noch verschärfte.

Als die Alliierten den Fluss gequert hatten, hatten sich Kesselrings Truppen auf einer Reihe freier Kämme eingegraben. Von dort her hagelte es MG-, Granatwerfer- und Artilleriefeuer. Wegen der steilen Abhänge konnten die alliierten Tanks nicht mit der Sturminfanterie Schritt halten, was den Vormarsch weiter behinderte. Wenige Kilometer hinter der deutschen Hauptstellung bei Cassino lag der Monte Cairo. Er erhob sich 1.669 Meter über das Liri-Tal und bot den deutschen Artillerierichtschützen eine ausgezeichnete Sicht auf die alliierten Stellungen. Außerdem konnten die Verteidiger so nicht überrascht werden.

Die Alliierten versuchten es mit überwältigender Feuerkraft, doch der Berghang war mit tiefen Höhlen und Rinnen überzogen, sodass die deutschen Verteidiger auch vor dem schwersten Artilleriebeschuss und Bomberangriffen Deckung fanden. Nach etlichen Wochen schweren alliierten Feuers wurde der Gegenbeschuss langsam schwächer. Die Stadt Cassino und die Abtei auf dem Hügel dahinter waren nur noch Ruinen, die den Deutschen aber noch mehr Deckung boten und die Probleme der alliierten Infanterie vergrößerten. Diese musste jedes zerstörte Gebäude von deutschen MG-Posten und Heckenschützen säubern. Der Schutt gab den Verteidigern genug Deckung, ihre vorwärtigen Stellungen zu versorgen und bot auch leichte Fluchtwege.

Deutsche Taktik

Selbst bei Anzio, wo die Alliierten gedacht hatten, offenes Gelände für den Zug ihrer Tanks nordwärts nach zu Rom haben, war das Terrain für die Verteidiger günstiger. Der tief liegende Brückenkopf neigte zur Überflutung, was große Streifen der Front für die alliierten Panzer unpassierbar machte und sie in von der deutschen Pak beherrschte „Todeszonen" lenkte. Zudem behinderten Bahngleiste und erhöhte Straßen, die das Schlachtfeld durchkreuzten, die Tanks. Im mit Wasser vollgesogenen Terrain waren die Frontstellungen scheußliche morastige Löcher, die die Kombattanten missmutig mit den Verhältnissen in Flandern im Ersten Weltkrieg verglichen.

Nach dem Fall Roms gaben die Ebenen der Toskana und Umbriens den Deutschen viele Möglichkeiten, die alliierte Verfolgung zu hemmen. Die in der Region extensiv betriebene Landwirtschaft mit Terassenfeldern und Bewässerungskanälen machte die Bewegung der Tanks im Gelände schwierig. Die Alliierten mussten auf den Straßen bleiben. 192 km nördlich Roms zur Goten-Linie befanden sich etwa 60 größere Straßenbrücken. Dazu kamen hunderte überwölbte Bäche und „Seitenkanäle", wo die Straßen unter einem steilen Abhang entlangführten. Die deutschen Pioniere hatten dort fast überall Sprengladungen angebracht, was bei den alliierten Truppen Chaos verursachte. Wegen Sprengfallen und Heckenschützen mussten man sich jeder Brücke vorsichtig nähern. In den 107 Tagen des Vorrückens zur Goten-Linie mussten die Pioniere der britischen 6. Panzerdivision 50 Brücken schlagen (Gesamtspannweite 2.000 Meter!).

Als die Alliierten die Goten-Linie erreichten, war das Terrain noch anstrengender. Man musste noch mehr Flüsse queren und der Vormarsch ging durch steile, offene Schluchten, die von deutschen Pak- und MG-Mannschaften in Todeszonen verwandelt wurden. Auch die Hoffnung der Alliierten, die deutschen Bergstellungen der Goten-Linie über die flache Küstenebene entlang der Adria umgehen zu können, zerschlug sich. In den großen Marschen blieben ganze Panzerregimenter stecken. Da bis Herbstende kein Durchbruch gelang, mussten die alliierten Armeen den Winterfrost im Nordapennin ertragen, wo wegen des schrecklichen Terrains und Wetters ihre Hauptanstrengung darin bestand, die

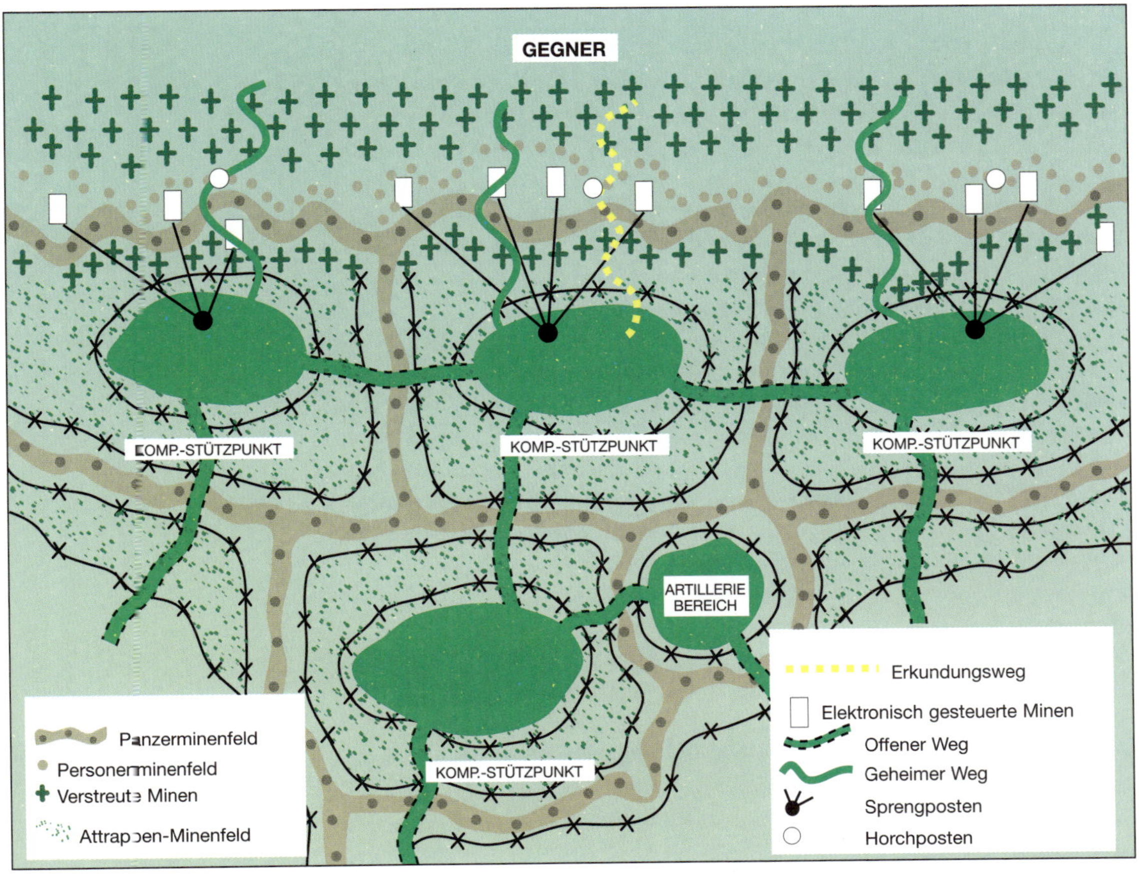

Schaubild eines verstärkten deutschen Bataillonsstützpunkts. Minen und wohl platztierte Artillerie- und MG-Nester vervielfachten die Stärke und zwangen die alliierten Einheiten zum Einsatz großer Mengen Ressourcen um jedes einzelne auszuschalten.

vorwärtigen Truppen am Leben zu halten, ganz zu schweigen vom Aufbau von Nachschub für eine große Offensive. Mehr als sechs Monate dauerte es noch, bis die Alliierten ihre letzte Offensive des Kriegs starten konnten.

Italien war der Traum eines verteidigenden Kommandeurs und Kesselring versäumte keine Gelegenheit, seine Vorteile auszunutzen. Die Vorbereitungen für die Gustav- und die Goten-Linie begannen schon vor der alliierten Landung auf Sizilien. Inspektionsteams untersuchten das Gelände und entwickelten Pläne für Verteidigung und Umfang der Anlagen an den wirksamsten Stellen. Jede Stellung an der Gustav- und der Goten-Linie ging in die Tiefe. Für jede Division an der Frontlinie wurde eine dahinter stationiert, um Reservestellungen zu bauen und bei Bedarf zum Gegenangriff eingesetzt zu werden.

Die Deutschen waren immer gefährlich knapp an Frontinfanteristen. Manche Bataillone umfassten nie mehr als 400 Mann und bei größeren Kämpfen fiel ihre Stärke oft auf unter 200 Mann. Sie hatten daher nie genug Männer, um eine zusammenhängende Linie von Gräben zu besetzen. Also hielten sie die Front mit einer Reihe von Stützpunkten an Schlüsselstellen, die eine beherrschende Sicht aufs Kampffeld boten. Tagsüber dominierten sie ihren Abschnitt mit MG- oder Granatwerferfeuer. Falls möglich legte man sie entlang von Flüssen an, damit die ganze Front in den sich überlappenden Feuerbereichen der MG lag und die Alliierten keine Chance hatten, in einer Lücke im „deutschen Feuerwall" am gegenüberliegenden Ufer einen sicheren Brückenkopf zu errichten. Besonders waren die Deutschen bemüht, Feuerstellungen für Längsbestreichung einzurichten, damit die MG längere Strecken des Flusses, nicht nur den schmalen Bereich vor sich beherrschten.

Nachts legten sich Kampfpatrouillen in den Hinterhalt, um das Einsickern alliierter Truppen hinter die Stützpunkte zu verhindern. Die deutschen Kommandeure verstreuten ihre spärliche Mannstärke auf so viele Stützpunkte wie möglich, um das Risiko, durch alliierte Bombertreffer große Soldatenkontingente auf einmal zu verlieren, zu verringern. Jeder Stützpunkt umfasste gewöhnlich etwa 40 Mann und lag in natürlicher Deckung wie einer Rinne oder Höhle. Die Feuerstellungen mussten mit Sprengstoff, Brechstangen und anderen Werkzeugen aus dem Fels geschlagen werden. Spaten waren hier wirkungslos.

Aufgrund früherer Erfahrung im italienischen Gebirgskrieg wollten manche deutschen Kommandeure ihre Stützpunkte nicht oben auf den Kämmen anlegen, da sie dort überproportional viel gegnerisches Feuer anzogen. Doch sie lernten dazu und erkannten, dass Stellungen auf dem Kamm natürliche Vorteile boten. Die alliierte Artillerie war gegen Kammstellungen nicht so wirksam wie gegen jene in Tälern. Da die Kanoniere bergaufwärts feuern mussten, ging der Beschuss meist übers Ziel hinaus oder fiel zu kurz. Auch konnte man Kammstellungen leichter versorgen und Verwundete evakuieren, da der hintere Hang nicht im Sichtbereich des Gegners lag und daher nicht beschossen werden konnte.

Gegenangriffe

Die Deutschen in Italien waren Meister im schnellen Gegenangriff. Deutsche Korps- und Divisionskommandeure wie Senger bemühten sich, feindliche Einbrüche in die Verteidigungsstellungen mit überwältigender Stärke anzugreifen und entscheidend zu schlagen. Dazu wurden spezielle, kurz hinter der Front positionierte Reserven, meist von nicht weniger als Bataillonsstärke, eingesetzt, um nicht Truppen von den Stützpunkten abzuziehen. An der Cassino-Front unternahmen die Deutschen Gegenangriffe meist in Regimentsstärke, um gegnerische Brückenköpfe an den Flussufern zu vernichten. Dies gelang ihnen etliche Male, besonders gegen schlecht motivierte US-Truppen.

Italien gehörte zu den wenigen Schauplätzen, wo die Deutschen ihre Panzer nicht zu Gegenangriffen konzentrierten. Da das Terrain die Bewegung größerer Panzerformationen praktisch verhinderte, teilten die deutschen Kommandeure ihre Panzer, Sturmgeschütze und Pak in kleine Einheiten (meist Paare) auf und teilten sie den vorgerückten Stützpunkten oder Gegenangriffstruppen zu. Auf dem italienischen Terrain konnte eine Hand voll schwerer Waffen unverhältnismäßig starke Feuerkraft liefern. In den Kämpfen bei Cassino verhinderte eine Hand voll StuG III und Marder-III-Selbstfahrlafetten-7,5 cm Pak, die gemeinsam mit vorwärtigen Fallschirmjägerstützpunkten operierten, dass die Alliierten ihre Tanks an der Spitze der Sturminfanterie vorgehen ließen. Auch bei Nachhutgefechten erwiesen sich kleine Gruppen von Panzern als sehr wirksam, da sie die alliierten Truppen zum Ausschwärmen für Angriffseinsätze zwangen. Sobald die Deutschen ihr Ziel (den Vormarsch zu verzögern) erreicht hatten, ging sie rasch zurück, ehe ihre Rückzugslinie bedroht wurde.

Kesselring kam in Italien zugute, dass er als Generalfeldmarschall der Luftwaffe in einem Ausmaß auf Ressourcen dieses Wehrmachtsteils zurückgreifen konnte, das Heereskommandeuren nicht zugänglich war. Die Luftwaffe wurde nie ganz vom italienischen Himmel vertrieben und konnte den Feldmarschall in strategisch entscheidenden Momenten (etwa vor und während der Landungen bei Anzio und Salerno) durch Luftaufklärung unterstützen. Informiert über den Zug der alliierten Schiffe, konnte er den rechten Moment für den Einsatz seiner spärlichen Reserven einschätzen. Da den Alliierten nur wenige Häfen zur Verfü-

Monte Cassino

Die viermonatige Schlacht der Alliierten um die Benediktinerabtei wurde damals „Stalingrad des Italienfeldzugs" getauft. Soldaten aller Kontinente waren an dem Kampf beteiligt, bei dem die Alliierten mehr als 12.000 Gefallene, Verwundete oder Vermisste verzeichneten. Auf deutscher Seite fielen insgesamt 20.000 Mann in vier Schlachten.

Ab Januar 1944 unternahmen die Alliierten eine Reihe von Frontalangriffen gegen die beeindruckenden deutschen Verteidigungsstellungen um den Monte Cassino, die die Route nordwärts nach Rom bewachten. In der ersten Phase gab es eine Serie blutiger Attacken gegen die Linien am Rapido und am Garigliano. Bei der konfusen und chaotischen Überquerung der Flüsse angesichts starker, gut positionierter deutscher Stellungen fielen tausende US-Truppen oder wurden verwundet.

Im Februar befahl das alliierte Oberkommando in einer der umstrittensten Entscheidungen des Kriegs einen Bombenteppich auf die Abtei. Die Alliierten glaubten, die Deutschen benutzten das historische Gebäude für Artillerie-Beobachter. Wie auch immer es war, die Truppen der deutschen 1. Fallschirmjägerdivision verwandelten danach die Ruinen der Abteil und der nahen Stadt Cassino in eine Festung. Vier Monate lang hielten sie eine gewaltig überlegene Streitmacht von Truppen aus den USA, Großbritannien, Polen, Kanada, Neuseeland, Frankreich, Algerien, Indien und Nepal in Schach.

Die alliierten Divisionen wurden gegen die scheinbar undurchdringliche Cassino-Stellung geworfen. Immer wieder ging vor den Infanteriefrontangriffen ein gewaltiges Luft- und Artilleriebombardement auf die deutschen Linien nieder. Doch jedes Mal tauchten die Fallschirmjäger wieder aus ihren Bunkern und Gräben auf und schlugen den alliierten Vorstoß zurück. In den vielen steilen Rinnen und ausgebombten Straßen des Dorfs (das auf dem Weg hinauf zur Abtei lag; auch dort hatten Artillerie und Bomben den Boden aufgerissen) brauchte es nur eine Hand voll Verteidiger, um die Alliierten aufzuhalten. Machten die Alliierten Bodengewinne, so griffen die Fallschirmjäger an, ehe der Gegner das Erreichte konsolidieren konnte.

Im frühen Mai begann sich die „Fleischwolf-Taktik" der Alliierten zu lohnen. Französische und britische Truppen schlugen Breschen in die Ost- und die Westflanke der Fallschirmjäger. Da der Anzio-Brückenkopf Anzeichen zeigte zusammenzubrechen, befahl Kesselring am 17. Mai, die Fallschirmjäger von der Cassino-Front abzuziehen. Einen Tag später hatten polnische Truppen die zweifelhafte Ehre, den Pyrrhussieg der Alliierten durch die Besetzung der Monte Cassino-Abtei zu vollenden.

gung standen, konnte man den Zeitpunkt einer Landungsoperation leicht bestimmen und, sobald die Flotte auf See war, ihr wahrscheinliches Ziel ableiten.

Zum Schutz der Evakuierung der deutschen Truppen von Sizilien stellte die Luftwaffe 350 Flak zur Fliegerabwehr ab. Für den Transport der Eingreiftruppe, die dem Überlaufen Italiens auf die Seite der Alliierten zuvorkommen sollte, wurden hunderte Junkers-Ju-52-Transportmaschinen zur Verfügung gestellt. Nur dadurch konnte Kesselring die Verteidigung der Gustav-Linie bis Mitte 1944 ins Auge fassen. Kampfflugzeuge der deutschen Luftwaffe erzielten gegen die alliierten Schiffe vor Anzio und Salerno einige größere Erfolge und hemmten dadurch den Aufmarsch britischer und amerikanischer Verstärkungen. Sogar Stuka erschienen im Februar 1944 bei Anzio wieder über dem Schlachtfeld, um den vorrückenden deutschen Truppen Luftnahunterstützung zu geben. Auch machte die hauptsächlich statische Art des Kampfes die alliierte Luftüberlegenheit teilweise irrelevant, da man nur wenige deutsche Fahrzeugkolonnen angreifen konnte. Angesichts des langsamen Operationstempos konnten die deutschen Nachschubkolonnen nachts fahren. Mit begrenzten Ressourcen durchkreuzte Kesselring die alliierte Strategie auf einem Hauptkriegsschauplatz bis in die letzten Kriegswochen und zeigte, wie eine strategische Verteidigung geführt werden sollte.

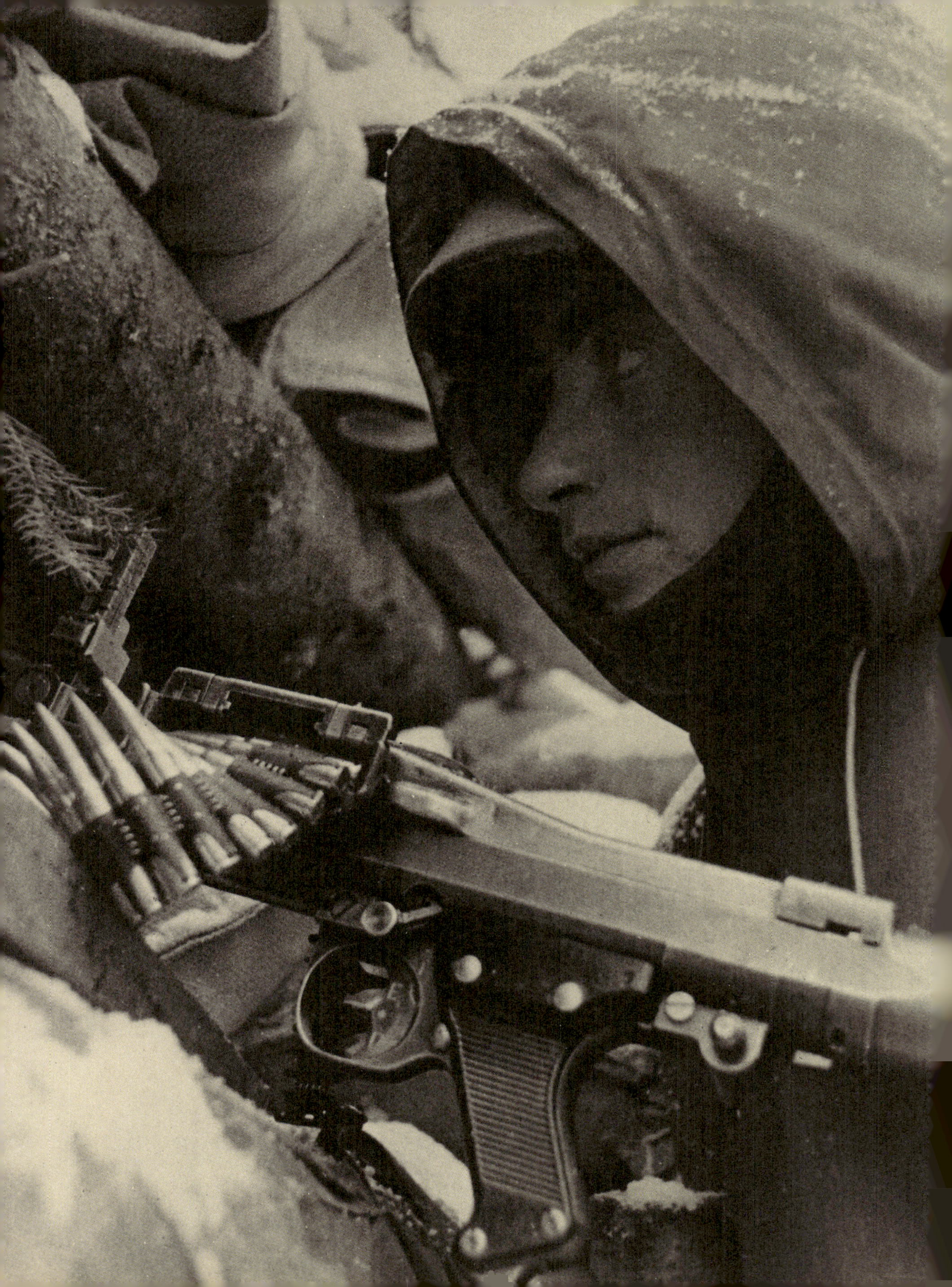

Verteidigung im Osten 1943–45

Es gelang den Deutschen nach dem Desaster von Stalingrad die Ostfront zu stabilisieren, doch mit der Niederlage bei Kursk war für die Wehrmacht jede Chance auf einen Sieg im Osten vorbei. Es folgte ein Rückzug im Kampf bis zu den Grenzen des Reichs.

Deutschlands Krieg gegen die Sowjetunion war der entscheidende Schauplatz des Zweiten Weltkriegs. Er war ein titanischer Kampf zweier, von gnadenlosen Kriegsherren geführter, totalitärer Regimes. Hitler wie Stalin betrachteten den Konflikt als Kampf auf Leben und Tod gegen ein feindliches politisches System. Im Sommer 1943 kam mit der Schlacht von Kursk der Höhepunkt. Dort trafen die Elitepanzertruppen beider Seiten aufeinander. Der deutsche Blitzkrieg scheiterte und die Sowjets starteten eine Offensive, die sie 21 Monate später vor die Tore Berlins führen würde.

Der Umfang des Kriegs an der Ostfront war beispiellos. 1943 führten die Sowjets 400 Divisionen gegen etwa 120 deutsche (mehr als die Hälfte der Armee Hitlers) ins Feld. Das Gerät für die Offensive Stalins bestand aus 8.000 sowjetischen Tanks, 60.000 Artilleriegeschützen und 5.000 Kampfflugzeugen der Luftwaffe der Roten Armee. Um die russische Dampfwalze aufzuhalten, sandte Hitler 1943 3.000 Panzer, 37.000 Artilleriegeschütze und 2.000 Kampfflugzeuge an die Ostfront. 1944 verfügte Stalin ständig über mehr als sechs Millionen Mann in Uniform, die Achsentruppen hatten zu Beginn des Jahres 3,5 Millionen Mann, die Deutschen zu Jahresende etwa 2,5 Millionen Mann.

Die Zahlen der Gesamtverluste an der Ostfront sind ernüchternd. Zwischen 1941 und 1945 verzeichnete die Rote Armee 13,7 Millionen Tote, die Deutschen kamen auf zwei Millionen Gefallene. Elf Millionen sowjetische Zivilisten verloren ihr Leben, zwei Millionen deutsche. Das Ausmaß der Zerstörung war entsetzlich. Jede größere Stadt und Großstadt zwischen Berlin und Moskau war durch die Kämpfe verwüstet. Nur wenige Straßen, Bahnlinien, Brücken, Tunnel, Fabriken und Kraftwerke entgingen der Orgie der Zerstörung. Millionen Häuser wurden

Ein deutscher Soldat wartet im Winter 1943–1944 auf den nächsten sowjetischen Angriff. Die deutschen Heereseinheiten hatten Angst vor sowjetischer Vergeltung. Es gab daher wenige Desertionen oder Kapitulationen. In den Weiten Russlands konnte man ohnehin nirgendwohin fliehen, da hinter den Linien Partisanen Jagd auf herumirrende Deutsche machten.

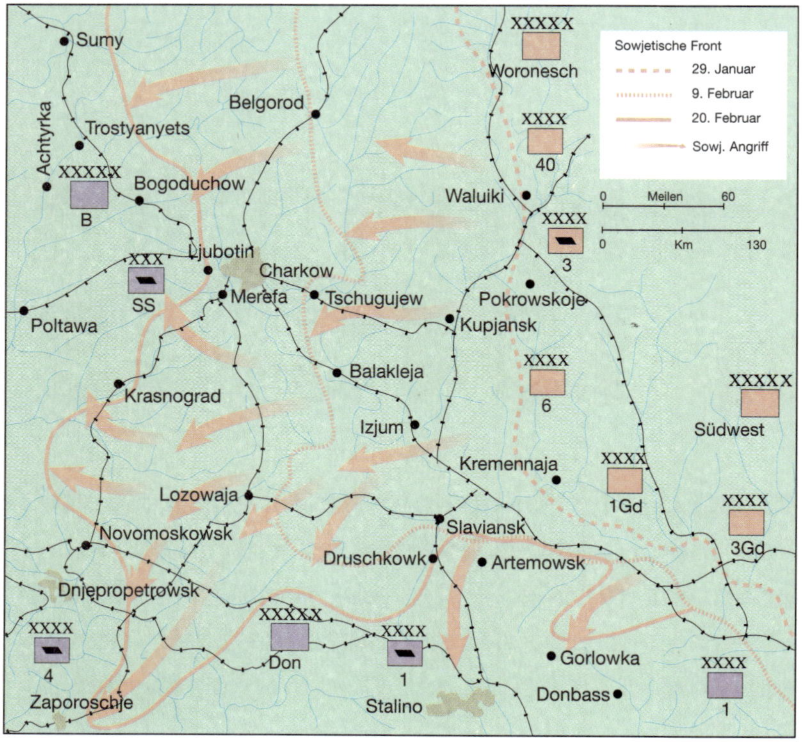

Die sowjetische Offensive in der Ukraine Anfang 1943. Zwei Fronten der Roten Armee rissen ein Loch in die deutschen Linien und bedrohten die ganze Ukraine. Doch als die sowjetischen Angriffsspitzen weiter westwärts strebten, begannen den Tanks Benzin und Munition auszugehen und ihre Versorgungslinien wurden gefährlich überdehnt.

verwüstet und mehrere zehn Millionen Menschen flüchteten vor der einen oder der anderen Armee, während der Krieg durch Ost- und Mitteleuropa schwappte.

Anfang 1943 schien es, als würde die Rote Armee die Heeresgruppe Süd zerstören. Nach dem Sieg bei Stalingrad befahl Stalin eine Offensive, die den Halt Deutschlands in Südrussland bedrohte. Die ungarische und die italienische Satelliten-Armee waren in Auflösung und sowjetische Angriffe vor Rostow drohten die sich zurückziehende deutsche 1. Panzerarmee abzuschneiden. Vom 2. bis 20. Februar bedrohten die sowjetischen Angriffsspitzen Charkow und näherten sich dem Dnjepr. Ein weiteres Stalingrad stand bevor, doch Manstein gab die Stadt auf und startete dann einen verheerenden Gegenangriff (siehe Karten auf diesen Seiten) gegen die überdehnten sowjetischen Panzerverbände. Am 14. März eroberte er Charkow zurück und stabilisierte die Front.

Das Genie Mansteins

Feldmarschall Erich von Manstein kann den Status des Meisterstrategen des deutschen Heeres im Zweiten Weltkrieg beanspruchen. Er ersann den kühnen „Sichelschnitt"-Plan, der durch den Zug der Panzerkolonnen durch die Ardennen im Frühling 1940 zur Niederlage Frankreichs führte. Dies steigerte bei Hitler seinen Ruf als unkonventioneller General, der für den Sieg hohe Risiken einging. Sein methodischer Angriff, der im Juli 1942 zur Einnahme des belagerten Sewastopols führte, erhielt ihm die Geneigtheit des „Führers". Doch Mansteins größte Stunde schlug nach der Niederlage der deutschen 6. Armee bei Stalingrad im Januar 1943. Als Oberbefehlshaber der Heeresgruppe Süd (zuvor: Don) zeigte er, dass er die Manöverkriegsführung nicht verlernt hatte, konzentrierte seine schwachen und lädierten Truppen geschickt, eroberte Charkow zurück (wobei allerdings in den Straßenkämpfen 11.500 deutsche Soldaten fielen) und brachte den Südabschnitt der Ostfront wieder einigermaßen in Ordnung.

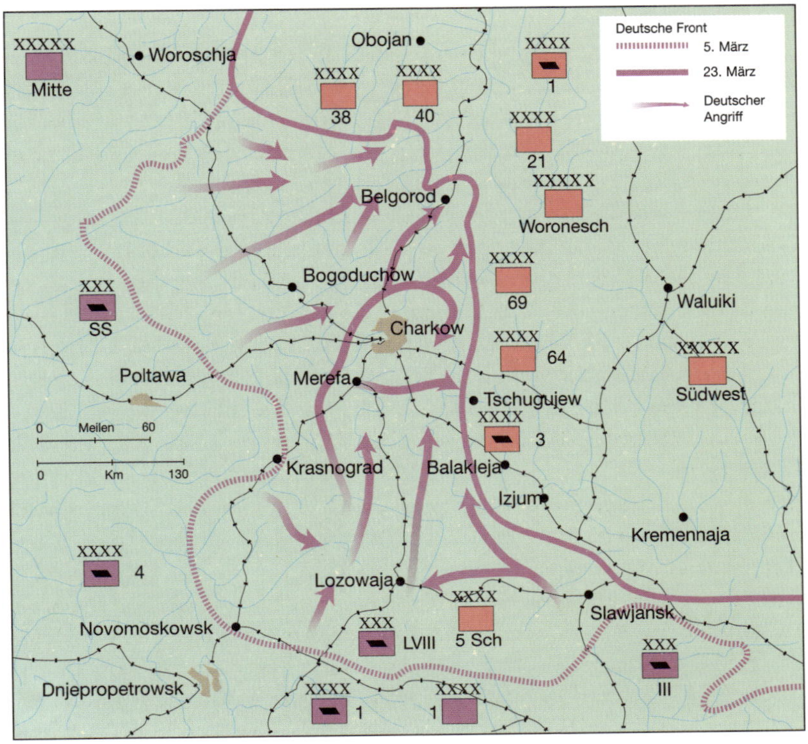

Mansteins brillanter Gegenangriff im März 1943, der alle Hoffnungen Stalins, die Ukraine früh im Jahr 1943 zurückzuerobern, zunichte machte. Die sowjetische 5. Stoßarmee wurde zerstört und das SS-Panzerkorps eroberte Charkow zurück.

Des Feldmarschalls Rolle bei der unglücklichen Kursk-Offensive (Unternehmen Zitadelle) ist umstritten. In seinen Erinnerungen *Versäumte Siege* behauptete er, sie sei aufgrund der Einmischung Hitlers gescheitert. Erstens habe dieser die Offensive hinausgezögert, damit die neuen Panzer Panther und Elefant daran teilnehmen konnten, wodurch die Sowjets wertvolle Zeit zum Ausbau ihrer Verteidigungsstellungen um den Frontbogen gewannen. Dann brach Hitler die Offensive ab, als das II. SS-Panzerkorps kurz vor einem Durchbruch zu stehen schien. Doch neuere, auf deutschen und sowjetischen Berichten basierende Studien zeichnen ein anderes Bild der Führung Mansteins. Die Sowjets führten ihn und Hitler etliche Male mit wirksamer Täuschungstaktik in die Irre. Die ausgedehnten sowjetischen Stellungen bei Kursk durchkreuzten die deutsche Panzertaktik und verhinderten einen entscheidenden Durchbruch. Und die folgende sowjetische Offensive gegen Charkow hob Mansteins Stellungen aus den Angeln.

In der Winterschlacht entlang des Dnjepr erwies er sich wieder als Meister der Improvisation. 1944 entzog er seine Truppen in den Kirowograd-, Tscherkassy–Korsun- und Kamenez-Podolsk-Kesseln erfolgreich der sowjetischen Einkreisung. Letztere Operation war für ihn ein großer Erfolg, da er so 200.000 Deutsche vor der Gefangennahme bewahrte. Hitler war von der Schlachtführung des Kommandeurs der Heeresgruppe Süd weniger beeindruckt. Manstein bekam einige Orden, wurde aber entlassen. „Die Zeit strategischer Bewegungen ist vorbei. Was ich jetzt brauche sind Männer, die fest stehenbleiben", meinte ein undankbarer „Führer". Der Feldmarschall verbrachte die restliche Kriegszeit zurückgezogen. Danach war er drei Jahre lang in einem britischen Gefängnis, da er Kommandoverantwortung für Gebiete in Polen und der Sowjetunion, in denen Kriegsverbrechen verübt worden waren, getragen hatte.

Bis Juli 1943 blieb es an der Ostfront drei Monate lang ruhig, da Deutsche wie Sowjets ihre Truppen nach den vorangegangenen schweren Kämpfen neu aufbauten. Der Kursker Frontbogen zog die Aufmerksamkeit Hitlers und Stalins auf sich. Der große Bogen sowjetisch gehaltenen Gebiets ragte mehr als 80 km bis östlich der kleinen Stadt Kursk in die deutsche Linie hinein. Er war exponiert zurückgeblieben, als die deutsche Gegenoffensive, die Charkow zurückerobert hatte, im März 1943 im Frühlingsmorast stecken geblieben war.

Hitlers Generäle schlugen ihm das Unternehmen Zitadelle als Weg, durch die Vernichtung des Kurker Bogens an der Ostfront die Initiative wieder zu erlangen, vor. Falls die Sowjets mit ihren strategischen Panzerreserven eingriffen, umso besser, da diese von den deutschen Panzern in Kesselschlachten zerstört würden – so dachten jedenfalls die deutschen Kommandeure. War die Rote Arme besiegt, so würde sich das russische Volk vielleicht in einer Revolution gegen Stalin erheben. Dadurch erhielten die Deutschen freie Hand gegen die Alliierten im Westen.

Man unternahm alles, um die deutschen Kräfte an der Ostfront für Zitadelle wiederherzustellen. Mehr als 900.000 Mann wurden an der Nord- und der Südschulter des Bogens zusammengezogen. Etwa 2.400 Panzer und Sturmgeschütze sollten die Offensive anführen. Der neue Panther und das schwere Sturmgeschütz Ferdinand würden in der Schlacht ihr Debüt geben.

Gewarnt vom britischen Nachrichtendienst und ihren eigenen Spionen in der Wehrmacht, lagen die Sowjets auf der Lauer und erwarteten die Elite des Heeres Hitlers (obwohl auch so klar war, dass der Kursker Bogen für die Deutschen ein verlockendes Ziel war). Die Frontausbuchtung war mit 54 Schützendivisionen, 12 Panzerkorps und 16 Panzergrenadierbrigaden voll gepackt. In den Monaten vor der Offensive wurden mehr als eine Million Mann eingesetzt, Bunker zu graben, Minenfelder anzulegen und Stellungen für tausende Panzerabwehrgeschütze

Die Schlacht von Kursk (rechts) im Juli 1943. Die hohlen Pfeile zeigen den deutschen Plan, die zwei Zangenbewegungen bei Kursk zusammenlaufen zu lassen. Die vollen lila Pfeile zeigen den tatsächlichen Vormarsch der deutschen Truppen während der siebentägigen Schlacht und die Wirksamkeit der drei sowjetischen Verteidigungsringe, die den Kursker Bogen schützten.

Ein Tiger I der Waffen-SS in der Schlacht von Kursk. Die dichten sowjetischen Minenfelder und Panzerabwehrstellungen erschöpften die Stärke der deutschen Panzerdivisionen.

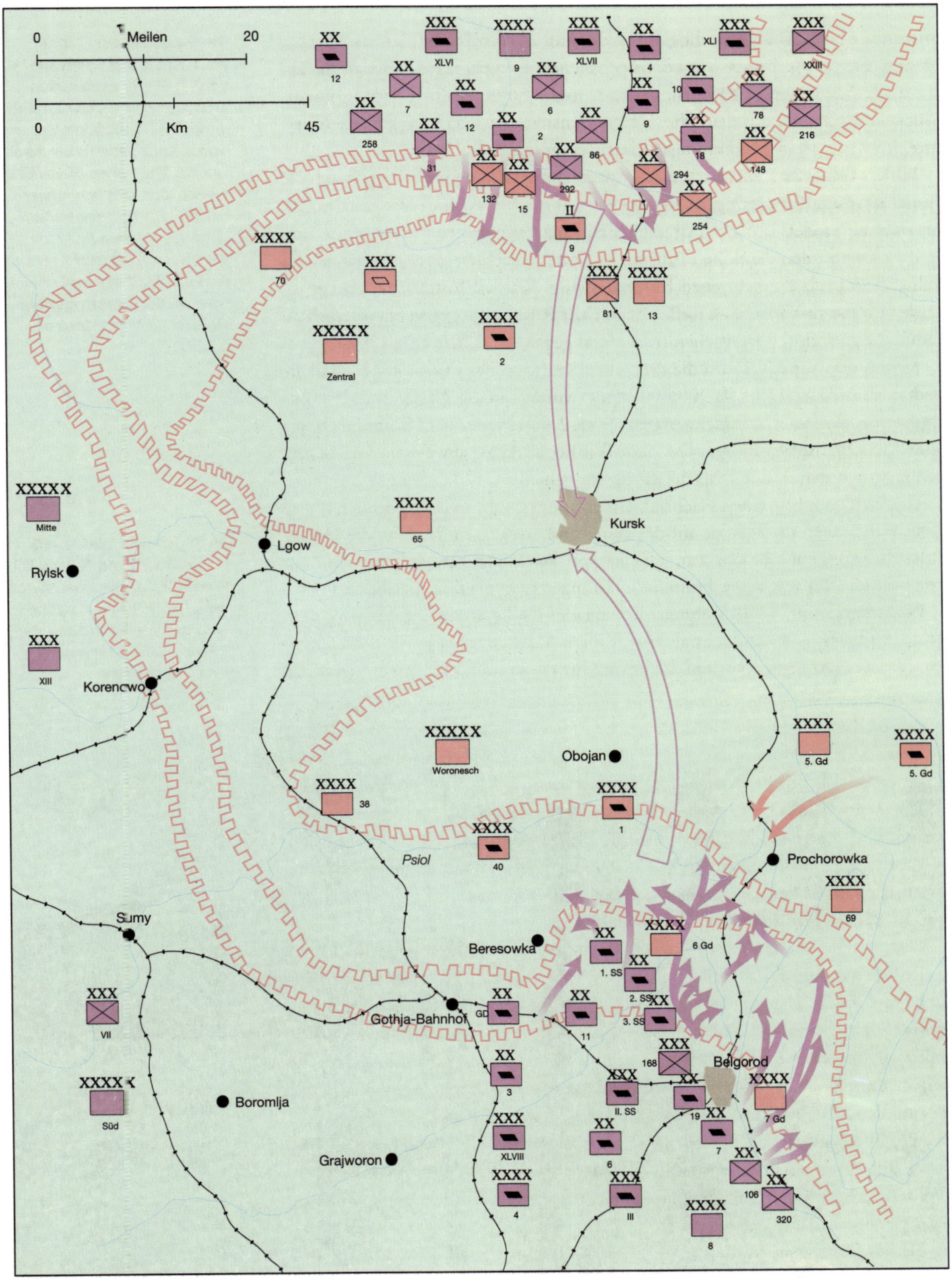
Meilen
0
20
Km
0
45
Kursk
Lgow
Rylsk
Korenewo
Obojan
Prochorowka
Psiol
Sumy
Beresowka
Gothja-Bahnhof
Belgorod
Boromlja
Grajworon
Zentral
Mitte
Woronesch
Süd
XLVI
XLVII
XLI
XXIII
XIII
VII
XLVIII
II. SS
III
1. SS
2. SS
3. SS
GD
5. Gd
6 Gd
7 Gd

zu errichten. Hinter fünf Verteidigungslinien standen Panzerreserven mit mehr als 3.000 Tanks. Etwa 20.000 Feldgeschütze waren bereit, Granaten auf die nordwärts vorrückenden Deutschen hageln zu lassen. Die Zeit verging und die sowjetischen Verteidigungsstellungen wurden immer stärker, doch Hitler war entschlossen, seinen großen strategischen Sieg im Osten zu landen.

Eine aussichtslose Sache?

Der Einfluss Hitlers auf den Verlauf des Kriegs in Russland in den letzten zwei Jahren war bedeutend. Seine Befehle, bis zum letzten Mann und zur letzten Kugel zu kämpfen, kosteten tausenden in Kesseln eingeschlossenen deutschen Soldaten sinnlos das Leben. Doch ist unklar, ob sich das Blatt zugunsten Deutschlands gewendet hätte, hätten seine Generäle eine mobilere Verteidigung führen dürfen.

Hitlers Kritiker machen ihn für das Scheitern von Zitadelle verantwortlich, da er sie genau dann abbrach, als Mansteins Angriff an der Südachse ihren Höhepunkt erreichte. In den nächsten acht Monaten befahl er den Truppen in der Ukraine ständig, stehen zu bleiben und zu kämpfen, wodurch Hunderttausende in Kesseln gefangen wurden. Bis März 1944 konnte Manstein seine Männer noch abziehen. Nach dessen Entlassung bekam der „Führer“ meist seinen Willen – mit klaren Folgen. Im Mai fiel die Krim (75.000 Mann verloren), im Juni und Juli brach die Heeresgruppe Mitte zusammen (hunderttausende Verluste). Jedesmal befahl Hitler, „Festungen“ zu bilden und bis zum letzten Mann zu kämpfen.

Doch Hitler war nicht der Einzige, der sich darin irrte, wie man die wieder auferstandene Rote Armee nach der Niederlage der deutschen 6. Armee bei Stalingrad bekämpfen solle. Er war nicht Urheber des Angriffsplans für Kursk: Dieser wurde zuerst von Generaloberst Kurt Zeitzler, dem Generalstabschef des Heeres, vorgeschlagen. Manche Generäle, auch Guderian, waren dagegen, doch Manstein und Model befürworteten ihn eifrig. „Wann immer ich an diesen Angriff denke, dreht sich mir der Magen um“, sagte Hitler im Mai 1943 zu Guderian.

Jede deutsche Offensive an der Ostfront hatte die sowjetischen Linien durchbrochen und die glücklosen Russen in die Flucht geschlagen. Man konnte sich ein Scheitern Zitadelles nicht vorstellen. Die Deutschen wussten genug über die sowjetischen Feldschanzen um den Frontbogen und starteten die Offensive trotzdem. Es war ein Akt äußerster Überheblichkeit.

Dies war für die deutsche Einstellung in der Sowjetunion symptomatisch. Die Russen wurden als slawische Untermenschen betrachtet. Ab 1941 wurden die besetzten Gebiete systematisch geplündert, um die deutsche Kriegsführung zu versorgen, Juden wie auch Russen wurden massakriert und man ließ mehr als drei Millionen russische Kriegsgefangene verhungern oder durch Vernachlässigung sterben. Kein Wunder, dass die sowjetische Bevölkerung einig gegen den Feind war und deutsche Versuche, ihre Moral zu untergraben, sinnlos waren.

Als Hitler und seine Generäle 1941 Unternehmen Barbarossa starteten, waren sie auf eine Auseinandersetzung derartigen Ausmaßes völlig unvorbereitet. „Wir müssen nur die Türe einschlagen und das ganze verrottete Gebäude wird zusammenbrechen“, war des „Führers“ Ansicht über das Niveau des Widerstands, den die Sowjets leisten würden.

Sie waren von ihren Blitzkrieg-Siegen im Westen berauscht und Deutschland war nicht auf einen „totalen Krieg“ vorbereitet. Das war nicht einfach eine Sache fehlender Winterkleidung. Bis 1943 war die deutsche Wirtschaft immer noch großteils eine für Friedenszeiten. Im Vergleich mit den Sowjets war die Kriegsproduktion minimal und die deutsche Bevölkerung war nicht auf Opfer vorbereitet.

Generalfeldmarschall Erich von Manstein schüttelt an der Ostfront deutschen Soldaten die Hand. Als Meister des Panzerbewegungskriegs rettete er zu Beginn 1943 die Heeresgruppe Süd vor der Zerstörung.

Ab dem Sommer 1941 versetzte Stalin sein ganzes Land in Kriegsbereitschaft. Alle sowjetischen Bürger und alle natürlichen und industriellen Ressourcen wurden mobilisiert. Ganze Städte und Fabriken wurden aus der Reichweite der deutschen Bomber nach östlich des Urals umgesiedelt, um Russlands Industriebasis wiederherzustellen. 1942 betrug die Jahresproduktion an Tanks 24.000 Stück, die deutsche 4.000. Die Kriegsgüterproduktion lief von Beginn an auf hohen Touren. Die Grundlagen für die deutschen Niederlagen 1943 wurden schon lange vor dem Start des Unternehmens Zitadelle gelegt.

Die Schlacht von Kursk begann am 5. Juli 1943 und erreichte ihren Höhepunkt am 12. Juli, als das II. SS-Panzerkorps mit der sowjetischen strategischen Panzerreserve, der 5. Gardepanzerarmee, zusammenkrachte. In der größten Panzerschlacht der Geschichte wurden die Waffen-SS-Panzer gestoppt und Hitler beschloss den Abruch von Zitadelle. Alliierte Truppen waren auf Sizilien gelandet, die Sowjets hatten im Norden des Kursker Bogens eine große Offensive, die die deutsche Linie zurücktrieb, gestartet und weit im Süden hatte eine weitere sowjetische Offensive die Ostfront durchbrochen. Panzerdivisionen wurden verlegt, um die Löcher zu stopfen, doch Anfang August stießen mehr als 2.000 sowjetische Tanks im Zentrum bei Charkow durch die dezimierte deutsche Front. Die Heeresgruppe Süd entging der Vernichtung, noch ehe Hitler im September widerwillig einen Rückzug an den Dnjepr erlaubte. Dort wandten sich die Deutschen Ende Oktober und im November in einer Reihe von begrenzten Gegenoffensiven mit frischen Panzerreserven aus dem Westen gegen ihre Verfolger.

Im Dezember 1943 schnitten die riesigen sowjetischen Panzerarmeen weitere Teile der Heeresgruppe Süd ab. Beim Versuch der Deutschen, sie zu stoppen, gab es schwere Panzerkämpfe. Im Januar 1944 entkam ein deutsches Panzerkorps bei Kirowograd knapp der Einkreisung, doch im Februar konnten die Sowjets zwei Korps im Tscherkassy–Korsun-Kessel südlich Kiews einschließen. Etwa 60.000

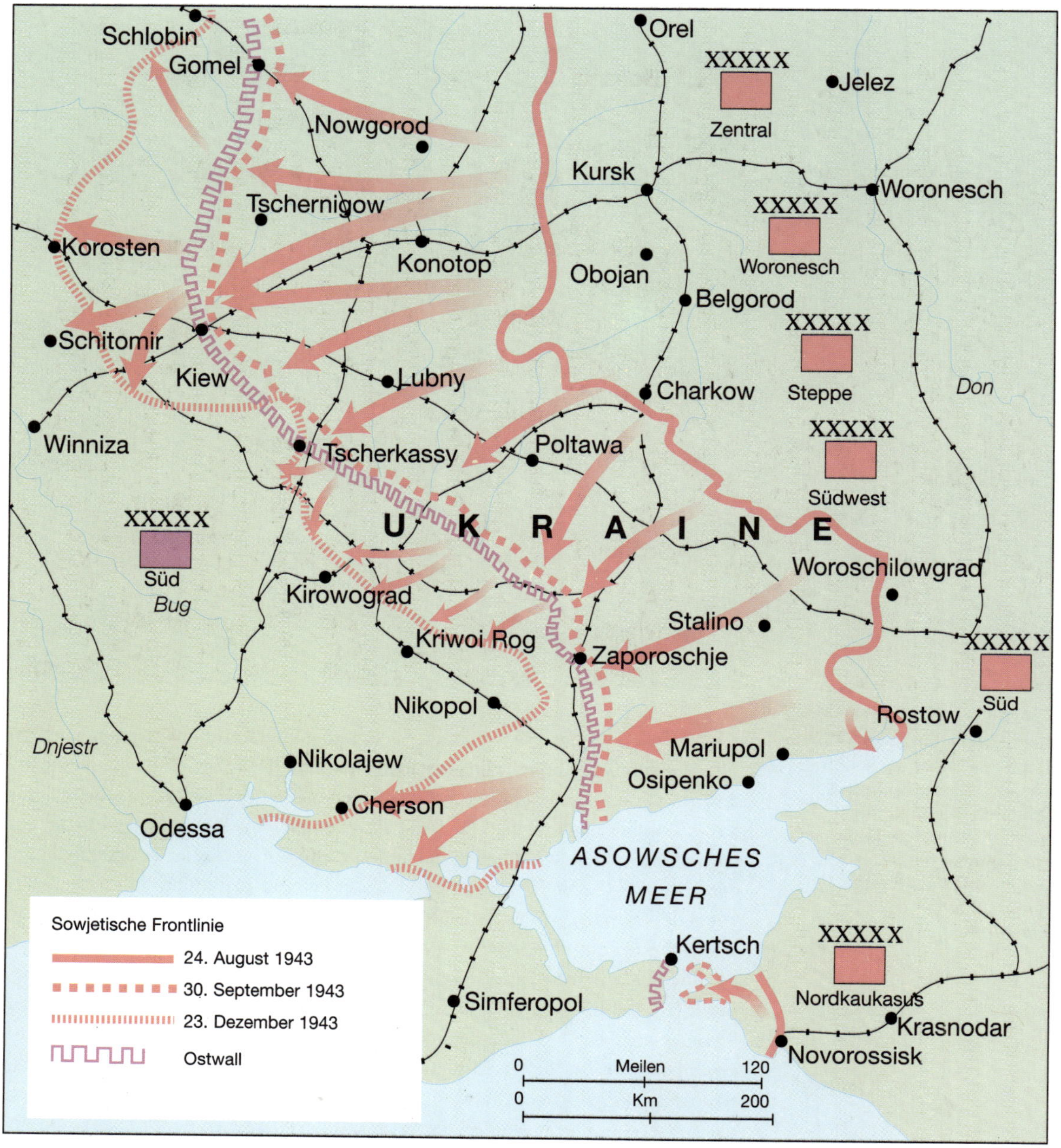

Das Tempo des sowjetischen Vormarsches in der Ukraine in der zweiten Jahreshälfte 1943 durchkreuzte die deutschen Pläne einer Verteidigung in die Tiefe. Der so genannte Ostwall blieb eine Illusion.

Mann entkamen, mussten aber ihre gesamte schwere Ausrüstung zurücklassen. Knapp einen Monat später schlossen die Sowjtes die 1. Panzerarmee in einem weiteren Kessel ein, doch sie konnte sich ihren Weg freikämpfen.

Die Heeresgruppen Mitte und Nord führten im Herbst und Winter 1943 riesige Rückzüge durch, um eine verlaufende Front mit der Linie in der Ukraine aufrechtzuerhalten. Im Januar 1944 brach eine starke sowjetische Offensive den deutschen Ring um Leningrad auf und beendete die zwei Jahre lange Belagerung der Stadt. Auch auf der Krim landeten sowjetische Truppen und vernichteten die deutsche 17. Armee. Mit Ausnahme einer von der Heeresgruppe Mitte gehaltenen riesigen Frontausbuchtung in Weißrussland waren die Deutschen nun großteils hinter ihre Ausgangspositionen von 1941 zurückgeworfen. Als sich im April und Mai 1944 die Front in der Westukrarine und entlang der rumänischen Gren-

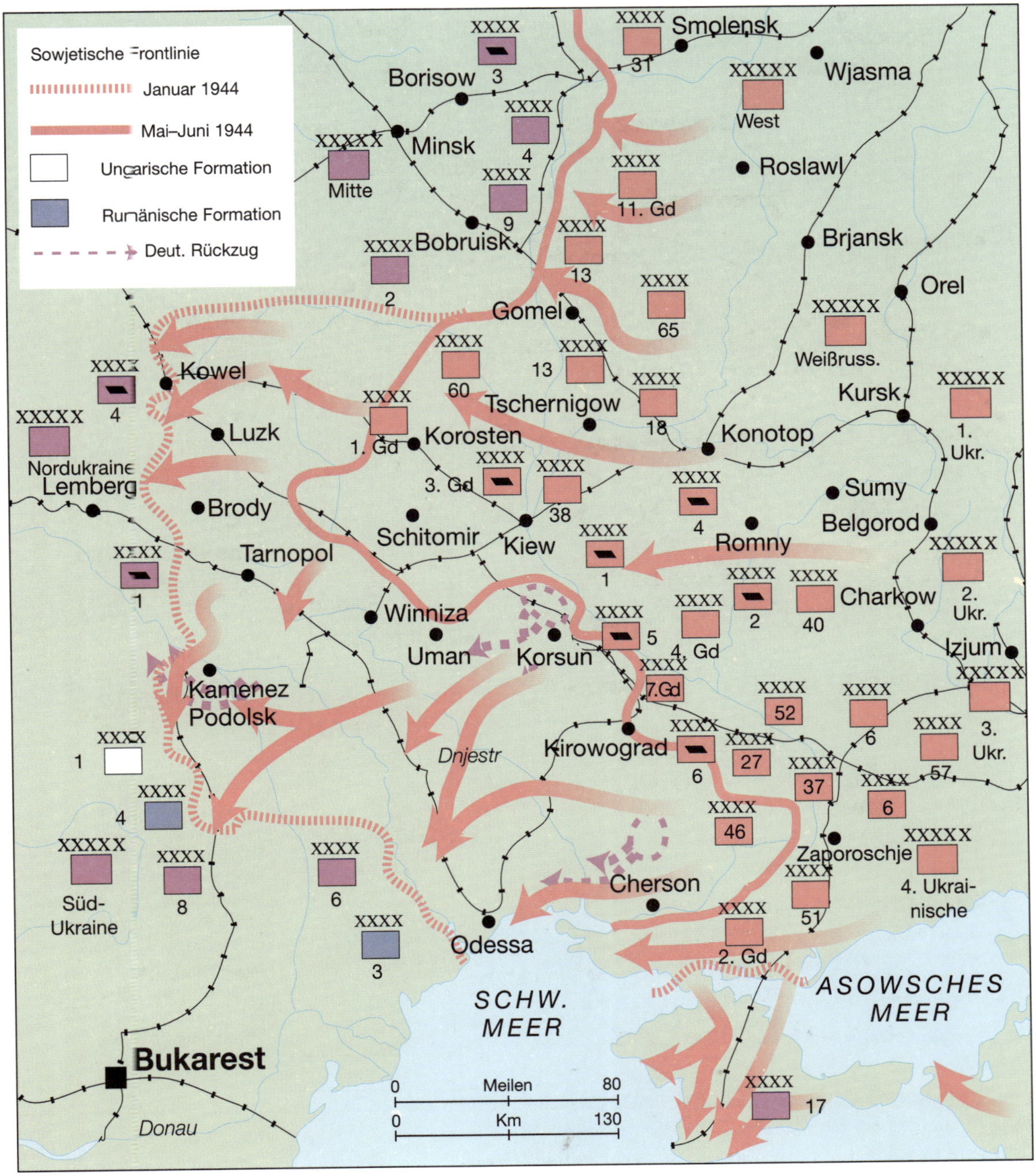

Die Säuberung der Ukraine war für die Rote Armee ein harter Kampf, nicht zuletzt, weil die deutschen Kommandeure die Verteidigung sehr gewandt führten.

ze stabilisierte, kam es zu einer Serie heftiger Kämpfe, als deutsche Reservepanzerdivisionen einige kleine sowjetische Frontbögen abschnitten.

Dass die Heeresgruppe Süd von August 1943 bis April 1944 überhaupt noch zusammenhielt, verdankte sie ihrem Kommandeur Manstein, der auf mobile Verteidigung vertraute, anstatt Städte oder bestimmte Gebiete zu halten. Er versuchte vor allem, die Aktionsfreiheit und Kampfstärke seiner kleinen Zahl von Divisionen zu erhalten. Dazu benutzte er die Panzerdivisionen als hart zuschlagende Reserven, um sowjetische Offensiven zu durchkreuzen oder zu zerspalten, wenn sie in die deutschen Linien eingedrungen waren. Hatten sie den Großteil der sowjetischen Panzertruppe zerstört, so zog er sie sofort wieder in die Reserve zurück,

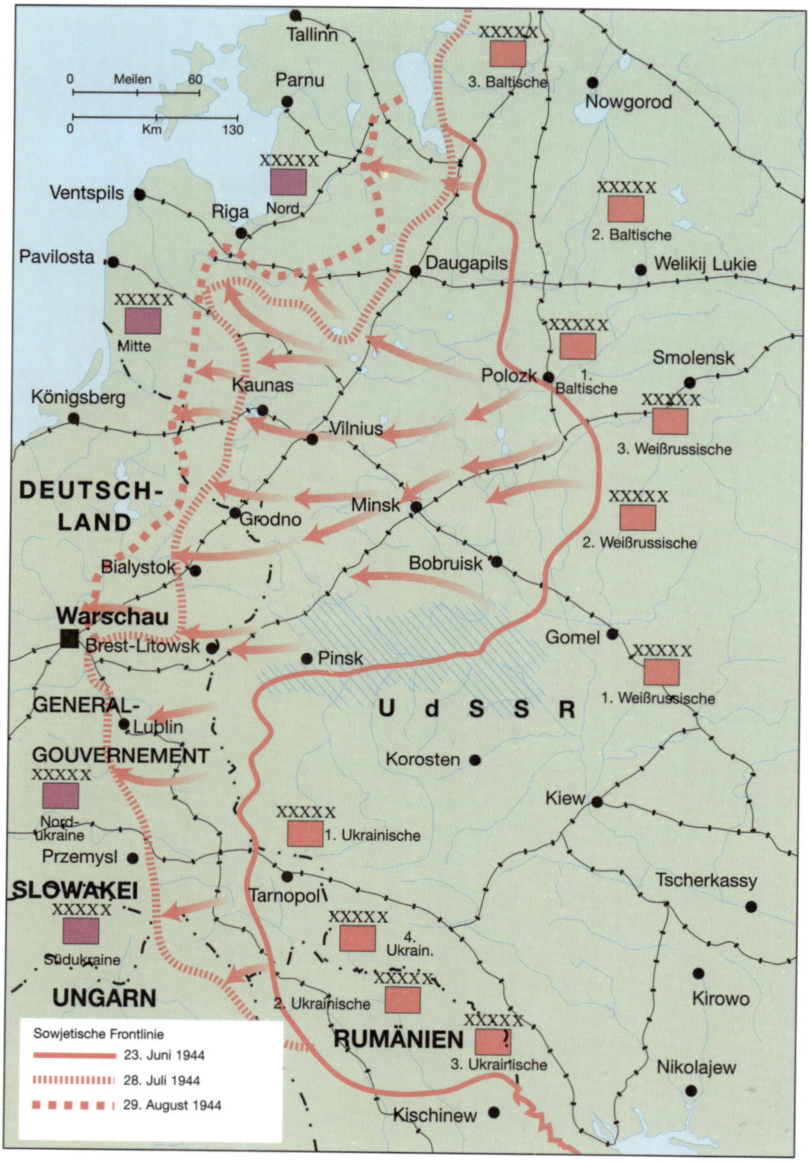

Operation Bagration, die sowjetische Offensive, die die deutsche Heeresgruppe Mitte zertrümmerte. Stalin setzte dabei 1.254.000 Mann, 2.715 Panzer und 1.355 Sturmgeschütze ein. Die Offensive war ein fantastischer Erfolg.

um ihre kostbaren Panzer nicht in aussichtslosen Defensivoperationen zur Haltung bestimmter Städte oder Flusslinien zu vergeuden.

Diese Taktik war in operativer Hinsicht sehr vernünftig, doch auch sehr gut für die Moral der Truppen. Diese sahen, dass sie etwas bewirken konnten und ihr Leben nicht unnötig aufs Spiel gesetzt wurde. Die Angst, in Kessel eingeschlossen zu werden und in sowjetische Gefangenschaft zu geraten, verfolgte alle Deutschen an vorderster Front. Mansteins Strategie, Einkreisungen zu vermeiden, hielt daher den Kampfgeist aufrecht. Kein Wunder, dass er sowohl bei den höheren Offizieren wie auch bei den Mannschaften großes Ansehen genoss.

Manstein verzeichnete im Sommer 1943 seinen ersten Erfolg in den Defensivkämpfen, als er im August 1943 nach dem massiven Durchbruch sowjetischer Truppen nördlich Charkows die Situation rettete. Die deutschen Stellungen waren den 650.000 sowjetischen Truppen im Verhältnis 3:1 unterlegen und brachen rasch zusammen. 2.300 sowjetische Tanks strömten südwärts. Manstein zog eine mächtige Truppe von sechs Waffen-SS- und Heerespanzerdivisionen heran, um den sowjetischen Einbruch einzuschließen und dann anzugreifen. Als die Krise vorbei war, nutzte er seine Panzertruppe zur Verteidigung Charkows und um einen geordneten Rückzug an den Dnjepr zu organisieren.

Im November 1943 durchstießen sowjetische Truppen die Dnjepr-Linie, nahmen Kiew und schwärmten dann südwärts aus, wodurch sie die Nordflanke der Heeresgruppe Süd zu umgehen und den Hauptteil der Truppen Mansteins in der Ukraine zu umzingeln drohten. Mittels Panzerverstärkung aus dem Westen warf Manstein die Sowjets so weit zurück, dass diese Bedrohung neutralisiert war, und zerstörte oder erbeutete dabei 700 sowjetische Tanks und 668 Pak.

In der letzten Dezemberwoche entwicklete sich eine massive Panzerschlacht, als mehr als 1.000 T-34 gegen die nun unterbesetzte Panzerreserve Mansteins geworfen wurden. Es war der erste einer Reihe von Stößen in seine Verteidigungsstellungen, die seinen Halt in der Ukraine langsam zerbröckeln ließen.

Der Tscherkassy-Kessel

Einen Monat später konnten die Sowjets im Korsun- und im Tscherkassy-Kessel zwei deutsche Korps einschließen. Manstein sah dies als Gelegenheit, seine Panzer einzusetzen, um zu den gefangenen Truppen durchzubrechen und zugleich das Blatt zuungunsten der die sowjetische Offensive anführenden sowjetischen Tanks zu wenden. Doch einsetzender Tau verwandelte die Ukraine für seine Panzer in eine Schlammfalle und alle Pläne für Gegenangriffe wurden aufgegeben. Stattdessen wollte man möglichst viele eingeschlossene Truppen retten.

Im März 1944 zerschnitten zwei gigantische sowjetische Zangenbewegungen Mansteins nun schwankende Heeresgruppe und schlossen die 200.000 Mann der 1. Panzerarmee ein. Wieder genügte es Manstein nicht, seine Männer aus dem Kessel bekommen, sondern er lenkte sie so westwärts, dass sie jeden sowjetischen Versuch, die riesige Lücke in der deutschen Linie für einen Vormarsch nach Polen auszunutzen, blockierten. Als Dank entließ ihn Hitler im März 1944.

Mansteins Ersatz, General-Feldmarschall Walter Model, war ein ganz anderer Typ als sein intellektueller, wohl angesehener Vorgänger. Glühender Nazi, war er seinem „Führer" fanatisch ergeben und besaß nicht die Manieren, die man von einem preußischen General erwartete. Er brüllte seine Untergebenen an und verlangte die Befolgung seiner Befehle, bis zur letzten Kugel standzuhalten. Er improvisierte gut, hatte aber nicht Mansteins Fantasie. Sein Spitzname war „Hitlers Feuerwehrmann", da ihn dieser in verzweifelter Lage ausgewählt hatte.

Sein bester Moment war wohl die Rettung der Ostfront nach der Zerstörung der Heeresgruppe Mitte durch die Operation Bagration, die Sommeroffensive, die am 22. Juni begann. Mehr als 2.000 sowjetische Tanks zogen praktisch ohne Gegenwehr westwärts. Model sammelte ruhig eine starke Panzerreserve und hielt die Russen in einer Reihe von effizienten Gegenangriffen auf. Bis Mitte August war die Rote Armee außerhalb Warschaus gestoppt. Models Panzerdivisionen dezimierten etliche sowjetische Korps und zahlreiche Infanteriedivisionen, was die Sowjets zwang, in Zentralpolen den Rest des Jahres in der Defensive zu bleiben.

Models erfolgreiche Gegenangriffe konnten aber nicht das Ausmaß des Desasters der Wehrmacht im Sommer 1944 verschleiern. Mit etlichen tausend Tanks an der Spitze schlugen mehr als zwei Millionen sowjetische Soldaten auf die 400.000 Mann der Heeresgruppe Mitte los. Die schiere Größe der Offensive überwältigte die Verteidiger. Überall in der Kampfzone wurden ganze deutsche Divisionen und Heereskorps in Kesseln gefangen. Es gab keine koordinierte Verteidigung oder Anstrengung, die Kessel zu entsetzen. Diese kapitulierten oder wurden vernichtet. Bis 28. Juli hatten 28 der 37 Divisionen der Heeresgruppe Mitte zu exisitieren aufgehört. Mehr als 200 Panzer und 1.300 Artilleriegeschütze gingen verloren. Mindestens 285.000 Deutsche fielen oder wurden gefangen genommen. Als Akt höchster Erniedrigung mussten 57.000 gefangene Deutsche mit 19 Wehrmachtsgenerälen in Parade durchs Zentrum Moskaus marschieren. Es war schlimmer als Stalingrad und die schwerste Niederlage der Wehrmacht im Zweiten Weltkrieg.

Die Rote Armee hatte eine 320 km breite Bresche in die deutsche Ostfront geschlagen. Es kostete Model übermenschliche Anstrengung, Mitte August eine Frontlinie genau östlich Warschaus zu bilden. Kaum hatte er die Front im Norden stabilisiert, begannen die Sowjets im Süden eine neue Offensive, die nach Rumänien hinein durchdrang. Binnen Tagen wechselte Rumänien die Seiten, und im September folgte Bulgarien. Hitler befahl einen großen Rückzug vom Balkan. Kreta, Griechenland und Albanien wurden aufgegeben. Die deutschen Truppen hielten einen Korridor durch Jugoslawien offen, um der griechischen Besatzungstruppe im November das Entkommen nordwärts zu ermöglichen.

Im Oktober stießen die sowjetischen Angriffsspitzen durch Rumänien und drangen in Ungarn ein. Dort warf sie ein blitzartiger deutscher Panzergegenangriff zeitweilig zurück. Ungarn geriet nun ins Schwanken, doch ein deutscher Handstreich beseitigte die pro-alliierten Elemente in der Regierung. Im November lief die sowjetische Offensive in Ungarn wieder auf vollen Touren. Budapest wurde eingeschlossen, 70.000 deutsche und ungarische Soldaten dabei gefangen.

Die sowjetischen Operationen in der Ostsee erzwangen die Kapitulation Finnlands und trotz starker deutscher Gegenangriffe konnten die Sowjets 22 Divisionen der Heeresgruppe Nord im Kurland isolieren.

In den letzten Tagen des Jahres 1944 waren die deutschen Streitkräfte an der Ostfront nur noch ein Schatten derer, die im Juli 1943 den Kursker Bogen abzuschneiden versucht hatten. Die deutschen Frontdivisionen waren froh, wenn sie noch zweitausend Mann aufbieten konnten. Panzer und Artilllerie waren knapp. Ein Jahr zuvor hatte das deutsche Heer an der Ostfront noch 1,5 Millionen Panzer- und Artilleriegeschoße pro Monat abgefeuert, doch im Januar 1945 kamen nur noch 367.000 Stück an der Ostfront an. Ersatzteile und Treibstoff waren rar. Alte Männer, Kranke und Teenager füllten die Lücken in den Reihen. Nazi-Parteifunktionäre und Gestapo erschienen in den Armeehauptquartieren, um die Befolgung der Befehle des „Führers", bis zum letzten Mann zu kämpfen, zu überwachen. Überall roch es nach Niederlage. Die deutschen Soldaten an der langen Ostfront blieb nichts anderes übrig, als in ihren frostigen Gräben auf die sowjetische Schlussoffensive zu warten.

Harter Kampf

Hitlers Armee in Russland zu besiegen, war aber kein Spaziergang. Die Wehrmacht leistete heftige Gegenwehr. Die sowjetischen Siege waren äußerst verlustreich. Die Rote Armee verzeichnete allein 1944 fünf Millionen Opfer auf dem Schlachtfeld, weitere zwei Millionen abseits davon. Man feierte dies als Jahr der größten Siege, doch die Verluste waren gleich hoch wie 1941. Die Deutschen verzeichneten 1944 auf dem Kampffeld 1,1 Million Opfer und 700.000 durch andere Umstände.

1943 und Anfang 1944 konnten die Deutschen ihre lädierte Front immer wieder vor dem Desaster bewahren und weiterkämpfen, angesichts der überwältigenden gegenerischen Übermacht eine bemerkenswerte Leistung. Dies hatte

Verbrannte Erde

Als sich das Blatt an der Ostfront im Sommer 1943 gegen Deutschland wandte, konzentrierte sich Hitler zunehmend auf den von ihm so genannten „ökonomischen Kampf" gegen die Sowjets. Da seine Armeen an der Front zurückgetrieben wurden, wollte der „Führer" seinen Gegner der wirtschaftlichen Ressourcen in den aufgegebenen Regionen berauben.

Im September 1943 ließ er Reichsmarschall Hermann Göring den Befehl zu einer Politik der verbrannten Erde in Südrussland erteilen. Keinerlei Nahrungsmittel, industrielle Rohstoffe, Viehbestand, Fabriken, landwirtschaftliche Maschinen, Eisenbahngerät, Motorfahrzeuge oder anderes, das dem Kampf der Sowjetunion half, sollte beim Rückzug zum Dnjepr zurückgelassen werden. Was man nicht mitnehmen konnte, sollte zerstört werden.

Hinter der deutschen Nachhut wurden Kolonnen von 200.000 Rindern, 153.000 Pferden und 270.000 Schafen zum Dnjepr getrieben. Mehr als 3.000 Bahnzüge beförderten Nahrungsmittel und industrielle Güter. Deutsche Pionierkommandos durchstreiften das Donez-Becken und sprengten Fabriken, Brücken, Kraftwerke und Regierungsgebäude. Die Militärkommandeure waren von Hitlers Vorgehen nicht gerade begeistert. Sie hatten Wichtigeres zu tun und meinten, die Politik der verbrannten Erde ziehe Kräfte von ihren Bemühungen, die Reste der Heeresgruppe Süd vor dem sowjetischen Vormarsch zu retten, ab.

Doch zuletzt nutzte auch die Politik der verbrannten Erde nicht viel. Die Sowjets nahmen zu viele deutsche Stellungen am Dnjper ein, und große Mengen der geraubten Beute mussten zurückgelassen werden.

Nach dem Krieg wurden viele höhere deutsche Heeeresoffiziere (darunter Erich von Manstein) angeklagt und auch verurteilt, weil sie durch ihre Teilnahme an der Politk der verbrannten Erde das Kriegsrecht verletzt hatten.

verschiedene Gründe: die Qualität der deutschen Feldkommandeure und der deutschen Einheiten (besonders der Panzerdivisionen), der Kampfgeist der deutschen Soldaten und Offiziere und die Schwächen der sowjetischen Taktik.

Die deutschen Heereskommandeure und Stabsoffiziere an der Ostfront führten 1943 und 1944 ihre Kampfoperationen fast immer sehr professionell durch. Einige zeigten den alten Elan der Blitzkrieg-Jahre. Hans Hube etwa wird von vielen als der beste Heerespanzerkommandeur des Kriegs betrachtet. 1941 war er Panzerdivisionskommandeur, 1942 beim gescheiterten Angriff auf Stalingrad Panzerkorpskommandeur und während der Invasion auf Sizilien und später in Süditalien erwies er sich als Meister der Verteidigung. Im Oktober 1943 erhielt er unter Manstein den Befehl über die 5. Panzerarmee und fügte den Sowjets schwere Verluste zu, als sie in der Ukraine die Region der Dnjeprkrümmung einzunehmen versuchten. Bis Kriegsende hielt er die Sowjets immer wieder mit einer Hand voll unterbesetzter Panzerdivisionen in Schach. Im späten Januar 1944 wurde er mit der Tscherkassy–Korsun-Rettungsoperation beauftragt, kam bis auf 4,8 km an die eingeschlossenen Truppen heran und hielt so lange einen Korridor offen, dass ein Ausbruch möglich wurde.

Einen Monat später fand sich Hubes 1. Panzerarmee hinter den sowjetischen Linien gefangen. Als Überlebender des Kessels von Stalingrad, aus dem er auf Befehl Hitlers in letzter Minute ausgeflogen wurde, war er entschlossen, seine Truppen keinesfalls das Schicksal des glücklosen Kommandos Paulus' teilen zu lassen. Der einarmige Panzergeneral formierte seine Truppen zu einem mobilen Kessel, der beständig westwärts in Freiheit zog. Entlang seiner Route benutzte die deutsche Luftwaffe Straßen und speziell präparierte Landebahnen für Versorgungsein-

StuG III einer Kampfgruppe im November 1943 in der ukrainischen Steppe. Die deutsche Methode Ad-hoc-Kampfgruppen aller Waffengattungen für spezielle taktische Aufgaben zu bilden, war ein weiteres Beispiel der Verfeinerung ihrer geschickten Kampftaktik und Organisation. Kampfgruppen konnten binnen Stunden gebildet werden und bestanden meist aus allen Arten von Verbänden, die für verschiedenste Aufgaben nötig waren, etwa Kampfpionieren, die Minen räumten oder Brücken schlugen, Pak gegen feindliche Tanks, Panzer als Angriffsspitze und Infanterie, um Gebiet zu halten. Die Einheiten der Roten Armee auf Bataillons- und Regimentsebene waren von einer Waffengattung (Panzer, Infanterie, Artillerie, Pak oder Pioniere). Ihre Angriffe blieben daher meist stecken, wenn sie auf unerwartete Probleme stießen, die Unterstützung durch Spezialisten erforderten. Es kam zu langen Verzögerungen, wenn die sowjetische Infanterie Pioniere oder Panzerunterstützung brauchte, da die Infanteriekommandeure dazu den Weg über die lange Kommandokette der Roten Armee nehmen mussten. Inzwischen ergab sich für die Deutschen oft die Möglichkeit zum Gegenangriff.

sätze. Da sie die sowjetische Haupttruppe geschickt umgingen, wurden Hubes Männer nie festgenagelt. Dies hielt die Moral aufrecht und vermied, dass die Sowjets sie abriegeln und ihre überwältigende Übermacht gegen sie konzentrieren konnten. Als seine Truppen frei waren, wurde Hube zum „Führer" bestellt, um seine wohlverdiente Beförderung zum Generaloberst zu empfangen. Doch sein Flugzeug stürzte ab und er kam dabei ums Leben.

General Hermann Balck war in den Kämpfen südlich von Kiew im November und Dezember 1943 einer der fähigsten Panzerkorpskommandeure Mansteins. Er kommandierte das XXXXVIII. Panzerkorps beim Gegenangriff, der zur Rückeroberung Schitomirs führte, und zerstörte dann etliche sowjetische Panzerverbände und Divisionen in den Wäldern nördlich der Stadt. Seine Panzerkolonnen drangen tief in den Wald ein, um große Widerstandsnester zu umgehen und dann einzuschließen. Balcks schnelle Angriffe verwirrten seine Gegner durch die „Phantom"-Panzerkolonnen, die aus dem Dunkel des Walds auftauchten und sofort feuerten.

Als die Sowjets wenige Wochen später in voller Stärke zurückschlugen, rettete Balck wieder die Lage, indem er seine Kräfte um die Flanken der gewaltigen T-34-Kolonnen herumführte und dann überraschend attackierte.

Gelassenheit in Krisen und starke Nerven waren oft nötig, um die Lage zu retten. General Ferdinand Schörners Rückzug aus dem Nikopol-Kessel am östlichsten Rand der Dnjeprkrümmung im Januar 1944 war dafür ein Beispiel. Als an den Flanken des Kessels sowjetische Truppen durchbrachen und drohten, Schörners XL. Panzerkorps einzuschließen, bildete er rasch Kampfgruppen, um die letzte Fluchtroute offen zu halten. Er eilte von einer Pak-Stellung zur nächsten und feuerte seine Truppen an, den Kampf fortzusetzen, um dem Hauptteil des Korps entgegen Hitlers Befehl, bis zum letzten Mann zu kämpfen, das Entkommen zu ermöglichen. Als alle Verwundeten evakuiert waren, konnte Schörner seine Nachhut zurückziehen.

Diese taktischen Erfolge deutscher Armee- und Korpskommandeure waren kein Zufall, sondern Resultat sorgfältiger Planung und Koordination vieler Stabsoffiziere. Hinter jedem General stand ein Stabschef, der sein Hauptquartier am Laufen hielt, die Absichten des Kommandeurs in Befehle umsetzte und im Krisenfall an seiner Stelle handelte. Mansteins treuer Leiter für Operationen und dann Stabschef von der Belagerung Leningrads an bis zur Entlassung des Feldmarschalls im April 1944, Theodor Busse, war für den Erfolg vieler Operationen der Heeresgruppe Süd entscheidend. Er flog sogar in den Stalingrad-Kessel, um Paulus Mansteins Plan für einen Ausbruch zu überbringen. Wenn Manstein zur Rechtfertigung eines seiner „taktischen Rückzüge" ins Führerhauptquartier gerufen wurde, musste stets Busse alle Krisen bewältigen.

Balcks rechte Hand in den Panzerkämpfen südlich Kiews war F. W. Mellenthin, ein Veteran des Afrikafeldzugs. Er kontrollierte das Korps von seinem Hauptquartier aus, wenn Balck an der Front war. Wenn eine Krise drohte, wurde er manchmal als „Troubleshooter" zu Hilfe gesandt.

Divisionskommandeure

In Hitlers Armee waren Divisionskommandeure Befehlshaber auf dem Kampffeld, keine Stabsoffiziere, die fern der Kanonen des Gegners in sicheren Hauptquartieren saßen. Beipsielhaft für die dynamischen und charismatischen Charaktere an der Spitze der deutschen Panzerdivisionen war Hasso von Manteuffel. Beim Rückzug in der Ukraine führte er die 7. Panzerdivision, Rommels ehemaligen Verband, wegen ihres schnellen Tempos auch als „Geisterdivision" bekannt, vom Turm seines Kommandopanzers aus. Für seinen Erfolg an Balcks Seite südlich Kiews wurde er im November 1943 mit dem Kommando über die Panzergrenadierdivision „Großdeutschland" belohnt.

Manteuffels Befehlsstil war einfach. Er begab sich an den „Schwerpunkt" des Kampfes der Division und traf alle Entscheidungen auf der Grundlage dessen, was er sah, ohne sich durch Funksprüche aus Frontgräben beirren zu lassen.

Die Division „Großdeutschland" war ein Eliteverband und 1944 mit Tiger- und Panther-Bataillonen ausgerüstet. Der Glanzpunkt Manteuffels kam im Mai 1944, als 400 sowjetische Tanks bei Targul Frumos an der rumänischen Grenze die Stellungen der Division angriffen. Er wartete, bis seine 8,8-cm-Flak 25 die neuen sowjetischen schweren Joseph-Stalin-II-Panzer abgeschossen hatten, und warf dann seine Tiger und Panther in einen Gegenangriff. Vom Turm seines Kommandopanthers aus trieb er seine Panzermannschaften immer wieder vorwärts, bis die Russen vom Schlachtfeld flohen. Bei der Inspektion des Kampfplatzes fanden die Truppen von „Großdeutschland" die brennenden Wracks von 250 sowjetischen Tanks.

General Fritz Bayerlein war das genaue Gegenstück zum extravaganten Aristokraten Manteuffel. Er musste ganz andere Herausforderungen bewältigen. Seine 3. Panzerdivision war ein Frontverband, der an Männern und Gerät wenig Ersatz erhielt. Er war ein schlauer Taktiker und genauer Planer, der an der Ostfront sein erstes Kommando innehatte. Im Januar 1944 wurde Bayerleins Division mit drei weiteren Divisionen seines Panzerkorps in der ukrainischen Stadt Ki-

Deutsche „Festungen“

Hitler war berüchtigt dafür, von sowjetischer Einkreisung belagerten deutschen Truppen den „Kampf bis zum letzten Mann und zur letzten Patrone“ zu befehlen. Für die eingeschlossenen Truppen waren die Folgen meist verheerend.

Der „Führer“ gab den Befehl „standhalten oder sterben“ erstmals bei der sowjetischen Offenisve im Winter 1941/42 vor Moskau. Die Taktik funktionierte einigermaßen und die deutsche Front blieb für zukünftige Kämpfe erhalten. Diese Erfahrung der Abwehr von Angriffen riesiger Menschenmassen und von tiefen Einkreisungsbewegungen veranlasste die Deutschen, spezielle Taktiken zur Verteidigung der langen Ostfront zu entwickeln.

Um die gesamte Länge der Front zu halten, gab es nicht genügend Truppen. Daher entwickelte man ein System von Stützpunkten und befestigten Zonen. Um diese Basen herum konnten die Sowjets passieren. Artillerie und Granatwerfer würden von den Deutschen nicht gehaltene Bereiche säubern und dann sollten Panzerkolonnen mögliche Breschen in der Front schließen. So würden die Angriffe abgeschnitten und vernichtet. Bis Frühling 1943 bewährte sich diese Taktik, doch in den letzten Kriegsjahren war die Wehrmacht zahlenmäßig so unterlegen, dass sie die dafür nötigen mobilen Truppen nicht mehr aufbieten konnte.

1944 befahl Hitler abgeschnittenen deutschen Truppen immer wieder, Städte als so genannte „Festungen“ einzurichten. Er glaubte, dies könnte sowjetische Divisionen in großer Zahl binden, die ansonsten frei wären westwärts zu stürmen. In Wahrheit wurden diese Festungsstädte ohne Panzerreserven für ihren Entsatz für ihre Besatzungen zu Todesfallen. Die Sowjets schlossen die „Festungen“ einfach ein und warteten, bis den Deutschen Nahrungsmittel und Munition ausgingen.

Die sowjetische Offensive, die im Juni und Juli 1944 die Heeresgruppe Mitte zerschlug, war der Bankrott der Vorstellungen des „Führers“. Binnen Wochen hatten die Russen etliche deutsche Korps in isolierten Kesseln bei Witebsk, Orscha, Mogilew und Bobruisk umzingelt. Hitler befahl, bis zum letzten Mann zu kämpfen. Als er schließlich einen Ausbruch erlaubte, war es zu spät. Nur wenige tausend Mann konnten entkommen. Mehr als 150.000 deutsche Soldaten fielen, etwa 100.000 wurden gefangen genommen. Die Gefangenen wurden später von den siegreichen Sowjets in Parade durch die Straßen Moskaus getrieben.

rowograd eingeschlossen. Bayerlein war in Nordafrika Rommels Stabschef gewesen und nicht bereit zu warten, bis er vernichtet wurde. Er nutzte einen Zusammenbruch der Funkverbindungen aus, um sicherzugehen, dass ihn aus dem Führerhauptquartier kein gegenteiliger Befehl erreichte, und bildete eine Angriffsformation mit Panzern an der Spitze. Der Ausbruch aus dem Kessel gelang. „Kirowograd klingt für mich zu ähnlich wie Stalingrad“, war sein Kommentar. Als er wieder Bewegungsfreiheit hatte, wendete Bayerlein seine Panzer und griff mit ihnen die sowjetischen Belagerungstruppen an. Diese sahen gegnerische Tanks inmitten ihrer Reihen und flohen in Panik, wodurch sich für den Rest der noch in Kirowograd gefangenen Garnison eine Fluchtroute öffnete.

Im Krieg an der Ostfront waren die deutschen Heeresverbände den sowjetischen Einheiten gleicher Größe oder Funktion stets an Kampfstärke überlegen. Sie waren besser ausgebildet und ihre Kommandeure erfahrener als ihre sowjetischen Gegenspieler. Taktik, Struktur der Einheiten und Kampftechniken waren beim deutschen Heer stets raffinierter als bei der Roten Armee. Dies war der Hauptgrund für die enormen Verluste, die die Deutschen den Russen zufügen konnten.

Auf Divisions- und Kampfgruppenebene verfügten die Deutschen über weit bessere Kommunikationsmittel, sodass sie auf dem Schlachtfeld rascher reagieren konnten. Jeder deutsche Panzer oder Panzerwagen hatte Funk, wodurch die Panzerkommandeure eine sehr komplexe Taktik anwenden konnten. Die Sowjets hatten nicht annähernd so viele Funkgeräte. In den sowjetischen Panzerbataillonen hatte meist nur der Kommandeur Funk. Er musste sich mit seinen Mannschaften durch farbige Flaggen verständigen. Kein Wunder, dass die Bataillone im Kampf von den Deutschen entweder zurückgeworfen oder in Stücke geschossen wurden.

Die deutschen Kommando- und Kontrolltechniken ermöglichten auch den Einsatz der Artillerie mit großer Wirkung. Sie lenkte ihr Feuer unter Leitung

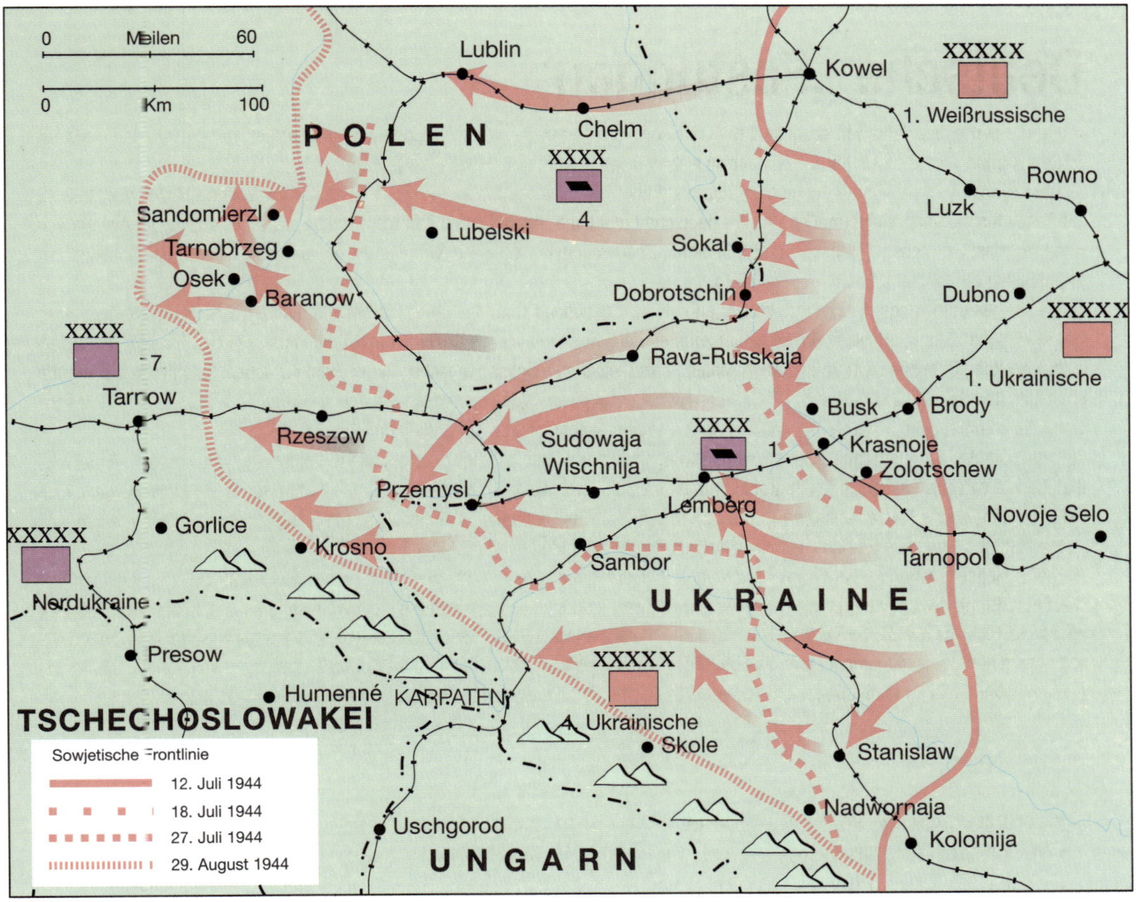

Bis Ende August 1944 hatte die Rote Armee die Deutschen aus der Sowjetunion geworfen und stieß nach Polen vor. In dieser Phase des Kriegs an der Ostfront verlangsamten neben der Wehrmacht auch Nachschubprobleme den sowjetischen Vormarsch.

ihrer Beobachter an der Front rasch auf kritische Punkte. Die sowjetische Artillerie hingegen war auf die Stärke ihrer direkt gelenkten Feuerkraft angewiesen.

Die deutschen Offiziere waren voll in der „Auftragstaktik“ ausgebildet, was ihnen rasche Reaktionen auf die sowjetischen Angriffe erlaubte. Die niedrigeren sowjetischen Kommandeure hatten nie die Aktionsfreiheit ihrer deutschen Gegenspieler. Die Kontrolle durch die Kommunisten war noch weit unten in der Kommandokette zu spüren, was auf dem Schlachtfeld zu unflexibler und einfallsloser Taktik führte. Die meisten sowjetischen Offensiven wurden akribisch geplant, doch sobald sie im Gang waren, begannen die Dinge schief zu laufen, wenn die Deutschen mit Gegenangriffen reagierten oder den Zeitplan der Operation durcheinander brachten. Die sowjetischen Offiziere bis zum Generalmajor waren gewohnt, sehr detaillierte Befehle für jeden Aspekt ihrer Einsätze zu erhalten. Gab es unerwartete deutsche Reaktionen, mussten die Offiziere erst ihre Vorgesetzten konsultieren. Wurden sie umgangen oder die Verbindung abgeschnitten, wussten die Offiziere nicht, wie sie entscheiden sollten.

Unter Manstein in der Ukraine und Model in Polen hatten die deutschen Kommandeure viel Freiheit, ihre Ziele auf ihre eigene Art zu erreichen. So war der „Kreis der Entscheidungsfällung“ stets kürzer als bei den Sowjet, sodass die Heeresgruppen der beiden Genralfeldmarschälle den Sowjets viele Rückschläge bereiten konnten. Als Hitlers Nazifizierung der Wehrmacht im Spätsommer und Herbst 1944 jedoch intensiviert wurde, wurde diese eng an die detaillierten Anweisungen des „Führers“ gebunden, was die Aktionsfreiheit abwürgte.

Zwar wurden sie in den letzten Tagen des Jahres 1944 an die Grenzen des Reichs zurückgetrieben, doch mangelte es den deutschen Truppen an der Ostfront nicht an Kampfgeist. Die Panzerangriffsspitzen in der Schlacht von Kursk im Juli rückten mit dem Elan der Blitzkrieg-Tage vor. Danach wurden die deutschen Defensivlinien gegen überwältigende Übermachten erbittert verteidigt.

Es gab verschiedenen Gründe für den heftigen Widerstand. Auf Befehl Hitlers und des Oberkommandos des Heeres wurde 1943 die Nazi-Indoktrinierung der Mannschaften massiv intensiviert. Hitlers Erklärung des „totalen Kriges" im Januar 1943 wurde als Stärkung der Motivation der Fronttruppen, die im Osten gegen „slawische und jüdische Untermenschen" kämpften, benutzt. Die inzwischen täglichen alliierten Bombenangriffe auf deutsche Städte machten es der Nazi-Propaganda mit Filmen, Büchern, Zeitungen und Radio nicht schwer, die einfachen Soldaten davon zu überzeugen, dass sie in einem Kampf ums Überleben standen.

Die Moral stieg und sank je nach militärischer Lage, wobei die Phase vor dem Start des Unternehmens Zitadelle eine Zeit steigender Erwartungen war. Die Angriffstruppen wussten, dass es um viel ging, und als die Schlacht ohne entscheidenden deutschen Sieg endete, sackte die Moral ab. Der lange Rückzug der Heeresgruppe Süd in der Ukraine während des Septembers und Oktobers verbesserte dies nicht gerade. Mansteins Gegenangriff südlich Kiews gab den Truppen wieder Auftrieb. Die Gefangennahme tausender schlecht ausgerüsteter und motivierter Russen überzeugte die deutschen Soldaten, sie müssten die Sowjets bloß stärker dezimieren, als diese ertragen konnten. Mellenthin meinte, dies sei für die Truppen der Heeersgruppe Süd ein „Hoffnungsschimmer". „Es war klar, dass die Grenzen der sowjetischen Mannstärke erreicht waren: Die Russen konnten nicht weiterhin endlos derartige Verluste verkraften." Die deutschen Offiziere begannen an 1917 zu denken, als riesige Verluste die Russische Revolution herbeigeführt hatten. Das war aber Wunschdenken. Stalins Maschine zerbrach nicht. 1944 verdoppelte sie ihre Anstrengungen und warf noch mehr Männer und Material gegen die Deutschen in die Schlacht.

Die „bolschewistische Horde"

Der Zusammenbruch der Heeersgruppe Mitte brachte die Rote Armee an die Grenzen des Reichs. Nun war die Existenz Deutschlands direkt bedroht. Höhere deutsche Offiziere wie Heinz Guderian, der im Juli 1944 Generalstabschef des Heeres wurde, meinten, die Ostfront „taumelt am Rand des Abgrunds, vor dem man Millionen deutsche Soldaten und Zivilisten retten muss."

Deutsche Offiziere und Soldaten hatten gesehen, wie brutal Rote Armee-Truppen und Partisanen deutsche Kriegsgefangene sowie „befreite Zivilisten" behandelt hatten. Sie fürchteten um ihre Familien, sollten sowjetische Truppen ins Herz Deutschlands eindringen. Da Ende 1944 Ostpreußen, Schlesien und Pommern innerhalb der Artilleriereichweite der Sowjets lagen, war diese Gefahr real. Der verhasste sowjetische Feind stand buchstäblich vor den Toren des Reichs.

Auch war klar, dass die Sowjets für die gnadenlos brutale Besetzung Russlands blutige Rache nehmen würden. Die Offiziere der Osfront wussten, dass Hitlers Krieg gegen Russland einzigartig war. Siegten die Sowjets, so würde Deutschland jene Behandlung erfahren, die Hitler ihnen zugedacht hatte. Die soziale Ordnung würde zerstört, die Industrie den Sowjets unterstellt, die Landwirtschaft für die Ernährung Russlands herangezogen und es würde Massendeportationen von Arbeitskräften in die Sowjetunion geben. Die Zukunft der deutschen Berufsoffiziere sah düster aus. Nazi-Führer, SS-Offiziere und Parteimitglieder wussten, dass sie

Hasso von Manteuffel (links) war an der Ostfront ein perfekter Panzerkommandeur. Zuletzt befehligte er in der glücklosen Ardennenoffensive im Dezember 1944 eine Panzerarmee

keine Gnade zu erwarten hatten. Wegen des Kommissarbefehls Hitlers würden die Sowjets mit ihren ideologischen Feinden ebenso verfahren.

An der Front galt strenge Disziplin. Die Offiziere waren ermächtigt, zu ihrer Aufrechterhaltung äußerste Maßnahmen zu ergreifen, wenn Truppen schwankten. Sie durften jeden erschießen, der im Kampf seinen Posten verließ. Kriegsgerichte straften jede Pflichtverletzung hart. Das kam 1943–1944 bei den altgedienten Kampfeinheiten selten vor. Dort sicherte die Loyalität zu den bekannten Offizieren und Freunden den Zusammenhalt der Einheit. Als im Chaos der zweiten Jahreshälfte 1944 immer mehr schlecht ausgebildete neue Einheiten in die Schlacht geworfen wurden, waren drakonische Maßnahmen nötig, um die Truppen am Kämpfen zu halten. Dies wurde zunehmend zum Problem, als die deutschen Einheiten auf heimatlichem Boden kämpften, wo man leichter desertieren konnte.

Trotz überlegener Führung, Taktik, Organisation und Motivation erlitt die deutsche Armee durch die Rote Armee die schwersten Niederlagen ihrer Geschichte. Der Sieg der Sowjets bei Kursk war entscheidend und in den nächsten 21 Monaten hatten sie an der Ostfront die Initiative. Es war eine Frage der Zahlen. Anfang 1944 war die Rote Armee im Verhältnis 2:1 überlegen, am Jahresende war die Übermacht auf 3:1 angewachsen.

Die Sowjets konnten auf ein viel größeres Menschenpotenzial zurückgreifen, 1941 auf 45 Millionen Männer zwischen 20 und 59, verglichen mit nur 25 Millionen Deutschen desselben Alters. 1943 und 1944 konnten die Sowjets die Größe der Roten Armee konstant bei mehr als sechs Millionen Mann halten. Der

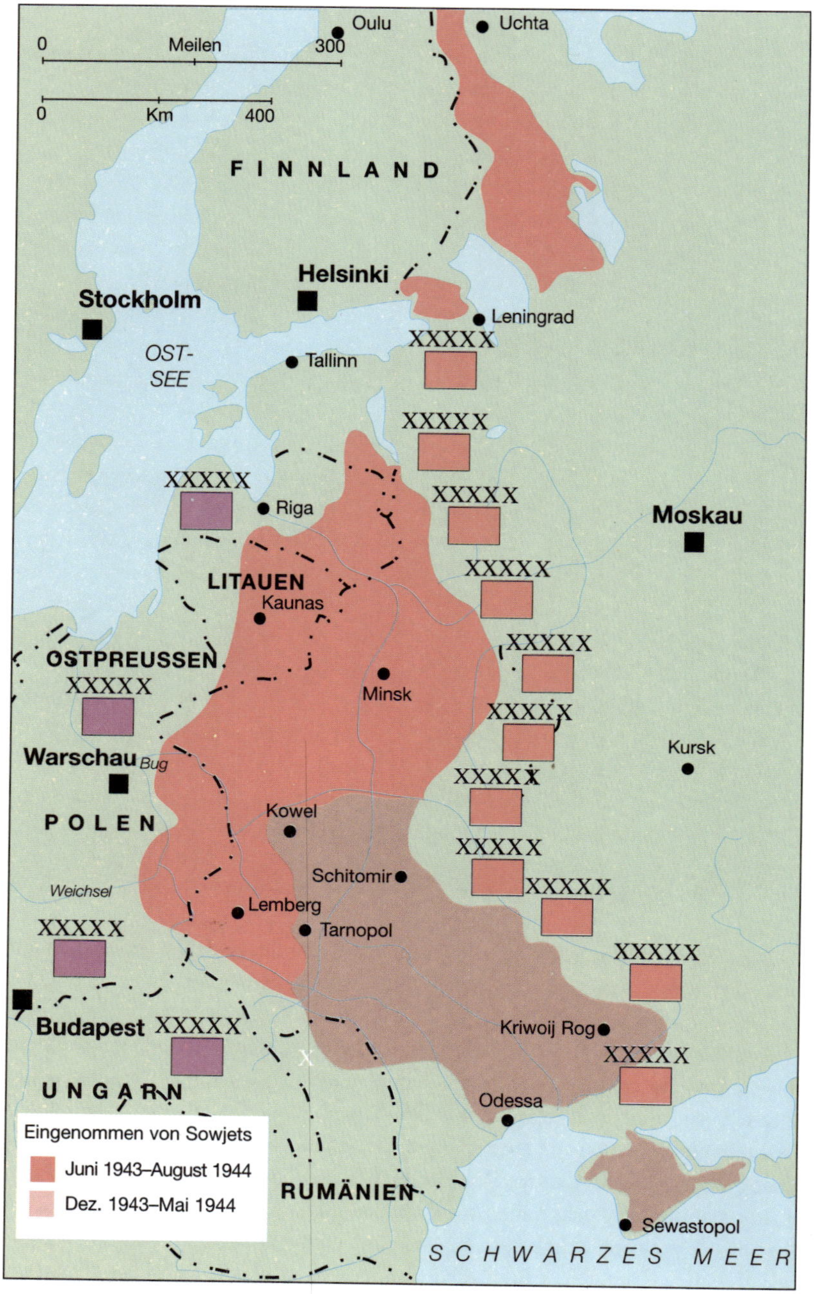

Das Ausmaß der deutschen Verluste im Osten zwischen Juni 1943 und August 1944 war enorm. Zudem konnte die Wehrmacht (wie man hier sieht) nur vier Heeresgruppen gegen elf sowjetische Fronten aufbieten und alle Heeresgruppen waren knapp an Männern, Gerät und Munition.

höchste Stand des deutschen Heeers an der Ostfront waren im Juni 1941 3,3 Millionen Mann, doch Ende Oktober 1944 waren es nur noch 2,5 Millionen. Die wachsenden Verluste im Osten betrugen 1944 über eine Million Mann. Die Einheiten waren zu Beginn des Jahres um 500.000 Mann unterbesetzt und das deutsche Ersatzsystem schaffte pro Monat nur 128.000 neue Rekruten. Nicht alle davon kamen an die Ostfront. Im Juli und August 1943 verzeichnete die Wehrmacht im Osten 654.000 Verluste, erhielt aber nur 279.000 Mann Ersatz.

Die Verluste in Russland konnten nicht ausgeglichen werden und 1944 verloren die Deutschen zudem mehr als 500.000 Mann im Westen und auf dem Balkan. So konnten sie die Stärke ihrer bestehenden Divisionen nicht erhalten.

Der Hammerschlag kam im Juni und Juli 1944, als die Heeresgruppe Mitte und die Normandie-Front zusammenbrachen. In Weißrussland gab es 285.000 gefallene, verwundete oder gefangen genommene Deutsche, 440.000 in der Normandie. Um die Frontlinien aufzufüllen, waren verzweifelte Maßnahmen nötig. Das Ausbildungssystem zog Kader von Ausbildern heran, um eine große Menge neuer Divisionen zu bilden. Diese Männer kämpften in der Ardennenschlacht und in den ungarischen Offensiven. Da nun niemand mehr die nächste Welle von Rekruten ausbilden konnte, war das Schicksal der Wehrmacht besiegelt.

Kriegsgüterproduktion

Die Sowjetunion konnte ihre überlegenen Human-, natürlichen und industriellen Resssourcen einsetzen, um Panzer, Artillerie, Handfeuerwaffen und anderes Kriegsgerät in einem für die Deutschen unerreichbaren Ausmaß herzustellen.

1943 stießen die sowjetischen Fabriken 24.000 Tanks und Sturmgeschütze aus, die deutschen nur 9.500 Stück. Im Jahr darauf erreichte die deutsche Produktion ihren Spitzenwert im Krieg mit 17.000 Panzern und Sturmgeschützen, doch die Russen konnten ihre Zahlen auf 29.000 schwere Panzerfahrzeuge erhöhen. Die Verluste beider Seiten auf dem Schlachtfeld waren gewaltig – die Sowjets verloren sowohl 1943 wie auch 1944 23.000Tanks, die Deutschen 1943 etwa 7.500 und 1944 7.600 Panzer. Trotzdem hatten die enormen Verluste der Roten Armee auf ihre Panzerstärke an der Front wenig Auswirkung. Anfang 1943 hatte sie 20.000 Tanks, ein Jahr später 24.000, und als sie bereit zum Schlag gegen Berlin stand, besaß sie erstaunliche 35.000 Tanks und Sturmgeschütze. Das deutsche Heer warf mehr als 2.000 Panzer und Sturmgeschützte in das Unternehmen Zitadelle. Ab da ging es bergab. Die Produktionsraten bei Artillerie, Flugzeugen und anderem Gerät waren ähnlich.

Dass das deutsche Heer bei Kursk nicht durch die sowjetischen Stellungen brechen konnte, war der Wendepunkt. Die einfachen Soldaten der Roten Armee bewiesen, dass sie es an Kampftüchtigkeit mit der Wehrmacht aufnehmen konnten, und Stalins Generäle zeigten, das sie an der Ostfront die Meister der Strategie wurden.

Das Oberkommando der Roten Armee (der STAWKA) hatte eine brillante Defensivschlacht geliefert und ging mühelos zur Offensive über, als dem deutschen Angriff die Luft ausging. Man brachte unter größter Geheimhaltung die strategischen Panzerreserven nach vorne und am 12. Juli überraschte ihr Eingreifen gegen das II. SS-Panzerkorps bei Prochorowka die Deutschen total. Dann führte der STAWKA anderswo an der Ostfront Ablenkungsoffensiven durch, um Mansteins Panzerdivisionen abzuziehen. Als letztere an anderen Orten in den Kampf gingen, starteten die Sowjets eine weitere massive Überraschungsoffensive, die die Heeresgruppe Süd nördlich Charkows aufriss und die Deutschen zum Dnjepr zurücktrieb.

In den folgenden 21 Monaten wurde dieselbe Strategie immer wieder angewandt, um die deutschen Reserven abzuziehen und dann anderswo mit verheerender Wirkung zuzuschlagen. Hitlers Generäle mussten eine mmer kleiner werdende Reserve von Panzerverbänden als „Feuerwehr" einsetzen. Doch es waren zu wenige, um alle Löcher in der Ostfront zu stopfen. Der STAWKA erkannte, dass seine taktischen Truppen ihren deutschen Gegenspielern nie ebenbürtig sein würden. Er war daher bereit, an Nebenfronten riesige Verluste hinzunehmen, wenn dies andere deutsche Verbände für den entscheidenden Angriff anfällig machte. Der STAWKA entwickelte eine Reihe von Spezialverbänden, die ideal für diese Art Kriegsführung waren. Sie bildete Panzer- und Panzergrenadierkorps mit mehr als 200 Tanks. Die Deutschen hatten dem nichts entgegenzusetzen.

Bewaffnung der Armee

Unter Albert Speers Leitung stellte Deutschlands Rüstungsindustrie einige der wirksamsten Waffen der Militärgeschichte her (etwa den Panther und den Me-262-Düsenjäger), doch konnte auch dies das Kriegsgeschick nicht zugunsten Deutschlands wenden.

Eine Kolonne von Tigern I an der Ostfront. Im Schlüsselbereich des Panzerbaus konnte Deutschland nicht mit den sowjetischen Tank- und Sturmgeschütz-Produktionsraten von 24.000 im Jahr 1943 und 29.000 1944 konkurrieren. Die USA stellten 1943 29.000 und 1944 17.000 Tanks her. Das Ausmaß des Ungleichgewichts wird deutlich, wenn man bedenkt, dass im Zweiten Weltkrieg die USA 88.410, die Sowjetunion etwa 93.000, Großbritannien 24.803 und Deutschland nur 24.350 Panzer produzierten.

Eines der bleibenden Bilder des deutschen Heeres ist das riesiger Panzerkolonnen, die von einer Eroberung zur nächsten durch Europa rasen. Die Wochenschauen der Blitzkrieg-Jahre haben eine bleibende Vorstellung der Kraft und Überlegenheit der deutschen Panzer- und anderen Waffen geprägt.

Im Zweiten Weltkrieg erzeugte die deutsche Rüstungsindustrie Waffen, die weit moderner waren als jene der Gegner Deutschlands. Da sich die Technologie in den Kriegsjahren rapid weiterentwickelte, konnten die Deutschen ihren Vorsprung bewahren, etwa durch den überragenden Panther als Gegenmittel gegen den sowjetischen T-34.

Wenn es eine Achillesferse gab, dann die, dass ihre Waffen zu komplex und ausgeklügelt waren, um in Massenproduktion hergestellt zu werden. Als sich der Krieg zu einem Konflikt rivalisierender Industriesysteme entwickelte, mussten die Deutschen von Methoden der Herstellung fast per Hand zur Massenproduktion übergehen. Doch angesichts des alliierten Bombardements und der horrenden Verluste an der Front mussten sie den Produktionswettstreit verlieren.

Hitler war von Wissenschaft und Technologie fasziniert. Er umgab sich gern mit Wissenschaftlern wie Dr. Ferdinand Porsche, der verschiedene Versionen des Tigers entwarf, und Dr. Werner von Braun, dem Vater der raketengetrieben V-Waffen. Diese Männer arbeiteten an der Schnittkante von Wissenschaft und Ingenieurswesen. Ihre Resultate waren denen ihrer alliierten und sowjetischen Gegenspieler weit voraus. Sie wurden durch Hitler ermutigt, als dieser in den 30er-Jahren seine Wiederbewaffnungskampagne startete. Dank der Großzügigkeit des Reichs wurden Firmen wie Krupp, Heinkel, Messerschmitt, Dornier, Henschel, MAN, Rheinmetall-Borsig and Daimler-Benz im Vorfeld des Krieges durch Rüstungsaufträge reich. Diese Firmen bauten ihre eigenen Forschungs- und Entwicklungsabteilungen auf und ließen ihre Konstrukteurteams an neueren und immer moderneren Waffen arbeiten. Sie wussten schließlich, dass der „Führer" das Beste für seine Wehrmacht kaufen würde.

Zu den Produkten der Vorkriegszeit gehörten die Serie der Panzer III und IV, die MP-38-Maschinenpistole, das MG 34 und die 8,8-cm-Flak. All diese Waffen deklassierten ihre Rivalen an Konstruktion und Qualität.

Als der Krieg begann, sammelte das Rüstungsamt der Wehrmacht die Forderungen der Frontkommandeure nach neuer Ausrüstung gegen die neuesten Waffen des Feinds oder um neue Typen von Einheiten auszustatten. In den Blitzkrieg-Jahren entstand durch den Kampfeinsatz vor allem Nachfrage nach Modifikationen existierender Waffen. Der Schock beim ersten Treffen auf die neuen sowjetischen T-34-Panzer im Sommer 1941 veranlasste das deutsche Heer, neue Waffen als spezifische Reaktion auf die technologischen Fortschritte des Gegners zu entwickeln. Der T-34 mit schräger Frontpanzerung, 76-mm-Kanone, Dieselmotor und einfacher Konstruktion machte die in den 30er-Jahren gereiften Panzer III und IV über Nacht veraltet. Nur der Einsatz von Stuka oder 8,8-cm-Flak in der Panzerabwehrrolle konnte den T-34 wirksam neutralisieren. Bis man eine dauerhaftere Anwort auf die Bedrohung durch den T-34 gefunden hatte, erhielt der Panzer IV als Notbehelf eine lange 7,5-cm-Kanone.

Neue Panzer

Generaloberst Heinz Guderian, der Vater der deutschen Panzertruppe und damals höherer Kommandeur an der Ostfront, empfahl zunächst, Deutschland solle einfach Kopien des T-34 bauen, da er an dessen Grunddesign wenig zu verbessern fand. Im November 1941 schloss das Rüstungsamt Verträge zur Entwicklung des Panzers, der schließlich als Panther bekannt wurde (die Konstruktion stammte ursprünglich von MAN). Nur wenige alliierte Tanks hatten eine Chance, die Panzerung des Panthers zu durchschlagen, außer aus selbstmörderisch kurzer Distanz, während seine 7,5-cm-Kanone Shermans und Cromwells auf 2.000 Meter Entfernung abschoss. Sogar der starke T-34 wurde von seinem „Klon" deklassiert, und als dieser im Herbst 1943 in größerer Zahl an der Ostfront eintraf, trug er viel zum Überleben der Heeresgruppe Süd bei deren Rückzug in die Ukraine bei. Das erste Auftreten eines ganzen Panther-Bataillons im August 1943 außerhalb Charkows war entscheidend bei der Abwehr eines Angriffs einer ganzen sowjetischen Panzerarmee, wobei die Panther der SS-Division Das Reich den Großteil der 184 an einem einzigen Tag abgeschossenen T-34 erledigten.

Prototypen des Tiger I wurden schon vor dem Krieg entwickelt, doch der T-34 machte die Sache dringend. Hitler war von schweren Panzern fasziniert und vom Design, das sein Lieblingskonstrukteur Porsche vorschlug, gefesselt. Dies führte dazu, dass Porsche seine Version des Tigers zu bauen begann, noch ehe das Rüstungsamt ein endgültiges Design gewählt hatte. Schließlich befand man die alternative Konstruktion Henschels für am besten und gab sie in Produktion. Die 90 Porsche-Tiger wurden in Elefant-Panzerjäger umgebaut. Als die Wehrmacht Ende 1942 auf neue alliierte Tanks wie den Sherman, Churchill, T-34 mit stärkerer Kanone und den schweren KV-1 traf, begann das Rüstungsamt die Planung eines Nachfolgers des Tigers I. Wieder konkurrierten Porsche und Henschel um den Vetrtrag für den neuen Tiger II oder Königstiger, der die schrägen Linien des Panthers mit der neuen 8,8-cm-Hochgeschwindigkeitskanone und starken Panzerung des Tigers I kombinierte. Die Produktion startete im Januar 1944.

Henschels Tiger I war buchstäblich ein mobiler Bunker. Nur wenige alliierte oder sowjetische Tanks hatten eine Chance, seine 100-mm-Frontpanzerung zu durchschlagen, selbst aus kurzer Distanz. Der Tiger erlaubte den Deutschen bei Kursk, ihre berühmte Panzerkeil-Taktik anzuwenden. Dabei wurden Tiger an die Spitze einer Angriffsformation gestellt, um das Feuer der eingegrabenen sowjetischen 76,2-mm-Pak auf sich zu ziehen. Da dieses harmlos von ihrer Frontpanzerung abprallte, konnten die Tiger dann die sowjetischen Geschützstellungen erledigen und den Weg für die weniger gut geschützten Panzer IV und Halbketten-Mannschaftswagen frei machen, die die Bresche in den verwüsteten russischen Linien ausnutzten.

Waffenkrise

Die deutschen Feldkommandeure waren froh, nun die nötigen Qualitätswaffen gegen die von den Alliierten und Sowjets im Frühling 1943 gebauten zu haben, doch die Wehrmacht steckte in einer Krise. Die deutsche Industrie konnte nicht genug Waffen und Munition für den „totalen Krieg" herstellen. Übel stand es um die Panzerproduktion. Als die Schlacht von Stalingrad im November 1942 ihren Höhepunkt erreichte, rollten nur 113 Panzer IV aus Krupps Fertigungsstraßen. Henschel baute nur 17 Tiger I und der Panther war noch Monate von der Produktion entfernt. Im selben Monat bauten die Sowjets 900 T-34. Die deutschen Panzerdivisionen erlitten in Russland schwere Verluste und erhielten als Ersatz eine Hand voll Tanks. Die Sowjets schienen unbegrenzte Mengen zu besitzen.

Diese Lage hatte verschiedene Ursachen. Ein Hauptfaktor war, dass der Nazi-Staat Rivalität und Konkurrenz anstatt einer kohärenten Ausrichtung der Wirt-

Ein Tiger I in der Fertigungsstraße. Seltsam, dass die Hauptpanzerproduktions- und Montagezentren für die Alliierten nie erste Priorität hatten. Allerdings waren sie immer noch durch Flak-Stellungen, Attrappen zur Täuschung der Bombenschützen, Suchscheinwerfer gegen Nachtangriffe, elektronische Störgeräte und gigantische Rauchgeneratoren gegen feindliche Flugzeuge geschützt.

Der Panther war der weitaus beste All-Round-Panzer des Zweiten Weltkriegs. Er entlehnte seine schnittigen Linen von der schrägen Panzerung des T-34, was ihm ausgezeichneten Schutz verlieh, und verband dies mit der tödlichen Schlagkraft seiner langen Rheinmetall-Borsig-7,5-cm-42-L/70-Kanone.

schaft förderte. Luftwaffe und Kriegsmarine kontrollierten ihre eigene Produktion. Die großen Rüstungsfirmen und ihre Konstrukteure hatten direkte Verbindung zu Hitler und nutzten sie, um ihre Lieblingsprojekte zu fördern, wie die Konfusion beim Tiger-Projekt zeigte. „Für Straßenkämpfe befahl Hitler den Bau von drei Ramm-Tigern", kommentierte Guderian. „Diese ‚Ritter-Waffe' scheint auf der taktischen Fantasie von Lehnstuhl-Strategen beruht zu haben." Dies machte es für Dr. Fritz Todt, Hitlers Kriegsminister bis Februar 1942, schwierig. Nach seinem Tod durch einen Flugzeugabsturz machte Hitler seinen Lieblingsarchitekten, den 36-jährigen Albert Speer, zum Chef des Ministeriums für Rüstung und Munition. Er sollte die Probleme lösen.

Speer wusste wenig über Waffenproduktion, doch war er ein Experte in dem, was man heute Management-Theorie nennen würde. Bald begann er sein neues Reich nach rationelleren Richtlinien umzustrukturieren. Er glaubte sehr an integrierte Teams oder Komitees, die Benutzer, Konstrukteure und Produktionsexperten zusammenbrachten, um ein Problem zu lösen. Die überraffinierte und komplexe Konstruktion vieler deutscher Waffen war ein Hauptproblem, sogar bei scheinbar einfachem Gerät wie Handfeuerwaffen. Speer ging drastisch vor: Das MG 34, das als beste Waffe der Welt galt, wurde durch das MG 42 ersetzt, das billiger und leichter herzustellen war, da der Großteil seiner Teile Massenpoduktion war, die von angelernten Arbeitern erledigt werden konnte.

Speers Einfluss auf die Panzerproduktion war wegen der ständigen Streitereien mit dem OKH über die Produktionserfordernisse bei Panzern begrenzt. Die Artillerie wollte Priorität für Sturmgeschütze und Selbstfahrlafetten. Im Dezember 1942 etwa wurde die Gesamtproduktion von Panzer-III-Fahrgestellen auf StuG-III-Produktion umgelenkt. Und noch ehe die Tiger- und Panther-Fertigung ein substanzielles Niveau erreichte, befahl das Oberkommando im Februar 1943, die Panzer-IV-Produktion zugunsten der neuen Fahrzeuge einzustellen.

Der unmittelbare Zusammenbruch der Panzertruppe schien nahe. Ende Februar rief Hitler Guderian aus seiner Freistellung (nach der Entlassung wegen des gescheiterten Versuchs, im Dezember 1941 Moskau zu erobern) zurück und ernannte ihn zum Generalinspekteur der Panzertruppen. Er hatte umfassende Vollmacht, alles gegen das Chaos bei der Panzerproduktion zu unternehmen. Nach modernen Management-Begriffen löste Guderian die Anforderungen oder die Abnehmer-Seite des Problems, während Speer nun das Geforderte liefern konnte.

Guderian sagte, das Ausrangieren der Panzer-IV-Produktion „hätte sicherlich in nächster Zukunft zur Niederlage der deutschen Armee geführt“. Die Entscheidung wurde als Teil des ersten integrierten und kohärenten Plans für die Ausrüstung und Organsisation der Panzertruppe widerrufen. Man machte den Zeitplänen der Panzer-IV-, Panther- und Tigerproduktion realistische Vorgaben. Die Konstruktion wurde zur Erleichterung der Herstellung rationalisiert, geeignete Systeme für die Ausbildung der Crews an den neuen Panzern wurden geschaffen und Aufträge für unterstützende leichte Panzerfahrzeuge, etwa Späh- oder Halbketten-Mannschaftstransporter und Pak-Selbstfahrlafetten erteilt. Er gab Aufträge für künftige Forschung und Entwicklung mit Priorität der Arbeit an Panzerjäger-Selbstfahrlafetten mit der langen 7,5-cm-L/70-Kanone. Obwohl Guderian die Kontrolle über die Sturmgeschütz-Produktion (außer für schwere Sturmgeschütze) nicht an sich reißen konnte, war sein Plan die Basis des Umbaus der Panzerdivisionen 1943 und 1944.

Die Produktion steigt an

Speer und Guderian vollbrachten im ersten Halbjahr 1943 Wunder, um die Produktion von Panzern zu steigern und sie den Frontdivisionen zu liefern. 1943 stellten Krupp und Nibelungenwerk 3.023 Panzer IV her. MAN, MNH, DEMAG, Henschel und Daimler-Benz produzierten 1.845 Panther und Henschel lieferte 643 Tiger I. Etwa 200 Panther konnten rechtzeitig für die Kursk-Offensive im Juli 1943 geliefert werden, obwohl klar war, dass der Tank noch an Kinderkrankheiten litt. Die Produktion von Sturmgeschützen stieg von nur 695 im Jahr 1942 auf 3.041 im Jahr 1943 und mehr als 1.300 Selbstfahrlafetten wurden hergestellt oder umgebaut, darunter 345 Stück des „Nashorns“ mit 8,8-cm-Kanone.

Die Panzerwagen-Produktion erreichte 1944 ihren Höhepunkt, gerade als auch die Verluste ihre Spitze aufwiesen. Die Panzer-IV-Produktion stieg nur leicht auf etwa 3.800, doch die Panther-Produktion erreichte 3.584 Stück und zu 623 Tigern I kamen 376 Tiger II. Es wurden fast 6.000 StuG III und IV gebaut und zu 2,357 neuen Panzerjägern IV mit der L70-Kanone kamen 226 Jagdpanther mit 8,8-cm-Kanone. Die Gesamtverluste betrugen 1943 fast 8.000 Panzer und Sturmgeschütze und im Jahr 1944 mehr als 9.000. Aufgrund der Produktionssteigerung konnten die Fronteinheiten ihren Kopf gerade noch über Wasser halten und Rommel erhielt eine Chance, im Juni 1944 die Landungen des D-Days zu besiegen.

Speers Methoden brachten so spektakuläre Früchte, dass die deutsche Luftwaffe ihren Stolz herunterschluckte und die Verantwortung für die Flugzeugproduktion seinem Ministerium unterstellte. Die Produktion von Jagdflugzeugen sollte sich schnell verdoppeln. Speer wurde bald zur Schlüsselfigur im Kampf gegen die schweren Bomber der britische Royal Air Force (RAF) und US Army Air Force (USAAF), die die deutschen Städte in wachsender Zahl angriffen. Die alliierten Fliegerkommandeure waren überzeugt, sie könnten Deutschland aus dem Feld schlagen, indem sie seine industrielle Basis zerstörten und dadurch die Versorgung mit Waffen auf ein Rinnsal reduzierten. Die Briten unter dem General der Luftwaffe Arthur „Bomber" Harris griffen Tag und Nacht mit Flächenbombardierungen (vor allem Brandbomben) an, um die Städte durch Feuerstürme ihrer Industriearbeiter zu berauben. Die Amerikaner versuchten unter General Carl Spaatz mittels Präzisionsbombardierung bei Tage Schlüsselglieder in der deutschen Produktionskette (etwa Kugellagerfabriken) auszuschalten. Hitler wies Speer an, die Fabriken des Reichs müssten trotz ab August 1943 täglicher Luftangriffe durch mehr als 600 Bomber weiterhin lebenwichtiges Kriegsgerät liefern.

Zunächst befahl Speer die Verstärkung der Fliegerabwehr. Als dann die Schwere der Angriffe zunahm und die Amerikaner im August 1943 die Hauptfabrik für Kugellager in Schweinfurt schwer beschädigten und dadurch die Produktion um 35 Prozent sank, fasste Speer den Plan, lebenwichtige Fabriken in die sichereren Gebiete im Osten, an der Grenze der Reichweite der alliierten Bomber, zu verlegen. Als die Angriffe stärker wurden, mussten so genannte „außergewöhnliche Fertigungsstätten" durch gewaltige Betonmäntel geschützt oder in unterirdische Kavernen verlegt werden. 1944 wurde die Produktion der V-Waffen und der Me-262-Düsenjäger unter die Erde verlegt. Speer setzte auch spezielle Kommissionen zur Dezentralisierung der Herstellung von Schlüsselprodukten ein, damit nicht die Fertigung bestimmter Waffentypen gelähmt werden konnte.

Dank Speers Anstrengungen bewältigte die deutsche Industrie bis Anfang 1944 den Sturm und die Produktionsraten erreichten Rekordniveau. 1944 wurden fast 4.000 Flugzeuge gebaut (1943 nur 2.000), und bei Panzerfahrzeugen und synthetischem Öl gab es Rekorde. Das Flächenbombardement der RAF brach die Moral nicht und die deutsche Luftwaffe schoss immer noch viele B-17-Bomber ab. Dann begann die USAAF im Januar 1944 ihre Bomber mit P-51-

Im Herbst 1944 erhöhten die Alliierten den Druck durch systematisches Bombardieren des deutschen Eisenbahnnetzes, eine Strategie, die bereits im Sommerfeldzug in der Normandie Rommels Versorgungslinien gelähmt hatte. Es wurde fast unmöglich, Rohstoffe zu Fabriken oder fertige Produkte an die Front zu schaffen. Zudem belastete das Anwachsen des Flüchtlingsstroms vom Osten nach Deutschland das Transportsystem. Im Februar 1945 übertrug Hitler Speer das Transportsystem, damit dieser seinen Organsiationszauber einsetzte. Speer zog zur Reparatur der Schäden zwei Millionen Arbeiter ein, doch während sie einen Abschnitt der Geleise wieder aufbauten, wurde ein anderer zerstört. Im März 1945 war die industrielle Basis des Reichs vernichtet.

Mustang-Langstreckenjägern zu eskortieren. Im Februar 1944 wurden mehr als 2.000 deutsche Jäger abgeschossen, im Monat darauf eine ähnliche Zahl. Nun wandten sich die USA den Flugzeugfabriken zu, damit die Deutschen ihre Verluste nicht ersetzen konnten. Die Flugzeugfertigung sank um 65 Prozent. Im März 1944 schlugen die Amerikaner zwei Wochen lang auf den Sektor für synthetisches Öl los. Wiederholte Angriffe im April und Mai waren ein Hammerschlag. Weitere Attacken im Sommer verhinderten den Wiederaufbau von

Eine Jagdflugzeugfabrik der deutschen Luftwaffe 1943 nach einem Angriff der RAF. Speer erinnerte sich: „Ab dem 12. Mai 1944 wurden all unsere Treibstoffanlagen zum Ziel konzentrierter Angriffe aus der Luft. Das war katastrophal: Ab diesem Zeitpunkt verloren wir 90 Prozent unseres Treibstoffs. Der Erfolg dieser Angriffe bedeutete das Verlieren des Krieges, was die Produktion betraf: Unsere neuen Panzer und Strahlflugzeuge waren ohne Treibstoff wertlos."

Schlüsselfabriken und im September 1944 betrug die deutsche Treibstoffproduktion nur acht Prozent des Niveaus vom April. Die deutsche Luftwaffe blieb wegen Treibstoffmangels fast ganz am Boden, die Panzerdivisionen hatten leere Tanks.

Trotz Speers Leistung war Deutschland der kombinierten industriellen Stärke der Sowjetunion, der USA und des britischen Empires nicht gewachsen. Diesen gelang es besser, ihre Wirtschaft den Erfordernissen des totalen Krieges anzupassen. In den ersten vier Kriegsjahren wurde die deutsche Ökonomie nicht für den totalen Krieg angekurbelt, während die USA, die Russen und die Briten mindestens zwei Jahre voraus waren. Als Speer kam, war es wahrscheinlich schon zu spät.

Der alliierte Bombenfeldzug zielte nie spezifisch auf die deutschen Panzer-, Artillerie- und Handfeuerwaffenfabriken oder verursachte eine größere Unterbrechung der Produktion. Doch die Entscheidung, den Schwerpunkt gegen die deutsche Luftwaffe, die Treibstoffversorgung und zuletzt das Transportsystem zu legen, hatte auf Deutschlands Kampfpotenzial eine verheerende Wirkung. Die Zerstörung des Bahnnetzes beraubte die Fronttruppen neuer Ausrüstung und Munition für die Schlusskämpfe an den Grenzen des Reichs. Der Schlüssel zum Sieg war die industrielle Front. Dort verlor Deutschland und damit den Krieg.

Partisanenkrieg

In den ersten zwei Kriegsjahren gab es keinen Partisanen-Widerstand gegen die Wehrmacht. Doch nach der Invasion in Jugoslawien und der Sowjetunion explodierte das Partisanenproblem und begann bald zehntausende deutsche Soldaten zu binden.

Eine sowjetische Partisanin hält Wache, während ihre Kameraden ruhen. Ein Grund dafür, dass die sowjetische Partisanenbewegung so erfolgreich war, war die Behandlung der Slawen als „Untermenschen" durch die Nazi-Besatzer, wie sie Generalmajor F. W. Mellenthin beschrieb: „Die Russen erhofften sich eine Regierung gegen Stalin und dessen Clique, doch nichts dergleichen geschah. Hitler befreite sie von den kommunistischen Kommissaren und gab ihnen stattdessen Reichskommissare."

Auf seinem Höhepunkt im Oktober 1942 erstreckte sich Hitlers Drittes Reich vom Golf von Biscaya bis zum Kaukasus in Südrussland und vom Nordkap Norwegens bis nach El Alamein in Ägypten. Etwa 150 Millionen Menschen in Westeuropa und weitere 70 Millionen in der Sowjetunion standen unter der Herrschaft des „Führers" und seines Nazi-Regimes.

Dieses Reich hatte nur einen Zweck: den Bedürfnissen des Dritten Reichs zu dienen. Hitler befahl die gewaltsame Zerschlagung jedes politischen, ökonomischen oder militärischen Widerstands gegen seine Herrschaft. Männer, Frauen und Kinder, die sich der „Neuen Ordnung" nicht unterwarfen, waren Feinde und sollten verhaftet, als Sklavenarbeiter deportiert oder getötet werden.

In der Führerweisung Nr. 33 vom Juli 1941 fasste Hitler seine Haltung zum Widerstand in den besetzten Gebieten zusammen: „Wenn die Besatzungsmacht auf Widerstand trifft, soll sie diesem nicht durch gesetzliche Bestrafung der Schuldigen begegnen, sondern durch Anwendung eines Terrors gegen die Bevölkerung, der ihr allen Willen zum Widerstand raubt. Die betreffenden Kommandanten sowie ihre Truppen sind in ihren Gebieten für Ruhe verantwortlich. Sie werden die Ordnung nicht durch Anforderung von Verstärkungen, sondern durch Anwendung geeigneter drakonischer Maßnahmen aufrechterhalten."

Wer Hitlers Rassenstandards nicht genügte, wurde als „Untermensch" klassifiziert und war oft dem Tod geweiht. Etwa sechs Millionen Juden wurden ermordet, drei Millionen russische Kriegsgefangene und mindestens dieselbe Zahl Bürger Osteuropas und des Balkans ließ man verhungern oder sie starben an der Zwangsarbeit. Die Nazi-Herrschaft in Westeuropa war nicht so offenkundig brutal, doch jeder Funken von Widerstand wurde sofort ausgetreten.

Als die deutsche Militärmacht im Sommer 1941 im Zenit stand, schien jeder Widerstand sinnlos. In Westeuropa war er auf isolierte Sabotageakte begrenzt, mit denen die Gestapo, die deutsche Geheimpolizei, leicht fertig wurde. Nur in Ju-

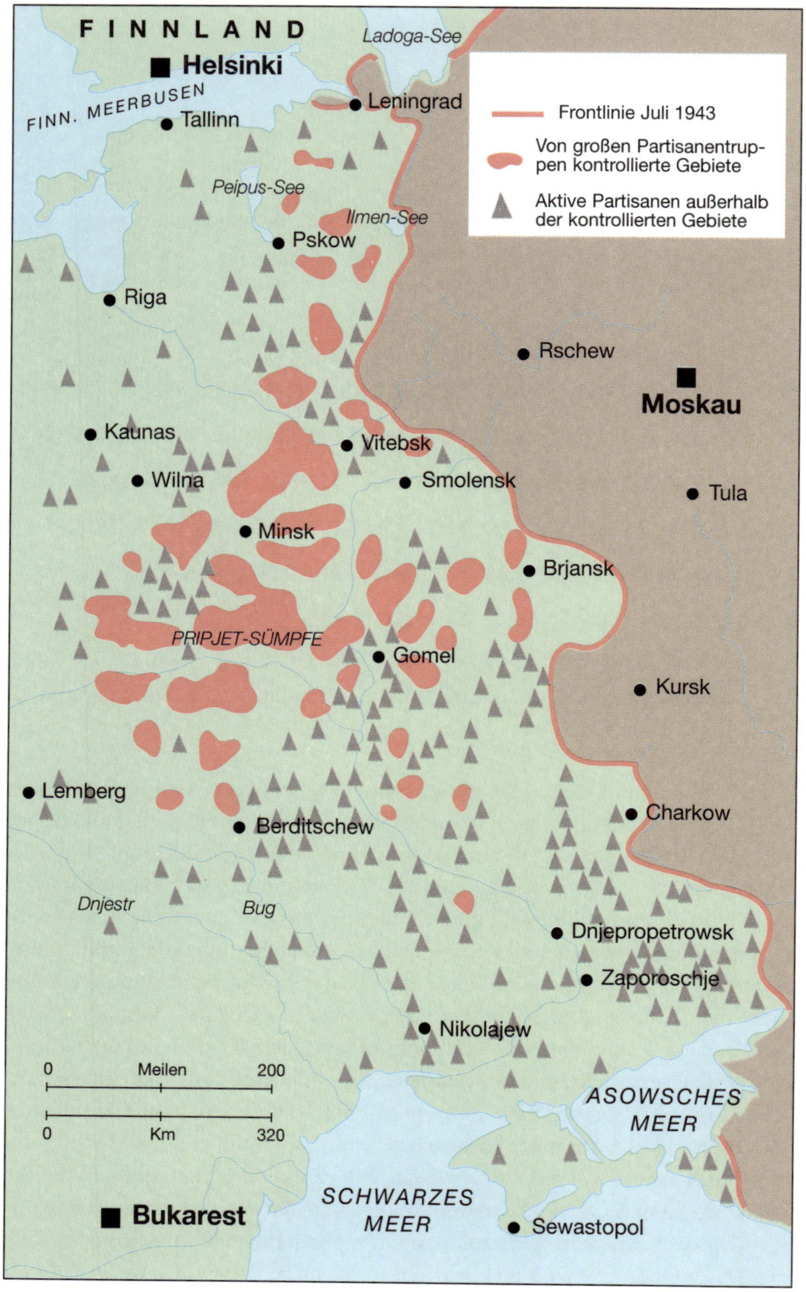

Der Umfang der Partisanenaktivität hinter den deutschen Linien Mitte 1943. Die Partisanen zogen viele Soldaten von der Frontlinie ab und hatten eine verderbliche Wirkung auf die deutsche Moral. Ihre nicht vorhersehbaren und tödlichen Attacken machten die einfachen Soldaten paranoid und steigerten ihre Furcht vor der lokalen Bevölkerung, von der sie nie wussten, ob sie nicht Partisanen beherbergte. Als die Sowjets die Deutschen nach der Schlacht von Kursk im Juli 1943 zurückzutreiben begannen, dienten die Partisanen auch als Humanreservoire der Roten Armee. In den befreiten Gebieten füllten tausende Partisanen die Reihen der sowjetischen Einheiten, die westwärts vorrückten, auf.

goslawien, wo sich Titos Partisanen nach der Besetzung des Landes durch die Deutschen im April neu formierten, gab es bewaffneten Widerstand.

Die dramatischen deutschen Vorstöße im Sommer 1941 in Russland und der darauf folgende Zerfall der meisten sowjetischen Armeen in den Grenzregionen führten zum Beginn einer Partisanenbewegung, die schließlich etliche deutsche Divisionen hinter der Ostfront band. Während Hitlers Armeen ostwärts in Richtung Moskau stießen, blieben hinter ihnen in den riesigen Wäldern der Nordukraine, Weißrusslands und des Baltikums hunderttausende sowjetische Soldaten zurück. Die Deutschen versuchten, diese Truppen in Kesseln abzuriegeln, doch hatten sie nicht genügend Männer, die Waldgebiete zu durchkämmen. Die ent-

Partisanen-Front

Zwar fügten die Partisanen den Deutschen nie eine entscheidende militärische Niederlage zu (außer vielleicht in Jugoslawien), doch die Aktivitäten der Millionen Männer und Frauen, die gegen Hitlers Tyrannei auf dem Balkan und in der Sowjetunion zu den Waffen griffen, banden in entscheidenden Phasen des Kreges einen großen Teil der Kampfstärke der Wehrmacht.

Die russischen und jugoslawischen Partisanen banden jahrelang zwei Millionen deutsche und Achsentruppen in Besatzungsaufgaben. Der Feldzug gegen die deutschen Versorgungslinien vor der Schlacht von Kursk und den Landungen in der Normandie trug zur Unterbrechung der Verbindungslinien der Wehrmacht bei, als deren Truppen die entscheidenden Treffen des Kriegs ausfochten.

Der Partisanenkrieg war aufgrund der Rassenpolitk Hitlers und der wirtschaftlichen Ausbeutung vorhersehbar, besonders in Russland, wo die Deutschen in manchen Gebieten zunächst als Befreier begrüßt wurden. Als klar wurde, dass deren Ziel Unterdrückung und Ausbeutung war, folgte das russische Volk rasch Stalins Aufruf zum „vaterländischen Krieg" gegen die Nazi-Invasoren. Danach hatten die 2,5 Millionen deutschen Truppen an der Ostfront keinerlei Chance, die Revolte einer Bevölkerung von 70 Millionen Russen niederzuhalten, während sie gleichzeitig gegen sechs Millionen Mann der Roten Armee kämpften. „Wenn ein Faktor die vorherrschende Rolle beim Zusammenbruch des Nationalsozialismus spielte, so war es der Wahn dieser Rassenpolitk", meinte Heinz Guderian.

Der Kampf um Herz und Geist des russischen Volks war vielleicht der wichtigste, den Hitler im Krieg verlor. Er machte die Niederlage an der Ostfront unausweichlich. Es gab keine Wiederholung von 1917, als die Oktoberrevolution Russland aus dem Krieg trieb. Hitlers Drittes Reich wurde schließlich von der ganzen Macht von 200 Millionen rachedurstiger Sowjets überwältigt.

schlosseneren und besser motivierten Soldaten der Roten Armee bildeten den Kern der riesigen Partisanenarmeen, die die Deutschen bald quälten. Der erste Widerstand war spontan und unkoordiniert. Stalin und die sowjetische Führung waren beschäftigt, eine Front zur Verteidigung Moskaus zu bilden. Zudem misstrauten der Diktator und sein Geheimpolizeichef Berija jeder Truppe von Russen außerhalb der Kontrolle der kommunistischen Partei zutiefst. Als aber im Herbst 1941 immer mehr Berichte über Partisanenattacken gegen isolierte deutsche Abteilungen in Moskau eintrafen, sandte Stalin Kader hinter die feindlichen Linien, um die Kontrolle über die Widerstandsbewegung zu übernehmen. Die ersten koordinierten Attacken gab es im Winter 1941/1942, um die deutschen Verbindungslinien zu kappen, während die Rote Armee Hitlers Truppen von Moskau zurückwarfen. Im Mai 1942 bildeten die Sowjets zur Lenkung der Operationen von etwa 142.000 Partisanen hinter der deutschen Front ihren Zentralen Partisanenstab. Große Gebiete waren außer deutscher Kontrolle und angesichts der brutalen Maßnahmen der Achse (Kollektivbestrafung und Massenexekutionen) gegen den Widerstand stieg die Zahl der Rekruten weiter an.

Beim Aufbau für die Schlacht von Kursk im Sommer 1943 gab der Zentrale Partisanenstab Anweisung, alle Partisanenaktivitäten sollten auf die Unterbrechung der deutschen Verbindungen zu diesem Sektor der Ostfront gerichtet werden. Im Juni und Juli 1943 gab es etwa 2.500 Attacken auf deutsche Bahnlinien, wobei 44 Brücken, 298 Lokomotiven und 1.223 Waggons zerstört wurden. Die sowjetischen Partisanen sollen in den ersten zwei Kriegsjahren 300.000 Deutsche getötet haben.

Um ihre Verbindungslinien offen zu halten, mussten die Deutschen immer mehr Truppen abstellen. 1942 machten in Westrussland 25 spezielle Sicherungsdivisionen, 30 Regimenter und mehr als 100 Polizeibataillone Jagd auf Partisanen. Ein Jahr später wurden eine halbe Million russische, ukrainische und baltische Hilfstruppen zum Kampf gegen die Partisanen und Hilfe bei der „Endlösung" rekrutiert. Antipartisaneneinsätze und Massenmorde an Juden und anderen „Untermenschen" waren eng koordiniert. Berüchtigte SS-Offiziere wie Erich von dem Bach-Zelewski, der Bevollmächtigter für die „Bandenbekämpfung" wurde, erwarben sich dabei ihren schmutzigen Ruf.

Um die Partisanenaktivität zu zu stoppen, griffen die Deutschen zu immer drastischeren Maßnahmen. Sie verwüsteten ganze Regionen, um Nachschub und Rekruten für die Partisanen zu verhindern. Die Bevölkerung wurde zur Sklavenarbeit nach Deutschland deportiert, das Vieh konfiziert, die Felder zerstört und die Gebäude platt gemacht. Ab 1943 waren die deutschen Verbindungslinien derart bedroht, dass Frontdivisionen, darunter Panzerverbände, zum Schutz von Straßen und Bahnlinien zurückgezogen werden mussten. An Säuberungsoperationen waren meist 10.000 Mann beteiligt und 1943 kam es fast monatlich dazu.

Die Partisanen wurden nun aus der Luft versorgt, hatten eigene Artillerie und Mörser, Flak und dank der üblen deutschen Versuche, Russland zu „befrieden", einen unerschöpflichen Nachschub an Rekruten. Gegen die großen deutschen Such- und Zerstörungsoperationen gab es nun fanatischen Widerstand. An einer der größten Operationen waren zwei deutsche Panzer- und drei Infanteriedivisionen, eine ungarische Division, SS-Einheiten und lokale Kräfte beteiligt.

Unternehmen Cottbus richtet sich vom Mai bis Juli gegen einen großen Partisanen-Stützpunkt im Gebiet Borissow–Lepe. Es endete in einer Blutorgie. Eine 16.000 Mann starke Truppe von Deutschen und russischen Überläufern wurden in einigen Dörfern von gerade den Partisanen, die sie eliminieren sollte, umzingelt. Letztere legten Minen, um die Deutschen zu fangen, und diese zwangen hunderte lokale Zivilisten durch die Minenfelder, um eine Fluchtroute zu öffnen. Die Deutschen sprachen von 13.000 Toten, doch nur 950 Gewehre wurden erbeutet, was die Zahlen getöteter Zivilisten bzw. Partisanen beleuchtet.

Außerhalb Russland gab es vor allem auf dem Balkan Partisanenaktivitäten. Jugoslawien, Griechenland und Albanien waren Zentrum des Widerstands gegen

Während einer deutschen Säuberungsaktion in Russland werden Verdächtige ausgehoben. Die Antipartisanen-Operationen in Russland waren ein Mix statischer Verteidigung und mobiler, offensiver Säuberungen. Schlüsselbrücken und Bahnstrecken konnte man nur durch den Bau befestigter Versorgungspunkte, die von 20 bis 30 Mann besetzt waren, sichern. Man stationierte in regelmäßigen Intervallen Truppen in Bataillonsstärke, um die Hauptstraßen und -Bahnlinien zu patroullieren und gegen Partisanenüberfälle offensiv zu werden. Gepanzerte Züge und kleine Panzerabteilungen sollten den Sicherungseinheiten überlegene Feuerkraft geben. Luftaufklärer prüften regelmäßig die Bahnlinien und Straßen auf Minen und Sabotageakte. Gebiete mit häufiger Partisanenaktivität wurden mit Stützpunkten umringt, um die Ausbreitung feindlicher Aktionen zu verhindern. Kleine Patrouillen von „Jagdkommandos" drangen in Partisanengebiet ein, um information zu sammeln und ihre Stützpunkte zu überfallen. Gefangene Partisanen oder ihre männlichen Verwandten folterte die Gestapo, damit sie ihre Kameraden verrieten und die deutschen Truppen zu ihren Stützpunkten führten.

Bis zum Herbst 1943 hatte Titos Partisanenbewegung nicht weniger als fünf gegen sie gerichtete Offensiven der Achsenmächte überlebt.

die deutsche Herrschaft in dieser Region. Der Rücktritt des royalistischen Regimes in Belgrad erlaubte den Deutschen und Italienern, Jugoslawien nach ihren Interessen aufzuteilen. Serbien und Nordslowenien kamen direkt ins Reich. Albanien und das Kosovo kamen mit einem Großteil der dalmatinischen Küste unter italienische Kontrolle. Ungarn und Bulgarien erhielten Anhängsel des Landes. Das Marionetten-Ustascha-Regime in Agram kontrollierte Kroatien und Bosnien.

Die Deutschen waren zunächst auf dem Balkan nur mit zwei Divisionen präsent. Der Hauptteil der Besatzungstruppe bestand aus 388 italienischen Divisionen, um deutsche Kräfte für die Ostfront freizusetzen. Der Widerstand war anfangs zersplittert, wobei die royalistischen Elemente in Jugoslawien, Albanien und Griechenland zunächst von den Briten unterstützt wurden. Dass ihre Unterstützung durch die Bevölkerung auf schwachen Beinen stand, wurde klar, als neue Partisanengruppen unter kommunistischer Führung den Widerstand gegen die brutale Nazi-Herrschaft in der Region aufnahmen. Marschall Titos kommunistische Partisanen in Jugoslawien waren im Kampf weit erfolgreicher und hatten derart viel Unterstützung im Volk, dass die Deutschen 1944 700.000 Soldaten auf dem Balkan stehen hatten, um die Partisanenbewegung zu vernichten.

Wehrmacht und Waffen-SS

Die Elitedivisionen der Waffen-SS leisteten einen wichtigen Beitrag zur deutschen Kriegsführung. Allerdings waren viele ihrer Mitglieder an Gräueltaten beteiligt und die zweitrangigen Waffen-SS-Divisionen kaum etwas anderes als kriminelle Organisationen.

Die Waffen-SS-Mannschaft eines Tigers I nutzt eine der seltenen Kampfpausen an der Ostfront im Sommer 1943 zum Waschen und Rasieren. Die Männer der SS-Panzerdivisionen waren meist gut geführt und motiviert sowie großzügig mit den neuesten Waffen und bestem Gerät ausgerüstet.

Wie die meisten Diktatoren war Hitler von Bedrohungen (eingebildeten oder realen) seiner Herrschaft besessen. In der SS (Schutzstaffel) sah er den Garanten seiner Macht in Deutschland. Es war die SS, die 1934 die Führer der paramilitärischen SA (Sturmabteilungen, „Braunhemden“) auf Hitlers Befehl abgeschlachtet hatte, und in den frühen Jahren seiner Herrschaft baute Hitler die SS auf, um über eine total loyale Gruppe bewaffneter Männer zu verfügen. Sie wurde die Prätorianergarde des Dritten Reichs.

In den 30er-Jahren wurde die SS unter dem treuen Knappen Heinrich Himmler von Hitlers Eliteleibwache zu einer riesigen Polizei-, Gefängnis- Nachrichtendienst- und Sicherheitsorganisation erweitert. Sie war ein Staat im Staate und nur Hitler loyal. Zunächst wurden etliche Standarten (Regimenter) paramilitärischer SS für Wach- und Sicherheitsaufgaben in Berlin gebildet. In den späten 30er-Jahren kam dazu die „Leibstandarte Adolf Hitler“. Es waren richtige Kampfeinheiten mit MG, leichten Pak, Fliegerabwehrwaffen und Artillerie. 1940 wurden sie zur Waffen-SS. Diese sollte neben Luftwaffe, Heer und Kriegsmarine der vierte Wehrmachtsteil sein. Rasch wurde sie größer. 1930 wurde die SS-Verfügungstruppe gebildet, um am Polenfeldzug teilzunehmen und in der Folge wurde die Waffen-SS zu drei voll motorisierten Divisionen („Leibstandarte“, „Das Reich“ und „Totenkopf“) erweitert.

Hitler und Himmler waren entschlossen, die „rassische Reinheit“ ihrer Schöpfung zu schützen: Nur speziell ausgewählte Freiwillige waren zugelassen. Diese Männer bildeten den ganzen Krieg hindurch den Kern der Waffen-SS. Sie waren der Offiziers- und Unteroffizierskader der 38 Waffen-SS-Divisionen, die in den nächsten fünf Jahren gebildet wurden. Bei der SS war alles einzigartig: Sie hatte neben den anderen Wehrmachtsteilen ein eigenes Budget, wurde von der SS-Organisation verwaltet und besaß eigene Musterungs- und Ausbildungszentren. Die Waffen-SS hatte auch andere Uniformen und Dienstgrade als die Wehrmacht und benutzte den Hitler-Gruß, nicht den der Wehrmacht.

Doch brauchte die Waffen-SS professionelle Militärs, um sie zu leiten und zu formen. Enttäuschte Heeresgeneräle und -offiziere wie etwa Paul Hausser wurden von ihrem Reichtum, Ansehen und politischen Einfluss innerhalb des Nazi-Regimes angezogen. Umgekehrt formten sie Organisation, Ausbildung und Aussehen der Waffen-SS um. In den 30er-Jahren verachteten die Heeresoffiziere die Waffen-SS als „Asphalt-Soldaten", eine Anspielung auf deren Einsatz bei Zeremonien in Berlin. Am Ende des Griechenlandfeldzugs 1941 hatten sich die drei neuen Waffen-SS-Divisionen ihre Sporen im Kampf verdient und die Heereskommandeure waren voll des Lobes.

Als der Krieg Ende 1941 in Russland stockte, machte Hitler dafür mangelnden Kampfgeist im Heer verantwortlich. Er entließ 35 hochrangige Heeresoffiziere und wollte die Waffen-SS massiv vergrößern. Deren drei Elitedivisionen sollten zu Panzerkorps aufgebaut und eine Reihe von Waffen-SS-Panzergrenadier-, Kavallerie-, Gebirgs- und Polizeidivisionen gebildet werden, um Nazi-Entschlossenheit in den Krieg an der Ostfront zu bringen. 1941 umfasste die Waffen-SS 150.000 Mann. Binnen drei Jahren waren es 600.000. Am Ende gab es 38 Waffen-SS-Divisionen, sieben davon Panzerdivisionen. In ihren Reihen dienten mehr als eine Million Männer. Mehr als ein Drittel davon fiel im Kampf.

„Freiwilligen-Verbände"

Wegen ihrer hohen Verlustrate hatte die Waffen-SS einen unstillbaren Appetit auf Männer. Das SS-System wurde mit den Ausfällen bei den schweren Kämpfen in Südrussland im Winter 1941/42 nicht fertig. Um die Reihen der wachsenden Zahl von Divisionen zu füllen, wurde die Rekrutierung auf so genannte „Volksdeutsche" aus Osteuropa ausgedehnt. Als die Opferzahlen 1943 anwuchsen, nahm die Waffen-SS Nazi-Sympathisanten aus den besetzten Gebieten auf. Das wurden die so genannten „Freiwilligen"-Verbände, die in ihren Reihen ganz verschiedene Männer hatten. Es waren skandinavische, holländische, französische und belgische Nazi-Kollaborateure, die die Panzerdivisionen auffüllten, sowie ukrainische Katholiken, bosnische und albanische Moslems, Ungarn, Italiener, Letten und Esten, die in Partisanenbekämpfungseinheiten dienten. Es gab sogar eine britische Waffen-SS-Einheit, das British Free Corps, das aus übergelaufenen Kriegsgefangenen bestand, sowie eine indische Legion, die 2.000 Kriegsgefangene in ihren Reihen hatte.

Diese Rekrutierung von Ausländern war einer der Hauptunterschiede zwischen Waffen-SS und Wehrmacht, die auf Bürger des Reiches beschränkt blieb. Neben der Rekrutierungskampagne für Ausländer konkurrierte die Waffen-SS aber mit der Wehrmacht um deutsche Rekruten. Die Elitetruppen der SS-Panzer- und -Panzergrenadierdivisionen brauchten wie die Wehrmacht gut ausbildete und motivierte Rekruten.

Im Vorfeld der Schlacht von Kursk im Juli 1943 musste die Waffen-SS auf Luftwaffen-Personal zurückgreifen, um die Reihen des II. SS-Panzerkorps zu füllen, da der Vorrat „rassisch reiner" Freiwilliger erschöpft war. Jedes Mal, wenn in den nächsten 18 Monaten die SS-Panzerdivisionen neu aufgebaut wurden, musste man das Netz weiter knüpfen, um die Verluste zu ersetzen. Man schröpfte regelmäßig Luftwaffe und Kriegsmarine und bald wurden auch Wehrpflichtige des

Heeres zur Waffen-SS verlegt. Ende1943 gab es eine spezielle Rekrutierungskampagne, um Teenager der Hitlerjugend für eine SS-Division zu gewinnen.

Viele aus Ost-, Mittel- und Südeuropa rekrutierte SS-Divisionen waren außer für Polizeioperationen gegen schlecht ausgerüstete Partisanen von wenig Nutzen. Diese Einheiten waren in Jugoslawien und den riesigen Wäldern Westrusslands im Einsatz. Sie hielten sich unterschiedlich. Sie kannten zwar das Gelände, auf dem sie kämpften, und konnten ihre Gegner gut einschätzen, doch Motivation und Disziplin waren ein großes Problem. Die Letten und Esten waren wegen der brutalen Besetzung ihrer Länder 1940 durch Stalin zum Kampf gegen die Sowjets hoch motiviert. Sie gehörten auch in der ganzen SS zu den eifrigsten Vernichtern der Juden. Ebenso brutal, doch eine armselige Kampfeinheit, war die kroatische und bosnische SS-Division Handschar. Sie wurde schließlich von Heerestruppen, die ihre Waffen und Ausrüstung brauchten, entwaffnet. Die bizarrste Freiwilligen-Einheit der Waffen-SS war die russische so genannte Wlassow-Freiwilligenarmee unter dem gefangenen sowjetischen Generalleutant Andrej Wlassow. 1944 bildete Himmler in der Hoffnung auf eine Revolte unter Stalins Truppen zwei Divisionen aus antikommunistischen russischen Gefangenen. Viel zu spät. Nach drei Jahren des Versuchs, so viele Slawen wie möglich zu töten, war die Idee einer SS als Verbündetem des russischen Volks lächerlich. Die Reihen der russischen SS-Divisionen wurden mit Kriegsgefangenen gefüllt, auf die das Verhungern in Himmlers Konzentrationslagern wartete. Sie wählten die leichtere Option. Wlassows bunter Haufen ging erst im Mai 1945 in den Kampf. Er focht an der Seite tschechischer Partisanen gegen die Waffen-SS-Garnison in Prag.

Ein MG-Team des I. SS-Panzerkorps im März 1943 während der Kämpfe in Charkow. Haussers Männer fochten eine bittere Schlacht zur Rückeroberung der Stadt und verloren 11.500 Mann. Die Rückeroberung Charkows überzeugte Hitler, seine SS-Soldaten könnten jede anscheinend hoffnungslose Situation im Osten retten.

Feuerwehr

Die Waffen-SS kämpfte auf jedem Schauplatz auf dem europäischen Festland und wurde ab 1943 für Hitler unentbehrlich. Die Elitetruppen der sieben SS-Panzerdivisionen wurden als „Feuerwehr des Führers" bekannt, da er sie von einem Krisenpunkt zum nächsten sandte, um feindliche Durchbrüche „zu löschen". Sie erhielten dafür die beste Ausrüstung, die die Waffenfabriken des Reiches ausspucken konnten. Auch standen sie beim Ersatz zerstörter oder beschädigter Panzer, Feldgeschütze und Panzerwagen ganz oben auf der Liste. Zudem unternahm man alles, um sie mit ausgebildeten Männern in Sollstärke zu halten.

Die anderen SS-Divisionen wurden an weniger wichtigen Fronten eingesetzt, oft in statischer Defensivfunktion oder zur Partisanenbekämpfung. Das Ansehen dieser Einheiten war unterschiedlich, milde ausgedrückt. Jene Divisionen, die der Heeresgruppe Nord bei der Belagerung Leningrads und später der Verteidigung der baltischen Staaten halfen, etwa die 11. SS-Panzergrenadierdivision „Nordland", hielten sich gut. Diese Division spielte bei der Rettung der 18. Armee aus der Einkreisung bei Riga im September 1944 eine Hauptrolle. Die 6. SS-Gebirgsdivision „Nord" kämpfte als Teil des deutschen Stoßes zur Einnahme des russischen Hafens Murmansk drei Jahre lang in der Arktis und erwarb sich an der Seite der Elite-Gebirgseinheiten des Heeres einen ausgezeichneten Ruf.

Für die höheren Heereskommandeure war die Waffen-SS ein gemischtes Geschenk. Man ärgerte sich, dass Hitlers Privatarmee die besten Rekruten abwarb und von den Rüstungsfabriken des Reichs verwöhnt wurde. Doch die Feldkommandeure lernten die Kampfqualität der SS-Divisionen, besonders der Panzereinheiten, schätzen. Die SS-Divisionen kamen mit vorzüglicher Ausrüstung und jeder Menge Munition, sodass sie für jedes Heereshauptquartier, dem sie zugeteilt wurden, eine Steigerung der Kampfkraft bedeuteten. Die Waffen-SS-Kommandeure ihrerseits waren begierig, sich ihre Sporen im Kampf zu verdienen, und boten ihre Verbände regelmäßig für Aufgaben an, die Heeresoffiziere abgelehnt hatten. Diese Rivalität wurde legendär und kein Waffen-SS-Offizier wollte irgendeinen Kampfeinsatz ablehnen. Je mehr Ruhm die Waffen-SS auf Kosten des Heeres einheimsen konnte, desto besser.

Haussers Bemühungen, das Waffen-SS-Offizierskorps zu professionalisieren, waren bei den Panzerdivisionen weitgehend erfolgreich. Die Heereskommandeure hatten daher bald gerne SS-Panzerverbände unter ihrem Befehl. Die Stabsoffiziere der Waffen-SS wurden nach Heeresstandard und -doktrin ausgebildet. Ihre Divisionen konnten daher leicht von Heereshauptquartieren unter Kommando genommen werden.

Doch gab es Spannungen und Gezänk dadurch, dass etliche begünstigte SS-Kommandeure, etwa Hausser und Sepp Dietrich, der Kommandeur der Leibstandarte, einen direkten Draht zum „Führer" hatten. In der Schlacht von Charkow im März 1943 traten diese Spannungen hervor, als Hausser den Befehl seines direkten Heeresvorgesetzten, die Stadt zu belagern, ignorierte und einen verlustreichen, doch erfolgreichen Direktangriff startete. Dadurch wollte er Hitler versöhnen, da er sich zuvor entgegen einem Führerbefehl aus der Stadt zurückgezogen hatte.

Haussers Entscheidung zum Abzug aus der Stadt, als er die Sinnlosigkeit des Führerbefehls erkannte, war Beginn einer Kluft zwischen Hitler und seinen höheren Waffen-SS-Kommandeuren. Als diese zu Divisions-, Korps- und Armeekommandeuren aufstiegen, sahen sie oft die Torheit der Standhalte-Befehle Hitlers. Sie rückten näher an Heereskameraden wie Erich von Manstein, Heinz Guderian und Erwin Rommel heran, die versuchten des „Führers" Einmischung in operative und taktische Angelegenheiten zu begrenzen.

Im Laufe des Kriegs ignorierten SS-Panzerkommandeure Hitlers bizarrere Befehle. Kurt „Panzer" Meyer war im Krieg als Brigadeführer der jüngste deutsche Divisionskommandeur. Er erhielt 1944 wegen seiner Kampfleistungen mit 34

Jahren das Kommando über die SS-Panzerdivision Hitlerjugend. Auf dem Höhepunkt der Kämpfe in der Normandie ignorierte er regelmäig den Befehl, bis zum letzten Mann zu kämpfen. „Wir sollten in Caen sterben, doch man konnte diese Jungen doch nicht für einen sinnlosen Befehl opfern“, sagte Meyer.

Dietrich war bezüglich der Chancen des Unternehmens Wacht am Rhein, die Amerikaner im Dezember 1944 entscheidend zu schlagen, offen skeptisch. Wenige Monate später zog er als Kommandeur der 6. SS-Panzerarmee seine Truppen lieber aus Ungarn ab, als eine sowjetische Einkreisung zu riskieren. Der „Führer“ war fuchsteufelswild und befahl seinen liebsten SS-Panzereinheiten, die Ehren-Ärmelstreifen mit der Aufschrift „Adolf Hitler“ abzulegen.

Die Waffen-SS-Panzereinheiten wurden durch die geteilten Erfahrungen an der Front schließlich Geistesverwandte ihrer Gegenstücke im Heer, doch manche Elemente der Organisation waren nichts anderes als Mörder in Uniform. Die von Erich von dem Bach-Zelewski, Jürgen Stroop und Dr. Oskar Dirlewanger geführten Waffen-SS-Verbände waren nur im Abschlachten unschuldiger Zivilisten gut. Beim einzigen Mal, als Dirlewanger und seine Truppen an der Front kämpfen sollten, verließen sie mit ihrem Kommandeur an der Spitze ihre Posten und über-

SS-Obergruppenführer und General der Waffen-SS Paul Hausser. Der Ex-Reichswehrgeneral trat 1934 der Waffen-SS bei und wurde zwei jahre später ihr Inspekteur. Als kompetenter Kommandeur befehligte er die SS-Division Das Reich, das SS-Panzerkorps und zuletz die Heeresgruppe G. Seine Männer nannten ihn „Papa“. Haussers größter Beitrag zur Waffen-SS war sicherzustellen, dass sie gesunde militärische Grundlagen (die sie in den 30er-Jahren so vermisst hatte) erhielt. Hitlers extremste Befehle, etwa im Februar 1943 Charkow zu halten, ignorierte er. Dies hätte nämlich, wie er erkannte, die Vernichtung des SS-Panzerkorps bedeutet. Er schaltete daher die Funkverbindung zum Führerhauptquartier ab und evakuierte die Stadt. Hitler tobte, doch Haussers Rückeroberung Charkows im folgenden Monat rehabilitierte ihn in Hitlers Augen.

ließen es den Heereseinheiten, die Linie wiederherzustellen. Die Heeresoffiziere und sogar die SS-Panzeroffiziere verachteten sie. Hitler und Himmler aber erkannten, dass diese Männer für sie ihren Nutzen hatten.

Stroop stieg von den Divisionen „Totenkopf" und „Leibstandarte" im April 1943 zum Kommando der SS in Warschau auf. Als Antwort auf den Aufstand im jüdischen Ghetto stellte er ein Kommando von 820 Waffen-SS-, 200 SS-Polizei- sowie 350 ukrainischen und lettischen SS-Männern auf, um die Revolte niederzuschlagen. Stroops Schlächter brauchten fast einen Monat, um die Ruinen

Ein Panzer IV H der SS-Division Totenkopf oder Wiking 1944 an der Ostfront. Insgesamt gab es sieben SS-Panzerdivisionen. Ihr Eingreifen verhinderte in bestimmten Momenten eine größere deutsche Niederlage: Anfang 1943 in Südrussland, Mitte 1944 außerhalb Warschaus und in der Normandie und im September 1944 bei Arnheim.

des Ghettos zu durchkämmen und von seinen 56.000 Bewohnern zu säubern. Stroop meldete, 5.000 Juden seien durch Explosionen und Brände, 7.000 in den Kämpfen und weitere 7.000 beim Transport der Ghettobewohner zum Vernichtungslager Treblinka getötet worden. Das Ghetto wurde dem Boden gleich gemacht. Generaloberst Alfred Jodl, Chef des Wehrmachtsführungsstabs, nannte Stroop ein „dreckiges, arrogantes SS-Schwein", als dieser ein Buch über seinen „ruhmreichen Sieg" veröffentlichte. Dirlewanger war ein verurteilter Kinderschänder und Säufer, der einmal wegen Trunkenheit aus der Waffen-SS verstoßen wurde. Die Brigade, die seinen Namen trug, bestand hauptsächlich aus Gewaltverbrechern und wurde während des Warschauer Aufstands berüchtigt.

Bach-Zelewski wurde im August von Himmler beauftragt, die Revolte in der polnischen Hauptstadt niederzuschlagen. Der SS-Obergruppenführer „empfahl" sich für diese Aufgabe durch sein Kommando der 1. Motorisierten Infanteriebrigade 1942 in der Gegend von Minsk, wo er Massenmorde an Juden und Partisanen ausgeführt hatte. „Von dem Bach wurde beauftragt, Warschau zu befrieden, das heißt, er wird es dem Erdboden gleichmachen", bemerkte Himmler.

In der brutalen Schlacht um Warschau ließ Himmler Dirlewangers Truppe und eine Brigade urkrainischer Überläufer unter dem Kommando des unseligen

Kaminski von der Leine. Heeres- und sogar Waffen-SS-Offiziere in Warschau waren entsetzt über das Verhalten dieser Einheiten. Bach-Zelewski ließ zur Vorsicht Kaminski und eine Reihe anderer Untergebener hinrichten, um sie als Zeugen der Verbrechen zu beseitigen.

Nach dem Krieg behaupteten die Waffen-SS-Offiziere, ihre Einheiten hätten nichts mit der allgemeinen SS zu tun gehabt, sie und ihre Männer seien nur „Soldaten wie die anderen Soldaten" und Typen wie Bach-Zelewski „verfaulte Äpfel" gewesen. Die Beweise legen anderes nahe.

Heinz Lammerding, Kommandeur der SS-Division Das Reich in der Normandie und Kampfveteran der Waffen-SS, war während der Antipartisanen-Operationen in den Pripjet-Sümpfen 1943, die 15.000 tote russische Zivilisten zurückließen, Bach-Zelewskis Stabschef. Im Jahr darauf hängten seine „Kampftruppen" in Frankreich öffentlich 94 als Resistance-Kämpfer Verdächtigte auf und er befahl Oradour-sur-Glane dem Erdboden gleichzumachen, nachdem einer seiner Offiziere einem Hinterhalt zum Opfer fiel. Die Truppen von Das Reich schlossen mehr als 400 Personen in der Kirche ein und verbrannten sie lebendig.

Die Waffen-SS war auch stark in die Aktionen der SS-Einsatzgruppen in Russland verwickelt, insbesondere die SS-Division Totenkopf, die enge Bande zum SS-Konzentrationslagersystem hatte. Letzteres war für die Umsetzung der „Endlösung der Judenfrage" Hitlers verantwortlich. Höhere Offiziere und einfache Soldaten der Totenkopf-Division wurden während des Krieges regelmäßig zum Dienst in den Konzentrationslagern abkommandiert.

Die Fratze der Waffen-SS: Ausheben von Juden in der Sowjetunion. Die „Einsatzgruppen" waren Spezialkommandos von SS-Truppen, deren einzige Aufgabe war, Juden aufzuspüren und zu ermorden. Sie folgten im Sommer 1941 hinter den Heeresgruppen nach und begannen, systematisch alle „Untermenschen" die sie finden konnten, zu ermorden. Zunächst benutzten sie dafür Maschinengewehre, doch als dies zu zeitraubend und unangenehm wurde, vergasten sie ihre Opfer in versiegelten Spezialbussen. Die Einsatzgruppen ermordeten geschätzte 500.000 Juden. Es gibt genug Beweisdokumente dafür, dass die Waffen-SS an den Operationen der Einsatzgruppen teilnahm. Mehr als zwei Drittel der Einsatzgruppe A, die 1941 in den baltischen Staaten operierte, waren Waffen-SS-Männer.

Ein Totenkopf-Veteran, Friedrich Jeckeln, erhielt für Juli und August 1941 das Kommando der Einsatzgruppe C in der Ukraine. Seine Bemühungen kosteten 100.000 Juden das Leben. Ende 1941 und 1942 erhielt er Kommandos im Baltikum. Dort war er für die Ermordung von mehr als 100.000 Juden verantwortlich. In dieser Zeit richtet er ein spezielles Haus ein, um den geraubten Besitz seiner Opfer zu deponieren. Es wurde dann für die Versorgung der Totenkopf-Division benutzt. Die Waffen-SS-Männer waren sicherlich nicht nur einfach Soldaten.

Die Material-schlacht

1944 verfügten die Alliierten im Westen über massive Feuerkraft, doch die Deutschen zeigten ihnen, wie man Verteidigungskämpfe gegen überwältigende Übermachten und bei Luftunterlegenheit ficht, sodass der Gegner jeden Zoll Boden mit Blut bezahlen muss.

Die alliierte Invasion in der Normandie am 6. Juni überraschte die Deutschen zwar, was Zeitpunkt und Ort betrifft, doch hatte die Wehrmacht umfangeiche Vorbereitungen getroffen, um den westlichen Alliierten in Frankreich etliche Monate Widerstand zu leisten.

Im Feldzug in Nordwesteuropa wurde Hitlers Armee durch die rieisgen Materialressourcen der USA und Briten zermahlen. Die Deutschen hatten nun einen Gegner mit moderner Technologie, der die Kontrolle in der Luft besaß. Trotzdem war die Kampfkraft der Wehrmacht gegen die überwältigende Übermacht immer noch enorm.

Dass die Normandie-Front im Juni und in den Juli hinein zusammenhängend gehalten werden konnte, war der Führung Erwin Rommels, des Helden von Nordafrika und Kommandeurs der Heeresgruppe B zu verdanken. Die Divisionskommandeure und die nachgeordneten Offiziere hatten gute Qualität, doch die übergeordneten waren weniger beeindruckend. Friedrich Dollman von der 7. Armee war kein beflügelnder Führer. Andere höhere Offiziere, darunter Rommels Stabschef Hans Speidel, waren mit der Vorbereitung des Bombenattentats auf Hitler beschäftigt.

Die kompetenten Offiziere wurden in alarmierender Rate getötet oder verwundet. Ein Korpskommandeur starb bei einem Luftangriff, drei Divisionskommandeure fielen alliierten Jagdbombern zum Opfer. Bei einem gewaltigen Luftangriff, der ihr Hauptquartier auslöschen sollte, wurde der ganze Stab der Panzergruppe West getötet. Im ersten Monat des Kampfs in der Normandie verzeichneten die Deutschen 96.000 Gefallene, Verwundete oder Gefangene. Nur 6.000 Mann Ersatz und 17 neue Panzer kamen durch die Ruinen des französischen Transportsystems zur Front durch. Auch wurden Munition und Treibstoff knapp.

Müde deutsche Soldaten im Dezember 1944 während der Operation „Wacht am Rhein". Dies war die letzte Großoffensive im Westen. Fünf Monate nach ihrem Scheitern brach Hitlers Drittes Reich zusammen.

Bei diesem Gemetzel fand man Rommel überall. Er fuhr an fast jedem Kampftag zur Front, richtete die jungen Truppen, die ihn verehrten, und die müden Divisionskommandeure wieder auf und redete den schwankenden Korpskommandeuren gut zu. Dann kehrte er in sein Hauptquartier zurück und bat nachts Hitler und jeden, der in Deutschland noch zuhörte, um mehr Truppen, Panzer und Nachschub. Rommel konnte in der Normandie zwar keines seiner dramatischen Panzer-Umgehungsmanöver durchführen, doch blieb er ein Meister der Improvisation, um mit Panzereinheiten Lücken in der Front zu stopfen und den Alliierten immer wieder schwere Verluste zuzufügen. Es war eine solide, professionelle Verteidigung.

Es wurde viel darüber diskutiert, ob Rommel in das Bombenattentat verwickelt war oder zumindest vorher davon wusste. Das ist schwer zu klären, doch ist klar, dass er Mitte Juli 1944 überzeugt war, das Spiel sei vorüber. Seine Truppe war nicht stark genug, die Alliierten ins Meer zurückzutreiben. Das musste die Niederlage Deutschlands bedeuten. Manche Quellen legen nahe, er sei bereit zu Waffenstillstandsverhandlungen mit den Alliierten gewesen, falls Hitler den Krieg nicht beendete. Wie auch immer: Am 16. Juli wurde er schwer verwundet, als sein Wagen von einer Typhoon der RAF getroffen wurde. Als das Bombenattentat scheiterte, lag er im Lazarett und konnte die Dinge nicht beeinflussen. Als Hitler an den Verschwörern Rache nahm, erhielt Rommel die Wahl, sich zu töten oder vor dem Volksgerichtshof zu erscheinen. Er nahm Zyankali und starb.

Nun säuberte Hitler das deutsche Hauptquartier in Frankreich von den Verschwörern und setzte Männer ein, die seinen Befehlen buchstabengetreu folgten. Generalfeldmarschall Walter Model, in Russland ein Favorit des „Führers", wurde Oberbefehlshaber West. Als Fritz Bayerlein, Kommandeur der Panzer-Lehrdivision, ihn um Herausnahme aus der Front zwecks Auffrischung bat, machte Model ihm schnell seine Ansicht darüber klar, wie der Krieg in der Normandie geführt werden sollte: „Lieber Bayerlein, im Osten machen unsere Divisionen ihren Urlaub an der Front", bellte er. „So wird es in Zukunft auch hier laufen. Sie werden mit ihren Verbänden bleiben, wo Sie sind."

Nunmehr leitet der „Führer" die Normandie-Schlacht im Detail von seinem Bunker in Ostpreußen aus. Fast täglich erließ er „Standhalte-Befehle". Binnen Wochen war die Front zusammengebrochen und der Hauptteil der von Rommel zur Abwehr der alliierten Invasion aufgestellten Armee lag in Trümmern.

Unvermeidliche Niederlage?

Die deutsche Niederlage in der Normandie beruhte auf einer Reihe von Faktoren, von denen viele außerhalb der Kontrolle Rommels und seiner Männer lagen.

Das größte Versagen der deutschen Strategie lag in der Konfusion der Wehrmachts-Kommandokette. Keiner übernahm die Verantwortung und befahl einen sofortigen Gegenangriff der Einheiten, darunter der 21. Panzerdivision, ehe die Alliierten ihren Brückenkopf konsolidiert hatten. Das hatte in Italien funktioniert, wo das sofortige Handeln der Kommandeure die Landungen bei Anzio und Salerno für die Alliierten zum Blutbad gemacht hatte. Die Panzerreserven unterstanden nicht der Autorität eines einzelnen Kommandeures, und so geschah nichts, da niemand im Führerhauptquartier Hitlers Besprechung mit dem ungarischen Premierminister stören wollte. Als Folge gingen entscheidende Stunden verloren.

Wegen Hitlers und Rommels Besessenheit vom Pas de Calais waren auch nur fünf der zehn Reservepanzerdivisionen eine Tagesfahrt von der Normandie entfernt. Die US-Landung auf Omaha-Beach wurde tatsächlich von den deutschen

Der Atlantikwall

Als sich die alliierten Luftfoto-Interpreten im Frühling 1944 über die Bilder der französischen Küstenlinie beugten, waren sie vom Ausmaß der Bauarbeiten, die am Westwall des Dritten Reichs im Gang waren, alarmiert. Sie sahen die Resultate des Sofortprogramms Generalfeldmarschall Rommels, die Küstenverteidigungsanlagen an der Atlantikküste und am Ärmelkanal in ein wirkliches Hindernis für alle alliierten Landungen vom Meer her zu verwandeln.

Nach einer Besichtigung der deutschen Anlagen vom Golf von Biscaya bis Holland im Dezmeber 1943 forderte Rommel in seinem Bericht, dass die Befestigungen aufgemöbelt wurden. Um dies zu leisten, wurde der Held des Afrikakorps zum Kommandanten der Küstenregion Frankreichs ernannt. In gewaltiger Bauarbeit sollte der Atlantikwall entstehen. Alle größeren Küstenstädte und Häfen wurden in veritable Festungen mit Stahlbetonbunkern und Geschützstellungen (ein typisches Exepmplar sieht man unten) verwandelt. Die ungeheuren Geschützstellungen am Pas de Calais symbolisierten den Willen, „Beton-Schlachtschiffe" als Schlüsselpunkte entlang des Atlantikwalls zu schaffen, damit die Alliierten die Häfen nicht einnehmen konnten. Dazu kamen noch umfangreiche Pionierarbeiten, um die wahrscheinlichen Invasionsbuchten in Todesfallen für alliierte amphibische oder Luftlandungen zu verwandeln. Auf dem Meer wurden unter der Wasseröberfläche Stahl- und Betonsprengfallen gegen sich nähernde Landungsboote gelegt.

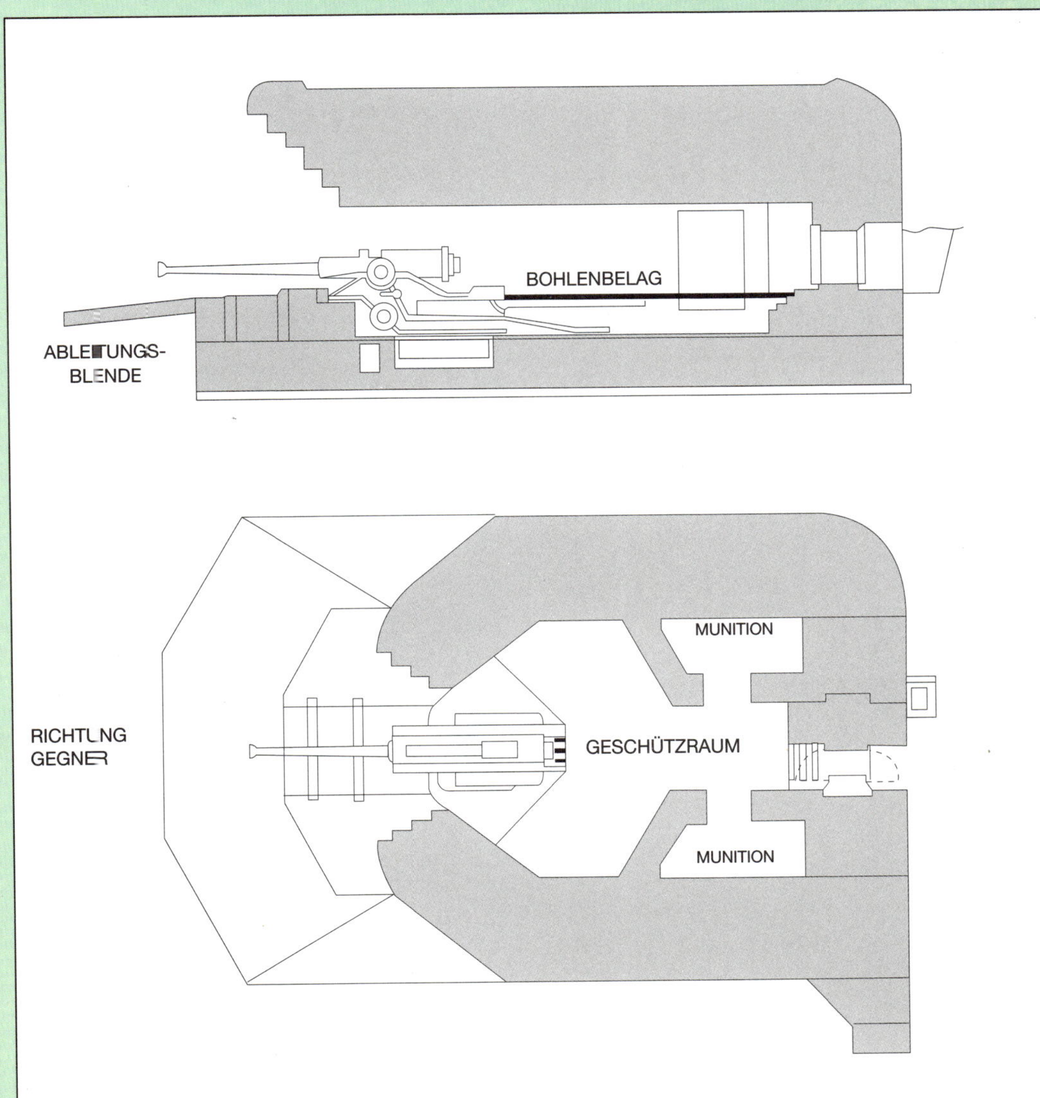

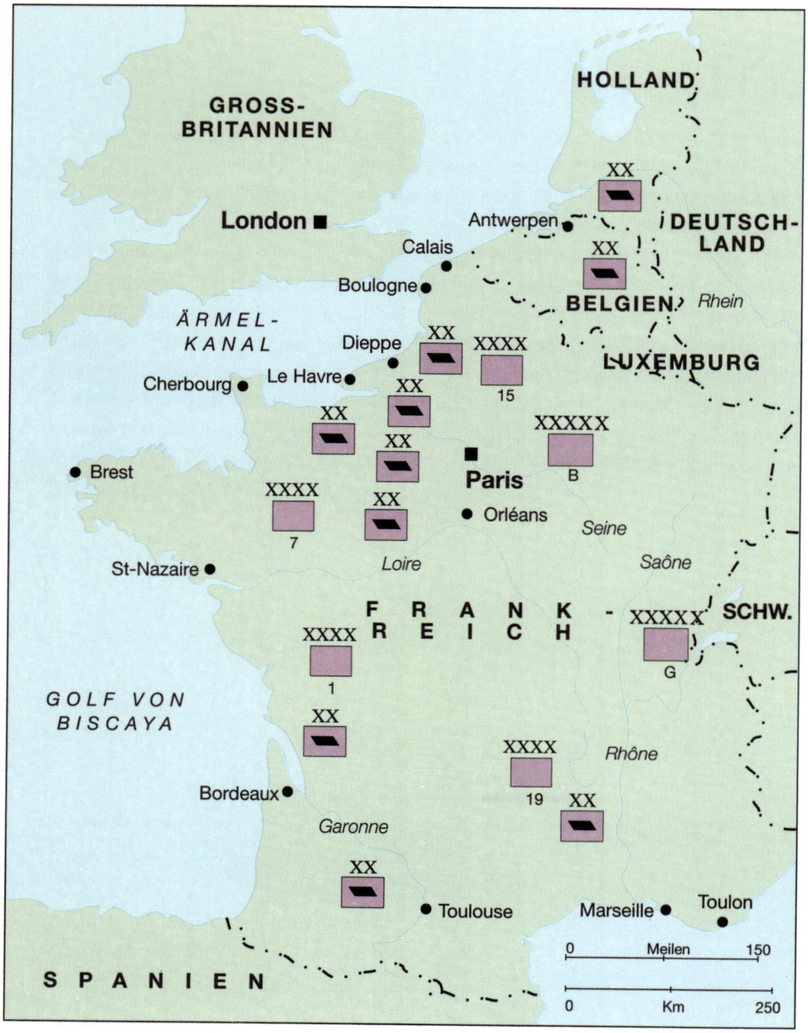

Die Aufstellung der deutschen Armeen und Panzerdivisionen am Vorabend der Invasion in der Normandie. Die französischen Atlantikküsten waren mit Millionen Panzer- und Personenminen übersät. Weiter landeinwärts errichtete man große Betonstraßensperren, um die Routen ins Landesinnere zu blockieren. Hinter der Küste wurden wahrscheinliche Fallschirm- und Seglerlandungszonen vermint und mit Hindernissen gegen Landungen bedeckt. Um alliierte Landungen nicht nur direkt zu blockieren, sollten alle Strände im Feuerbereich von MG-, Granatwerfer- und Artilleriestellungen liegen. Rommel wollte die Invasoren an der Küste stoppen und dann dort erledigen, ehe sie einen starken Brückenkopf errichten konnten. Sobald die Küstenverteidigungsanlagen ihre Arbeit geleistet hatten, sollten rasch Reserve-Panzerdivision nach vorn gehen und der verbleibenden alliierten Streitmacht den Todesstoß versetzen.

Verteidigern den Großteil des 6. Juni hindurch gestoppt, doch gab es nirgendwo in der Nähe Panzerreserven für einen Gegenangriff. Die günstige Gelegenheit, Salerno zu wiederholen, war verloren.

Sobald die Alliierten an Land waren, kam es zur Materialschlacht gegen die Deutschen. Im Juni warfen beide Seiten je eine Million Mann in den Kampf um die Normandie. Sieben Wochen nach dem D-Day hatten die Alliierten 1,45 Millionen Mann sowie 2000 Tanks an Land. Die Deutschen hatten fast 200.000 Mann sowie 400 Tanks verloren. Ähnliche Verlustzahlen verzeichneten die Alliierten, doch einen Monat später waren bereits zwei Millionen alliierte Soldaten in Frankreich und die Deutschen hatten dort nur noch 600.000 und 100 Panzer. Kein Wunder, dass sie sich bald in ihre Heimat zurückzuziehen begannen.

Neben dem Ungleichgewicht der Kräfte in Westfrankreich beeinflussten zwei weitere Faktoren die Schlacht um die Normandie. Erstens wurden wegen des Zusammenbruchs der Heeresgruppe Mitte im Osten Verstärkungen dringender benötigt. Panzerdivisionen in Italien und anderswo, die man Rommel zugesagt hatte, wurden nach Polen verlegt, um die Ostfront zu stützen. Zweitens hatte die alliierte Luftwaffe Rommels Truppen in der Normandie wirksam isoliert. Das gesamte französische Schienennetz wurde von den alliierten Bombern zerstört. Jede Straßen- und

Der Bocage

Das Gelände der Normandie ist als „Bocage" bekannt. Die engen Felder, Hecken und Dörfer, aus denen im Westen von Caen der Bocage besteht, wurde im Juni 1944 zum blutigen Schlachtfeld, als Alliierte und Deutsche um die Vorherrschaft kämpften.

Moderne intensive Landwirtschaft gab es in der Normandie noch nicht. Sie folgte demselben Muster wie hundert Jahre zuvor. Es dominierten kleine Pachtgüter und dies schuf ein verbundenes Netz kleiner Felder, die durch uralte Hecken getrennt waren. Diese waren zu dicken Barrieren ausgewachsen, die durch sehr hohe und dicke Erdwälle verstärkt wurden. Auch der größte und stärkste deutsche oder alliierte Panzer konnte kaum durch oder über die Hecken der Normandie fahren. Ohne Pionier-Spezialausrüstung oder Sprengmittel waren die Hecken unpassierbar.

Panzerbewegung war nur auf den wenigen Straßen möglich, wodurch gegnerische Pak-Schützen Vorstöße leicht stunden- oder tagelang verzögern oder stoppen konnten. Die Kontrolle über die Dörfer und ihre Straßenkreuzungen wurde daher essenziell.

Es fiel der alliierten Infanterie zu, systematisch vorzurücken und jede Hecke, jedes Dorf zu säubern. Tanks konnten nur einzeln oder zu zweit zur Unterstützung von Infanterieattacken benutzt werden. Im Bocage gab es keine dramatischen Panzervorstöße.

Für die deutschen Verteidiger war der Bocage ein Vorteil. Die Hecken hemmten nicht nur jede Bewegung, sie waren auch ideal zum Verbergen von MG und Panzerabwehrwaffen. Bunker mit Erdbedeckung boten den dringend nötigen Schutz vor alliiertem Artillerie- und Granatwerferfeuer. Man verwandelte jedes Dorf in eine Festung, blockierte die Straßen, in den Häusern waren Scharfschützen und MG-Teams und in den Scheunen und Maschinenschuppen standen Panzer.

Zwischen den Feldern und Dörfern gab es eine Reihe kleiner, doch dichter Wälder. Auch sie kanalisierten die alliierte Bewegung gegen die deutschen Verteidigungsstellungen. Die Deutschen postierten auch Scharfschützen in den Bäumen, von wo sie auf weite Entfernung alliierte Offiziere ausmachen konnten. Das machte die nachgeordneten alliierten Offiziere vorsichtig und zögerlich.

Der Bocage machte den Kampf um die Normandie zur blutigen Materialschlacht. Da sie keine entscheidenden Manöver durchführen konnten, mussten die Alliierten die Deutschen zermürben, indem sie immer mehr Männer und Gerät einsetzten, bis die materielle, physische und psychische Widerstandskraft des Gegners zusammenbrach.

Bahnbrücke zwischen der Normandie und der deutsche Grenze wurde beschädigt. Ganze Regionen Frankreichs erhoben sich in einem Aufstand und erschwerten die deutschen Versuche, ihre kostbaren Verbindungslinien offen zu halten, zusätzlich. Zugleich neutralisierte die alliierte Lufthoheit die deutschen Marine- und Luftwaffenverbände. Die deutsche Luftwaffe konnte den riesigen Aufmarsch der Alliierten nicht stoppen. Als sich ein US-General bei einem Kommandeur der U. S. Army Air Force beklagte, sein Hauptquartier sei bombardiert worden, zeigte ihm der einfach Luftaufnahmen der deutschen und der alliierten rückwärtigen Gebiete. Auf deutscher Seite bewegte sich nichts: Bloß eingestürzte Brücken und unterbrochene Bahngeleise waren zu sehen. Bei den Alliierten waren die Straßen von Lasterkonvois, die zur Front fuhren, verstopft. Die Alliierten gewannen die Materialschlacht.

Der Atlantikwall

Hitler setzte tausende Tonnen Beton für die vielen Verteidigungsanlagen, die die Bautrupps der Organisation Todt während des Krieg errichteten, ein. Allein dass er riesige „Fakten auf dem Boden" schuf, befriedigte ihn. Betonbunker konnten sich während der mobilen Schlachten, die seine Generäle kämpfen wollten, nicht zurückziehen. Kein Wunder, dass der „Führer" große Hoffnungen in den Atlantikwall setzte. Wenn die alliierten Invasoren in den Buchten Frankreichs von den Minenfeldern, Sprengfallen und MG-Posten des Atlantikwall gefangen waren, würde er den sorgfältig gehegten Panzerreserven befehlen, sie zu erledigen.

Die Realität war weniger beeindruckend. Nur wenige der etwa 50 Infanteriedivisionen, die den Atlantikwall besetzten, waren erstklassige Einheiten. Der Großteil bestand aus ehemaligen russischen Kriegsgefangenen oder geringer tauglichen deutschen Truppen. Auch die von der Küste entfernt in Reserve gehaltenen zehn Panzer- und Panzergrenadierdivisionen waren von gemischter Qualität. Vie-

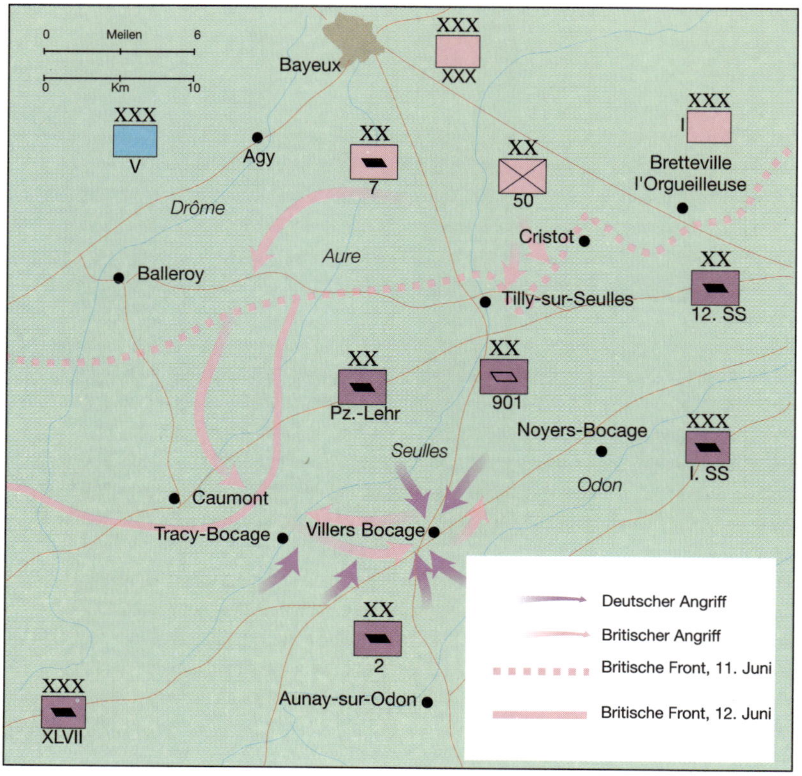

Ein gutes Beispiel für die überlegene deutsche Panzertaktik. Die britische 7. Panzerdivision begann einen Angriff gegen Villers Bocage, um die Panzer Lehrdivision zu umgehen. Doch die schwere Panzerabteilung des I. SS-Panzerkorps unter Befehl des Panzerasses Obersturmführer Michael Wittmann schlug zurück und stoppte den britischen Vormarsch.

le wurden nach ihren schweren Verlusten an der Ostfront gerade aufgefrischt. Auch die Führung der deutschen Armeen in Frankreich, das man als bequemen Ort weit weg von den Schrecken Russlands sah, war fragwürdig. Die Ankunft Rommels Ende 1943 als Kommandeur der Verteidigung beseitigte einen Großteil der Selbstzufriedenheit der deutschen Truppen in Frankreich, doch hatte er seine Arbeit noch keineswegs beendet, als die Alliierten Operation Overlord starteten.

Die deutsche Reaktion auf den D-Day war träge. Wichtige Kommandeure, auch Rommel, befanden sich am 6. Juni nicht in ihrem Hauptquartier. Gegenangriffe deutscher Truppen in der Normandie waren halbherzig und Hitler setzte die Panzerreserven nicht ein, da er eine weitere Landung am Pas de Calais fürchtete. Erst am 7. Juni kam es zum ersten stärkeren Gegenangriff, als die SS-Division „Hitlerjugend" nördlich Caens auf die Kanadier losschlug.

Die britischen und kandischen Truppen gingen unter dem Kommando General Bernard Montgomerys, Rommels Bekanntem aus Nordafrika, an der Ostflanke der Invasion an Land. Sie wollten rasch Caen nehmen und dann ihre Panzerdivisionen ins Landesinnere schicken, um die deutsche Niederlage zu besiegeln.

In den nächsten sechs Wochen brachte Montgomery seine Truppen in schrittweisen, immer stärkeren Angriffen nach vorn, da immer mehr Truppen in den Brückenkopf strömten und verfügbar waren. Zunächst schickte er die 7. Panzerdivision (die berühmten „Wüstenratten") zu einem kühnen Umgehungsangriff westlich Caens vorwärts. Deutsche Tiger im Hinterhalt schlugen sie zum Brückenkopf zurück (siehe Karte nächste Seite). Als Nächstes begannen das britische XXX. und VIII. Korps die Operation Epsom, um Caen einzukreisen, doch vier Panzerdivisionen der Waffen-SS schlugen hart auf sie ein. Im Juli versuchte es Montgomery immer wieder, bis seine Infanterie vor den Toren Caens stand. Nun startete er Operation Goodwood, um die Stadt vom Osten her zu umfassen. Drei britische Panzer-

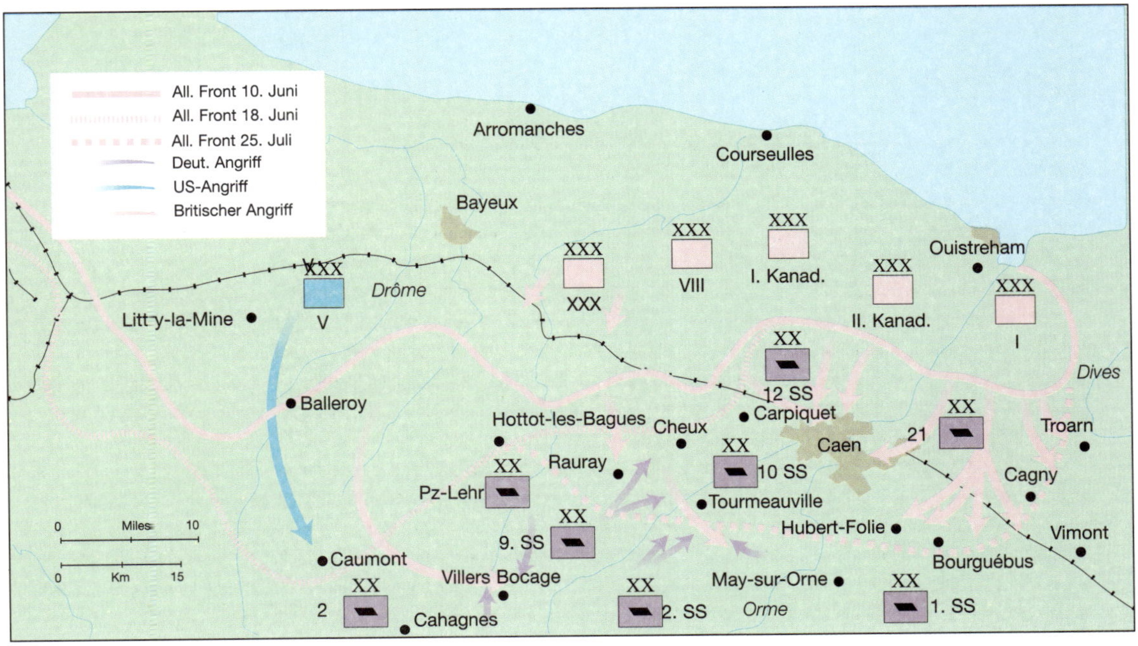

Der Kampf um Caen herum war Teil des Plans Montgomerys, so viele deutsche Panzer wie möglich anzuziehen und zu vernichten. Die Deutschen wurden zermürbt, doch ihre Zähigkeit kostete auch die Alliierten tausende Männer und hunderte Tanks.

divisionen mit fast 900 Tanks, unterstützt von 10.000 Mann Infanterie, 700 Geschützen und 2.000 schweren Bombern sollten durch die nun schwachen deutschen Linien ins offene Land stoßen.

Die Deutschen trotzten dem massiven Bombardement und eine improvisierte Linie von Tigern und 8,8-cm-Flak riss den britischen Angriff in Stücke. Die britischen Reihen gerieten in Konfusion und der Angriff konnte die deutschen Linien nicht durchbrechen. Etwa 270 britische Panzerwracks blieben zurück.

Die Kämpfe bei Villers Bocage, Goodwood und andere zeigten die starke technologische Überlegenheit der deutschen Panzer. Tiger I, Panther und in geringerem Ausmaß Panzer IV hatten bessere Reichweite, Durchschlagskraft und Panzerung als der amerikanische Sherman oder die britischen Cromwell und Churchill. Tiger und Panther hielten Frontaltreffer alliierter Panzerkanonen aus mehr als 300 Meter Distanz aus. Die lange 7,5-cm des Panthers oder die 8,8-cm des Tigers durchschlugen die dünne Panzerung eines Sherman auf 2.000–3.000 Meter Distanz. Die alliierten Tanks mussten selbstmörderisch nahe kommen, um irgendeine Chance zu haben, sie auszuschalten. Nur der britische Sherman Firefly mit seinem Hochgeschwindigkeits-17-Pfünder kam den deutschen Panzern halbwegs nahe. Doch war er in den Normandiekämpfen noch selten anzutreffen.

Der Erfolg der deutschen Verteidigungsstrategie in der Normandie beruhte auf einer Kombination von Faktoren. Man wandte oft integrierte Defensivpläne mit Panzern, Pak, Artillerie und Infanterie an. Die Hauptverteidigungsstellungen wurden stark mit Infanterie, die über kleine Panzerabwehrwaffen wie Panzerfäuste, Panzerschrecks und Teller-Minen verfügte, besetzt. Gelegentlich wurde sie von geschleppter Pak oder 8,8-cm-Flak unterstützt (das war nicht gut überlegt, denn die alliierte Artillerie konnte sie leicht ausmachen und ausschalten). Eine wichtige Rolle spielte in den deutschen Verteidigungsplänen die Artillerie, nicht als Panzerkiller, sondern um die alliierten Kommandeure in ihren Tanks zu halten und so ihre Sicht zu reduzieren. Auch zwang ein Hagel von Sprenggranaten die alliierte Infanterie in Deckung, was oft zur Trennung britischer und amerikanischer Tanks von ihren Panzergrenadieren führte. Das vergrößerte die Chancen der

Tarnung

Die deutschen Truppen 1944 in Frankreich nannten die alliierten Typhoon- und Mustang-Flugzeuge „Jabos“ (Jagdbomber). Da die deutsche Luftwaffe nur noch ein Schatten ihrer selbst war, bestand die einzige Verteidigung gegen die Tiefflugangriffe und Raketenattacken der alliierten Maschinen darin, unter einem Baldachin der Tarnung zu verschwinden.

Frankreichs hügelige, bewaldete Landschaft erwies sich in den bitteren Kämpfen nach den Landungen des D-Day im Juni 1944 als der einzige Verbündete der Wehrmacht. Die Divisionen zerstreuten sich in Wäldern, Bauernhöfen, Tunnels, Minen und Wirtschaftsgebäuden. Die Fahrzeuge wurden mit Unmengen von Laub getarnt, um sie mit der örtlichen Vegetaion verschmelzen zu lassen.

Doch wollten die Deutschen nicht von der alliierten Lufthoheit gelähmt werden und entwickelten Techniken, verborgen zu bleiben und doch zu kämpfen. Man schuf ein System von getarnten Verstecken oder Panzerringstellungen, in dem deutsche Einheiten von getarnten Stützpunkten in Wäldern oder Wirtschaftsgebäuden aus kurz hinter der Frontlinie operierten. Nachts tauchten die Einheiten auf und verstärkten und versorgten die Frontstellungen. Man wahrte strenge Disziplin – Panzerfahrzeuge etwa benutzten Schotterstraßen nur auf vorbereiteten Routen in die und aus den Verstecken, damit sie nicht von Flugzeugen entdeckt werden konnten.

Waren zur Verlegung von Truppen große Märsche über weite Distanzen nötig, so geschah das nachts. Am Tage wurden die Fahrzeuge in vorbereiteten Verstecken in Wäldern, Gebäuden oder Tunnels geparkt. Dieses System brach in den Tagen nach dem D-Day zusammen, als die Reservepanzerdivisionen Befehl erhielten, tagsüber zu den Invasionsbuchten zu fahren. Kein Wunder, dass bald herumstreifende alliierte Jagdbomber die Kolonnen entdeckten und viele Panzereinheiten bis zu 50 Prozent Verluste verzeichneten.

Die deutsche Tarnung machte es den alliierten Piloten meist schwer, die gegnerischen Panzer und Fahrzeuge zu entdecken, doch fanden die Alliierten bald heraus, dass sie durch abgefangenen Funk und Zielsuch-Instrumente die Position der deutschen Einheiten identifizieren konnten. In den Tagen nach dem D-Day wurde so das Hauptquartier der Panzergruppe West lokalisiert und durch Luftschläge verwüstet, was etliche entscheidende Tage lang Konfusion bei seinen Truppen zur Folge hatte.

deutschen Panzerjägertrupps, ihre Nahkampfwaffen erfolgreich gegen isolierte alliierte Tanks einzusetzen.

Die deutschen Panzer und mobilen Pak wurden gewöhnlich hinter der Hauptverteidigungsstellung in Reserve gehalten. Sobald sich große Konzentrationen alliierter Tanks näherten, manövrierten entweder kleine Gruppen deutscher Fahrzeuge, um den Vormarsch abzufangen und zu blockieren oder stellten sich an den Flanken auf, um maximalen Schaden anzurichten. Ziel war „Todeszonen“ zu schaffen, in denen die alliierten Tanks aus verschiedenen Richtungen angegriffen werden konnten, sodass Konfusion enstand und eine kohärente Reaktion schwieriger wurde. Wichtig war, außer Reichweite der alliierten Tanks zu bleiben, um die eigenen kostbaren Panzer zu bewahren.

Wie wirksam diese Taktik war, sieht man daran, dass die Deutschen im ersten Monat der Schlacht in der Normandie fast 550 alliierte Tanks ausschalteten. 227 wurden von Panzern, 61 von Sturmgeschützen oder Selbstfahrlafetten, 105 von Flak, 36 von Artillerie und 108 von Infanterie im Nahkampf zerstört. Im selben Zeitraum verloren die Deutschen etwas über 300 Panzer und Sturmgeschütze, mindestens 100 davon durch Luftschläge. Die Zerstörungsrate von 2:1 war beeindruckend, doch war sie an der Ostfront noch größer.

Die deutschen Kommandeure nutzten das Terrain der Normandie ausgezeichnet, um den alliierten Vormarsch zu verzögern und aufzuhalten. Im Westen des Brückenkopfs hemmten die Hecken des Bocage den Vorstoß der Amerikaner und zwangen sie zu kleinen Infanteriekämpfen, um jedes Feld und jedes Dorf zu säubern. Die Qualität der unerfahrenen Infanterie der US-Armee ließ viel zu wünschen übrig und sie musste auf die harte Tour lernen, wie man die Deutschen aus ihren Bunkern und Gräben werfen konnte.

Weiter östlich mussten die Briten und Kanadier auf hügeligerem, offenerem Terrain kämpfen. Hier beherrschte die Kontrolle über Anhöhen den Kampf. Artillerie-Richtschützen konnten eine Reihe von Kämmen auf beiden Seiten Caens

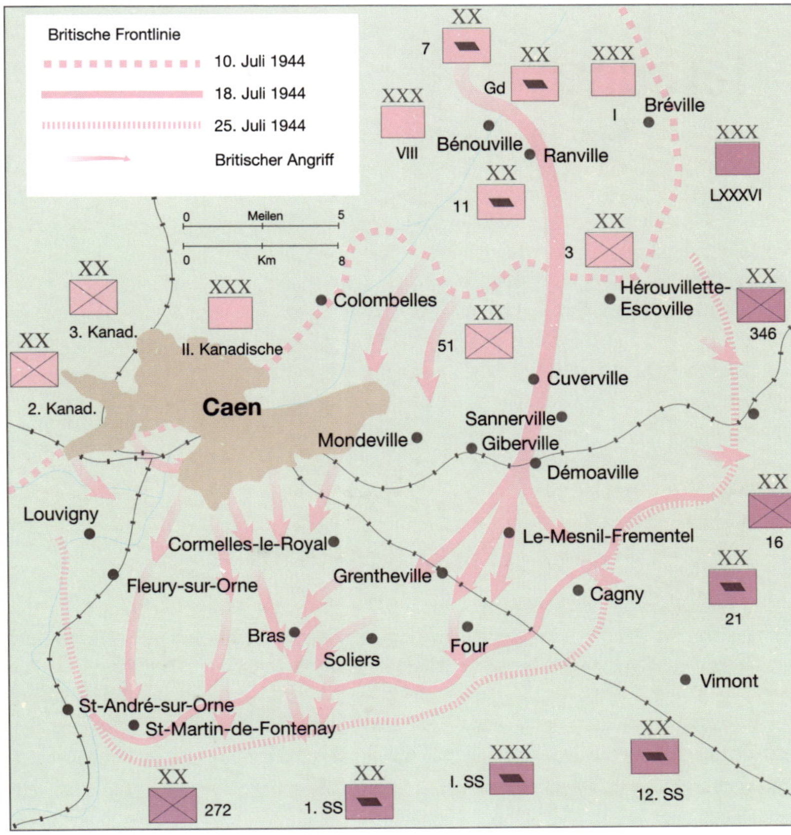

Operation Goodwood, Montgomerys Versuch, eine Route nach Falaise zu öffnen. Drei Panzerdivisionen griffen an, wurden aber von einer Kombination aus Tigern und 8,8-cm-Flak aufgehalten. Die Operation kostete die Briten 400 Tanks.

nutzen, um Feuer auf alliierte Truppenkonzentrationen hageln zu lassen. Durch ihre überlegene Reichweite konnten die deutschen auf Anhöhen stationierten Panzer und Pak massierte alliierte Panzerangriffe brechen, ehe diese den deutschen Linien auch nur nahe kamen. War ihre Panzerunterstützung zerschossen, so wankte die alliierte Infanterie bald und wollte sich nicht bis zur deutschen Frontinfanterie vorkämpfen. Die Kämme boten den Deutschen auch Schutz vor den gewaltigen alliierten Artilleriebatterien und Marinegeschützfeuer.

Für die meisten alliierten Truppen, die in den Feldern und Dörfern der Normandie gegen die Deutschen kämpften, war es ihre erste Kampferfahrung. Zwar hatten sie Wochen und Monate intensiver Ausbildung in England hinter sich, ehe sie nach Frankreich eingeschifft wurden, doch nichts bereitet sie auf das vor, mit dem sie es zu tun haben würden.

Die britischen, US- und kanadischen Divisions-, Brigade- und Bataillonskommandeure waren alle weniger erfahren im Bewegungskrieg mit allen Waffengattungen als ihre deutschen Gegenspieler. Sie wandten zunächst rigide Taktik an, was in fruchtlosen Frontalangriffen gegen die deutschen Stellungen zu tausenden alliierten Opfern führte. Sie glaubten, ihre Feuerkraft würde die Deutschen überwinden, und dass man das Terrain nicht zur Deckung der Bewegung nutzen musste und nicht hinter Widerstandszentren zu gelangen brauchte.

Das Kommando der Alliierten verlief streng von oben nach unten, sodass sie auf deutsche Überraschungszüge nicht rasch reagieren konnten. Fiel ein Schlüsseloffizier oder funktionierte die Kommunikation mit dem höheren Hauptquartier nicht, so brachen die alliierten Attacken oft zusammen, da niemand die Initiative ergreifen und die restliche Truppe nach vorn führen konnte. Bei Good-

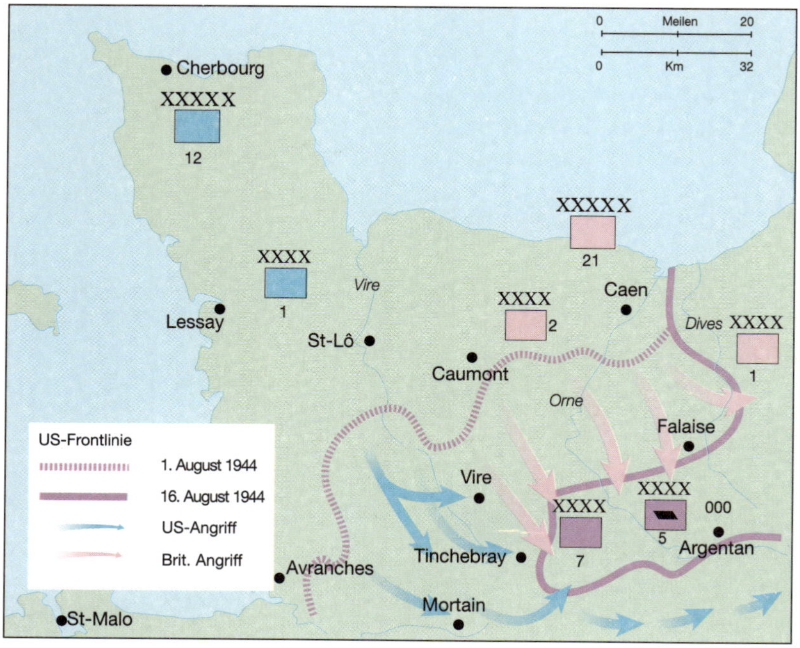

Als die deutsche Front in der Normandie bröckelte, stießen die britischen und amerikanischen Truppen ost- und südwärts, um einen Ring um die Wehrmachtseinheiten westlich von Falaise und Argentan zu schließen.

wood lenkte der britische Korpskommandeur, Lieutenant-General Sir Richard O'Connor, die Schlacht von einer Kommandostelle weit hinten in der Etappe aus und wollte die Aktion jedes einzelnen Bataillons bestimmen. Oft überstimmte er Untergebene, die in vorderster Reihe standen. Man versäumte jede Gelegenheit zum Ausnutzen britischer Erfolge, da O'Connor seinen Truppen erst zu stoppen und umzugruppieren befahl, ehe sie die zahlreichen deutschen Stützpunkte auf ihrem Weg angriffen. Kein Wunder, dass anstelle eines dynamischen Panzerdurchbruchs ein konfuser, zerstückelter Kampf entstand.

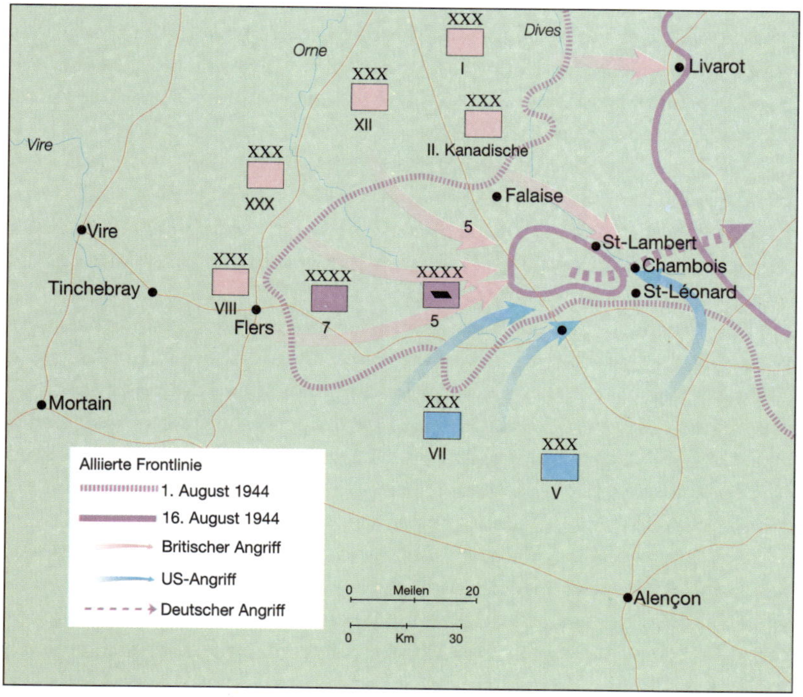

Im Falaise-Kessel fielen mehr als 10.000 Deutsche, 50.000 gerieten in die Gefangenschaft. Die Alliierten hatten nun freie Bahn für ihren Vormarsch aus der Normandie in Richtung Paris.

Auch im Westen machten es die Deutschen den Amerikanern im schwierigen Gelände des Bocage schwer. Rommel versuchte verzweifelt zu verhinden, dass die Alliierten den Hafen Cherbourg nahmen, was ihre logistischen Probleme stark verringert hätte. Fallschirmjägerveteranen und SS-Divisionen führten die Verteidigung, doch hatten sie nicht so viele Panzer wie die Briten und Amerikaner.

Ende Juli waren die Amerikaner dank der Operation Cobra, die die lädierten Frontstellungen überwältigte, durch die deutsche Linie gebrochen. Hitler befahl sechs Panzerdivisionen zum Gegenangriff, um die Front zu schließen. Nach fast zwei Monaten ständigen Kampfs waren diese kaum noch mehr als schwache Kampfgruppen von Regimentsstärke. Alliierte Jagdbomber fingen die deutschen Panzer auf offenem Gelände ab und der Angriff brach zusammen. Nun führte Lieutenant-General George Patton seine kürzlich aktivierte 3. Armee in den Kampf. Sie brach durch und raste ostwärts in Richtung Seine.

Der Falaise-Kessel

Hitler verbot seinen Truppen jeden Rückzug. Pattons Tanks schlossen nun eine riesige Falle um die deutschen Truppen, die südlich von Caen in einen Kessel getrieben wurden. Mitte August saßen die Überreste von mehr als 20 deutschen Divisionen darin fest. Der einzige Fluchtweg war ein enger Korridor ostwärts. Am 20. August war dieser abgeschlossen. Tagelang schlugen alliierte Flugzeuge und Artillerie auf den Kessel ein, bis der Widerstand erlosch. Es gab keine formelle Kapitulation oder allgemeinen Ausbruch. Jeder entschied selbst. Als die Alliierten das Feld durchkämmten, fanden sie die Ruinen des deutschen Heeres in der Normandie: 567 Panzer, 950 Artilleriegeschütze, 7.700 Fahrzeuge, die Leichen von 10.000 Deutschen und die Kadaver zehntausender Pferde. Etwa 50.000 Deutsche ergaben sich, 20.000 entkamen zu Fuß aus dem alliierten Ring. Von den 38 an der Normandie-Front eingesetzen deutschen Divisionen hatten 25 zu existieren aufgehört. Die Wehrmacht hatte fast eine halbe Million Männer verloren.

Zwischen der Normandie-Front und dem Rhein standen nur noch 70 deutsche Panzer! Was von den deutschen Truppen noch übrig war, befand sich in vollem Rückzug vor den alliierten Truppen. Zusätzliche Landungen Mitte August in Südfrankreich machten die Niederlage der Armeen Hitlers im Westen komplett. Einen Monat lang ging die Verfolgung unvermindert weiter. Mitte September waren fast ganz Frankreich und Belgien befreit. Montgomery plädierte für einen sofortigen Vorstoß nach Deutschland hinein, doch Eisenhower, der alliierte Oberbefehlshaber, behielt eine Strategie der breiten Front bei, was den Deutschen eine Atempause verschaffte. Zudem zwang Benzinknappheit die Alliierten, ihre Panzerkolonnen zu zügeln um umzugruppieren, ehe die Schlussoffensive beginnen konnte.

Obwohl sie seit fünf Jahren in einem langen, blutigen Krieg stand, lieferte die Wehrmacht in der Normandie einen erstaunlichen Kampf. Manche deutschen Generäle waren dem „Führer“ abgeneigt und planten ihn sogar zu stürzen, doch die Mannschaften der Kampftruppen glaubten immer noch an die deutsche Sache. Rommels ansteckender Enthusiasmus färbte auf die Truppen ab, die die Invasion abwehren sollte. Er war berühmt für seine Siege gegen die Briten und Amerikaner in Nordafrika und viele seiner Männer sowie die Divisionskommandeure wurden durch Hitlers Behauptung überzeugt, falls sie die alliierte Invasion ins Meer zurücktreiben konnten, könnte Deutschland sich wieder dem Osten zuwenden und die Sowjets erledigen. „Wenn der Feind im Westen einfällt, wird dies der Augenblick der Entscheidung in diesem Krieg sein“, sagte Rommel. „Und dieser Augenblick muss zugunsten Deutschlands genutzt werden.“

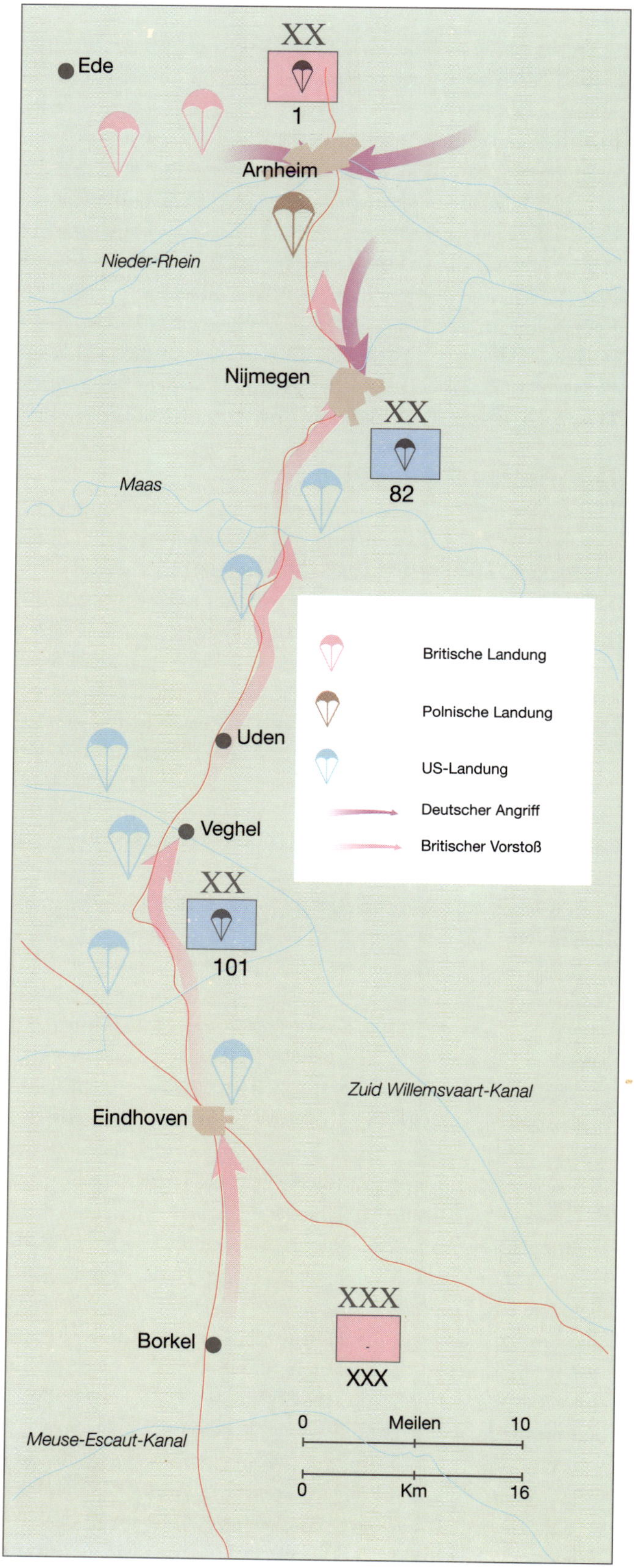

Die Niederlage der allliierten Luftlandungen in Holland im September 1944 (Operation Market Garden) war der einzige schlichte deutsche Sieg 1944 im Westen. Montgomery mochte sagen, Operation Market Garden sei zu 90 Prozent erfolgreich gewesen, doch Ziel des Unternehmens war die Einnahme der Rheinbücke bei Arnheim, um den alliierten Panzern den Weg ins Herz des deutschen Ruhrgebiets zu öffnen. Das scheiterte ganz klar. Die Niederlage war der raschen Reaktion Models und des deutschen Kommandeurs der Arnheim-Region, SS-Gruppenführer Willi Bittrich, und dessen II. SS-Panzerkorps zuzuschreiben. Durch pures Glück war er in die Provinz von Arnheim geschickt worden, um seine 9. und 10. SS-Panzerdivision, die beim Rückzug von Falaise übel zugerichtet worden waren, zu überholen. Der alliierte Nachrichtendienst übersah die Bewegung der Panzer nach Arnheim. Als die britische 1. Luftlandedivision außerhalb der Stadt landete, bildete Bittrich aus seinem Korps und den Heereseinheiten in der Gegend eine Reihe von Behelfs-Kampfgruppen. Binnen eines Tags hatte er die britischen Truppen in ihrer Absprungszone festgenagelt, außer einem Bataillon, das es zur Brücke geschafft hatte. Doch Bittrich hatte bereits befohlen, die Nijmegen-Brücke im Süden um jeden Preis zu halten, und eine SS-Panzereinheit blockierte den Entsatz der britischen Fallschirmjäger durch Montgomerys Tanks.

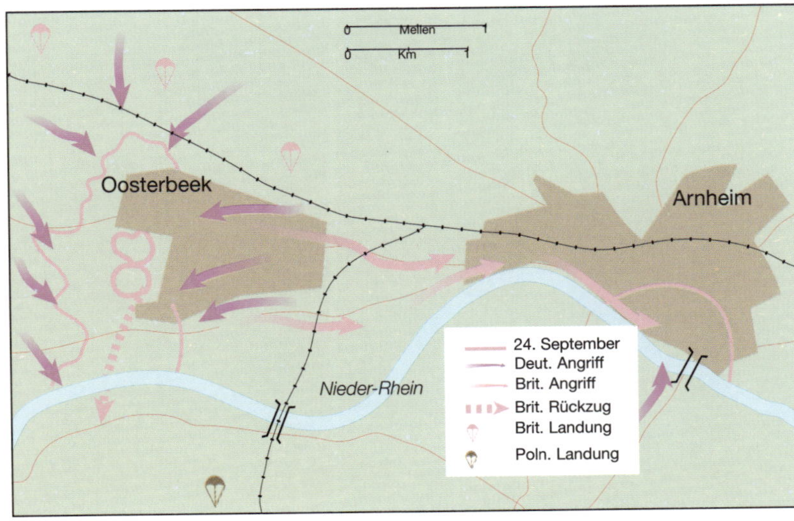

Das Ende bei Arnheim. In zehn Tagen schweren Kampfes wurden die britischen Fallschirmjäger nördlich des Rheins in einen kleinen Kessel getrieben. Unfähig, einen Nachschubweg über den Fluss zu öffnen, schwammen die lädierten Reste der 1. Luftlandedivision (weniger als 2.000 Mann) über den Rhein um ihr Leben.

Da die Deutschen im Italienfeldzug die alliierten Landungen bei Salerno und Anzio fast zurückgeschlagen hätten, war Rommels Optimimus nicht fehl am Platz. Während die alliierten Generäle nach dem Ereignis den Erfolg des Normandie-Feldzug als schon vorher klar darstellten, teilten viele alliierte Führer wie der britische Chef des Empire-Generalstabs, Field Marshal Sir Alan Brooke, und der alliierte Oberbefehlshaber, General Dwight D. Eisenhower, Hitlers Meinung, der Verlauf des Kriegs hinge vom Ausgang der Invasion ab.

Im September 1944 waren die Alliierten überzeugt, der Krieg sei gewonnen. Der sonst vorsichtige Montgomery befahl eine ehrgeizige Luftlandeoperation, um eine Reihe strategisch wichtiger Brücken in Holland zu nehmen und den Alliierten bei Arnheim einen Stützpunkt über den Rhein zu schaffen. Binnen Tagen nach der Landung von britischen und US-Fallschirmtruppen bei Arnheim, Nijmegen und Eindhoven hatte der Oberfehlshaber West, Walter Model, die schwachen Luftlandetruppen eingeschlossen und Panzertruppen stationiert, um ihren Entsatz durch von Belgien nordwärts stoßende alliierte Tanks zu verhin-

Britische Bomber attackieren 1944 in Frankreich deutsche Panzer. Die Alliierten konnten sich im Westfeldzug auf massive Feuerkraft stützen. Bei der Operation Goodwood im Juli etwa schlugen die Briten am Morgen des 18. Juli mit 8.828 Tonnen Bomben und mehr als 300 000 Granaten auf die deutsche Frontlinie östlich Caens los. Die Wirkung war verheerend. Hunderte Deutsche fielen oder wurden verwundet, manche wurden verrückt und Dutzende Panzer wurden zerstört.

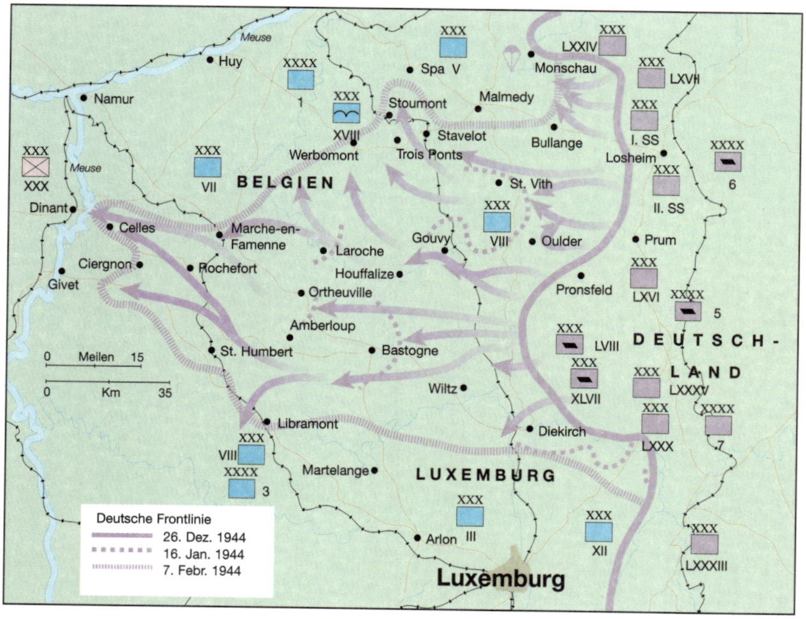

Im Dezember 1944 fügte die Wehrmacht in neun Tagen der US-Army ihre größten Verluste im Westfeldzug zu. Am 16. Dezember wurde im Unternehmen „Wacht am Rhein" eine US-Division eingeschlossen. Es gab mehr als 7.000 Gefangene. Weitere 8.000 kamen in den folgenden Tagen dazu, als zwei US-Korps in Panik von der deutschen Grenze zurückwichen. Am Ende der Offensive waren mehr als 81.000 alliierte Soldaten gefallen, verwundet oder gefangen. In der folgenden Woche stießen deutsche Panzerspeerspitzen 96 km in Richtung Antwerpen und schlossen in Bastogne eine weitere US-Division ein. Diese hielt trotz ständiger deutscher Attacken stand.

dern. Waffen-SS-Einheiten umzingelten die Briten bei Arnheim. Diese mussten über den Rhein zurück und 8.000 Tote oder Gefangene hinter sich lassen. Model verhinderte, dass sich Montgomery einen Brückenkopf über den Rhein sicherte.

Entlang der ganzen Westgrenze Deutschlands sammelte sich die Wehrmacht und wehrte die alliierten Angriffsspitzen ab. Im Hürtgenwald südlich Aachens blieb die US-Army in einer Reihe von Materialschlachten stecken. Ganz im Süden wurde Pattons 3. Armee bei Metz in verlustreiche Kämpfe verwickelt, konnte aber nicht durch die deutschen Grenzverteidigungsstellungen dringen.

Hinter dieser neuen, soliden Front befahl Hitler eine letzte Anstrengung, seine lädierten Armeen wiederherzustellen, um seinen Feinden eine entscheidende Niederlage zuzufügen. „Wir setzen alles auf eine Karte" sagte er zu seinen Generälen. Der Angriff sollte durch die Ardennen stoßen, den belgischen Hafen Antwerpen

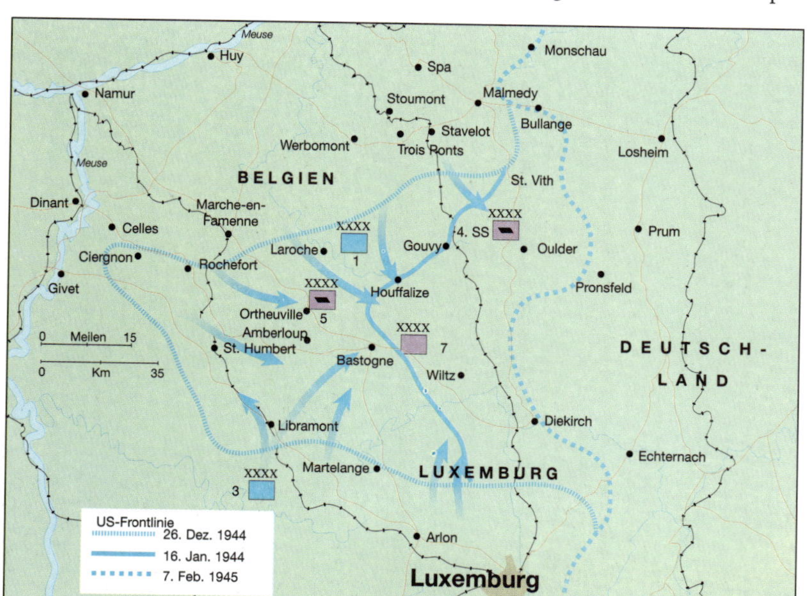

Als das Wetter aufzuklaren begann, kam der deutsche Vormarsch südlich der Meuse 96 km vor Antwerpen zum Stehen. Patton stieß eine Panzerkolonne in die Südflanke der deutschen Panzerkräfte. Mehr als 120.000 deutsche Soldaten fielen, wurden verwundet oder gefangen sowie 800 Panzer zerstört. Ende Januar 1945 befanden sich die Deutschen wieder an ihren Ausgangsstellungen in Deutschland.

Die Siegfried-Linie

Als die alliierten Kolonnen im Herbst 1944 von der Normandie ostwärts stürmten, versuchte der neu ernannte Oberbefehlshaber West, Feldmarschall Walther Model, verzweifelt, eine Verteidigungsfront entlang der Westgrenze Deutschlands zusammenzuziehen (den Alliierten war der Benzinnachschub ausgegangen und ihre Tanks blieben buchstäblich stehen. Model hatte daher mehr Zeit, als er glaubte, um eine wirksame Verteidigung gegen den Feind zu organisieren).

Hitler wies Model an, die alten Verteidungungsstellungen der Siegfried-Linie zur Verstärkung der neuen Westfront zu nutzen. Die Siegfried-Linie war in den 30er-Jahren als Reaktion auf die französischen Anlagen der Maginot-Linie errichtet worden. Die deutsche Linie reichte von der Schweizer Grenze nordwärts bis in die Nähe der holländischen Grenze. In der Periode des „Sitzkrieges" in den späten 30er-Jahren hatte die Siegfried-Linie fast mystische Ausmaße angenommen, da Franzosen wie Deutsche einander im Propagandakrieg zu überflügeln suchten. Die eigene Linie war stärker, bessser und undurchdringlicher. In Wahrheit war die deutsche Linie nie so stark wie die französische. Sie war eher eine Reihe von Feldschanzen für Heereseinheiten als ein „Betonschlachtschiff" im Stil der Maginot-Linie. Die Siegfried-Linie umfasste lange Reihen von Panzerhöckern, Bunkern und gewaltige Stacheldrahtverhaue. Und vor allem besetzten die Deutschen die Linie mit 19 gut ausgerüsteten und ausgebildeten Infanteriedivisionen.

Im Herbst 1944 war die Siegfried-Linie nur noch ein Schatten ihrer selbst. Ein Großteil von ihr war abgebaut und zur Atlantikküste gebracht worden, um früher im Krieg die Verteidigungsanlagen gegen eine Invasion zu verstärken. Der Betonhülle der Linie blieb erhalten, doch gab es wenig Stacheldraht und Minen und keine der Geschützstellungen enthielt Artilleriegeschütze.

Zudem sah es für Model bei den Humanressourcen traurig aus. Hitler versorgte den Feldmarschall mit 100 so genannten „Festungsbataillonen", die aus alten Männern und diensttuenden Verwundeten bestanden. Der „Führer" glaubte, die Siegfried-Linie sei stark genug gegen jeden Angriff, doch er lebte in einer Traumwelt. Rundstedt nannte die Linie eine „beschämendes Märchen". General Westphal, Rundstedts Stabschef, hatte gesagt: „Der Westwall [die Siegfried-Linie] war wegen des Abzugs von Waffen, Munition, Draht und Minen nicht länger in einem verteidigungsfähigen Zustand ... Manchmal fehlten sogar die Schlüssel zu den Geschützstellungen." Er kritisierte auch, dass keine einzige Brücke über den Rhein zur Sprengung vorbereitet war.

Zum Glück für Model half ihm das rasche Tempo des alliierten Vormarsches. Wie oben erwähnt, kamen die alliierten Panzer nur durch den Treibstoffmagel kurz vor der Siegfried-Linie zu stehen, als die Versorgung mit Benzin versiegte. Doch der Durchbruch durch die Linie würde nur noch eine Formalität sein, wenn die Zeit dafür gekommen war.

nehmen und so die Briten in Holland von den Amerikanern in Frankreich trennen. Es war im Grunde eine Wiederholung der Ardennen-Offensive von 1940.

Unter größter Geheimhaltung wurden etwa 500.000 Mann in 28 Divisionen (11 davon Panzer- und Panzergrenadierdivisionen) neu organisiert und ausgebildet. Fast alles Material der deutschen Rüstungsproduktion, darunter 1,27 Millionen Tonnen Munition, 100.000 MG, 9.000 Artilleriegeschütze, 1.500 Panzer und Sturmgeschütze sowie 5 Millionen Liter wertvollen Treibstoffs wurden der Offensive zugeteilt. Das war angesichts der Verluste in den vergangenen sechs Monaten und des Schadens, den die unausgesetzte alliierte Bombardierung den deutschen Industriestützpunkten zugefügt hatten, eine erstaunliche Großtat.

Unternehmen „Wacht am Rhein" kam für die Allierten total überraschend und fegte zu Beginn die schwachen amerikanischen Truppen, die die Frontlinie in den Ardennen besetzten, weg. Fast eine Woche lang hielt Schlechtwetter die alliierten Fliegerverbände am Boden und die deutschen Panzer konnten westwärts stürmen. Deutsche Trupps, die alliierte Uniformen trugen, verstärkten die Panik bei den unerfahrenen GIs, die den Blitzkrieg zu stoppen versuchten.

Hitlers Plan war kühn und einige Tage lang schien es, als hätten die Alliierten größere Probleme. Sobald sie aber ihre Fassung wieder gewannen und ihre Luftmacht und Panzerreserven zum Einsatz brachten, war die Wacht am Rhein zum Scheitern verurteilt. Im besten Fall verzögerte sie den alliierten Vormarsch zum Rhein um wenige Wochen. Auf der Soll-Seite aber hatte die Offensive die Wehrmacht fast 120.000 Mann und große Mengen unersetzbaren Kriegsgeräts gekostet. Nun waren keine Reserven mehr übrig.

Heldenmut ist nicht genug

Die letzten Reserven der Wehrmacht waren in der vergeblichen Ardennen-Offensive verbraucht worden. Anfang 1945 stand der Gegner auf deutschem Boden. Die Niederlage war nun unausweichlich, doch solange Hitler lebte, hielt ihm die Armee ihren Treueeid.

Im Januar 1945 war Deutschlands strategische Lage hoffnungslos: Im Westen näherten sich die Alliierten dem Rhein, im Osten brachte die Rote Armee für den Zug nach Berlin 400 Divisionen auf und im Süden belagerten die Sowjets die ungarische Hauptstadt Budapest. Nur in Italien war die Front stabil.

Die einst stolze Wehrmacht war nur noch ein Schatten ihrer selbst. Man hätte etwa sieben Millionen Mann bewaffen können, doch Munition und Gerät fehlten und die Moral zerfiel. Nur im Osten war die Armee bereit zum heldenmütigen Kampf, und auch das nur als Mittel, um in den Westen entkommen zu können.

Doch Hitler in seinem Berliner Führerbunker tief unter der Reichskanzlei weigerte sich, die Niederlage zu akzeptieren. Er glaubte weiterhin, solange seine Armeen weiterkämpften, bestünde die Möglichkeit, dass sich die westlichen Alliierten und die Sowjets entzweiten. Das war natürlich völlig unlogisch, doch befand sich Hitler am Rande des geistigen und körperlichen Zusammenbruchs. Er wies Berichte über die überwältigende Stärke der Sowjets an der Ostfront als „idiotisch“ zurück und schlug vor, den Chef der Generalstabsabteilung „Fremde Heere Ost“, General Reinhard Gehlen, in ein Irrenhaus zu schicken. Die Berichte waren aber die genauesten der von Gehlens Organisation jemals gelieferten. Hitler wollte nicht einsehen, wie schwach seine Heeresdivisionen nun waren. Viele von ihnen hatten kaum mehr als Regimentsstärke.

Der Wille des „Führers“ weiterzukämpfen war trotzdem ungebrochen. Er befahl die Verhaftung vieler höherer Offiziere, die seinen Befehlen nicht folgten. Andere wurden degradiert und als Leutnante oder einfache Soldaten an die Front geschickt. Die Gauleiter (regionale Nazi-Behördenleiter) erhielten die Autorität über die Verteidigung ihrer Bezirke. Sie durften jeden Offizier absetzen, der Anzeichen

Von den Amerikanern im April 1945 gefangen genommene Deutsche. In jenem Monat machten die westlichen Alliierten nicht weniger als 1.650.000 deutsche Gefangene – die Wehrmacht hatte nichts mehr zum Kämpfen übrig. Nur im Osten machte sie weiter, und das nur, damit die Briten und Amerikaner Berlin als Erste erreichten.

von Illoyalität zeigte. Sie berichteten direkt an Martin Bormann, Hitlers treuen Selretär, und mischten sich oft nur, um ihre Autorität zu beweisen, in militärische Angelegenheiten ein.

Doch das Heer setzte den Kampf fort, hauptsächlich wegen des Treueeids der Offiziere und Mannschaften auf Hitler. Als Berufssoldaten wäre es für sie schändlich gewesen, ihr Land in der Not im Stich zu lassen. Erwin Rommel fasste die Stimmung im Offizierskorps im Oktober 1944, als er wegen des Verdachts, er sei in die Verschwörung vom Juli 1944 verwickelt gewesen, auf sein Urteil wartete, so zusammen: „Unser Feind im Osten ist so schrecklich, dass jede andere Erwägung davor zurücktreten muss. Kann er Europa überrennen, wenn auch nur zeitweilig, so wird dies das Ende all dessen bedeuten, was das Leben lebenswert machte. Natürlich würde ich weitermachen."

Die Wehrmacht in Trümmern

Im Januar 1945 gab es den letzten Versuch, die Wehrmacht zur Verteidigung des Vaterlands wiederherzustellen. Eine Fülle von Befehlen forderte die Bildung von Unmengen neuer Panzer- und Infanteriedivisionen, Artillerieverbände und Pak-Brigaden. Die meisten der Einheiten gab es nur auf dem Papier oder sie bestanden nur aus einer Hand voll halb ausgebildeter Bataillone. Die Panzerdivision Clausewitz etwa, die letzte aufgestellte Panzerdivision, hatte nur 39 Panzer und wenige tausend Mann. Hitler hoffte, durch Namen dieser neuen Einheiten aus Deutschlands ruhmreicher Vergangenheit ihre Mitglieder zum Kampf bis zuletzt zu motivieren. Doch für die neuen Einheiten ausgebildete Offiziere und Truppen zu finden, war fast unmöglich. Das deutsche Ausbildungssystem war schon lange zusammengebrochen, es gab keine Ausbilder oder Ausbildungscamps mehr. Jede Division musste alte Männer und Jungen aus dem Volkssturm aufnehmen. Diese waren zwar willig, doch fehlten ihnen Ausbildung, Gewehre und Munition.

Die deutsche Rüstungsproduktion kam wegen der alliierten Bombardements und mangels Rohstoffen zum Erliegen. Im Februar 1945 stoppte die Panzer- und Flugzeugfertigung. Die Produktion synthetischen Öls wurde auf ein Rinnsal reduziert (die Sowjets hatten Deutschland von den Ölfeldern in Rumänien und Ungarn abgeschnitten). Der Verkehr war am Zusammenbrechen, da die alliierten Bomber die Schlüsselbrücken zerstörten und das Gelände beherrschten.

Die letzte bedeutsame Panzerreserve der Deutschen waren die fünf SS-Panzerdivisionen der 6. SS-Panzerarmee. Sie wurden Mitte Januar 1945 von der Westfront abgezogen. Da sie in der Ardennen-Offensive schwere Verluste erlitten hatten, erhielten sie die wenigen Tanks, die noch aus den Fertigungsstraßen rollten. Der Generalstabschef Heinz Guderian wollte, dass sie Berlin verteidigten, da die zwölf Panzer- oder Panzergrenadierdivisionen an der Ostfront durchschnittlich weniger als 40 einsatzfähige Panzer hatten. Diese hatten wenig Chancen, die 6.000 sowjetischen Tanks, die bereit zum Einbruch in Polen standen, aufzuhalten. Doch Hitler wollte, dass die Elitetruppe und ihre 400 Panzer nach Ungarn gingen, die Belagerung Budapest brachen und die Versorgung mit Erdöl sicherten. Guderians Protest, Ungarn sei ein Nebenschauplatz, war vergeblich. Nur eine der SS-Divisionen wurde zur Verteidigung der Front in Polen abgestellt.

Der erste sowjetische Hammer traf die Wehrmacht am 12. Januar. Zwei Millionen Soldaten der Roten Armee kamen über die 400.000 Deutschen die die Front in Zentralpolen hielten. Binnen einer Woche war Warschau befreit und die Deutschen verzeichneten 50.000 Gefallene, Verwundete oder Gefangene. Es hätte noch schlimmer kommen können, doch General Walther Nehring bildete mit

Hitlers schlecht beratene Offensive im März 1945 in Ungarn. Sie verbrauchte die geringen Panzerreserven, die Deutschland noch hatte, und erreichte nichts.

Die Einschließung der Heeresgruppe B Generalfeldmarschall Walther Models im Ruhr-Kessel. Es brauchte 18 Tage, den Kessel auszuheben. Dann gingen 370.000 Soldaten in Gefangenschaft. Model tötete sich selbst.

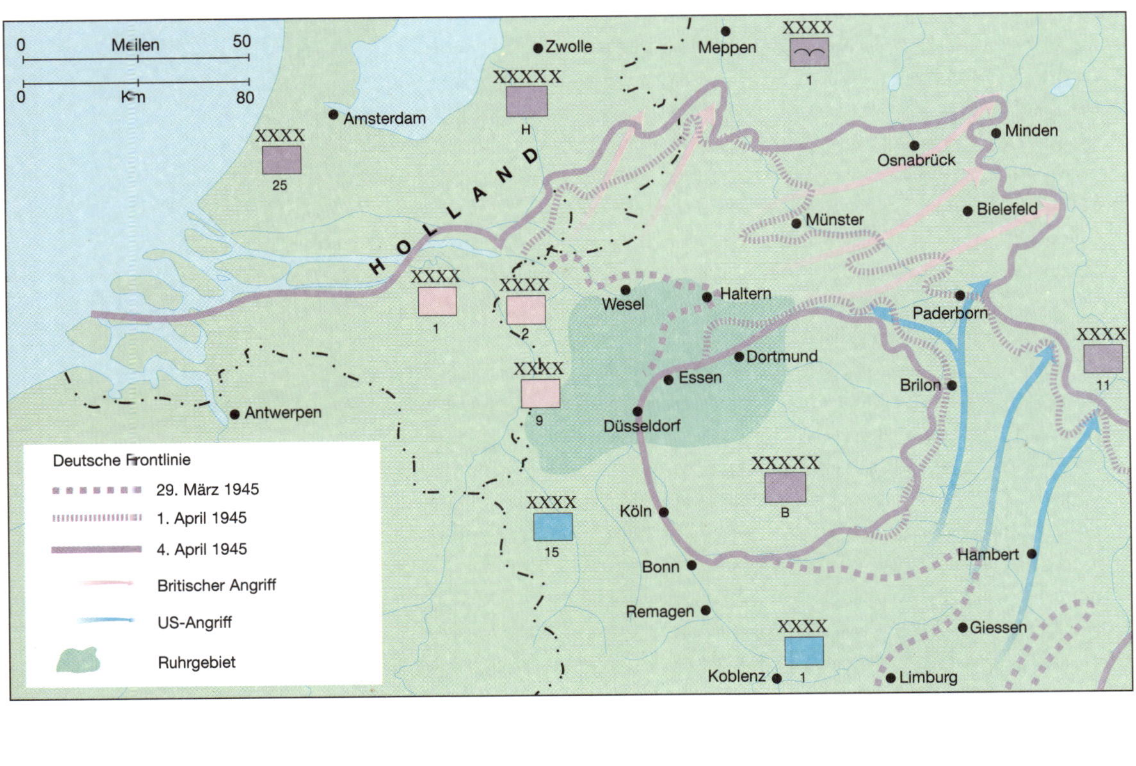

Das von der Wehrmacht im März 1945 gehaltene Gebiet. Ihre Truppen in Italien, Österreich, der Tschechoslowakei und Jugoslawien waren vom Hauptkampf in Deutschland praktisch abgeschnitten.

seinem XXIV. Panzerkorps (drei Divisionen) einen „wandernden Kessel" und führte es in einem Elftagemarsch 250 km durch die Wälder zu den deutschen Linien bei Breslau an der Oder. Die Fahrzeuge erhielten mittels Luftbrücke Benzin und ein Teil des Panzerkorps „Großdeutschland" hielt für Nehrings belagerten Verband und tausende Zivilisten, die sich anschlossen, einen Brückenkopf offen.

Die sowjetischen Panzerarmeen an der Spitze ignorierten die Reste der deutschen Frontstellungen und stürmten westwärts gegen Oder und Ostsee. Anfang Februar standen die Sowjets 56 km vor Berlin und hatten Ostpreußen von Pommern abgeschnitten, wodurch die Reste von 40 Divisionen gefangen waren. Weitere 25 Divisionen wurden im Kurland an der Ostsee abgeschnitten. Hitler befahl beiden Kommandos, bis zum bitteren Ende zu kämpfen.

Im Februar starteten die Sowjets eine Reihe weiterer Offensiven und Ende März hielten sie eine Linie von Stettin an der Ostseeküste bis Görlitz an der tschechischen Grenze. Sie waren nun bereit zum Großangriff auf Berlin.

Hitlers Offensive in Ungarn war das vorhersehbare Fiasko. Es gelang ihr nicht, Budapest zu entsetzen, und nur 785 Sodaten der 70.000 Mann starken Garnison entkamen. Nachdem sie fast einen Monat lag versucht hatte, sich durch die sowjetischen Linien zu kämpfen, besaß die SS-Panzerarmee nur noch weniger als 100 einsatzfähige Panzer. Am 25. März zerschlug eine sowjetische Offensive die deutsche Front an der Donau. Die SS-Panzerdivisionen zogen sich nach Österreich zurück. Anfang April griffen Panzer der Roten Armee Wien an.

Die Alliierten im Westen warteten mit ihrem Stoß an den Rhein bis zum 8. Februar. Sechs Armeen griffen entlang der Front von Holland bis zur Schweiz an. Die Deutschen leisteten lokalen Widerstand, doch zu einer koordinierten Verteidigung waren die lädierten Truppen westlich des Rheins nicht mehr fähig. Nach einem Monat standen die Alliierten am Fluss und waren zum Stoß ins Herz des Reichs bereit. Im Nordsektor der Front wurden 52.000 Soldaten gefangen.

Am 7. März wurde der erste Brückenkopf über den Rhein errichtet und die alliierten Truppen begannen am 22. März den Fluss in großem Stil zu queren. Generalfeldmarschall Walther Models Heeresgruppe B wurde am 1. April im Ruhr-Kesssel eingeschlossen. Zwei Wochen später ergaben sich 370.000 deutsche Soldaten inmitten der Trümmer des Industriegebiets. Model wollte nicht die zweifelhafte Ehre haben, als zweiter deutscher Feldmarschall gefangen genommen zu werden, und tötete sich selbst.

Die sowjetische Offensive zur Eroberung Berlins war gewaltig und auch gut geplant. Die deutschen Einheiten waren unterbesetzt und unterbewaffnet und hatten noch dazu viel zu wenig Treibstoff.

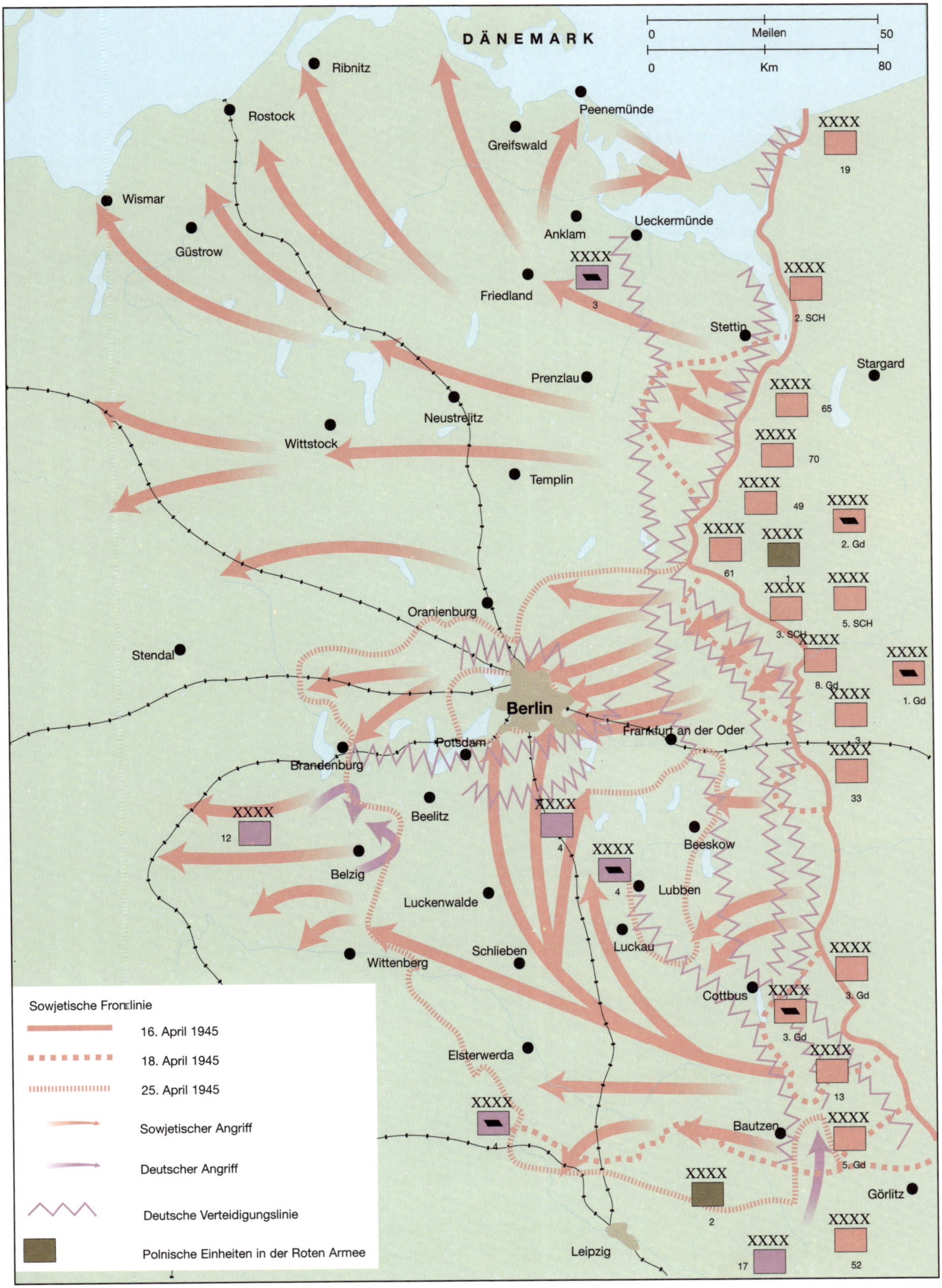
DÄNEMARK
0 Meilen 50
0 Km 80
Ribnitz
Rostock
Peenemünde
Greifswald
Wismar
Güstrow
Anklam
Ueckermünde
Friedland
Stettin
Stargard
Prenzlau
Neustrelitz
Wittstock
Templin
Oranienburg
Stendal
Berlin
Frankfurt an der Oder
Potsdam
Brandenburg
Beelitz
Belzig
Beeskow
Lubben
Luckenwalde
Luckau
Schlieben
Wittenberg
Cottbus
Elsterwerda
Bautzen
Görlitz
Leipzig
XXXX 19
XXXX 3
XXXX 2. SCH
XXXX 65
XXXX 70
XXXX 49
XXXX 2. Gd
XXXX 61
XXXX 1
XXXX 3. SCH
XXXX 5. SCH
XXXX 8. Gd
XXXX 1. Gd
XXXX 3
XXXX 33
XXXX 12
XXXX 4
XXXX 4
XXXX 3. Gd
XXXX 3. Gd
XXXX 13
XXXX 4
XXXX 5. Gd
XXXX 2
XXXX 17
XXXX 52
Sowjetische Frontlinie
16. April 1945
18. April 1945
25. April 1945
Sowjetischer Angriff
Deutscher Angriff
Deutsche Verteidigungslinie
Polnische Einheiten in der Roten Armee

Riesenpanzer

Hitlers Begeisterung für High-Tech-Waffen ist bekannt. Auf dem Gebiet der Panzerfahrzeuge stimmte er der Produktion einer Reihe von „Riesenpanzern“ zu. Doch die kleine Zahl dieser Gefährte konnte die Alliierten nicht aufhalten.

Das am stärksten gepanzerte Fahrzeug im Frontdienst war der Jagdtiger. Er benutzte das Fahrgestell des berühmten Tigers II und wurde ab April 1944 gebaut. Insgesamt wurden etwa 150 Stück gefertigt, doch nur 70 Exemplare des 70-Tonnen-Fahrzeugs wurden den beiden Front-Panzerjägerbataillonen zugeteilt.

Sie waren im Dezember 1944 in der Ardennen-Offensive im Einsatz und fügten den unglücklichen alliierten Panzereinheiten, die ihre Bahn kreuzten, schwere Verluste zu. Doch beim Rückzug aus den Ardennen litten die Jagdtiger unter der alliierten Luftmacht derart, dass 1945 beim Widerstand gegen den alliierten Vormarsch nach Deutschland hinein nur noch eine Hand voll verfügbar waren.

Der schwerste von den Deutschen (und vielleicht überhaupt je) gebaute Panzer war die „Maus“, der ganze 189 Tonnen wog. Der Vater der deutschen Panzertruppen, Generaloberst General Heinz Guderian, nannte ihn einen „gigantischen Spross der Fantasie Hitlers und seiner Berater“. Die Maus war nie im Kampfeinsatz.

Ferdinand Porsche hatte Hitler zur Erlaubnis überredet, im Sommer 1942 mit der Arbeit an der Maus zu beginnen. Alles an dem Panzer war groß. Er besaß die größte Kanone, die je an einem deutschen Panzerturm montiert wurde, eine 12,8-cm-Kanone sowie eine 7,5-cm-Nebenwaffe. Ende 1944 gab es erste Tests der beiden Prototypen im Gelände, doch waren sie noch keineswegs einsatzfähig, als die Sowjets 1945 das Panzertestgelände bei Kummerdorfs überrannten. Man gab Befehl, die Prototypen zu zerstören, doch gibt es Gerüchte, dass die Sowjets mindestens eine Maus erbeuteten.

Ein dritter überschwerer Tank, der E-100, war in Entwicklung, als der Krieg endete. Er sollte den Tiger II ersetzen und war mit einer 12,8-cm-Kanone bewaffnet. Der E-100 war als erster einer Reihe von sechs Panzertypen geplant, die zwischen 5 und 140 Tonnen wogen. Ein Exemplar des 140-Tonnen-Panzers wurde von den Amerikanern im Henschel-Werk in Paderborn erbeutet, doch die Arbeit daran war noch in einem sehr frühen Stadium.

Die Alliierten rückten nun durch Westdeutschland vor, wobei die britischen Truppen nordwärts zur Ostseeküste strebten und die Amerikaner westwärts zogen, um die so genannte „Alpenfestung“ der Nazis zu erledigen. Auch diese erwies sich als Fantasieprodukt Hitlers. Andere US-Truppen strebten ins Herzland Deutschlands und in die Tschechoslowakei. Gemäß alliiertem Abkommen trafen einander Amerikaner und Sowjets an der Elbe. In Italien stießen die alliierten Truppen schließlich durch die Po-Ebene und begannen nordwärts zu den österreichischen Alpen und nach Jugoslawien zu ziehen, um sich mit Titos Partisanen zu verbinden. Der deutsche Widerstand im Westen war nur noch halbherzig.

Die letzte Schlacht der Wehrmacht begann am 16. April 1945. Hitler hatte fast eine Million Mann zusammenkratzen können, um die Oder zu halten. Mehr als die Hälfte davon waren gepresste Zivilisten des Volkssturms. Der Kern der Verteidigung bestand aus 850 Panzern und Sturmgeschützen verschiedener Ersatztruppenteile, verstärkt durch mehr als 500 Flak der Berliner Luftabwehrbatterien. Zwischen der Oder und Berlin hatte man unter der Leitung Generaloberst Gotthard Heinricis, des neuen Oberbefehlshabers der Oder-Front (Heeresgruppe Weichsel), eilig sechs Verteidigungslinien angelegt. Gegenüber standen 2,5 Millionen Rotarmisten mit 41.000 Geschützen, 6.000 Tanks und 7.500 Flugzeugen.

Die Sowjets begannen eine gigantische Zangenbewegung, um Berlin einzuschließen. Die Deutschen kämpften fanatisch und hielten die Sowjets kurz an den Seelower Höhen östlich der Stadt auf. Nach neun Tagen schlossen die Sowjets den Ring um Berlin. Die 200.000 verbleibenden Männer, die unter General Theodor Busse, Mansteins altem Stabschef, die Oder-Front verteidigten, wurden südlich von Berlin in einem Kessel gefangen.

In Berlin befahl Hitler, jeder Mann solle bis zum bitteren Ende kämpfen. Die Russen brauchten vier Tage, um sich durch die Straßen der ruinierten Stadt bis vor die Tore des Führerbunkers durchzukämpfen. Inzwischen befahl außerhalb

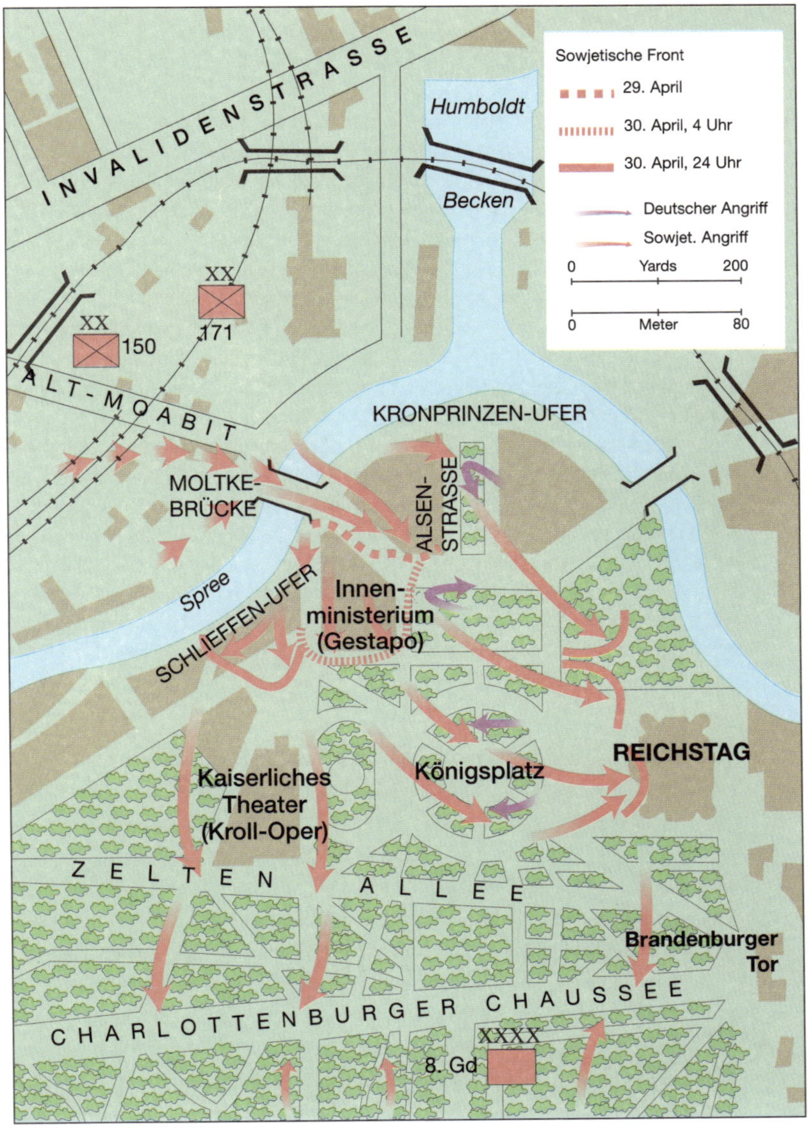

Das letzte große Drama des Dritten Reichs: der Kampf um den Reichstag.

der Stadt Heinrici einen Rückzug westwärts, um die Linien der westlichen Alliierten zu erreichen. Hitler tobte in seinem Bunker über den „Verrat", doch konnte er nichts tun. Busse über querte mit 100.000 Soldaten und 300.000 deutschen Zivilisten die Elbe und ergab sich den Amerikanern. Im Norden erreichten zehntausende deutsche Truppen unter Hasso von Manteuffel die Amerikaner.

Hitler tötete sich in der Nacht des 30. April. Am nächsten Tag begann Generaloberst Hans Krebs, der letzte Chef des Heeresgeneralstabs, nachdem Hitler am 28. März Guderian entlassen hatte, Kapitulationsverhandlungen mit den Sowjets. Noch während diese andauerten, tötete er sich vermutlich, ebenso wie Joseph Goebbels und andere Nazi-Führer. Es blieb einem deutschen Heeresoffizier, General Helmuth Weidling, dem letzten Kommandanten der Berliner Verteidigungszone, überlassen, die Stadt am 2. Mai um 13 Uhr formell den Sowjets zu übergeben.

Wie heftig der Kampf war, erkennt man daran, dass 304.000 russische Soldaten in Berlin fielen. Ihr Sieg setzte Hitlers mörderischer Herrschaft ein Ende. Mindestens 100.000 deutsche Zivilisten und eine ähnliche Zahl deutscher Solda-

Volkssturm und Werwolf

Als im Frühling 1945 die Alliierten am Rhein und die Sowjets vor den Toren Berlins standen, befahl Hitler die Bevölkerung en masse für eine letzte Götterdämmerung zu mobilisieren. Das deutsche Volk sollte siegen oder im Kampf sterben, erklärte der „Führer".

Enttäuscht von der Wehrmacht und sogar der Waffen-SS, wandte er sich an die Nazi-Partei, um den „Volkssturm" zu bilden, zu organisieren, auszurüsten und zu führen. Der oft mit der britischen Home Guard verglichene Volkssturm war eine Verzweiflungsmaßnahme. Alte Männer, Knaben und ausländische Flüchtlinge wurden zusammengewürfelt und erhielten wenige Waffen und Unterricht in deren Gebrauch. Viele lokale Nazi-Führer des Volksturms hatten kaum militärische Erfahrung. Generaloberst Heinz Guderian meinte: „Die tapferen Männer des Volkssturms waren zu jedem Opfer bereit. Sie wurden in vielen Fällen eifrig im richtigen Hitler-Gruß gedrillt, anstatt sie im richtigen Gebrauch der Waffen, mit denen sie keine Erfahrungen hatten, auszubilden."

In den letzten Tagen des Dritten Reichs leisteten sie Widerstand, doch im Mai 1945 befahlen die Heereskommandeure, die Volkssturm-Einheiten aufzulösen, damit sie nicht bei der allgemeinen Kapitulation der Wehrmacht gefangen genommen wurden.

Der „Werwolf" war eine ganz andere Sache. Er war eine Organisation, die den Kampf auch noch nach der Besetzung Deutschlands durch die Alliierten weiterführen sollte. Nur fanatische Nazis wurden aufgenommen. Sie erhielten Waffen und Sprengstoff, um sie in Geheimlagern zu verstecken. Es gab eine Reihe von Sabotageakten, doch das gnadenlose Vorgehen der Alliierten gegen gefangene Werwölfe (sie wurden hingerichtet) und die Kriegsmüdigkeit verhinderten das Entstehen einer Nazi-Widerstandsbewegung.

In den Schlusstagen des Reichs gab es viele Gerüchte um die Werwolf-Bewegung sowie Geschichten, Hitler bereite die so genannte „Alpenfestung" in Süddeutschland als letzte Zuflucht vor. Auch war die Rede davon, dass die Werwölfe geheime Netze bildeten, um Nazi- und SS-Führer aus Deutschland ins Exil nach Spanien oder Südamerika zu schmuggeln. All dies war mehr Mythos als Realität, obwohl es wahrscheinlich eine Rolle bei der Entscheidung der Alliierten spielte, nach Süddeutschland zu stoßen, um jeden deutschen Widerstand ein für allemal zu zerschlagen, anstatt das Wettrennen gegen die Sowjets nach Berlin aufzunehmen.

ten kam in der Schlacht ums Leben. In den letzten sechs Kriegsmonaten verzeichnete die Wehrmacht etwa zwei Millionen Gefallene, Verwundete oder Gefangene. Die Sowjets nahmen allein am 2. Mai in Berlin 134.000 Deutsche gefangen, ab dem Beginn ihres Zugs gegen Berlin am 16. April insgesamt 480.000.

Hitlers Tod entband die Wehrmacht sofort von ihrem Treueeid. Überall in Europa begannen deutsche Kommandeure Kapitulationsverhandlungen mit ihren Gegnern. Es gab konfuse Verhandlungen, ehe Generaloberst Alfred Jodl am 7. Mai in Reims (Frankreich) die Dokumente zur bedingungslosen Kapitulation des deutschen Volkes und der Streitkräfte unterzeichnete. Die Wehrmacht legte ihre Waffen nieder. Etwa sechs Millionen Mann ergaben sich, der Großteil davon den westlichen Alliierten in Deutschland, Italien, Österreich, Holland, Dänemark und Norwegen. Die deutschen Truppen in Berlin, Ostpreußen, im Kurland und in der Tschechoslowakei fielen in sowjetische Hände.

Der Hauptteil dieser Männer kam in improvisierte Kriegsgefangenenlager, bis die Sieger entschieden, was mit ihnen geschehen sollte. Im Westen wies man hunderttausende einfache Soldaten einfach an, ihre Uniformen abzulegen und nach Hause zu gehen, um ihr zerstörtes Land wieder aufbauen zu helfen. Wer in Gefangenschaft blieb, hatte es meist nicht angenehm. 1945/46 war Nahrung in Europa spärlich und deutsche Soldaten hatten kaum Priorität. Viele kehrten erst nach Jahren nach Hause zurück, da hunderttausende in England, Frankreich und anderen westeuropäischen Staaten Zwangsarbeit leisten mussten. Bis 1948 waren die meisten heimgekehrt. Höhere Offiziere behielt man länger, um mögliche Beteiligungen an Kriegsverbrechen zu prüfen. Manche schrieben dabei Memoiren oder trugen zu analytischen Studien der Aliierten über die Wehrmacht bei.

Für die 2,38 Millionen deutschen und 600.000 Achsen-Soldaten, die in sowjetische Hand fielen, war es härter. Die meisten kamen als Zwangsarbeiter in Stalins Gulags in Sibirien. Über eine Million (davon mindestens 450.000 Deutsche) starben dort, der Rest wurde bis 1955 entlassen. Tausende Waffen-SS-Offiziere und Nazi-Parteifunktionäre richtete man ohne Prozess hin, ebenso wie zehntausende Sowjets, die in Hitlers Armeen gedient hatten.

Vom Kriegsverbrechertribunal in Nürnberg wurden Feldmarschall Wilhelm Keitel, Chef des OKW, und Jodl, Chef des Wehrmachtsführungsstabs, für ihren Anteil an der Formulierung, Weiterleitung und Ausführung der Befehle Hitlers, drei Millionen Sowjets und Dutzende gefangene Briten zu ermorden sowie einen Großteil Europas zu verwüsten, zum Tod verurteilt. Weitere angeklagte Generäle waren Rundstedt, Brauchitsch, Strauss, Kesselring, Manstein und Hoth. Kesselring wurde für seinen Befehl, italienische Partisanen hinzurichten, zum Tod verurteilt. Die anderen erhielten für Kriegsverbrechen lange Haft. Das Urteil gegen den Luftwaffen-Feldmarschall wurde abgemildert, die anderen schließlich vorzeitig entlassen, als der Kalte Krieg eine Haft Deutscher, die gegen die Sowjets gekämpft hatten, unpassend erscheinen ließ. Bei den Waffen-SS-Offizieren war es ähnlich. Mehr als 80 SS-Spitzenkommandeure wurden wegen Beteiligung an der Ermordung von US-Kriegsgefangeenen in der Ardennen-Offensive verurteilt. Die Todesurteile wurden ausgesetzt und in Haftstrafen umgewandelt.

1955 war der Kalte Krieg am Höhepunkt. Deutschland war Hauptkampfgebiet zwischen Ost und West. Die Briten und die Amerikaner rehabilitierten viele frühere deutsche Generäle und Offiziere, die den Kern der demokratischen Bundeswehr bilden sollten. Manche von den Sowjets gefangene Wehrmacht-Veteranen gelangten in die Reihen der ostdeutschen Volksarmee. Hitlers Generäle hatten neue Herren gefunden.

Die Aufteilung Deutschlands und Österreichs durch die Siegermächte nach der Niederlage der Wehrmacht im Mai 1945. Stalin ging daran, eine kommunistisch kontrollierte Pufferzone zwischen dem Westen und der Sowjetunion zu schaffen, was im Westen als bedrohlicher expansionistischer Akt gesehen wurde.

Das Erbe der Wehrmacht

In sechs Jahren Krieg eroberte die Wehrmacht den Großteil Westeuropas und die Küste Nordafrikas, ehe sie in den Trümmern des „Tausendjährigen Reichs“ Hitlers unterging. Zwischen September 1939 und November 1941 wurden die polnische, norwegische, holländische, belgische, französische, britische und sowjetische Armee von der Wehrmacht in einer Reihe bitterer Niederlagen besiegt. Binnen Monaten erreichte die deutsche Armee, was im Ersten Weltkrieg in vier Jahren blutigen Kampfs nicht gelungen war.

Heinz Guderian prahlte: „Zweimal wurde nach dem Verlieren eines Weltkriegs der Generalstab auf Befehl des Siegers aufgelöst. Dies beweist den widerwilligen Respekt, den unsere Feinde vor dieser exzellenten Organisation haben.“

Für Hitlers Generäle war es der Höhepunkt ihrer Karriere. Sie hatten seinen Aufstieg zur Macht unterstützt, da er versprach, Deutschlands Größe wiederherzustellen. Als Dank schufen sie eine der effizientesten Militärmaschinen der Geschichte. Als sie losgelassen wurde, fegte sie zunächst alles beiseite. In der Stunde ihres Siegs wurden Deutschlands Soldaten von der Nation gefeiert und der „Führer“ belohnte sie großzügig für ihre Leistungen.

Der Blitzkrieg besiegte all seine Gegner aus verschiedenen Gründen. Die Wehrmacht war ihren Rivalen in der Anwendung neuer Technologien weit voraus. Ihre Panzer und Flugzeuge waren moderner als jene ihrer Gegner. Fallschirmjäger, Sturmsegler und Sturzkampfbomber waren nur ein Teil der neuen Taktik und Waffen, bei denen die Deutschen führend waren. Vor allem erwies sich der deutsche Generalstab als besser darin, diese Kampfverbände in die erprobten Angriffstaktiken und Kampfmethoden zu integrieren.

Das deutsche Offizierkorps war eines der professionellsten der Welt und arbeitete unermüdlich an seiner Perfektionierung. Seine Logik und sein klares Denken ließen die prosaischen Gegner alt aussehen. Letzere waren psychologisch und physisch nicht auf einen Kampf gegen die Wehrmacht vorbereitet.

Die Blitzkrieg-Siege machten aber Hitler und die Wehrmacht überoptimistisch. Sie hatten nicht erwartet, ihre Gegner so schnell zu besiegen, und ihr Erfolg stieg ihnen zu Kopf. Unternehmen Barbarossa war eine monumentale Torheit, und als sie begonnen hatten, Juden und Russen in großem Ausmaß zu ermorden, gab es kein Zurück mehr. Deutschland war jedenfalls nicht in der Lage, es mit den industriellen und personellen Reserven seiner Gegner aufzunehmen.

Als Hitler im Januar 1943 seinen „totalen Krieg“ startete, ging die Wehrmacht mit einer neuen Entschlossenheit, den Sowjets und Alliierten ein Remis abzutrotzen, zur defensiven Phase des Kriegs über. Dank der gewaltigen Anstrengungen, das deutsche Heer Anfang 1943 für das Unternehmen Zitadelle (den Angriff bei Kursk) und dann nochmals gegen die alliierte Invasion in Frankreich 1944 zu stärken, konnte die Wehrmacht gegen überwältigende Übermachten weiterkämpfen. Generäle und Soldaten gaben alles für „Führer und Vaterland", doch es reichte nicht. Eine Reihe massiver Niederlagen im Juni und Juli 1944 zermalmte die Wehrmacht und sie konnte sich davon nicht mehr erholen.

Ihre Blitzkrieg-Siege aber dienten einer üblen Sache und in den besetzten Gebieten errichteten Hitlers Handlanger bald eine Schreckensherrschaft. Sie versklavten ganze Völker und versuchten jene auszurotten, die nicht in Hitlers rassistisches Zerrbild von der Zukunft Europas passten.

Hitlers Generäle und Soldaten waren willige Teilnehmer an diesem mörderischen Unternehmen und kämpften für seinen Sieg. Deutschlands barbarische Herrschaft im besetzten Russland legte die Saat für einen Vergeltungssturm, der 1942 und 1943 anschwoll, um Hitlers Armeen bei Stalingrad und Kursk zu stoppen und zurückzutreiben. Als die sowjetischen und alliierten Truppen in Russland, Nordafrika, Italien und Frankreich wieder auflebten, wurde die Wehrmacht in die Defensive gezwungen.

Manche der früheren Generäle Hitlers fühlten sich unschuldig an der Niederlage. Hätte der „Führer" bloß ihren militärischen Rat befolgt, so wäre das Desaster vermieden worden. Andere verwiesen als Beweis dafür, dass sie Deutschlands Interessen im Herz trugen, auf die Verschwörung von 1944.

Sie sind symptomatisch für jene, die alle Verantwortung dem toten Hitler anlasteten. Deutschlands Generäle verkauften Hitler in den Jahren des Siegs ihre Seelen, und als es schief ging, waren alle außer sie selbst schuld. Wenn manche den Schaden wieder gutmachen wollten, so war es dafür zu spät. Sie hatten geschworen, ihr Leben für den „Führer" zu geben, und in den Jahren der Niederlage band er sie durch diesen Eid. Manche suchten den Schaden der zunehmend wirren Befehle des „Führers" zu begrenzen, indem sie ihm weiter dienten. Das war schwierig, da Hitler immer mehr die Kontrolle übernahm. Manche Offiziere wollten ihn töten, doch die meisten von ihnen bezahlten das mit ihrem Leben. Hitler steckte seine Generäle in die Tasche. Im Vergleich mit ihm waren sie politische Zwerge.

Während man die politische Schwäche der Generäle Deutschlands vieleicht entschuldigen kann, ist ihr moralischer Bankrott schwerer zu erklären. Nach dem Krieg rechtfertigten sie sich damit, dass sie nur Berufssoldaten gewesen seien und mit den Gräueltaten der Nazis und der SS nichts zu tun gehabt hätten. Doch die Bereitwilligkeit, mit der sie und ihre Truppen mit den SS-Killertrupps in Russland zusammenarbeiteten, beweist, wie sehr sie aktive Teilnehmer an Hitlers Vernichtungsfeldzug gegen die Juden und slawischen „Untermenschen" waren.

Lord Justice Geoffrey Lawrence, einer der Richter der Nürnberger Kriegsverbrecherprozesse, fällte ein vernichtendes Urteil über die Generäle Deutschlands: „Sie sind in großem Ausmaß für das Unglück und die Leiden von Millionen Männern, Frauen und Kindern verantwortlich. Sie sind eine Schande für den ehrenwerten Beruf der Militärs. Ohne ihre militärische Leitung wären die aggressiven Ambitionen Hitlers und seiner Nazi-Genossen akademisch und leer geblieben. … Viele dieser Männer haben den Eid des Soldaten, militärischen Befehlen zu gehorchen, zur Zielscheibe des Spotts gemacht. Wenn es ihrer Verteidigung dient, sagen sie, sie hätten gehorchen müssen. Konfrontiert man sie mit Hitlers brutalen Verbrechen, von denen sie erwiesenermaßen allgemeine Kenntnis hatten, sagen sie, sie hätten nicht gehorcht. Die Wahrheit ist, dass sie an all diesen Verbrechen aktiv beteiligt waren oder ruhig und schweigend dasaßen."

Frühe Panzerdivisionen

Die 1. Panzerdivision wurde am 15. Oktober 1935 in Weimar aus der 3. Kavalleriedivision gebildet. Ihre Struktur ist typisch für die Panzerdivisionen der frühen Kriegsjahre.

Organisation am 1. September 1939

1 Schützenbrigade-Stab (I/II/Schützenregiment 1 und Kradschützenbataillon 1)
1 Panzerbrigade-Stab (I/II/Panzerregiment 1 und I/II/Panzerregiment 2)
I/II/Artillerieregiment 73 (motorisiert)
Aufklärungsabteilung 4 (motorisiert)
Panzerabwehrabteilung 37 (motorisiert)
Pionierbataillon 37 (motorisiert)
Nachrichtenabteilung 37 (motorisiert)
Nachschubtruppen 81 (motorisiert)

Organisation am 22. Juni 1941

1 Schützenbrigade-Stab
I/II/Schützenregiment 1
I/II/Schützenregiment 113
Kradschützenbataillon 1
I/II/Panzerregiment 1
I/II/III/Artillerieregiment 73 (motorisiert)
Aufklärungsabteilung 4 (motorisiert)
Panzerjägerabteilung 37 (motorisiert)
Pionierbataillon 37 (motorisiert)
Nachrichtenabteilung 37 (motorisiert)
Nachschubtruppen 81 (motorisiert)

Spätere Panzerdivisionen

Die Winterkämpfe Ende 1943 und Anfang 1944 an der Ostfront bluteten die Elite der Panzerdivisionen in der Ukraine aus. Sie erhielten im Frühling 1944 keine großen Verstärkungen, da der Großteil der deutschen Panzerproduktion in den Westen ging, zu jenen Divisionen, die sich auf die Bekämpfung der drohenden alliierten Invasion in Frankreich vorbereiteten.

Mitte 1944 waren die Panzerdivisionen des deutschen Heeres nur noch ein Schatten ihrer selbst. Auf dem Papier waren sie mächtige Formationen mit zwei Panzerbataillonen (gewöhnlich eines mit 88 Panzern IV und 88 Panthern), doch aufgrund der Verluste und der Verzögerungen bei der Auslieferung von Ersatzfahrzeugen mussten die Divisionen an der Ostfront froh sein, wenn sie im Durchschnitt mehr als 50 einsatzfähige Panzer beider Typen hatten.

Eine Panzerdivision sollte auch vier Panzergrenadierbataillone haben, eines davon mit gepanzerten Sdkfz-251-Halbkettenfahrzeugen. In Wirklichkeit waren diese „Bataillone" oft kaum mehr als übergroße Kompanien und das gepanzerte Panzergrenadierbataillon konnte froh sein, wenn es mehr als ein Dutzend Halbkettenfahrzeuge hatte.

Die verzweifelte Lage wurde durch die Zerstörung der Heeresgruppe Mitte im Juni und Juli 1944 noch schlimmer. Ohne Atempause an der West- wie an der Ostfront konnte man lädierte Panzerdivisionen nicht zur Neuausrüstung und Erholung aus der Frontlinie nehmen. Es waren drastischere Maßnahmen nötig.

Im Juli 1994 wurde die erste von zehn so genannten Panzerbrigaden gebildet, um die Lücken in der deutschen Schlachtreihe zu füllen. Das waren im Grunde starke Kampfgruppen von Regimentsstärke, die aus einem Panzerbataillon mit etwa 40 Panthern und einem schwachen Panzergrenadierbataillon mit gepanzerten Halbkettenfahrzeugen bestanden. Das Experiment war kurzlebig und ab dem späten August wurden die Brigaden benutzt, um lädierte Panzerdivisionen zu verstärken.

Im Frühling 1945 pfiffen die Panzerdivisionen an der Ostfront aus dem letzten Loch. Im März 1945 führte man eine neue Ordnungsstruktur ein, die die Panzerdivisionen auf ein einziges Bataillon von Tanks reduzierte, doch dies war großteils akademisch. Die meisten konnten nur noch zwei Dutzend Panzer aufbringen, unterstützt von der gleichen Zahl Sturmgeschütze oder gepanzerter Selbstfahrlafetten.

Panzergrenadierdivisionen

Die Panzergrenadierdivisionen der späteren Kriegsjahre waren die Nachfolger der motorisierten Infanteriedivisionen, die in den Blitzkrieg-Jahren hinter den Panzerdivisionen nachgefolgt waren.

Entgegen einer verbreiteten Auffassung waren die Panzergrenadierdivisionen nicht mit hunderten gepanzerten Sdkfz-251-Halbketten-Mannschaftswagen ausgerüstet. Über diese verfügten fast ausschließlich die Heeres-Panzerdivisionen und die SS-Panzergrenadierdivisionen (später SS-Panzerdivisionen).

Die Panzergrenadierdivisionen von 1943–1944 waren im Grunde motorisierte Infanterieverbände, doch verstärkt durch ein Panzer- oder Sturmgeschützbataillon. Manche Divisionen hatten auch ein gepanzertes Aufklärungsbataillon mit Panzerwagen oder Halbkettenfahrzeugen sowie ein Selbstfahrlafetten-Panzerjägerbataillon. 1944 verloren die Panzergrenadierdivisionenen wegen der Panzerverluste ihr Panzerbataillon und mussten sich mit Sturmgeschützen (StuG) III oder IV als Unterstützung begnügen.

Die Kampfkraft der Panzergrenadierdivisionen lag in ihren beiden Genadierregimentern. Jedes hatte drei Infanteriebataillone mit ihren eigenen Granatwerfer-, leichten Geschütz-, Flak- und Sturmpionierkompanien.

Alle Truppen einer Panzergrenadierdivisionen hatten motorisierten Transport, um der Division strategische oder operative Mobilität zu verleihen. Die Infanterie ging nicht mit ihren Lastern in den Kampf. Deren Hauptaufgabe war, die Panzergrenadiere bis kurz hinter die Front zu bringen, wo sie wie konventionelle Infanterie zu Fuß in den Kampf gingen.

Die eine große Ausnahme war die berühmte Division Großdeutschland, die zwar ab Juni 1943 Panzergrenadierdivisionen genannt wurde, doch gewöhnlich dreimal soviele Tanks ins Feld führte wie eine durchschnittliche Heeres-Panzerdivision. Einmal hatte sie sogar vier Panzerbataillone mit Tigern I und Panthern. Auch ihre Infanterieregimenter waren vorzüglich ausgerüstet, wobei je ein Infanteriebataillon auf Halbkettenfahrzeugen fuhr. Der Großteil der Unterstützungseinheiten wie Aufklärungs-, Artillerie-, Pak- und Flak-Einheiten hatte Panzerwagen. Anders als andere Einheiten wurde die Division Großdeutschland mit einem regelmäßigen Strom von Verstärkungen versorgt, um ihre Stärke zu erhalten.

In den letzten Kriegsmonaten zwangen die schwere Verluste die deutschen Militärbehörden, nicht länger zwischen Panzer- und Panzergrenadierdivisionen zu unterscheiden. Daher erhielten beide Arten von Einheiten dieselbe Zahl an Männern und Ausrüstung, obwohl solche Dinge in dieser Phase des Kriegs ohnehin nur noch akademisch waren.

Die 3. Panzergrenadierdivision war ein typisches Beispiel für die Organisation dieser Formationen.

Organisation am 1. September 1943

I/II/III/Grenadierregiment 8 (motorisiert)
I/II/III/Grenadierregiment 29 (motorisiert)
Panzerabteilung 103
I/II/III/Artillerieregiment 3 (motorisiert)
Panzeraufklärungsabteilung 103
Pionierbataillon 3 (motorisiert)
Heeres-Flakartillerieabteilung 312 (motorisiert)
Nachrichtenabteilung 3 (motorisiert)
Nachschubtruppe 3 (motorisiert)

Motorisierte Infanteriedivisionen

Die motorisierten Infanteriedivisionen wurden geschaffen, um auf dem Schlachtfeld mit den schnellen Panzerdivisionen Schritt halten zu können. Sie wurden daher komplett mit Motorfahrzeugen ausgerüstet. Die ersten vier motorisierten Infanteriedivisionen (die 2., 13., 20. und 29.) wurden 1937 bis 1939 direkt aus Infanteriedivisionen gebildet. Sie behielten daher den Großteil der Eigenschaften ihrer Stammeinheiten. Jede motorisierte Infanteriedivision hatte drei motoriserte Infanterieregimenter, ein motorisiertes Artillerieregiment und Unterstützungseinheiten.

Organisation einer typischen motorisierten Infanteriedivision 1939

Divisionsstab (motorisiert)
Infanterieregiment (motorisiert)
Infanterieregiment (motorisiert)
Infanterieregiment (motorisiert)
Artillerieregiment (motorisiert)
Aufklärungsabteilung (motorisiert)
Panzerabwehrabteilung (motorisiert)
Pionierbataillon (motorisiert)

Die motorisierte Infanteriedivision hatte insgesamt neun motorisierte Infanteriebataillone, unterstützt von drei motorisierten leichten und einem motorisierten schweren Artilleriebataillon.

Infanteriedivisionen

Typische Organisation einer Infanteriedivision 1939:

Divisionsstabskompanie
Kartografiezug (motorisiert)
Drei Infanterieregimenter
  Jedes mit drei Bataillonen
    Jedes mit drei Schützenkompanien
    Maschinengewehrkompanie
    Infanteriegeschützkompanie

  Aufklärungsbataillon
    Berittene Abteilung
    Fahrrad-Abteilung
    Schwere Abteilung
    Panzerjägerzug (motorisiert)
    Infanteriegeschützzug
    Spähpanzertrupp

Artillerieregiment
  Artillerieregimentsstab und Stabsbatterie
  Drei leichte Artilleriebataillone
  Artilleriebataillonsstab und Stabsbatterie
    Drei Batterien
  Schweres Artilleriebataillon
  Artilleriebataillonsstab und Stabsbatterie
    Eine Batterie
  Observationsbataillon (motorisiert)

Panzerjägerbataillon
  Drei Panzerjägerkompanien (motorisiert)
  Schwere Maschinengewehrkompanie (motorisiert)

Pionierbataillon
  Zwei Pionierkompanien

Fernmeldebataillon

Ersatzbataillon

Plus Bäcker, Fleischer, Sanitäter und Veterinäre.

Volksgrenadier-divisionen

Hitler prägte den Ausdruck „Volksgrenadierdivision" im Sommer 1944. Er entsprach seinem Sinn fürs Dramatische und seinem Bedürfnis nach „Kampf". Der Ausdruck „Deutsches Volk" hatte für den „Führer" mythische Bedeutung. Hitler sah ja den Zweiten Weltkrieg als Rassenkampf zwischen der deutschen Herrenrasse und den jüdischen und slawischen „Untermenschen".

In Wirklichkeit waren die Volksgrenadierdivisionen kaum mehr als unterbesetzte und schlecht ausgerüstete Front-Infanteriedivisionen mit einem neuen, politisch korrekten Namen. Es gab 13 „neue" Volksgrenadierdivisionen, doch weitere dutzende wurden aus den Resten von Fronteinheiten gebildet.

Die Mannstärke einer Volksgrenadierdivision war etwa ein Drittel kleiner als die einer Infanteriedivision von 1939. Sie betrug nur 10.000 Mann im Vergleich mit den 16.500 Mann der Einheit alten Typs. Die Frontlinienstärke war viel geringer, da die neuen Divisionen nur sechs anstatt der früheren neun Infanteriebataillone hatten. Es gab allerdings Verbesserungen bei der Feuerkraft. Die neuen Divisionen hatten auf dem Papier mehr als 500 Maschinengewehre.

Die Volksgrenadierdivisionen waren von sehr unterschiedlicher Qualität. Jene, die auf alten Formationen aufbauten, waren besser als die zusammengekratzten. Die erste große Probe erlebten die neuen Divisionen in der Ardennenoffensive im Dezember 1944. Viele von ihen wurden für die Offensive eigens mit Sturmgeschützbataillonen verstärkt, andere mit Spezialeinheiten. Sie standen an der Front im Zentrum des Kampfes und die meisten hielten sich gut.

Die 18. Volksgrenadierdivision spielte bei der Zerstörung der 106. US-Infanteriedivision in den ersten Tagen der Ardennenschlacht eine Schlüsselrolle. Mittels klassischer Infiltrationstaktik konnten die Volksgrenadiere durch die amerikanischen Linien stoßen, wodurch sie bei den unerfahrenen GIs Panik und Konfusion erzeugten. Insgesamt 8.000 Amerikaner ergaben sich der Division bei der wohl schwersten militärischen Niederlage der USA auf dem europäischen Festland im Zweiten Weltkrieg.

In der restlichen Kriegszeit war den Volksgrenadierdivisionen kein weiterer Sieg vergönnt. Der Großteil wurde im Osten stationiert, um die Front in Polen, der Tschechoslowakei und Ungarn zu halten, wo sie vernichtet wurden.

Panzerdivisionen der Waffen-SS

Die SS-Panzerdivisionen gehörten im Zweiten Weltkrieg zu den effizientesten Formationen der Wehrmacht. Die 12. SS-Panzerdivision Hitlerjugend war typisch für die SS-Panzerdivisionen.

Organisation im Oktober 1943

25. SS-Panzergrenadierregiment Hitlerjugend
26. SS-Panzergrenadierregiment Hitlerjugend
12. SS-Panzerregiment
12. SS-Artillerieregiment
12. SS-Kradschützenregiment
12. SS-Aufklärungsabteilung
12. SS-Panzerjägerabteilung
12. SS-Werferabteilung
12. SS-Flakabteilung
12. SS-Pionierabteilung
12. SS-Panzernachrichtenabteilung
12. SS-Divisionsunterstützungseinheit

Divisions-stärke

Stärke der wichtigsten Divisionstypen des deutschen Feldheeres 1939

	Inf. Div.	Mot. Inf. Div.	Pz. Div.	Le. Div.
Offiziere	500	500	400	400
Beamte	100	100	100	100
Unteroffiziere	2.500	2.500	2.000	1.600
Mannschaften	13.400	13.400	9.300	8.700
Gesamtstärke	16.500	16.500	11.800	10.800
Maschinengewehre	500	500	220	460
Granatwerfer	140	140	50	60
Infanteriegeschütze	25	25	10	10
3,7-cm-Pak	75	75	50	50
Haubitzen & Kanonen	48	48	28	24
2-cm-Flak	12	12	12	12
Spähpanzerwagen	3	30	100	100
Panzer	–	–	324	86
Laster	500	1.700	1.400	1.400
Personenwagen	400	1.000	560	600
Motorräder	500	1.300	1.300	1.100
Krad mit Seitenwagen	200	600	700	600
Pferde	5.000	–	–	–
Planwagen	1.000	–	–	–

Inf. Div. – Infanteriedivision
Mot. Inf. Div. – Motorisierte Infanteriedivision
Pz. Div. – Panzerdivision
Le. Div. – Leichte Division

Panzer der Panzerdivisionen

Zeitraum:	Zahl der Panzer:
1939/1940	324
1941/1942	150–200
1943	170
1944	120–140

Dies sind Soll-Zahlen. Sie entsprachen für gewöhnlich nicht der Stärke der Fronteinheiten.

Deutsche Panzerstärke

Juni 1941 bis Januar 1945

Datum:	Menge:	Datum:	Menge:
06/1941	5.639	06/1944	9.148
03/1942	5.087	09/1944	10.563
05/1942	5.847	10/1944	11.005
11/1942	7.798	11/1944	12.236
03/1943	5.625	12/1944	13.175
08/1943	7.703	01/1945	13.362

Dabei sind Schützenpanzerwagen und gepanzerte Mannschaftstransporter nicht berücksichtigt.

Panzerabwehr

Die deutsche Antipanzertaktik an der Ostfront benutzte eine Mischung offensiver und defensiver Aktionen. Wesentlich war dabei, dass schwere Panzerabwehrwaffen, entweder geschleppte Kanonen oder Selbstfahrlafetten, eingesetzt wurden, um eine entscheidende Wirkung zu erzielen.

Die Panzerabwehrwaffen waren auf Regiments- und Divisionsebene konzentriert und es gab den strengen Befehl, diese wertvollen Ressourcen einzeln oder zu zweit einzusetzen, um die Infanteriefrontstellungen zu stützen. Diese griffen auf Minen, Hohlladungsgranaten oder tragbare Raketenwerfer wie den Panzerschreck oder später die einschüssige Panzerfaust zurück.

Die schweren Panzerjägereinheiten wurden gewöhnlich in Reserve gehalten, bis man Konzentrationen sowjetischer Tanks ausmachte. Dann stellten die deutschen Kommandeure die Einheiten am besten Platz auf, um den sowjetischen Vorstoß in der so genannten „Todeszone" zu stoppen. Die Pak-Batterien hatten einander überlagernde Feuerbereiche, damit kein sowjetischer Panzer, der in die Zone fuhr, entkommen konnte.

Ab der Schlacht von Kursk griffen die Sowjets mit solchen Panzerzahlen an, dass die durchschnittliche Panzerjägereinheit der Division mit ihrem Dutzend 7,5-cm-Pak damit nicht fertig werden konnte. Die Panzerjägereinheiten wurden deshalb in Kampfgruppen mit Panzerbataillonen kombiniert.

Die Panzerjäger sollten als Amboss der Verteidigung dienen, indem sie den Schwung des sowjetischen Angriffs auffingen und bremsten. Inzwischen würde der Hammer, das Panzerbataillon, um die Flanken der sowjetischen Panzerformation manövrieren, um eine gute Position für einen entscheidenden Angriff zu gewinnen.

Aufgrund schlechter sowjetischer Kommando- und Leitungsmethoden, denen noch dazu Funk fehlte, konnten meist sogar kleine deutsche kombinierte Panzerjäger- und Panzereinheiten viel größere sowjetische Kräfte ausmanövrieren und vernichten. Nach einem größeren Durchbruch südlich von Kiew im Dezember 1943 etwa konnte ein gut geführter deutscher Panzerverband seine Panzerjägereinheiten und Panzerbataillone so in Position bringen, dass sie eine sowjetische Panzerformation von 800 Stück dezimierten. Die sowjetische Panzerarmada war so gewaltig, dass ihre Kommandeure die Kontrolle über sie total verloren, und die deutschen Kanoniere konnten ihre Flanken beschießen, ohne dass eine wirksame Gegenaktion unternommen wurde.

Dienstgrade

Heer	Luftwaffe	Kriegsmarine	Waffen-SS
Grenadier	Flieger	Matrose	SS-Schütze
Obergrenadier			SS-Oberschütze
Gefreiter Obergefreiter Stabsgefreiter	Gefreiter Obergefreiter Hauptgefreiter Stabsgefreiter	Matrosengefreiter Matrosenobergefreiter Matrosenhauptgefreiter Matrosenstabsgefreiter	SS-Sturmmann SS-Rottenführer
Unteroffizier	Unteroffizier	Maat	SS-Unterscharführer
Unterfeldwebel	Unterfeldwebel	Obermaat	SS-Scharführer
Fähnrich	Fähnrich	Fähnrich zur See	SS-Standartenjunker
Feldwebel	Feldwebel	Feldwebel	SS-Oberscharführer
Oberfeldwebel	Oberfeldwebel	Oberfeldwebel	SS-Hauptscharführer SS-Stabsscharführer
Oberfähnrich	Oberfähnrich	Oberfähnrich zur See	SS-Standartenoberjunker
Stabsfeldwebel	Stabsfeldwebel	Stabsfeldwebel Stabsoberfeldwebel	SS-Sturmscharführer
Leutnant	Leutnant	Leutnant zur See	SS-Untersturmführer
Oberleutnant	Oberleutnant	Oberleutnant zur See	SS-Obersturmführer
Hauptmann	Hauptmann	Kapitänleutnant	SS-Hauptsturmführer
Major	Major	Korvettenkapitän	SS-Sturmbannführer
Oberstleutnant	Oberstleutnant	Fregattenkapitän	SS-Obersturmbannführer
Oberst	Oberst	Kapitän zur See	SS-Standartenführer
			SS-Oberführer
Generalmajor	Generalmajor	Konteradmiral	SS-Brigadeführer und Generalmajor der Waffen-SS
Generalleutnant	Generalleutnant	Vizeadmiral	SS-Gruppenführer und Generalleutnant der Waffen-SS
General der …	General der …	Admiral	SS-Obergruppenführer und General der Waffen-SS
Generaloberst	Generaloberst	Generaladmiral	SS-Oberstgruppenführer und Generaloberst der Waffen-SS
Generalfeld-marschall	Generalfeld-marschall	Großadmiral	Reichsführer-SS

Reichsmarschall

Rang-Vergleich

Deutsches Heer	U.S. Army
Schütze	Private
Oberschütze	Private 1st Class
Gefreiter	Acting Corporal
Obergefreiter	Corporal
Unteroffizier	Sergeant
Unterfeldwebel	Staff sergeant
Fähnrich	Officer candidate
Feldwebel	Technical sergeant
Oberfeldwebel	Master sergeant
Oberfähnrich	Senior Officer candidate
Stabsfeldwebel	Sergeant Major
Leutnant	2d Lieutenant
Oberleutnant	1st Lieutenant
Hauptmann	Captain
Major	Major
Oberstleutnant	Lieutenant-Colonel
Oberst	Colonel
Generalmajor	Brigadier General
Generalleutnant	Major-General
General der Infanterie (etc.)	Lieutenant-General
Generaloberst	General
Generalfeldmarschall	General of the army

Opfer-Zahlen

Deutsche Bevölkerung
Deutsche Bevölkerung 1933: 66.000.000+
Deutsche Bevölkerung 1938: 78.000.000+
Deutsche Bevölkerung 1939: 80.600.000+

Geschlecht und Alter
Deutsche Männer 1939: 38.900.000+
Deutsche Männer im Alter von 15–65 1939: 24.620.748
Deutsche Männer im Alter von 15–20 1939: 3.137.429
Deutsche Männer im Alter von 21–34 1939: 8.885.775
Deutsche Männer im Alter von 35–44 1939: 5.695.510
Deutsche Männer im Alter von 45–65 1939: 6.902.034
Deutsche Frauen im Alter von 1939: 41.700.000+
Deutsche Frauen im Alter von 15–65 1939: 27.960.000+

Wehrmacht
Im Wehrmachtsdienst 1939: 4.722.000+
Im Wehrmachtsdienst 1940: 6.600.000+
Im Wehrmachtsdienst 1941: 8.154.000+
Im Wehrmachtsdienst 1942: 9.580.000+
Im Wehrmachtsdienst 1943: 11.280.000+
Im Wehrmachtsdienst 1944: 12.070.000+
Im Wehrmachtsdienst 1945: 9.701.000+
Insgesamt im Wehrmachtsdienst 1939–1945: 17.893.200

Gefallene 1939–1945: 2.230.324
Vermisste 1939–1945: 2.870.404
Verwundete 1939–1945: 5.240.000
Gesamtverluste der Wehrmacht 1939–1945: 10.340.728

Deutsches Heer
Im Dienst 1939: 3.737.000+
Im Dienst 1940: 4.550.000+
Im Dienst 1941: 5.000.000+
Im Dienst 1942: 5.800.000+
Im Dienst 1943: 6.550.000+

Im Dienst 1944: 6.510.000+
Im Dienst 1945: 5.300.000+
Insgesamt im Dienst 1939–1945: 13.000.000+

Gefallene/Vermisste 1939–1945: 1.600.000+
Verwundete 1939–1945: 4.175.000+
Gesamtverluste des deutschen Heeres 1939–1945: 5.775.000+

Waffen-SS
Im Waffen-SS-Dienst 1939: 35.000+
Im Waffen-SS-Dienst 1940: 50.000+
Im Waffen-SS-Dienst 1941: 150.000+
Im Waffen-SS-Dienst 1942: 230.000+
Im Waffen-SS-Dienst 1943: 450.000+
Im Waffen-SS-Dienst 1944: 600.000+
Im Waffen-SS-Dienst 1945: 830.000+
Insgesamt im Waffen-SS-Dienst 1939–1945: 1.000.000+

Gefallene/Vermisste 1939–1945: 360.000
Verwundete 1939–1945: 400.000
Verluste der Waffen-SS 1939–1945: 760.000+

Glossar

A

Abteilung Einheit, die meist Bataillonsgröße hatte. Dabei konnte es sich um Verbände der Panzer-, Kavallerie- oder Artillerie-Waffengattung handeln. Ausnahmen von dieser Einheitsgröße waren die *Armee-Abteilung* und die *Korps-Abteilung.*
Armee Militärischer Großverband, der aus Korps bestand.
Armee-Abteilung Meist größer als ein einzelnes Korps, doch kleiner als eine ganze Armee. Manchmal durch Zusammenlegung von Korps einer Armee gebildet.
Armeegruppe Bis 1943 waren dies für gewöhnlich zwei oder drei benachbarte Armeen; meist, doch nicht immer eine deutsche und eine eines Verbündeten. Einer der beiden Armeestäbe wurde dabei zeitweilig dem Kommando des anderen (meist dem deutschen) unterstellt. Eine *Armeegruppe* war stets der örtlichen *Heeresgruppe* unterstellt.
Artillerieführer Artillerieoffizier.

B

Bataillon Ein Verband, der aus Kompanien bestand und meist einem Regiment zugeteilt war.
Batterie Verband der gleichen Größe wie eine *Kompanie*, der aber für Einheiten verwendet wurde, die aus Artillerie- oder Flugzeugabwehrwaffen bestanden. Ein *Infanteriebataillon* bestand aus vier *Infanteriekompanien*, während eine *Artillerieabteilung* aus drei oder vier *Artillerie-Batterien* bestand.
Befehlshaber der Kommandeur der
Bewährung Kam einer Bestrafung gleich. Im Zusammenhang mit der Bezeichnung bestimmter Einheiten bezieht es sich auf einen Verband, in dem Soldaten, die ihre Dienstpflichten verletzt oder gegen das Militärrecht verstoßen hatten, dienten. Verweigerte etwa ein Soldat einen Befehl oder beging er ein Verbrechen, so konnte er zu einer derartigen Einheit versetzt werden. Wenn er sich dort bewährte, konnte er rehabilitiert werden und zu seiner alten Einheit zurückkehren.
Bodenständige Verweis auf bestimmte Einheiten, die nicht voll mobil waren.
Brigade Ein Verband, der meist aus zwei oder mehr Regimentern bestand. Einheiten von Brigadegröße dienten entweder als unabhängige Einheiten oder organischer Teil einer Division. Manchmal dienten sie auch anstelle einer Division als organischer Teil eines Korps. In der ersten Kriegsphase bestanden viele Divisionen aus einer oder mehreren Brigaden und jede von diesen aus einer Zahl von Regimentern sowie den üblichen angegliederten Einheiten.

D

Division Militärischer Verband, der aus Regimentern besteht und meist einem Korps zugeteilt ist.

F

Fahrtruppen Schnelle Truppen.
Fallschirm In Verbindung mit Einheitstypen verwendet.
Feld Meist im Zusammenhang mit Einheiten verwendet, die aus den rückwärtigen Gebieten ins direkte Kampfgebiet verlegt werden (manchmal auch bei Einheiten, die in der Etappe Sicherheitsaufgaben erfüllen).
Feldgendarmerie Militärpolizei im Einsatzgebiet.
Feldkommandantur Sitz des Kommandeurs im Feld.
Festung In der letzten Kriegsphase befahl Hitler, ausgewählte Städte als „Festungen" auszubauen und bis zum letzen Mann zu halten. So sollten große gegnerische Truppenmengen gebunden werden.
Flak (*Fliegerabwehrkanone*) Die Flak waren ursprünglich Gechütze größeren Kalibers.
Fliegerabwehrkanone siehe Flak.
Freiwillige Hauptsächlich von der Waffen-SS benutzte Bezeichnung für Einheiten, die aus ausländischen Freiwilligen bestanden. Eine Zeit lang wurde der Ausdruck auf als „germanisch" betrachtete Freiwillige wie Norweger oder Dänen angewendet, später auch auf „nicht-germanische" Einheiten, die etwa aus Ukrainern, Esten etc. bestanden.
Füsilier Infanterie oder schwere Infanterie. Ein Infanterieverband mit einiger Aufklärungskapazität, die Mitte des Kriegs das Aufklärungsbataillon einer Infanteriedivision ersetzte (damals reduzierten die Deutschen die Zahl der Standard-Infanteriebataillone ihrer Divisionen von neun auf sechs).

G

Gebirgs- Spezialeinheiten.
Generalkommando Allgemeiner Stab eines Korps.

Grenadier 1942 mussten die Deutschen ihr Feldheer auf irgendeine Weise verstärken. Da sie nicht Männer und Ausrüstung in großer Zahl hatten, die sie zuteilen konnten, beschlossen sie, den Kampfgeist ihrer Truppen im Feld zu stärken, indem sie traditionelle militärische Ausdrücke wieder aufgriffen und so an Deutschlands ruhmreiche militärische Vergangenheit erinnerten. Die wichtigste Ausgrabung dieser Art war *Grenadier*, die traditionelle Bezeichnung für einen Infanteristen, der Handgranaten warf, später dann für den einfachen Soldaten. Weitere wieder eingeführte Bezeichnungen waren *Füsilier* und *Musketier*.
Granatwerfer Mörser.

H

Heer Armee. Die reguläre deutsche Armee.
Heeresgruppe Ein militärischer Großverband, der aus einer Anzahl von Armeen bestand. Sie waren im Zweiten Weltkrieg die größten organisatorischen Einheiten. Für gewöhnlich bestanden sie aus hunderten verschiedenen Verbänden und ein paar hunderttausend Mann, die alle in einer riesigen geografischen Region der Front operierten. Ein Beispiel war die Heeresgruppe Afrika, der alle deutschen Einheiten, die in Nordafrika kämpften, untergeordnet waren.

J

Jagd- In Verbindung mit einer weiteren Bezeichnung benutzt, um die Rolle einer Einheit zu bezeichnen. Auch auf Gerät angewendet. Der *Jagdtiger* etwa war eine spezielle Panzerjäger-Version des Tigers.
Jagd-Kommando In der Theorie eine Gruppe, die im Fall, dass der Gegner ein besetztes Gebiet überrannte, hinter den feindlichen Linien zurückblieb und Sabotage- und andere Guerilla-Akte ausführte. In dieser Funktion funktionierten sie aber nicht, und die SS übernahm sie, um sie 1944–1945 als Fronttruppen einzusetzen.
Jäger leichte Infanterie
-jäger 1.: -infanterie. Im Zusammensetzung mit anderen Einheitstypenbezeichnungen verweist es auf die Infanteriekomponente des allgemeineren Typs. Etwa *Fallschirmjäger*: Fallschirminfanterie.
2.: Im wörtlichen Sinn benutzt, muss es sich nicht auf Infanterie beziehen. *Panzerjäger* sind also Soldaten, die Panzer bekämpfen, nicht umbedingt Infanteristen.

K

Kettenkrad Motorrad mit Ketten.
Kommandeur Person, die eine Einheit befehligt (etwa Divisionskommandeur). Andere Verwendungen waren selten, außer bei der Artillerie. Ein *Artillerie-Kommandeur* (abgekürzt *Arko*) war ein nummerierter Stab, der auf Korpsebene die Artillerie kontrollierte. Später schufen die Deutschen auch den *Höheren Artillerie-Kommandeur* (abgekürzt *Harko*) zur Kontrolle der Artillerieressourcen auf Armeeebene.
Kommando 1.: Leitung über ein bestimmtes geografisches Gebiet
2.: Stab. Der Stab einer Heeresgruppe war ein *Heeresgruppen-Kommando*; ein Armeestab das *Armee-Oberkommando*. Daneben gab es auch ein *Generalkommando* (allgemeiner Korps-Stab) und ein *Höheres Kommando*.
Korps-Abteilung An der Ostfront benutzten die Deutschen die Struktur ausgebrannter Divisionen (jede etwa von Regimentsstärke) indem sie sie zu Verbänden von Divisionsgröße gruppierten. Man nannte diese *Korps-Abteilung*, da man eine Zeit lang hoffte, die Divisionen neu aufzubauen.
Krad (Kurzbezeichnung für *Kraftrad*) Motorrad.
Kradschütze Soldat mit Motorrad.
Kriegsmarine Wehrmachtsteil (neben Heer und Luftwaffe.

L

Legion Oft für Einheiten, die aus Ausländern in deutschem Dienst bestanden. Sowohl vom deutschen Heer als auch von der Waffen-SS benutzt. Eine Legion hatte keine fixe Größe, sie konnte von Bataillons- bis zur Brigadegröße reichen. Oft wurde „Freiwilligen-“ vorangestellt, um den ausländischen Status der Einheit zu betonen.
Leicht Wenn im Zusammenhang mit einem Einheitstyp verwendet, bezeichnete es einfach die leichte Version desselben. Eine Leichte Division war ein motorisierter Verband (mit Panzerwagen). 1939 ähnelten die Leichten Divisionen den Panzerdivisionen, hatten aber weniger Panzer. 1941 besaß die 5. Leichte Division ebenso viele Tanks wie eine Panzerdivision, doch nur die Hälfte von deren Infanterie (sie wurde später in eine Panzerdivision umbenannt).
Luftlande- Entweder Fallschirmjäger oder per Flugzeug oder Segler an den Einsatzort gebrachte Truppen.

N

Nachrichten- Fernmelde-.
Nebelwerfer Raketenwerfer. *Nebelwerfer* war uspründlich die Bezeichnung für einen Rauchgranatenwerfer. Die „Nebel“-Einheiten wurden dann für die Raketenwerfer eingesetzt.

O

Oberkommando der Wehrmacht (OKW) Militärischer Arbeitsstab für Hitler als Oberbefehlshaber der deutschen Streitkräfte. Bestand aus Wehrmachtsführungsamt (oder -stab), Amt Ausland/Abwehr, Allgemeinen Wehrmachtsamt, Wehrwirtschafts- und Rüstungsamt, Wehrmachtszentralamt, Wehrersatzamt und verschiedenen Dienststellen
Oberkommando des Heeres (OKH) Oberste Verwaltungs- und Kommandobehörde des deutschen Heeres

P

Pak Kurzform für *Panzerabwehrkanone.*
Panzergrenadier Infanterie, die direkt mit Panzern zusammenarbeitete. Die Panzergrenadiereinheiten benutzten nicht unbedingt selbst gepanzerte Fahrzeuge – meist hatten sie Lastwagen, da die deutsche Industrie nicht in der Lage war, genügend Halbkettenfahrzeuge für alle Einheiten zu produzieren.
Panzerjäger Eine Panzerart.

R

Reserve auch „Ersatz". Eine in Ausbildung befindliche und/oder Ersatz-Einheit, die Sicherheits- und Kampfdienste leisten konnte.

S

Schutzstaffel (SS) Ursprünglich als persönliche Leibwache Hitlers, der der SA misstraute, gegründet. Die SS bestand aus drei Teilen, der *Allgemeinen SS*, den *SS-Totenkopfverbänden* und der Waffen-SS.
Standarte Bezeichnung der Waffen-SS für ihre Regimenter.
Sturm In Verbindung mit einem Einheitstyp gebraucht, meint es eine qualifizierte, offensive Formation.
Sturmartillerie Bezeichnung für Sturmgeschütze zu Beginn des Kriegs.
Sturmgeschütz Nicht alle Sturmgeschütze befanden sich in Sturmgeschützeinheiten. Sie bestückten auch teilweise (oder gänzlich) verschiedene Panzerjägereinheiten und dienten in Panzerverbänden als Ersatz für Tanks.

T

Totenkopf Name einer SS-Division.
Totenkopfverbände Diese Organisation bildete in den frühen 30er-Jahren eine Untereinheit der politischen SS. Anfangs war sie für den Wachdienst in den Konzentrationslagern verantwortlich. Aus den *Totenkopfverbänden* wurde später die 3. SS-Panzerdivision *Totenkopf* gebildet.

V

Volksgrenadier-Infanterie Volk hatte für die Nazis moralische Bedeutung und wurde zur Verstärkung der Idee, der Zweite Weltkrieg sei ein Krieg des Volkes, benutzt.
Volkssturm Zusammengewürfelte Heimatverteidigungseinheiten, die gegen Kriegsende angesichts der bröckelnden Ostfront gebildet wurden.

W

Waffen-SS Bezeichnung für die bewaffneten Einheiten der politischen Organsation der SS, der deutschen Schutzstaffel. Die Waffen-SS wird oft fälschlich mit der SS selbst identifiziert, doch war sie ein Kampfverband für die Front, der bei Kriegsende mehr als 900.000 Mitglieder zählte. Die Waffen-SS beging zwar Gräueltaten, war aber nicht, wie oft zu Unrecht angenommen wird, direkt für den Holocaust verantwortlich.
Wehrmacht Die deutschen Streitkräfte. Sie bestand aus den drei Hauptteilen Heer, Luftwaffe und Kriegsmarine.
Werwolf Deutsche Guerillakämpfer, die die rückwärtigen Gebiete der Invasoren Deutschlands belästigen sollten.
Werfer- Raketenartillerieeinheit.

Literatur

Addington, Larry. *The Blitzkrieg Era and the German General Staff, 1865–1941.* New Brunswick, NJ: Rutgers University Press, 1971.

Alexander, Martin S. „The Fall of France." *Journal of Strategic Studies 13, No. 1* (März 1990): 10–44.

Alexander, Martin S. „In Lieu of Alliance: The French General Staff's Secret Cooperation with Neutral Belgium 1936–40." *Journal of Strategic Studies 14, No. 4* (Dezember 1991): 413–427.

Assmann, Kurt. *The German Campaign in Norway: Origin of the Plan, Execution of the Operation, and Measures Against Allied Counterattack.* London: Naval Staff, Admiralty, 1948.

Barnett, Corelli. *The Desert Generals.* London: Allen & Unwin, 1983.

Bartov, Omer. *Hitler's Army: Soldiers, Nazis and War in the Third Reich.* Oxford: Oxford University Press, 1992.

Beevor, Antony. *Crete: The Battle and the Resistance.* London: Penguin Books, 1992.

Bethell, Nigel. *The War Hitler Won: The Fall of Poland 1939.* New York: Holt, Rinehart & Winston, 1972.

Bloch, Marc. *Strange Defeat.* New York: Norton Library, 1968.

Bond, Brian. *Britain, France, and Belgium, 1939–40.* New York: Brassey's, 1990.

Boog, Horst *et al.* (Hrsg.). *Germany and the Second World War, Vol. IV: The Attack on the Soviet Union.* Oxford: Clarendon, 1998.

Brett-Smith, Richard. *Hitler's Generals.* London: Osprey, 1976.

Buchner, Alex. *Narvik: die Kämpfe der Gruppe Dietl im Frühjahr 1940.* Neckargemünd: K. Vowinckel, 1958.

Buckley, Christopher. *Greece and Crete 1941.* London: HMSO, 1977.

Carell, Paul *Hitler Moves East, 1941–1943.* Boston: Little, Brown & Co., 1964.

Carell, Paul *Scorched Earth.* New York: Ballantine, 1971.

Clark, Alan. *The Fall of Crete.* London: Anthony Bland, 1962.

Cooper, Matthew, and Lucas, James. *Panzer.* London: Macdonald, 1976.

Cooper, Matthew, and Lucas, James. *Panzergrenadier.* London: Macdonald and Jane's, 1977.

Cooper, Matthew, and Lucas, James. *Hitler's Elite,* London: Grafton, 1990.

Corum, James S. *The Roots of Blitzkrieg: Hans von Seeckt and German Military Reform.* Lawrence, KS: Kansas University Press, 1992.

Corum, James S. „The Luftwaffe and Coalition Air War in Spain, 1936–39." *Journal of Strategic Studies 18, No. 1* (März 1995): 68–90.

Creveld, Martin van. *Hitler's Strategy 1940–1941: The Balkan Clue.* Cambridge: Cambridge University Press, 1973.

Creveld, Martin van. *Supplying War: Logistics from Wallenstein to Patton.* Cambridge: Cambridge University Press, 1977.

Cross, Robin. *Citadel: The Battle of Kursk,* London: Michael O'Mara, 1993.

Davis, Brian L. *German Ground Forces: Poland and France, 1939–40.* London: Almark, 1976.

Deist, Wilhelm. *The Wehrmacht and German Rearmament.* Toronto: Toronto University Press, 1981.

Deist, Wilhelm *et al.* (Hrsg.). *Germany and the Second World War, Vol. 1: The Build-up of German Aggression.* Oxford: Clarendon, 1998.

DiNardo, R. L. „German Armour Doctrine: Correcting the Myths." *War in History 3, No. 4* (November 1996): 384–398.

Doughty, Robert A. *The Seeds of Disaster: The Development of French Army Doctrine, 1919–39.* Hamden, CT: Archon, 1985.

Doughty, Robert A. *The Breaking Point: Sedan and the Fall of France 1940.* Hamden, CT: Archon, 1990.

Doughty, Robert A. „The Maginot Line." *MHQ: The Quarterly Journal of Military History 9, No. 2* (Winter 1997): 48–59.

Downing, David. *The Devil's Virtuosos.* London: New English Library, 1976.

Dunnigan, James. *The Russian Front.* London: Arms and Armour, 1978.

Dupuy, Trevor N. *A Genius for War: The German Army & General Staff, 1807–1945.* London: Macdonald and Jane's, 1977.

Edwards, Jill (Hrsg.). *Al Alamein Revisited.* Cairo: AUC Press, 2000.

Edwards, Roger. *Panzer: A Revolution in Warfare,*

1939–45. London: Arms and Armour, 1989.
Erickson, John. *The Road to Stalingrad*. New York: Harper & Row, 1976.
Forty, George. *German Tanks of World War Two*. London: Blandford Press, 1987.
Forty, George. *The Armies of Rommel*. London: Arms & Armour, 1997.
Fugate, Bryan I. *Operation Barbarossa: Strategy and Tactics on the Eastern Front, 1941*. Novato, CA: Presidio, 1984.
Glantz, David M. *Zhukov's Greatest Defeat: The Red Army's Epic Disaster in Operation Mars, 1942*. Lawrence, KS: University of Kansas Press, 1999.
Glantz, David M., and House, Jonathan. *When Titans Clashed: How the Red Army Stopped Hitler*. Lawrence, KS: University of Kansas Press, 1995.
Glantz, David and House, Jonathan. *The Battle of Kursk*. London: Ian Allan, 1999.
Guderian, Heinz (Übers. Christopher Duffy). *Achtung! Panzer!* London: Arms & Armour, 1992.
Guderian, Heinz. *Panzer Leader*. London: Joseph, 1952.
Gunzberg, Jeffery A. *Divided and Conquered: The French High Command and the Defeat in the West, 1940*. Westport, CT: Greenwood, 1979.
Gunzberg, Jeffery A. „The Battle of Gembloux, 14–15 May 1940: Blitzkrieg Checked." *Journal of Military History 64* (Januar 2000): 97–140.
Hastings, Max. *Overlord*. London: Michael Joseph, 1984.
Haupt, Werner. *Assault on Moscow 1941*. Atglen, PA: Schiffer, 1996.
Haupt, Werner. *Army Group Center*. Atglen, PA:, Schiffer, 1998.
Hitler, Adolf. *Hitler's Table Talk*, London: Weidenfeld & Nicolson, 1953.
Horne, *Alistair. To Lose a Battle: France 1940*. London: Macmillan, 1969.
Hubatsch, Walter. *Die deutsche Besatzung von Dänemark und Norwegen 1940*. Göttingen: Musterschmidt, 1952.
Irving, David. *The Trail of the Fox: The Life of Field Marshal Erwin Rommel*. London: Weidenfeld & Nicolson, 1977.
Jars, Robert. *La Campagne de Pologne (Septembre 1939)*. Paris: Payot, 1949.
Jentz, Thomas. *Panzer Truppen*. Atglen: Schiffer Military History, 1996.
Jentz, Thomas, Doyle, Hilary, and Sarson, Peter. *Tiger I*. London: Osprey, 1993.
Kennedy, Robert M. *The German Campaign in Poland 1939*. Washington, D.C.: Office of the Chief of Military History, 1956.
Kessler, Leo. *The Iron Fist*. London: Futura, 1977.
Kleine, Egon und Kuhn, Volkmar. *Tiger*. Stuttgart: Motorbuch Verlag, 1990.
Kurowski, Franz (Übers. Joseph G. Walsh). *Deadlock Before Moscow: Army Group Center, 1942–43*. Atglen, PA: Schiffer, 1992.
Lehman, Rudolf. *The Leibstandarte*. Manitoba: JJ Fedorowicz, 1990.
Lewin, Ronald. *Rommel as Military Commander*. London: Barnes & Noble, 1999.
Liddell Hart, Capt. B.H. (Hrsg.). *The Rommel Papers*. London: Collins, 1953.
Lucas, James. *Panzer Army Africa*. London: MacDonald and Jane's, 1977.
Lucas, James. *Grossdeutschland*. London: MacDonald and Jane's, 1978.
Lucas, James. *War on the Eastern Front: The German Soldier in Russia 1941–45*. London: Greenhill, 1979.
Lucas, James. *Hitler's Mountain Troops: Fighting at the Extremes*. London: Arms & Armour, 1992.
Luck, Colonel Hans von. *Panzer Commander: The Memoirs of Hans von Luck*. Westport, CT: Praeger, 1989.
MacDonald, Charles. *The Battle of the Bulge*. London: Weidenfeld & Nicolson, 1984.
MacDonald, Charles. *The Lost Battle: Crete 1941*. London: Macmillan, 1993.
Macksey, Kenneth. *The Crucible of Power: The Fight for Tunisia, 1942–43*. London: Hutchinson, 1969.
Manstein, Erich von. *Lost Victories*. Chicago: H. Regency Co., 1958.
Mellenthin, F. W. von. *Panzer Battles 1939–45: A Study in the Employment of Armor*. London: Cassell, 1955.
Mitchell, Samuel. *Hitler's Legions*. London: Leo Cooper, 1985.
Müller, Rolf-Dieter, and Ueberschär, Gerd R. *Hitler's War in the East 1941–45: A Critical Assessment*. Oxford: Berghahn, 1997.
Newton, Steven H. *German Battle Tactics on the Russian Front 1941–45*. Atglen, PA: Schiffer, 1994.
Nipe, George. *Decision in the Ukraine*. Manitoba: JJ Fedorowicz, 1996.
O'Neill, Robert J. *The German Army and the Nazi Party 1933–39*. London: Cassell, 1966.
O'Neill, Robert J. „Doctrine and Training in the German Army 1919–1939." in Howard, Michael (Hrsg.). *The Theory and Practice of War*. New York: Praeger, 1965: 158–185.
Ottmer, Hans-Martin. *Weserübung: der deutsche Angriff auf Dänemark und Norwegen im April 1940*. München: Oldenburg, 1974.
Pallud, John Paul. *France 1940: Blitzkrieg in Action*.

London: Battle of Britain, 1991.
Reynolds, Michael. *Steel Inferno.* Staplehurst: Spellmont, 1997.
Reynolds, Michael. *Men of Steel.* Staplehurst: Spellmont, 1999.
Ryan, Cornelius. *A Bridge Too Far.* London: Hamish Hamilton, 1974.
Sadarananda, Dana. *Beyond Stalingrad.* New York: Praeger, 1990.
Sadkovich, James J. „Of Myths and Men: Rommel and the Italians in North Africa, 1940–42.“ *International History Review 13, No. 2* (1991): 284–313.
Salisbury, Harrison. *The 900 Days: The Siege of Leningrad.* New York: Da Capo Press, 1985.
Schreiber, Gerhard *et al.* (Hrsg.). *Germany and the Second World War, Vol. 3: The Mediterranean, South-east Europe and North Africa 1939–41.* Oxford: Clarendon, 1995.
Seaton, Albert. *The Russo-German War, 1941–45.* New York: Praeger, 1970.
Seaton, Albert. *The German Army, 1933–1945.* London: Weidenfeld & Nicolson, 1982.
Senger und Etterlin, General Frido von. *Neither Fear Nor Hope.* London: Greenhill, 1989.
Soviet General Staff. *The Battle for Kursk 1943* (Hrsg. David Glantz and Harold Orenstein). London: Frank Cass, 1999.
Spaeter, Helmuth. *Die Einsätze der Panzergrenadierdivision Großdeutschland.* Friedberg: Podzun-Pallas-Verlag, 1986.
Stadler, Silvester. *Die Offensive gegen Kursk 1943.* Osnabrück: Munin Verlag, 1980.
Stolfi, Russel H. S. „Equipment for Victory in France 1940“. *History No. 55* (Februar 1970): 1–21.
Stroop, Juergen. *The Stroop Report.* London: Secker & Warburg, 1979.
Sydnor, Charles. *Soldiers of Destruction: The SS Death's Head Division, 1933–1945.* Princeton, NJ: Princeton University Press, 1977.
Toppe, Maj-Gen. Alfred. *German Experiences in Desert Warfare during WWII.* Washington, D.C.: Dept. of the Navy, USMC, 1990.
Trew, Simon. „The Battle for Crete: The Pyrrhic Victory,“ in Badsey, Stephen (Hrsg.). *The Hutchinson Atlas of World War Two Battle Plans.* Oxford: Helicon, and Chicago: Fitzroy Dearborn, 2000.
Watson, Bruce Allen. *Exit Rommel: The Tunisian Campaign 1942–43.* Westport, CT: Praeger, 1999.
Wilmot, Chester. *Struggle for Europe.* London: Collins, 1952.
Young, Desmond. *Rommel: The Desert Fox.* New York: Harper & Row, 1950.
Ziemke, Earl F. *The German Northern Theater of Operations, 1940–1945.* Washington, D.C.: GPO, 1959; CMH, 1989.
Ziemke, Earl F. *Moscow to Stalingrad.* Washington, D.C, GPO, 1987.
Ziemke, Earl F. *Stalingrad to Berlin.* Washington, D.C., US Government Printing Office, 1968.

Register